镇番遗事历鉴校补

〔清〕谢树森等 编撰

刘润和 校注

文物出版社

图书在版编目（CIP）数据

镇番遗事历鉴校补 /（清）谢树森等编撰；刘润和
校注 . — 北京：文物出版社，2022.11
ISBN 978-7-5010-7869-1

Ⅰ．①镇… Ⅱ．①谢… ②刘… Ⅲ．①民勤县—地方
史—编年史— 1370-1936 Ⅳ．① K294.24

中国版本图书馆 CIP 数据核字（2022）第 215457 号

镇番遗事历鉴校补

编　　撰：〔清〕谢树森等
校　　注：刘润和

装帧设计：长　岛
责任编辑：刘永海
责任印制：苏　林

出版发行：文物出版社
社　　址：北京市东城区东直门内北小街 2 号楼
邮　　编：100007
网　　址：http：//www.wenwu.com
经　　销：新华书店
印　　刷：苏州市越洋印刷有限公司
开　　本：787mm×1092mm　1/16
印　　张：36.5
版　　次：2022 年 11 月第 1 版
印　　次：2022 年 11 月第 1 次印刷
书　　号：ISBN 978-7-5010-7869-1
定　　价：158.00 元

序

　　我的老家民勤，旧称镇番。作为一名历史学习和研究者，我平日对家乡历史文化便有意多加关注。早在二十年前读硕士研究生期间，就知道有一本题为《镇番遗事历鉴》的关于家乡的历史文献。第一次读到此书，在刚刚参加工作不久的 2006 年前后，是从甘肃省图书馆西北古籍特藏室复印而来的。当时印象最深的就是该书有关风俗人情和物产的记载，因为许多内容与自己在家乡的生活经历和见闻特别吻合。今年 5 月末，收到刘润和老师寄来的《镇番遗事历鉴校补》，并嘱我做一序言，特别亲切。因为此前对之有初步阅读和印象，该书又是专门记载民勤历史演变的，对我这个以历史研究为业者而言，便愉快地接受任务，并再一次阅读全稿，另有一些心得体会。现将阅读感受写出来，请刘老师和各位读者批评指正。

　　《镇番遗事历鉴》是一本什么样的历史文献？其史料价值体现在哪些方面？从中反映出编撰者的何种初衷？回答清楚这三个问题，我们就能理解整理、校补和出版这一历史文献的意义所在。

志体与史体

　　编修地方史志，在我国有悠久的传统。存留至今的地方史志著作，卷帙浩繁，详细记载一地的地理沿革、政治演变、经济物产、民生风俗、文化教育、名胜古迹以及人物事迹等，成为了解一地古今兴衰变迁的重要资料。关于地方历史文化记载的文献，我们最为熟悉的是"地方志"。清代学术大家章学诚在《文史通义》等著作中就明确提出"志乃史体"，并认为"志属信史"。《镇番遗事历鉴》是一部关于明清至民国时期民勤历史文化发展的地方历史文献。但若深入阅读，便感觉到其体例之"特别"。

章学诚说"史体纵看，志体横看"。常见的地方志有固定的体例和结构。以清人张玿美《五凉全志》为例，其中之《镇番县志》就包括七个方面，分别是"地理志""建置志""风俗志""官师志""兵防志""人物志""文艺志"。"志体"的特征是以类系事，即类为一志，事以类从，分门别类记述一地之地理、行政、政治、军事、经济、风俗、文化、人物等，以呈现地方历史发展的全貌。与传统方志的体例和结构不同，《镇番遗事历鉴》按照编年叙事的方式记录镇番历史文化的演变过程。编撰者称此书"盖因参诸稗官所志，野老所传，穷分先后，以年序统领"，就是指其总体按照编年方式的纪事形式。这与《明实录》《清实录》等按照时间为序记载王朝事迹的编年体"实录"相近。《镇番遗事历鉴》共 12 卷，其纪事始于明太祖洪武三年（1370）庚戌，止于中华民国二十五年（1936）丙子，共 560 余年的历史。该书正文中，每年记为一条，在其下按照月、日先后顺序记事。如"成祖永乐元年癸未"条下共记 4 件事情，分别为："春二月，史昭募赀重修元真观……""春三月，守备马得募赀展修卫城……""夏，李氏始祖九二以小旗调迁镇番……""秋，邑人孟原，大都子，补镇番总旗"。以此方式编排记事，事多则逐月逐日记叙事情的来龙去脉，该年若事少，则一条记事简要交代。如"成祖永乐十一年癸巳"只记载"始定养驼例"一件事情。通观全书，每一年的记事之下，多则十余件事，字数达七八百字；少则数字，如"太祖洪武二十七年甲戌"条，仅有"是年大稔"四字。总体来看，"以年序统领"的体例，在叙事中能够做到详略自如，清晰反映出镇番 500 多年历史的演变脉络。

"史体"的重要特征是编年为序，其如何容纳下传统方志包含的丰富内容？具体来看，《镇番遗事历鉴》在以时间为序的总体结构下，将传统"志体"中的地理、行政、政治、军事、经济、风俗、文化、人物等内容，以"纪事本末"的形式记载在诸年之下。纪事本末是以事件为主体，完整地叙述一个事件的前后始末。此处之"事"，包罗众多，或是一件具体的事情，或是一个人物，或是一个掌故、一种风俗、一种制度等。如"英宗正统十二年丁卯"条，"邑人王柱泰著《镇番户族小识》成"，具体则详述镇番户族姓氏的情况。"世宗嘉靖三十年辛亥"条，"邑人重修圣容寺"，详细记载圣容寺兴废与再修之事。"神宗万历四十三年乙卯"条记载，"是年，举人一名，名何斯美"，具体内容则是何斯美的生平经历与家族事迹。"神宗万历十一年癸未"条，详细记载"红崖隐豹"的传说故事。"高宗乾隆十四年己巳"条，"是年文庙秋祭"，详细记载秋祭的祭品与过程。"世宗雍正十三年乙卯"条，"是年春，奉文具报各县方物土产"，详细记载镇番经济作物和土特产品。"德宗光绪三年丁丑"条，"六月，柳林湖遭蝗灾"，详细记载此次蝗灾情况。如上所述，户族姓氏演变、人物生平事迹、乡土故事传说、祭祀礼仪风俗、经济物产、灾荒救济等"事"，自然地放置在以时为序的大框架之下。以此方式，既能反映出该"事"发展演变的时间脉络，又从"类"的一面确保其"事"的内容完整。诸如此类的记事，实际上是"史体"和"志体"的有机结合。"史体"之"纵看"，确保时间脉络清晰，"志体"之"横看"，使内容丰富而全面。《镇番遗事历鉴》的编撰，紧扣地方历史记载中的地方、时间、事件、人物等必需要素，能将传统的"方志""实录""编年""纪事本末"多种体例融合在一起。所以说，《镇番遗事历鉴》的体例并不特殊，却很特别，其特别之处是整合了我们常见的多种史书体例。

眼光向下与基层社会史

《镇番遗事历鉴》记载的内容包罗万象，其史料价值，体现在诸多方面。我在阅读中最感兴趣的是其对基层社会史和民众生活史方面的意义。

近些年来，历史书写发生许多新的变化，其中之一就是基层社会生活史的兴起，有学者称之为"眼光向下"的革命。在此趋势下，学者研究的视角及重点追求"自上而下"地移转，由关注宏大的政治事件、制度变迁、上层精英等，转而深入探讨社会下层民众的生活状态、群体心理等。基层社会由普通人的生活构成，基层社会生活史立足于民众的日常活动，包括社会组织、聚落形态、物质生活、岁时节日、生命周期等。可以说，基层社会史就是将关注点聚焦到普通民众。从眼光向下和基层社会史角度而言，《镇番遗事历鉴》别具史料价值。

翻阅《镇番遗事历鉴》，可以说每一页都记载着镇番民众的日常生产和生活的场景，让我们有身临其境之感。此处仅以风俗节庆、物质生活为例予以说明。

由于屯垦实边等，自明清以来，从山西、河南等地民众迁移到镇番者日益增加。"高宗乾隆三十五年庚寅"条记载："镇邑地处边塞，远距城市，土厚沙深，交通阻隔，人民杂聚，风俗交烩。于语音一端，南腔北调，东韵西声，往往令来官斯土者瞠目结舌，不知所云。"民风习俗与语言"交烩"现象，就是移民社会形成的产物。在民众日常生活中，节庆扮演着重要的角色。"高宗乾隆十一年丙寅"条记载镇番的四时仪节，包括元旦礼神明、敬先祖，元宵花朝之张灯，三月上巳之清明，四月八日之佛会，五月五日之端阳角黍，六月六日之祭祖墓、奠凉浆，七月望日之拜扫，八月中秋之月饼，九月重阳之登高，十月朔日之墓祭、送寒衣，冬至日之投醪，腊八日之五色麦豆粥，除夕之守岁等。四时节庆，实则是基层社会日常秩序的体现。"仁宗嘉庆元年丙辰"条记载镇番"登高"之俗，包括三月清明"踏青""歌山"，在四月八日"赴男会"，九月重阳"祝秋"。登高之俗，体现出镇番风俗的地方色彩。每逢节庆，民众集会，好不热闹。镇番元宵节赛灯，时人就地取材，以沙枣巨枝结扎成树，悬玲珑灯笼数百枚，繁星点缀，灯花耀眼，成一时之盛景。（"圣祖康熙四十七年戊子"条）重阳节苏武山举行"驼羊会"，"百乐杂伎，各显其能；车马辐辏，在在成市。驼羊牲畜，蚁集山上山下；叫卖之声，此起彼伏"。（"世祖顺治九年壬辰"条）诸如此类关于岁时节庆等的细致叙述，让我们体味到基层社会"鲜活"的样态。

包括衣食住行在内的物质生活，是基层社会史的核心。"仁宗嘉庆元年丙辰"条记载，镇番宴客烧汤做长面，"挽面为上品，常以肉臊相佐；碱面稍次，或荤或素，以菜卤为多见；拉面又次之，中产之家，佐以醋汁蒜泥足矣"。"世宗雍正十三年乙卯"条有5000余字关于镇番方物土产的记载。如"沙米"，"粒小如芥，煮粥最佳。以之酿粉皮，尤清凉爽口，味极鲜美"。再如"沙葱"，"以之和肉作馅，包'沙葱扁食'，味奇美。"正因有这样充满"烟火气"的记载，基层社会史才变得丰富多彩。"高宗乾隆七年壬戌"条记载，镇番正月祭忠烈，"采办羊只八头，价十二两四钱；牛二头，价八两五钱；豮猪二口，价三两；鸡十三只，价一两三钱；豆腐八斤，价一两；荠菜五十六斤，价一十八两二钱三分二厘；韭菜一十四斤，价一两八钱；羊奶二十斤，价三两五分；鸡蛋二十斤，价五两；茶八斤，价一十六两……"与煊赫的帝王将相故事、宏大的政治事件和长时段的制度变迁等相比较，这些记载的主角是满身尘土的"下里巴人"，内容是吃喝拉撒乃至鸡毛蒜皮之事，而这恰是民众日常生活真实状态的反映。基层社会史是以人的生活为核心的历史，走向以人为中心的历史学研究，有赖于此类文献的记载。如此，历史研究中讲述老百姓日常生活的"故事"，才成为可能。

需要说明的是，关于《镇番遗事历鉴》的史料价值，如上仅仅是从基层社会史角度的分析，即使基层社会史这个角度，也只是列举风俗节庆和物质生活两个方面；即使物质生活这一面，也只呈现了三两个饮食场景。除此之外，其他诸如自然风貌、边疆防务、职官制度、基层治理、民族交往、移民屯垦、财政税收、商业贸易、水利兴废、生态变迁、赈灾救济、诉讼法治、重教兴学、医药卫生、僧道巫术、文学传奇、逸闻趣事等，书中均有不少记载。《镇番遗事历鉴》为我们研究这些问题提供了丰富的史料。用多元化、"接地气"和"原生态"这三点来概括《镇番遗事历鉴》的史料价值，应该是客观和准确的。

"谨按"与"历鉴"

《镇番遗事历鉴》的编撰者是镇番谢树森和谢广恩等人。对于他们的详细情况,我们知道得不多。谢广恩《原序》称其编撰之时"余心切切,谨慎从事"。以下我们从字里行间的表述中,以窥该书编撰的史料来源、史事考辨和编撰者的意图等。

《镇番遗事历鉴》编撰成书,广泛征引各类历史文献。谢广恩《原序》称:"经年不懈,广收旧记,博采群书,凡可寓目者,莫不穷究深讨,详加校勘。几经编辑,删汰复沓。"编撰者对"旧记""群书"采取"广收"与"博采"的态度以成其书。从正文来看,所言不虚。全书征引的文献中,既有《明史》《明史纪事本末》等传统正史,还包括《镇番县志》《五凉考治六德全志》等地方志。除此之外,还有许多乡土文献,这些大多已经流失不传。编撰者征引此方面的文献非常丰富,如《何氏宗谱》《柳湖墩谱识暇抄》《茶余笔谈》《搜俎记异》《国初边卫纪略》《镇番户族小识》《李氏宗谱》《马氏宗谱》《彭氏宗谱》《柳氏宗谱》《六坝湖奇鱼赋》《奥区杂记》《凉州风俗杂录》《镇番三百年案牍考录》《云梦堂漫笔》《武功志》等等。从类型看,包括宗谱、笔谈、杂记、漫笔、杂录、诗赋等,还包括朝廷诏旨、户帖、墓志、碑刻以及民国地方调查表等,不一而足。编撰者对征引的文献特别是乡土文献有一些评价,使我们一窥这些文献的真实面貌。编撰者提到,"余所见谱牒,不下数十种"。如王柱泰《镇番户族小识》三十万言,被称之为"志中之志,史外之史"。再如王让《烛影放纪》三卷:"镇邑历朝沿革,民工方物,风俗故事,所记甚详。"全书屡屡征引的《镇番宜土人情记》,从题目即可见其对镇番乡土人情的记载。编撰者称其"所取之事,皆本前记,稍不敢附会穿凿"。全书将这些流传不见的文献等大段征引,有时大篇幅罗列。从一部成熟著作的角度来看,显得粗糙,打磨不够细致,这是其不足;若从保存史料的角度而言,却显得尤为珍贵。前文提到《镇番遗事历鉴》的史料价值具有多元化、"接地气"和"原生态"的特点,实际上源于丰富多样的史料来源。

编撰者在正文之后以"补记""增补""谨按""按"等方式，对史料和史事予以考辨、取舍和裁断。"补记"者，补充记载。如"宣宗宣德十年乙卯"条记载千户王刚守边阵亡一事，"补记"对王氏家族演变做了追溯。再如"神宗万历二十五年丁酉"条记载，"是年例贡一员，名方修，无仕"。对此十余字，"补记"补充了方修的事迹2000余字。"增补"者，增加补充使之更加完整。如"宣宗宣德九年甲寅"条记载百户傅成募资筑苏泉亭一事，"增补"中以编撰者所闻与经历，补充苏泉亭之事。"孝宗弘治十三年庚申"条记载民众七月十五日祭天地，"增补"则详细叙述祭祀礼仪。

每一部历史文献在梳理史事脉络和保存史料的同时，都有其立场和编撰意图。续编者谢广恩在《原序》中说："考吾镇之志，盖数十种耳。举凡论沿革，莫不谓乃古都野、《禹贡》'至于潴野'是也云，而至于秦后，而至于明前，则疏而弗记，是为憾焉。举其风俗，又莫不谓土沃泽饶，可耕可渔，人勇而知义，俗朴而风醇，其陈辞也，故语也。镇邑数百年之故实，其间变迁不一，比及循吏名儒、忠臣烈女，代不乏人，而邑志略而不全，缺焉不备，岂非又一憾焉哉。"有关镇番历史记载"不全""不备"，乃至出现许多事情"疏而弗记"的情况，正是编撰《镇番遗事历鉴》的目的所在。

这部以"鉴"命名的《镇番遗事历鉴》，"鉴"在何处？我们看到，谢广恩往往在史事记载之后，以"谨按"的形式，发表对史事的评判和解释，以此表达"鉴"的内容与指向。如"神宗万历三十一年癸卯"条记载知事惩罚盗树之事，"谨按"称："此其重治以儆效尤之意。""圣祖康熙三年甲辰"条记载邑人捐资重修儒学之事，"谨按"曰："此风相延，人民得以教化，人才得以育成，地方得以安绥，天下得以太平矣。"寥寥数语，将编撰者的态度清晰反映出来。再如"世祖顺治十三年丙申"条记载设宴酬宾之事，"谨按"曰："观镇邑民风，昔时俗美而风淳。清定天下，兵战渐息，人民勉可安业，于是渐生怠惰侈靡之风……祖乃明察，而不便明斥，照直陈述，读之者心鉴。"此一按语，旨在倡导淳朴之俗，这是基层地方治理的一个重要抓手。编撰者将此概括为"心鉴"，可谓切中要害。

对于历史之"鉴",司马光有言,"鉴前世之兴衰,考古今之得失,嘉善矜恶,取是舍非"。这是基于国家立场之"鉴",关注时代变迁和王朝兴衰,宏大而高远,当是每一部史著的终极追求。诸如《镇番遗事历鉴》等历史文献,则基于基层和民众的立场,其"鉴"则具体而微,要贴近民生,能够为普通民众所能"读懂"和"理解"。从这个角度来看,《镇番遗事历鉴》之"鉴",更多聚焦于惩恶扬善、激浊扬清、昌兴文教、劝民息讼、善恶报应等内容之上。如此之"鉴",出现在民众生产生活的实际场景之中,意在基层日常秩序的维护,直指男女老少的心灵世界。这也让我们看到,地方文献中的历史之"鉴",充满了泥土的味道;地方文献中的历史观,具有浓厚的生活气息。对老百姓而言,"心鉴"二字,分量很重。编撰者所言"余心切切,谨慎从事",诚可敬也!

需要说明的是,《镇番遗事历鉴》这一体例"特别"且有重要史料价值的地方文献,学术界的关注和研究还不够深入。就我阅读所及,感觉近些年来《镇番遗事历鉴》慢慢进入学者的视野。在有关明清时期西北边防军政史、西北生态环境史、西北移民史等研究中,学者开始注意到该文献的价值,然尚没有专门系统深入地研究。一个重要原因就是没有整理出版一个好的校订注释的本子。

李玉寿先生于 20 世纪 80 年代初发现了《镇番遗事历鉴》,之后对其做了首次整理校订,筚路蓝缕,功德兼隆。在此基础上,刘润和老师的《镇番遗事历鉴校补》重点校补和注释《镇番遗事历鉴》中的人名、地名、历史事件,补充官方志书和其他书籍中有关镇番的史料,以便读者了解同年在镇番发生而又未被《镇番遗事历鉴》记录的历史事件。同时理清镇番明代武职官员的世袭流变,校正和补充清代镇番任职官员的资料等。具体工作,刘老师在"凡例"和"代后记"中已有清楚的说明。历经李玉寿先生的整理校订、刘润和老师的校补注释,这部民勤历史文化的地方文献以新的面貌呈现在我们面前。相信《镇番遗事历鉴校补》的出版,《镇番遗事历鉴》会引起更多专家学者的关注和重视,其在历史文化研究中发挥的作用将会越来越大。

刘润和老师是民勤人。我和他相识，缘于赵登明和李万红两位老师的引介。先是电话、微信、短信"线上"交谈，关于地方文史研究等就有很多共同的语言。之后"线下"相见，一见如故，交流的话题更加宽泛，对他的了解也越来越多。刘老师热爱文史，特别对民勤历史文化情有独钟。在文博系统和金融企业等工作之余，发表了很多诗歌、散文和小说，并为《甘肃古事》等纪录片撰写解说词。其文字之中，有着对家乡文史的熟稔和喜爱，也反映出扎实的学术功底。就在我撰写这篇"序言"期间，又收到刘老师最新出版的《风吹来的沙》。如题所示，这是一本展现民勤历史地理和人文风貌的随笔集，有史实和生活的底色，呈文学的笔调，其故乡情怀溢于言表。常言道文史不分家，在我案头的《镇番遗事历鉴校补》和《风吹来的沙》可谓相得益彰。于我这个离开民勤在外求学和工作近 30 年的游子而言，阅读起来有着特殊的情感和意义。

谨以此为序！

何玉红

2021 年 9 月 15 日

（作者系四川大学历史学博士，西北师范大学历史文化学院教授、博导、院长，甘肃省历史学会会长，从事宋史和西北史研究，在《中国社会科学》《中国史研究》《史学理论研究》等发表论文 50 余篇）

凡 例

一、本书以李玉寿校订的《镇番遗事历鉴》为底本，简称《历鉴》或原书。

二、《历鉴》原文采用干支纪年，本次校补附注公元纪年。如，"太祖洪武十三年庚申（1380）"。

三、引用《明实录》《清实录》等资料，在年度下注明引用卷数和月份。如：《明太祖实录》卷133：九月，"诏陕西诸卫军士留三分之一守御城池，余皆屯田给食，以省转输。"

四、其他书籍中涉及镇番的史料，按时间补入本书相关年份，以注释形式出现。同时，选择引用当代国内一些学者关于民勤和河西地区的论述。

五、《历鉴》所载部分明代镇番武职官员出身、军功世袭和家族衍变，错讹较多，现依中国第一历史档案馆编、广西师范大学出版社出版的《中国明代档案总汇·五军都督府所属卫所·右军都督府·陕西都司·镇番卫》（简称《武职选簿》）等资料做了校正。如《历鉴》所记洪武初年镇番第一任指挥使为王兴，而《武职选簿》记载其早在山西大同去世，其子王义永乐初年调至镇番。类似问题，在校注中提出质疑并补充了相关资料，以便读者鉴别。

六、《历鉴》中职官姓名讹写、缺漏较多，参照近年出版的官档、方志进行校补。

七、保留部分李玉寿校订的人名、地名、俗语等注释，以"李注"标出。

八、对《历鉴》文字错讹直接改正、勾乙，未另标注。如"信国公徐达"改为"魏国公徐达"，"黄城"为"翼城"，"米廷楷"为"朱廷楷"等。

九、《历鉴》所涉民族名称和历史旧称,如"达子""番""虏""闯逆""长毛"等,保持原貌,未作改正。

十、《历鉴》中谢树森按语数处作"播远按",本次统一为"树森按"。

十一、《历鉴》缺漏文字,依字数用□补位。

十二、本书文字使用 2013 年 6 月 5 日国务院《通用规范汉字表》中的简化字。

十三、本书标点按 2011 年 12 月 30 日国家质量监督检验检疫总局、国家标准化管理委员会《标点符号用法》使用。

目 录

《镇番遗事历鉴》原序

孝廉卢公纂卫志[1]，谓镇番在昔，土旷人稀，各安朴塞，故百物丰裕，号为奥区。自洪武定鼎之后，兹土生齿日繁，徙居而来者经年弗断。兼风沙拥据，上流移丘开荒者沿河棋布，因而河流细微，泽梁亦涸，土沃泽饶成往事矣。惟人勇知义，俗朴风醇，犹有先民遗意也。旧志亦云：观镇邑[2]风俗，士颇自爱，深以奔竞为耻。居恒布衣蔬食，虽士大夫之家，鲜乘舆轮张盖者。男勤于耕，女勤于织；工则箕裘相衍，无淫巧之技；商皆土著，所置率布帛丝麻之属，粗备民间日用之需，一切奇玩异货不与焉。

考吾镇之志，盖数十种耳。举凡论沿革，莫不谓乃古"都野"，《禹贡》"至于潴野"[3]是也云，而至于秦后，而止于明前，则疏而弗记，是为憾焉。举其风俗，又莫不谓"土沃泽饶，可耕可渔，人勇而知义，俗朴而风醇"，其陈辞也，故语也。镇邑数百年之故实，其间变迁不一，比及循吏名儒、忠臣烈女，代不乏人，而邑志略而不全，缺焉不备，岂非又一憾焉哉！

吾先祖播远翁[4]，念其志乘为一方之史，而残缺疏漏，以为于先世，于后人，俱有所不利焉。鉴此，吾祖经年不懈，广收旧记，博采群书，凡可寓目者，莫不穷究探讨，详加校勘。几经编辑，删汰复沓，前后阅八载之久，遂纂成煌煌巨帙。共一十二卷，四十余万言。余祖尝曰：《历鉴》虽不足博大雅一览，然所取之事，皆本前记，稍不敢附会穿凿。所以名《历鉴》者，盖因参诸稗官所志，野老所传，穷分先后，以年序统领而已矣。余举其役，惟念年旷日久，史绩淹忽，为其修废举坠计，嚆矢而使然，盍敢借之问世耶！

余祖有此巨帙，吾辈敢不称颂乎！窃谓祖生不逢时，兼且家计维艰，无资付诸剞劂，故仅以手册存放。阅历经年，传借频仍，间多损失。其不孝之罪，引为愧咎久矣。迩年服制有暇，因就先祖《历鉴》之原稿，悉心校雠，删其原有之繙纡，增其后来之精华，使之藏为完备。惜余不学，文笔滞涩鄙俗，殊不配与先祖用一纸共言。惟因余心切切，谨慎从事，纵令他人颦笑尔尔，亦无所介意也。

中华民国二十六年菊月上浣 [5] 谢广恩谨序

注释：

[1] 孝廉：汉武帝时设立察举考试以任用官员的科目，意为"孝顺亲长、廉能正直"。明清朝用以称呼举人。

卢公：卢生华，字文锦。康熙三十七年（1698）拔贡，五十九年登乡榜，编修《镇番县志》十卷。

卫志：指卢生华等纂修《镇番卫志》。

道光初镇番知县许协主修《镇番县志·序》记："镇邑之有志，由来久矣。一见载于顺治年间者，曰《凉镇志》；一见载于乾隆年间者，曰《五凉志》（《五凉志》全称为《五凉考治六德集全志》，清乾隆初年刊刻。本书亦称《五凉全志》）。然略而不全，缺焉未备。镇邑虽有志乎，而非专志也。余以甲申之冬来篡白亭，越数月，公务稍暇，进是邦之士大夫，访邑志而请观之。金曰：'吾邑旧无专志，自方伯孟公创修卫志，是后，广文吴公、孝廉卢公继而修之，观察张公纂辑郡志，仅附刻一册，断自乾隆庚午以前，后此尚有待也，盖阙而不讲者久矣。'"

李注：《镇番遗事历鉴》所称"旧志"，概念模糊，或指乾隆《镇番县志》（清·张诏美总修，吴攀桂、卢生华纂修，乾隆十四年刊行），或指道光《重修镇番县志》（清·许协主修，谢集成总修，道光五年刊行），以前者较多。是以可知，所谓卢公生华所修卫志，并非专志，大约类似采访稿。

[2] 镇邑：指镇番县，该书"镇"同义，为民勤县明至中华民国初年的名称。清初顾祖禹《读史方舆纪要》卷63《陕西十二》："镇番卫在镇东五百五十里。南至凉州卫一百九十里，东南至庄浪卫四百二十里。汉武威郡地。后汉因之。晋仍属武威郡。隋唐时，为凉州地。宋没于西夏。元置小河滩城。明初，改置镇番卫，卫城周六里有奇，东西南三门。今亦设镇番卫。卫南蔽姑臧，西援张掖，翼带河陇，控临绝塞，地形陡绝，戎马之场也。"

[3] 潴野：即"都野"。《水经注·涑水》："水泽所聚谓之都，亦曰潴。"《尚书·禹贡》：

"南方谓都为猪。""至于潴野"语，初出于《禹贡》："原隰厎绩，至于都野"，言夏禹治水，一直治理到都野泽一带。《汉书·地理志》："休屠泽在（武威）东北，古文以为猪野泽。"

顾祖禹《读史方舆纪要》卷63《陕西十二》："潴野泽在（凉州）卫东北三百里。一名都野泽，亦曰休屠泽，又名凉泽。"《水经注》记："都野泽，在武威县东北，古文以为猪野。"

李并成教授《猪野泽及其历史变迁考》记："汉武威县位今甘肃民勤县泉山镇西北的连城遗址，其东北数十公里之外正当石羊河古终端湖区的所在。《水经注》（王先谦合校本）卷40：'都野泽在武威县东北……古文以为猪野也。'直到清代、现代的许多学者仍取此说。胡渭《禹贡锥指》卷10云：'猪野泽即镇番县（今民勤县）北部白亭海的地方。'顾颉刚先生《禹贡（注）》（中国古代地理名著选读第一辑，科学出版社，1961）指出：'猪野泽在今民勤县东北长城外……今名渔海子，又名白亭海，即古休屠泽。或以为原隰即不专指一地，猪野亦非独谓一泽……猪是水所聚，史记夏本纪作都，意义相象。'"（《地理学报》第48卷第1期第55页，1993年1月）

与猪野泽变迁相关的地名有：

白亭海：《嘉庆一统志》卷267引明代《陕西行都司志》"白亭海，一名小阔端海子，五涧谷水流入此海"。五涧谷水即今石羊河。《元和郡县图志》："白亭军在姑臧县北三百里，马城河东岸。天宝十年哥舒翰置军，因白亭海为名。"《西域考古录》："白亭军本因白亭海为名，今海在镇番东北北八十里。是海尚在军北七十里也。"《读史方舆纪要》："白亭海，在卫西北五百里，属白亭军也。"

青土湖：乾隆《镇番县志》记其"县西北二百里，在柳林湖中渠正北。涝则水草茂盛，屯户藉以刍牧，间有垦作屯田处"。清乾隆时西海始称青土湖，因湖底出露大面积黑色淤泥层而得名。

柳林湖：《甘肃通志稿·舆地九·水道》记，"柳林湖，在县东北二百里，抹山北"。乾隆《镇番县志》记其"在县东北一百二十里，今屯田"。大致范围在今泉山、红沙梁、西渠、东湖、收成等地，亦称湖区。1959年干涸。今生态改善，渐有恢复。

[4] 播远：即谢树森。

[5] 菊月：农历九月。上浣：上旬。

卷一

明太祖洪武三年 — 孝宗弘治十七年（1370—1505）

明

自太祖洪武[1]三年起，迄思宗崇祯十七年止，凡二百七十有四年。

注释：

[1] 太祖洪武：朱元璋（1328—1398），字国瑞，原名重八，后取名兴宗，濠州钟离人（今安徽凤阳）。庙号太祖，年号洪武。

太祖洪武三年庚戌（1370）

浙江宁波府鄞县右坊人氏孟大都，是年从吴指挥[1]征定元季王保保[2]，因功著升千户，嗣调金吾后所[3]总旗。

按[4]，太祖洪武三年春正月癸巳，上以王保保为西北边患，命右丞相魏国公徐达[5]为征虏大将军，浙江行省平章李文忠[6]为左副将军，都督冯胜[7]为右副将军，御史大夫邓愈[8]为左副将军，汤和[9]为右副将军，往征沙漠[10]。

乙酉，左副将军邓愈招谕吐番[11]，元陕西行省吐番宣慰使何锁南普[12]诣军门降，镇西武靖王卜纳剌[13]亦以吐番诸部来降。追元豫王[14]至西黄河，抵黑松林，杀阿撒秃子[15]，于是河州以西[16]、朵甘[17]、乌思藏[18]等部皆来归，征哨极甘肃西北数千里始还。事采《明史纪事本末》[19]。

是时，镇邑无县治，亦无熟田，民人徙此，惟牧畜而已。

注释：

[1] 吴指挥：吴成，辽阳人，初名买驴。充总旗，数从大军出塞。或为吴复，《明史》载其随徐达等征扩廓。

[2] 王保保（？—1375）：蒙名扩廓帖木儿，沈丘（今安徽临泉西北）人，元末蒙古将领。

[3] 金吾后所：明代金吾卫为掌管皇帝禁卫、扈从等事的亲军。金吾后所是其分支机构。

[4] 李注：本书体例，言事之外，即为按语，多属条文的阐释或对史事背景等的补充。有些详而作"树森按"，有些略而作"按"，个别则不置"按"字，而实则仍为按语，如此例便是。为行文划一见，凡省者皆补之。

[5] 徐达（1332—1385）：字天德，官至右丞相，封魏国公，死后追封为中山王。

[6] 李文忠（1339—1384）：字思本，江苏盱眙人，朱元璋外甥。封曹国公，谥"武靖"。

[7] 冯胜（？—1395）：初名国胜，又名宗异，定远人，受封宋国公。

[8] 邓愈（1338—1378）：原名友德，字伯颜，虹县龙宿里（今安徽泗县大路口）人，封卫国公、宁河王。

[9] 汤和：字鼎臣，濠州（今安徽凤阳）人。洪武三年封中山侯，次年为征西将军，后封信国公。

[10] 沙漠：指甘肃、青海、内蒙古、陕西等省区。

[11] 吐番：即吐蕃。古代藏族在青藏高原建立的政权。宋、元、明初年的汉文史籍泛称青藏高原及当地居民为"吐蕃"或"西蕃"。

[12] 宣慰使：元置，或称"宣慰司都元帅府""宣慰司兼管军万户府"，掌军民事务，分道管郡县，转达郡县请求于行省，传达行省政令于郡县，为行省与郡县间承转机关。如沿边地区有军旅大事，则兼都元帅府或元帅府，或兼管军万户府。

何锁南普：又名何锁南，甘肃河州（今临夏）吐蕃头人。

[13] 镇西武靖王卜纳刺：元世祖忽必烈第七子西平王奥鲁赤的五世孙，掌管河州等地区部分行政事务。

[14] 元豫王：阿刺忒纳失里，元世祖忽必烈第七子西平王奥鲁赤后裔。

[15] 阿撒秃子：元将。

[16] 河州：今甘肃省临夏回族自治州。明洪武四年置河州卫，属西安行都卫。河州以西泛指甘肃临夏以西的地区。

[17] 朵甘：范围大致相当于今西藏自治区昌都地区、青海省玉树藏族自治州东部和四川省甘孜藏族自治州。洪武五年，朵甘思内附大明；六年末，设置朵甘都卫，属西安行都司；七年，改置朵甘行都指挥使司。简称朵甘行都司，是明朝在青藏高原东部的军事管辖区。

[18] 乌思藏：元代设在今西藏地区的政区。乌思（清以后译作卫）指前藏。

[19]《明史纪事本末》：清谷应泰撰。记载元至正十二年（1352）朱元璋起兵，至崇祯十七年（1644）间的重要史事。此按语见该书卷10。

太祖洪武四年辛亥 [1]（1371）

王保保以二千骑驻扎于红柳湖。五月，于红沙河 [2] 两岸筑烽燧四座，各布军兵，以企常守。是年菊月，王保保守军不攻自撤。

注释：

[1]《明史》卷53《食货一》记，洪武四年，诏陕西等屯田，三年后每亩收租一斗。

[2] 李注：镇番旧志多提及"红柳湖""红沙河"两地名，今其不传，不知所指。根据明守军与元季残余时常战于两地，推测均在民勤县东北沿边地区，或"红柳湖"即柳林湖，"红沙河"即石羊河支流东大河。

太祖洪武五年壬子（1372）

饬令设镇番营[1]，王刚始祖王兴任掌印指挥[2]，因家与焉。据《王氏宗谱》。

何相[3]之祖何海潮从戎至镇，因家与焉。据《何氏宗谱》。

是年秋季，饬命山西、河南等地民人约二千余众，迁徙是土，多居于蔡旗、青松[4]环围。

按，是年春三月，宋国公冯胜师次兰州，傅友德[5]率骁骑五千为前锋，直趋西凉[6]，遇元失剌罕[7]兵，击败之。追至永昌[8]，又败元太尉朵儿只巴于忽剌罕口[9]，大获其辎重牛马。嗣六月戊寅，元将上都驴[10]知大军至，率所部吏民八百三十余户迎降。胜抚辑其民，留兵守之。采《明史纪事本末》。

据守备[11]陈辉《置真武庙碑记》：洪武初，镇邑居民多元季土著。今考其户籍谱牒，知十有二三即为《明史纪事本末》所谓冯公当年抚辑之民也。

广恩谨按，今本邑之民，问之户籍，辄谓本山西大槐树人氏也。余考旧志及诸家谱牒，以为大谬。比如柳林湖今之户族，据王介公《柳湖墩谱识暇抄》记：凡五十六族，十二族为浙江、金陵籍，五族为河南开封、汴京、洛阳籍，三族为大都籍，十五族为甘州、凉州籍，一族为湟中籍，一族为金城[12]籍，三族为阶州[13]籍，三族为宁夏籍，五族为元季土著，仅有八族为山西籍。故知所谓镇人为山西大槐树之民者，不过传说而已，实非然也[14]。

注释：

[1] 镇番营：是年尚无"镇番"之名，应为小河滩或临河驻军。

[2] 王刚：《中国明代档案总汇·五军都督府所属卫所·右军都督府·陕西都司·镇

番卫》（后简称《武职选簿》）载"王义，旧名王剪儿，滁州人。有父王兴，甲午年充军（元至正十四年，1354），洪武元年故。十七年取义补役，三十三年并枪充小旗，三十三年济南升总旗，三十四年夹河升实授百户，三十五年克金川门，升大同后卫前所副千户，钦与世袭。王刚，王义庶长男。父洪熙元年调镇番左卫所，年老。刚替副千户"。

近年王氏家族编纂的《民勤王氏名人小传》记："始祖王兴，字起明，江南滁州人。洪武初起，从龙定鼎，屡有战功，封武略将军。战殁于山西大同，褒以世袭千户之职。妣乐氏，诰封宜人。生子一，义。二世祖王义，字宜风。洪武十七年袭父职，任永平卫。其后征大同、东昌、夹河、襄城、齐眉山、金川门等处地方，冲锋破敌，立有奇勋，封武略将军。永乐初调迁镇番，任本卫印务，遂家焉。妣戈氏，诰封宜人，生子一，刚。"

《武职选簿》记载的王兴履历与《民勤王氏名人小传》虽有出入，但确定了王兴家族到镇番的第一代为王义，并非王兴。道光《重修镇番县志》记王义于永乐初年（约1403）调迁镇番，若如此，王义到镇番任职时间与乾隆《镇番县志》记其子王刚正德十年（1516）御寇阵亡时间跨度超过110年。父子年纪相差如此，几无可能。《武职选簿》所记王义来镇为洪熙元年（1425）更为准确。《历鉴》记王兴为洪武五年镇番掌印指挥，显属误记。

指挥：明沿元制于京城设五城兵马司，置指挥、副指挥，掌坊巷有关治安之事；各卫指挥使简称指挥。

[3] 何相：《武职选簿》载其为"文县人，镇番卫左所阵亡试百户"。镇番旧志载，何相以百户设防青松堡，御虏阵亡。旌表，立忠勇碑。见本书卷三明代隆庆四年例。

[4] 蔡旗：今民勤县蔡旗镇，位于县城西南53公里处，境内有明置蔡旗堡。

青松：今民勤县薛百镇，位于县城西南15公里处，境内有明置青松堡。

[5] 傅友德（？—1394）：宿州相城（今安徽省淮北市）人，先后平定甘肃、贵州、云南，以功封颍国公，承太子太师，后坐事赐死。

[6] 西凉：泛指凉州及以西抵新疆的地区。

[7] 失剌罕：元末驻凉州守将。

[8] 永昌：《历鉴》亦称"永"，即甘肃省永昌县。

[9] 朵儿只巴：《元史》记为"尕儿只班"。元末以甘肃行省平章守宁夏。

忽剌罕：蒙古语，意为红色山，在今永昌城西70里处。

[10] 上都驴：又作"上都鲁"，元甘肃行省平章正事，甘州（今甘肃张掖市）守将。

[11] 守备：《明史·职官志五》："各守一城一堡者为守备。"明代守备为防守一城一堡的长官，无品级，无固定员额。乾隆《镇番县志》记，"明时，卫守备俱本卫指挥、千户等升授"。

[12] 金城：明属临洮府，属陕西都指挥使司，今甘肃省兰州市。

[13] 阶州：明属陕西巩昌府，治所在今甘肃省陇南市武都区。

[14]《明史·食货志》和《明太祖实录》记载，自洪武三年至永乐十五年（1417），明朝政府从山西和江浙一带往中原地区移民18次，达百万人之多。移民按"四口之家留一、六口之家留二、八口之家留三"的比例迁移至18个省500个县。经山西洪洞县大槐树处领取"凭照川资"后，分赴全国，陕西、甘肃、宁夏的182个县市均有移民。与之相应的是明代军事实行卫所制度，规定每卫辖5600人，每千户所辖1120人。明朝政府规定军人世代为军，并且不准改籍。一人为军，全家随迁，因此引入了大量的军事移民。

张磊根据《武职选簿》统计分析，"镇番卫武官的来源地极为广泛，包括南直隶、山后（今河北省太行山北端，军都山迤北地区）、陕西、北直隶、湖广、河南、江西、浙江、四川、广东、山东等十一个地区，几乎遍布明朝的两京十三省。其中南直隶、陕西、北直隶是最主要的来源地，分别占据武官总数的42%、35%和7%，其他省份所占比例较小。而来源州县涉及南直隶的定远、寿州、虹县、盱眙、巢县、滁州、合肥、凤阳、太湖、桐城、溧水、建德、临淮、六安、当涂、昆山、江都、全椒等，陕西的陇西、会宁、咸阳、秦州、扶风、伏羌、安塞、阶州、金县等"。"《武职选簿》记载的对象只限于获得冠带总、小旗或试百户以上职位的军官，普通军士并未登记在册。""《武职选簿》所载的虽然只是军官家族，但仍具一定的代表性。"（《明代卫所与河西地区社会变迁研究》，张磊著，光明日报出版社，2021年，第109页）

太祖洪武六年癸丑（1373）

六月，守备陈辉于城东街创建真武庙，亦谓之元真观。

是年八月丙子，元季寇边，本邑告警，守备陈辉率兵抵御。嗣后，元季袭河州土门关[1]，辉奉令往援。

十月，凉州遭屠，守备陈辉及指挥王兴率兵援助。随都指挥宋晟[2]围攻追剿，至亦集乃[3]之地，斩其渠帅也速儿，杀获其众，并招降其国公吴把都[4]等，朝廷嘉之。事详旧志。

是年，本邑军戍屯田三百四十顷五十八亩六分[5]。

注释：

[1] 河州土门关：位于甘肃省临夏县马集乡关滩村，扼守大夏河峡谷，是茶马古道重要关口，也是兰州经临夏去往甘南、四川、青海青藏高原地区的必经隘口。

[2] 宋晟（？—1407）：字景阳，凤阳定远人，明初镇守江西、大同、陕西等地。《明史·列传》："晟凡四镇凉州，前后二十余年，威信著绝域。帝以晟旧臣，有大将材，专任以边事，所奏请辄报可。"官至平羌将军，封西宁侯。

[3] 亦集乃：今内蒙古额济纳旗。秦称"流沙""弱水流沙"，汉称"居延"。土尔扈特蒙古语称其为"亦集乃"，意为"先祖之地"。

[4] 吴把都：即把都帖木儿，亦译巴图特穆尔，汉名吴允诚。初为蒙古将，明初居甘肃塞外，官至平章。明永乐三年（1405），受明将宋晟招抚，赐姓名，授右军都督金事，奉命率部居凉州（今甘肃武威）耕牧，自是甘肃、宁夏边境日安。七年率兵入亦集乃（今内蒙古额济纳旗），进都督同知。翌年从明成祖出塞，升右都督。九年进左都督，十年以擒叛将阔脱赤功，封恭顺伯。十二年，率子从明成祖征瓦剌。师还，留居凉州备边。十五年卒于任所，诏赠国公，谥忠壮。其子克忠、管者、克勤均为明将，为保明边，多建功勋。

《历鉴》此条疑为抄写者疏漏而致年代错乱。一是王兴洪武元年已故，其子王义洪熙元年调镇番左卫所，老故后王刚世袭祖职。二是宋晟洪武十一年调任陕西镇守，十二年因罪被降为凉州卫指挥使，次年追击北元兵至白城，俘获众多士兵及马匹。招降吴把都在永乐三年而非本年。

[5] 明初推行军屯和商屯，朱元璋"令军士屯田自食"，卫所军卒成守比例并无规制。洪武二十一年（1388）规定："凡卫所冲要都会及王府护卫，军士以十之五屯田，余卫所以十之四。"洪武二十五年改定全国卫所皆以十之七屯种，十之三守城。永乐二年（1404）朱棣又规定边地卫所"每百户止选老弱三十名下屯，替回精壮守城"，即"七分守城，三分屯种"。据《历鉴》所记，洪武六年，本邑军成屯田 340 顷 58 亩 6 分；至洪武十二年，仅仅 6 年时间，军民屯田达到 1962 顷 24 亩 7 分许，显见屯垦人数和面积增长极快。如按兵制规定，镇番卫明初有士兵 5600 人，70% 的士兵屯田，则有屯田士兵 3920 人，每人垦田 50 亩，则有 1950 顷，加上民屯之田亩，此数据较为可信。

太祖洪武七年甲寅（1374）

二月癸亥，元季帖里密赤[1]之遁兵至镇邑，指挥王兴率部讨之，虏其所部二百余众于沙井[2]诸处，奉文俱送京师[3]。

注释：

[1] 帖里密赤：北元国公。

[2] 沙井：在今民勤县薛百镇西约 22 公里沙漠中，"沙井文化"出于此。

[3] 京师：国家首都称为京师。1368—1421 年初，明朝首都在南京。

太祖洪武八年乙卯（1375）

孟大都以千户所总旗[1]，改调西安护卫[2]。

[14]《明史·食货志》和《明太祖实录》记载，自洪武三年至永乐十五年（1417），明朝政府从山西和江浙一带往中原地区移民18次，达百万人之多。移民按"四口之家留一、六口之家留二、八口之家留三"的比例迁移至18个省500个县。经山西洪洞县大槐树处领取"凭照川资"后，分赴全国，陕西、甘肃、宁夏的182个县市均有移民。与之相应的是明代军事实行卫所制度，规定每卫辖5600人，每千户所辖1120人。明朝政府规定军人世代为军，并且不准改籍。一人为军，全家随迁，因此引入了大量的军事移民。

张磊根据《武职选簿》统计分析，"镇番卫武官的来源地极为广泛，包括南直隶、山后（今河北省太行山北端，军都山迤北地区）、陕西、北直隶、湖广、河南、江西、浙江、四川、广东、山东等十一个地区，几乎遍布明朝的两京十三省。其中南直隶、陕西、北直隶是最主要的来源地，分别占据武官总数的42%、35%和7%，其他省份所占比例较小。而来源州县涉及南直隶的定远、寿州、虹县、盱眙、巢县、滁州、合肥、凤阳、太湖、桐城、溧水、建德、临淮、六安、当涂、昆山、江都、全椒等，陕西的陇西、会宁、咸阳、秦州、扶风、伏羌、安塞、阶州、金县等"。"《武职选簿》记载的对象只限于获得冠带总、小旗或试百户以上职位的军官，普通军士并未登记在册。""《武职选簿》所载的虽然只是军官家族，但仍具一定的代表性。"（《明代卫所与河西地区社会变迁研究》，张磊著，光明日报出版社，2021年，第109页）

太祖洪武六年癸丑（1373）

六月，守备陈辉于城东街创建真武庙，亦谓之元真观。

是年八月丙子，元季寇边，本邑告警，守备陈辉率兵抵御。嗣后，元季袭河州土门关[1]，辉奉令往援。

十月，凉州遭屠，守备陈辉及指挥王兴率兵援助。随都指挥宋晟[2]围攻追剿，至亦集乃[3]之地，斩其渠帅也速儿，杀获甚众，并招降其国公吴把都[4]等，朝廷嘉之。事详旧志。

是年，本邑军戍屯田三百四十顷五十八亩六分[5]。

注释：

[1] 河州土门关：位于甘肃省临夏县马集乡关滩村，扼守大夏河峡谷，是茶马古道重要关口，也是兰州经临夏去往甘南、四川、青海青藏高原地区的必经隘口。

[2] 宋晟（？—1407）：字景阳，凤阳定远人，明初镇守江西、大同、陕西等地。《明史·列传》："晟凡四镇凉州，前后二十余年，威信著绝域。帝以晟旧臣，有大将材，专任以边事，所奏辄报可。"官至平羌将军，封西宁侯。

[3] 亦集乃：今内蒙古额济纳旗。秦称"流沙""弱水流沙"，汉称"居延"。土尔扈特蒙古语称其为"亦集乃"，意为"先祖之地"。

[4] 吴把都：即把都帖木儿，亦译巴图特穆尔，汉名吴允诚。初为蒙古将，明初居甘肃塞外，官至平章。明永乐三年（1405），受明将宋晟招抚，赐姓名，授右军都督金事，奉命率部居凉州（今甘肃武威）耕牧，自是甘肃、宁夏边境日安。七年率兵入亦集乃（今内蒙古额济纳旗），进都督同知。翌年从明成祖出塞，升右都督。九年进左都督，十年以擒叛将阔脱赤功，封恭顺伯。十二年，率子从明成祖征瓦剌。师还，留居凉州备边。十五年卒于任所，诏赠国公，谥忠壮。其子克忠、管者、克勤均为明将，为保明边，多建功勋。

《历鉴》此条疑为抄写者疏漏而致年代错乱。一是王兴洪武元年已故，其子王义洪熙元年调镇番左卫所，老故后王刚世袭祖职。二是宋晟洪武十一年调任陕西镇守，十二年因罪被降为凉州卫指挥使，次年追击北元兵至白城，俘获众多士兵及马匹。招降吴把都在永乐三年而非本年。

[5] 明初推行军屯和商屯，朱元璋"令军士屯田自食"，卫所军卒戍守比例并无规制。洪武二十一年（1388）规定："凡卫所冲要都会及王府护卫，军士以十之五屯田，余卫所以十之四。"洪武二十五年改定全国卫所皆以十之七屯种，十之三守城。永乐二年（1404）朱棣又规定边地卫所"每百户止选老弱三十名下屯，替回精壮守城"，即"七分守城，三分屯种"。据《历鉴》所记，洪武六年，本邑军戍屯田 340 顷 58 亩 6 分；至洪武十二年，仅仅 6 年时间，军民屯田达到 1962 顷 24 亩 7 分许，显见屯垦人数和面积增长极快。如按兵制规定，镇番卫明初有士兵 5600 人，70% 的士兵屯田，则有屯田士兵 3920 人，每人垦田 50 亩，则有 1950 顷，加上民屯之田亩，此数据较为可信。

太祖洪武七年甲寅（1374）

二月癸亥，元季帖里密赤[1]之遁兵至镇邑，指挥王兴率部讨之，虏其所部二百余众于沙井[2]诸处，奏文俱送京师[3]。

注释：

[1] 帖里密赤：北元国公。
[2] 沙井：在今民勤县薛百镇西约 22 公里沙漠中，"沙井文化"出于此。
[3] 京师：国家首都称为京师。1368—1421 年初，明朝首都在南京。

太祖洪武八年乙卯（1375）

孟大都以千户所总旗[1]，改调西安护卫[2]。

[14]《明史·食货志》和《明太祖实录》记载，自洪武三年至永乐十五年（1417），明朝政府从山西和江浙一带往中原地区移民18次，达百万人之多。移民按"四口之家留一、六口之家留二、八口之家留三"的比例迁移至18个省500个县。经山西洪洞县大槐树处领取"凭照川资"后，分赴全国，陕西、甘肃、宁夏的182个县市均有移民。与之相应的是明代军事实行卫所制度，规定每卫辖5600人，每千户所辖1120人。明朝政府规定军人世代为军，并且不准改籍。一人为军，全家随迁，因此引入了大量的军事移民。

张磊根据《武职选簿》统计分析，"镇番卫武官的来源地极为广泛，包括南直隶、山后（今河北省太行山北端，军都山迤北地区）、陕西、北直隶、湖广、河南、江西、浙江、四川、广东、山东等十一个地区，几乎遍布明朝的两京十三省。其中南直隶、陕西、北直隶是最主要的来源地，分别占据武官总数的42%、35%和7%，其他省份所占比例较小。而来源州县涉及南直隶的定远、寿州、虹县、盱眙、巢县、滁州、合肥、凤阳、太湖、桐城、溧水、建德、临淮、六安、当涂、昆山、江都、全椒等，陕西的陇西、会宁、咸阳、秦州、扶风、伏羌、安塞、阶州、金县等"。"《武职选簿》记载的对象只限于获得冠带总、小旗或试百户以上职位的军官，普通军士并未登记在册。""《武职选簿》所载的虽然只是军官家族，但仍具一定的代表性。"（《明代卫所与河西地区社会变迁研究》，张磊著，光明日报出版社，2021年，第109页）

太祖洪武六年癸丑（1373）

六月，守备陈辉于城东街创建真武庙，亦谓之元真观。

是年八月丙子，元季寇边，本邑告警，守备陈辉率兵抵御。嗣后，元季袭河州土门关[1]，辉奉令往援。

十月，凉州遭屠，守备陈辉及指挥王兴率兵援助。随都指挥宋晟[2]围攻追剿，至亦集乃[3]之地，斩其渠帅也速儿，杀获甚众，并招降其国公吴把都[4]等，朝廷嘉之。事详旧志。

是年，本邑军戍屯田三百四十顷五十八亩六分[5]。

注释：

[1] 河州土门关：位于甘肃省临夏县马集乡关滩村，扼守大夏河峡谷，是茶马古道重要关口，也是兰州经临夏去往甘南、四川、青海青藏高原地区的必经隘口。

[2] 宋晟（？—1407）：字景阳，凤阳定远人，明初镇守江西、大同、陕西等地。《明史·列传》："晟凡四镇凉州，前后二十余年，威信著绝域。帝以晟旧臣，有大将材，专任以边事，所奏辄报可。"官至平羌将军，封西宁侯。

[3] 亦集乃：今内蒙古额济纳旗。秦称"流沙""弱水流沙"，汉称"居延"。土尔扈特蒙古语称其为"亦集乃"，意为"先祖之地"。

[4] 吴把都：即把都帖木儿，亦译巴图特穆尔，汉名吴允诚。初为蒙古将，明初居甘肃塞外，官至平章。明永乐三年（1405），受明将宋晟招抚，赐姓名，授右军都督金事，奉命率部居凉州（今甘肃武威）耕牧，自是甘肃、宁夏边境日安。七年率兵入亦集乃（今内蒙古额济纳旗），进都督同知。翌年从明成祖出塞，升右都督。九年进左都督，十年以擒叛将阔脱赤功，封恭顺伯。十二年，率子从明成祖征瓦剌。师还，留居凉州备边。十五年卒于任所，诏赠国公，谥忠壮。其子克忠、管者、克勤均为明将，为保明边，多建功勋。

《历鉴》此条疑为抄写者疏漏而致年代错乱。一是王兴洪武元年已故，其子王义洪熙元年调镇番左卫所，老故后王刚世袭祖职。二是宋晟洪武十一年调任陕西镇守，十二年因罪被降为凉州卫指挥使，次年追击北元兵至白城，俘获众多士兵及马匹。招降吴把都在永乐三年而非本年。

[5] 明初推行军屯和商屯，朱元璋"令军士屯田自食"，卫所军卒戍守比例并无规制。洪武二十一年（1388）规定："凡卫所冲要都会及王府护卫，军士以十之五屯田，余卫所以十之四。"洪武二十五年改定全国卫所皆以十之七屯种，十之三守城。永乐二年（1404）朱棣又规定边地卫所"每百户止选老弱三十名下屯，替回精壮守城"，即"七分守城，三分屯种"。据《历鉴》所记，洪武六年，本邑军戍屯田 340 顷 58 亩 6 分；至洪武十二年，仅仅 6 年时间，军民屯田达到 1962 顷 24 亩 7 分许，显见屯垦人数和面积增长极快。如按兵制规定，镇番卫明初有士兵 5600 人，70% 的士兵屯田，则有屯田士兵 3920 人，每人垦田 50 亩，则有 1950 顷，加上民屯之田亩，此数据较为可信。

太祖洪武七年甲寅（1374）

二月癸亥，元季帖里密赤 [1] 之遁兵至镇邑，指挥王兴率部讨之，虏其所部二百余众于沙井 [2] 诸处，奉文俱送京师 [3]。

注释：

[1] 帖里密赤：北元国公。

[2] 沙井：在今民勤县薛百镇西约 22 公里沙漠中，"沙井文化"出于此。

[3] 京师：国家首都称为京师。1368—1421 年初，明朝首都在南京。

太祖洪武八年乙卯（1375）

孟大都以千户所总旗 [1]，改调西安护卫 [2]。

八月，大河[3]水潮，自红崖[4]以北决口十余处；小河滩[5]水漾如湖，营地亦遭水渐。乡绅吴玠[6]始祖吴坤《茶余笔谈》记此。

注释：

[1] 千户所总旗：明朝军队编制实行"卫所制"，军队组织有卫、所两级。一府设所，几府设卫，卫设指挥使。《明史·兵志二》："天下既定，度要害地系一郡者设所，连郡者设卫，大率五千六百人为卫，千一百二十人为千户所，百十有二人为百户所，所设总旗二，小旗十，大小联比以成军。"各卫所都隶属于五军都督府，亦隶属于兵部，有事调发从征，无事则还归卫所。总旗编制50人，隶属于百户。

[2] 西安护卫：疑指秦王朱樉在西安的藩王府护卫指挥使司。

[3] 大河：其河源有二，皆自武威县来。一发于石羊河，一发于洪水河，会于镇番县南蔡旗堡，曰大河。

[4] 红崖：即红崖山，位于民勤县城南，又称"南山"。

[5] 小河滩：元临河卫治，明清镇番卫所在地，即今民勤县城。

[6] 吴玠：镇番人，明嘉靖四十二年（1563）贡生，任湖广庆宁州州判，湖广行都司断事。

太祖洪武九年丙辰[1]（1376）

指挥陈胜于城内东北隅创建圣容寺[2]，共三楹，曰"山门"，曰"大殿"，曰"藏经楼"，费三千二百余金。

是年七月，邑民王泰等屯田红沙堡[3]，掘得金钟[4]一口。重五百余斤，上镌千余字，形渺难辨。孟公兆宁以为汉器，叶公白飞则谓为唐物。未尝亲目，弗敢妄判。《搜俎记异》有记。

冬十一月，鞑靼[5]五十众入境掳掠，指挥陈胜设伏于黑山堡[6]，鞑入彀全擒，俱送京师。

注释：

[1]《皇明九边考》卷9《保障考》：洪武九年，设甘州等五卫于张掖，设肃州卫于酒泉，设西宁卫于湟中，又设镇番、庄浪二卫，又于金城设兰州卫，皆置将屯兵拒守。《甘肃通史·明清卷》引《明太祖实录》："洪武五年，建临河卫，卫治小河滩城。二十九年以小河滩城分置，三十年更临河卫名为镇番卫。"

[2] 圣容寺：今称大寺庙，始建于明洪武九年，成化初年由镇番县城东北隅移建县城西南隅。

[3] 红沙堡：城址在今民勤县苏武镇泉水村东北，内城为汉代建筑，外城为明万历九年（1581）修建，城内外有汉代灰陶片、五铢钱、石磨及明代黑、褐、白釉瓷碗、罐等残片，城址保存较好。

[4] 金钟：铜钟。金，泛指金属，多指铜。

[5] 鞑靼：明朝对东部蒙古的统称，俗称蒙古族人为"鞑人""鞑子"或"达子"。

[6] 黑山堡：遗址在今民勤县重兴镇黑山村东北4公里、黑山北侧1公里处沙漠中。《历鉴》"黑山堡""黑山口""黑山驿"均在此处。

太祖洪武十年丁巳（1377）

乜先占木耳[1]攻凉州，告警。镇邑一千众火速往救之，遂解围。

注释：

[1] 乜先占木耳：应为"也先帖木儿"，元淇阳王月赤察儿第五子，御史大夫，陕西行台监察御史。

太祖洪武十一年戊午（1378）

二月，鞑靼一百余众自鱼海子[1]突袭，掳本邑盐夫二十三人。三月，陈胜设伏于鱼海，鞑复侵，入彀，战九合而技穷，遂多沉水溺死。

是年秋，始祭文庙。邑人卢毓嵩等捐资五千缗，以年利资其膏火之费。

又，江南高邮人李九二[2]者，是年从丞相徐达选充小旗[3]，后调镇番。

注释：

[1] 鱼海子：即休屠泽，亦称渔海子、鱼海，在今民勤县东北。乾隆《大清一统志·凉州府一》："今三岔河自镇番东北出边，又三百余里潴为泽，方广数十里，俗名鱼海子，即白亭海，古休屠泽也。"

[2] 李九二：《武职选簿》记为"李二"。

[3] 小旗：明代卫所最小的军事建制，统兵10人。

太祖洪武十二年己未（1379）

春二月戊戌，西平侯沐英战于洮州[1]，番寇三副史阿卜商等率部遁逃。上命各处卫守关隘，谨心防御。本邑奉饬遵行，未敢疏忽。

是年，本邑军民共屯田一千九百六十二顷二十四亩七分许。

注释：

　　[1] 沐英（1344—1392）：字文英，濠州定远人，朱元璋义子。洪武九年以副帅之职征讨吐蕃。洮州，今甘肃省临潭县。

太祖洪武十三年庚申 [1]（1380）

　　春降暴雪，逾月余方渐暖。而陂阴之处，积雪犹未化也。

注释：

　　[1]《明太祖实录》卷133：九月，"诏陕西诸卫军士留三分之一守御城池，余皆屯田给食，以省转输"。

太祖洪武十四年辛酉（1381）

　　春正月，元平章乃尔不花 [1] 等率部寇边，大将军徐达率师讨之。嗣四月，前锋傅友德军至北黄河，不花逃遁北漠，傅遂以轻骑追击之。别里不花被擒，余众克散。乃尔不花之残部逾鱼海溃逃。本邑指挥王兴选轻骑一千截道狙击，战于下里玛山 [2] 谷，大胜。获驼五百二十峰、马八十余匹，奉送友德，嘉其功著，赠金一万。

　　于北碛设驿道，分兵驻防，查禁烧锅马匹等件。西流商贾、游僧率有犯而被执者，轻则罚金二百，重则发配贬充。

　　按，《国初边卫纪略》云，窃运禁货犯二者，依律严惩不贷。

注释：

　　[1] 乃尔不花：元太尉，洪武二十三年归顺明朝。

　　[2] 下里玛山：在今民勤县境北部与内蒙古阿拉善左旗毗连处，距民勤县城约125公里。

太祖洪武十五年壬戌（1382）

　　邑人张柏和公募资展修苏公 [1] 祠。所列苏公神像仪态丰姿，维妙维肖。

注释：

　　[1] 苏公：指苏武（前140—前60），字子卿，杜陵（今陕西西安）人。西汉天汉元年

（前 100）拜中郎将，出使匈奴被扣留 19 年，持节不屈。

太祖洪武十六年癸亥（1383）

鞑人驱驼逾境，于青土湖掠盐。因飓风迷路，忘其归途。至白圪垯井[1]，与墩军相逢，干戈相交。鞑靼死伤惨重，惊惧逃奔，驼盐尽弃。时有俚言讥之曰："鞑子偷盐，苦不可言，丢了囊驼赔了钱。"

注释：

[1] 白圪垯井：在今民勤县东北 75 公里处，巴丹吉林沙漠南缘，邻内蒙古。

太祖洪武十七年甲子（1384）

指挥王兴[1]奉饬赴东乐[2]，沿关查禁烧锅、马匹等件。

注释：

[1] 王兴：洪武年间所记王兴事迹均有误，见本书卷一洪武五年注 [2]。

[2] 东乐：甘肃省民乐县旧名。

太祖洪武十八年乙丑（1385）

江南凤阳府虹县[1]人彭铉[2]是年以父成[3]荫迁，授镇番指挥佥事[4]。

是年夏，指挥王兴率民兵五百人，于黑山口以北疏通河流，并以二千五百金货柴草，筑河墩四十五座。

注释：

[1] 凤阳府：府治今安徽省凤阳县城。明代隶属于南直隶，清代隶属于江南省和安徽省。虹县：安徽省宿州市泗县古称。

[2] 彭铉事迹见本书卷一正统元年条。

[3] 成：即彭成。道光《镇番县志》记彭成为江南凤阳府虹县人。洪武元年从征太原，二年授百户，四年授世袭百户，八年授千户，十八年授世袭指挥佥事。

[4] 指挥佥事：秩正四品，明代京卫和地方指挥使司所辖，协理禁中警卫部队和地方部队。《历鉴》此处所记彭铉袭职时间有误。《明英宗实录》卷 102 记彭铉正统八年（1443）老疾致仕。明洪武规定军职 15 岁袭职，60 岁以上"皆听致仕"。若彭铉是年袭职，最小年龄为 15 岁，至正统八年已 73 岁，超龄任职十数年几无可能。

太祖洪武十九年丙寅（1386）

是年，本营守墩驻军共三千五百二十名，农工牧商共五百四十户，三千五百又七人 [1]。据《镇番户族小识》。

注释：

[1] 明代正军服役于卫所，必须带妻同行，以安定生活并生儿育女。《明会典》卷155："如原籍未有妻室，听就彼完娶，有妻在籍者，着令原籍亲属送去完聚。"行军时发给口粮，衣装自备，武器由国家以工匠生产。军士在营，分成守备和屯田二部分，比例不定，按时轮流，屯田固定上交粮食，以供给守备军及官吏，其目的在养兵而不耗国家财力。

太祖洪武二十年丁卯 [1]（1387）

七月，闻征西大将军冯胜因北征纳哈出踬仆诖误 [2]，邑人孙思旷上疏请免，上怒，令斩于市。《搜俎记异》记：

思旷既死，其妻王氏悲且怒，遂啮指出血，以发蘸之，书云："春如将逝兮，燕飞归途；夫既已没兮，妾胡独居？"人得知，已缢死久矣。说者谓其"清凉如水，惨淡若秋，几令知音者泪下潸然"，所云甚是。

注释：

[1] 雍正《陕西通志》卷38《屯运二》：洪武二十年，"令陕西屯军五丁抽一，税粮照民田例，又令屯军种田五百亩者岁纳粮五十石。"

[2] 纳哈出（？—1388）：扎剌儿氏，蒙古族，元太平路（治所今安徽当涂）万户，统治辽阳行省。《明史·列传·冯胜》记北征事："洪武二十年命胜为征虏大将军，以步骑二十万征纳哈出。哈降，冯得所部二十余万人，牛羊马驼辎重互百余里入关。帝大悦，使使者迎劳胜等。会有言胜多匿良马，使阉者行酒于纳哈出之妻，求大珠异宝。王子死二日强娶其女，失降附心，又失濮英三千骑等。帝怒，收胜大将军印，命就第凤阳，奉朝请，诸将士亦无赏。胜自是不复将大兵矣。""踬仆诖误"即言此事。

太祖洪武二十一年戊辰（1388）

是年，元季残兵辄往来鱼海等地扰边掳夺，饬令卫指挥佥事策兵力征。贼寇狡黠，行踪无定，追之则遁，罢而又扰，终未可尽克也。

太祖洪武二十二年己巳（1389）

秋，镇邑奇热，鱼海盐丰。何海潮率民夫三十余众、橐驼六十三峰往捞之。逾旬，得净盐一万二千四百六斤零。

又，邑人孟大都实授庄浪正印千户[1]。

注释：

[1] 正印千户：明制，某些重要官职（如御史）铸有二印。其一为职官本人掌管，谓之"副印"；其一藏于内府，谓之"正印"。有事则受"正印"而出，复命时则仍上交朝廷。明代有正、副千户，无"正印千户"之谓。《武职选簿》记孟大都为试百户。

太祖洪武二十三年庚午（1390）

是年春月，于鱼海设盐务驿，营署理盐课，额征盐例共三十万斤。

太祖洪武二十四年辛未[1]（1391）

春二月，镇邑边警，饬令边卫营属人民编入行伍，以驻军指挥统领。本邑共编四千又五十，号称五千。又编马兵一千名，分置各隘口，昼夜巡逻。

秋大荒。民多以军务误耕，窃迁怒有司。营属具文申报，凉州府檄请凉、永二卫[2]，调粮接济，共收谷麦二百五十余石。然官军饥如饿虎，粮未至镇，而已失于中途。死于非命者，百姓而已。

注释：

[1]《明太祖实录》卷207：二月，"遣陕西诸卫官军八千余人屯田甘肃，官给农具谷种"。

[2] 凉、永二卫：指凉州卫和永昌卫。凉州卫，明洪武九年改西凉州置，治今甘肃省武威市。属陕西都司，后属陕西行都司。清雍正二年（1724）升凉州府。永昌卫，明洪武三年置，隶陕西行都指挥使司，清雍正二年改永昌卫为永昌县，隶凉州府。

太祖洪武二十五年壬申（1392）

邑人孟大都自庄浪正印千户职告老归里，时八十二岁[1]。

《镇番宜土人情记》曰：

壬申夏，孟公大都以其遐年辞职归里，捐一千金，开学授徒。说者谓大都乃镇邑教授之原始。

注释：

[1] 明洪武制文武官员 60 岁致仕，此处"八十二岁"存疑。

太祖洪武二十六年癸酉（1393）

八月，淫雨霏霏，绵延四十一天，迄九月初方霁，牧民承其泽。

太祖洪武二十七年甲戌（1394）

是年大稔。

太祖洪武二十八年乙亥（1395）

春寒。邑人祁熙等募资修筑老爷庙[1]。

注释：

[1] 老爷庙：关羽庙的俗称，遗址在今苏武镇泉水村老爷庙滩上。

太祖洪武二十九年丙子[1]（1396）

饬令本邑置卫屯田，隶所农民五千五百人。

注释：

[1]《明太祖实录》卷 244：二月，"诏发安东、沈阳各卫恩军三千六百余人往戍甘肃"。嘉靖《陕西通志》卷 9《土地九·建置沿革下·镇番卫》："皇明洪武二十九年，开设（小河滩城）为镇番卫，辖左、中二所。正统十年，增设右所，共三千户所，隶陕西行都指挥使司。"左所在镇番卫东南黑山一带，中所在卫城，右所当在卫城东北或西北。

太祖洪武三十年丁丑（1397）

于红沙堡展筑边墙一十八里，增筑烽火墩三座。墙阔八尺，高一丈三尺。

太祖洪武三十一年戊寅（1398）

是年，邓愈、沐英等奉征河西。邑人王柱国慷慨请缨，随军出征。沐嘉其志，

封为百户 [1]。

太祖终。

注释：

[1] 王柱国因请缨出征封百户，有违明制，存疑。

惠帝建文元年己卯 [1]（1399）

于六坝沟 [2] 增筑烽火墩二十四座，迤接土门堡 [3]。

秋，农民徐启昌等于红沙堡南拓新地，掘出古冢一座，内皆汉时遗物。
间有一碑镌《大智恩师于光墓志铭》，字迹斑脱，无可识详，后置于圣容寺中。

注释：

[1] 惠帝建文：朱允炆（1377—？），懿文太子朱标次子，朱元璋之孙，明朝第二位皇帝，
1398 年 6 月至 1402 年 7 月在位。年号建文，庙号惠帝。

[2] 六坝沟：疑在今民勤县东坝镇。

[3] 土门堡：甘肃省古浪县境内明长城关堡。《古浪县志》载："土门堡，明万历
二十七年（1599）修筑。"古时与镇番东大边之苏武山、白土井等据点联为凉州外藩要塞。

惠帝建文二年庚辰（1400）

于二道梁 [1] 迤北筑烽火墩一十八座，间五里，各置守兵四五名。

又，于查夯库连等地设兵驿站三处 [2]，俱派兵丁二名守之。

注释：

[1] 李注：二道梁在今民勤县境东北柳林湖迤北三四十里，有头道梁、二道梁、三
道梁之名，疑即指此。以实地考察，间有烽墩遗址依稀可见。由此往南至柳林湖大片地区，
除钟家墩尚有遗迹外，并无其他古遗址发现。推测早期这里为湖水蓄潴之地，守军藉为
天然屏障，故无边墙、烽燧之设。

[2] 兵驿站三处：杨正泰撰《明代驿站考》依据《寰宇志》卷 101 记镇番卫驿站有三处。
宁远驿，在今民勤县城内；黑山驿，在今民勤县西南黑山堡；山岔驿，在今武威县北三岔。
《明实录》记设立时间为永乐三年（1405）。《历鉴》崇祯七年（1634）、顺治四年（1647）均有记。
现见史料中无"查夯库连"，李玉寿先生注其"在今阿拉善右旗孟根苏木境内，与民勤北
边接壤"。待考。

惠帝建文三年辛巳（1401）

鞑靼数十人觅畜逾境，守墩军擒执解官。有司申请凉府，府宪依律判夺，罚充盐奴，令军卒役使，市人称其为"盐奴子"。乡绅刘坤日记载此。

惠帝建文四年壬午（1402）

大河水潮。卫[1]南溃堤甚巨，民人力堵不竟，淹没庄田无计，溺死人七，畜五十三。据卫志。

惠帝终。

注释：

[1] 卫：指镇番卫前身临河卫。

成祖永乐元年癸未 [1]（1403）

春二月，史昭[2]募资重修元真观，在城东街。陈敏立碑，后佚；碑文候考。

按，元真观即真武庙，太祖洪武初，守备陈辉建。

春三月，守备马得募资展修卫城，于东南、西南、西北城角筑角墩三座。又于四周挖护城濠，宽三丈，深一丈八尺零。中常蓄水，深可没人。

按，镇邑之城，自有明洪武中，因元季小河滩空城[3]修葺为卫址。旧志云："旧址三里五分，城墙颓废，不足御寇敌，不足蔽风沙。"

夏，李氏始祖九二以小旗调迁镇番[4]，因家与焉。据《李氏宗谱》。

秋，邑人孟原[5]，大都子，补镇番总旗。

注释：

[1] 成祖永乐：朱棣（1360—1424），朱元璋第四子，受封燕王，发动靖难之役夺位登基，年号"永乐"。庙号"太宗"，明世宗朱厚熜改为"成祖"，1402—1424年在位。

《明太宗实录》卷21：永乐元年六月，"甲戌（洪武二十七年，1394）复镇番卫，建文中革卫，而设守御千户所于庄浪，至是守臣请复。上曰：镇番地接胡虏，守御不可废，命兵部亟复之选边将一人，率庄浪军士戍守"。

[2] 史昭：合肥人。永乐八年充任总兵官，镇守凉州，讨平虎保叛乱。移镇西宁，升都督佥事。宣德时，以征西将军镇守宁夏，升都督同知。正统时，升右都督。居宁夏十二年，

兵政修举，边境安定。

[3] 小河滩城：《明史·地理志》第十八记，"镇番卫本临河卫，洪武中，以小河滩城置，三十年正月更名，建文中罢，永乐元年六月复置……西有黑河，即张掖河下流也。又东有三岔河，南有小河，西有盐池，西南有黑山关"。道光《重修镇番县志·地理考》："小河滩城，今县治，元季第存空城。周三里有奇，明成化中展筑。唐人谓于凉州北境碛中建置城垣，即此处也。"《唐书·郭元振传》记唐人所建为白亭军城："大足元年，郭元振为凉州都督，旧州界南北不过四百里。元振始于南境置和戎城，北界碛中置白亭军，拓州境一千五百里。"《元和郡县志图注》记："白亭军在姑臧县三百里，马城河东岸。"

[4] 李氏始祖：《历鉴》据《李氏宗谱》所记洪武十一年（1378），"江南高邮人李九二者，是年从丞相徐达选充小旗，后调镇番"；又记成祖永乐元年"李氏始祖九二以小旗调迁镇番，因家与焉"。

《武职选簿》记载明代镇番卫两支李氏大族，一支祖上为"李马儿"，籍贯北直隶小兴州。该家族一辈李马儿，二辈李志，三辈李贵，四辈李杰，五辈李凤，六辈李释迦保，即李天爵。另一支祖上为"李二"，籍贯江南高邮，先祖一辈李二，二辈李志，三辈李荣（李楑）……六辈李灼，七辈李震，八辈李胤弼，九辈李承勋。

《历鉴》此处所记当为后者"李二"。

[5] 孟原：《武职选簿》记为孟源，世袭试百户。《历鉴》所记"总旗"有误。

成祖永乐二年甲申[1]（1404）

冯祯于城南六十里建黑山驿。

秋月，邑民姜鸿鹏等于六坝湖[2]侧移丘耕地，共辟四百亩。明年，以湖水濡之。

是年，六坝湖多鱼，民人咸往捕捞。有得奇鱼者，状如豚，重四十一斤。送于官，有司剖而得脂五斤。有食之者，顷间浑身臃肿，知其有毒也。烹其油而点灯，甚佳。王惺《六坝湖奇鱼赋》云此。

注释：

[1]《明太宗实录》卷31：五月，"甘肃总兵官左都督宋晟言，甘肃镇番与胡寇接境，原调庄浪千户所军九百备御，今屯田之外止存五百八十，不足调用。命以巩昌卫所带管中、左所军益之"。

卷33：秋七月，"置陕西镇番卫经历司，经历一员"。

[2] 六坝湖：《五凉全志·镇番县志》记之"在县东三十里，今垦为田"。位今民勤东坝镇。

成祖永乐三年乙酉[1]（1405）

邑人孟原选送陕西行都指挥使司[2]，以并枪得胜，替袭试百户。

顺天遵化人马得[3]，是年以镇邑守备御寇盐池[4]，战殁，遂世职镇番。妻王氏，三十二岁寡，以针黹抚孤成材，人莫不钦之。孟良允有《德行赞》传世。

是年，始于本卫设铺舍。旧志谓永乐乙酉于本邑设置驿道并铺舍，谬也。据考，镇番始设铺舍在永乐乙酉，而驿道则在建文庚辰，已见前例。详卫署存案。

注释：

[1]《明太宗实录》卷46：九月，"设陕西宁边、黑山、三岔三驿，隶镇番卫"。《历鉴》记为建文二年设，误。

[2] 陕西行都指挥使司：明朝5个行都指挥使司之一，地域范围主要由石羊河、黑河两大内陆河流域和属于黄河支流的湟水流域、庄浪河流域三部分组成。洪武二十六年，陕西行都指挥使司自庄浪徙置于甘州，下设甘州左、甘州右、甘州前、甘州后、甘州中、凉州、镇番、山丹、永昌、肃州、庄浪、西宁等12卫，以及镇夷、高台、古浪3个守御千户所。

[3] 马得：嘉靖《陕西通志》卷24《文献》12《三边名宦》记，"马得，顺天府遵化县人。永乐元年，以渡江战功升指挥同知，调镇番卫。七年，追剿达达、可可思等至白盐池，手刃三人，中箭而没"。

[4] 盐池：应为白盐池。《清一统志·凉州府一·白盐池》："《行都司志》：有新中沙白盐池，在镇番卫东五十里，周二里。又三坝白盐池，在卫东三十里，周三里。鸳鸯白盐池、小白盐池皆在卫西北二百二十里边外。"马得战殁之地当在其中某处。

成祖永乐四年丙戌（1406）

夏月，邑绅王甫等捐资三千缗，于枪杆岭山[1]筑亭四座，一曰"凤来"，一曰"龙堆"，一曰"浴泉"，一曰"沐风"。并凿盘石一方，镌四字，曰"法界十方"。

《镇番宜土人情记》曰：

镇东北百四十里枪杆岭山，有巨石若盘，高凡一丈四尺，宽八尺有奇，重六千六百六十六斤，镌刻"法界十方"四字。时有拓得者，咸称奇珍云。

是年秋大旱，地面龟裂，间有隙缝如沟壑。乔木稼禾，蔫枯焦死。满目苍凉，田园萧疏。

注释：

[1] 枪杆岭山：又名金刚岭山、金牛山，位于民勤县城东北 70 公里、收成镇附智村二社南 1 公里处。

成祖永乐五年丁亥（1407）

凤阳六安人吴辅[1] 知县事。下车伊始，值凉州叛寇虎保[2] 扰境围城。公登埠捍守四十余日，城得保全，公因功袭指挥职。

注释：

[1] 吴辅：《武职选簿》记："吴辅，永乐六年四月，镇番卫指挥佥事。"《五凉全志·镇番县志》记其"永乐五年调镇番，凉州叛，达云保围卫甚急，辅极力捍守，四十日解围，城赖以全。袭指挥职，配享苏公"。

[2] 虎保：《五凉全志·武威县志》记其为明凉州卫土官千户，永乐五年叛，永乐八年败亡。

成祖永乐六年戊子（1408）

邑人王志素嗜搜古。

举人卢公生华尝云：永乐六年，志自千户孟大都居处得洪武三年十一月二十六日户部勘合户帖[1] 一枚。族人金曰：斯物乃孟公昔时自浙江宁波故里携带至此，今帖藏于邑衿孙肇启处，常人不许见。余与之向为莫逆，尝出示令识颠末，因得录之。曰：

说与户部官知道，如今天下太平了也，止是户口不明白俚，教中书省置天下户口的勘合文簿、户帖。你每户部家出榜，去教那有司官，将他所管的应有百姓，都教入官附名字，写着他家人口多少。写的真着，与那百姓一个户帖，上用半印勘合，都取勘来了。我这大军如今不出征了，都教去各州县里下着绕地里去点户比勘合，比着的便是好百姓，比不着的便拿来做军。比到其间有官吏隐瞒了的，将那有司官吏处斩。百姓每自躲避了的，依律要了罪过，拿来做军。钦此。除钦遵外，今给半印勘合户帖，付本户收执者。

一户某　府　州　县　乡　都　保，付籍　户，计家　口。

男子　口，成丁　口；不成丁　口。

妇女　口，大　小　。

事产　基　田　瓦　草　屋　。

右户帖付某　收执。

准此。

洪武三年十一月　日

注释：

[1] 户帖：原书所录此帖内容错讹较多。经与明代嘉靖年间李诩《戒庵老人漫笔》卷一《半印勘合户帖》所记洪武三年（1370）江阴县户帖对校，又参照浙江省社会科学院历史所陈学文《明初户帖制度的建立和户帖格式》（《中国经济史研究》2005 年第 4 期第 110 页）列出的户帖资料与照片校订为以上式样。

成祖永乐七年己丑（1409）

镇抚李名[1] 募资展修苏公祠，立《苏武山铭》。铭曰：

高山仰止，勒石俨然。上多美景，下有飞泉。名花勃勃，芳草绵绵。古祠高树，黄河盘旋。吞毡卧雪，皓首苍颜。羊归陇上，雁断云边。持旄节而不遗，叹帛书之难传。回日原非甲帐，去时乃是丁年。老骨侵胡月，孤忠吊南天。白亭留芳名，麟阁表云烟。一生事业，谁敢争先！

广恩谨按，苏山之铭，因恰一百字，故亦称《百字铭》。生华公卫志曰："苏武山有苏公祠，洪武初，犹觑其遗迹，因知为先朝之制。"

《镇番宜土人情记》云：

苏公祠，旧蠡山铭，俗谓之《百字铭》，因其一百字故也。传为神立，萃风云于笔底，气象非常；罗星宿于胸中，词源独睿。

洪武间，守备陈辉乃迁铭于野鸽墩[2]。逢三月清明，倾城出户登山，男女接踵，车马阗集，游客络绎。并有百戏娱乐，戴柳抛球，纷然杂集；小摊买卖，盲女丝弦，在在成市。《奥区杂记》记此。

注释：

[1] 镇抚：官名，元、明均于诸卫置镇抚司，设镇抚等官，负责本卫的法纪、军纪。《历鉴》及旧志多作"镇抚司"，应为"镇抚"。

李名：《五凉全志·镇番县志》等旧志均作"李旻"。

[2] 野鸽墩：在今民勤县城东 10 公里处。

成祖永乐八年庚寅 [1]（1410）

凤阳定远人方贤 [2]，以征饮马河 [3] 答兰那木哥儿功升指挥，调镇番。

彭铉从征本雅失里 [4] 有功，有司嘉之。

注释：

[1]《明太宗实录》卷 109：冬十月，"甘肃总兵官驸马都尉西宁侯宋琥奏，调都指挥丁刚镇凉州，王贵镇肃州，史昭守镇番。从之"。

[2]《武职选簿》记：方贤，原系西宁卫指挥同知，因征剿胡寇有功，升指挥使。永乐九年正月十八日钦调镇番卫管事。

[3] 饮马河：即额尔古纳河上源月卢胸河。

[4] 本雅失里（1378—1411）：忽必烈后裔，元末明初鞑靼首领之一。永乐九年，被瓦剌部首领马哈攻击身亡。

成祖永乐九年辛卯（1411）

《镇番宜土人情记》曰：

永乐九年五月，民人李鸣等开拓千户滩 [1]，掘获汉五铢十枚。土蚀斑脱，皱裂无光。论者谓兹土汉民遗址云。

广恩谨按，非也，钱币乃人所携带之物，钱币至于斯，人所遗失也，非必为汉民遗宅而可有之者。况物以人传，汉五铢岂不能播迁于后世，而至于三国，而至于魏晋，而至于唐宋耶？

注释：

[1] 千户滩：今民勤县苏武镇千户村。

成祖永乐十年壬辰 [1]（1412）

邑人不 [2] 铎等于枪杆岭山筑亭，颜曰"喷泉亭"。《奥区杂记》云：

秋月，岭上野菊初绽，满目新色深浅，撩人心醉。憩于泉亭，对溪觞饮，每作超然欲仙之感。泉亭者，喷泉亭之略称也。

又,《镇番宜土人情记》曰：

岭上有喷泉,泉侧有亭曰"喷泉"。秋月黄花新绽,于亭间凭栏眺望,风露舒凉,清香徐细,若傍花浅酌,则如对美人倩笑软语也。把手摘著一枝二枝,顿时满身馥郁,如饮芳醴。陶潜爱菊,尝云"采菊东篱下,悠然见南山"。游人至于枪杆岭,每作如是之想。

广恩谨按,枪杆岭喷泉,不复见之久矣。泉侧泉亭,今惟存残垣断壁而已。柳湖绅衿王公、陶公、裴公、刘公尝丞欲再行恢复,几经呼吁,窘于经济,未能如愿,殊为遗憾。

注释：

[1]《明太宗实录》卷130：七月,"敕甘肃总兵官西宁侯宋琥及丰城侯李彬曰：甘肃土鞑军民终怀反侧,宜从入兰县就粮。已敕总兵官安远侯柳升领宁夏骑士二千屯凉州镇番,以备之尔"。

[2] 丕：读 dǔn。

成祖永乐十一年癸巳（1413）

始定养驼例。每五丁养一驼,三年增倍。凡五丁养二驼者,免应差,地亩征粮一半；五丁养五驼者,征粮皆免；一丁超养一驼者,按例奖赏。以故镇邑橐驼日有增加,不几年,其数至于十万计[1]。

注释：

[1] 李注：明初镇番人口不足一万,"十万"橐驼之数,绝无可能。因为按定例"一丁超养一驼者",即行"按例奖赏",那么一丁超养十驼,朝廷又该怎样奖赏呢？惟其不可能,才有奖惩的定例。故此"十万"云云,恐是"一万"之讹写。

成祖永乐十二年甲午[1]（1414）

卫城东南郊旧有流溪,四季晴烟袅袅,湖天潋潋。尤至深秋,碧水微波,浅草平铺杨柳岸上,游虾叶间。是年,邑人王炆、宋钰二公募资于湖西畔筑木楼,颜曰"垂钓楼"。

《镇番宜土人情记》曰：

城南郊旧有溪水，汇潴成湖，阔为三百亩。永乐甲午秋，王炆、宋钰二公募资创修"垂钓楼"，于是游人辄泛舟登楼，载酒垂钓。亦有戏子游优，每于此卖技讨食，濔聒眺听，声不绝耳。

注释：

[1] 田澍《明代甘肃镇边境保障体系述论》记：永乐十二年，明朝规定，在五六屯或四五屯内，选择便利之地修筑一大堡，堡墙高七八尺或一二丈不等，堡墙四面开八门以供军民出入；近屯辎重粮草都集中于大堡之内。每一大堡设堡长一人，屯堡一人；小堡只设屯长一人。大堡设有守备、操守、防守等官，小堡则设防御掌堡官或总旗。平时"守护城池，有警则收敛人畜"（《明太宗实录》卷93），凡"农务已毕，或有警收敛，则皆归墩之内"（《五凉全志》卷13《艺文志》）。

《五凉全志》卷2《地理志》载："镇番为凉州门户，四通夷巢，无山险可恃。明时套夷，不时窃犯，故设重兵弹压……而蔡旗、重兴、黑山、青松、红沙等堡，俱有防守官兵，周围棋布。"田墩或"二三十数家，或四五十数家，令共筑一墩，每墩设总甲一人"。明代张雨《边政考》记载，"镇番卫有寨二，营一，堡二十四，隘口八，墩五十三"。（《中国边疆史地研究》1998年第3期，第31—33页）

成祖永乐十三年乙未（1415）

二月，华亭[1]赵弯脖被贬至镇，能以方言唱吴歌。性谑甚，常以"乐天"自诩。问其贬之由，每低头不语，面凝忧色云尔。

注释：

[1] 华亭：明代华亭县有二，一属苏州府，一属平凉府。此处应指前者，因赵弯脖"能以方言唱吴歌"故。

成祖永乐十四年丙申（1416）

春大寒，民家养驼，皆清瘦见骨。卫署具情申报，谋减定例，凉府依律驳回。逮五月，日有死亡，不一月，共死驼一千四百余峰。

成祖永乐十五年丁酉（1417）

是年，本卫奉造户口簿。户二千四百二十三，口六千五百一十七。

秋旱，地多龟裂，禾不生。

成祖永乐十六年戊戌（1418）

大旱，民不聊生，逃亡者无计其数。

成祖永乐十七年己亥（1419）

年馑继之，民有怨声。

成祖永乐十八年庚子（1420）

卫署委乡绅钟冷泉、姜月浮赴凉请命，凉府奏闻朝廷。三月二十四日，蒙恩蠲免一切赋税，并准三年不缴官粮。

成祖永乐十九年辛丑[1]（1421）

奉饬废养驼例，准百姓亦农亦牧，择其宜事者而事之。

乡民二月二日祭龙，捐资于城内筑龙王庙，祈神庇佑。

秋降大雨，糜谷承其泽，大丰。民人感神之灵，乃设坛于龙王庙前，大祀三日。

注释：

[1] 是年，明中央政府正式迁都北京，以南京为留都。

成祖永乐二十年壬寅（1422）

春二月，乡民筑河堤，忽睹一物漂浮而下，有好事者打捞得之，竟为木雕帝像。以为神所使然，爰捐资筑庙于此。今城北十五里关帝庙，传即是庙也。

成祖永乐二十一年癸卯（1423）

有乡民何沅者，塑牛特精。是年打春，塑春牛、芒神于卫署门前。牛大如真牛，作行走状。芒神比若童孩，戴竹笠，履草鞋，手执短鞭，面有笑靥，极作顽皮之状。至日演春，官民纷集于前。镇抚方杰[1]欲以旧俗鞭牛，客商周济民惜之曰："斯牛忒活，碎之令人可惜，莫如效苏杭风俗，以米豆之物，抛打相竞，取年丰意。"人皆唱和，遂以五谷抛打之。后，何沉既逝，仍以鞭打春牛。

注释：

[1] 方杰：疑为"方贤"，见本卷永乐八年注[2]。

成祖永乐二十二年甲辰（1424）

千户王让[1]捐资筑红沙岗寺[2]，供奉有稷农官[3]神像。

是年八月，王程又捐资五千缗，铸万寿钟一尊，置红沙岗寺中，击之催耕。《镇番宜土人情记》记红寺有联句曰：

德重农桑，勤催绿野；荣争官司，名列丹书。

又曰：

周官重司农，两汉曾设此职位；月令记保介，三代亦有是功名。

又曰：

勉强从事，尚添一方保介；殚力奉公，敢负四坝威风[4]。

又曰：

耕云犁雨，自然混着肚皮；拈轻偷闲，天生只喝西风。

又曰：

黄沙万里，尚缘红寺度冬夏；岫云深处，乍见轻舟过红楼。

成祖终。

注释：

[1] 王让：疑为王谦。《武职选簿》记其凤阳府定远人。高祖王官，祖父王英，父王能，世袭镇番卫左所副千户。

[2] 红沙岗寺：疑即"镇番八景"之"红寺农耕"处，址约在今民勤县城东北15公里。

[3] 稷农官：应为稷官，指古代掌农事的官。

[4] 四坝威风：四坝泛指镇番卫东南的"坝区"。《明实录》《武职选簿》记载，天顺二年（1458）武平伯陈友率明军在四坝大胜蒙军，因有此说。详见本书天顺二年注[1]。

仁宗洪熙元年乙巳 [1] (1425)

王标 [2] 升镇番掌印指挥。

牧人王忻一日宿于青土湖。至夜，闻管弦声。细辨之，有歌童远吟，其声哀婉。翌日，忻归告于学者曰："小娃所歌，惟'失我、失我'耳，余不知所云。"学者恍然，曰："知之矣。昔日霍去病 [3] 征西逐匈奴，休屠被戮，浑邪击溃，因置武威、酒泉二郡。匈奴思欲再得斯土，故作歌曰：'失我祁连山，令我六畜不蕃息；失我焉支山，使我妇女无颜色。'歌童所吟者，匈奴歌也。"《搜狙记异》记此。

仁宗终。

注释：

[1] 仁宗洪熙：朱高炽（1378—1425），明成祖长子，永乐二十二年即位，次年改元为洪熙。猝死于宫内，年号洪熙，庙号仁宗。

《明仁宗实录》卷2：八月，"胡颜任陕西，专掌镇番卫"。

[2] 王标：应为王义。《武职选簿》记："王刚，系王义庶长男。父（王义）洪熙元年调镇番卫左所，年老，刚替副千户（指挥佥事）。"

[3] 霍去病（前140—前117）：河东平阳（今山西临汾西南）人。元狩二年（前121），率兵击败匈奴，汉朝自此控制河西地区。

宣宗宣德元年丙午 [1] (1426)

镇番卫指挥佥事彭铉，是年功升陕西行都司指挥佥事 [2]。事载旧志。参正统元年例。

秋月，南山淫雨。山水倾注大河，沙燧墩 [3] 内干溃决数处，洪水漫流，民被其害。历一岁水渐退，大河遂改道左向三里许。

注释：

[1] 宣宗宣德：朱瞻基（1398—1435），明仁宗长子，年号宣德，庙号宣宗。

[2]《明宣宗实录》卷22：冬十月，"升镇番卫指挥佥事彭铉为陕西行都司都指挥佥事"。

[3] 沙燧墩：应为"沙嘴墩"，在今民勤县双茨科镇小新村三社东5公里处沙漠中。

宣宗宣德二年丁未 [1]（1427）

六坝湖鱼丰，土人咸携篾具往捕之。东岔 [2] 人尤利。

大河决堤，水淹田地共百余顷。失地农民，有司酌情抚恤之。

注释：

[1]《国朝献征录》卷 7："宣德二年，时西戎伪王阿鲁台等寇甘凉，边将屡失利。命公佩平房将军印率京营五千骑征剿，凡陕西及甘肃凉州等处官军悉听节制，兵至镇番，出鱼儿海子哨还。"

[2] 东岔：在民勤县东北 20 公里处，今东坝镇。

宣宗宣德三年戊申（1428）

有回鹘眩人 [1] 四五众，徙居本邑，贾其土产甚伙。卫署以库银五十两购其乐器四件，惜无善事者。嗣后皆佚。

广恩谨按，《搜俎记异》载此条。原记：宣德间，回纥四五人游商至镇。一面贾其方物萄萄、瓜干之类，价俱低廉；一面售其乐器五弦琴、琵琶之属，制极精，然价颇昂。卫署以库银五十两购其乐器四件，惜无善事者。无几，即弥失矣。

注释：

[1] 回鹘：又作回纥，为西北以及中亚地区少数民族部落，维吾尔族先民。

眩人：又做"幻人"，魔术师之谓。

宣宗宣德四年己酉（1429）

北直小兴州 [1] 人李忠 [2]，调镇番卫掌印指挥，授卫守备昭勇将军。旧志载其传云：

李忠，北直小兴州人，洪武三十五年，积功升授庐州卫指挥同知 [3]。永乐元年，从征本雅失里，击败阿鲁台 [4] 有功迁指挥使 [5]。宣德四年，调镇番卫掌印指挥，授卫守备昭勇将军，至时始居镇番焉。

镇抚张俸 [6] 具文申报："镇邑十地九沙，非灌不殖，而水利之役，向无专司御治，故多河患，民辄被其害。"府因递报，蒙恩饬批："设水利通判 [7] 一员，令专责灌溉。"镇邑水利通判始于此。

注释：

[1] 北直：明称直属于京师的地区为直隶，相当于今北京市、天津市、河北省大部和河南省、山东省的小部分地区。为区别于直隶南京地区的南直隶，亦称北直隶，简称北直。

小兴州：明代移民集散地，在今河北滦平县。

[2] 李忠：《武职选簿》记为李志，"宣德八年二月，李贵，系镇番卫指挥使李志嫡长男"。

[3] 指挥同知：明朝为卫设置的副长官。每卫 2 人，从三品，与指挥使、金事同掌卫事，多为世袭，兼有流官。

[4] 阿鲁台（？—1434）：北元鞑靼太师，属阿苏特部，明朝东部蒙古首领之一。

[5] 指挥使：明朝的军事指挥职务，为卫所一级最高军事长官，秩正三品。下辖指挥同知 2 人（副长官，从三品），指挥金事 4 人（正四品）等属员。

[6] 张俸：疑为《武职选簿》所记"张胜"，系镇番卫流官指挥金事。详见本书卷二嘉靖四十五年注 [15]。

[7] 通判：明朝为各府副职，辅助知府政务，分掌粮盐都捕，秩正六品。

宣宗宣德五年庚戌（1430）

春荒。飓风时起，霜冻频仍。农民耕种，无所措手足。时有谚曰：黄风黑浪，田苗曳趄[1]；白霜黑霜，田禾皆亡。

注释：

[1] 李注：曳趄，俗语。"趄"作"行"解，"曳趄"犹言"一行行扑倒"。

宣宗宣德六年辛亥[1]（1431）

于红沙岗寺置司钟二员，专事击钟催耕。年俸每员二十四两，膏火自筹。《镇番宜土人情记》载此。

注释：

[1]《明宣宗实录》卷76：二月，"赏征曲先将士功。（升）镇番卫指挥同知马麟为指挥使。（赏）镇番卫百户王雄"。

宣宗宣德七年壬子（1432）

红沙堡失火，烈焰三日不熄，五十八间铺舍俱焚。

秋雨颇足，是年秋禾大稔。

宣宗宣德八年癸丑 [1]（1433）

前千户王让 [2]，是年五月端阳节前一日病卒，享年五十二岁，阖族大祭。有遗著《烛影放纪》三卷。镇邑历朝沿革，民工方物，风俗故事，所记甚详。比若"皮鞋"条：

镇番地方，低霾潮湿，至春尤甚。农民耕田著牛皮鞋，谓之泥鞋。制极易，以一方牛皮剪长形，汲水令软，即以麻绳纫之。稍具鞋状，便可履之矣。谓可隔湿防潮气，免腹胀云。

注释：

[1]《明宣宗实录》卷98：正月，"甘肃总兵官都督佥事刘广奏，有自房中来者言，昝卜等欲掠镇番、凉州，请先进兵剿之。敕广曰：此贼谲诈，或声东击西，尔宜周虑谨备，若进兵之际，彼或以寡弱怵我壮士健马，乘间他入，不可不防尔"。

[2] 王让：参前洪熙元年注 [1]。

宣宗宣德九年甲寅（1434）

卫志云：宣德九年夏月，有司依令颁发客民寓居户照，镇邑共发给三十四枚。圣容寺番僧两名两枚，地藏寺 [1] 游僧四名四枚。余为山、陕客民，贸易居此。

瓦剌 [2] 设军营于柳林湖北碛。卫守备李忠率军征讨，不胜。

七月，凉、永各派援军五百至镇，由镇番卫守备李忠总领，飞马驰往北碛，至柳湖坑与瓦剌军相逢。忠速分兵三路，永军自东操西，凉军自西操东，镇军自北操南，三面围击，鼓炮轰鸣。瓦剌知不能敌，遂策马欲逃。杀不出围，因狂奔乱窜，被碟死者十之二三，跪地求降者争先恐后。瓦剌既败，北境遂安。

八月，百户傅成 [3] 募资筑苏泉亭，在城东南二十五里之苏武山东麓。

按，苏武山旧有灵泉，传说昔日子卿牧羊于此，渴欲饮，因而山上生泉焉。有明之后，土著每游于亭间凭眺。泉水垂挂，叮咚作响，山脚下潴水成潭，沿溪东流。一路长堤千里，杨柳叠碧，宛如长龙飞腾。水鸟喁啾，牧歌远传，令闻者泠然作出尘之想。塞外风致，良可尚也。采《镇番宜土人情记》。

广恩增补：余幼随父兄登苏武山，时在三月清明。一路所见，老杨古柳，青葭团花耳。至山岭，举目晴光激射，岩岫缭绕，石林之气，云鹤之影，争入眼目。风物称美，殊堪浏览。山下游客，接踵而来。黄口秀女，相率络绎。犹阳湖春花之来临，如江海秋水之波动，纷然丛集，声音鼎沸。是时，苏泉已渐干涸，惟石缝间犹有微流徐徐下注，如玉珠倒挂，银融汞结，晃然夺目。尝闻野老相传，苏泉水冬温夏冽，色淡味甘，可治腹疾。本土驼人每有远行，即驱驼泉上，取水满壶，谓其可伏渴魔。余尝乘兴掬而饮之，甘甜如饴。

注释：

[1] 地藏寺：在镇番县城东北隅，今不存。

[2] 瓦剌：西部蒙古族，元朝称斡亦剌惕，明朝称瓦剌，意谓"森林之民"或"邻近者"。明前期，瓦剌活跃在蒙古高原。其势力西起中亚，东接朝鲜，北连西伯利亚南端，南临明边，致使"漠北东西万里，无敢与之抗者"。正统十四年（1449），瓦剌挥戈南下，直指明朝京师。在"土木之役"中，以2万轻骑大败号称50万的明军，俘获英宗。

《明宣宗实录》卷115：十二月，"甘肃总兵官都督金事刘广奏，北虏脱火赤等三人至甘州，言朵儿只伯率众三千驻也可林察儿舟之地，去凉州十余里，已绝粮饷，欲来朝归附。且言近至凉州，失其甥卜鲁罕虎里，乞还之。所言恐有诡诈，已议调兵往凉州、永昌、镇番等处，令都指挥包胜等严督提备。其朵儿只伯、脱火赤等请旨处之。上谓行在兵部尚书王骥曰：虏言不可信，朵儿只伯必不来，宜戒边将严守备脱火赤三人，卿等别议处置，务适其宜"。

[3] 傅成：《武职选簿》记为傅宽，宣德年间试百户，"傅宽补役，宣德六年滑石口斩首一颗，升小旗"。

宣宗宣德十年乙卯 [1]（1435）

五月，瓦剌掳边民一百二十五人，马一十匹，驼一十三峰，羊三百六十七只。守备李忠率军征讨，遇伏。战于三道梁，不胜。

是年秋，瓦剌三百众驱驼青土湖掠盐，守备李忠同千户吴英出击之，大败瓦剌，渠首迭鲁布被磔死。

秋末，千户王刚 [2] 与千户王雄 [3]，战阿鲁台于镇边，刚阵亡。旧志载其传云：

王刚，洪武初镇邑掌印指挥兴之孙，千户升武略将军义之子也。先世江南滁州人氏，初以指挥袭千户。宣德十年，贼酋阿鲁台率众寇边，同千户王雄跃马当先，拒敌阵亡。正统元年，赐祭葬，赠武德将军。

《镇番宜土人情记》曰：

王刚，原镇番营掌印指挥王兴之孙，千户王义之子也。原籍江南滁州，自始祖兴于洪武初调任本邑，因家与镇焉。刚乃王氏三世祖。千户阵亡，题叙入忠义祠。刚妻张氏，后入节孝祠。刚子贤，修卫开学，有功民社。赐世袭指挥，衔任镇番卫守备，嗣授怀远将军。

广恩补记：王氏乃吾邑望族。始祖兴，二世祖义，三世祖刚，四世祖贤，五世祖禄，六世祖爵，七世祖恭，俱以功名显扬，洵为国家干城，地方栋梁，古所谓"精忠志士"，不亦王氏之良式也欤！播至七世祖后，即以文事显，越代均有勋绩，合邑钦慕之。至三世、五世、七世。参县志，四世载省志。

宣宗终。

注释：

[1]《明英宗实录》卷2：二月，"巡按陕西监察御史曹翼言，虏寇变诈多端，去年九月才犯凉州，十一月遽遣人请降。曾未几时，又侵庄浪，旬月之间，乍降乍寇，其情岂可测哉？比者边将捕得生虏，言朵儿只伯纳我亡命用为向导，将深入寇，乞为御备之策。上敕总兵官刘广等严谨防御，仍命行在，兵部遴选智勇都指挥二员，得镇番卫指挥使马麟、金吾左卫指挥同知刘礼，俱调署陕西行都司都指挥佥事，事听广调遣"。

卷3：三月，"巡抚陕西行在工部右侍郎罗汝敬奏，先有凉州住坐土番叛于大铁门关南一堵山，潜住岁久，往往窥伺边境，苟不先事为备，恐虏得我人口用为向导，于永昌、镇番等处劫掠，其害非小，矧甘州、凉州、庄浪相去各五百余里，遇有警，急猝难应援乞，将临洮等四卫官军操备甘州者，选将臣统领同都指挥包胜于永昌、凉州、镇番地方守备，以扼虏寇往来犯边之路，上命总兵官都督同知刘广计议以闻"。

卷10：十月，"遣使赍敕谕阿台王及朵儿只伯等，曰：尔等昔在先朝，屡厪职贡，朝廷嘉乃诚恫，听尔于近边生聚，讵虞尔等不戢，互为仇敌，时复突入凉州、镇番境内为患，朕体好生之心，不欲兴兵殄灭，尔能识达天命，相率来归，许尔休养如故"。

[2] 王刚：嘉靖《陕西通志》卷24《文献》12《三边名宦》记，"王刚，直隶凤阳府滁州人，任镇番卫副千户。宣德十年，被贼首阿台等临城，刚勇敢当先，拒敌阵亡。正统元年，钦赐优恤米粮、银绢，遣人致祭，仍升其子一级，袭正千户"。

[3] 王雄：嘉靖《陕西通志》卷24《文献》12《三边名宦》记，"王雄，巩昌府安定县人，任镇番卫副千户。宣德十年，遇胡寇阿台等内侵，雄领队前哨至大教场，与本卫副千户周洪协力奋战，没于阵。正统元年，钦赐优恤粮米、银绢，遣行人致祭，仍升其子一级，袭正千户"。

英宗正统元年丙辰 [1] (1436)

春三月，蒹葭新生，春水初发。忽一日，番寇扰边，镇邑告警。原镇番卫指挥佥事彭铉旋调补镇番城守营守备。

四月，彭铉奉令率兵征讨鱼海 [2] 番寇，生擒巴总歹 [3] 等三十余口，众服其勇，乃降。旧志载其传云：

彭铉，江南凤阳人氏，先世俱以文选称。传至君，则以武功显扬，人称"彭长枪"者，盖因其武术精湛绝妙故也。初为小旗，旋即升指挥佥事。正统元年，又以前职改调镇番城守守备。

许协《镇番县志》亦载铉传，谓其江南凤阳府虹县人。父成，洪武元年从征太原，二年授百户，四年授世袭百户，八年授千户，十八年授世袭指挥佥事，旋擢都指挥同知。以父荫迁，授镇番卫指挥佥事。正统元年，调补镇番城守营守备，为王府仪宾。是年，又率兵征鱼海番寇，生擒巴总歹等三十余口，众服其勇。修筑边垣，地方赖之。后以指挥佥事世职镇番，因家与焉。

《镇番宜土人情记》曰：

今镇邑彭氏，凡三十七户，一百六十口，尽皆其始祖镖之苗裔也。原籍江南凤阳，有明后改官至镇。历传七世，或以明经正选，或以武功显扬，代不乏人，称望族焉。

广恩谨按，余尝检《彭氏宗谱》，知彭氏始祖镖，原寓居大都，为元时小吏。后徙于陕西眉县，至铉而后，从职莅镇。

是年，千户王刚赐祭葬，建陵于邑城北门外二里许。赠武德将军。治斋公 [4] 尝云：镇邑城北二里，有千户王刚墓。刚传参宣德十年例。

注释：

[1] 英宗正统：朱祁镇（1427—1464），明朝第六位皇帝，年号正统，庙号英宗。正统十四年九月，"土木堡之变"被俘，代宗即位。

《殊域周咨录》卷18《鞑靼记》："正统元年，上命兵部左侍郎柴车参赞陕西军务。先是房酋朵儿只伯拥众入寇镇番，副总兵刘广往援，遇房而退。房随逼凉州，广闭门不出，房大掠而去。广奏功邀赏。车劾其罔上不法诸事，请置之法；又劾奏宁夏守将失律。诏各械系至京下狱。朝廷以车公严执法，可当师帅之任，故有是命。"

[2] 鱼海：《武职选簿》记正统元年镇番卫军在"盐池"御敌，此处"鱼海"抑或为同一地区。待考。

[3] 巴总歹：道光《重修镇番县志》作"巴孙歹"，《五凉全志》作"银歹"。

[4] 治斋公：即张之浚，字治斋，顺天大兴人。清雍正庚戌（1743）进士，任凉庄道、山西按察使，倡议编修《五凉全志》，著有《瞻华集》。语出《五凉全志·镇番县志》。

英宗正统二年丁巳 [1]（1437）

百户李洪 [2] 升任镇抚。夏，洪率兵战阿吉台、铁木耳穆于盐池，大败其众，赠世袭千户。

注释：

[1]《明英宗实录》卷36：十一月，"升镇番卫军卢信等为试百户，赐织金纻丝衣一袭、钞三千贯，以深入贼营获马功也"。

卷37：十二月，"赐陕西官军三十五人银两绢布有差，以镇番孛罗口等处杀获鞑贼功也"。

[2] 李洪：《武职选簿》记李洪曾祖为李钦，顺天府遵化人，洪武十三年（1380）充力士，三十三年积功升副千户，永乐元年（1403）调至宽河卫左所（今北京市）。其长子李斌，永乐二年世袭；孙李洪宣德四年（1429）世袭，正统二年调至镇番。

英宗正统三年戊午（1438）

瓦剌寇边，百户张名 [1] 督军讨伐，大败之。

冬，飓风狂虐，十一月经旬不息，乔木被折。

注释：

[1] 张名：《武职选簿》记为临淮人，天顺四年九月，由镇番卫试百户升实授百户。

英宗正统四年己未（1439）

八月一日，雨钱。十四枚落于县人王达贤宅院，类金"天宝""通宝"云。

英宗正统五年庚申（1440）

县人于西关外筑镇国塔 [1]。

是年稔。

注释：

[1] 镇国塔：系喇嘛教塔，亦称白塔，初建于明正统五年，清康熙四十四年（1705）重修，光绪十年（1884）倾圮，邑人胡志绪倡捐修复。1986 年 6 月，武威地区行政公署拨款维修。1993 年，甘肃省人民政府公布为省级重点文物保护单位。位今民勤县城西关人民医院西北角。

英宗正统六年辛酉（1441）

二月，番寇阿吉台所部以四兵卒假饰僧徒，传帖入境谒庙。镇抚李洪迎于圣容寺，谈辩默契。次日，"番僧"诵经，梵呗时击，声闻市衢。好事者咸倚门窥视，间有窃议，群呼"阿弥陀佛"。

午时，洪偕千户黄义汉[1]公、百户张名公谒访，观者因渐自散。宾客暇谈间，忽报南城门失火。洪急欲退，不意四僧突然跃起，阻于洪前，以短刀胁之曰："洪贼休走，汝杀死我家弟兄铁木耳穆，早该偿命。今既遇此，则必死无论矣。"言未毕，四刃已入身。洪即死[2]，义汉乃赤手与斗，锐不可当。名素患腿疾，行不便，是时亦奋力拼击。战最后，义汉逾墙而走，名则被刺死。

义汉既生出，遂奔走狂呼。恰值城守备彭铉巡警在市，闻其诉，因率军围寺。然寺中主持玉山老愚出而告之曰："贼已亡去。"铉即兵分二支，一搜寺，一追剿。至夜归而询及，皆报"不见贼"。

铉疑圣容寺旧僧与贼通，令捕之刑讯，虽玉山老愚力止弗允□□□，亦枉然，而贼竟走。

嗣后，府宪以彭铉渎职见责，案报上司，陕西行都司念铉有功绩，不予重罚，贬守备为营指挥，降百户。

事载俞铁肩撰《大明正统辛酉镇番营镇抚司李洪公遇难纪略》[3]。

注释：

[1] 黄义汉：《武职选簿》中查无此名，有试百户黄文义，溧水县（今南京市溧水区）人。

[2]《武职选簿》记：天顺二年（1458）八月，李权，年 22 岁，因其父李洪残疾而世袭职务，与本书正统六年所记李洪死亡相差 17 年。《李氏家谱》亦记载李洪"后残疾"。

两者说法一致，均不同于本节俞文。《武职选簿》作为官档，事关后代世袭，且经官方逐级审核报送，不会将"烈士"写成"残疾"。李洪或因伤致残，而非遇难。

[3] 俞铁肩：清代道光年间人，本书道光十九年（1839）周兆锦《红崖石歌·和俞铁肩》可证。其生活的年代与此处所记李洪事相距近400年，显见《大明正统辛酉镇番营镇抚司李洪公遇难纪略》所记为传闻而已。

英宗正统七年壬戌（1442）

二月，千户王让[1]卒，享年七十六岁。族人大祭。葬于城北二里王刚墓之西侧，今人所谓"千户坟"者即此。

注释：

[1] 王让：此名与宣德八年（1433）所记"病故"矛盾，疑误。

英宗正统八年癸亥[1]（1443）

前镇抚李洪子权，赐千户职。

秋，大旱。

注释：

[1]《明英宗实录》卷102：三月，"甘肃总兵官宁远伯任礼奏，守备镇番都指挥佥事彭铉老疾致仕，请调凉州操备、都指挥使马麟代之。上从其请"。

卷105：六月，"命守备镇番都指挥使马麟回甘肃听总兵官调遣，以凉州操备、都指挥佥事郑铉往镇番守备。从甘肃总兵官任礼等劾麟失机违法等罪，而荐铉堪委任故也"。

卷108：九月，"兵部尚书徐晞等言：瓦剌自其凶酋脱欢吞并同类，其势益张。肃州、镇番尤为孤绝，脱有急报，远处调军缓不及事，宜将二处屯军及舍人余丁精壮者编成队伍，相兼操备"。

英宗正统九年甲子[1]（1444）

凤阳人王安贸易至镇。是年六月，赁地六分五厘，于城东街筑铺店。

卢生华公以为"镇邑商号自安始"。其谓"商号"者，客商之意也。本地商货小店，时来已久，然镇人俗呼为"货铺"，铺夫则呼为"施主"或"货郎子"，而呼商号之主则为"东家"或"大掌柜"等。

注释：

[1]《明英宗实录》卷 115：四月，"甘肃总兵官宁远伯任礼奏劾守备镇番卫都指挥使马麟剥削军粮、侵盗官物诸不法事。下巡按御史蒋诚鞫实以敕前除其罪，第坐奏事不实，赎徒还职。上曰：麟不才如此，不许守备，令听总兵镇守官调用，再蹈前非不贷"。

英宗正统十年乙丑 [1]（1445）

春雨雪，三日不止。鸟雀饥甚，竟不怕人。每入室觅食，玩童追捕亦不速飞。

五月，百户董和卒。其子堃悲甚，日每揭棺，默视志哀。至五日，堃于棺前垂泣，忽闻棺内曰："我儿勿哭，爹不曾就死。"惊视之，父竟复活。求起，堃急挽扶。复求出，堃即抱之于炕上。家人不信。少顷即谈笑自如，犹如素常，因不疑。尔后，和渐健转，起行从容，逾十二年后方殁。《搜俎记异》记此。

注释：

[1]《明英宗实录》卷 126：二月，"增设镇番卫右千户所，发犯因充军实之"。
    卷 130：六月，"命故守备镇番都指挥使马麟子昭袭为指挥使"。

英宗正统十一年丙寅（1446）

邑人邢琦、费旷等贸易鄯善 [1] 诸地，是年七月乃归。所驮之物，类皆西域土产。葡萄最佳。

是月，凉州瞽者钱氏来镇卖伎。所唱《侯女反唐》《因果自报》《莺歌宝卷》等，原以觅食计。其声腔浩酣，拨弹谙熟，每日围观者以数百计。

按，此伎久盛于凉州，多为男女瞽者所事之。多说唐宋事，盖汴京遗俗也。尝览江西聂谦 [2] 公《凉州风俗杂录》[3] 云：州城俗重娱乐，虽无戏而有歌曲，古称"胡人半解弹琵琶"者，今犹未衰。而此时最盛行者，无如"瞎弦"。每由瞽者自弹自唱，间有白语。调颇多喜怒哀乐之情，择其最可者而表之。然所演乐器已非琵琶，大多为弦子，亦有胡琴、唢呐之类。弦子长三尺许，鼓不大，以羊皮挽面，音沉闷浑浊，犹老翁语。胡琴俗谓"胡胡"，盖由西域而出，故名。四弦以马尾制弓，摩擦令响，其音苍凉粗猛，殆为塞上古音，听之令人凄然。或曰瞎弦，本胡乐也。余亦谓然。

广恩谨按，此聂谦者，江西贵溪县人。永乐时，征交趾[4]有功，调凉州卫指挥使。据《五凉志》。

注释：

[1] 鄯善：明朝无以"鄯善"命名的行政区。鄯善县始设于清光绪二十八年（1902）。此处或指古代鄯善国，亦或泛指吐鲁番地区。盖编撰者不谙新疆历史，听闻清末民国"走口外"者传闻所致。

[2] 聂谦：江西贵溪丰城人，永乐年间进士。

[3]《凉州风俗杂录》：《五凉全志》记为《凉州风俗录》，今佚。

[4] 交趾：又名交阯，今越南北部。

英宗正统十二年丁卯（1447）

是年饥，农民逃徙者日众。有司奉文安抚，然库无余资，既有所辅，亦杯水车薪而已，故民不守。

邑人王柱泰著《镇番户族小识》成，三十万言。统本邑实有户族姓氏，凡一百九十。如谓何氏：

其族也，盖阶州原籍，因家与焉。初不过十余口，繁衍播迁，历传十世，遂成望族。今户八十，口六百五十余。一支居于川，一支住于湖。祖茔在川，宗谱在湖。数代俱以武功显，英才辈出，与国有勋，造就地方，民社赖之。

类金如是而载之，人谓其为"志中之志，史外之史"，诚方家隽评也。兹谨以其序略录于左：

孟氏，浙江宁波府鄞县；何氏，陕西阶州文县[1]；王氏，滁州；谢氏，陕西咸阳县；卢氏，河南卫辉府[2]；蓝氏，陕西；赵氏，合肥；张氏，山西平阳府襄陵县[3]；李氏，陕西阶州；汤氏，鄱阳；马氏，金陵；霍氏，陕西；苏氏，陕西；白氏，伏羌[4]；秦氏，邓州；蔡氏，淮南；夏氏，河南正阳；方氏，扬州；黄氏，河南淮阳；韩氏，四川长宁；曾氏，安徽盱眙[5]；魏氏，江苏淮安；范氏，陕西华亭[6]；乔氏，陕西华阴；邸氏[7]，洛阳华林。

潘氏、孙氏、袁氏、祁氏、唐氏、姜氏、薛氏、田氏、严氏、阎氏、杨氏、段氏、朱氏、康氏、刘氏、牛氏、吴氏、侍氏、胡氏、许氏、徐氏、周氏、彭氏、甘氏、萧氏、甄氏、崔氏、邱氏、郭氏、柴氏、董氏、叶氏、裴氏、丁氏、任氏、姚氏、石氏、汪氏、武氏、毕氏、吕氏、陈氏、程氏、雷氏、路氏、罗氏、乔氏、郑氏、林氏、贺氏、常氏、尹氏、樊氏、葛氏、傅氏、文氏、包氏、梁氏、谭氏、颜氏、冯氏、庞氏、戴氏、陆氏、金氏、童氏、高氏、俞氏、余氏、瞿氏、洪氏、曹氏、杜氏、沈氏、江氏、蒋氏、达氏、柳氏、龚氏、黎氏、岳氏、陶氏、庄氏、缪氏、百氏、福氏、党氏、詹氏、毛氏、邓氏、焦氏、萧氏、来氏、钱氏、孔氏、桑氏、邢氏、郝氏、不氏、车氏、庸氏、曲氏、赵氏、韦氏、富氏、温氏、聂氏。凡一百三十二。

注释：

[1] 阶州文县：今甘肃省陇南市文县。

[2] 卫辉府：今河南省卫辉市。

[3] 平阳府襄陵县：今山西临汾市襄汾县。

[4] 伏羌：今甘肃甘谷县。

[5] 安徽盱眙：现江苏省盱眙县。1955 年由安徽省划归。

[6] 陕西华亭：今甘肃省华亭县。明代属平凉府，隶陕西布政使司。

[7] 邱氏：《镇番邱氏家谱》记祖籍为陕西高陵。

英宗正统十三年戊辰 [1]（1448）

春旱，地燥滚土，人谓之"天尘"，或曰"堂土" [2]，难以下种。

秋荒，田禾多枯死。农民惧之，多弃家外逃者。

注释：

[1]《明英宗实录》卷 172：十一月，"户部奏，陕西镇番卫官库原收赃罚毡货布帛等物，恐年久蛀坏浥烂，宜移文陕西布政司，并彼处管粮官员会同办验。依彼时直易粮，作官军俸粮支用。从之"。

[2] 堂土：亦作"溏土"，方言，指稀松、半流动的尘土。

英宗正统十四年己巳（1449）

枪杆岭生新泉，水涌而出。击石波下，数里可闻叮咚之声。

是年秋雨丰沛，庄稼初稔。地震，人畜无损。

英宗终。

代宗景泰元年庚午 [1]（1450）

邑人赵玠、吴溪公募资修葺苏山宫。

按，苏山宫始建之年不详，说者纷纭。有以为筑于大明成化年间者，有以为系前朝旧制者，今人亦莫衷一是。

注释：

[1] 代宗景泰：朱祁钰（1427—1457），明朝第七位皇帝，明宣宗次子。"土木堡之变"英宗被俘，郕王朱祁钰被拥立为帝，年号景泰，庙号代宗。

代宗景泰二年辛未（1451）

卫署展筑，增修仆役宿舍二十四间，膳房五间。

是年重阳，邑民于城北教场赛驼，红柳岗牧民刘玑如夺其冠。

按，《镇番宜土人情记》云：

镇番地方，民风多近胡俗。重阳赛驼，其为一也。今四、九月苏山有驼羊会，疑即源于赛驼。

代宗景泰三年壬申（1452）

陕西行都司指挥佥事赵英，是年协守凉州，于镇番抹山 [1] 斩获羌首千余级，因功升右军都督府同知，充凉州总兵。传见成化十三年例 [2]。

注释：

[1] 抹山：在今民勤县东北 50 公里处，收成镇流裕村西北有抹山墩烽火台遗址。

[2] 李注：本书成化十三年（1477）无《赵英传》，疑为抄录者所遗漏。其传略云："赵英，字廷杰，狄道人，幼武勇。景泰初任临洮卫指挥使，寻升陕西都司指挥佥事，协守凉州。成化十三年，镇番卫训导周琼请建学宫，英区划土木，力为多焉。"

代宗景泰四年癸酉（1453）

《奥区杂记》云：

红崖山有铁石，可冶铁。或曰：汉武帝时，休屠王死，其尸以铁棺殓之，葬于城北。国没，因化而为山，石皆铁。又民间诞语：昔时，兹土驻者，肉支[1]也。某年与匈奴战，大败，尸横遍野，匈奴恶之，乃俱溺于水。未几，水涸而小丘出。后其来，小丘遂成大山焉。盖今红崖山，即所出之山也。其谓红崖，战士血所染也。

是年五月，卫以山西隰州[2]客民祁世泰擅冶铁术，乃筹金五千，创冶铁坊二处。一在红沙铺，一在城东南隅。额定红沙堡冶铁例一万八千斤，城内冶铁一万三千斤。共征铁一万四千斤，余一万七千斤，令卫铸造用器。官用一万，造马刀三百一十把，小刀八十把，镖头百二十只，矛头五百六十只，铗牢[3]二十副，铁索十二丈五尺，共耗铁六千斤零。余即制斧、铣、镢、犁等。民用七千斤，由卫置三户铁铺分领，各额数不定。凡铁匠按户额多寡，自铁铺领铁。其铺一名曰"火焰"，一名曰"金刚"，一名曰"乌金"。"火焰"领铁匠二十四员，"金刚"领铁匠八员，"乌金"领铁匠五员。据卢燮《镇番三百年案牍考录》。

注释：

[1] 肉支：多作月氏，先秦时代的居民部落之一。公元前 5 世纪至前 2 世纪，游牧于河西走廊西部张掖至敦煌地区，为匈奴劲敌。

[2] 隰州：今山西省隰县。

[3] 铗牢：捕获动物的铜、铁质器具。铗，原指夹取东西的金属用具。

代宗景泰五年甲戌（1454）

邑人孟原自试百户职告休归镇，因家与镇焉。

三月雨雪，田禾受害。

代宗景泰六年乙亥（1455）

邑人汪仕通等自造铗牢四副，每具重二十四斤，下扣需四夫方可。一日下于乱井子，有番贼入其围场踏发，肢趾碎之。后恐伤畜，故令禁止。

秋月，雨沛草茂，驼羊肥美。牧人设坛祭天，竟一旬。

代宗景泰七年丙子（1456）

是年，卫产盐一十三万斤，依例征税银三千五百六十两八分二厘三忽四微；冶铁二万四千五百斤，依例征税银二千二百六十两又三分。据《镇番三百年案牍考录》。

六月，某日雨谷，人以为丰年之兆。《搜俎记异》记此。

代宗终。

代宗景泰八年、英宗天顺元年丁丑[1]（1457）

于三皇殿东北隅创建三官殿。

指挥陈智[2]于城南一百四十里建三岔驿，以通凉州。

注释：

[1] 英宗天顺：朱祁镇于正统十四年（1449）因瓦剌入犯被俘，郕王朱祁钰称帝，改元景泰。景泰元年，英宗被释回京，软禁于南宫。景泰八年，发动夺门之变，复位改元天顺。

[2] 陈智：《武职选簿》记其为沛县人，宣德十年袭指挥同知，天顺四年升指挥使。

英宗天顺二年戊寅[1]（1458）

浙江宁波人孟成以总旗调镇番，是年随武平伯陈友[2]遇贼于卫境四坝，血战获胜。诸番畏服，边患稍安，升授百户。

广恩补记：成公同后之浙江布政使孟良允[3]本属一族。良允公尝云："前明邑总旗成公，吾之先世也。"

桂月[4]，番夷寇境，武平伯陈友率军与战，败之，生擒贼酋铁虎子。上嘉其功，晋封侯爵。

按，陈友晋封为史牍不载，其因未之知也[5]。

注释：

[1] 是年，鞑靼孛来攻扰凉州。《明英宗实录》卷288：闰二月，"甘肃总兵官宣城伯卫颖奏，庄浪、镇番、永昌及甘州、凉州等处俱缺官协助操备，乞敕兵部于在京推选骁

勇能干、曾经战阵都指挥数员前来分领军马"。

卷289：三月，"甘肃总兵官宣城伯卫颖奏，庄浪、镇番、凉州等处官军马少，不能御敌，乞于苑马等寺查给。甘、凉等州土碱草稀，采用艰难，乞令陕西问刑衙门，准令囚犯附近本处者纳草赎罪"。

卷292：六月，"总兵官太傅安远侯柳溥奏，鞑贼自凉州败退，收合余众营于镇番卫南。游击将军武平伯陈友协同都指挥赵英等率兵与战，生擒二十六人，斩首一千六十二级，获头畜军资不可胜计，余贼奔散"。

卷294：八月，"右少监龚荣等奏，虏酋孛来、阿罗出等率众二万口，抄镇番、凉州等处。臣会总兵等官、安远侯柳溥等号令三军，前后于南乐堡、黑山等处交锋，擒虏三十五人、斩首八十一级，并获驼马军器等物。事下兵部，以为我军虽小捷而虏势益张，乞行总兵等官毋狃于小利而失大机。从之"。

卷295：九月，"兵部言：比得边报七月十三日虏酋孛来犯镇番城。游击将军武平伯陈友等与之接战，杀退贼众。至二十七日复来相持，至八月初六日又与大战。前后屡捷，生擒三人、斩首三十八级，及左参将都督刘震等亦于洪水等处生擒六人、斩首十级。乞将前后所获虏首于沿边枭示。从之"。

卷297：十一月，"巡抚甘肃右副都御史芮钊劾奏，镇番、甘州、庄浪、古浪、凉州、山丹、永昌诸处镇守总兵官安远侯柳溥、武平伯陈友、宣城伯卫颖、都督过兴、雷通、毛忠、李荣、刘震、林宏、太监蒙泰、少监龚荣，监丞福保，奉御杨敬、进保，都指挥刘杰等俱失机。然其间亦有能奋勇剿贼者，乞量为劝惩。事下兵部议为友获功倍于所丧，忠、荣功足以赎，宜置不问。溥等俱有罪无功，而溥任尤大，皆宜治罪。上命姑宥之"。

"先是总兵官西宁侯宋晟奏镇番卫指挥使李贵等不严备御，致虏肆掠所守地方。下巡按御史郭文鞫之，至是论当杖遣充军。上特宥之，命各降二级，击贼自效。"

[2] 陈友：《明史·列传》第54记，"陈友，其先西域人，家全椒。正统初，官千户，累迁都指挥佥事。频年使瓦剌有劳，寻复进都指挥使。九年充宁夏游击将军，与总兵官黄真击兀良哈，多获，进都督佥事。未几，出塞招答哈卜等四百人来归……天顺元年随英征天堂诸苗，大获。命充左副总兵，仍镇湖广。已，又偕英破蒙能余党。召封武平伯，予世券。孛来犯边，充游击将军，从安远侯柳溥等往御。率都指挥赵英等与战，敌败遁。再犯镇番，复击却之，俘百六十人。寻佩将军印，充总兵官，讨宁夏寇。先是，寇大入甘、凉，溥及总兵卫颖等不能御，惟友稍获。至是巡抚芮钊列诸将失事状，兵部请免友罪。诏并宥溥等。召还，进侯，卒"。

《名山藏》卷42："天顺元年，（陈友）与虏战镇番五十余，捕获千余。"

[3]《东华录》卷194记孟良允官职为"浙江按察使司兼参议管布政使司右布政事"。

[4] 桂月：指农历八月，桂花盛开，故称。

[5] 此按语疑为原作者未见《明史》所记《陈友传》所致。

英宗天顺三年己卯 [1]（1459）

于卫城西南三十里青松堡，筑周围城墙一百二十丈，城门一。

秋初，于县治西南六十里黑山堡，筑周围城墙一百四十丈。

注释：

[1]《明英宗实录》卷301：三月，"署都指挥佥事陈瑄从父武平伯友，于陕西镇番卫地方剿杀虏贼阵亡，遣官赐祭。丙戌，守备镇番都指挥佥事苏得以骆驼沟阵亡，遣官赐祭。四月己巳，进封定远伯石彪为定远侯、武平伯陈友为武平侯，加禄米一百石升。甘肃副总兵、都督同知毛忠为左都督，右参将、都督佥事李荣为右都督，守备凉州；都指挥佥事赵英为都指挥使，守备红城子；署都指挥佥事鲁鉴为都指挥同知，奉御杨敬、王亨俱为左监丞。赏彪等白金彩币有差，以镇番延绥等处擒杀虏贼功也"。

卷303：五月，"巡抚甘肃都察院右副都御史芮钊奏，镇番、凉州、庄浪、永昌、古浪等卫所屡被虏贼抄掠，食践田禾，军士饥窘。已移文管粮布政司右参议柳荣验口发仓赈济，及预支原备籴粮官银六百余两给借屯田军士，俟秋成依时价纳米麦偿官。从之"。

卷307：九月，"巡抚甘肃右副都御史芮钊奏，往者陕西诸司所问罪囚，自永昌以西俱发肃州官仓纳米赎罪；凉州以东俱发凉州纳米赎罪。今镇番卫仓廪虚竭，请该于凉州纳米者，改赴镇番卫纳米。从之"。

英宗天顺四年庚辰 [1]（1460）

邑绅刘天禄募资二千缗，于红崖山筑"观豹亭"。是时，凉镇往来行旅，辄于此憩歇，观瞻湖漠景象，亦一大好去处也。

广恩补记：闻昔日之观豹亭，建置颇精。画栋雕梁，飞檐奇桷，为镇邑所仅有。其色红，与红崖相辅而立。故有联句云：

红崖红豹红湖水，白岩白草白雪霜 [2]。

又云：

红崖青山相对峙，黄沙白草漫成堆。

注释：

[1]《明英宗实录》卷313：三月，"武平侯陈友奏，臣次男瑄以百户累功升署都指挥佥事、指挥使，守备凉州，征剿虏贼，殁于镇番。瑄无子，乞以臣幼男宏优给，袭兄职事。兵部以例应袭正千户。上曰：瑄能效劳，殁于锋镝，其与宏指挥同知，优给"。

[2]李注：此句原有细文注云，"白岩谓黑山积雪"。按，"黑山积雪"为"镇番八景"之一，

相传昔时此山半岭"黯黯"而半岭"氛氛"，终年积雪飞花，琼瑶满壑，是个"妆成黑白难图画"（卢生薰句）的所在。

英宗天顺五年辛巳（1461）

百户曾翼辅家失火，焚毁房屋四十余间。其母目盲，无人挽救，竟被烧死。时人嘲之曰："人老莫盲，免遭火伤。"

英宗天顺六年壬午 [1]（1462）

前千户刘端为人苛毒。四月上浣某日，唤仆递饮具。仆牛五性素散漫，时饮驴未还，刘以为闻而故避。因大怒，至于井前，鞭挞不止。五痛急欲逃，端力阻之。五未觉足下有石，跟跄数步，落于井中。而刘端见死不救，反落井下石，五遂溺死。人有诉于官者，官以自落井中，不予申夺。牛氏族人怒极，乃诱刘端于一井台上，以恶言激之。刘怒欲杖，族人遂簇拥推挤，忽闻扑通有声，千户已落于水中矣。族人离散，端被溺死。刘氏族人亦诉于官，即审，牛氏皆曰："恐亦自落井中耳。"官因不究。《云梦堂漫笔》记此。

注释：

[1]《明英宗实录》卷297：四月，"兵部奏，凉州镇番、永昌等处杀贼功，升赏将士三百六十一人有差。内七人升一级给赏，一百二十六人升一级，余皆给赏"。

卷299：六月，"免陕西庄浪、古浪、凉州、永昌、镇番五卫被寇践伤屯地粮五万二千四百五十五石有奇"。

英宗天顺七年癸未（1463）

镇抚李权 [1] 整修原城内教场，并筑阅兵台。其高一丈八尺，广可盈亩。

注释：

[1] 李权：李洪子。《武职选簿》记："天顺二年八月，李权，年二十二岁，遵化县人，系镇番卫镇抚李洪嫡长男，钦与世袭。"

英宗天顺八年甲申 [1]（1464）

以五百军民创建青松堡，三年而工竣。房舍数不详。

英宗终。

注释：

[1]《明宪宗实录》卷12：十二月，"陕西镇番卫奏，本卫为边陲要害，而西关墙垣卑薄，艰于守御。又仓廒缺少，刍粟无处收积，宜展筑盖造，以严边备。事下工部言：此实边城急务，若俟勘实，恐失事机，请下守臣及时修筑。从之"。

宪宗成化元年乙酉 [1]（1465）

邑人捐募三千五百缗，于大成殿东门外下马石旁筑文明坊。

春三月，调集凉、永官军协助镇番卫军，由都指挥马昭监工，展筑卫城西北二面三里有余，新旧周围计六里三分二十三步，高三丈一尺，厚二丈有奇。东西南三门，东曰"永和"，西曰"永绥"，南曰"阳武"。

夏，守备马昭北征。出境五百里，瓦剌军望风披靡，昭获胜乃归。旧志载其传曰：

马昭，参将 [2] 麟之子也。世祖得，为镇番卫指挥同知，战殁于阵。昭精于韬略，授镇番守备，累功升都司。成化间，展城开学修卫治，一切规制，创造居多。尤勇而善战，入阵有飞挝，能掣冠于百步外，百发百中，人呼为"马挝"。后以力战阵亡，封镇国将军，祀忠勇祠。

又，检《马氏宗谱》，其曰：

夫我始祖，原系直隶北京顺天府蓟州遵化县人，随征员役，讳得。因圣祖遣宋国公冯胜统兵下河西随征，屡成克复大功，历升指挥同知。已而，选调于镇番，桑梓赖以守固。继而，子讳麟，征克多功，进阶都指挥使。又继而，孙讳昭，累功升都闻，再守兹土。事事造端，开辟旧城，以广民居；添设马营墩塘，筹牌络绎。至于城楼角楼、学宫公所、铺舍仓场与夫城市牌坊、圣容寺钟鼓楼，皆我祖之所建也。厥后阵亡，敕封镇国将军。春秋二祭，配享于苏、金二公 [3]。都人士感公栽培之德，每至三月清明，备陈清酌，仰祈灵贶，竭诚凭吊焉。公之芳形泯于人世二百有年矣，其家声犹啧啧在人耳目间。

广恩补记：夫镇邑之民，举凡说文，必以卢氏生薰为最；说武，则必推马公昭为魁，何耳？盖卢公为镇邑第一翰林，而马公则为镇邑第一将军也。

注释：

[1] 宪宗成化：朱见深（1447—1487），明朝第八位皇帝，明英宗朱祁镇长子。年号成化，庙号宪宗。

[2] 参将：明代镇守边远地区的统兵官，无定员，位次于总兵、副总兵，分守各路。

[3] 苏、金二公：指苏武、金日磾。金日磾（mì dī）（前134—前86），字翁叔，西汉武威郡休屠县人，匈奴休屠王太子。汉武帝因获休屠王祭天金人，赐其姓为金。

宪宗成化二年丙戌 [1]（1466）

卫守备王贤 [2]、都指挥马昭拓修卫署。

前卫志载：成化二年，守备王贤，都指挥马昭拓修卫署，费五千二百金，共筑房一百四十余间。

注释：

[1]《明宪宗实录》卷33：八月，"命陕西行都司指挥同知刘刚、镇番守备都指挥同知马昭分守肃州，右参将署都指挥佥事王裕俱署都指挥使，仍例旧任"。

[2] 王贤：《武职选簿》记其为王刚嫡男。王刚战死后，王贤袭正千户。

宪宗成化三年丁亥 [1]（1467）

卫城东北有湖，俗谓之"平湖"。其水洋洋如海，可行舸舟。是年，湖水突涨，漫延四堤，湖面顿扩若许。东西则五里，南北则十里。邑人凿木为舟，游弋其间，加之歌童远来，一如江南风光。

迨秋尽冬至，湖水渐退。邑人孙光挈等募资于湖东侧傍水筑亭，阅三月工竣，颜之曰"观湖亭"。士人有于此览胜者，题咏壁柱间，今犹存之。

注释：

[1]《明宪宗实录》卷40记该年三月兵部尚书王复请筑延绥、甘肃一带墩台、沟墙，上令兵部议行。

宪宗成化四年戊子（1468）

邑举人文宗募资二千缗，于下泉沟[1]筑亭曰"邀霞亭"。规制虽较狭隘，而营造颇精。士人多于中秋、重阳登游之。文宗有《邀霞亭记》。

桂月淫雨，旧房多已渗漏，庭院水积成湖。燕饿死梁上，雀入室抢食。《云梦堂漫笔》[2]记此。

注释：

[1]下泉沟：疑为今民勤县大滩镇下泉村。

[2]《云梦堂漫笔》：疑为明代镇番士人笔记，今佚。

宪宗成化五年己丑（1469）

临洮人刘玺因时逢国子[1]命往各边卫分发，承兄杰[2]荐，至镇开馆讲学，从者数百人。阖邑一时轰动，投于门下者竟三五百众。国朝学台鉴衡公[3]谓之"镇番盛事"者，即指此。

夏季，守备马昭移建圣容寺于城西南隅，筑钟楼、鼓楼于寺前。继后，邑举人柳子玠[4]为作碑记，文见嘉靖三十年例。

注释：

[1]国子：古指贵族子弟。本处所记"国子"，指"国子生"，即监生。

[2]杰：刘杰，《武职选簿》记刘杰父刘清为洮州（今甘肃临潭）卫世袭指挥使，后调镇番卫。刘杰照例世袭指挥使，推荐其弟刘玺以"国子"身份到镇番设馆教学。

[3]鉴衡公：即何鉴衡，清康熙朝镇番乡绅，并无"学台"（学政）之职。

[4]柳子玠：嘉靖二十一年（1542）举人，任云南阿迷州州同，升楚雄府通判。

宪宗成化六年庚寅[1]（1470）

红沙堡农民王蔍，性素恶。家有老母，非打即骂，虐涂甚矣。是年秋，蔍务作于田间，忽天阴云移，欲降大雨。蔍因匆忙归家，至一巨树下，一声响雷掷地，蔍遂断为两截。无几，云散天晴，燥热如前。时人因有因果之说。《搜狙记异》记此。

时值中秋，南山水发，大河波浪滔天。黑山以下堤溃十余处，激荡之声数里可闻。沿河居民房田被淹，身受其害。为活命计，相率乞讨，其声哀哀。抑或进城讨要，市人呰为"讨吃"[2]；或以糟糠塞责，谓之"打发"；或厉声喝出，谓之"断鬼"。故举凡明事者，宁饿于荒途，亦不入城乞食。因常闻乡民咒城市人曰"饿折脖子"，盖鸣其怨愤也。

注释：

[1]《明宪宗实录》卷79：五月，"甘肃总兵官定西侯蒋琬等奏，甘肃地方极临西北，近者灾异迭见。镇番、永昌等处，旬日之间累有虏寇出没，杀掠人畜，见存备兵单弱，而近又奉敕选调庄浪、甘、凉骑兵四千赴延绥征剿，恐此虏乘间突入，则他所援兵卒难策应，乞免其分调为便。上从之"。

[2] 讨吃：民勤方言，乞丐之谓。

宪宗成化七年辛卯 [1]（1471）

王刚妻张氏，年二十八而丧夫，抚养二孤皆成立，是年乃旌。

年大稔。

注释：

[1]《明宪宗实录》卷94：九月，"陕西凉州镇番卫地震有声如雷"。

卷96：十一月，"凉州副总兵都督同知赵英等奏，近日逻卒至青盐池，为虏骑所追，恐虏有寇边之举。兵部言：昨得报，虏酋乩加思兰欲西，而又镇番地震，应主暴兵。恐此虏知我延绥有备，欲往甘、凉乘虚入。寇不可不虑，宜敕甘、凉、镇巡等官，整兵防御。从之"。

宪宗成化八年壬辰 [1]（1472）

临洮刘玺于成化五年来镇开馆讲学，是年病危，因求迁还。将离时，卫署官吏暨地方遗老生员数千人扶辕相送。玺更留连不忍去，老泪潸然。归临洮，月余即殁，镇人怜惜之。

《镇番县志》为其作传云：

刘杰，守备清子。成化时，由世袭指挥佥事[2]任为卫守备。时边卫不兴文教，诏令国子分发各卫。杰从弟玺，临洮佳士。杰荐于学使，聘至开馆。延生儒数百人，互相砥砺，镇邑文风由是日振焉。

[1]《明宪宗实录》卷111：十二月，"乩加思兰顺何亡走，倘此虏渡河而西，越至镇番，则甘、凉必有侵轶之患。其甘、凉调征军马，宜遣还操守，铲山筑墙及修铁角等城。众议既协，宜令及时兴举，俱允之"。

[2] 指挥金事：《武职选簿》记为"指挥使"。

宪宗成化九年癸巳（1473）

春二月，间日飓风起，树木多为之折。灰井子[1]羊驼刮失无计，牧人具情呈报，乞予济补。有司以卫库亏欠，无以体恤辞之。惟以所报失畜，依例免减赋税耳。

注释：

[1] 灰井子：今民勤县昌宁镇有灰条井村。

宪宗成化十年申午（1474）

遵化陈徐来、祁霜月精于雕塑。

三月初，由凉州至镇邑，为造苏子卿生像、马昭生像、郭震[1]生像、金日䃅生像、金安上[2]生像，俱精妙绝伦，栩栩如生。尤以马昭最善，眉眼口鼻，一如真人。发须为微风吹拂，恰似出征凯旋；神态自若，而微露清傲之气，令目者肃然起敬焉。

注释：

[1] 郭震（656—713）：字元振，魏州贵乡（今河北大名县）人，唐朝将领。长安元年（701）任凉州都督、陇右诸军州大使，治边有方。

[2] 金安上：字子侯。西汉秺侯金日䃅弟金伦之子。少为侍中，惇笃有智。因揭发楚王刘延寿谋反，赐爵关内侯。后封都成侯，官至建章卫尉。

宪宗成化十一年乙未[1]（1475）

邑绅方敬孝于旧四坝展筑庄院。占地一十二亩，建房一百七十八间，耗一万余金。时人呼之为"财主"。

巡抚朱英[2]奏设儒学。学舍筑于文庙两侧，为昔日社学废址。

秋月，文朴与段斑、李翰等首倡开学之议。

注释：

[1]《明宪宗实录》卷 144：八月，"开设陕西榆林、镇番二卫儒学"。

[2] 朱英（1417—1485）：字时杰，郴州桂阳县人，正统十年（1445）进士。历任广东、陕西、福建等地参议、布政使，又以都察院右副御史之衔巡抚甘肃。史称"文武兼资，伟哉一代之能臣矣！"《历鉴》误记为"赵英"。

明李思孝修、冯从吾纂万历《陕西通志》卷 15 谓镇番卫学成化十一年巡抚朱英奏议，十三年巡抚王朝远始建。

宪宗成化十二年丙申 [1]（1476）

邑人捐资修缮文庙，醵金三千六百缗，耗费二千五百。余一千一百，购置祭具、乐器等。

是年镇邑详请开学，设训导一员，山西翼城人周琼首任。旧志载其传曰：

周琼，山西翼城人，成化十二年首任镇番卫训导 [2]。为官八年，建修学宫，教士有方，文风大振，至今颂之。

八月，训导周琼请建学宫。

又，前百户孟成 [3] 于是年春二月卒，享年六十二岁。

注释：

[1]《明宪宗实录》卷 144：六月，"以陕西边储不足，肃州、镇番、古浪等仓上纳者，淮盐每引米三斗、豆二斗、河东盐米一斗豆五升"。

《明史》卷 91 第 67："兵部侍郎滕昭、英国公张懋条上边备言：凉州镇番、庄浪、贺兰山迤西，从雪山过河，南通靖房，直至临、巩，俱敌入犯之路，请调陕西官军，益以甘、凉、临、巩、秦、平、河、洮兵戍安定、会宁，遇警截击；以凉州锐士五千，扼要屯驻，彼此策应。诏可。"

[2] 训导：明清地方儒学之学官，辅佐地方知府负责教育事务。

[3] 孟成：试百户孟原子。

宪宗成化十三年丁酉（1477）

创修学宫成。

卫志载，是年，卫训导周琼申请都御史[1]马明远，于县治东厢创修文庙成。东近城垣，西通学署，为镇邑一巨制焉。

注释：

[1] 都御史：都察院长官，纠劾百司，辩明冤枉，提督各道，为天子耳目风纪之司。

宪宗成化十四年戊戌（1478）

有明之后，镇邑于是年首开选举之例。科试贡生一员，名段斑。

《镇番县志》载其传曰：

段斑，琬之弟也。初食饩洮阳[1]，后拨归本卫，为镇邑首贡者。后与文朴、李翰等呈请开学，镇邑文风，实首倡之。再后，以明经选甘州卫训导，旋升河南郑州府教授。

按，吾邑诸科试，自洪武初始，时有学人贤达为之呼吁请开，迟迟百余年后，始有准选之日。

《镇番县志》卷之八载"选举""表"并"序"。"序"转引自原旧志，兹附录于左：

选举之法，历代不同。其在成周，乡举里选尚已。汉以后，有征辟荐举，有诸科。明初，犹举行征聘，并用诸科。洪武十七年，始颁科举式贡生，年例诸科渐废。我朝兼行孝廉方正[2]、博学宏词[3]等科，而以进士举人者，秋乡、会两试为定制。恩、拔、副、岁贡，于成均者，按年录用，得人为最盛。夫治内安外，文德与武功，原并行而不悖。武科之设，又焉可偏废哉！故并列之。镇邑地介边陲，明以前简册已无所考稽。自成化以迄国初，人材鹊起，甲于河西。今谱为年表，依次汇录，俾有志功名者，观感而兴起焉。虽然士不独以科目重也，从古卓荦奇瑰之彦，或出自议叙捐输，与夫刀笔椽吏，类能奋其才能，以置身、通显荣，及所生，赏延后嗣，附载于后。岂惟山川灵气所钟，抑士之克自树立者然欤！

注释：

[1] 洮阳：今甘肃省临洮县。

[2] 孝廉方正：清代特诏举行的制科之一。自雍正时起，诏直省府、州、县、卫各举"孝

廉方正"，赐六品章服，备召用。

[3] 博学宏词：简称词科，也称宏词或宏博。科举考试制科之一种。

宪宗成化十五年己亥 [1]（1479）

文朴等领乡荐，镇邑科目由此启之。

四月，宁夏人纳维德于镇邑贸易。先是维德赁市民程公望房二间，勉强开肆。嫌其狭隘，因即于城南展修。远乡之人举目无亲，内外忙碌竟失点检。一日停肆，监工忽报店内起火。急返顾之，火已成势，无以救之矣。俟火熄，数万资财尽化灰烬。公自谓运数至此，再无存活之意，遂自刃而死，人皆怜之。《云梦堂漫记》记此。

注释：

[1]《明宪宗实录》卷188：三月，"巡按陕西监察御史劾奏，行都司致仕都指挥佥事陈智，守备镇番署都指挥使马昭，互相讦奏，事皆不实，法当治罪，都察院覆奏。从之"。

"旌表……陕西镇番卫百户王刚妻，俱少寡，守节无玷，表其门曰'贞节'。"

《明宪宗实录》卷195：十月，"命陕西署都指挥使马昭子义，代父原职镇番卫指挥使"。

宪宗成化十六年庚子（1480）

是年，文朴等五人往赴乡试，额支举人路费银各六两七钱，共费银三十三两五钱。文朴，中式第三十三名，官山西浮山县知县；李翰，岁贡，任河南宜阳县主簿 [1]。

旧志列载《文朴传》云：

文朴，字含锦，博学强记，有才干。成化十一年首倡开学之仪，越五载即领乡荐，镇邑科目自朴启之。后人呼为"文宗"。官至山西浮山县知县。李翰，赋性英敏，善属文，初补诸生。成化十六年，由明经选河南宜阳县主簿，尝与文朴、朱诚等首倡开学，士林戴之。子相，举人。

注释：

[1] 主簿：掌管文书的佐吏。

宪宗成化十七年辛丑（1481）

年大稔。

冬，六坝湖一桃树开花，人皆异之，以为凶兆。

宪宗成化十八年壬寅[1]（1482）

科试贡生一员，名朱诚，无仕。

试百户孟成长子鼎，是年以拼枪得胜，替袭父职。

注释：

[1]《明宪宗实录》卷229：七月，"命甘州中卫指挥同知万英守备镇番"。

宪宗成化十九年癸卯[1]（1483）

邑人李达贸易甘泉[2]，货被盗罄，倾家来归。

牧人詹旺牧驼沙井道，驼群与鞑人驼相混。失一驼，因与之执辩，继则斗打，为其磔死。族人诉于官，卫署具文申报凉府。然府宪狃于自安，不予治裁。

注释：

[1]《明宪宗实录》卷239：四月，"免陕西镇番等卫税粮一万七千八百余石，以去年旱灾故也"。

[2] 甘泉：陕西甘泉县。

宪宗成化二十年甲辰[1]（1484）

科试贡生一员，名刘金，无仕。

训导周琼迁职离镇，士人挽而留之，弗能允也。其将行，镇人赠"犹龙世泽"匾。

注释：

[1]《明宪宗实录》卷248：正月，"甘肃总兵官署都督同知王玺等奏，哈密部落野乜克力因避土鲁番之害，徙居甘肃境外，屡掠镇番等境，踪迹诡秘，不可不防。今欲令都督罕慎招谕之，不悛则进兵剿灭。事下兵部言：罕慎方遣使入贡，宜于其还，敕令招抚，

果冥顽不服，则奏闻处置。从之"。

卷 252：五月，"降陕西镇番卫指挥金事戴英、姚钟为正千户，指挥同知王源为指挥金事，以虏寇失机，从巡按御史罗赞奏劾也"。

宪宗成化二十一年乙巳（1485）

滁州人魏显谏以镇抚职镇。下车伊始，谒拜文庙，瞻询儒学。未几，即慨解私囊，捐制钱八百缗，以济儒学添置之需。其额方面阔，市人呼为"魏大头"。公闻之，嬉笑而已。

宪宗成化二十二年丙午[1]（1486）

科试贡生一员，名马信，任山西清源县[2]主簿。清民呼之为"马大老"，亦其老成练达之戏谓也。

广恩谨按，今镇邑俗语，谓成年男子为"大老""二老""三老"。溯其源流，盖晋陕旧俗也。

注释：

[1]《明宪宗实录》卷 274：正月，"巡抚甘肃右副都御史唐瑜等奏，成化二十一年冬，虏贼拥众入凉州、庄浪、镇番、永昌境内，杀掠人畜。分守凉州都指挥刘晟、庄浪左参将田广各率所部，分道御之，前后追获被虏牛羊几二千余"。

卷 279：六月，"巡抚甘肃右副都御史唐瑜等奏，虏寇出没庄浪者，多自东北而来，其寇凉、永者，则满都鲁部下；寇甘肃者，则亦思马因等酋部下也。为今之计，宜宿重兵于兰州，加轻兵于古浪、镇番、镇夷、高台等处。而又严备肃州，且遣人往谕哈密都督罕慎，使厚结小列秃，因之招诱"。

[2] 清源县：今山西省清徐县。

宪宗成化二十三年丁未[1]（1487）

《奥区杂记》曰：

镇邑地介边陲，风大沙重。逢荒年即寸草不生，然拓种之地，却颇宜耕植。成化二十三年，雨水丰沛，田禾大丰。有一亩得五十余捆者，每捆净麦打二升，共可得净麦一石，一时传为奇事。亦有一亩地得四石山药[2]者，个大比孩儿头，亦为前所未之有也。

是年儒学泐碑，立于学门正前。碑文今无考。

元夕，城市观灯，以山西张氏"德义商号"为最著。观者比肩，啧啧称赞不绝。

宪宗终。

注释：

[1]《明宪宗实录》卷290：五月，"以旱灾免陕西镇番卫去年秋粮一万二千五百六十余石、草二十万束"。

《明孝宗实录》卷2：九月，"赐甘肃总兵官署都督同知王玺、监枪奉御左杰、前巡抚左金都御史候王□赞及有功官军并赤斤蒙古卫夷兵彩段银绢各有差，追录镇番卫莱伏山等处御寇功也"。

[2] 山药：民勤方言，指马铃薯。

孝宗弘治元年戊申 [1]（1488）

科试贡生一员，名王钦。

《镇番宜土人情记》曰：

钦善属文，尤精于赋。有《广漠赋》传世，士林嘉之。

是年经历司 [2] 裁。设判官 [3] 一员，由秦州 [4] 移住。

前百户任浒二月卒，葬于城北郊。

注释：

[1] 孝宗弘治：朱祐樘（1470—1475），明朝第九位皇帝，年号弘治，庙号孝宗。

[2] 经历司：明代卫所中的文职机构，掌握文档勘合、案卷出入、兵丁考核等等。经历为职掌出纳文书的官员。《历鉴》中多将"经历"混写为"经历司"，现均做改正。

[3] 判官：始于隋朝。至唐，节度使、观察使、防御使均置判官，为地方长官的僚属，辅理政事。宋沿唐制，并于团练、宣抚、制置、转运、常平诸使亦设置判官。元代改为各州府设置判官。明清仅州置判官，无定员。

[4] 秦州：今甘肃省天水市秦州区。

孝宗弘治二年己酉（1489）

邑绅费咸通稀寿九十而卒。公生时德重乡梓，人每艳称之。劝防时，城门拥塞，车马不通，纸幡挽幛举目皆是，洵为盛葬焉。

士人倡筑苏山戏楼，耗金一千。

按，苏山戏楼，明初即成规制，惟其年久失修，已为风雨剥脱，几不堪敷用。故于是年修复之，非是年所创也。

孝宗弘治三年庚戌（1490）

科试贡生一员，名查锦。

《镇番宜土人情记》载：

锦，茕子也，先世山海关人氏。洪武中，始祖勇贸易徙镇，因家与焉。弘治三年，以明经选山西洪洞县主簿，锦以家母丁艰告辞。于家专志治学，一生不仕。所著有《蒹葭集》《五凉景物杂录》二编。

年稔。

孝宗弘治四年辛亥（1491）

春三月，瓦剌卓里台吉寇边，掳抢镇民二百余众，橐驼八十三峰、牛四头。

《云梦堂漫记》云：

镇人被掳去，男则充奴，女当佣婢。偶得佳色，即引为妾。男女小有怠慢，束手系于马后，穷驰狂奔，至死而后快。

孝宗弘治五年壬子 [1]（1492）

科试贡生一员，名王洁，任云南云龙州吏目 [2]。

注释：

[1]《明孝宗实录》卷60：二月，"兵部以凉州、永昌、镇番等处一二年以来鞑贼入境者数次，人畜被虏者甚众，军职降罚者数十员，请逮问守备、协副、把总、提调等官、都指挥朱瑄等二十八人，镇巡总兵傅德、周玉、王继，亦请量示罚治，且通行甘肃、宁

夏、延绥镇巡等官,各探贼巢穴所,在议所以用兵之宜。上从之。以协副文钟已升充参将,免提问,罚其俸二月,傅德等姑宥之"。

卷66:八月,"调守备镇番都指挥同知王智于永昌,以陕西行都司都指挥佥事贺能代之"。

[2] 吏目:掌管文书的官员。

孝宗弘治六年癸丑(1493)

二月回冻。雪后寒风狂作,侵人肌肤,延一旬始渐转暖。

岁欠,卫以历年存粮,赈济灾民。准收微利,蓄为开渠引水之资。

孝宗弘治七年甲寅[1](1494)

科试贡生一员,名陶德,官四川保宁府[2]训导。

注释:

[1]《明孝宗实录》卷89:六月,"初,虏入陕西镇番卫境,杀掠人畜。守备都指挥贺能、指挥陈钦、陈源坐守备不设,下巡按御史逮问,俱拟边卫充军。都察院以能有斩获功而钦、源所领地杀掠不多,情轻律重,得旨宥之。能降一级,钦、源各降二级,并带俸差操"。

卷92:九月,"兵部奏,自弘治五年十月以后,虏入甘肃庄浪及古浪地方杀官军二十五人,伤六十人,掠男妇十人,官布二千四百余疋,银六百四十余两,牛马八百有奇。入永昌杀官军六十余人,掠男妇六十七人,马牛驼七万余。入凉州杀伤军士四十人,掠牛马三十七。入镇番杀伤军士十人,掠牛马十六。入山丹杀军士二十七人,伤官军六十九人,掠牛马驴羊三千一百八十。巡按御史勘报得实,今不深治之不足以警其后。自镇巡等官以下俱请逮至京治其罪,得旨。巡抚都御史冯续及协副都指挥赵承文罚俸各半年,并镇守太监傅德、分守少监纪能俱戴罪杀贼。前总兵官周玉、分守左参将文锦罚俸各三月、兵备副使柯忠罚俸两月。分守副总兵陶祯及守备指挥陈铠功可赎罪,宥之。守备都指挥王智已故,候其子承袭时降二级。余守备指挥等官李昊等二十八人俱逮问如律"。

[2] 保宁府:地处四川省东北部,明代属川北分巡道,民国废。

孝宗弘治八年乙卯[1](1495)

卫志记:是年,本卫祭祀费用共五百二十六两又七分。

夏五月,于邑城筑火神庙,祭祀火祖祝融。

注释：

[1]《明孝宗实录》卷100：五月，"巡抚甘肃都御史许进等奏，凉州西通甘肃，东抵庄浪，绵亘三百余里，原野夷旷，无山川之险。镇番一卫去凉州二百五十余里，逼临房境，四面受敌，防御尤难，比来房众不时入寇，杀掠无算，武备废弛，宜得人经理分守。肃州左副总兵彭清、协守甘州右参将郭钧、陕西都司指挥马荣、绥德卫指挥吴江俱熟知边事，谋勇可取，欲将各官量才更调。彭清宜调凉州分守，以便东西策应，协副员缺不必添补。郭钧宜调肃州分守，官不必再设。马荣、吴江宜简命一人充右参将，分守镇番，勿令分守内外官节制事下。兵部覆奏，肃州乃甘凉屏蔽，西陲锁钥，今土鲁番未见纳款，野乜克力临边住牧，西番又肆剽掠，值此多事，不可轻易。将官彭清著名西域，宜仍旧任游击将军，原拟永昌驻劄，东援凉庄，西援甘州，若移驻凉州，恐永昌有警应援不及，甘州虽有镇守总兵，不可无协守，以备领兵凉州，虽有副总兵，不可无协副，以备调遣。改拟裁革俱未为便议。上从之。命郭钧仍充右参将分守凉州，彭清如故，马荣充右参将暂分守镇番，凉州协副别推官以往"。

又："陕西凉州、镇番二处原调洮岷等卫汉土官军分班备御后，巡抚陕西都御史具奏，掣回别调秦、平二卫官军以补备御之数。至是，甘肃镇巡等官言前项地方最当贼冲，须得洮岷官军戍守，其秦、平官军素称疲弱，各宜退回本卫。兵部覆奏。从之。"

孝宗弘治九年丙辰 [1]（1496）

科试贡生一员，名刘铉，官山西天城卫 [2] 经历。在官日尽忠职守，扶贫济困。凡于百姓身家性命攸关者，必倍加体恤，始终不渝，故素享惠声。《镇番宜土人情记》云此。

是年冬，飓风时起，边外人民多受其害。青松堡西南田地，埋压二十余顷，庄宅一百一十二间。灾民无家可归，漂泊野外，饥饿亦复寒冷，殊为可怜。

注释：

[1]《明孝宗实录》卷110：三月，"罚镇番领哨都指挥佥事李钦及分守参将马荣俸各两月，坐房入境杀掠人畜也"。

卷118：十月，"户部会议摘拨甘州备御河州卫官军一千人分悉备御镇番地方"。

[2] 天成卫：今陕西省天镇县。明代为天成卫、镇房卫。

孝宗弘治十年丁巳 [1]（1497）

农民李广锐掘地得金盾一枚，上著龙文，人未有识之者。或曰：东晋安帝 [2]

时，赫连勃勃 [3] 创夏，本邑为之辖治，夏有文字如虬鳞之形，疑其为夏朝遗物也。

宁夏雷震，莅镇任训导。

注释：

[1]《名山藏·典谟记》卷之 18《孝宗敬皇帝·一》：九月，"虏数入镇番卫等"。

《明史》卷 30《志》第六："是岁，真定、宁夏、榆林、镇番、灵州、太原皆震"。

《明孝宗实录》卷 122：二月，"陕西镇番卫地震有声如雷"。

卷 124：四月，"命分守镇番右参将都指挥佥事马荣充左参将分守延绥西路。命陕西都司都指挥佥事李能充右参将，暂分守镇番地方"。

卷 129：九月，"虏数入陕西镇番卫等处杀掠人畜，操守都指挥佥事何玉、李杰等十六人，下巡按御史逮问，俱拟边远充军。上以情轻律重，命玉等降二级，杰等一级，俱原卫差操，前已降级者置之"。

[2] 东晋安帝：司马德宗，字安德，东晋第十位皇帝，397—419 年在位，即位后内乱频发，国势日衰。

[3] 赫连勃勃（381—425）：本名刘勃勃，十六国时期汉赵刘渊的后代，匈奴铁弗部人，建立胡夏国（又称赫连夏）。

孝宗弘治十一年戊午 [1]（1498）

科试贡生一员，名萧敬，官山西岢岚州吏目，旋调河南嵩县主簿。著有《名山武技略录》。

岁馑，灾民入城。有饥甚者，夺市民盘中食。有司欲恤之，库罄无资，未可即达。

注释：

[1]《明孝宗实录》卷 140：八月，"罢分守镇番右参将都指挥佥事李能，以巡抚都御史周季麟劾其不恤军士也"。

孝宗弘治十二年己未 [1]（1499）

科试贡生一员，名彭礼，无仕。

二月下浣，下土数日，止有二寸许。其色如大黄，质细如尘，以手拈之，一如粉面，惜不可食也。

广恩谨按，弘治间，灾祲连年，庶民无以为生计。天降黄土，一如粉面，抑可聊资充饥，民将得救矣。奈黄土不可下咽，灾民纵以粉面想，亦望梅止渴而已矣。

注释：

[1]《明孝宗实录》卷 146：正月，"命河南都司都指挥同知何忠充右参将，分守陕西镇番等处"。

卷 151：六月，"致仕都督同知鲁鉴陈四事：甘肃自洪武初止设行都司，卫所屯聚重兵，且耕且守，后因戎虏侵掠，始设镇守、巡抚、参将等官，于时共在一城，事权不分。后凉州增设副总兵一员，协副二员；甘州又增左副总兵，肃州、庄浪俱改任参将。今永昌又增游击，镇番亦增参将，兼有分守、分巡、兵备等官，政出多门，各不相下，有警亦不传报，将愈多而边事愈废，乞量为裁减"。

卷 153：八月，"巡抚甘肃都御史周季麟请以西宁兵备副使兼管庄浪、古浪、凉州、镇番五卫，肃州兵备副使兼管永昌、山丹、甘州、高台、镇夷等九卫。从之"。

孝宗弘治十三年庚申[1]（1500）

科试贡生一员，名岳聪，官四川剑州[2]训导，旋改任直隶密云县[3]教谕[4]。

四月，时雨连降，如甘霖布泽，万物赖以复苏矣。

是年大稔。七月十五日，农民以新粮造饭，出户祭天地。

广恩增补：旧传七月十五日为中元节。是日，地官赦罪之神，故民间多持斋诵经，荐奠祖宗，摄孤判斛。吾镇风尚，此节并无放灯照冥之习。每祭则以葫芦包包[5]数副，用飨天地祖宗。祭天地之仪：首先焚香，三拜九叩；次行浇奠焚纸，燃放爆竹；祭讫，合户团聚，分享祭物。

注释：

[1]《明孝宗实录》卷 167：十月，"户部会议请令甘肃巡抚官待边情宁日，议修壕墙及关城楼，又于隙城盖房，以处夷使；甘肃各城马毙者，例该军陪椿头银买补，而贫者苦之，请暂为三等旗军上户四两、中户三两、下户二两，官则陪之，余以官贮地亩银凑给；请上命凡问刑衙门问发陕西镇番、肃州、甘、凉等卫充军者，备载招拟年貌于文移，以防逃避之弊"。

卷 169：十二月，"因山西威远城兵败，总兵官王玺并家属发陕西镇番卫充军"。

[2] 剑州：其疆域基本上以今四川省剑阁县为主体，盛时包括今梓潼县、江油市东部

等部分，以境内的剑阁而得名，州治位于普安县（今剑阁县普安镇）。

[3] 密云县：今北京市密云区。

[4] 教谕：学官名。元、明、清县学均置，掌文庙祭祀、教育所属生员。

[5] 葫芦包包：民勤葫芦品种有菜葫芦、笨葫芦、吊葫芦等。此处指南瓜，当地居民以南瓜与麻腐为馅做成包子，俗称"葫芦包包"，一般以 15 个为一副。

孝宗弘治十四年辛酉 [1]（1501）

科试贡生一员，名陈敏，官直隶宿迁县 [2] 主簿。

按，陈公擅文精书法，且习岐黄术。士林钦敬，以才艺誉之。

千户孙堂 [3] 暴病卒，享寿五十六岁，族人择吉日卜葬茔地。

注释：

[1]《明孝宗实录》卷 172：三月，"命陕西行都司都指挥同知刘杰之子钺，代原职镇番卫指挥使"。

《武职选簿》记："弘治十四年四月，刘钺，系陕西行都司都指挥同知刘杰庶长男。伊父原系镇番卫指挥使，历升前职，患疾。本人照例革替伊父原职指挥使，仍在原卫带俸。"

[2] 宿迁县：今江苏省宿迁市，明代属淮安府。

[3] 孙堂：《武职选簿》记为孙镗，通渭县人，世袭副千户。

孝宗弘治十五年壬戌（1502）

科试贡生一员，名李森，未仕。

四月，黑霜降，禾蔬被冻。嗣五月初，连布雨露，因大丰。

孝宗弘治十六年癸亥（1503）

科试贡生一员，名萧孜。

前总旗孟鼎告辞归里。初则授徒，继而著述。有《西窗剪灯杂录》传世。

八月，山水泛滥。训导姜第躬亲勘查河沟陂堤，督率千余民众，日夜防护。殆未酿成水患，民咸感戴之。

注释：

[1]《明孝宗实录》卷 197：三月，"增设陕西巩昌府管粮通判二员，分理甘、肃州

及凉州、镇番等处仓场。又于甘州在城五卫设仓大使、副使各一员。肃州、山丹、永昌、凉州、镇番、庄浪、西宁七卫各设大使一员"。

孝宗弘治十七年甲子[1]（1504）

城南乡居民捐输宝囊，兴修关庙，三阅月工竣。台高七尺，廊庑百楹。

六月降雹，粒大如鸡卵，少时即停。

是月，有旋风入城，怒号不已。径趋关帝庙，揭匾额掷于城外五里地。人惧甚，有数日扃户而不敢出者，避其凶也。

注释：

[1]《明孝宗实录》卷212：五月，"命陕西都司都指挥佥事李恺守备镇番"。

卷219："九月以来各处所奏灾异，因言镇番卫一火，而军储舍器悉成灰烬。"

孝宗弘治十八年乙丑（1505）

科试贡生一员，名柳桂，官山西潞州[1]吏目。

《镇番宜土人情记》曰：

邑人柳溪春，明经正选，擢山西潞州吏目。在任清廉自矢，风裁赫著，百姓感泣，佥以循吏命之。

孝宗终。

注释：

[1] 潞州：今山西省长治市。

卷二

明武宗正德元年 — 世宗嘉靖四十五年（1506—1566）

武宗正德元年丙寅 [1]（1506）

邑人重修火神庙，立祝融神像于大殿。

秋祭孔子，费银二百五十两，俱库银出。

注释：

[1] 武宗正德：朱厚照（1491—1521），孝宗朱祐樘长子。弘治十八年五月即位，年号正德，庙号武宗。

《皇明经世文编》卷127《何文简疏议》卷2《马政疏》：是年正月，何孟春上疏："河西镇番卫、镇夷所有盐池而无额课，除镇夷盐池该驿公用外，镇番境内外盐池数多，独无可资于官者乎？臣愚乞勅该部转行都御史杨一清，即其已效，广为永图。"

武宗正德二年丁卯（1507）

科试贡生一员，名杨亨，官直隶州河间府主簿。《镇番宜土人情记》曰：

杨亨者，勇之子也。少好文，七岁能诗，十岁作得赋，时谓之"塞上神童"。

又，邑人孟清，是年由镇番小旗与小旗吴花乙拼枪得胜，袭试百户。

武宗正德三年戊辰 [1]（1508）

邑人詹克勇纳二十四徒，于枪杆岭练习武艺，号称"枪杆铁虎"。艺皆精，名冠碛北 [2]。

注释：

[1]《明武宗实录》卷38：五月，"监察御史李璸奏，命清查甘州等十二卫、古浪等

三所屯田……但镇番卫孤悬边境，虏常出没，田半抛荒，宜添设墩堡，以便瞭望、耕种，及诏璋（巡抚都御史刘璋）等既除荒地，不能别处以足粮数，其罪难辞。诏添筑墩堡，令镇巡官议处"。

[2] 碛北：亦称北碛，泛指民勤北部的沙漠地区。

武宗正德四年己巳 [1]（1509）

科试贡生一员，名杜朴，官河南洛阳县主簿。

是年春二月，镇邑遭瘟疫，毙命者凡三百五十四。医士刘毓儒、费琥珏等抢救有劳绩，有司嘉之。

注释：

[1]《明武宗实录》卷50：五月，"江西奉新县民余元一及其侄八十七等，恃富豪，武断乡曲，其服舍器用有违式者，以其男子代钱谷谋侵县人胡东仔田，为东仔所讦，并及其僭造龙舟及诬元一尝率三百余人毁其房屋，谋其亲属至死狱，久不决。命给事中胡煜会江西镇巡三司官鞫之至是狱。上诏：以元一年逾八十，免其决杖，仍枷号一月，并家属永戍肃州，仍没入其家产。其子侄十余人罪之有差，而东仔则以奏多不实，亦枷号一月，并家属永戍镇番"。

卷53：八月，"镇番守备都指挥佥事李恺奏，镇番极边重地，宜复设参将分守，诏遂以恺充参将分守如旧"。

卷56：十月，"陕西布政司丁忧参议卖施在任时分管镇番边仓，以折放粮料布花，余银移充廪给赉夫，诏加陪发为民"。

武宗正德五年庚午 [1]（1510）

指挥佥事彭廉 [2] 出征大沙河 [3]，督军柳条河 [4]，嗣擢指挥同知。

注释：

[1]《明武宗实录》卷63：五月，"免陕西镇番卫屯粮四千一百石有奇，以去年蝗灾也"。

卷64：六月，"分守镇番右参将李恺奏，鞑贼驻牧大沙河，臣夜率马步军出城袭之，比旦至贼所，斩首四十一级，获马驼一百二十余匹，器械甚众。还至井泉，贼复来攻，臣督兵与战，贼遁去。既而谍报贼三千余骑伏堡后沙中，又斩首二级。捷闻，赐恺。敕奖励奏捷人升一级，赏纻丝衣一袭、钞一千贯。镇巡官宋彬等所遣奏捷者，亦各升一级"。

卷65：七月，"赐分守镇番地方右参将都指挥佥事李恺金织飞鱼文绮一袭，从其乞也"。

是年，徐文彪赦还。《名山藏·臣林记》："上虞人徐文彪，字望之。正德初举贤，以母老辞。有司敦，仍行至京，试吏部，用萧傅恭显语。（太监刘）瑾怒甚，下之狱。榜掠几死，械戍镇番。文彪处之怡然，诸武弁子弟相率来学。（正德五年）瑾诛，敕还……文彪所造独深，所著有《页晦集》若干卷。"

[2] 彭廉：民国《民勤县志》记，"彭廉，号小河，铉之曾孙。由指挥屡以御虏有功，历升山西三关总兵"。

[3] 大沙河：遗址在今民勤县薛百镇宋和村东。

[4] 柳条河：发源于天祝县歪巴郎山北麓，自古浪县境汇入红水河，流入石羊河进入民勤盆地。《武职选簿》记为"柳条湾"，此战由参将李恺指挥，无彭廉任职记录。

武宗正德六年辛未[1]（1511）

参将李恺率千户孟清、百户李楫[2] 等克敌于卫境柳条湾[3]，拓地数百里[4]。

是年，亦孛乃把罕、哈尔泰等寇边，邑人马麟率众御之，连战皆捷。旧志载其传曰：

马麟，都司得子，字应祥，勇略过人。修缮城垣，开拓疆土。正德六年，亦孛乃把罕、哈尔泰等寇边。麟率众御之，连战皆捷。由本卫指挥晋职都佥事，旋以功擢指挥同知。阿台之战，麟率指挥张玉[5]、千户王刚御之。事平议叙，赏赉最渥。历升肃州参将[6]。子昭，有英名。

孟清从参将李恺出征柳条湾，斩获有功，升试百户，旋擢千户。

是年，李恺等征战，共获驼马一千八百余，后奉折银存库。

注释：

[1]《明武宗实录》卷78：八月，"虏寇柳条湾，分守镇番右参将李恺败之，斩获四十四级。镇守太监宋彬、巡抚都御史张翼、总兵卫勇等以捷闻，赐敕奖励赏奏捷者如例"。

卷81：十一月，"革陕西永昌、镇番分守参将，仍以都指挥守备。免肃州、凉州、庄浪、古浪四卫所。镇番、永昌、山丹、高台、镇夷五卫所暨甘州五卫"。

[2] 李楫：《武职选簿》记："正德七年凉州地方功次内有镇番卫升一级不赏，二人共斩贼首一颗，为首官旗军共二十五员，内左所实授百户升副千户三员，内一员李楫。"

[3] 柳条湾：旧志记其在"县东五十里"，位今夹河镇黄案村。

[4] 此处所言"数百里"待考。旧志未载明代镇番卫疆域，清代镇番卫疆域始见于顺治《重刊凉镇志·镇番卫·地理志》："疆域：东连宁夏，南接凉州，西距昌宁，北界沙漠。广七百里，袤四百一十里。里至：东至宁夏界沙河六百里，西至永昌卫昌宁堡一百里，南至凉州三岔河一百三十里，北至亦不喇山二百八十里；东南至庄浪卫四百九十里，东北至

鱼海子二百八十里，西南至永昌卫三百二十里，西北至亦集乃一千二百五十五里。"

[5] 张玉：《武职选簿》记为张钰，滦州人，系镇番卫流官指挥金事张胜嫡长男，与达贼对敌阵亡。

[6] 此处所记存疑。《明英宗实录》卷115记马麟于正统十年（1445）故，该年六月其子昭袭为指挥使。

《明宪宗实录》卷33记：成化三年八月，"命镇番守备、都指挥同知马昭分守肃州"。

武宗正德七年壬申 [1] (1512)

千户孟清庄宅后有异声，令仆掘之，得一钟。状如卧虎，其音嗡嗡然，疑为上古时遗物。

《镇番宜土人情记》曰：

正德七年，千户孟清宅后得一钟，击之，声音铿锵播远，数里外清晰可闻。

注释：

[1]《明武宗实录》卷89：六月，"升右都督谷大中为左都督。大中，太监大用弟，冒从征镇番卫之功也"。

武宗正德八年癸酉 [1] (1513)

是年，额济纳依 [2] 处汉民暴动。邑人孙玉成率近千人众越境归镇，邑人戴之。

又，科试贡生一员，名陈宾，官山东青州府照磨 [3]。

注释：

[1]《明武宗实录》卷101：六月，"兵部议覆守备镇番都指挥金事李凤奏，镇番孤悬一隅，虏常出没，若听凉州调度，往返常五百余里，恐致失事。诏免听凉州节制"。

[2] 额济纳依：即额济纳旗。

[3] 青州府：明朝洪武元年（1368）置，治所益都，即今青州市益都镇益都城。

照磨：官名，始设于元。《元史·百官志》："照磨，正八品，掌磨勘左右司钱谷出纳，营善料例，凡数计、簿籍之事。"明代因元制。

武宗正德九年甲戌 (1514)

参将李恺重建玉皇阁于元真观后，守备李凤立碑，雷振撰文。文略。

武宗正德十年乙亥[1]（1515）

指挥同知彭廉征黄明沙[2]，迁指挥使[3]。

是年，科试贡生一员，名李锐，官四川潼川[4]州判。旧志载其传曰：

李锐，豁达冲和，补诸生，就乡闱不售；由明经授四川潼川州判。尝讲学柳堤下，世号"柳堤先生"。有遗著《柳堤诗钞》，共十卷。

是年，科试贡生一员，名王臣，官河南灵宝县主簿。

注释：

[1]《明武宗实录》卷124：闰四月，"总督甘肃等处军务左都御史彭泽陈言边务十二事：山丹、永昌守备官宜属协守副总兵，镇番守备宜属分守凉州副总兵等"。

[2] 黄明沙：亦称黄明沙窝，在今民勤县东60公里的腾格里沙漠北缘。

[3] 指挥使：卫所一级最高军事长官，秩正三品。下辖指挥同知2人（副长官，从三品），指挥佥事4人（正四品）等属员。

[4] 潼川：原作"同州"，道光《重修镇番县志》作"潼州"。应为潼川，西魏始置为郡，宋重和元年（1118）以梓州为潼川府，明洪武九年（1376）降为州，清雍正十二年（1734）复升为府。辖境相当于今四川潼南以北、中江以南地区。

武宗正德十一年丙子（1516）

是年大稔。

冬月大雪，连旬不霁，冰氛玉洁，宛然琉璃世界。所谓萧条堨户，烂漫凝阶，眇平原之旷莽，堆积雪之崔嵬也。

武宗正德十二年丁丑[1]（1517）

科试贡生一员，名段标，官直隶深州[2]州判。

广恩谨按，段标，玭之裔孙也。《云梦堂漫记》谓其性淡和，好助人。正德间，邑之饥馑相连。灾民嗷嗷，呿口而待哺；嬲嬲赤子，迫死期于旦暮。值标候荐居里，于是倾其私藏，尽付于待毙之人，赖以存活者以百人计。既平时有乞食者倚于门，辄和颜延入之，宽其陈衣，周以余饭，稍无悭啬之容。其家无大富，而役仆竟十余众，盖皆孤寡无恃之人也。

注释：

[1]《明武宗实录》卷145：正月，"升赏陕西延绥官旗军舍都贺玄等一百三十六人有差，以山丹、永昌、镇番、凉州、洮州等处功也"。

卷151：七月，"升庄浪卫带俸都指挥佥事李恺为都指挥同知。恺初充右参将，分守镇番，有罪，既准以功赎，寻冒大沙河功受赏，复陈乞，遂升之"。

[2] 深州：今河北省深州市。

武宗正德十三年戊寅 [1]（1518）

秋月淫雨，绵绵不绝，秋禾多得其利。是年大稔。

注释：

[1]《明武宗实录》卷168：十一月，"降陕西镇番卫都指挥同知王铭为都指挥佥事，坐虏入境不设备也"。

武宗正德十四年己卯 [1]（1519）

前总旗孟清子档 [2]，官擢千户。

注释：

[1]《明武宗实录》卷170：正月，"宁夏甘肃镇番俱地震"。

卷171：二月，"甘肃镇番、永昌、庄浪俱地震"。

[2] 孟清子档：《武职选簿》记孟清子为孟堂，嘉靖三十一年（1552）替袭孟清职百户。参见本书卷五顺治元年注 [17]。

武宗正德十五年庚辰（1520）

科试贡生一员，名吴滋，官山西马邑县 [1] 知县。

《镇番三百年案牍考录》云：

有明以还，镇人进升牧宰 [2] 者，孟公当为第一人。

注释：

[1] 马邑县：在今山西朔州市。

[2] 牧宰：泛指州县长官。州官称牧，县官称宰。李注"此条原正文所不载，附于书末附记"。疑为编撰者将孟良范康熙五年补广西泗城府同知事误记于此。

武宗正德十六年辛巳（1521）

大旱，禾多枯死，民人不堪其忧。概千百以为群，相携持而东下。有司阻之，窜伏潜藏，所不从也。

武宗终。

世宗嘉靖元年壬午 [1]（1522）

科试贡生一员，名张举，职事上林苑监蕃育署录事 [2]。

《搜俎记异》云：

镇有张举，嘉靖壬午贡生，奉上林录事。自恃有才，尝仿司马作《哀上林赋》[3]。曲尽繁华，状极富丽，尔后鞭辟奢靡，笞挞荒淫，历数前朝之贻误，备陈当世之应戒。中有"广厦万间，何士子茅屋为秋风所破"语，人评"奇崛瑰伟，用典果切，直追司马雄风"，良有以也。

注释：

[1] 世宗嘉靖：朱厚熜（1507—1566），明朝第十一位皇帝，年号嘉靖，庙号世宗。

[2] 上林苑监蕃育署：明官署名，蕃育署饲育鹅鸭鸡。苑地在北京附近。上林苑监设录事1人，正九品，掌总录文簿。

[3] 司马：西汉文学家司马相如（约前179—前127），著有《上林赋》等。

世宗嘉靖二年癸未（1523）

科试贡生一员，名彭广，官河南汤阴县主簿。

《镇番宜土人情记》曰：

彭广者，镇番人也。善著文，曾著《名山大川游记》，惜未付梓，知之者鲜。

广恩谨按，检《彭氏宗谱》，知广字泽园，号迈夫。著《山川游踪录》凡四卷，十余万言。索之欲读，氏人惕然婉拒，盖视其珍也。

世宗嘉靖三年甲申（1524）

指挥刘恭妻李氏，二十三丧夫。矢志抚养孤幼，至子宇袭世职，官至守戎，乃旌。

大河[1]水潮，经重兴[2]处淅岸倒失，淹没庄户无算，数千民人被其灾。

注释：

[1]大河：镇番主要水源是石羊河和洪水河，至蔡旗堡南二河汇流。乾隆《镇番县志》："东北流入镇番名曰大河，此水之源也。"

[2]重兴：今民勤县重兴镇。

世宗嘉靖四年乙酉[1]（1525）

科试贡生一员，名杨逯，官四川潼川州判。

年馑。

注释：

[1]《大明律疏附例》记："嘉靖四年二月，刑部问得犯人李贤，诈充近侍官员家人，索讨马匹，下程占宿公馆，问拟豪强之人求索财物。李自来不合越关跟随，不行阻当。查得先问过犯人刘普，因为指称近侍名目，虚张声势，勒要银两问罪。奉圣旨：刘普指称近侍名目，勒要银两，锦衣卫拏来，打四十，押发陕西镇番卫，永远充军，家小随住。钦此。"

世宗嘉靖五年丙戌（1526）

城守守备贺能莅职[1]，秋月倡筑角城，未果。

注释：

[1]《明孝宗实录》卷89记贺能于弘治七年（1494）在镇番被降级，见本书该年注[1]。

《明世宗实录》卷184记：弘治十二年三月，"虏入宣府万全右卫境，人畜有被掠者，命逮问把总等官指挥秦宣等三人，守备奉御贺能、分守监丞万全参将白玉俱令戴罪杀贼"，可证贺能已调往宣府。弘治七年与嘉靖五年相隔32年，贺能复任镇番守备事存疑。

世宗嘉靖六年丁亥[1]（1527）

科试贡生一员，名李樱，官山东海丰县[2]主簿。

守备贺能因强纳妾事踬仆被裁。

[1]《明世宗实录》卷 77：六月，"陕西镇番卫大风拔木，复大雨雹，杀伤三十余人"。

[2] 山东海丰县：明洪武初改无棣县为海丰县，1914 年复名无棣县。

世宗嘉靖七年戊子 [1]（1527）

乡试举人 [2] 一名，名李相，官云南大理府通判 [3]。旧志载其传曰：

李相，家奇贫，蓺菂读书，寒暑不辍。嘉靖七年登贤书 [4]，乃中式 [5] 第五十三名，为镇邑领授之始 [6]。授云南大理府通判。

是年，黑山堡被山水冲淅，改建新堡。周围一百六十丈。

邑人杜朴、吕洪、王钦、王洁、李相、柳桂等二十人往赴乡试，额支举人路费银每人六两，共费银一百二十两，库银支付。

是年五月，何相 [7] 在世。

邑人于县城东北二十里红沙堡，筑周围城墙五十余丈。

按，有明之后，元季势力尚未铲除肃清，彼率以轻骑队侵犯边境，蹂躏无辜生民，而河西北碛边民，感此尤甚。百姓遭兵燹之荼毒，由来久矣，死于乱军者无算，尽止被掳而去者，数年竟作万数计。然每有归而来者，守墩官军惨忍贪功，杀取首级，冒报功次，以图升赏。以故宁为彝奴，不敢思归。

总督刘天和 [8] 据此陈言《边计疏略》，以期矫枉改正之。其曰：

访得汉人历年被驱掠在虏中者，常数万人。每虏骑南牧近边，则脱身而归。然以守墩官军惨忍贪功，遇有到边则伪举大炮，杀取首级，冒报功次，希图升赏，是以来归者尚少。

查得旧例，遇有到边，镇巡官查取姓名、乡贯，差人伴送于家。夫彼皆中土良民，我不能卫之保安，致彼被掠。彼不忘我，冒死逃归；我不加恤，又从而利其盗得之物，此何理也？

窃念先年曾因边防缺军，悬赏招募。每军一名，给银五两；能召集百名者，升一级。其所召者，多老弱逋囚之人。然走回人口，少小而去，强壮而归，虏之伎俩，知之稔矣。其耐寒暑，习战斗，犹夫虏也。以此赴敌，所谓"以虏御虏"也。乃纵之使归民伍，谓之何哉！

近来，各镇将官亦有私蓄以备爪牙者，缘未著为令，故所收者不多。合无通行各该镇巡官，晓谕守墩官军，但有虏中逃回人口，随即收送镇巡官处，时刻不许迟留。除老弱妇女，照旧伴送于家。其精壮男子及十四五岁幼童，若系本镇附近军民，俱倍加抚恤，编入卫所，与正军一体食粮。无妻者，官为娶妻；无屋者，官为买置。发游兵部下，名为先锋军。每遇出战，用以当先，使之踊跃呼噪，以倡士气，先登临阵以挫贼锋。虏中骑回马匹，有堪以出战者，官给时价收买；不堪者，听其自行变卖。收送墩军、夜不收 [9]，仍给官银三两，以塞其贪功妄杀之心。其视用银五两，召募不堪之人，以耗边饷，似有间矣。若有贪功妄杀者，下手之人抵命；该管官知情者，问发充军。仍行各该抚臣出给告示，发各墩悬挂晓谕。或别行召诱，庶风闻塞外来归者日众。每镇若得千人以上，鼓噪于军中，则三军气胜，所向不怯，而武功大振矣。

注释：

[1]《明世宗实录》卷 93：十月，"提督陕西三边军务兵部尚书王琼以甘肃等卫所仓粮先年设郎中总理，既经革去，须有责成。议将原任凉州分守道移住庄浪，分管庄浪、镇羌仓粮一带。原任甘州分巡道移住凉州，分管凉州、永昌、镇番、古浪千户所仓粮"。

[2] 李注：原作"科试举人"，应作"乡试举人。""科试"即科考。乡试前，省学政分赴所属举行考试，获中者谓之贡生（有五贡之分），可应本省乡试。乡试又称"乡闱""乡荐"，每 3 年在省举行，考中者即为举人。

[3] 大理府：明朝设立，管辖如今云南省大理市、洱源县、祥云县部分地区，1913 年废除。通判：明朝各府的副职，位于知府、同知之下。

[4] 贤书：举人。

[5] 中式：指科举考试被录取。《明史·选举志》："三年大比，以诸生试之直省，曰乡试，中式者为举人。"

[6] 李注："领授之始"不符事实。明成化十六年（1480）庚子科，邑人文朴领授乡荐，已见前记。

[7] 何相：文县人，何海潮七世孙。事见本书卷三隆庆四年例。

[8] 刘天和（1479—1546）：字养和，号松石。湖广省麻城县（今湖北省麻城市麻城县）人。历官湖州知府、山西提学副使、南京太常少卿，又督甘肃屯政，巡抚陕西。嘉

靖十五年（1536）总制三边军务。鞑靼吉囊入寇凉州、宁夏等处，刘天和指挥大将周尚文等取得大捷。辑有《保寿堂经验方》《伤寒六书》《幼科类萃》等书。

[9] 夜不收：明代边防守军中的哨探或间谍。

世宗嘉靖八年己丑（1528）

守备李凤重修元真观，吕洪碑记。

科试贡生一员，名李谏，官江西司察[1]照磨。

注释：

[1] 司察：督察。

世宗嘉靖九年庚寅（1530）

邑人王卓善丹青，尤以搜古著称。是年乃作书挂于室，云：

茅屋数椽挂灵空，左也相通，右也相通；零星纸片各不同，拿在手中，夹在当中；水墨秀淡妙在中，一幅画工，巧夺天工。

《镇番宜土人情记》记此。

是年，邑人彭广乃制《创修谱例》二十三条，晓示各家，以资参互。其曰：

一、始祖书姓书讳，以下止书讳不书姓，举一世以概千古世也，亦姓氏统于大宗之义。

一、讳配子某必大书，以提其纲而挈其领，之后分注字号、行实、爵职，并生卒寿葬以详始终。其有不悉书者，非故略之也，无可纪也。有世远年湮者，止存其名，而行实始终无可纪，付诸阙疑，以异于削略。

一、妣必详书。或夫殁改醮者不书，或有生子后丧夫改醮者，仍书娶某氏生子某，不忘其子之所自出也。然书生庚，不书卒葬，以示不得与夫妇合葬者例论。

一、或配二妣者，则书元配某氏，生子某；继配某氏，生子某，庶妾亦然。或一有子一无子，其有子者书配某氏，有子者在前，加"元"字；无子者在后，加"继"字。庶妾无子者，不得滥入。

一、庶妾之子，本同一父，家礼律例，俱有明文，不得意为低昂。

一、本家过继之子，理应入谱无疑，但有并于大宗小宗者，须让以先，而过继者次之，示不得潜宗也。

一、本宗过继，必注明本生父名，示不没所生也；异姓不注，无可书也。

一、异姓螟蛉，例不入谱，恐乱宗也。然或其事已往，又恐过伤前人之志，别立书法于严确不讳之中，以存厚道。

一、亲生子则书生子某，本宗过继之子，则书子某。异姓螟蛉则书子姓某，言本异姓而创为某姓也。

一、异姓螟蛉入谱，俗人率以直书为嫌，然以实理论之，直书尤愈于不书。盖书之不忘本宗，且以防后世之同姓为婚，故直书之为愈也。至于本宗过继之子，不复书姓，以本属同宗，不得异祖也。

一、或本宗出继外姓，概应削去，然或有本身归宗者，或令其子孙归宗承继者，亦不忘本之义，兹故仍入宗谱。行几、子某、出继外姓某，所以劝以往而将来为戒也，亦避后世同姓为婚之嫌。其在外姓，子以传子，孙以传孙，则不得复列于本宗之谱矣。

一、谱系年表，俱自大宗按房分次第递下，不可序齿。序齿虽别长幼，却间亲疏。子孙之年齿为轻，而祖宗之宗祊为重，支不可先于宗，犹庶长之不可先于嫡少也。至于胞兄弟，则其齿自不可紊。

一、子孙以八岁入谱，盖八岁得列于殇服成童也。未至八岁者，不得滥入。然亦须斟酌而行，恐失时也。

一、乏嗣者书"无传"，早殇者书"无子"。有可纪者揭书，无可纪者第于其父名下书名。或有流寓他方，远而难纪者，必明书之，以与无后者别。

一、系图第绘世辈，不详行实，以旁注多则篇页少，反致蔓衍难稽，故止书名讳，余详载于功德实录。

一、忠孝友恭、义夫节妇，既有令闻嘉训，懿德足式者，不拘名位尊卑，必创赞立传，昭世德也。

一、左道异端不书，以其蠹民心、耗民财也，绝伦而无伦也。然或不忘所目，书之以开自新之路，而又必明注之，以明趋向之不可不慎。

一、有寿必书，凡纡青拖紫及援例冠带，不论功名大小，必悉为开列，志世美也。如性行多玷，虽有爵不书，以德无可纪贵，不足道也。

一、女虽贵不书，然或有节烈邀旌，性行可嘉者亦足显亲，特书之为闺门示劝焉。

一、凡休声懿德，生前不得预附，以其品未定也。必殁后既殡，其子孙告知族人，然后揭书行实亦惟素行是视，不以富贵而详，贫贱而略。浮名盛誉不足观德者不录。

一、讳也者，先人之名隐避而不敢直陈也故宜书号缺讳，使异姓贤人填注。但恐年久人多，传述差池，反致荒唐。故本圣人临文不讳之义，引谷书之。

一、祖遗田地房屋，虽栖楮所留，然沧海桑田之变，更创废无常，故不悉记之。于坟墓百世不易，爰将新旧宅兆，举方位山向，立祖分穴，详书于谱。

一、名讳有重犯祖先者，必逐一改正。然或其人已殁，难以改正，借字音之相近者正之。入谱后改名者，即于原名下填注清楚。

广恩谨按，余所见之谱牒，不下数十种，载有是文者，惟四坝《何氏宗谱》一本而已。《彭氏宗谱》当应收之，然竟缺如，未知所由也。其谱管[1]告余曰："岂无之？在总谱载之。"惜未见其总谱，今犹叨憾不已焉。何谱所收创谱例凡二十八条，较彭例增益五条，其二十三条遣字偶有差异，而惟彭文是尊，盖依其式而引录得之者，因资为校雠。二十八条略。

是年，红沙堡围墙因地窄墙卑，展筑东西北三面共一百一十丈，城门一。

城守备甘祯[2]率兵于冰草湾[3]御敌，大破之。甘祯，西宁人。

注释：

[1] 李注：谱管，指管谱之人。

[2] 道光《重修镇番县志》载：甘祯，西宁人。镇番卫城守守备。嘉靖九年，流贼乘间剽掠，祯率兵出冰草湖御敌，大破之。

[3] 冰草湾：又作"宾草湾"，在今内蒙古阿拉善左旗额尔克哈什哈苏木境内。

世宗嘉靖十年辛卯[1]（1531）

科试贡生一员，名王卓，官山西芮城县主簿。

注释：

[1]《明世宗实录》卷127：闰六月，"裁革……镇番、庄浪、西宁、永昌、凉州、肃

州十卫各训导一员"。

世宗嘉靖十一年壬辰（1532）

千户祁守谦[1]于柳林湖设驿站，沈祖豪等十二人驻守，越年即废。

邑人王卓，是年纂《草堂杂赋》成，欲以付梓，讵后日扑趫讹误，因致荒废。然觅抄者不乏有人，精妙之制更不胫而走，风靡阖邑。

是年科试贡生一员，名陶瓒。官庆远府典史[2]。

注释：

[1] 祁守谦：始祖祁润，会宁人。《武职选簿》记，祁润孙祁刚于嘉靖十五年凉州地名扒沙等处获功升实授一级，嘉靖十七年地名沙嘴儿斩贼级一颗升试百户。祁刚长子祁恩袭父祖职为试百户，祁恩长子祁良臣未袭先故。长孙祁守谦，万历八年十二月仅 16 岁，无能力设驿站，而其祖祁刚"嘉靖二十四年在上山儿湖斩首一颗升实授百户，四十五年抹山湖斩首一颗升副千户，隆庆元年大碱滩阵亡，升正千户"。据上述时间判断，此处"千户祁守谦"应为祁刚。

[2] 庆远府：今广西河池地区宜州市及其周边。

典史：设于州县，为县令佐杂官，掌管缉捕、监狱。

世宗嘉靖十二年癸巳[1]（1533）

邑人王允亨[2]以都督前锋出征河湟[3]。

旧志载其传曰：

王允亨，字平泉，指挥佥事深[4]子。嘉靖十二年，由生员袭指挥佥事，为都督前锋。出征河湟等处，所遇辄捷，以威勇闻于时。历副参十七任，官至兰州副总兵，为肃府仪宾[5]。敦诗说礼，有儒将风。子国柱[6]，有勋声。

科试贡生一员，名杜芳。

注释：

[1] 是年，鞑靼犯甘肃、大同等地。

[2]《武职选簿》记王允亨为明宣德年间镇番卫左所世袭副千户王刚五世孙，嘉靖十二年六月世袭祖职指挥佥事，时年 21 岁。嘉靖二十等年历升大同参将，三十八年为事参降副千户，四十年故。

[3] 出征河湟：河湟，青海省和甘肃省境内的黄河和湟水流域，唐时是唐与吐蕃的边境地带。《唐书·吐蕃传》曰："世举谓西戎地曰河湟。"此处概指嘉靖年间鞑靼军数度攻扰大同、延绥、凉州、宁夏等地，明军与之作战事。

[4] 深：即王深，《武职选簿》记，"嘉靖五年六月，王深，年三十八岁，滁州人，系陕西行都司镇番卫老疾都指挥同知王铭嫡长男……本人照例革替指挥佥事，注原卫"。

[5] 肃府：明代肃王府。初在藩甘州（今甘肃省张掖市），建文元年（1399）迁兰州。

仪宾：明代对宗室亲王、郡王之婿、孙女婿、曾孙女婿、玄孙女婿的统称。

王允亨"官至兰州副总兵，为肃府仪宾"事存疑。

[6] 国柱：即王国柱，《武职选簿》记其隆庆四年四月袭父王允亨职为镇番卫指挥佥事。

世宗嘉靖十三年甲午（1534）

指挥使彭廉往征八山头、柏杨沟、旧方城、打鱼岭立功，旋升灵州 [1] 参将。

是年，卫官民田地共五千二百二十二顷二十二亩四分六厘，官田地二千六百一十二顷一十六亩三分，民田地三千六百一十四顷六亩一分六厘。

一邑人于六坝湖拓荒地，掘得一冢，内多古器，皆稀世物也。间有一俑，执马作行走状，活脱如真。是时，观之者甚众，特入文昌宫藏之。卢公生薰著考文，以为乃汉代遗物也。

夏寒。五月，人犹以裘御体。时邑贡生陈敏著《五月披裘》诗，曰：

月令刚逢五，羔裘讵可披。单衫何竟弃，轻暖乃相宜。聊作遮身计，须为蔽体资。曳娄非尔便，绨绤笑他辞。岂曰无衣故，诚当大暑时。心中除俗虑，世外有风规。

敕谕玉泉游击 [2] 王允言 [3] "准尔建言"。剔"言"字，易名王允。

注释：

[1] 灵州：今宁夏灵武市。

[2] 玉泉：即玉泉营。在今银川市永宁县境西部。

游击：明沿边与要地驻军有游击将军，位次参将，统率边军1营3000余人以为游兵，主野战，秩武官，正五品，其下有千总、把总、百总等官。

[3] 王允言：为明宣德年间镇番卫左所世袭副千户王刚五世孙，王允亨同辈。此处记王允言易名"王允"，本书万历二十二年（1594）记王允言改名为"王言"。

世宗嘉靖十四年乙未（1535）

科试贡生一员，名文衡，官四川遂宁县主簿。

《镇番宜土人情记》曰：

文公家至贫，以麻杆燃火读书，士人钦之。在官，率以家计挂诸于怀。

左附公是年家书可为证也。其云：

吾弟知照，菊月念间，统号信内捎泾[1]家函，并原稿一纸，谅早收鉴见矣。是月望间，接见来函，知尔寓泾清庆，易胜快慰！捎家片纸，遇便转去。兄自前月十五日迄今未见家报。即日无多，心有切盼之情，不觉遥之如年耳。

椿萱晚景，领膳如何？兰桂初举，跳脱若何？通年之缴用足耶否？五坝[2]之冬水乏缺耶否？凡含糊报之，不觉怒于心，形于色，达于口也。转思数百里之遥，何能耸听？积愤成恼，令人狂笑。自劝自解者，屡之矣。

顷据《镇本茶》[3]记：十月初六日，信报吾邑入秋以来，河水不时倒失，大滩等处浇五六成水；东坝首四，浇灌尚可；小坝亦浇略半，苦乐不均。惟更名、大坝，因山南冲淅[4]，诸河干涸，点水未润。转眼小雪水即转归湖，吾坝之水，无望可知。兄闻之，不食下咽者竟日。虽天公之安排，人力无如之何，而三年之穷迫，何以当之？余镇邑之黎庶，岌岌可危矣。

兄素才菲，无过人之量，尚志及人之志，所以兄弟各处东西，冀得血资为家间小补计。今本源已涸，虽有膏泽，尚望禾稼之兴勃耶？欲以外资顾内，其如长支过多，旧蒂未除，新累又来。四顾债台，何日拆毁殆尽乎？以兄之薪俸济困，亦惟杯水车薪，若奈其何？兄与弟等常念吾家丁口繁众，糊口之粮最要。年无积蓄，稍经荒岁，不免事畜之忧。今果如此，该如之何？兄实深悔之。

目下镇邑斗价若干？闻犹分籴外路，是涨无减之势。为其活口计，兄今借得十金与尔，冀弟速贾口粮，挽救危局耳。

注释：

[1] 泾：指泾阳，在今陕西省境内。明、清时镇人往来此间，贸易茶叶、棉布。

[2] 五坝：为今民勤县苏武镇所辖部分区域。

[3] 李注：《镇本茶》，据明时镇番人信函，明中叶泾阳城内设有镇番商馆，以经

营茶叶为大宗，刻板印刷类似海报的《镇本茶》，其具有广告性质，但主要为会馆成员提供各类信息。

[4] 李注：冲淅指明、清间，洪水河水常自红崖山与黑山夹腰处溃决倒失，时人称为"山南之冲"。

世宗嘉靖十五年丙申 [1]（1536）

邑人孙光琰，善著文。《镇番宜土人情记》称其为"椽笔"。是年，作策曰《四夷来王说》。其云：

世运有升降，治道有污隆。圣人作而万物睹，天下归心，万邦协和，猗欤休哉！何世之隆也？

《尚书·大禹谟》：益告舜有四夷来王。言人君之德，足以统九州而抚四夷也。是以声名洋溢乎中国，施及蛮貊。凡舟车所到之处，人物所通之地，天所覆之中，地所载之内，日月所照临之方，霜露所坠落之隅。凡有血气而为人类者，莫不尊之为元后，亲之若父母。

据《书》所言，人君德修于身，化被天下，近者悦而远者来，举凡九夷八方，匈奴羌胡，毡城氆帐之类，莫不屈膝而称臣仆也。此所谓"来王"之确证。汤之东征西夷怨，南征北狄怨，四夷望救之心切，而来王又何说哉！

齐桓公之伯，先定山戎，后征荆楚，则四夷归服。晋悼公中兴，戎狄来归，献以虎豹之皮。汉唐以来，四夷不服，每举兵征伐，而后来降者，此四夷服其力，而不服其德也。从可知有德者，四夷来享；无德者，四夷来猎。四夷之王不王，在乎天子之德不德也。

是年，守备徐彦章 [2] 于碱柴堆 [3] 克敌，歼厥渠魁，余党悉平。

依令统原额屯科地一千一百四十顷五十八亩六分五厘三毫一丝八忽，更名地 [4] 八十五顷八厘四毫，学粮地 [5] 十四顷六十八亩六分八毫，三等地一千二百四十顷二十七亩四分一厘七毫一丝八忽。

注释：

[1]《明世宗实录》卷194：十二月，"巡抚甘肃右佥都御史赵载条陈边事：镇番临河墩起，至永昌城东百余里，原无壕墙，宜行创筑，使有险可恃，居人便于耕牧，

此一劳永逸计也"。

[2] 徐彦章：万历《陕西通志》卷13《公署》记："徐彦章，凉州卫人。"

[3] 碱柴堆：《武职选簿》作"碱草滩"，址不详。

[4] 更名地：今民勤县薛百镇更名村。

[5] 学粮地：今民勤县苏武镇学粮村。

世宗嘉靖十六年丁酉（1537）

科试贡生一员，名都章。

《镇番宜土人情记》曰：

都章，嘉靖十六年岁贡。喜雅静，予官弗受。乃筑一所，自谓"清风寓"。隐寓中不出凡三十年，人谓之"雅士"也。尝咏《鹿门山有孟浩然隐居诗》，曰：

孟氏芳名天下闻，平生志气已凌云。寻梅诗句吟驴背，托迹隐居在鹿门。

高节全忘官宦路，古风犹问鹤猿群。石林茅舍伊谁伴？惟仰高山空坐云。

世宗嘉靖十七年戊戌（1536）

生员赵继初，是年作《救荒备荒策》。文至卫署，学台嘉其"思致有超"。其云：

荒政之法，古圣人为民而设也。

上古之世，百姓守井田之业，什一取关市之征，又能随地随时加之权衡，故民有恒产，乐岁终身，即遇荒亦无虞，此备荒之道也。

汉时，水旱失宜，民间贫富不齐，发仓廪以赈济贫民。文帝减租除税，以节民产。范仲淹守浙西时，吴中大饥，藉有余之财以惠贫民。他如轻赋薄征，发粟散财。程子赈饥之论，司马光济民之疏，此又救荒之道也。

我圣朝轸念民瘼，兴农种谷，凡所以为百姓身家计者，自无微不至也。绘豳风，考月令，划井分疆；省刑罚，薄税赋，深耕易耨，不违农时，使之尽力于田畴，则民皆有余粟矣。即有时年境告凶，必能发仓廪以补不足，则备荒有善政，救荒有余惠矣。

文凡数千言，此仅录一节，示其概也。

广恩补记：救荒之策，历代宜之，实为治国安民之良策也。近日英、俄、日本诸国多致富之术，我国因而效之。以为救荒之策，则下无损于民，上可益于国者，请得而约言之。

一曰农。诚于各省设农部大臣，教民稼穑。市无游惰之民，然后连阡累陌，有多粟余稷之庆，此务农以保荒之道也。

一曰工。诚于各口岸设工艺学堂，招徕百工，使之制货物，备器械，以取利于人，此课工以防荒之道也。

一曰商。商之为利，与工相通。诚于各州县立商务局，使之通行，将工所造之物，由商为之转运，合工利以集巨资，设银行以便汇兑，此经商以治荒之道也。

一曰矿。中国地大物博，五金之利，藏之于矿。湖北铁矿，开平煤矿，此开矿以除荒之道也。

本此四端，而经营迫切，谋略至当，上不患备荒之无术，下不虑救荒之无人。而一切抽厘加税之谋，足以为害于民，无所取益于国者，固不敢议及也。

世宗嘉靖十八年己亥（1539）

科试贡生一员，名王瀚。

《镇番宜土人情记》曰：

王瀚，精书法，通算术，心灵而手巧，穷困有大志。平生著述甚夥，惜多佚失。今存《历算精通》及《书论》二稿，俱见藏于谢氏书屋[1]。国朝乾隆时，方伯孟公欲捐资付梓，讵未举而逝，至诚憾事哉。

是年，六坝张氏淑贤因伙匪劫掠路人，被控于官。桂月二十四日午时，正法于北城门沙丘下。

注释：

[1] 谢氏书屋：道光《重修镇番县志》记："谢王宾，字□□。少经商，性耽经史。年四十余，构屋三楹，藏书数万卷，坐卧其中，日事弦诵，垂二十年，未尝身履廛市。其操行尤严，弟侄子女皆教以礼法，乡里咸引重焉。子履鳌，廪生；履泰，监生；孙庸，庠

生。"李玉寿先生认为，谢氏书屋约在"清乾嘉之间，谢氏葆霱、葆初兄弟及集成、集梧兄弟历经筹措所建，藏书逾万卷，多收本邑学人士子遗稿"。从《历鉴》谢广恩涉及谢氏书屋按语中推断，其主人应为谢王宾。

世宗嘉靖十九年庚子 [1]（1540）

饬令驼户纳税银，以每驼年缴六钱计。避而不缴者，罚二两；推故漏缴者，罚一两；存心违缴者，以律论之。

是年，科试贡生一员，名仲夏，官四川荥经主簿。

注释：

[1]《明世宗实录》卷 234：二月，"升镇番守备、指挥使刘宇署都指挥佥事充固原游击将军"。

卷 238：六月，"升镇番守备、指挥佥事张达为都指挥佥事充延绥游击将军"。

世宗嘉靖二十年辛丑（1541）

科试贡生一员，名彭汝翼。

《镇番宜土人情记》曰：

彭公少聪颖，九岁能文。嘉靖二十年，公乃十七岁，即得贡生。是年作文曰《乐民之乐者，至爱天下》。名儒以为"大舍细入，圆转如题，工力悉当，用意不平"。其曰：

乐与忧，均能同民共，其效可验之天下焉。

夫能乐民之乐，未有不忧民之忧者。而民亦乐之忧之，不可即天下征其效乎？且上下有相联之分，而无相悖之情，遐迩有相隔之形，而无相违之志，亦视君人者之感乎何如耳。

君之心，事事如乎民心；斯民之心，事事如乎君心。而情之合者，分所不得联矣；亦志之通者，形所莫能隔矣。不与民同乐，亦思民者，天下之民乎，抑吾一人之民乎？民之乐，天下之乐乎，抑吾一人之乐乎？夫不能乐民之乐，又安能忧民之忧耶？而臣窃即君民一体之朝，以想其休戚相关之故。当世之编氓，非必独厚其风气，而何以欣欣之致，宛与宫禁遥通乎？灵蠢经始趋事者，鼍鼓有欢；

镐京落成图功者，燕谋自喜。其民之情深乎君者也，其君之情深乎民者也！虽圣王岂第为怀，本无求悦斯民之意，而民也乐之甚矣。

公壹介寿而无限恫忧，怳同朋酒羔羊而供献，上以是感，下以是应而已。隆古之黎庶，岂必别具夫性天，而何以戚戚之怀，独为之□曲体乎！马走西浒避难者，有归市之从；鹳鸣东山徂征者，忘零雨之苦。其民之念，切夫君者，其君之念，切夫民者也。虽圣王痌瘝在抱，初无要结斯民之心，而民也忧之深矣。采薇出车而无穷忠尽，俨历杨柳而雨雪俱长，上以是施，下以是报而已。

然则，民之乐其乐者，非偶然也，乐民之乐，如彼也；民之忧其忧者，亦非漫然也，忧民之忧，如彼也。且夫忧乐之效，于民微之，尤必于天下验之，六合亦甚遥矣。而欲以一人之欢欣，偏为示焉，势恐有所不能，而正无不可示也。间阎之寤寐，在在与我后相通，惟我后之为民谋者，其款洽不遗于天下；斯民之为我后谋者，其豫悦胥达乎天下也。统天下之乐，成一人之乐，而阜财解愠畅然者，岂徒辇毂间哉！

九州其式廓矣，而欲以一人之劳苦，广为分焉，势将有所不给，而正无不可分也。亿兆之性情，在在与君公相感，惟君公之为民计者，其勤恤独周乎天下。斯民之为君公计者，其远虑不问于天下也。

合天下之忧，以为一人之忧，而旰食宵衣怒然者，岂徒宫廷内哉！如是而王不难矣。

守备李经重修元真观 [1]，吴滋撰碑记。

是年造报户口簿，户一千八百七十一，口三千三百六十三 [2]。

注释：

[1] 元真观：《五凉全志·镇番县志》记之在"城东局街口"，今不存。

[2] 据《重刊凉镇志·岁计志·户口》统计数据，镇番卫永乐年间（1403—1424）有2413户6517口，户均2.7；嘉靖年间1871户3361口，户均1.79人。永乐时期数据较为可信，基本上反映了明初镇番实际人口数量。嘉靖时期人口数据则偏差较大，与明代中后期陕西行都司人口增长的趋势背离，不宜作为估算实际人口的基础数据。按李玉寿先生估计，自明初至嘉靖百余年，镇番人口应在1万左右。

世宗嘉靖二十一年壬寅（1542）

科试贡生一员，名柳子玠，官楚雄府[1]通判。

《镇番宜土人情记》曰：

公好学，博览群书，手不释卷，时有"书淫"之称。著文颇多，惜乎多佚失。今谢氏书屋收藏《论韵》一帙，盖公之遗墨也。

其有文云《诗何以必用韵》，曰：

四方声音不同，有同是一字此处读此韵，彼处又读彼韵。惟本中和之韵以叶之，虽殊方绝俗，声音不同，而诗韵则一，但其中亦有辨。

诗宜守韵。诗既叶定有韵，则自宜遵守。一东不可入三江，亦不可入二东；六鱼不可入五微，亦不可入七虞也。

诗不可重韵。如起句韵用东字，后不可更押东，惟起句与末句之韵同者，名为"首尾回环体"，却自不妨。

诗有同字各义韵。如一字，有既入于此韵，复入于彼韵者。但入于此韵则是此义，入于彼韵又是彼义，不可执一而论也。

诗起句勿用歧韵。一字两韵，名为歧韵。起句若押歧韵，令人骤读首句，不知当作何韵。惟起句押顶直韵，后虽用歧韵，亦可随口读去，而无舛错。

诗勿连用同韵。一韵亦有数字同音，如"风""枫""丰"等。首句押"风"字韵，次句又连用"枫""丰"字，读之未免粘口。调开用之，则不妨矣。

首尾不可借韵。诗首尾出韵者，为借韵，但可仅见于首尾。中间决不可，即首尾亦不可并出。盖首句出韵，名为"孤雁入群"。末句出韵，名为"孤雁出群"。若首句出韵，末句复出韵，则无"才入即出"之理。末句出韵，首句先出韵，则更无"要出又入"之理也。

以上论韵数条，特自绝与律有之者，古风歌行或数句换韵者，或两句换韵者，皆不在此例。

守备王源于北碛鱼海、可泊什等处置军守卫，时与鞑人冲突，后废之。

注释：

[1] 楚雄府：治所在今云南省楚雄市，辖境相当今云南南华、牟定、楚雄、双柏、南

涧等县地。

世宗嘉靖二十二年癸卯[1]（1543）

彭廉充总兵官[2]，镇守山西兼提督[3]代州三关，挂征西将军印，推为一代名将。镇邑武职挂印者，廉伊始。

科试贡生一员，名李爵，官山东寿光县主簿。

注释：

[1]《明世宗实录》卷272：三月，"上命赐敕选山丹、永昌、凉州、镇番、西宁五卫，务足兵五千"。

卷277：八月，"巡按陕西御史伊敏生核报十八年虏犯镇番地方功罪，参先任守备指挥刘宇等防御疏虞，镇守甘肃太监廖斌纵舍人廖文、高明夺功妄报，请各正其罪。上命按臣逮刘宇并廖文等验治，以廖斌去任，姑贯之"。

[2]《明世宗实录》卷269：嘉靖二十一年十二月，"灵州参将彭廉充镇守山西总兵"。

[3] 提督：俗称"军门"，全称为提督军务总兵官，负责统辖一省陆路或水路官兵。

世宗嘉靖二十三年甲辰（1544）

《镇番宜土人情记》云：

是年仲秋，邑绅汪信宗之仆役郭佣，因见恨于其主，乃纵火焚汪宅，数十日火不熄[1]。汪媳麻氏及小儿珍儿皆被烧死，郭亦自戮于汪庭。时人因骇之，谓仆不可妄欺，欺甚则患之矣。

注释：

[1] "数十日"：似为"数日"，疑誊录有误。

世宗嘉靖二十四乙巳（1545）

都御史杨博[1]，是年上《奏请添建西关疏》[2]，文附如左：

镇番地方，北出凉州二百余里，旷远寥廓，实与宣府[3]独马营相类。昔人谓"于凉州北境碛中设置城垣，控其冲要，自是寇不敢复至凉州城下"[4]，即此处也。乃今风沙拥积，几与城埒，万一猾虏突至，因沙乘城，岂惟凉、永坐撤藩篱，实甘肃全镇安危所系。虽尝屡议修筑，只缘无人任事，旋议旋罢。今右参政张玺欲于镇番添筑关厢，一则消除沙患，一则增置重险。谋之父老，咸谓可行；质之官僚，殊无异议，急当整理。

疏上，允其请。博即饬玺同凉州副总兵萧汉[5]、守备蔡勋等督理修筑，镇邑恃以保障焉。

是年科试贡生一员，名段锦章，官四川马湖府[6]经历。

《镇番宜土人情记》曰：

段公锦章，善著文，素有"智囊绣口"之称。嘉靖二十四年，乃作《宝藏兴焉》文，就试府闱[7]。考官批：精气内含，宝竟外著。其文左附：

更即所兴者以观山，广大益见矣。夫宝以山为藏，宝固不可测也。观其所兴，不益见山之广大乎？且至诚宝箓和膺，即宝贤系念懿欤？兴王之运量，其如山如阜，而难测矣。抑知外观著彩，物产悉供其瑞，倍深仰止之思。而含章可贞，岩阿实秘其奇，更有莫遏之势备哉。灿烂勃发，征蕴蓄焉。盖光远而自他有耀者，煌煌乎际地而燔天已。草木禽兽，既足征山之广大矣。然而，内蕴犹未彰也，珍奇犹未见也。则所以彩著于并生之中，发见于偕居之外，而有美臻符采彪炳者，非所谓宝耶？宇宙精英之气，其浅以夸敌国，耀兼城，而其深者，酝酿弥宏。偶取焉而不见盈，时取焉而不见欠。圭璋本特达，早于维天维乔，载飞载走，而非积厚，倍觉其流光扶舆。磅礴之机，其显以毓席珍，供把玩，而其微者精神内敛，乍用焉而非不足，常用焉而仍有余。瑕瑜虽并存，要于春华秋实，孳尾希革之余辉，含自昭其内蕴。宝固以山为藏者也，而能不兴于山乎？夫宝之呈祥也，当夫混沌未分，太虚之精华尚秘，自两仪判而合璧抱珥，日月时显昭回。连贝编珠，星辰尤腾灿烂；在天成象，固实有退藏于密者，迭运而迭兴也。彼山之承天以蓄宝，其振兴亦若是焉耳。地宝之献瑞也，当夫草昧未辟，庶物之郁结犹深，自抱符浤，而振彩昭光。华岳形瑰奇之状，含辉生媚；河海呈灵秀之姿，在地成形。固有深藏不露者，愈久而愈兴也。彼山之藉地以怀宝，其作兴亦如是焉耳。

盖宝之秘于藏，与所生所居，并附依焉。称纶组，称瑶林，宝因草木而著；为藏珠，为银□，因禽兽而名。稀世之珍，赏之即名山之质也。虽周有砥砣，宋有结绿，鲁有璠玙，历代深其法守，而回忆崧生岳降，同为暗然而藏耳。故深岩绝壑，太汉自征其独完；降雨出云，磨炼愈觉其贞固。且藏之发为宝，与所生所居相辉映焉。瑶琨偕涤荡而来，宝几伍于草木；砮丹共羽毛而献，宝似侪于禽兽。天象之瑞，究之皆深山之材也。彼华有金石，昆有琅玕，霍有珠玉，五岳均产其灵奇，而当夫取多用宏，何啻勃然而兴乎？故辑瑞钧璜，上足生光于廊庙；握瑜怀瑾，下亦增色于林泉。山之广大，不测可知也。

是年于城西南筑蔡旗堡 [8]。城高三丈五尺，厚二丈八尺，周围五百四丈。东西城门二。有营汛，仓库。邑之首镇也。

注释：

[1] 杨博（？—1574）：字惟约，山西蒲州（今运城永济）人。《明史·列传》第 120 记："嘉靖八年进士，官至兵部尚书、太子太师。二十五年，超拜右佥都御史，巡抚甘肃。大兴屯利，请募民垦田，永不征租。"

[2] 此奏章见《明世宗实录》卷 320，时为嘉靖二十六年二月。杨博嘉靖二十五年任甘肃巡抚，二十四年不可能写此奏章。《历鉴》此处记述有误。

[3] 宣府：明初设立的九边镇之一，位于今河北省张家口市宣化区。

[4] 语出《旧唐书·郭元振传》。

[5] 萧汉：延安卫人。凉州副总兵、都督佥事。

[6] 马湖府：在今四川省屏山县境内。

[7] 闱：科举时代称试院。府闱，明代镇番廪生举监科考在凉州府，时人称为"府闱"，盖由"礼闱""乡闱"因袭而来。

[8] 蔡旗堡：遗址在民勤县蔡旗镇蔡旗村三社。

世宗嘉靖二十五年丙午 [1]（1546）

参将刘勇申呈都御史杨博，筑镇番城西关，以堵风沙。

又，都御史侯东莱 [2] 请砖包邑城，建城楼三，角楼四，逻铺十九，月城三。池深一丈五尺，阔三丈。三门俱有木桥，穿水洞于西城墙。

是年，邑人王九一著《论诗》新成，凡四卷，共二十四部。曰论韵，论平仄，论绝句，论律诗等。

如论绝句，谓《何为绝句》，曰：

绝者，截也。谓一首律诗，截去四句也。但其体亦不同，有截去中四句者，如"云淡风轻"章[3]，四句皆单行。有截去首四句者，如"水光潋滟"章[4]，首二句排联，末二句单行。有截去末四句者，如"春宵一刻"章[5]，首二句单行，末二句排联。有截去首末四句者，如"两个黄鹂"章[6]，四句皆排联。以上所联排句，指其大概而言。或首尾中间有当排联单行，当单行而排联，则神明变化，原无定辙焉。

又如论律诗，谓《何为律诗》，曰：

如律度之律，有一定之法，不可逾越；又如律吕之律，有一定之音，不可差谬。但律诗必用排联，平仄不宜失粘。其体亦有不同。有首末四句用散行，中四句用排联者；有中四句排联，首二句亦排联，末二句散行者；有中四句排，末二句排，首二句散者。以上论韵，亦指其大概而言也。古律中有八句全不排者，有首尾四句排，中四句全不排者。则神明变化，无定辙焉。

又如论平仄，谓：

诗何以必用平仄，取词句调适之意也。若一句中，当平而仄，当仄而平，词句便不调适。惟平仄得宜，而后音韵铿锵，令人动听。但其中亦有辨。字中平仄：一字必有四声，平上去入是也。四声中，惟平声只读为平，上去入三声，皆读为仄。句中平仄：一句诗中，有几字平，必有几字仄，然一三五之平仄可以不论，二四六之平仄必要分明。篇中平仄：一篇诗起句用仄平仄，次句宜用平仄平，三句宜平仄平，四句仍宜用平仄平；若起句用平仄平，次句宜用仄平仄，三句宜用仄平仄，四句仍宜用平仄平。推之五六句，七八句，只此两种而已。

注释：

[1]《明史·列传》第120："总兵官王继祖却寇永昌，镇羌参将蔡勋等战镇番、山丹，三告捷，斩首百四十余级。"

[2] 侯东莱：字儒宗，山东掖县人。明隆庆二年（1568）任西宁兵备副使，修边隘，后任甘肃巡抚。

[3] 云淡风轻章：指北宋程灏《春日偶成》诗句"云淡风轻近午天，傍花随柳过前川"。

[4] 水光潋滟章：指北宋苏轼《饮湖上初晴后雨》诗句"水光潋滟晴方好，山色空濛雨亦奇"。

[5] 春宵一刻章：指苏轼《春宵》诗句"春宵一刻值千金，花有清香月有阴"。

[6] 两个黄鹂章：指杜甫《绝句》诗句"两个黄鹂鸣翠柳，一行白鹭上青天"。

世宗嘉靖二十六年丁未 [1]（1547）

科试贡生一员，名李一经，官广西镇远府 [2] 知事。

《镇番宜土人情记》曰：

李公一经善书法，圣容寺之匾额，即公笔迹也。卫署牌楼之"俗美风醇""男耕女织"，亦公所为之。

俗谓邑绅刘载璧，酒色财气集于一身。

《镇番宜土人情记》曰：

嘉靖二十六年，公岁花甲。有民女迎福者，貌俏甚。欲得之为妾，终不能如其想。遂于是年秋月二十四日吉时，令其庄丁强与之婚。女父费大同愤怒而相护之，寡不敌众，怊然性起，乃头撞照壁而死。女至公宅，终日啼哭，以言讹之死，弗惧。公无奈，遂将女置宅后孤室。越数日，女自仆人处借得火种，引之。恰值风骤，于是燃烧三日不熄。公宅尽焚，女亦葬于火。呜呼，悲哉！

邑人姚竟选等募资于枪杆岭山筑白衣寺，工未举而公逝。其子姚先承其业，次年春工竣，人咸戴之。

邑人祁开炜倡募三千缗，修理东岔大河，遍植树木于两岸。余资用佐护河工夫之俸禄。

邑人李震 [3] 以庠生袭祖职。

《镇番宜土人情记》曰：

震，灼 [4] 之子也。嘉靖二十六年以庠生袭祖职。功绩卓著，屡获进升。

注释：

[1]《明世宗实录》卷 320：二月，"巡抚甘肃都御史杨博等言：镇番城外正西一面风沙壅及城半，虏易侵越，城内有巩昌备御官军营房地，其一区久因卑湿，未行营建。请移城外之沙，于内筑其缮屋，以给各兵。更于城外添筑关扇，以设重险。其凉州柔远、怀安、靖边三堡亦及时增筑，以固边围。兵部议覆。从之"。从此分析，镇番县城西关厢建于嘉靖二十六年。

[2] 镇远府：成祖永乐十一年（1413）置，府治在今贵州省镇远县。

[3]《武职选簿》记嘉靖十九年二月，李震，高邮州人。祖李二，系镇番卫左所老疾副千户李灼嫡长男，替袭父职。"嘉靖二十二年双明沙斩首一颗，升正千户。二十四年果园堡斩首一颗，升指挥佥事。嘉靖三十一年荐推宁夏等处副总兵，四十四年失事参降二级，与做副千户。四十五年犯该守备不设，充平虏卫左所终身军。隆庆三年九月，于花马池率部斩敌首一百七十六颗，钦准复原职指挥佥事。"

[4] 灼：李灼，《武职选簿》记其为李二四世孙，正德九年（1514）替袭父李楫职务，实授百户。嘉靖八年于凉州地方阎王沟获功，升副千户。

世宗嘉靖二十七年戊申（1548）

邑民刘吉典纠合歹徒七八人，数往卫署，抗缴新拓地赋税。参将刘承勋呈报凉州府，府台饬令有司"严加惩办"。刘公遂着团勇捕之。吉典不服，喊冤叫屈，即入监，数日不食，嗣后饿死牢中。

广恩谨按，刘吉典者，真伟丈夫也。然则"饿死"云云，未可尽信焉。古者，介推[1] 隐山，虽焚而不出，徒使百千年文人词客艳美莫名。顾逋翁[2] 即云："浮生果何慕，老去美介推。"其介子伟岸见之矣。而吉典抗税不食，意在挟官蠲免，何非舍生赴死哉？吾将谓：岂其不食，莫非不予，胡不死邪？

注释：

[1] 介推：即介子推，春秋时期晋国人，晋文公返国，介子推"不言禄"，隐于绵山。文公欲求却不得，放火焚山，介子推抱树而死。。

[2] 顾逋翁：即顾况，唐代诗人。因作诗嘲讽得罪权贵，贬饶州司户参军。

世宗嘉靖二十八年己酉 [1]（1549）

户科试贡生一员，名查潮，官云南马龙州吏目。

注释：

[1]《明世宗实录》卷351：四月，"虏复犯镇羌、永昌、镇番、山丹等处，参将蔡勋、游击马宗援等三战三捷，前后斩虏首一百四十余级，夺获马畜夷器无算"。

世宗嘉靖二十九年庚戌（1550）

邑贡生文衡选辑《名家诗》新成，凡一十六卷。开卷序文曰：

予儿时读书识字皆不及人，惟陶然善睡，为师友所共诧，因有睡儿之号。后稍长，解此书时，亦多于睡中成之，故不改睡儿之旧云。

文公所选，皆脍炙人口之作。如程明道之《春日偶成》[1]、朱文公之《春日》[2]、苏子瞻之《春宵》[3]、杨巨源之《城东早春》[4]等。诗例即举，继则作解，曰句释，曰诗旨，曰诗法，曰诗序。

如王介甫[5]之《春夜》：

金炉香烬漏声残，剪剪轻风阵阵寒。春色恼人眠不得，月移花阴上栏杆。

句释：香烬，香成灰烬。漏，轩辕所制，以铜壶滴漏，定昼夜之时刻。剪剪，短小貌。春色恼人，是不耐烦意；眠不得，寝不安枕意。月移花影，月光移动，花影亦因之以移也。

诗旨：此于春夜而写其无聊之意，以"春色恼人"为主，首二句言可恼之景象，末二句言可恼之情致也。

诗法：作诗要有照应，一字不可滑下。此诗重"春色恼人"。香曰"烬"，而香消了可恼也；漏曰"残"，则漏了可恼也；风自"寒"，则风紧了可恼也；花影自"移"，则移了可恼也。故处处于恼人有照应。

诗序：王介甫咏《春夜》曰："宇宙间之春色，可令人喜，亦可令人恼也。"

又如苏东坡之《海棠》：

东风袅袅泛崇光，香雾空蒙月转廊。只恐夜深花睡去，故烧高烛照红妆。

句释：袅袅，风动貌。崇光，宫名。廊，宫下廻廊。月转，夜未深，则正照宫中；深，则渐斜照于廊也。花睡去，明皇于沉香亭召贵妃，而贵妃酒醉未醒。明皇曰："真海棠睡未足耳。"红妆，海棠色红如新妆，与脂粉残妆相似，不作贵妃美貌说。此因吕惠卿[6]诸人充满君侧，恐君惑于谗言，极力挽回而作。

诗旨：此借物以寓用贤宜早意。首二句写宫中之景，末二句言赏花之宜及时也。

诗法：凡咏物诗，有明有暗，此暗咏体也。不必明言海棠，却能切定海棠；虽若只咏海棠，又不囿于海棠，故为不即不离，掩题为见之妙。

诗序：东坡托海棠以借兴。曰："凡天下事，莫不贵乎及时也。"类佥如斯而已。

注释：

[1] 程明道：即程颢（1032—1085），字伯淳，学者称明道先生。北宋理学奠基者。《春日偶成》："云淡风轻近午天，傍花随柳过前川。时人不识余心乐，将谓偷闲学少年。"

[2] 朱文公：即朱熹（1130—1200），字元晦，世称朱文公。宋朝理学家，儒学集大成者，世尊称为朱子。《春日》："胜日寻芳泗水滨，无边光景一时新。等闲识得东风面，万紫千红总是春。"

[3] 苏子瞻：即苏轼（1037—1101），字子瞻，北宋文学家、书法家、画家。《春宵》："春宵一刻值千金，花有清香月有阴。歌管楼台声细细，秋千院落夜沉沉。"

[4] 杨巨源：唐代诗人。字景山，后改名巨济。《城东早春》："诗家清景在新春，绿柳才黄半未匀。若待上林花似锦，出门俱是看花人。"

[5] 王介甫：即王安石（1021—1086），字介甫，号半山，北宋政治家、文学家。

[6] 吕惠卿（1032—1111）：字吉甫，号恩祖，北宋宰相。

世宗嘉靖三十年辛亥（1551）

邑人重修圣容寺。柳子玠碑记[1]附左：

镇番，古休屠泽也。自汉武斥逐匈奴，降其王归我函夏，渐成文治。唐季陷于吐蕃，宋为赵元昊[2]所据。民物胥而为夷，至胡元为极。我朝圣祖殄歼元憨，廓清寰宇，遣宋国公冯胜统兵下河西，余孽殆尽。爰设为卫，徙内地民戍之。数百年之腥膻，一时汛扫；亿万载之谟业，于斯肇造矣。

时，遵化马公得从戎伍征讨，屡成克复大功，历升指挥同知。已而，选调于此以拒胡。继而，公麟征剿多克，进阶都指挥使，镇番赖以守固。又继而，公昭累功升都阃，再守兹土。事事造端，有古名将经略。开拓旧城，以广民居；御外侮，疆域即固矣。修车马，备器械，戎事俱举矣。添设马营墩塘，筹牌络绎，斥堠则严矣。城楼、角楼、学宫、公廨、铺舍、仓厂，与夫城市坊牌、闾巷，相继建立，经营规制若备矣。

乃虑夫习仪无所，晨昏无节也，为之卜地建一寺院，题曰"圣容"。创钟鼓楼于寺前，两台对峙，殿宇门廊，经划维备，屹然一巨观。就中设皇帝万岁金座，为咫尺天威之所。以边俗崇尚巫释，信因果感应之说，事神谨于事官，乃择所敦信者，为之地而习礼仪。庶几，瞻者起敬而生忠信诚悫之心。所以治教休明，彝伦攸叙，百蛮效顺，王风大同，皆外攘内治所致。在今一统之有镇番，非马公孰开其始？非马公孰成其终？真可谓社稷臣也。《祭法》曰："以劳定国则祀之。"宜其配享苏、金二公，报公之无尽矣。

三世孙马君恩[3]，克承厥志，脱颖于卫，为酒泉参戎，诸羌敬服。归来顾瞻兹寺，有倾之盛甚者，捐己资而葺之，盖不忘先人之遗泽也。

君子曰：肇基栋宇，非以邀福，所以萃人心而成礼教，有默化边人之机，是故可以观忠。修复梵宫，不惟好异，不忘前人之事业，沦胥以至于敝，是故可以观孝。寄心思于至微，其过人远矣。然建之修之，皆未有记，虽弼成疆理诸务，亦无刻以传，非固昧之不欲彰之也。君之子世勋再荫荣施，即补石征文以记。

夫莫为于前，虽美弗彰；莫为于后，虽甚弗传。昔公守土二十余年，鸿功骏业，俱在人心；著于口碑，至今颂之不衰。固不止此。公之子孙，麟趾振振，余庆沛流。固非缘此，遂扬其盛。然仁孝之至，萃于一门，此可推类以尽其余矣。议者谓："公忠贞盖世，有安攘伟绩。今日之世德无忝，家声丕振，固垂裕致然，天其亦有以报之也，佛力云乎哉！"

是则斯举也，非侈心淫祀，可以助礼教之所不及；非福其家，所以福吾国吾民于大顺，此固作者之微意乎？丐词以记，且无乐乎建寺之名？余因其补碑，而原其大意，岂敢曰记。

广恩谨按，如此国手，其名竟不见于经传。尤至惜者，以其青钱之才，却龙门未见其踪。可见科举之选，亦未尽荐其人才也。公终生寄身草野，惟恃宏学以自修。

今检《柳氏宗谱》得载其《懿行录》，中有语云：

子玠翁，字觚斋，号林下居士。幼聪慧，嗜诵读，几至于手不释卷，拥书而寝。赋性鲠介，落脱不羁。为文不泥前人，凡心之所想，意之所念，慨然形诸笔端，滔滔焉。所著《觚斋初集》三卷、《觚斋二集》六卷、《觚斋别集》六卷、《林下集》十二卷、《林下酬唱集》二卷，今并存之。《觚斋》卷帙浩繁，族人虽屡议醵金付梓，惟其所费甚巨，迄未实施。《林下》二集初刊于万历乙亥[4]之年。前集为邑孝廉刘信甫[5]作序，后集则为孝廉杨静野[6]作序。

又，是年科试贡生一员，名杜芝，官云南浪穹县主簿。

秋月，直隶密云县教谕、邑人岳聪[7]省亲归里。

注释：

[1] 柳子玢碑记：全称《补修圣容寺碑记》，碑今不存。

[2] 赵元昊：本名李元昊，又名曩霄，李继迁之孙，宋赐姓赵氏，故有两姓之名。西夏君主，庙号是宗。

[3] 马君恩：即马恩，《镇番马氏宗谱》记马恩为马氏六世祖，任肃州参将。

[4] 万历乙亥：万历三年（1575）。

[5] 刘信甫：即刘道揆，字信甫，万历四年举人。

[6] 杨静野：即杨大烈，字静野，万历十三年举人，任湖广衡州府通判。

[7] 岳聪：弘治十三年（1500）岁贡，官四川剑州训导，升直隶密云县教谕。

世宗嘉靖三十一年壬子（1552）

前千户孟清告休归里，时年六十七岁。冬月，乃设千户文社，公任主讲。

世宗嘉靖三十二年癸丑（1553）

孟清诸人募资于枪杆岭山筑山神庙。历一年而工竣，公作碑记。

科试贡生一员，名邱耀，官直隶景州学正[1]。旧志载其传曰：

邱耀，嘉靖三十二年岁贡，官山西蔚州[2]训导，擢直隶景州学正。善颐养，兼通数术。

《镇番宜土人情记》曰：

耀公善数术，精于算计。若千兆之数，公随闻即答，并无丝毫差谬。且通阴阳，知八卦，擅天象变化之学。

广恩谨按，镇有《阴宅匡义》《阳宅汇鉴》二书，"天道堂"嘉庆十五年刊刻，署"镇番青嵒山人"。公车康祖昭公[3]为作序，中有句云："公于嘉靖癸丑屈抑道举[4]，无心功名之竞，专志数术五行之学。"此非耀公而推谁何？

注释：

[1] 直隶景州：今河北省景县。

学正：明清两朝州学官名，掌教诲训迪所属学校学生。

[2] 蔚州：今河北省蔚县，明代属大同府。

[3] 公车：举人之谓。陆长源诗："去岁登美第，荣名在公车。"

康祖昭公：即康绳武，字祖昭，镇番县人；乾隆三十三年（1768）举人。历官广西来宾、永宁、西隆等县知县。子康以直，举人。

[4] 道举：唐代科举门类之一。考试形式和明经科相同，合格及第者称道学举士，谓之道举。此处为贡生之别称。

世宗嘉靖三十三年甲寅（1554）

邑人彭汝为[1] 承巡按御史[2] 宋公推荐，升碾伯操守行都司[3] 指挥。

科试贡生一员，名杨凤岐，官辽东复州卫[4] 教授[5]。

注释：

[1]《武职选簿》记彭汝为高伯祖彭澜系镇番卫指挥佥事，成化二年故绝。彭汝为以亲侄孙补役，嘉靖二十九年并升镇番卫指挥佥事。

[2] 巡按御史：洪武年间设，至永乐元年（1403）遣御史分巡天下，遂为定制，以一省为一道，派监察御史分赴各道巡视，考察吏治，每年以八月出巡，称巡按御史。

[3] 碾伯操守行都司：应为碾伯守御千户所。洪武十一年（1378），在碾伯（今青海省乐都县）置庄浪分卫，半年后改为碾北卫。成化年间（1465—1487）升为碾伯守御千户所，直隶于陕西行都司。正德初复为西宁卫右千户所。

[4] 复州卫：明洪武十四年（1381）置，治今辽宁省瓦房店市西北复州城。

[5] 教授：学官名，主管学校课试具体事务。

世宗嘉靖三十四年乙卯（1555）

是年，额设参将一员，中军守备[1] 一员，千总一员，把总[2] 二员，马战守兵一千九百余名，经制外委[3] 二员。在马战兵内，马一百七十八匹。参将，何淮[4] 莅任；中军、守备暂缺。卫训导，王礽莅任；卫守备，陈皋谟[5] 初任，马永祚[6] 继任。

卫志载《何公淮传》曰：

何淮，百户胜之后裔。嘉靖中，由生员袭副千户职，任本卫守备。筑西关，练民丁，治军如治家。时有谚云：清如何淮，不恤乡怨。镇番初设参将，即以淮升授，历升昌平总兵。法令整肃，无异治镇。年九十余卒，昌平祀之。

是年，王允奏[7]领授武举，由指挥授洪水守备。卢公生华卫志称公"倜傥有将才"。

注释：

[1] 中军守备：明镇守边地主将。

[2] 千总、把总：明初京军三大营置把总，嘉靖中增置千总，皆以功臣担任。

[3] 外委：额外低级武官。

[4] 何淮：《武职选簿》记其为江西临川人。父何鉴世袭镇番卫百户，兄何江世袭父职后亡故，何淮替袭，因军功升副千户。

[5] 陈皋谟：原书作"陈泉谟"。《武职选簿》记：陈皋谟，安徽定远人。祖陈祐寿洪武三年（1370）升总旗，永乐元年（1403）调镇番卫左所总旗。陈皋谟系老疾副千户陈达道侄。

[6] 马永祚：《武职选簿》记为"马永禄"，"万历三十八年四月，镇番卫指挥同知马永禄，年三十岁，系老指挥同知马如豸嫡长男"。

[7] 王允奏：《武职选簿》记其嘉靖三十八年八月袭镇番卫指挥同知，四十年推升红水守备，万历五年故。子王国泰袭职。

世宗嘉靖三十五年丙辰[1]（1556）

前贡生彭礼[2]率阖家八口迁徙口外，住地不明。人言或迷途于沙碛，举家而亡，无可详知矣。

邑人孙玉青等欲下湖拓地，卫守备陈皋谟奉饬笞之，遂无复问津者。

注释：

[1]《明世宗实录》卷441：十一月，"录陕西镇番卫死事总旗杜顺等五人各升其子一级"。

[2] 彭礼：弘治十二年（1499）岁贡。

世宗嘉靖三十六年丁巳（1557）

行都司指挥彭汝为单枪逐虏，入彀身亡，时年五十二岁。《五凉考治六德集全志》载其传云：

彭汝为，铉之元孙，以战功升挥佥[1]，任碾伯守御。嘉靖二十四年[2]，番夷劫饷，汝为挺戈逐之，为番众所围。胁之使屈，汝为声色壮厉，孤身死战，中伤二十七处，仍跃马挺戈。番怒，肢解。奉旨建祠致祭。邑人于四十二年三月，卜地于卫南门外之宝塔寺之西，筑彭公祠。历时一年又三月，至次年六月落成。

详见嘉靖四十二年、四十三年例。

按，《五凉考治六德集全志》载彭殁于嘉靖二十四年。旧志载彭公祠杨孟希所作碑记[3]，记为嘉靖丁巳，即三十六年六月。其云：

丁巳岁六月，恶番嫉公设守过严，谋以计，诱从西番沟突出。公追逐至赵家寺，我师渐北。公初无难色，番众蚁集胁之屈。公厉声曰："吾受朝廷明令，岂纵尔臊虏为盗耶？今日之事，势不俱生。"益奋力砍射。诸番忿怒攻刺，当伤二十七处，肢解而殒。

以理论之，碑文作于前明嘉靖间，距彭公殁时不过逾八载，而《五凉志》之文则作于国朝乾隆间。相隔数百年，可谓远矣。偶挚舛误，应在可能之中，以故是编从碑文。碑文见嘉靖四十三年例。

卫守备刘文华移建南关关帝庙于西关。镇抚董瑾董工，邑人柳子玠作记，佚。

《镇番宜土人情记》曰：

镇有三百六十庙，庙庙有神可祭。

又曰：

三百六十庙者，盖指关帝、关岳、城隍、文昌等言，非括龙王、娘娘诸庙在内者也。

又，旧志载：

城中关帝庙有七，在城东南隅者为大关庙，天启元年官公惟贤重修；在南街者为小关庙，在仓街者亦名小关庙；在城南西北隅水洞侧者，旧名古关庙；在局街[4]者为财神庙，在西郭者为西关庙，在元真观西者为春秋戊祭武庙。

刘公移建者，即此西关庙也。

科试贡生一员，名李维縣，官四川开县[5]主簿。

注释：

[1] 挥佥：指挥佥事之省称。

[2]《武职选簿》记载彭汝为阵亡时间为嘉靖三十四年。

[3] 碑记：是碑名为《彭公忠勇祠碑》，明嘉靖四十三年立，邑人杨孟希撰文。现藏于民勤县圣容寺内。李注：《历鉴》原作"孟希，周廷杨作碑记"，语出乾隆《镇番县志》。道光《重修镇番县志》载碑记为"邑人杨孟希"所作。孟希，嘉靖四十年岁贡。周廷杨则不见著录。疑乾隆《镇番县志》误认"孟"字为姓氏，讹析"孟希"之名，杜撰出"周廷杨"。

[4] 局街：明代镇番杂造局（染织、军器等）所在的街道，在城东，清初废。

[5] 四川开县：今重庆市开州区。

世宗嘉靖三十七年戊午（1558）

邑人孟槐擢千户。

是年武科进士一名，名王允恭[1]，官延绥[2] 游击。旧志载其传曰：

王允恭，嘉靖三十七年武举，以功授百户，历升参将。卒年百有余岁。

又，武举一名，名郭邦桂。

注释：

[1] 王允恭：乾隆《镇番县志·选举》载"王允恭，戊午（武举）。功升百户，延绥游击。享寿百余龄"。

[2] 延绥：军镇名，明九边之一。初治绥德州（今陕西绥德），成化七年（1471）移治榆林卫（今陕西榆林）。防地东至黄河，西至定边营。

世宗嘉靖三十八年己未（1559）

科试贡生一员，名李志学，官直隶丰润县[1] 教谕。

注释：

[1] 丰润县：今河北省唐山市丰润区。

世宗嘉靖三十九年庚申（1560）

大河溃堤，水漫三区，共冲压科地十一顷五十亩八分二厘。

头坝民人二百众，移丘拓田，共辟新地[1] 十五顷，卫定三年免征税粮。

科试贡生一员，名杨继芬，官四川蓬州[2] 州判，升蜀府[3] 纪善[4]。

注释：

[1] 李注：新地是皇朝用以征收田赋，按田地类别、等级而定的赋率。《禹贡》所谓"相地而衰征"，即指科地而言。明、清两代，镇番新垦地分为三等九则，即上地、中地、下地三等，上上地、上中地、上下地、中上地……等九则。规定新地三年起科，按例缴纳田赋。移丘更视新田肥脊多寡，如收获甚少或浇灌不济，尚可报议晚起。

[2] 蓬州：今四川省蓬安县。

[3] 蜀府：明代蜀王朱椿王府，在四川成都。

[4] 纪善：明代亲王属官名，掌讲授之职，正八品。

世宗嘉靖四十年辛酉（1561）

科试贡生一员，名杨孟希，官四川大竹县主簿。

《镇番宜土人情记》曰：

孟希公多著述，又兼工书法，《彭公忠勇祠碑记》即为之所作。文情流逸，骨气深稳，非獭祭者比。

又曰：

公率以诗寄志，闻有一轴云："清夜读《春秋》，点点丹心照日月；保龙扶汉室，巍巍浩气正乾坤。"以之为座右铭。

是年，卫署依令统报阖邑诸工匠共五十七名，其中以铁匠为多，皮毛匠次之，铜匠又次之。

世宗嘉靖四十一年壬戌（1562）

有庠生李如燕者，好咏诗。是年秋月，乃作一诗云：

国计民生何以安？新君甫立更艰难。

若还苍天不默佑，万务纷然莫可观。

人以为反诗，报于官，竟不究。

世宗嘉靖四十二年癸亥（1563）

三月，邑人彭汝为守边著功，筑彭公忠勇祠。

八月，南山绵雨，山水暴发，注于西河，堤多溃决。共冲压科地二十六顷八厘四毫，冲坍民房一百四十二间。溺水死者二十五人，各类畜禽五百又三只。陈粮三百余担，亦为水淹。阖邑均被重灾。

又，千户孟槐子希孔，袭父职。

是年，科试贡生一员，名崔文，官河南密县[1]教谕。

注释：

[1] 密县：今河南省新密市。

世宗嘉靖四十三年甲子（1564）

彭公祠落成，历时一年又三月。

邑人杨孟希为撰碑记。记附：

公讳汝为，字舜举，别号东材，河南汤阴县主簿广之子，前镇守三官总兵官廉之侄也。少补郡庠，专意弓矢，随补总旗副戎王公征。公征剿扒沙[1]虏众，立斩强虏，升百户，英明渐著。凡遇敌，公所向无前，历升指挥佥事。

嘉靖甲寅，巡按御史宋公疏荐，升碾伯操守行都司指挥事。公外谨斥堠，内练卒伍，禁交通之弊，严克敌之方。番众间有剽刺者，公率兵穷追外，仍按法钤治，假贷不行。部落惮公威名，不敢侵犯。

丁巳岁六月，恶番嫉公设守过严，谋以计诱，从西番沟突出。公追逐直抵赵家寺，我师渐北。公初无难色，番众蚁集胁之屈，公厉声曰："吾受朝廷明命，岂纵尔臊虏为盗耶？今日之事，势不俱生。"益奋力砍射。诸番忿怒攻刺，当伤二十七处，肢解而殒。

时，碾邑[2]监生王永春具呈分巡道副使李，以公志节坚贞，形骸异处，相应建祀祭，报分守参政王公，卜地于卫城南门宝塔寺之西。癸亥岁三月经始，甲子岁六月落成，创建神祠一所。四围以垣，面峙一坊，居中有殿，殿后有宫，塑列生像。东西内外有庑，绘历战于壁。祠成，公嗣子九畴属希为记。

希以古之建祠，所以崇德报功也。公独见理真，守义正，上不负君父之托，而宣忠效力；下不愧臣子之分，而杀身成仁。至诚贯日月，正气塞两间，虽死犹生。将与子卿定远辈同其芳躅，岂止血食而已哉！是役也，奔走服劳，虽翼子之孝思而命匠玉成，刻期将绪也，则分守镇番大参刘公深预其力也。

希不敏，不工于文，谨按公形状备录公勋庸始末，以垂久远云。

《镇番宜土人情记》曰：

彭公祠，在邑城南门外，建于嘉靖末，祀忠勇彭汝为。祠四围以垣，面峙一坊，居中有殿，殿后有宫。入祠则牌匾见，颜曰"正气浩然"。旁有苍松二株，垂荫如盖，虬干夭健。树之下置碑二，一镌"高风亮节"，一镌"壮心永存"，皆神鬼之所为也。殿甚崇闳，入其里，留碑碧落，文若灿星。传彭公因受伤二十七处，故内中悬匾额竟二十七块之多。每匾均有题字，或仿鹜鹭之妙笔，纵纵横横；或参舞鹤之新书，原原本本。鸟篆微分，自含月露；虫书欲映，满贮琳琅。三进为宫，重檐覆琉，巍哉峨之。刻楠丹楹，文成华采，仰止炳哉高矣。内奉列生像。首置巨匾，书"肝胆赤诚"。其傍以联句，曰："洲人不忒，其仪宛在；君子失助，古音谁知？"壁上庀绘历战番图，力破余地，笔意开展，睹之欲出也。

广恩补记：今瞻其庙貌，似非昔日之景象矣。然幸喜诸物尚在。余曾携同学游之，觑上朝刘公仙圃咏有五言题于壁，颇爱之，故窃记于心，谨补录于兹：

一样秋光好，偏惟陇上寒。犹留今月在，自有远人观。坂峻横千仞，云开涌一丸。玉楼森起粟，银海争无澜。羌笛吹嫌怨，征衣寄恐单。阴阳催景短，风露立更阑。紫塞飚回漠，黄河水咽滩。壮士饮恨去，芳名传千载。

注释：

[1] 扒沙：今古浪县大靖地区。明初名，蒙古语，意为"街市"。

[2] 碾邑：即碾伯，今青海省乐都县。

世宗嘉靖四十四年乙丑（1565）

是年武科进士一名，名许景。

又，例贡二员，一名方守中，事职鸿胪寺序班[1]；一名方守德，官四川主簿，升永宁县丞[2]。

指挥金事彭秉乾从征抹山。

科试贡生二员：一名刘瓒，官河南新蔡县教谕；一名王致和，无职。

注释：

[1] 鸿胪寺：官署名，主要掌朝会仪节等。

序班：文官名，明始置，清沿置，负责朝会和宴飨等礼节。

[2] 永宁：今宁夏永宁县。

县丞：在县里仅次于县令，管理文书、仓库等。

世宗嘉靖四十五年丙寅（1566）

彭秉乾从征土山湖。

广恩补记：邑城昔有忠烈祠，在城东南隅。前明嘉靖年，都御史赵载建，祀汉张骞[1]、赵营平[2]、辛武贤[3]、孔奋[4]、耿秉[5]，晋索靖[6]、马岌[7]，唐袁光庭[8]、王方翼[9]、苏定方[10]，明副使李端澄[11]、李旻[12]、都督王贵[13]、参将吴钊、都指挥杨耆、胡麟、钟振，指挥陈恭、田英；镇抚刘杰[14]、张俸[15]，千户费赟、董和、许钊、刘伟、王让、王义、陈进、吴英、傅成，百户刘端、黄义汉[16]、曾翼辅、王谅、任浒、孙堂[17]、王忠[18]、路俊、戈镇、罗锦[19]、张玺[20]、张寅[21]、陈泰、马刚、华聪[22]、马荣、危见所。此四十八名，皆在有明嘉靖之前。

据《镇番宜土人情记》：

圣朝乾隆年，邑矜诸公复请移邑人马昭入忠烈祠，昭原在苏公祠。

李公端澄于永乐元年任本卫镇抚。

李旻，又作李昊，继端澄而任之[23]。

吴公钊于嘉靖中任本卫参将，继何淮而任之。

张公俸于宣德年任本卫镇抚。

曹、董二公，皆永乐时本卫千户。

陈公恭于正德元年任本卫指挥，王公让于永乐年擢本卫千户。王公义同让。

陈公进于宣德年擢千户，吴英、傅成皆同进。

刘公端于正统年擢本卫百户。黄公义汉、曾公翼辅、王公谅，皆于天顺年擢百户。

任公浒、孙公堂、王公忠，皆于成化年擢百户。

路公俊、戈公镇、罗公锦、张公玺，皆于弘治年擢百户。

张公寅、陈公泰、马公刚、华公聪、马公荣、危公见所，皆于正德年擢百户。

世宗终。

注释：

[1] 张骞（前 164—前 114）：字子文，汉中郡城固（今陕西省城固县）人，汉代外交家，凿通西域第一人。

[2] 赵营平：镇番旧志皆作"赵荣平"。现据《汉书》等史料更正为"赵营平"，即赵充国（前 137—前 52），字翁叔，陇西郡上邦人（今甘肃省天水市）人。汉武帝时出击匈奴，率 700 壮士突围，被拜为中郎、后将军等职。封营平侯。

[3] 辛武贤：陇西郡狄道（今甘肃临洮）人。汉朝名臣。任酒泉太守、破羌将军。

[4] 孔奋：字君鱼，扶风茂陵（今陕西西安西北）人。东汉建武五年（29），任河西大将军窦融官署议曹掾，守姑臧长。后任武都太守，以廉洁著称。

[5] 耿秉（？—91）：字伯初，扶风茂陵（今陕西兴平东北）人，东汉名将。

[6] 索靖（239—303）：《五凉全志·武威县志·官师志》记，"索靖，字幼安，敦煌人。武帝时，该博经史，兼通内纬。见姑臧城南石地曰：'此后当起宫殿。'至张骏，于其地立南城，起宗庙，建宫殿焉。后领雍、秦、凉义兵与贼战，大破之，靖亦被伤而卒。谥曰'庄'"。

[7] 马岌：据张澍《凉州府志备考·职官卷四》记，"马岌，张骏嗣位，转凉州刺史，酒泉太守"。

[8] 袁光庭（？—762）：河西戍将，唐天宝末为伊州刺史。安禄山之乱，西北河、陇郡邑皆为吐蕃所拔。唯光庭守伊州累年，外救不至。虏百端诱说，终不屈。及矢石既尽，粮储并竭，城将陷没，光庭自焚而死。朝廷闻之，赠工部尚书。

[9] 王方翼（625—687）：字仲翔，唐代并州祁（今祁县）人，名将。

[10] 苏定方（592—667）：名烈，字定方，以字行世，冀州武邑（今河北武邑县）人，唐朝军事家。

[11] 李端澄（1445—1515）：字学溥，号知非，怀庆府武陟县大义乡（今焦作武陟西陶镇）王顺村人，成化二十三年（1487）中进士。弘治十四年（1501）七月任甘肃兵备副使，"以嘉峪关要害，创二楼，增三墩，自是虏莫敢犯"。正德三年（1508）升任云南按察使。

[12]《重修肃州新志 2 名宦》载，李旻，直隶赵州人，进士，弘治初任甘肃兵备道副使，增筑墩台，边民赖之。

[13] 王贵：正统年间钦差，镇守甘肃等处总兵、御马监兼尚宝监太监、鲁安公。

[14] 刘杰：《武职选簿》记成化三年二月，刘杰，伊父刘清原系镇番卫指挥使，功升

都指挥佥事，老疾。本人系嫡长男，照例革替指挥使。

[15] 张俸：《武职选簿》中在宣德朝担任镇抚、指挥佥事、指挥同知、指挥使级别的张姓军户，有张永、张胜，无张俸。《武职选簿》记："张胜，年三十八岁，滦州人，父张安儿，洪武三年充军，十六年老。胜户名不动代役，三十二年七月克怀来升小旗，十一月克村升总旗，三十三年升百户，三十四年西水寨升副千户，三十五年渡江升金吾后卫指挥佥事，钦与流官。其子张钰，宣德五年四月袭替镇番卫流官指挥佥事。""俸"疑为"胜"字的繁体"勝"致误。

[16] 黄义汉：见本书卷一正统六年注 [1]。

[17] 孙堂：见本书卷一弘治十四年注 [3]。

[18] 王忠：《武职选簿》记，"嘉靖二十八年十二月，王忠，陇西县人，镇番卫左所实授百户"。

[19] 罗锦：《武职选簿》记为"罗尚锦"。

[20] 张玺：《武职选簿》记，"弘治九年闰三月，张玺，临淮县人，系镇番卫右所功升副千户张浩嫡长男"。

[21] 张寅：《武职选簿》记为张瀛，"嘉靖十一年十二月，张瀛，年十六岁，泰州人，系镇番卫左所故正千户张钺亲侄。伊曾祖广原袭试百户，钦准实授历功二级，升正千户。祖、伯沿袭，本人照例革袭副千户"。

[22] 华聪：《武职选簿》记为马聪，父马谅宣德元年（1426）除镇抚，天顺二年（1458）杀贼有功，四年升正千户。

[23] 李端澄、李旻：均为弘治年间甘肃兵备道副使。《历鉴》此处所记 2 人于永乐年间任镇番镇抚，误。

本年例所列人物多复见于《镇番遗事历鉴》卷五顺治元年注。

《历鉴》和镇番旧志未载嘉靖年间的镇番战守形势，台湾故宫博物院所藏嘉靖时期纸本彩绘《甘肃镇战守图略·镇番图说》记：

"镇番卫，古丽泽郡也，设有守备官一员。此地沙没平漫，又无山险壕堑阻遏，遍通贼径，止靠墩台瞭望，极为冲要孤悬。东通宁夏贺兰山，套房由红山寺、哨马营、抹山墩犯本境；一路由红山寺往南，透大小松山犯凉州地方；一路往西，透鞍子山、独青山、来福山、九个井，透永昌、昌宁湖地方；一路由独青山、拜亚湖，山前透山丹卫，山后透甘州。如零贼犯境，必当严谨，烽火有警，接举到城，守备领兵在于冲要堡寨按伏，待贼至分散抢掠，兵马突出截杀。若贼黄夜入境，失于瞭望，抢回之时，兵马袭至水头扑杀，乘其不备，可期成功。大贼犯境，收敛保固无虞，南至凉州地方。

深哨地方八处：红山寺离城七百二十里，天鹅湾离城五百五十里，鞍子山离城六百里，独青山离城三百五十里，拜亚湖离城三百七十里，白盐池离城三百七十里，常湖离城三百二十里，沙山湖离城一百五十里。"

卷三

明穆宗隆庆元年 — 神宗万历四十五年（1567—1620）

穆宗隆庆元年丁卯 [1]（1567）

邑人杜芝、李一经、杨凤岐等一十七人往赴乡试，额支举人路费银每人六两二钱四分，共费银一百又六两八分。

是年，科试贡生二员：一名郭文通，官山西大同县丞；一名李时畅，官直隶肥乡 [2] 主簿。

又，武举二名：一名杜一凤 [3]，袭实授百户；一名陈达道 [4]，陕西行都司授职。

《镇番宜土人情记》曰：

白亭地处边隅，交通阻塞，自来外商游旅多不至。隆庆元年，汴州 [5] 人何开忻率十五众往游敞土。何公善诗能文，所到处或题咏觞饮，或著文酬唱，风雅甚矣。嗣游柳林湖、枪杆岭，观建置凋落，不胜慨叹。于是慷慨解囊，以二千金整修原有之结构，厖绘彩饰，谋划一新。后之民人感其德，特筑何公生祠于兹，以享永久朝祝耳。

广恩谨按，捐二千金即建生祠，镇邑生祠多矣。前辈多豪侠之士，捐身敢为国家谋，未见有生享朝祝之幸。区区狯商，掷几许小钱用诸庙宇之建，便赚得鄙邑小民延颈争拜，翘踵竞瞻，奸乎哉！愬愬汴商。

甘州人汪廷佐，于是年由指挥擢镇番参将 [6]。

注释：

[1] 穆宗隆庆：朱载垕（1537—1572），明朝第十二位皇帝。年号隆庆，庙号穆宗。

[2] 直隶肥乡：今河北省肥乡县。

[3] 杜一凤：《武职选簿》记其为陇西人，时年 27 岁。其祖杜文贵洪武年间调镇番。父杜卿，世袭镇番卫左所百户，隆庆元年阵亡。杜一凤隆庆二年十月替授实授百户。

[4]《武职选簿》记：陈达道，定远人，世袭镇番卫副千户。见本书卷二嘉靖三十四年注 [4]。

《甘州府志·官师》记："陈大道，镇番人，中军坐营都指挥。"

[5] 汴州：今河南省开封市。

[6]《明穆宗实录》卷 15：十二月，"命分守镇番参将汪廷佐充副总兵协守甘州"。

"又，以统领保河民兵游击将军都指挥使王孟夏、湖广行都司署都指挥金事孙绍先俱充参将。孟夏分守镇番，绍先统领山东民兵。"是年汪廷佐调往甘州，王孟夏为镇番参将。

穆宗隆庆二年戊辰 [1]（1568）

彭秉乾以守备职往征黑城 [2]。

汴商何开忻等十五众辞别本邑，往游沙州 [3]。

广恩谨按，此去再建一生祠乎？奸乎哉！狠狠汴商。

是年春寒，农民多以草秸覆盖菜蔬。本年，卫署酌减征草额，人咸感佩之。

又，掌印守备李震，奉饬迁宁夏协守副总兵。旧志记其事云：

时，兵部右侍郎王崇古 [4] 都督三边 [5]，驻花马池 [6]。知套虏有异谋，以轻骑三千属震，为敌所觉，部分精锐逆战。震出长城二百里，劈其坚阵，突入帐中，所遇强壮尽歼之。白城之捷 [7]，以震功为最。

注释：

[1]《明穆宗实录》卷 23：八月，"升赏隆庆元年镇番大碱滩、宗家棋等处获功阵亡官杜卿等四十九人"。

[2] 黑城：遗址位于内蒙古额济纳旗达来呼布镇南偏东方向约 22 公里。1372 年，明朝征西将军冯胜攻破黑城，后放弃。蒙古军队在此长期活动，引发战事。另，《钦定四库全书·甘肃通志》卷 7 记有黑城营游击署，在今山丹县霍城乡境内，黑城为明太祖洪武年间巡抚都御史唐泽请建。此处疑为后者。

[3] 沙州：初设于十六国前凉，治所在敦煌，辖境在今甘肃敦煌一带。

[4] 王崇古：字学甫，山西蒲州人。历仕嘉靖、隆庆、万历三朝，任宁夏巡抚，后擢兵部右侍郎兼右金都御史，总督陕西、延宁、甘肃军务。

[5] 三边：明时指陕西辖境内的延绥、宁夏、甘肃三镇，总制府驻地固原。

[6] 花马池：俗称大池，在陕西省定边县城西北 12 公里处。

[7] 白城之捷：白城，即白城子，又称统万城。位于陕西榆林靖边县城北红墩界乡白城子村，为匈奴人都城，因其城墙为白色，又因系赫连勃勃所建，故又称为赫连城。嘉靖四十三年（1564），河套东蒙古人袭扰内地，王崇古指挥部队移营在此与之作战，大胜。

穆宗隆庆三年己巳（1569）

百户杜一凤、邑绅汪荃道等讨领祖茔坟地共五顷三十亩。

广恩谨按，本条语焉不详，易致人误解其意。杜、汪所讨坟地，非其己用，为他人代言耳。阖邑共领五顷地，多乎哉？不多也。

是年科试贡生三员：一名刘道撰，嗣中举人。一名许鲸。一名杨继美，官山西孝义县丞。刘道撰，旧志有传，见万历四年例。

穆宗隆庆四年庚午 [1]（1570）

正月十七日，外寇侵袭。户侯 [2] 守备何相遇虏于青松堡之南，战于河干。寡不敌众，遂殉节尽忠。闻于上，诰赠昭信校尉忠勇将军，配享苏公祠。二月，奉敕于青松堡之南立战场碑。墩高一丈二尺，阔四十围，世人谓之"何相腰墩"。

《镇番宜土人情记》转引《何氏总谱·传》云：

相，何氏五世祖。讳相，字淑明，贡生佑子。以户侯守备青松堡时，四边邻虏，国门之外，不时剽掠，居民苦之。所到辄胜，屡立战功。隆庆四年正月十七日，遇虏于青松堡之南，战于河干。虏藏于苦豆墩柳荫下突出，公单刀斩杀数人，救兵不至，遂尽节焉。诰赠昭信校尉忠勇将军 [3]，配享苏公祠。立战场碑于青松堡之南，至今谓之何相腰墩。

旧志载其传云：

何相，贡生佑子，以百户设防青松堡，御虏阵亡。旌表，立忠勇碑。是月，相子希闵以父功荫袭指挥。

邑人张宗朝增修三官殿。

又，王致和、李忠等十六人往赴乡试，额支举人路费银每人五两五钱，共费银八十八两。

注释：

[1]《明穆宗实录》卷 42：二月，"升赏隆庆元年夏陕西镇番大碱滩等处斩获首虏官军郭文遥等六人"。

卷 46：六月，"命固原游击将军署都指挥金事王绍勋充分守镇番参将"。

[2] 户侯：明代百户所百户尊称。何相为世袭实授百户，故称。

[3] 诰赠昭信校尉忠勇将军：明代无此衔，昭信校尉百户即当封，无忠勇将军。存疑。

穆宗隆庆五年辛未 [1]（1571）

宁武人王孟夏 [2] 莅本邑任参将。桂月，孟夏率民兵百二十名展筑沙嘴墩。工竣，遣兵守之，以御北碛寇虏。

科试贡生一员，名李秀春，官四川安岳县主簿。旧志载其传曰：

李秀春，隆庆五年岁贡，官四川安岳主簿。以诗设教，从者甚众。子侄多杰士，其由明经出宰百里者三人，当时称"三知李氏"以嘉之。

《镇番宜土人情记》曰：

邑贡李秀春，炜之子也。精通诗文，尤擅于赋。有《桐花落叶赋》遗稿，今藏谢氏书屋，凡一百有六章，皆先生手迹也。

注释：

[1]《明穆宗实录》卷 57：五月，"添设肃州卫、凉州卫、山丹卫、镇番卫、庄浪卫、西宁及高台守御千户所儒学训导各一员"。

[2] 王孟夏：隆庆间任镇番营参将，后任陕西总兵官、蓟州长城总兵官。《明穆宗实录》卷 15 记王孟夏隆庆元年即为镇番指挥使。此处应为升任参将，并非莅任。

穆宗隆庆六年壬申 [1]（1572）

何相子希闵，升土门堡守戎。传见思宗崇祯元年例。

夏六月，邑人段可佑梓刻《诸灵君图》一卷，凡四十幅，曰"万法教主"，曰"大法师"，曰"洞玄教主辛祖师"，曰"神功妙济许真君"，曰"洞元教主马元君"，曰"朗灵关元帅"，曰"月孛朱天君"，曰"混元庞元帅"，曰"地祇杨元帅"，曰"洞神刘元帅"，曰"雷门苟元帅"，曰"仁圣康元帅"，曰"监生高元帅"，曰"二大天君"，曰"火德谢天君"，曰"考校党元帅"，曰"猛烈铁元帅"，曰"先锋李元帅"，曰"雷门毕元帅"，曰"灵官马元帅"，曰"神雷石元帅"等[2]。敷绘精妙，刻镂细工。

穆宗终。

注释：

[1]《明穆宗实录》卷65：正月，"革镇番参将王绍勋、中军指挥李天爵，任命原任副总兵汪廷佐充为事官，管镇番参将"。

[2]《历鉴》此节所列道教神仙名错讹较多，参照马书田著《中国道教诸神》校正。

神宗万历元年癸酉[1]（1573）

是年，本邑奉饬设知事一名，经历一名，教授一名。前二名暂缺，教授雒典首任。

邑人孟希孔，以恩贡官山西太谷县主簿。莅任数月，以亲老告归，杜门不与外交。旧志载其传曰：

孟希孔，字鲁风，千户槐子。天性孝友，少袭父职，由万历元年恩贡官山西太谷县主簿。莅任数月，以亲老告归，杜门不与外交，日惟以奉亲教子为事。及亲殁，希孔形毁骨立，几至灭性。子一蛟，县丞，邑志有传；一鲤，贡生，邑志推为乡贤，有传；一豸，岁贡，邑志有传。

是年，邑人李镐乃作一文，曰《说过》。其云：

圣人望人改过，而叹其未见也。夫过为其过，即讼宜自讼，而人鲜张之，子所以叹其未见也。曰：俯仰可以无惭，衾影可以无憾者，古今曾有几人？其次不张无憾，憾而张自愆。无张自无惭，惭而张自愤。其悔弥切，其悟弥深，其诣亦未为独至而已，不可多得也，良足慨耳。何为憾，何为惭？过是也；何为愆，何为愤？讼是也。然知有善，不知有恶，犹昧也。贵动之以见张责人，不张责己，犹疏也；贵惕之以自悔于口，而不悔于心，犹泛也。贵密之以内，吾持此诣以望天下也久矣，无如人之不自觉也。愆尤之集，显者易知，微者难知。指之曰：其过不在大廷之交谪，而在幽独之贻羞也。而无象之瑕疵，俨呈有象，无如人之多自文也。摘发之口，攻人则易，攻己则难。惕之曰，父兄所不及戒，师友所不及规也。而无言之刻责，较胜有言。且夫内自讼者，不以人胜天，不以欲胜理，不以情胜义，不以私胜公。讼则己与人争，己讼则己与己争。己与人争者，求其曲在人；己与己争者，求其曲在我也。盖讼必有辞，修省恐惧即其辞；讼必有地，暗室陋屋即其地。则反躬皆自省之学也，而谁则张之；讼则听之于人，内自讼则听之于己。听于人者，断之以尺，听于己者，断之于心也。盖听讼者，贵清其源，去私遏欲即其源；听讼者，贵正其本，诚意修身即其本。则反己皆内勘之神也，而谁则张之，己无乎？有过而自怨自艾者，何人乎？名公卿广订知交，而欲寡未张，仅传伯玉[2]，何论况而愈下者乎！然在彼虽乏警惕之怀，在我敢忘箴规之意！

吾人为学，首在知非，识之定也；物莫张蒙，计之决也。义取诸夫寸衷之悚惕，如懔堂上之神明。吾苟克见之，日新之机，吾于巷人决之，吾终不及见也。风愆之蹈，吾且为巷人危之矣。已矣乎，知过而自愧自励者，又何人乎？二三子追随有素，而知不复行，仅称颜氏，何论学之又次者乎？然在人虽乏纠绳之切，在我岂无属望之殷？君子立身，必先克己。离之明也，无微不照；乾之健也，无坚不摧。尔室之纠虔，如畏公廷之法律。吾虽不克见也，不贰之功，犹于若人望之，吾苟终克见也。精一之诣，当为若人进之矣，而孰慰吾未见之思哉！

是年，科试贡生二员：一名李维康，官四川潼川州判。一名孟希孔，旧志有传，参前记。

武举一名，名崔廷璋。

注释：

[1] 神宗万历：朱翊钧（1563—1620）：明朝第十三位皇帝，年号万历，庙号神宗。

《明神宗实录》卷2：六月，"兵科都给事中梁问孟因秋防上疏，言银锭、台吉等移住镇番近境，盖外假通贡互市，内或欲掩我不虞，此明烽堠联哨探，即遇零骑入寇，亦必整兵拒堵，防微杜渐，在延、宁、甘、固，不可一日忘戒备者"。

卷3：七月，"兵部左侍郎石茂华题防秋事宜，言银锭、台吉等诸房俱相继西行，率多经由内地，环牧于西海及镇番等边外"。

"兵部奏，甘肃抚臣廖逢节言，套酋切尽黄台吉等欲从甘州往西海住牧，宾兔歹成妻男盘据昌宁湖，坚执欲从黄台吉去路行走。总督戴才亦言，套内诸房陆续俱到镇番、凉、永境外住牧及抢掠，番夷欲繇内地经行。"

[2] 伯玉：即唐代诗人陈子昂，字伯玉，因耿直谏言，屡遭排斥打压，冤死狱中。

神宗万历二年甲戌 [1]（1574）

本邑汤氏永德，是年荣膺八品职。

邑人汪械棣，著文曰《祭论》，后收《小题鉴识》中。其曰：

观圣人祭先，有如在之诚焉。夫祭者，祭于不在之后也，而其心如在焉。夫子之于祭，何其诚乎？且人当祭先之际，苟存一不在之心，则一时放荡不羁者，亦何贵有此祭哉！乃若内念悚惶，俨然形容之若睹，而小心谨慎，不啻笑语之复闻，陟降信可凭乎？夫固有事死如生，事亡如存者矣。诚以祭论，粢盛丰洁，祭者之物备矣。然物备者心自敬，能不动其恪恭之诚？对越奔竞，祭者之仪修矣。然仪者意自诚，尤贵有严肃之度，其殆如在乎，将谓先人邈矣。诚哉，邈矣！然夫子本如在之心以祭之，而岂有邈然者乎？目中虽未遇先人，心中直若遇之矣。而一时之震动恪恭，俨然若睹冠裳矣，何敢稍有怠慢欤！将谓曾祖没矣，诚哉没也。然夫子本如在之心以祭之，而岂有没焉者乎？曾祖虽未闻于耳，曾祖直若聆于心，一时之焄蒿凄怆，不啻声灵聆耳矣，讵敢稍有放肆欤！当未祭之时，春露有感，秋霜有感，而兹之言如在者，可于祭时审之也。如在其上，如在其旁，而悚惶惕厉之神，悉根于授几授杖之意。当将祭之时，致斋三日，散斋七日，而兹之云如在者，又于祭时证之也。如在其左，如在其右，而陟降拜献之际，无异于得见得闻之时，此夫子祭祀之诚矣。

广恩谨按，如此雕虫小技，不知我祖盍为乎采来？实令人不解。

《镇番宜土人情记》载：

隆庆二年，邑人孔宪章等募资于红崖山筑龙王庙，历三年而竣。

注释：

[1]《明神宗实录》卷27：七月，"户部覆巡抚甘肃都御史廖逢节题，甘肃府所遗甘、凉、镇番庄田逐年收粮不同，中间必有欺隐。今岁秋成后逐一丈勘，明开实地若干，每岁该银若干。报部照固原事例立为定额，本部于年例如数扣除。其隆庆六年、万历元年收过

租银七千余两，候抵万历三年年例。从之"。

神宗万历三年乙亥[1]（1575）

参将汪廷佐以功升授甘州副总兵[2]。即去，人民送之者充街盈衢。

侯东莱等砖包城墙。详参万历六年例。

科试贡生一员，名李养盛，官江西广昌县知县。

《镇番宜土人情记》曰：

万历三年二月中和节[3]，有"向隅铺"李相，乃制一诗题于门幌曰：二月中和节，传书进上农。秧畦红雨润，柘馆绿云封。政本勤耕织，民生望泽浓。景从元代补，制自宋人宗。鸟听鸤鸠未，虫惊络纬逢。抚辰望客至，心想作富翁。观之者掩口。嗣则市以"富翁"呼李，李亦慷然而应之。

注释：

[1]《明神宗实录》卷37：四月，"巡抚甘肃右副都御史侯东莱题，砖包肃州、凉州、镇番、庄浪、西宁五卫，该银万七千九百余两，乞敕该部给发。又言各卫驻扎该道将领府佐，如城工未完而俸资及期者，即令就地叙迁，俟及成功并行优陟报。允"。

[2] 此处记汪廷佐调甘州事存疑。《明穆宗实录》卷15：隆庆元年十二月，"命分守镇番参将汪廷佐充副总兵协守甘州"。

卷65：隆庆六年正月，"任命原任副总兵汪廷佐充为事官，管镇番参将"。

《明神宗实录》卷107：万历八年十二月，"镇番参将汪廷佐调延绥任职"。

上述史料证明汪廷佐任职甘州副总兵在隆庆年间，不在万历年间。

[3] 中和节：农历二月初二，相传为唐代设立。民间俗称"龙抬头"，祭社土地神。

神宗万历四年丙子（1576）

《镇番宜土人情记》云：

是年，邑人于城内筑箭楼成。署内凌下媚上者，极推教授崔戎为题额。崔不谙书法，强就之，睹之恶极。

有生员汤炜着赤泥书之于旁，曰："书法刺目，何不变计？哪家小子，竟不知耻！"

广恩谨按，无耻者非教授，乃媚上者也。此风今愈炽矣。书不使法家书，而官强为之；事不令善家事，而钻营者妄事之。是以书不类书，事不善事，庶几世道人情本如之乎斯焉！

是年乡试中举一名，名刘道揆，中式第六名。旧志载其传曰：

刘道揆，字信甫，万历四年举人，因与榜首同经[1]抑置亚元，时与衷白先生[2]齐名。公车在上，大参张九一[3]以诗赠之曰："飘然神马来西极，去矣佳人在北方。"不第，卒于道[4]，后人以为诗谶。

《镇番宜土人情记》曰：

公博学强记，日每读书，弗知晨昏，人谓之"书癖"。著述甚多，惜多散佚。

今谢氏书屋藏《镇番小题鉴识》，即公所辑也。共选本邑应试小题一百六十例，公乃作序曰：

尝闻小题之文，以轻、清、灵、典、浅、显六字尽括之，余谓确甚、确甚。儿童作文幼稚活脱，无铜臭气，无谄媚气，一般诚实言语，读来别是趣味，饶人可爱可赏。余平生最恶那些糊涂文人，将文作得不荤不素，不伦不类，故意觅几个怪字唬人，委实讨嫌。

复曰：

余于兹选辑若干试文，名曰《小题鉴识》，以备攻小试者。倘其知所摹拟，虽间有糟疵，不至尽善，然就此多读多习，得着秘诀，则又当取。

注释：

[1] 同经：即同试一经、同治一经。经，指儒家经典诗、书、礼、易、春秋五经，各有第一名，是为"五魁首"。

[2] 李注：衷白，即谢天眷，字承宠，人讥其媚，后易为"衷白"。操行正直，嗜学工文，官山西武乡县教谕。因其与谢树森同宗，故以"先生"称之。

[3] 大参：即左右参政，为布政使佐二官，从三品。

张九一（1534—1599）：字助甫，号周田，河南新蔡县人。嘉靖三十二年（1553）进士。官湖广参议，累至右佥都御史，巡抚宁夏。

[4]《历鉴》万历四十二年记刘道揆"因子侄犯事受连，解职归田"，67岁卒于家。此处所记似为戏言。

神宗万历五年丁丑（1577）

前山西太谷县主簿孟希孔子一龙，于是年授副千户。

邑人胡隽纪费五千金采买金钟一口，上镌"太清宫"三字。查唐明皇天宝为太清宫祀老子[1]，因疑其为盛唐遗物也。初存于邑城玄真观，嗣迁于文昌阁中。

广恩谨按，太清者，神之居住所也。今邑城东街有道观，颜之曰"气凌太清"，可知太清宫本为道观名。又，《庄子》"行之以礼仪，建之以太清"，可为之证焉。金钟有"太清宫"字，庶即观中之物，未必定出自乎盛唐，岂吾祖失察欤？

是年，科试贡生一员，名何允文，官新水县县丞。

注释：

[1] 太清宫祀老子：宋李上交《近事会元》，记唐明皇天宝二年（743）九月，敕谯郡紫极宫，宜准西京为太清宫。又，唐明皇李隆基在天宝十三年加封老君为"大道金阙玄元天皇大帝"，令天下州县普建玄元皇帝庙，以祀老君。

神宗万历六年戊寅（1578）

宁夏人杨恩任本邑参将，下车伊始，即瞻顾城垣，巡查防御。是时，北垣沙碛拥积，几与城埒，公深以设防不济慨叹之。不数日，即率民兵清除淤沙，补葺城垣，劳作不息，食饮不遑。迄工竣，方稍得歇缓带，人咸钦之。

又，《五凉考治六德集全志》载：

是年，侯公东莱奉扬明威，按部问夷险，至吾邑，视其城仅二三仞，实为舄卤土，四顾川原，求待庲亭障百不能得十一，因为之抚然曰："川兵守国，古王公所不废也。此何以哉？"即上疏条便宜事报，曰"可"。乃敕封人虑计劳工，命曰："石取于山，木取于林，力取于久逸之健儿。"几经展筑，遂举成一大观焉。

此附邑人刘道揆作《侯翁东莱砖包镇番城垣碑文》曰：

今寓内谈形胜，必首秦。秦四镇皆扼塞处，而甘肃为最。镇番地最平，漫延无崇岭深谷之险。

上御极二年，遴耆硕以乂五郡[1]，进东海掖公侯夫子于阙下，手持中丞节授之。公拜命西辕，宣于众曰："余屈首受书，誓以此身殉国家。今待罪行间，奉扬明威，兹非时乎！"乃夙夜殚厥精力，以计长策。按部问夷险，至吾邑，视其城仅二三仞，实以为鸟卤土，四顾川原，求待虏亭障，百不能得十一。公为之怃然曰："川兵守国，古王公所不废，此何以哉？"即上疏条便宜事："镇番为蔽凉、永，地当瓯脱，墉垣之绸缪，不可须臾懈。虏今且备属国，我得以余日缮治。"报曰"可"。乃敕封人虑计量功，命曰：石取于山，木取于林，力取于久逸之健儿。犹虑时或得代以去，自请留聿[2]观成事，朝为晋秩大司马，七年不移镇。易吾城以陶，高三丈有奇。又为防虏城三百里，起中沙，连绵永昌。相与协相良谋者，先后藩伯[3]为平原赵公焞[4]，新蔡张公九一，任邱李公汶[5]。张、李二翁，居镇各计二年，往来躬亲，劳勋实倍。其栉风沐雨，躬环版筑者，副帅汪公廷佐之专力也。同知盐山赵公行可[6]、莱州张公柏、通判真定晏公饫、武定胡公松年，督役转饷，绩均先后。经始于万历三年，告竣于六年。

今年秋，虏三帅控弦十万由海西归，过我城垣下，仃仃咋舌，转相告语："此胡以翼如屮如屮。"竟退三十舍而去。邑人都督何君淮、李君震，谓刘生道揆曰："公莅吾土，其明见秋毫，而惠溥春雨，七年犹如一日。今为吾兴城垣，不上先登之伐。汗马之勤，坐令胡远徙，使吾免于被发左衽者，吾与尔享赐于未艾也，何以诵茂德哉！"道揆曰："我闻乐只君子，民之父母；小人乐利，没世不忘。请砻石铭之，以告后人。"诸君曰"善"。因不辞芜陋，叙其事而系之铭。

前直隶肥乡主簿李时畅，是年扑颠还乡。

又，百户杜一凤私行放赈，闻于上官，罚充边外，家财造册充公。

依令设立税课司，隶户曹掌印。

注释：

[1] 五郡：指汉设酒泉、张掖、敦煌、武威、金城，后泛指甘肃为"五郡"。

[2] 留聿：即留笔，引申为留书。

[3] 藩伯：府、州命官之雅称。

[4] 赵公淳：即赵焞，山东平原人，嘉靖四十四年（1564）进士，万历二年宰凉州牧。

[5] 李公汶：即李汶，字宗齐，号次溪，直隶任邱人，嘉靖四十一年进士。万历六年继张九一任凉州兵备副使。后任陕西布政使，升任都察院右金都御使巡抚陕西。奉命持

节都陕西军务，三边总督。万历二十三年（1595），李汶调兰州和榆林驻军，令参将达云出塞百里迎击阿赤兔和海部之敌，大获全胜。督边12年，历经百战。晋秩至少师兼太子太师、兵部尚书。

[6] 赵公行可：即赵行可，字子伸，号左峰，沧州盐山县人。先后任忻州同知、泾州郡守等职，官至奉政大夫、秦府左长史。

神宗万历七年己卯（1579）

邑人杨大烈修卫志未竟，经划三载，乃著《镇番宜土人情纪略》。凡六卷，曰"疆域"、曰"沿革"、曰"山川"、曰"形胜"、曰"古迹建置"、曰"事功"、曰"风俗"七章。嗣后，邑令江鲲[1] 编纂县志，多所采录。

广恩批曰：我祖纂辑是编，十之二三即采自《镇番宜土人情记》。然考此帙，竟非杨公所为，而系曹公燮所纂者也。此公为清道光时人，距杨公在世二百余年，故不可将其二书混为一谈。

广恩补记：杨夫子所纂《镇番宜土人情纪略》，即其子小泉厘订之《镇番纪略》，后易名《边镇纪略》是也。今复得曹公燮所纂之《镇番宜土人情记》，视其名，竟与杨公书差似之，然究非一书。其间雷同者有，证引者有，而书体裁夺迥然有异。前者志书之例，后者通鉴例也。

附杨大烈《镇番疆域图说》：

镇番居凉之东北境，历代皆属凉地。自明设卫，建官置吏，编户分屯，始立疆域。

就境内形势言之，东西北三面皆边，相距各二十里许。沿边烽燧棋布，越五里而相延。惟南至武镇界三岔堡百四十里，直计则广；而东西两边，一自武威之高沟堡起，一自永昌之宁远堡起，迤逦斜抵，俱至本县之红崖堡。东西横计，不过数里。中无凹凸之阻，形如铺箪，所云幅员狭隘，蕞尔一隅者也。

若括境外之形势论，地处极边，无邻封接壤；彝房环列，胡笳四集；虽藐兹一城，实凉州之外藩。东边外与宁夏口外沙河连界，六百余里平沙无垠，并无居民。旧设烽燧一十二座，脉络相连，捍卫内地。东南边外五里许，外河环绕，亦仅里许。苏山屏立，迤东为青山，山形最小。又东南二十里，山曰阿喇骨山，旧称"汉番要地，寇盗巢穴"。爰设隘口于山西南隅，贯以烽燧四座，较苏山为严焉。

县南三十里为境内之青松堡，明因彝虏出没，设防立墩。又南六十里，为境内之黑山堡，东邻阿喇骨山，西通永昌董郑等堡，彝虏出没，势极冲要。明设立驿传，并防守官兵，烽燧戒严，时相驰御，视青松堡尤要矣。又南百里，为境内之重兴堡，又西南二十里曰蔡旗堡。二堡居黑山上游，警互策援，明俱设防守官兵。烽燧相连，以备郊急，而今蔡旗堡犹分都司镇焉。其他东安、南乐、沙山、陈敏等堡，俱不若数堡之要。

西南边外数里许，红崖环拱，其险可恃。昔尝堵拒彝虏于此，烽燧罗列，与黑山相埒；西外与永昌宁远堡北境外连界，计里二百有奇。草地盘斜，土山孤起，旧为彝人宿牧之区。边外设立烽燧七座，号曰"广漠"。

西北边外五十里许，莱葴耸峙，为西北之障，烽燧六座。山东北有古城、连城、三角城，诸城相连并立。迤西百里许，悉彝人部落，形势空悬，无关河之险，有蹂躏之忧。旧设三城控制，良有以也。

北边外烽燧九座，计二百里许，则亦不喇山，陡突崚嶒，绵亘数十里。山北彝类错居，旧多猖獗。形势之险，不亚西北。其东北境内之红沙堡，逼近东边，势极冲要，明设官防守。边外烽燧相望，计六十里狼跑泉山，又二十里抹山，抹山东北三十里枪杆岭山。三山鼎立，皆彝人出没之地。故抹山旧有隘口，东北百余里界以白海。左有白亭军隘口，资其扼要。

夫前代多方建置，今则惟蔡旗堡与镇番城设有兵弁，驿传为铺，抹山为田。盖惟中外一统，边境宁谧，无资捍卫也。然《书》之有"申画郊圻，慎固封守"[2]。镇番壤接套彝，为穷荒要地，未雨绸缪，因地制宜，不拘乎古，不域乎今，庶藩篱巩固无虞尔。

广恩谨按，蔡旗堡分都司镇守，时在国朝顺治二年。而大烈即云，因知是文作于国朝，而非万历。我祖所以附于此，是因人而宜，非谬也[3]。

是年，乡试举人一名，名李养中，中式第四十名。官湖广保康县[4]知县。

一科试贡生一员，名杨初茂，未仕。

武举一名，名杨友竹。

注释：

[1] 江鲲：字起鹏，直隶天津举人，清乾隆十二年（1746）任镇番知县，参与纂修《五凉志》。

[2] 语出《尚书·周书·毕命》。

[3] 李注：杨大烈为明万历十三年（1585）举人，既以清顺治二年（1645）为下限计，亦时过 60 年，其年龄至少当在 80 岁上下，况县志谓其“以运粮卒于军”，此文何时所写？写于有明，则与事实相乖，写于清代，又年所不逮，故必有蹊跷在焉。存疑待考。

[4] 湖广保康县：今属湖北襄阳市。

神宗万历八年庚辰 [1]（1580）

邑人何崇德 [2] 因永宁兵变 [3] 往援有功，于是年加封都督衔 [4]。旧志载其传曰：

何崇德，性耽经史，以诸生袭千户，由永宁防守升本卫守备，历官甘州副总兵。丰躯雅度，谋勇并长。宁镇兵变，崇德挺身往援。大破之，加都督衔。

《镇番宜土人情记》曰：

崇德精通韬略，文武兼长。首任永宁防守，颇有勋名。后升本卫守备，谨慎职守，擢升甘州副总兵，更复热忱王事，政绩卓然。既至永宁兵变，公慨然请缨，提兵往援，贼因大破之。有司嘉其功，为加都督衔。后年，公以丁艰还乡，开家塾以讲论经史，从学者络绎。

注释：

[1]《明神宗实录》卷 107：十二月，“镇番参将汪廷佐调延绥任职”。

[2]《武职选簿》记：万历四年，何崇德，33 岁，同柏（今河南省桐柏县）人。高祖何兴。祖父何纶，镇番卫宁边驿年老试百户。父何九皋。何崇德替袭后升正千户。

[3] 永宁兵变：此处所记与旧志所记“宁镇兵变”应为同一事件，指万历二十年原宁夏副总兵哱拜纠合其子承恩、义子哱云等发动叛乱，明廷调集多省兵力围剿之“宁夏之役”。

[4]《明史·列传》第 116（魏学曾等）记：“切尽台吉从子青把都儿犯甘肃，总兵官杨浚、副总兵何崇德御之，斩首六百余级。”何崇德加封都督衔在万历二十三年，见本卷该年注 [1]。

神宗万历九年辛巳（1581）

是年，县试生员陈名珍，年方二八，乃作一文，曰《尊贤育才说》，人以为奇才。其文曰：

贤才不易得也，尊育之命可求矣。夫贤也，才也。在三王之世，当何如也？尊之育之，桓公尚知有命哉！孟子述桓公再命之辞，以为昔先王之世，贤士贡于王朝，才能出于王国，师师济济，共襄圣天子之盛治矣。降及近世，抱道在躬，莫庆圭璋之达；酬时有具，孰收杞梓之良。用人立政之谓何，将何以资股肱共臂指哉！是又寡人所愿，与友邦共勉者矣。

从来国家之患，莫胜甚于立朝皆尸素，而老成精屈于下僚。正笏垂绅，生平无异人之处，则上无以酬主遇，下无以餍人心。故赞治宣猷，首重贤良之选。大抵政事之坠，又莫甚于在位乏经穷纶，而庸儒适足以逢事，奉公守法，居官以循例为能。则大之无以振朝纲，亦小之无以襄庶务。故设官分职，尤贤才智之臣。惟贤与才，非有国者之所当念哉！

虽然，夫何以处此贤才也？盖负非常之器者，必不希一日之荣，国士也；而众人目之，大受也。而小知屈之，拔擢虽殷，夫何殊于摈弃也。惜名器而困英豪，君子谓其无推崇之意矣。况入仕宦之途者，谁实无身家之念？《南山》[1]也，而致叹斯饥；《北门》也，而常忧终窭。温饱可忘，其无虞冻馁也。吝升斗而轻杰俊，君子谓其乏培养之芳矣。尊之育之，乌容已乎？

今试问秉国钧，秉国成，尔邦之所尊者何如乎？授之灿，授于餐，尔邦之所育者何在乎？则贤与才，或不无遗弃耳。同期爵禄，而以之綦庸臣，犹是钟鼎而以之縻下士。庸流之进身愈易，则君子之得位愈难。宵小之是客恩泽，亦嫌误国也。我因之兴也，异量推恩，酒礼推簧，隆其报，百司称职，输舆凫桌得其人，尔邦尚其法前王之制哉！

今试问前席咨，后车载，尚有知礼贤之典者乎？弹冠庆，释褐登，尚有廑爱才之意者乎？则尊与育，诚不无遗憾耳。天地非无钟毓，而君相不为旁求，祖宗亦有栽培，而子孙不思汲引；英俊常留于草野，而平庸莫必于朝廷。罗礼之不加，名流岂敢自献也，不谷自霸也？三衅释堂阜之囚，位侪二宋；百获得树人之计，效矢十年。尔友邦盍亦思表海之风哉！以彰有德，此尊与育之效也。

是年，参将叶青为红沙堡地窄墙卑，不堪固守，展筑东西北三面，共计一百一十二丈，高二丈，城门一，南向。

《五凉考治六德集全志》载：

红沙堡，城东北二十里，嘉靖七年建，周围五十余丈，高□丈。万历九年，因地窄墙卑，不堪固守，展筑东西北三面，共计一百一十二丈，高二丈。城门一、南向。旧有官厅教场，门禁堡楼。

又，邑人杨大烈旧志《镇番疆域图说》云：

东北境之红沙堡，逼近东边，势极冲要，明设官防守。

按，至本朝前期，本邑共有营堡一十七座。

曰东安堡，在城东二十里，俗名四坝寨，今倾圮沙淤，无居民。

曰校尉营堡，在城南二十余里，在更名坝地方，明时肃王府校尉[2] 所居，故名。

曰河南堡，在城南三十里，城门一，南向。

曰青松堡，城西三十里，天顺三年建，周围一百二十丈，高□丈，城门一，东向。

曰黑山堡，西南六十里，天顺三年建，周围一百四十四丈，高□丈。万历三十三年被山水冲淅，改建新堡。周围一百六十丈，高□丈，城门一，北向。今西北墙已被沙淤。旧有关，今无。

曰红崖堡，在城西南八十里，城门一，东向，今无居民。

曰重兴堡，在城西南一百里，城门一，东向。

曰野潴湾堡，在城西南一百二十里，《古迹志》所谓潴野即此。西北墙半为沙淤，居民亦少。

曰蔡旗堡，在城西南一百二十里，明嘉靖二十四年建，周围五百四十丈，高三丈五尺，厚二丈八尺。东西二门，有公署、仓厂、门楼，有绅士兵民工商，镇番之首镇也。

曰沙山堡，在城西五十里，城门一，南向。

曰中截堡[3]，在城西十五里，城门一，东向。

曰城西北堡，在城西北二十里，城门一，东向。

曰陈敏寨，在城北十五里，城门一，南向，今无居民。

曰红沙堡，详如右。

曰六坝堡，在东边外，城东三十里，今无居民。

曰昌宁堡，在西边外，与永昌县属之宁远堡为交界，城西一百二十里，无居民。

广恩谨按，红沙堡初建于洪武三十年，详见洪武三十年例。

又，是年科试贡生一员，名赵民悦，官山西岢岚州学正。

《镇番宜土人情记》曰：

民悦精书法，笔力遒劲。今三官殿额为其所题。

广恩批曰：是匾今存。字形丰腴厚重，形近柳体，而势夺颜风。然诩其"精通"则过之矣，谓其"善书"无愧焉。

注释：

[1]《南山》《北门》：均为《诗经》篇名。

[2] 校尉：武官名，为部队长之意，明、清以卫士为校尉。

[3] 中截堡：遗址在薛百镇长城村西，民勤治沙站林场内。

神宗万历十年壬午（1582）

武举一名，名王国业。再中二十八年庚子科。

神宗万历十一年癸未（1583）

《镇番宜土人情记》曰：

红崖有深井，俗谓之"神泉"。以手拂之，可驱凶邪。因土人常于重阳相偕登临，争竞触摸。万历十一年，泉水忽漾。不数日，骤增成湍，激流飞下，直如匹练垂挂。至秋末，渐趋干涸。

按，红崖山在城西南六十里，山形隐约似豹。旧传有豹隐其中，故有"红崖隐豹"之说。《奥区杂记》云：

县有山曰"红崖"，在县治西南六十里。山形似豹，有巨豹隐其中。山不大，自南迤北，陂陁隐嶙，横枕底隩。山石多赤色，因以名之。旧有营铺，自左迤接黑山堡，邑志谓之"东西横计不过数里，中无凹凸之阻，且形如铺簟，所云幅员狭隘，蕞尔一隅者也"。

《搜俎记异》载：

红崖在镇番西南。昔年，山中有少妇名红媛，眉目清秀，窈窕可人。宅后有良田二亩，辄独耕其间。善歌舞，每唱百鸟和之。

一日，媛砍野樵于崖，忽闻呻吟声。细辨之，隐隐然，再不复有矣。稍顷，又复闻之，凄厉如诉，似有疼痛相侵。逐循声觅去，见一豹卧于石上，媛惊恐欲走，豹回首睐视之，其声哀哀，如人之求救状。媛止步探试，无恶意，因以碎石投其身，不怒。遽闻声鸣如泣，四爪乱扑，媛因省之曰："尔生子也。"遂辅之生已。

逾数月，媛于舍中偶得金镯，视有豹踪，知其所为也。贾于市，为一黑汉执之，怒斥曰："斗胆贱妇，图财害命，王法不允，速去死。"言未讫，牵拖而去。

至衙署，邑令讯之。不招，拶其指，屈而招之，遂斩于市。邑令监斩归，途为飓风所阻，沙飞石滚，不识归路。无可为计，避于郊野。忽有巨豹自林间出，飞跃腾下，直捕令宰。防未及，已为之所拘。于是损其面，断其喉，摇尾而去。稍许，黑汉亦失其踪迹。或曰：必祸于豹。

红崖昔本青色，红媛屈死，血染其上，于是乎殷红见矣。旧有深井，经年不竭，逢雨而汇集成湍。媛既死，不复有滴水之蓄。民人惜之，筑庙以祀。无果，遂再无问津者。

是年，科试贡生一员，名陈尚贤，官四川平武县知县。

神宗万历十二年甲申（1584）

四月，飓风狂虐，延十数日不息，边外居民房屋被摧者十之二三；田地埋压，一片萧条。饿殍载道，凄切哀怨之声不绝于耳。

河东军警[1]，奉文严守不息。本邑号令营属各守军，加固烽墩城堡，补足一应军需。止是年，共设烽墩四十一座，俱设有守瞭兵丁、梆铃旗号、枪锣柴薪等物。镇、蔡二营分汛[2]。

按，《五凉考治六德集全志》载：

镇番县至所属之蔡旗堡，沿大路烽墩二十九座，较明末本邑烽墩增八座。

曰在城墩，在本县北城上；曰五里墩，在县南五里，南接十里墩，北接本县；曰十里墩，南接南乐堡墩，北接五里墩；曰南乐堡墩，在县南二十里，南接青松堡，北接十里墩；曰青松堡墩，在县南三十里，南接田吉腰墩；曰何相腰墩，北接南乐堡墩；曰田吉腰墩，在县南三十五里，南接头坝墩，北接青松堡墩；曰何相墩，在县南三十五里，与田吉腰墩对峙，南接头坝墩，北接青松堡墩，有明指挥忠勇何相战场碑；曰头坝墩，在县西南四十里，南接古城窳墩，北接田吉腰墩；曰古城窳墩，在县西南四十里，与头坝墩对峙，南接旧团庄墩，北接田吉腰墩、何相腰墩；曰旧团庄墩，在县西南四十五里，南接祁家湾墩，北接头坝墩、古城窳墩；曰祁家湾墩，在县西南五十里，南接新庄稼墩，北接旧团庄墩；曰新庄稼墩，在县西南五十里，南接黑山堡墩，北接祁家湾墩；曰黑山堡墩，在县西南六十里，南接黑山上墩，北接祁家湾墩；曰黑山上墩，在县西南六十五里，南接黑山口墩，北接黑山墩；曰黑山口墩，南接野麻湾墩，北接黑山墩；曰野麻湾墩，在县西南七十五里，南接红崖堡墩，北接黑山口墩；曰红崖堡墩，在县西南八十里，南接许家沟墩，北接野麻湾墩。以上镇番营汛。曰许家沟墩，在县西南八十五里，南接俞家明沙墩，北接红崖堡墩；曰俞家明沙墩，在县西南九十里，南接下团庄墩，北接许家沟墩；曰下团庄墩，在县西南一百一十五里，南接蔡旗堡墩，北接俞家明沙墩；曰蔡旗堡墩，在县西南一百二十里，南至河口，镇番川界至此止，北接下团庄墩。至国朝又增筑燕儿沙窝墩、重兴堡墩、苦水墩、黑泉湖墩、张家腰墩、上团庄墩、月牙湖墩、河口墩，八墩。

详见顺治五年例。

又东西北三面，共设烽墩二十座，至国朝增设九座，共二十九座。曰大暗门墩，在寅方，距县二十五里，南接石嘴儿墩，北接红寺儿墩；曰石嘴儿墩，在寅方，距县二十五里，南接龙潭墩，北接大暗门墩；曰龙潭墩，在卯方，距县三十里，南接明沙嘴墩，北接龙潭墩；曰明沙嘴墩，在巽方，距县十五里，西南接南马五庄墩，北接明沙嘴墩。

以上东边。

曰南马五庄墩，在巳方，距县十五里，西接圆墩，东北接明沙嘴墩；曰三坝墩，在丁方，距县二十里，西接杨洪庄墩，东接沿大路之青松堡墩；曰圆墩，在丙方，距县二十里，西接河南暗门墩，东接南马五庄墩；曰河南暗门墩，在午方，县南三十里，至此则与沿大路之青松堡墩十字相交，故西接青松堡墩，东接圆墩；曰杨洪庄墩，在未方，距县三十里，西接张勤庄墩，东接三坝墩；曰张勤庄墩，在坤方，距县二十五里，西北接西马五庄墩，东接杨洪庄墩。

以上南边。

东依柳林湖外河，西通永昌属之宁远堡，北境俱属草地。曰马五庄墩在申方，距县二十里，北接郭淮庄墩，南接张勤庄墩；曰郭淮庄墩，在申方，距县二十里，北接沙山堡墩，西接马五庄墩；曰沙山堡墩，在庚方，距县十五里，北接中截堡墩，南接郭淮庄墩；曰中截堡墩，在酉方，距县十五里，北接三岔口墩，南接沙山堡墩；曰三岔口墩，在酉方，距县二十里，北接白台子墩，南接中截堡墩；曰白台子墩，在辛方，距县二十里，北接城西北墩，南接三岔口墩；曰城西北墩，又曰大坝墩，在乾方，距县二十里，东接青坎儿墩，南接三岔口墩。

以上西边。

曰青坎儿墩，在亥方，距县十五里，东接田广墩，西接城西北墩；曰田广墩，在壬方，距县十五里，东接杜家庄墩，西接青坎儿墩；曰杜家庄墩，在癸方，距县二十里，南接大暗门墩，北接田广墩；以上北边，二十座。

国朝又增设九座：曰新六坝墩，曰赵百户墩，曰羊路墩，曰中沙嘴墩，曰新墩，曰马合沙窝墩，曰天池墩，曰水口子墩，曰红寺儿墩。详见顺治七年例。

《五凉考治六德集全志》云：

镇番有边墩二十九座，各墩俱有暗门，惟北边水口子墩无暗门。境外冲墩五十五座，旧有守隙兵丁，今无。边外之地，明时于冲要处设立墩台，以通声息。守瞭兵丁昼夜瞭望，人皆视为畏途。今中外一家，守瞭不设，各墩半成丘墟。其墩无行列纪律，道里亦不甚确，远近不过臆度耳。

张明路口墩，在寅方，距县七十里；窖坑湾墩，在寅方，距县七十里；喇叭口墩，在寅方，距县八十里；威盛墩，在寅方，距县九十里；枪杆岭墩，在寅方，距县一百二十里；卢千户营墩，在甲方，距县六十里，明游击指挥卢钦战虏获捷处；沙嘴墩，在甲方，距县六十里；镇房墩，在卯方，距县四十里；红柳墩，在卯方，距县五十里；烧鱼沟墩，在卯方，距县五十里；团湖墩，在乙方，距县四十里；柳条湾墩，在乙方，距县五十里；苏武山墩，在辰方，距县二十里；干河墩，在辰方，距县三十里；鸳鸯池墩，在辰方，距县四十里；坝墩，在巽方，距县三十里；土墩，在巽方，距县三十五里。

以上东边墩。

盐池墩，在乙方，距县三十五里；黑夹道墩，在丙方，距县五十里；苦豆墩，在午方，距县三十五里；新乱沙窝墩，在丁方，距县四十五里；旧乱沙窝墩，在丁方，距县四十五里；化林儿墩，在丁方，距县五十里；田庄家墩，在未方，距县五十五里；鞍子泉墩，在未方，距县七十里；九眼泉墩，在未方，距县七十五里，为今凉永孔道，与大路、红崖堡墩止隔一河；麦路墩，在未方，距县八十里；木渣柴墩，在坤方，距县四十五里；见议墩，在坤方，距县五十里；一棵梭梭墩，在坤方，距县六十五里；梧桐墩，在坤方，距县六十五里。

以上南边墩。

梭梭岗墩，在坤方，距县七十里；双茨科墩，在庚方，距县五十里；水池墩，在庚方，距县八十里；正西墩，在西方，距县四十里；硝池墩，在西方，距县四十里；远双井墩，在西方，距县四十里；西岗墩，在辛方，距县六十里；长沙窝墩，在辛方，距县七十里；伏湖墩，在戌方，距县二十五里；芦沟桥墩，在戌方，距县三十里；近双井墩，在戌方，距县三十里；平定墩，在乾方，距县四十里；茇茇井墩，在乾方，距县五十里。

以上西边墩。

茨井儿墩，在亥方，距县三十里；城北墩，在亥方，距县三十里；井泉墩，在壬方，距县五十里一；公池墩，在子方，距县三十里；暸江石墩，在子方，距县五十里；大柴墩，在癸方，距县三十里；稅槽墩，在癸方，距县五十里；土塔墩，在丑方，距县五十里；柳湖墩，在丑方，距县一百三十里；团墩，在艮方，距县四十里；宁夏园子墩，在艮方，距县一百八十里。

以上北边外，俱镇番营汛。

蔡旗堡境外冲墩四座，原设有守瞭兵丁、梆铃旗号、枪锣柴薪等物，今系蔡旗堡营汛。蔡旗堡营汛边墙西达永昌，南达武威，沿边俱有墩台暗门，但其地不属镇番辖。墩台道里，皆无确考，故不录。

团湖墩堡，东北十里；白土坡墩堡，西南二十里；黑茨崖墩堡，西北三十里；红山口墩堡，西北三十里。

又，据《奥区杂记》载，明时边备甚谨，而镇番尤甚。其孤悬天末，三面受敌，时有边警。而以一代形势论之，镇番向属冲地，广漠浩瀚，一望无垠，无峦嶂砢磊之险，无严隘雄关之设，是因守之不易。惟其冲要，故自有明之后，重兵防守，未稍懈怠。洪武至崇祯，共设烽墩九十余座，皆设有守瞭兵丁、梆铃旗号、枪锣柴薪等物。上贮五月粮，下开水井，以五人居之。遇贼犯，放火生烟，相顾效仿，自是寇不敢轻犯。

广恩谨按，窃闻界北有三道梁墩、鱼海子墩、半截墩、红沙井墩，未知筑于何时是编未载，不知其由。

又，旧志载，县治赴凉沿途，烽墩一十七座，东西北沿边烽墩二十九座，边外烽墩五十五座，蔡旗堡大路烽墩一十座，境外烽墩四座，共烽墩一百一十七座。

今设兵防守者，县治赴凉大路烽墩九座：五里墩、十里墩、南乐堡墩、青松堡墩、田吉腰墩、头坝口墩、庄稼湾墩、旧团庄墩、古城窳墩。

东南沿边烽墩十六座：杜家庄墩、红坎儿墩、石嘴儿墩、水口子墩、大暗门墩、六坝墩、赵百户墩、河南暗门墩等。

西北沿边烽墩十一座：田广墩、青茨儿墩、城西北墩、马合沙窝墩、白台子墩、中截堡墩、郭淮庄墩、张勤庄墩、杨洪庄墩、三岔口墩、西马五庄墩，俱隶本营汛。

蔡旗堡大路烽墩十座，堡西曰张家腰墩、月牙墩、北腰墩，接凉州营汛；堡东曰上团庄墩、燕儿沙窝墩、苦水墩、下团庄墩、红崖堡墩、俞家明沙窝墩，接镇番营汛，共四十六座。

广恩窃曰：明时套虏猖獗，故于此设重兵弹压。迄清以来，天下一统，万民康乐，无复兵燹之患，故刁斗[3]不设，无庸瞭望矣。此堡寨烽墩日渐废弛之原由也。

注释：

[1] 河东军警：疑指是年八月广西平乐营兵起事，朝廷命官兵前往镇压。亦或指是年明军击败攻陷云南顺宁（今凤庆）的缅甸兵。

[2] 分汛：蔡旗堡与镇番营分别驻军。

[3] 刁斗：古代行军用具。斗形有柄，铜质；白天用作炊具，晚上击以巡更。

神宗万历十三年乙酉（1585）

邑绅刘衿元典卖田宅，漏缴赋税。有司具文申报，按律笞五十，罚倍加征，限期缴付。

是年，乡试举人一员，名杨大烈，中式第二十九名。初官河南商丘县教谕，历升湖广衡州府[1]通判。旧志载其传曰：

杨大烈，字静野，万历十三年举人，由河南商丘县教谕，历升湖广衡州府通判。从征四川，洞达戎机，后以运粮卒于军。题赠"卿衔洛中"，称为"河西杨夫子"。

科试贡生二员：一名杨维苏，官山西兴州[2]经历。一名郭文选，府贡，官河南商丘县主簿。

武举二名：一名王国泰，任本卫守备。旧志载其传曰：

王国泰，字福台，守备允子。万历十三年，由武举任水泉营[3]守备。凤娴韬略，尤以善书名。古浪峡有山川绝险，"甘泉石"[4]墨迹今佚。

树森按，甘泉石，亦谓之"甘州石"。考《镇番宜土人情记》诸书，知"泉"为"州"所误。《历鉴》谓古浪峡有甘州石，其墨迹为王公国泰遗，今犹存焉。本地土著以为神石，谓其粉斋可催娩也。故过往行人，咸磨取少许，携而归之。

又，武举一名，名蒋世忠，无仕。

是年，广东雷琼道张珤美撰《牧羊泽赋》[5]，人以为工整绮丽，故屡见于志乘，兹亦转录之。

汉廷奉使，异域殚劳。和戎杖节，柔远拥旄。如纶如绰以将命，作诰作誓以靖嚣。诣穷庐而宣上德意，送留虏而拂我征袍。沙碛稠兮，黄埃遍野；长城亘兮，白骨填壕。历万里而羁縻属国，将一纸而纳欵炎朝。胡乃性异天骄，俗殊氈幕，被服毡裘，啜哺酥酪。草青水绿兮栖迟，天远地荒兮廓落。既尽弃前盟，复大肆其后恶。虞常谋劫以起衅，卫律说降以笼络。惧刑威而刀剑是临，饵富贵而弟兄相约，洵酋廷羁使之故常，乃朝臣矢忠之榘矱。堂堂天使，孑孑干旄，不辞九死，何慕一生。大窖置身而骨梗，汉关在望而心怦。一线中通，五郡毗连。哈密四时结冻，千岩堆砌玄英。远而望之，阴惨逼人肌体；近而察之，腥膻若作调烹。无蕨薇之可采，惟甘饮泣有毡。雪之可啮，聊当充羹。怀帝阍而官仪莫睹，居夷地而铁骑谁迎。既移北海，更类楚囚；医牧与乌，曰居与游。览维群之三百，凛大节于千秋。羽猎归来，提壶浆于马上；胡笳动处，分频肉于刀头。弗思牛臑以适口，何须马乳以浇愁。岂似仙人之叱石，有如龙女之临流；衹欲乳而归期难望，发思黑而妙术奚求。乌云起兮，孤踪夜雨；白日落兮，魂梦荒垆。亦有狒猬窜狻，罔象夔魅，以时出没，不尽驱除。竭十九年之贞靖，历千万端之拮据。几度饥寒而濒死，谁为痛苦以陈书。胡置酒而张乐，终尝胆以茹荼。自分泽中朽骨，生憎闉外前车。是泽也，萋萋秋草，漠漠春烟。冬则烈风漂霰，夏则雷电腾焯；朝则鹂黄䴔鸣群叫，暮则羁雌迷鸟同鸣。窦宪矜功，勒石燕然；嫖姚拓地，俘馘祁连。惟兹孤臣遗迹，相随万世流传。此至诚以动物，彼巨罪以通天。路迢迢而云山缥渺，心切切而岁月推迁。白帝权司，黄花蕊绽；夜下晨霜，南飞北雁。裂帛素以通辞，适单于而释怨。去时冠剑是丁年，回日楼台非甲帐。如游子之归乡，若驽骀之恋栈。九重为之改容，百尔于焉永叹。臣节无愧，君命不辱，赐赉频加，恩遇弥笃。洪皓庶其匹侪，李陵焉得齐足；昔抚远而长驾，今慄归而詟服。昔中外而攸分，今郡县而乐育。率土皆隶版章，普天尽为臣仆。宣慰无烦数遣，边陲永绝流毒。缅牧羊之遗泽，名始于苏；犹朝汉之筑台，功归于陆。宜太史执简以大书，俾后贤修史以毕录。

注释：

[1] 湖广衡州府：衡州府管辖湖南省的衡阳市、永州市和郴州市局部地区。

[2] 西兴州：今陕西省略阳县。

[3] 水泉营：明代西北水泉营有 2 处，一在山西省偏关县东北 40 公里红门口南。《读史方舆纪要》载，水泉营堡宣德九年（1434）置，万历三年增修。另据《五凉志·永昌县志》记："水泉堡营，县西北六十里。"王国泰任职似为后者。

[4] 甘泉石：应为"甘酒石"。乾隆《镇番县志》记王国泰"以字学名世，古浪峡有'山川绝险'及'酣酒石'数大字"。王国泰题字石碑今存古浪县城金三角广场。

[5]《牧羊泽赋》：作者张诏美，字昆岩，甘肃武威人。清雍正元年（1723）荐举授广东惠来知县，继升廉州知府，广东雷琼道。后辞官回归故里。主编《五凉考治六德集全志》，著有《灌砚堂诗钞》。《历鉴》误作"新蔡张九一"。

神宗万历十四年丙戌（1586）

参将姜河代收过税 [1] 银五百二十两又四分三钱。

奉文自武威营调拨官军六百四十七名，马二百六十匹，驻守阿喇骨山 [2] 隘口、抹山隘口。饷银草料，武威自行请领造销。

按，旧志载隘口三，在城南一百里曰阿喇骨山隘口，在城东一百二十里曰抹山隘口，在城东北二百八十里曰白亭隘口。今则为流沙拥压，随处皆成通衢，故国朝隘口不备。

注释：

[1] 过税：宋代向行商贩运货物征收的一种商税，泛指纳税。

神宗万历十五年丁亥 [1]（1587）

科试贡生一员，名张作矿，官四川顺府 [2] 经历。

注释：

[1]《明神宗实录》卷 187：六月，"延镇吉囊差其使画匠等亦来行调兄弟，遂将部落置镇夷边外，先至镇番昌宁湖边外，会其母妻东回套矣"。

[2] 顺府：疑为盘顺府，属四川行省。治所在今湖北鹤峰县境。

神宗万历十六年戊子 [1]（1588）

邑人于光谦，募资于红崖山深井筑亭，额"桃源通途"。

《镇番宜土人情记》云：

万历十六年，邑人于光谦于此筑亭，曰"崖亭"，其额题"桃源通途"，邑衿何鉴衡以为"穿凿有趣"。

是年，武举二名：一名姬允周，无仕；一名邸梦周，无仕。

注释：

[1]《明神宗实录》卷206：十二月，"礼部屡类奏灾异……镇番卫石灰沟天鼓震响，云中有如犬状，乱吠有声"。"镇番卫异风蔽天拔木，吹倒外城垛边墙百余丈。"

神宗万历十七年己丑（1589）

杨公大烈、刘公道揆、李公养中蝉联整理苏公祠，祀中郎将苏武，侍中金日磾、吴辅，明都指挥马昭[1]，指挥张玉[2]、李杰[3]、许升[4]、方学[5]、姚震[6]、王桓[7]，千户王刚、陶荣[8]、王清[9]，百户王凤[10]、白奉[11]、王禄[12]、何相[13]、罗忠[14]，凡一十有七名[15]。

按，苏武，字子卿，陕西武功人。少以父职任为郎，稍迁至移中厩监。天汉元年，武帝遣武以中郎将持节使匈奴，会缑王与虞常谋反，匈奴中单于使卫律论虞常，欲因以降武。武不动，律更曲为说武，武骂绝之。律知武终不可胁，白单于。单于益欲降武，置武大窖中，绝不饮食。天雨雪，武卧啮雪，与旃毛并咽之，数日不死。匈奴以为神，乃徙北海上牧羝，羝乳乃归。李陵降后，单于又使陵往说武，陵因武有悲心焉。昭帝即位，遣使求武，阳言："天子射上林，得雁足系帛，知武所在。"单于惊，始还武及其官属尚在者惠等九人。始元六年春，武至京师，拜典属国。采《武功志》。

《镇番宜土人情记》曰：

苏武，陕西武功人，有大节，人咸钦之。天汉元年，武使匈奴，且鞮侯单于有诈，胁武降之。武不授就，遂放逐北海，令其牧羝，凡历一十九年，至始元六年乃归。上嘉其节，拜典属国。相传，苏武牧羝处即在邑之东北三百里。有北海，即匈奴之北海也。又，邑东南三十里有苏武山，山上有庙，曰"苏武庙"，有祠曰"苏公祠"，皆前朝之制。其南尚有野鸽墩，墩高三丈有奇，上多残瓦碎瓿，或昔年并有巨构在焉。其下置山铭，铭文清晰如新。墩之左多茇茇，谓之"无节茇茇"。传子卿尝以之纫履，坚固不可磨也。

《五凉考治六德集全志》曰：

今苏武山即子卿牧羝处，明时立祠山上，后移建城西北隅。每岁春秋上戊日，有司亲诣行礼。

侍中金日磾，亦汉时人也。字翁叔，本匈奴休屠王太子。武帝元狩中，骠骑将军霍去病将兵击匈奴右地，多斩首，虏获休屠王祭天金人。其夏，骠骑将军复西过居延，攻祁连山，大克获。于是，单于怨昆邪、休屠居西方，多为汉所破，召其王欲诛之。昆邪、休屠恐，谋降汉。休屠王后悔，昆邪王杀之，并将其众降汉。封昆邪王为列侯。日磾父不降见杀，与母阏氏、弟伦皆没入官，输黄门养马，时年十四矣。久之，武帝游宴见马，后宫满侧。日磾等数十人牵马过殿下，莫不窃视，至日磾独不敢。日磾长八尺二寸，容貌甚严，马又肥好，上异而问之，俱以本状对。上奇焉，即日赐汤沐衣冠，拜为马监，迁侍中驸马都尉光禄大夫。日磾既亲近，未尝有过失，上甚亲爱之。出则骖乘，入侍左右。

日磾母教两子，甚有法度，上闻而嘉之。病死，诏图画于甘泉宫，署曰"休屠王阏氏"。日磾每见画常拜，乡之涕泣，然后延去。日磾子二人皆爱，为帝弄儿。其后，弄儿壮大，不谨，自殿下与宫人戏。日磾适见之，恶其淫乱，遂杀弄儿。弄儿即日磾长子也。上闻之大怒，日磾具言所以，上哀而心敬之。

初，莽何罗与江充相善，后充族诛，何罗惧祸及己，遂谋为逆。日磾视其志意有非常，心疑之，阴独察其动静，与俱上下。何罗亦觉日磾意，以故久不得发。是时，上行幸林光宫，日磾小疾卧庐。何罗矫制夜出，杀使者，发兵。明旦，上未起，何罗亡何从外入。日磾奏厕心动，立入卧内户下。须臾，何罗袖白刃从东箱上，见日磾，色变，走趋卧内欲入，行触宝瑟，僵。日磾得抱何罗，因传曰："莽何罗反！"上惊起，左右拔刃欲格之。上恐并中日磾，止勿格。日磾捽胡投何罗殿下，得擒缚之，穷治皆伏辜。由是著忠孝节。

日磾自在左右，目不忤视者数十年。赐出宫女，不敢近。上欲内其女后宫，不肯。其笃慎如此，上尤奇异之。及上病，属霍光以辅少主，光让日磾。日磾曰："臣外国人，且使匈奴轻汉。"于是遂为光副。光以女妻日䃅嗣子赏。初，武帝遗诏，以讨莽何罗功封日䃅为秺侯，日䃅以帝少不受封。辅政岁余，病困，大将军光白封日䃅，卧授印绶。一日，薨。谥曰敬侯。以休屠作金人为祭天主故，因赐姓金氏云。

日䃅两子，赏、建，俱侍中，与昭帝略同年，共卧起，赏为奉车、建附马都尉。及赏嗣侯，佩两绶。上谓霍将军曰："金氏兄弟两人不可使俱两绶邪？"霍光对曰："赏自嗣父为侯耳。"上笑曰："侯不在我与将军乎？"光曰："先帝之约，有功乃得封侯。"时年俱八九岁。宣帝即位，赏为太仆。霍氏有事萌牙，上书去妻。上亦自哀之，独得不坐。元帝时，为光禄勋。

初，日䃅所将俱降。弟伦，字少卿，为黄门郎，早卒。子安上。采《前汉书》。

郭震，字元振，魏州贵乡人，嗣圣十八年为凉州都督。初，凉州境不过四百里，突厥、吐蕃岁至城下，百姓苦之。震始于南硖口置和戎城，北沙碛中置白亭军，控制要路，遂拓地千五百里，自是寇不敢复至城下。又令凉州刺史李汉垦置屯田，尽水陆之利。旧凉州粟斛售至数千，及汉通收率之后，数年丰稔，乃至一匹绢粟数十斛，积军粮支数十年。镇凉五载，民用以足，番夷畏慕。封代国公。有文集二十卷。镇邑旧有忠列祠祀之。采《五凉考治六德集全志》。

是年，科试贡生一员，名王抚民，无仕。

注释：

[1] 马昭：见本书卷一成化元年例。

[2] 张玉：见本卷二正德六年注 [5]。

[3] 李杰：《武职选簿》记，"天顺七年三月，李杰，山后人，系镇番卫故世袭都指挥佥事李贵庶长男"。《李氏家谱》记为李志。

[4]《武职选簿》记镇番许氏家族第一辈为许成，名公孙，临淮县人。父许福僧，乙未年充军拨大兴右卫，故。许成补役后改燕山左卫，洪武三十二年（1390）克雄县升小旗，当年郑村坝升本所勇士百户，白沟河升副千户，夹河升指挥佥事，齐眉山钦升沈阳左卫，世袭指挥同知。二辈许兴，三辈许能，四辈许清，五辈许寿，六辈许瑄，七辈许升，八辈许鳌。九辈许邦佐，万历十二年（1600）八月替祖职指挥使。

[5] 方学：应为方贤。

[6] 姚震：《武职选簿》记为姚振，巢县人，镇番姚氏第五辈。正德三年（1510）五

月替袭指挥佥事。

[7] 王桓：《武职选簿》记为永乐二年镇番卫指挥佥事王成之孙，盱眙县人，成化二十一年（1485）十一月世袭镇番卫指挥佥事。

[8] 陶荣：《武职选簿》记为陶溁，定远县人，成化十七年十二月钦与世袭镇番卫中所副千户。

[9] 王清：《武职选簿》记为镇番卫总旗升试百户王珣嫡长男，金华县人。成化七年八月，王清15岁，钦与世袭镇番卫右所百户。

[10] 王凤：《武职选簿》记，"正德十一年六月，王凤，桐城县人，系镇番卫中所百户王启嫡长男。伊父原系试百户遇例实授，本人照例革替试百户"。

[11] 白奉：《武职选簿》记作白凤，"嘉靖二年七月，白凤，迁安县人，系镇番卫左所年老试百户白谦嫡长男。伊曾祖云功升试百户，遇例实授，祖、父沿袭，本人照例革与试百户"。

[12] 王禄：《武职选簿》记王禄由舍人充生员，弘治七年（1494）二月在红山儿地方斩首一颗，八年奉勘合升冠带小旗；正德六年（1511）四月在柳条湾地方阵亡，八年奉勘合升实授冠带总旗。

[13] 何相：《武职选簿》记其为文县人，原袭祖职补役小旗，嘉靖三十八年（1559）丘家沙窝斩首1颗升总旗，四十四年抹山尾斩首1颗升试百户，隆庆四年（1570）正月何家湾阵亡。

[14] 罗忠：《武职选簿》记其为伏羌县人，弘治七年黄明沙作战获功，升试百户。

[15]《历鉴》此处所记苏公祠，疑为顺治《凉镇志·镇番卫》所记"忠节祠，城西北隅，兴佛寺改建。祀汉中郎将苏武、侍郎金日䃅，明都指挥马昭、指挥吴辅、指挥张玉、李志、许升、方荣、姚震、王桓，千户王刚、陶荣、王清、张奉，百户罗忠、王奉、白奉、王禄。"配享18人，《历鉴》漏记"吴辅"。

神宗万历十八年庚寅（1590）

邑人李震，以本营掌印守备晋升甘肃镇总兵，挂平羌将军[1]印。旧志记其修葺五郡砖城，推为一时劳绩，有名将风。

广恩谨按，据《李氏宗谱》，震之先祖李九二者，从丞相徐达选充小旗。永乐元年调镇番，传至六世灼，官千户，震即灼长子也。嘉靖中，以庠生袭祖职。八世伟，邑庠生。九世昌龄，崇祯中以世职历官延绥总兵，挂征西将军印，数有战功。后死于李自成榆林之围[2]，举家数十人自杀尽节。

注释：

[1] 平羌将军：明朝镇守边防将领挂将军印，驻守甘肃者称平羌将军。有战事出征，战争结束则免。

[2] 李自成（1606—1645）：原名鸿基，陕西米脂人，银川驿卒。崇祯二年（1629）起事反明，十七年（1644）建立大顺政权，攻克北京，推翻明王朝。次年死于湖北。

榆林之围：崇祯十六年十一月，李自成部 4 万人围攻榆林，与守城明军激战七昼夜，城破。事见本书卷四崇祯十六年例。

神宗万历十九年辛卯 [1]（1591）

仙堤 [2] 人王从谏，莅官本卫蔡旗堡守备、都指挥同知。谨慎职事，勇略过人，人德之。旧志谓其字纳忠，仙堤人。万历中，套虏屡犯，为居民计，筑城浚濠，建营房，修墩堡，绝套虏入境，兵民赖之。后迁阿坝营 [3] 都司。

武举一名，名刘复。

注释：

[1]《明神宗实录》卷 243：十二月，"经略尚书郑雒奏称，参将何崇德、游击王国柱等招回番族人马，归附日众，宜安插得所，渐为我使，毋使抚驭失宜，自生携二。报可"。

[2] 仙堤：旧县名，在今甘肃省山丹县境内。

[3] 阿坝营：在今甘肃省永登县境内，明清时设游击营。

神宗万历二十年壬辰（1592）

春，孟公一蛟辞家赴任。去月余，妻病笃，家人报闻，公仅以王事为念，挥泪克职，人咸钦之。

《镇番宜土人情记》云：

神宗万历二十年春月，孟公一蛟以岁贡莅山西黎城县任县事。去月余，家妻病殁。家人飞报，公仅不以私所系累，慨然赴任，有司嘉之。兹将昔年报公家书附于左。

仁台大人阁下：清和月初，匆匆言别，只身就道。金城关前，增我无限惆怅耳。比维财祺获吉，潭第安详欣慰。奚似启者：前阁下家巨变，天数至此，人难潜逃。

但琴弦初断，而树桂旋僵。在他人有难乎为情者，况阁下恩爱并至，更当蒿目牵肠也！前者弟等隐匿未告，明知公务裹缠，刻难脱身，徒增嗟咨。谅豁达知理，阁下必不以此见责也。夫人生命运如江海流波，忽上忽下，平静者能有几人？阁下素习子平，最晓命理，切祈珍重贵体，以慰萱堂。勿效庄周与西河之痛，是嘱至诚。婚再娶，阁下尚在英年，自有名门淑媛以奉箕帚。若聘再醮，弟等均弗许也，尚祈鸿裁是仰！叩请文安，愚弟一豸上。

神宗万历二十一年癸巳 [1]（1593）

邑人杨大烈以湖广衡州府通判奉饬从征四川 [2]，是年运粮卒于军中。题赠卿衔，名冠洛中，推为一代名将。

是年，科试贡生一员，名李养才，官莱芜知县，升武昌府通判。

注释：

[1]《明神宗实录》卷 256：正月，"升镇番卫指挥马如豸红崖堡守备"。

[2] 从征四川：万历十八年，贵州播州（今遵义）土司杨应龙叛乱。万历二十一年春，朝廷令四川巡抚王继光会兵进剿，在娄山关大败。

神宗万历二十二年甲午 [1]（1594）

是年，贺万寿圣节迎表。用赤烛一对，价二钱；小赤烛二斤，价二钱四分；速香若干，共银四钱九分，行银支解。

又，教授崔莪代收历年新科过税银五十两。

是年，修筑"迎魁堂"厢房、厨房，计二十八间，涂饰彩绘，共价二十两零，卫行银支付。

科试贡生一员，名孟一豸，无仕。旧志载其传云：

孟一豸，字介泉，明末岁贡。古朴风醇，有父风。少与兄一鲤受《春秋》，学于举人杨静野，并树文名。后子侄俱发显宦，一豸恬静自如，未尝以富贵骄人。寿九十卒，无仕。复以子良范贵，赠"通议大夫"。

《镇番宜土人情记》曰：

一爻公，乃千户槐孙，恩贡，山西太谷县主簿希孔子。行三，一蛟、一鲤为其兄也。字介泉，神宗万历二十二年岁贡，有才名。尝就师于举人杨公静野先生，人嘉其有父风。平生多著述，惜存之者绝少。后以子贵，赠"通议大夫"。

是年，武举一名，名王言，官玉泉游击，升本卫参将。旧志载其传曰：

王言，原名王允言。其先祖滁州人，永乐初从征有功，调迁镇番，武德将军刚之四世孙也。万历二十二年领武举，袭百户，初选玉泉游击，调署镇番参将。捍患御侮，桑梓赖之。

注释：

[1]《明神宗实录》卷270：二月，"升镇番游击姜河为肃州参将"。

神宗万历二十三年乙未 [1]（1595）

卫署门外修筑影壁二爿，价五两七分；修补灰抿卫署东西面墙，价四两三钱七分，共九两四钱四分，俱行银支付。

又，是年秋，修卫署夫皂房七间，价十五两八钱三厘，行银支付。又油饰东门牌楼，库银亏欠，中废未竟。

科试贡生一员，名杨春萱，官平凉府 [2] 教授。

甘州人葛赖于是年授镇番参将，从总兵达云 [3] 破青海松山诸寇 [4]，屡著战功，被推为骁将。后加总兵职衔。

邑人李时渐 [5] 以指挥职从征孤山、长湖、柳湖等处，升都督指挥同知。

注释：

[1]《明神宗实录》卷285：五月，"陕西升任督臣叶梦熊题：套房青把都儿大犯甘镇，总兵杨浚督军奋勇截杀。镇番参将马应龙斩级一百七十有奇，各营副总兵何崇德、游击朱翰明等亦各有斩馘，共计六百三十余颗"。

卷287：七月，"以分守镇番参将马应龙为协守临洮副总兵，以河西安远堡备御都司葛赖任分守镇番参将"。

卷292：十二月，"加镇番副总兵马应龙、甘州副总兵何崇德署都督金事"。

[2] 平凉府：在今甘肃省平凉市，明代属陕西布政使司关内道。

[3] 达云（1550—1609）：字腾霄，号东楼，凉州卫人。因功升都督同知、指挥使，晋副总兵官、总兵官，挂平羌将军印镇守延绥、甘肃，名震西陲，为一时边将之冠。赠

太子太保，谥英烈武侯。

[4] 松山诸寇：亦称"套虏"，时驻扎于河套故名。其首领银定、歹成等为河套鄂尔多斯之别部松山部族，以宾兔诸昆弟子侄著力兔、宰僧、阿赤兔、额勒革、麻记、银定、歹成、白马诸酋为主。松部虽以大小松山作为固定驻牧地，但由于松山"东扼黄河，北阻贺兰，西亘庄凉，南缀兰靖"，亦时常东进河套，西入青海，北上贺兰山后，南下松番，袭扰明朝疆域。明嘉靖三十八年（1559）东蒙古土默特部俺答汗与其子丙兔及侄宾兔率数万之众再次进入青海，留宾兔居松山（今天甘肃省永登县东北部及天祝县乌鞘岭一带），史称"松夷"。留丙兔居牧青海省湖地区，史称"海虏""海夷"。

[5] 李时渐：《武职选簿》记："万历十七年四月，李时渐，年二十岁，山后人，系镇番卫故指挥使李天爵嫡长男。伊父原袭祖职指挥使，嘉靖二十一年为事参降指挥金事，万历五年故。"

神宗万历二十四年丙申 [1]（1596）

邑武举人蒋世忠、王翰等奉饬从征肃州，后有功晋秩。

是年，科试贡生一员，名李可立，官山东寿张县 [2] 主簿。

《镇番宜土人情记》云：

万历间，三边内乱，兵火连年，赋徭频繁，百姓流离。仅二十四年，本邑兵民逃亡者，凡十之二三。

注释：

[1]《明神宗实录》卷 294：二月，"兵部覆陕西巡按乔廷栋题，延绥双山堡、甘肃镇番卫两处官军获功叙明赏赉。上言：李汶、田乐着吏部纪录，王赋业、黄子美、葛赖加俸二级，俱各赏银有差"。

卷 301：闰八月，"陕西总督李汶题：青把都儿抢掠镇番，叙原游击以失事，拟戍领兵官徐龙管队，家丁李朝选宰桑务三人深入破敌功，乞行查勘。覆议章下兵部"。

[2] 寿张县：1964 年 11 月建制撤销，一部分划归河南省，一部分划归山东省阳谷县。

神宗万历二十五年丁酉（1597）

邑人姜克勇等贸易肃州。时值吐蕃侵州城，恣意杀戮，克勇遭屠。其弟克祥、克振气愤不已，上书请缨，靖敌复仇，嗣允其从征。肃州之役，二人俱战死，有司嘉之。

科试贡生一员，名杜凤彩，官宁羌[1]学正。

又，是年例贡一员，名方修，无仕。

广恩补记：《搜俎记异》载：

明经方修，镇人也。酷嗜读书，有五车之学。然虽古今淹贯，却不擅文辞，人取邕父[2]事以戏之，谑称书簏。自是愤然苦摹，旦昼不舍。

夜方读，窗外有喑呜声，出而视之，则无。复读，声愈近，遽而嘹唳响笑，明经悚然，哓声与语："尔者谁何？"不应。复曰："张声张势，余岂惧邪！"闻其言，更复大笑，其声咽然如鸮鸣。修欲出质之，倏觑棂孔间有巨手入室，惨白如雪，一似陈尸。

修知其为鬼魅，遂擘笔书"文"字于掌心，顿闻号呴凄绝，如刃商股，求饶声噪然聒耳。诘之曰："尔敢再来乎？"曰："不敢！""尔将易地而扰邪？"曰："不敢！"修哂而讥之曰："尔即事事不敢，何意以箕掌惧吾为？"诉之曰："贱生时亦一学子也，惟狷急不能从俗，故常睽违于时，腹中文章不能致用，笔下妙文竟为细人[3]所讥。"

修闻其言，似有所感，因和语询之曰："尔既如之命乖，岂生时颓唐放浪，不自拘检乎？"曰："非也。吾性鲠介，独不善谀人之专。人之欺我，虽乏警惕之心；我之待人，敢忘规箴[4]之怀？"问曰："既尔，何莫非无冥冥之志，无昭昭之明，无昏昏之事，无赫赫之功哉？"曰："我之生，卑人也，继圣人之踵武犹恐未及，何居与圣人论心志邪？"

言讫，唏嘘而已。箕掌微翕，似示痛楚不忍之意。修为布拭，遂徐徐缩出之。犹云："吾生不逢时，尤复生不逢地耳。"诘之曰："何解？"曰："处在危世，犹坐处垂堂[5]。世风颓敝，岂容真人立锥？更复妄诞鄙地。君不闻牛蹄之涔，何能生乎鳣鲔[6]？"曰："然。所谓才高难入俗人机，时乖不随男儿志，是也。嗟乎！"

学子曰："君言甚是。以故，吾才未展，吾志未申，中心如噎，恝焉若捣者也。"复问："敢问尔何时修文，宝居安在？"答曰："贱生在镇番，为大明万历时人耳。"

修欣然抚掌曰："原来尔与贱贡同时同邑，怪得命运亦相似焉。尔可预知吾寿几何？”曰：“知则知矣，未便详告耳。然则，君恒以笔墨为能事，则寿将倍添；设心生俗念，奔竞官场，呈阿谀奉迎之能，构斗角勾心之念，则寿将不增。尤且违逆曲事，蹭蹬风波，嫉贤能而蹈常，亲邪佞而媚俗，则寿将稍减。”

修愈省悟，惴惴疾问：“既有稍减之说，庶无更减之甚者乎？”释之曰：“有之。更甚者，莫若己所不欲，犹强施与人，诽谤排愤，叛衍相倾，学不足剀切，技无过雕虫。踝踝内外，终生事可无成；拳拳公私，居常捉襟见肘，则寿将大减。”修和之曰：“信焉哉。尔即死于此乎？”曰：“不然。贱死于世之无公平，地之泯良善，饕餮纵横，龌龊蒸腾，暗无天日，痛不欲生，故而死之。”曰：“善哉学子！”

时，星斗渐西，漏声初残，窗外阒寂，偶有哽咽之声。少顷，学子求欲去，修竟惜而弗忍。忖其惧明，因惋然许之。临行告之曰：“君不弃鄙薄，明晚更来，何如？”修曰：“可！”逮明夜，修仍掌烛临窗读，讫三刻犹无声响，疑其食言。将欲睡，忽闻窸窣迭至，犹数足践雪，蹭蹭争鸣。

修视窗棂，并无形影可鉴。自纸隙窥睨之，赫然有二鬼并窗而立。矮者，学子也；颀长者，竟不知所来。俟其先语，果学子语曰：“屈君久等，吾来晚矣。吾有良朋名恨心，取庾开府[7]‘恨心不歇’之意而名之。伊亦学子，有文名，善属制文，能应尽天下试，号为国手。吾知君属望之殷，今特邀同来，君设不弃，可为君捉刀，如何？”

修闻言甚喜，惴惴焉，独自揖手拜之曰：“幸会，真三生有幸也！愿聆其详。”恨心嗡声曰：“学兄过奖，盛有谀美之讥，望君含涵。兄语君事，颇觉愤愤。君既有八斗之才，何不能捷登巍科？以而立之年，尚屈抑棘园[8]，世事何不公如此？治文何难？治时艺[9]尤何难哉？李姚州[10]邀‘书簏’之称，犹能雄居兰台，善注《文选》。君才济世，品谊端好，置诸闲寓，岂不可惜？”修以恨心言切当心，面呈愧色，喟然叹曰：“安有才乎？既有才，何屡试不售邪？”曰：“或未至灵犀通处，急如何？纵使铁砚磨穿，设不能屈蹴恒蹊，君之前程无望矣。”询之曰：“何能深得其要旨邪？”曰：“不难，不亦难哉！吾有通灵之方，授之与君，聊可助君解此笼槛之困，未知君可愿否？”修自顿首称“愿”。学子曰：“请君以掌承之。”

修微惧，未及出掌。学子敦声而语："请君出掌受道。"修坚志忍出之。觉掌心冰浸刃割，几不堪卒忍，将欲缩屈，闻其语曰："善哉，君今得道矣。"援掌急视之，见写颜体黑字"俗"字。不能解，诘之曰："何义？"曰："无为。"复诘之，曰："蹈常而袭古，敷衍应无为。"修凄然揖手，曰："岂非不学哉？何昏昏乎至于此耶？"释之曰："此谓仕途三阶梯：首则媚俗，继则无所为，三则拾人牙秽，投人所好，人云亦云，亦步亦趋，是则至善矣。"犹不尽解，请析释之。

学子云："此法做人做文均适耳。君何不知《尽心》篇之'乡原'[11]邪？君做人，只管做那'者'[12]字去，岂无官做？君何不闻《笑林》卷之《屁颂》[13]邪？君做文，只管做那'音'与'气'[14]，胡无文做？噫，以君之颖悟，此岂不解乎？"修果稍省，引而申之曰："依尔等言，吾欲申志，必先做官，而官则做无为之官；吾欲展才，必会做文，而文则做常古之文？"应之曰："然也。"复曰："如从尔言，吾虽做官，无异鱼悬兽栏；吾虽属文，竟尔鄙夫知之？"应之曰："然然！"继之曰："果如此，吾求速死。"学子二鬼遂喋声，伫良久而去。

后，明经果死。家人有窃见者，相偕而行三人也。嗟夫！

注释：

[1] 宁羌：明洪武三十年（1397）建宁羌卫，后置宁羌州，属陕西汉中府。今为宁强县。

[2] 邕父：指唐李邕父李善。《新唐书·文艺传中·李邕》："父善，有雅行，淹贯古今，不能属辞，故人号'书簏'。"

[3] 细人：指见识短浅之人、地位低下的人、年轻的侍女或妾。

[4] 箴规：劝戒规谏。

[5] 垂堂：靠近堂屋檐下。因檐瓦坠落可能伤人，喻危险的境地。

[6] 鳣鲔：语出《淮南子·论训》"牛蹄之涔，何能生乎鳣鲔？"喻处鄙陋之地而不能有所作为。

[7] 庾开府：即庾信，北朝北周文学家，官至开府仪同三司，故世称"庾开府"。

[8] 棘园：亦称棘院，指科举时代的试院。古代试士，用棘围试院，以防止弊端，故称。

[9] 时艺：科举时代称应试的文章，特指八股文。

[10] 李姚州：指李善（630—689），唐代江都（今扬州）人。因流放姚州，故名。历官崇文馆学士、兰台郎等职，谓"雄居兰台"。遇赦还，以讲授梁昭明太子萧统主持编撰的《文选》为业，号"文选学"。

[11]《尽心》：指《孟子·尽心》。其有句："阉然媚世也考，是乡原也。"

[12] 者：指代媚世之人，亦即所谓"乡原"。

[13]《笑林》：明代作家冯梦龙著，其中《颂屁》有句："伏惟大王，金臀高悬，洪宣宝屁，如丝竹之音，若麝兰之气。"

[14] 做"那"音与"气"：即指"屁"。

神宗万历二十六年戊戌 [1]（1598）

邑人李时渐，以指挥同知从征扒沙有功，升京营 [2] 副总兵，旋改武威中协副总兵。

青海寇纠党犯镇番，太子少保右都督达云率官秉忠 [3] 暨诸将，大破之。

科试贡生一员，名杨大成，无仕。

又，是年，优贡二员：一名杨大威，无仕；一名王世道，官山西翼城县丞，升湖广建始知县。

注释：

[1]《明神宗实录》卷328：十一月，"兵部言：陕西之松山界在甘宁实两镇往来通路，靖固藩篱，自流房窃据而镇番、中卫因之断隔，贼遂得以窥我两河矣！今督抚诸臣藉累胜之威，大行搜剿，着宰既已归。"

[2] 京营：明代警卫京师的部队总称。《武职选簿》未载李时渐任职京营副总兵等。存疑。

[3] 官秉忠：榆林卫人，历官固原参将，擢宁夏、甘肃副总兵。尝与主将达云大破寇于红崖、银定、歹成屡被挫去。移守蓟镇东协，积功加署都督同知。

神宗万历二十七年己亥（1599）

科试贡生一员，名谢天眷。旧志载其传云：

谢天眷，字承宠，万历二十七年岁贡。操行正直，嗜学工文。初授宁夏府 [1] 儒学训导，振兴文教，训士有方。毅然以师道自任，士子沛然从焉。寻以学行迁山西武乡县教谕，训士一如在宁时。后告归，卒于家。

《镇番宜土人情记》曰：

谢公天眷，知县葆霭之先世也。有德行，擅文学，尤精书法，今圣容寺巨匾出其手。

注释：

[1] 宁夏府：明初设，洪武五年（1372）废，4 年后又设宁夏卫，系九边重镇之一。后又置前卫、左屯卫、右屯卫、中屯卫，卫治均设在今银川市兴庆区内。

神宗万历二十八年庚子（1600）

邑人郭桥等重修三官殿，杨继善撰碑记，文佚。

是年，武举一名，名李可贞，无仕。

神宗万历二十九年辛丑（1601）

添设判官一员，首任马大信。

是年，参将山丹人王允中[1] 莅任。旧志载其传云：

王允中，山丹人。万历中，青海寇大掠镇羌[2] 古城诸堡，允中从副总兵柴国柱[3] 击走之。二十九年，擢镇番参将，后官甘州总兵。

广恩批曰：余检旧志，允中擢升镇番参将，时在万历三十四年，此作二十九年，不知孰是[4]。

又，是年，邑人张大纶[5] 从征青海寇有功，实授百户。

科试贡生一员，名崔邦镇，无仕。

邑人孙光禧，奉命征海虏有功，历升沈阳参将。旧志载其传云：

孙光禧，游击潮子。万历二十九年征海虏有功，历升沈阳参将。天启元年，随经略袁应泰[6] 援辽救沈，阵亡。

何崇德重修元真观，李养中撰碑记，文佚。

邑人邱耀等创建水神庙于南郭内，吴昌祚撰记。记附：

我朝先皇隆庆万历后二年，四海升平，独我邑灾异频仍。若五谷则枯槁，而岁不丰登矣；若水灾则时发，而民不康乐矣；若边衅则日开，而国不奠安矣。

时有原任直隶河间府景州儒学学正邱耀来游观，于火神庙中谒神像，乃喟然叹曰："火，南方之阳也；水，北方之阴也。必水火既济，然后阴阳和，福泽降，灾异寝矣。有火神而无水神，可乎?"

耀于是询谋于钦差分守镇番参将王孟夏，与诸会首[7]李世明、高谭、马廷璋、张文韬、方儒、张邦政等，再三揆度，欲建水神庙焉。众佥曰可。于是择地于城南外火神庙东，各捐金币，命匠鸠工。首建大殿，次建阁。而龙王宫、真观祠，随次建焉。不数月，形色绘彩，辉辉煌煌，焕然为之一新焉。

时万历丁酉岁，乡饮耆宾马应鸾又与会首廷璋等言曰:"凡神必有所肇生，若徒作庙以事水神，而不推原水神之所肇生，是缺典也。"于是，应鸾独焦劳拮据，督令会中诸友复捐金币，建修圣公圣母殿一处，彩塑土木之功，视昔更称盛矣。

于戏! 是庙也，非耀无以创其始，非应鸾无以成其终，非诸会友之赞襄，无以共成厥事也。至是而阴阳协和，五谷丰登，火灾渐灭，边境不耸者，虽神庇佑之力，实耀等感格之所致也。

庙落成日，廷璋同会友欲勒诸石，以彰盛美，乃命昌祚为文以记。不敢辞，姑备述颠末之由，同有劳绩勋伐者并载之碑阴，以垂永久。俾后之来游来观者，知有所自耳。

是年，判官马天信共收过税银六百一十两五分五厘二毫二丝，充库银。

松山寇犯镇番，总兵达云及参将葛赖等大破之，斩首三百七十余级。

按，《明史·达云传》云:

甘、宁间有松山、宾兔、阿赤兔、宰僧、著力兔等居之，屡为两镇患。巡抚田乐[8]决策恢复。云偕副将甘州马应龙[9]、凉州姜河、永昌王铁块等分道袭之。寇远窜，尽拔其巢，攘地五百里。

寇益纠其党犯镇番，云及诸将葛赖等大破之，斩首三百七十余级。

注释:

[1] 王允中(?—1626):字继尧，号道庵，山丹卫人。以武举补袭父职，从军湟中有功，实授大靖营(在今古浪县)参将。万历年间，随凉州镇副总兵柴国柱多次击退袭扰庄浪、古浪、镇番等地鞑靼。河套鞑靼大举进犯松山，王允中率部越过镇番北部青土湖、莱菔山、红寺山，追至宁夏境内贺兰山，歼敌三百多人。擢升为甘肃总兵，挂平羌将军印。

[2] 镇羌:今称金强驿，属天祝藏族自治县打柴沟镇。

[3] 柴国柱(1568—1625):字擎霄，号峨峰，西宁卫清水堡(今大通县景阳乡)人。

万历中由荫历西宁守备，骁勇善射，击冠南川，冲锋陷阵，勇冠一军。功进都指挥佥事，累擢都督佥事、陕西总兵官。

[4] 王允中以参将衔率部镇守镇番应在万历三十四年。

[5] 张大纶：《武职选簿》记，"崇祯五年十月，大选过镇番卫左所实授百户一员张大纶，年二十岁，系故实授百户张希龙亲孙，比中二等"。

[6] 经略：明及清初有重要军事任务时特设经略，掌管一路或数路军、政事务，职位在总督之上。

袁应泰：字大来，凤翔人。万历二十三年进士，东林党人。授临彰知县，后擢升为右佥都御史，巡抚辽东。擢兵部右侍郎兼前职，代为经略。天启元年（1621），建州叛军大举进攻沈阳，战败自缢而死。

[7] 会首：旧时民间各种叫做会的组织发起人，也称"会头"。

[8] 田乐：号东洲，鄞州人。万历朝兵部尚书。万历初年改任凉永兵备道。万历二十三年巡抚甘肃，升任三边总督。

[9] 马应龙：河南原武县人。万历间由指挥使任固原游击，屡立边功，推改甘州协，带河西三司五道。

神宗万历三十年壬寅 [1]（1602）

知事袁学颜，共收过税银三百二十两又五分四厘四毫。

小坝口水首沈养中，欠纳水税二十六两，有司以渎职论之。笞二十，罚银五两，除职不用。

是年，科试贡生一员，名王朝选，无仕。

注释：

[1]《明神宗实录》卷374：七月，"论甘肃镇番等处屡捷功加……总督三边李汶、巡抚徐三畏各荫一子，锦衣卫百户总兵达云加原荫子指挥佥事二级，俱各赉银币。右参政李徽猷等、行太仆寺卿马邦良等、总兵葛赖等各升赏有差"。

神宗万历三十一年癸卯（1603）

教授彭相倡率在学生员每人植树二十棵，栽柳五十株。定例：活有十之七八者，赏银二钱；十之四五者，赏银一钱；十之三四者，赏银六分；十之一二者，无赏无罚；皆活者赏银三钱，皆死者罚银三钱。是故生员栽植，不敢敷衍塞责焉。

又，三岔河岸柳棵失盗，知事委参将李秉诚诘之。嗣侦知为农民何毓芹与其侄何所信所为，因杖毓芹四十，所信二十，各罚银二两五分，限期交付，延期再罚。

广恩谨按，此其重治以儆效尤之意。

按，镇地河渠，无不为沙砾所拥。植之以被，则沙可以固，水可以流，反则裸陈原隰。一经冬春，风扬沙积，平衍旷荡，直如坯堆无圻。是以历朝历官，莫一不以植树插柳为要务。耆老云："树是河之骨，草为渠之筋。"斯言信乎哉！

科试贡生一员，名卢让，官岷州卫[1]教授。旧志载其传曰：

卢让，骠骑将军钪[2]犹子[3]，颖悟工文。卢氏世传武功，至让始以文学为后进倡。万历中，以岁贡官河南灵宝县教谕，再迁岷州卫教授。年八十余卒。

《镇番宜土人情记》曰：

卢公让，邑之一杰士也。通文学，精书法，博学广识，风流洒脱。卢氏诸辈未有能及之者也。国朝卢公生华、生薰诸人，其文才庶可与之相佐，而操行容止，后生尚见逊色焉。

注释：

[1] 岷州卫：明洪武十一年（1378），在甘肃岷县设岷州卫，治今岷县；领西固城守御千户所（今舟曲），统属于陕西都指挥司。

[2]《武职选簿》记："卢钪，系镇番卫世袭副千户，原籍巩昌府陇西县人。始祖卢信，洪武七年充军巩昌卫左所军，故。高高祖卢宣补役，二十四年以年深充小旗，二十五年追赶铁门逃叛鞑贼帖木儿升总旗，永乐二年扈从迤北征进，拨镇番卫中所升实授总旗，宣德三年故。高祖卢海系嫡长男并补，八年黄明沙地方斩首一颗升试百户；正统四年石灰秃等处斩首一颗升实授百户，天顺四年镇番地方杀敌获功升本所副千户，成化六年老。曾祖卢椿系嫡长男，七年八月比替，二十三年老。祖卢炳系嫡长男，本年九月比替，嘉靖七年老。父卢瑾系嫡长男，本年十二月比替镇番卫中所世袭副千户。"

[3] 犹子：侄子。

神宗万历三十二年甲辰（1604）

夏，大河水竭，官民士庶蜂拥水神庙祈之。至伏天，田禾枯槁，地面龟裂,丰收无望。农民相率弃家逃徙,致使若干田园荒芜。官吏向以私利而奔竞,有利可图者不遗余力,无利则避而远之,真乃可恨。

神宗万历三十三年乙巳（1605）

青海银定、歹成连营犯镇番,总兵达云遣副将柴国柱击之 [1]。寇大败,遁去。

是年,科试贡生一员,名张学颜,无仕。

邑人王国正是年功贡 [2],授秦州训导,擢贵州新贵县 [3] 知县,旋擢黄平州 [4] 知州。

注释:

[1]《明神宗实录》卷 405：正月,"虏酋银定、歹成纠众犯甘肃镇番卫,总兵官达云遣副将柴国柱等击败之,斩首虏二百有奇,获马驼夷器甚众"。

[2] 功贡：贡生出仕为官。王闿运《皇授光禄大夫刘公墓志铭》："明有功贡,以劝儒林。"

[3] 新贵县：万历十四年（1586）置,属贵阳府并为府治。治今贵阳。

[4] 黄平州：今贵州省黄平县。万历二十九年四月改为州,治所在今贵州省黄平县西北旧州。

神宗万历三十四年丙午（1606）

经历符守成共收过税银六阅月共二百两零五钱五分三厘。

邑人李可言《奥区杂记》云：

神宗万历时,天年荒旱,兵燹连绵。官吏狃于偷安,不问治事；民军陷于水火,朝不及夕。至三十四年,天灾人祸,民脂已枯,而摊款派税,则更甚昔日。轻则勒迫缴纳,重则诉诸刑杖。呜呼,所谓圣朝盛世,居可置生民死生于不顾,胡不悲哉！

武举一名,名谢奇学,无仕。

神宗万历三十五年丁未 [1]（1607）

青海寇连营犯凉州,达云力战于镇番所属之红崖山,大破之。

《奥区杂记》云：

万历三十五年，青海银定、歹成破凉州，本邑参将潘国振奉令往援。恐兵不足，于蔡旗堡招募民丁三百余与寇战，多死之，民有怨声，而官府犹称大捷云。

是年，科试贡生一员，名杨时盛，官襄城县[2]训导。

注释：

[1]《明神宗实录》卷437：八月，"陕西总督徐三畏、甘肃巡抚周盘题参镇番参将王允中丧师失众，守备甄尚贤隐匿败情，宜行提问。李时渐遏敌无功，并革职"。

卷438：九月，"以嘉峪关及镇番两次捷功，升将领李拱极等职级有差"。

[2] 襄城县：治所在今陕西省汉中市襄城镇。

神宗万历三十六年戊申（1608）

农民李永福纠众抗税。三月七日，数十众闯入卫署，口出秽言，切齿唾骂；掀翻大堂公案，撵蹿三班六房。隶役力阻，竟不他顾。嗣守备方升率兵捕拿，永福犹詈声不绝。罪当斩，明年决之。余众或杖或罚，皆以律重治。

广恩批曰：小腿焉能拧过大腿？

神宗万历三十七年己酉[1]（1609）

邑人王国柱[2]，是年升授河东守备职。

科试贡生一员，名甘守道，官四川直隶州州判。

邑人孟一鲤应试长安，值社友党完我卒于邸。一鲤悯之，乃躬率弟一豸罄资三千文相助，俾还椟故土。士人戴之。参见顺治十年例。

注释：

[1]《明神宗实录》卷459：六月，"固原游击崔廷振为镇番参将"。

[2]《武职选簿》记："王国柱，滁州人，系故镇番卫指挥佥事王允亨嫡长男，照例准复袭祖职指挥佥事。"《甘州府志·官师》记："王国柱，万历六年任甘州抚标游击。"

神宗万历三十八年庚戌（1610）

孟良允在世。

《镇番户族小识》云：

孟氏原籍浙江宁波府鄞县右坊，明洪武三年，始祖孟大都从吴指挥征元季王保保，因历著战功擢为千户，嗣升金吾后所总旗，旋调镇番，因家与焉。后裔一鲤、一豸、良范、良允，皆有勋绩，人所钦慕，实本邑一望族焉。

神宗万历三十九年辛亥（1611）

科试贡生一员，名李茂魁，无仕。

万历中，贡生李茂魁家贫窭，娶农女刘氏为妻。女貌虽不扬，而夫妇情至笃。后氏染凶疾，茂魁侍汤甫半载，竟尔死之。茂魁痛绝，每夜必诣氏坟呼号痛哭。家人屡屡劝阻，而其未之稍制也。

一日卧坟垂泪，忽闻人语，曰："我夫勿哭，奴婢在此。"茂魁回眸视之，果有白衣人立于身后，疾起诘之："汝是我妻？"曰："正是奴婢。"因兢兢然趋近就视，吁，非氏更谁哉？顿时泪河崩溃，号啕饿地，戚戚而曰："吾想汝也。"遂相抱唁喰，伛偻伏蜷。氏曰："尔果想婢邪？"曰："想死我也。""婢亦想尔。"茂魁诉之曰："吾欲随汝去耳。"氏佯而嗔之曰："我夫何生此念哉？尔有才，可造就，某日荣膺，宜再娶之，大丈夫岂独沉溺于儿女痴情乎？"茂魁哽咽不语，欲相就之，氏亦不辞。缱绻绸缪，极尽鱼水之欢；调云弄雨，方还了半载憔悴债。

事方了，茂魁期期言之曰："明日不见，更奈何？"氏曰："夫君誓不他娶，婢理当委侍之。惟阴阳隔世，频频往来，恐不甚便。莫若自今起，夫君止在旧房俟婢来，或隔日相见，或三五日共寝，婢自克尽妇道耳，何如？"茂魁顿首不已。氏犹曰："然者，夫亦无须过于悲伤，命之数也，岂可禳邪？"茂魁恍有所悟，曰："天道何其昏昏哉，岂我等格之不诚邪？"欲再昵之，而氏已阒无踪迹矣。后，茂魁果不夜出，家人以为自安。越明日，茂魁拥衾而卧，有轻风拂帘，觉有人影立于榻前，疾起视之，刘氏也。于是夫妻相偎，共枕情语，百般温存，无异氏之尚生也。如此捱年过月，荏苒竟去两载。

某夜茂魁入梦，有一红衣童子倚门告之曰："夫人令告官人，从此不能相会，祈官人自重。"言讫即走。茂魁急趋近前曰："夫人何故不能再来？"曰："遭强鬼毒手，因不能再来。"言毕即走。茂魁捷足跪于当途，哭曰："怎的遭毒手？"曰：

"有鬼官饵夫人免夜行盘诘，因强与之合，妇人忿而杀之，遂被投入炼狱受刑焉。"茂魁切齿曰："鬼官者谁？"曰："前镇番经历王承运大人。"曰："岂人世间之狗官死后仍做冥司之鬼官乎？"曰："概如之也。"曰："莫非冥司之官犹以欺人害物为能事耶？"曰："鬼法晦晦，鬼所惧也，因其恶较阳间略逊之。"曰："既尔，何鬼官犹显狗官之形，而演狗官之伎耶？"曰："然者，不然也。冥司之鬼官，偶有牴牾之逆，已然罪在不赦。而阳世之狗官，常蹈贼妖之行，而反邀功升迁。所谓貌则人，其心则禽兽，狗官之谓也；形乃鬼，其欲则若人，鬼官之谓也。"曰："依尔之言，冥府竟胜于阳间吵？鬼官则优于狗官？"童子脆声曰："随处有豺狼，安得问狐狸？"

茂魁气渀，吷声叹曰："呔呔！天邪，岂谓乎天？纵奸蓄邪，何滔德之有？"捶顿之间，倏觉胆肝俱裂，剧痛不忍，已失魂魄灵神。扎挣呻呼，竟尔梦觉。欲起身启户，腰间果然骤痛如锥。少息更起，痛尤剧矣。比及半夜，狮吼牛哞，辗转不绝。弥留间狂呼一语："吾将报仇去也！"遂滞息而死之。

广恩谨按，播远翁尝云：排愤之作，"搜俎"[1]数百篇中，无过于此者。读其文，令人心中有愀然之感。

注释：

[1] 搜俎：即《搜俎记异》。

神宗万历四十年壬子 [1]（1612）

邑绅王慕华耗金一万造宅院一所。共阳宅二百六十七间，门楼一座，高一丈八尺；角墩四，迤接拦马墙。

《搜俎记异》曰：

镇番王慕华先生，家豪富，有庄院一所，占地三十亩，共宅二百六十间。别割三院，前院悬匾"天下第一家"，二院悬匾"王氏巨族"，后院悬匾"福如东海"。

广恩批曰：富而少文，本人间一大憾事，而富者不为其忧。学士多才，偏他肠中辘辘，每常惑于无天。天其天者也，何不公尔尔？

是年，武举一名，名王国靖，癸丑科进士，授职。

注释：

[1]《明神宗实录》卷 503：十二月，"议将西宁副总兵为东协，威镇二将属之；凉州副总兵为中协，镇番、大靖、永昌一带属之，兼援阿坝、大松山二营。升镇番参将崔廷振为洮岷副总兵，永昌参将秉谦为镇番参将"。

神宗万历四十一年癸丑 [1]（1613）

科试贡生一员，名李昌祚，无仕。

《镇番宜土人情记》曰：

昌祚性孤高，多学识，著文颇勤。邑之建制亦多留其墨迹。

武进士一名，名王国靖，官大同总兵。旧志载其传云：

王国靖，字灵台，游击允子。万历四十年由文生登科，联捷进士。材长捍御，屡立奇功，历官山西大同总兵，挂征西前将军印。制火器，著阵图，练铁骑七千，调京钦阅。赐纻旌奖，书名"御屏"，伟然一代名将也。后予告归里，疏五上，乃允还乡。子扶朱，举人。

《镇番宜土人情记》曰：

国靖通武略，精战术，尝练精卒三千。调京钦阅，赐纻旌奖，书名"御屏"，为一时盛闻焉。而公虽一介武夫，犹能通经博文，善属文辞。所著《战阵图说》，赐书名《御屏战阵图说》。

《搜俎记异》云：

邑武进士王公国靖，有《御屏战阵图说》一帙，今存。开卷为《安营图略》，其曰：施子曰："行军而不知营地，犹居家而不知堂室也。"按古兵法，五人为伍，十伍为队，一军凡二百五十队。余奇为握奇，故一军以三千七百五十人为奇。兵队七十五以为中垒，守地三千尺，积尺约四里，以中垒四面乘之，一面得地三百步。垒内有地三顷，余八百十步。正门为握奇，大将军居之，六纛、五麾、金鼓、府藏、辎积，皆在中垒外。

次为"营图"，曰"李靖方营图"，曰"李靖偃月营图"，曰"太白营图"，曰"戚继光车营图"，曰"戚继光马营图"，曰"步营图"，曰"安营拒马图"。间注：拒马每根五尺二寸，重三斤十二两；铁锤一把，重二斤六两；铁钉一根，重十二两；皮条一根，长四尺，曰"安营蒺藜"。

又次曰"营地略"。曰"李靖方营法"，曰"李靖偃月营法"，曰"木栅法"，曰"绳营法"，曰"拒马营法"，曰"立枪营法"，曰"桄枪营法"，曰"柴营法"，曰"戚继光辎重营法"，曰"戚继光野营法"。

又次曰"营地"，以次曰"营规"，又次曰"夜营"，又次曰"连珠倒卷营法"，又次曰"寻水"，又次曰"布阵"，又次曰"地占略"，又后附"古今将略"，共计名将论十一家。

广恩谨按，是书今存，笔迹清瘦见骨，视之有凛然气。

注释：

[1]《明神宗实录》卷 504：正月，"虏犯镇番，甘肃副总兵王允中等御却之，斩级二十余"。

神宗万历四十二年甲寅（1614）

邑衿刘道揆因子侄犯事受连，解职归田。是年卒于家，享年六十七岁。

有司依令征收水牌税，例定每亩地纳银一分。因执之不严，豪族巨富多逃漏不纳，故实缴税银共八百七十两五厘三分，统入库收。

是年，例贡一员，名李珍儒，无仕。

神宗万历四十三年乙卯 [1]（1615）

河套松山寇入掠芦沟墩 [2] 等处，甘肃总兵左都督李怀信 [3] 邀击，大破之。

是年，举人一名，名何斯美，中式第五十一名，官河南开封府同知。旧志载其传曰：

何斯美，字云韶，守备希闵子。万历四十三年举人，任县令，咸有政声。山西翼城建祠祀之，后迁河南开封同知。子孔述，举人；孔学，知县；孔成，武进士。

《何氏宗谱》有斯美传 [4] 云：

公讳斯美，行一，字云韶，万历乙卯科举人。乙丑第进士三百一名，忽逢旨裁额六十名，遂落第，列之副会生。四子俱以甲科显。历河南虞城、山西翼城二任知县，咸有政绩。其在翼也，土寇作乱平阳[5]，所属州县失陷一十三处，公与胞弟怀远公练翼城民兵，尽力捍御，屡败其众。怀远公战亡，又与次子奎轩公设奇破敌，贼不敢犯境，全城莫安。翼城市民感其功德，为立生祠，焚香千秋，与胞弟并传不朽。后升河南开封府同知。告休居里，型仁讲让，培植学校，设立义馆，置经史楼，令阖邑有志之士给笔墨，周贫寒，力为劝课，文风大振。康熙六年，镇大饥，公捐麦数百石赈济，民赖之活。享年八十四岁，诰赠奉政大夫。

事载《何干烈》及本城志，《镇番宜土人情记》略同。兹附斯美公《本家会序》遗稿一篇。曰：

吾先人播迁以来，制有恒产庄院三坝李二沟。虽非沃境，颇足事牧。常闻先代每述先世宗祖，皆做人诚朴，耕读之外别无经营。今子若孙宜克守先绪，卒未敢废坠者，第逸居无教，惧贻羞于先人。吾缵承诗书之业，训诲之责，弗敢辞也。设立乡会，凡族中有卑凌尊幼犯上者，凡一切违理争兢等情，列为条件，犯者轻重，酌以惩治之。惟愿吾宗族等众平心遵守，大家和气，谦恭慎守名分，毋敢蹈愆，以贻羞于先人可耳，特弁。

是年科试贡生一员，名王政，官直隶州州同[6]。

武举二名，一名朱运昌，试百户；一名陈鸾，试百户。

注释：

[1]《明神宗实录》卷 532：五月，"先是甘肃巡抚荆州俊至甘镇未数月即报大捷，为兵科给事中吴亮嗣参驳，至是荆州俊以籝房银歹于二月二十七八日拥众掠红沙堡，劾镇番游击唐盛世、中军马永禄、千总刘声远、防守祁守谦等。其劾盛世谓职专一路，谋乏万全。但据称前后塘报，实繇仓皇之误，并无隐匿别情。且冒锋却房，情在可原，相应重罚，以厉后效。马永禄等三弁俱应究革，副使李思恭、副总兵杨桂以相去颇远，似当免议"。

"未几，陕西按臣董定策劾提问镇番营游击唐盛世。"

卷 533：六月，"总督陕西三边兵部左侍郎刘敏宽奏，三边无地非房，而银定狡猾自来出入皋牢。近据节报，或窥伺于甘肃边外，或犯抢于镇番红沙；或遣细作密潜洪水，探听内地虚实。若至秋高风劲，势必大肆猖獗"。

"兵部覆陕西总督刘敏宽参镇番营失事游击唐盛世等，提问副使李思恭、总兵杨桂，各罚俸四个月，抚臣荆州俊、镇臣王允中应照例免议，报可。"

卷536：闰八月，"兵部题升甘肃镇番参将潘国振等"。

[2] 芦沟墩：《武职选簿》记为芦沟子，在今宁夏吴忠市。

[3] 李怀信：大同人。《明史·列传》第127："万历中，迁延绥中路参将，进定边副总兵。四十三年，擢甘肃总兵官。松山寇入掠芦沟墩诸处，怀信邀击，大败之。斩首三百有奇，获驼马甲仗无算。已，复分三道犯镇番诸堡，怀信亦分遏之。寇引还，将士尾其后，获首功百九十有奇。"

[4]《何氏家谱》记此文为上官铉作。上官铉（1611—1683），字三立，山西省翼城县唐兴镇人。明崇祯十六年（1643）进士。清顺治初授中书，历官湖广湖南巡按御史、河南道御史、太常寺少卿等。著有《诚正斋集》。

[5]《大清一统志》卷100《平阳府二人物》记："何斯美，镇番卫人，顺治间举人，知翼城县。姜瓖叛，翼被兵，尤数斯美与弟斯盛督乡勇御之。六年七月，贼数万猝至，围城九昼夜。斯美力拒战，翼城卒完，迁开封府同知。弟斯盛亦有战功，后以剿贼殁于阵。"

[6] 州同：明州同知省称。在直隶州相当于同知，其他州则与州判分掌督粮、捕盗、海防、江防、水利诸事，均从六品官。

神宗万历四十四年丙辰[1]（1616）

邑人王珠等擅开新荒，依律罚麦四斗，大草一百束。民人畏之。

注释：

[1]《明神宗实录》卷549：九月，"甘肃虏银定、歹成入犯镇番，参将潘国振却之"。

神宗万历四十五年丁巳[1]（1617）

正月，邑绅曹淳朴住宅起火，邻人往救之无果。共焚房屋四十余间，各式物件折银三千四十三两。闻于公署，吏役多萌怜惜之心，建言有司劝众相助。闻素有来往者，无不质之以钱物，或钱数缗，或帛几匹，或椽木若干。曹公素与教授刘君善，故君捐己俸五百两以解燃眉。时市井谣谚曰："曹员外失火，刘大郎遭殃。"刘大郎者，刘竹是也。

是年科试贡生一员，名刘安民，官河南阌乡县[2]知县。旧志载其传曰：

刘安民，字惠甫，万历四十五年岁贡，官城固县训导。汉南士师袷事之，以文行，擢河南阌乡县令，未仕归。

注释：

[1]《明神宗实录》卷 557：五月，"升甘肃镇番卫指挥使方升为南川守备。"

[2] 阌乡县：1954 年撤县并入河南省灵宝县。

神宗万历四十六年戊午 [1]（1618）

是年举人一名，名张若骐，中试第十八名。

注释：

[1]《明神宗实录》卷 571：六月，"总督三边杨应聘题，四月初二日，青土湖达房分三股入犯镇番，总兵李怀信督官兵击却之，共斩级一百八十八颗"。

卷 572：七月，"署兵部事尚书薛三才言，银定、歹成诸酋，迩伺阴长，鼻息求和，狼子野心终不可测，乃镇番果见告矣……甘肃孤悬天末，松海诸房日有眈眈。镇番之役，幸我将吏戮力堵截，稍足壮威。但房经挫衄，蓄忿愈深，值折胶之候，能无豕突？此九边之大略也"。

神宗万历四十七年己未 [1]（1619）

邑人王抚民等捐资敷绘圣容寺。新制卧碑一尊，长一丈八尺，阔三围。

科试贡生一员，名萧邦用，官贵州安顺教授。

注释：

[1]《明神宗实录》卷 578：正月，"升镇番参将潘国振为五军左营参将"。

卷 580：三月，"调永昌参将包天吉为甘肃镇番参将"。

神宗万历四十八年、光宗泰昌元年庚申 [1]（1620）

科试贡生一员，名杨继善，官直隶柏乡县 [2] 县丞。

神宗终。

注释：

[1] 是年，万历帝病故，泰昌帝朱常洛继位，在位 29 天，因"红丸案"暴毙。

《明神宗实录》卷 592：三月，"升延绥入卫游击麻继志为甘肃镇番参将"。

[2] 直隶柏乡县：今河北省柏乡县。

卷四

明熹宗天启元年 — 思宗崇祯十七年（1621—1644）

熹宗天启元年辛酉[1]（1621）

邑人孙光禧以沈阳参将援辽救沈阵亡。逾月厝迁至镇，卜地东南乡葬之。

是年，举人一名，名孟良允，中式第六十九名，官浙江布政使。旧志载其传云：

孟良允，字淑芳，贡生一鲤子。天启元年领荐，学行兼优。历任州县，咸有政绩。擢户、兵二部主事，升昌平道。顺治元年，征召叙用。良允辞不就，当道力疏荐之，仍补昌平兵备道[2]。二年，升河南按察使[3]。四年，举卓异，升浙江右布政使。后丁母艰，归里。历官数十年，清风两袖，年七十五卒于家。所著有《最乐编》《念贫吟》。长子祥，拔贡。

《镇番宜土人情记》曰：

孟公良允，字淑芳，号淑公，贡生一鲤子。天启元年领乡荐，初授县丞，嗣擢户、兵二部主事，升昌平道。国朝定鼎，征召叙用，良允辞不就，几征不执，仍补昌平兵备道。二年，升河南按察使。四年，升浙江右布政使。六十五岁予告归里，年七十五卒于家。

广恩谨按，此处有误。前云孟良允生于神宗万历三十八年，至是年方十有一岁，怎的便做举人？神童古来有之，然以此顽童领授乡荐，未免近于荒诞。

科试贡生二员：一名张含锦，官河南归德府[4]通判；一名刘元靖，官浙江浦江县知县。

又，武举二名：一名卢江，由文生中式第二名，无仕；一名黑正色，无仕。

广恩谨按，旧志载，天启元年，参将官惟贤重修大关庙，监司胡大年有记。余检《明史·列传·官惟贤》曰："官惟贤万历末为甘肃裴家营[5]守备，天启二年以都司佥书[6]署镇番参将。"故知志乘载稍差，而吾祖改正之。

注释：

[1] 熹宗天启：朱由校（1605—1627），明朝第十五代皇帝。年号天启，庙号熹宗。《明熹宗实录》卷15：十月，"升游击将军署都指挥佥事殷体信、孙承勋、张茂勋、贾秉谦等各参将。体信，燕河营；承勋，马兰路；茂勋，甘肃镇番；秉谦，通州"。

[2] 兵备道：掌监督军事，并可直接参与作战行动的官员。

[3] 按察使：相当于古代的"陈臬"，因此按察使又叫"臬台"。明朝省级地方官员分为三司，分别是布政使司、按察使司和都指挥使司，布政使管"民政"，按察使管"刑名"，都指挥使则"一省军务"。

[4] 归德府：今河南省商丘市。

[5] 裴家营：在甘肃省古浪县东部。

[6] 都司佥书：明代军事指挥职务，都指挥使属官。

熹宗天启二年壬戌（1622）

甘州人官惟贤以都司佥书署本邑参将[1]。下车伊始，察看城内祭祀各处，以关帝庙破落为甚，慨叹不已。遂慨然捐俸二千金，令于城东南隅重修大关庙。工竣，胡大年作记，文佚。旧志载其传云：

官惟贤，甘州人，天启二年以都司佥书署镇番参将事，历宣府游击、延绥西路参将，仍移镇番。时西河泛滥，惟贤修筑堤防，民赖其利。

五年春，河套松山诸部入犯，惟贤偕参将丁孟科大败之。明年春，班记剌麻台吉复纠松山银定、歹成及矮木素、三儿台吉，以三千骑来犯，惟贤再败之，三儿台吉被创死。进惟贤副总兵。其冬，银定等以三儿台吉之死，挟愤图报，益纠河套土巴台吉等分道入掠，惟贤及诸将徐永寿等亦分道拒之。

十七年春，银定、兵兔、矮木素、班记剌麻、合土买火力赤等，由黑水河[2]入，惟贤及西路副将陈洪范[3]大破之。崇祯元年，调山海关北路副总兵，后战殁于阵。采《明史》。

广恩谨按，其云十七年，误也。余检《明史·列传·官惟贤》作七年春，特补。

又，本传自注采自《明史》，然今检《明史》，却不免有断章取义之嫌。为便参证，不妨并录之：

官惟贤，万历末为甘肃裴家营守备。天启二年，以都司金书署镇番参将事，历宣府游击、延绥西路参将，仍移镇番。

五年春，河套松山诸部入犯，惟贤偕参将丁孟科大败之，斩首二百四十余级。明年春，班记剌麻台吉复纠松山银定、歹成及矮木素、三儿台吉，以三千骑来犯，惟贤再败之，获首功二百有奇。三儿台吉被创死。进惟贤副总兵。其冬，银定等以三儿之死挟愤图报，益纠河套土巴台吉等分道入掠。惟贤及镇将徐永寿等亦分道拒之，共获首功百有六十。

七年春，银定、宾兔、矮木素、班记剌麻合土买火力赤等由黑水河入。惟贤及西路副将陈洪范大败之，斩首百八十余级。当是时，西部频寇边，惟贤屡挫其锋。其秋，王之臣[4]督师辽东，乞惟贤赴关门。

明年，崇祯改元，惟贤至，用为山海北路副总兵。二年冬，京师有警，惟贤入卫，总理马世龙令急援宝坻、潮县。明年正月九日，大清兵自抚宁向山海。翌日，至凤凰店，离关三十里列三营。惟贤与参将陈维翰等设两营以待，合战，互有杀伤。已，大清兵返抚宁，世龙令惟贤率维翰及游击张奇化、李居正、王世选、王成等往袭遵化。至城西波罗湾，城中兵出击，前锋殊死战。大清兵收入城，后队乘势进攻，城上矢石如雨。寻复遣兵出战，惟贤陷阵，中箭死。士卒杀伤者三百余人，奇化亦战死。

是年，于城北八里设铺，曰"红沙铺"。又十里至二沟铺，又十五里至北墩铺，又十里至大滩铺，通红柳园。每铺设铺司一名，掌送至官文书籍，记件角时日而递送之。铺兵三名轮次传送。凡八人。

薪俸：铺司每人每月五钱，铺兵每人每月四钱，共年支银四十四两四钱，俱行银支解。

前邑进士、大同总兵王国靖奉饬往赴天山，统军讨伐犯边外寇归。作《天山挂弓赋》云：

金鞭凯奏，银铠威扬，龙韬绩著，凌阁名彰。运奇谋于北塞，抒妙策于西凉。

兵甲罗胸，已作三军之保障；羌戎破胆，应灭九姓之猖狂。若教弩挽千军，举畏兵何神速；倘使身经百战，谁言兵不善将。排数阵于边疆，定使功收一战；整六师于北海，方期力扫千军。当天山之未定也，边隅失警，将士停骖。殊觉天低天暗，难分山北山南。纵教丈八蛇矛，出龙城而大破；怎奈三千犀甲，向虎穴而难探。白亭古渡之旁，骁骑合九；孙子中郎之法，羽檄传三。而将军于此，壮志奋神，威机生变。雪镞三枚，霜戟百练。控玉勒而摇星，跨金鞍而掣电。躬擐甲胄，力开两石之弓；梦切刀环，技绝连珠之箭。则见大将善攻，我军张胜不□。剑提三尺，胆破心惊，却当鼓伐三通，山鸣谷应。岂等令狐围雍，发六矢以无功；还殊诸葛征蛮，至七擒而后定。宝纛临风，共向将军以伏地；兜鍪照日，举警妙策之从天。所以弓挂秦塞，身入汉关。凯归同饮，振策而还。妙技中藏，不亚田忌之列；奇功独立，堪同李广之班。不须挂于腰间，特著雄名于异域；从此挂之岭上，永传神技于天山。

又，《奥区杂记》谓《天山挂弓赋》为直隶州州同、邑人王政作。政善赋，尝作《天山挂弓赋》以志国靖，弗知孰是？无可证也。

注释：

[1]《明熹宗实录》卷18：正月，"加升甘肃裴家营守备官惟贤都司，管镇番参将事"。都司金书为指挥使司中分管司内练兵、屯田事务的官职。

卷21：四月，"调甘肃镇番参将张茂勋为涿州参将"。

[2] 黑水河：疑即"黑河"，在苏武山西麓。

[3] 陈洪范：字东溟，辽东人。万历四十六年（1618）武举，天启初年授高台游击，历官红水河参将、陕西行都司掌印，后降清。

[4] 王之臣：陕西潼关卫人，进士。天启五年任蓟辽总督、辽东经略，七年代为督师兼辽东巡抚。崇祯元年（1628），被罢免蓟辽督师职位。

熹宗天启三年癸亥 [1]（1623）

商人陈廷鉴等改建拓修三官殿，李昌祚撰碑记，文佚。

邑人李时渐以副总兵率兵出双黑山御敌，战殁于阵。

是年科试贡生一员，名黄甲，无仕。

[1]《明熹宗实录》卷30：正月，"升甘肃镇番都司金书官惟贤为宣大入卫游兵游击"。

卷31：二月，"升甘肃蔡旗堡守备包万象为陕西固原游击"。

卷32：三月，"升神枢二营游击盛略为甘肃镇番参将"。

卷33：四月，"升宣府旧游兵游击官惟贤为延绥西路参将，保镇。马德原任红崖守备，今升车驾营都司"。

熹宗天启四年甲子（1624）

孝廉何斯美、孟良允捐资重修学宫，耗资三千五百金。

西宁人柴时华以荫补蔡旗堡守备。旧志载其传云：

柴时华，字维寰，西宁人，左都督国柱子，骁勇有父风。天启中，以荫补蔡旗堡守备，营政整肃，与士卒同甘苦。以蔡旗堡守凉镇孔道，数被套虏侵掠，因捐俸金修葺城垣。又额外添设营马百余头，以为战备。自是虏不敢入寇，民赖以安。尝于一年内三援镇番，而获功最著。所至深入虏穴，务以身先。嗣海酋蠢动，率兵应援，敌闻风远窜。其生平先威夺人，多类此。崇祯元年，当道以时华有将才调甘肃镇标[1]。去官时，民无老稚，咸遮道挽留之。后官至甘肃镇总兵。

广恩谨按，时华父国柱，尝于万历三十三年奉总兵达云令，征讨犯镇贼寇松山银定、歹成。事见万历三十三年例。虽国柱未任镇职，而百姓黎庶咸闻之，所谓有口皆碑者是也。今闻说话人辄曰"柴老爷""柴副总兵"，即其所指焉。或曰：柱者，何许人也？曰柴国柱，西宁卫人，万历中以世荫历西宁守备。骁猛善射，从参将达云击寇南川，勇冠三军。录功进都指挥佥事。寇犯边，辄为国柱所挫，屡进凉州副总兵。松山既复，方建堡置堠，寇数来扰，国柱频击却之。银定、歹成连兵寇镇番，国柱驰救，斩首二百有奇，获马驼甲帐无算。青海寇大掠镇羌黑古城诸堡，守备杨国珍不能御，国柱急率游击王允中等出击之。银定、歹成复犯河西，国柱邀击，获首功百二十，擢署都督佥事、陕西总兵官。

三十六年春，改镇甘肃。银定、歹成屡不得志，益寇钞永昌。国柱驰与大战，败之。追至麻山湖[2]，斩首百六十有奇。其部复落入寇，守备郑崇雅等战殁，国柱坐夺俸一年。河套松山诸部合兵入寇，国柱檄诸将分道击之，复斩首百六十。屡加右都督，世荫指挥佥事。久之，罢官。

四十六年夏，召佥书都督府事。无何，代杜松[3]镇山海关。松败殁，虎墩兔憨[4]乘机犯边，国柱等力遏之。寻移镇沈阳，谢病归。天启初，追录边功，加左都督。卒，赐恤如制。

邑人孟良允举卓异，升浙江右布政使。

是年，武举二名：一名何梅，由文生中式第二名，无仕。一名孙明奭，连中丁卯、庚午科。见崇祯三年例。

注释：

[1] 镇标：明代镇守边区的统兵官，无定员。镇标官本为差遣的名称，无品级，遇有战事，镇标佩将印出战，事毕缴还，后渐成常驻武官。

[2] 麻山湖：在今民勤县东，苏山之左。

[3] 杜松（？—1619）：字来清，陕西榆林人。万历四十六年奉诏援辽阳（今辽宁辽阳），次年兵败萨尔浒（今辽宁抚顺市西），战死。

[4] 虎墩兔憨（1592—1634）：即察哈尔·林丹，蒙古族，又称陵丹、灵丹。蒙古察哈尔部人，呼图克图汗，简称林丹可汗。明崇祯七年（后金天聪八年，1634）四月抗清失败，病死青海。

熹宗天启五年乙丑[1]（1625）

参将官惟贤协丁孟科与河套松山诸部寇战，大败之。详参天启二年例。

何斯美第进士三百零一名，忽奉旨裁额六十名，遂落第列附会生。详参万历四十三年例。

是年，科试贡生二员：一名李安国，官泾阳教谕；一名马千里，官平凉苑马寺[2]监正。

注释：

[1]《明熹宗实录》卷57：三月，"甘肃巡抚李若星报镇番之捷，言套虏拥众西行，松虏乘势大举入犯，镇番将官丁孟科、官惟贤领兵堵御，斩获虏级二百四十一颗，余孽被衄奔窜，稍可褫犬羊之胆而壮中国之威矣！"

[2] 苑马寺：明、清两朝掌管养马的机构。平凉苑马寺驻平凉府。

熹宗天启六年丙寅^[1]（1626）

奉文于红崖再设养马苑。

按，红崖于永乐间初设养马苑，隶甘泉监^[2]，隆庆三年废。

邑人孟良允倡建药王宫于东郭外。举人卢生华曰：药王宫于天启间，邑方伯孟公良允未仕时所建，址在东郭外。

是年春，河套班记剌麻、台吉复纠松山银定、歹成及矮木素、三儿台吉，以三千骑来犯北境，参将官惟贤与之大战，三儿台吉被创死。班师。冬，银定等以三儿台吉之死挟愤图报，益纠河套土巴台吉等分道入掠，惟贤及镇将徐永寿等亦分道拒之，获胜。事见天启二年《官惟贤传》例。

《搜俎记异》载：

天启六年春，寒风凛冽，套虏侵边，总兵官竹坨^[3]率兵拒之。至梭梭井^[4]，天已向晚，而贼隐黄茅^[5]中。时有马嘶远闻，殆觅之不得。谋俟晓与战，号令兵卒扎营宿之。

比及半夜，忽马蹄声急，竹坨急出帐巡视，已然为贼所围。挺大戟左右挑刺，喽啰落马者十余众。有自称三儿台吉者，魁伟健勇，横马阻竹坨于岗上，曰："莫非败将即官总兵官大人吵？"竹坨叱之曰："是当若何？臊虏屡犯边境，早应受降朝廷，今何又犯？岂非自送死耶？"言未毕，三儿台吉阔刃已逼当胸。竹坨眼疾，起手力挑。台吉骄横不备，马上趔趄，殆乎堕落。知不能敌，拨马即遁。

竹坨穷追二里许，有沙坡横堵。策马绕行，忽入一梭梭丛中。老干盘虬，曲枝奇出，匝密如针毡，无隙可通，而野狐黄羊在焉。马嘶嘶不肯向前，惧有猛兽袭焉。竹坨无计，牵马纡行，至一小丘处，马响鼻突突，坚不前进。知有异，立足细视，遽有野狐在丘上，屈后足而立，前爪做揖礼状。竹坨初不知意，以沙击之，惟俯首而已。擎戟唬之，即遁丘后，稍顷复出居丘上。竹坨以语试之曰："汝欲乞食乎？"狐扭颈相向。曰："汝有事欲求余乎？"顿首，走之复来，如斯者再。竹坨省之曰："知矣，尔愿为余指路缉寇贼？"狐狺狺然。遂趋后行，迤逦转走数十里，狐疾奔无影。稍许，又来复屈身做揖礼状。

竹坨解其意，舍马徒行。未及一里，黝黝然有马影依稀可见。蹑足往审之，冠服甲胄，当系三儿台吉无疑。竹坨痛呵，台吉方醒。欲抢刀鹞起，颈项已有雪戟铮铮焉。曰："何不乘睡戮我？"竹坨曰："大丈夫决胜沙场，岂乘人不备而行暗算之计乎？"曰："将军敢与我独战？"竹坨退四十步，叱之曰："我乃朝廷命官，当为朝廷尽忠效命，岂惧死哉！"三儿台吉得隙起身，掣马刀与战。交十数合，胜负未分，而台吉自知力促不敌，因伴言欲降。竹坨洞知有诈，不予俅采。飞戟轮砍，台吉招架无功，遽失一臂，于是跪地求饶，几眊昏不能自持。竹坨碎衣为之束裹，扶马上，依来路而返已。诅知狐步其后，竹坨数恫之去，无果，爰任其乃尔。天将曙，台吉负马惊呼，疾就视之，有一物飞腾而下，而台吉喉已为其所断，遂死矣。

或云：台吉惯于猎狐，瞄其踪，无有能脱者，故狐深恨之。

注释：

[1]《明熹宗实录》卷72：六月，"加镇番参将官惟贤副总兵职衔，仍旧管事"。

[2] 甘泉监：甘肃苑马寺六监之一，永乐四年设。辖广牧、麒麟、红崖、温泉4苑。正统二年（1437）革除。《历鉴》记隆庆三年（1569）有误。

[3] 李注：官竹坨疑为官惟贤，竹坨系其字。

[4] 梭梭井：在民勤县西50公里处。李玉寿先生认为在县东北境，旧甘凉至包绥驼道经此。

[5] 黄茅：疑为黄蒿，草本，高40~90厘米，有多数开展或斜升的分枝。

熹宗天启七年丁卯 [1] （1627）

春，河套银定、宾兔、矮木素、班记刺麻合土卖火力赤等由黑水河入侵。总兵官惟贤及西路副将陈洪范大破之。采《明史》。事见天启二年例。

飞沙拥城，参将相希尹 [2] 躬率军夫多方堵御，城保。

武举一名，名刘南，无仕。

熹宗终。

注释：

[1]《明熹宗实录》卷80：正月，"巡抚甘肃王家祯言，松虏银歹屡年犯我河西，被挫而返。近犯镇番，酋首三儿台吉被伤而死。此番忿恨纠结，套虏土巴台吉分路狂逞，犯威胜堡等处。总兵徐永寿率镇番副总兵官惟贤、西协副总兵陈洪范、凉州副总兵王永

先等分兵御之，共斩获强壮首级一百六十三颗。虏经两旬始遁去"。

卷83：四月，"升宣府旧兵营游击将军王修仁为甘肃镇番参将"。

[2] 相希尹：山西蒲州人，武进士。天启七年任镇番参将，修理城池，搬移沙患。历升凉州副总兵。休致后，于明末闯变中被执不屈，骂贼死之。

思宗崇祯元年戊辰[1]（1628）

参将官惟贤屡挫河套松山诸寇，威名大震。是年奉王之臣命，赴辽东镇关门，用为山海北路副总兵。去官时，邑人争相挽舆，弥久不忍离去。

当道以蔡旗堡守备柴时华有将才，调甘肃镇标。去官时，民无老稚，咸遮道挽留之。后官至甘肃镇总兵。

七月，套虏犯境。蔡旗堡守备赵御，同中军千总甄陶彦[2]率兵战于重兴堡，大捷。

八月，虏复出，犯三岔、洪水河一带，赵御率兵拒之。师稍北，被围数重。御手刃二酋，挺身策马，冲突而出，虏旋遁去。御传详见五年例。

邑人何希闵护守城堡有功，诰赠"轻车都尉怀远将军"。

《镇番宜土人情记》转引《何氏宗谱·何希闵传》云：

公以父功荫袭指挥。因父阵亡，剿虏雪恨，克复父仇，升土门堡守戎。护守城堡有功，诰赠轻车都尉怀远将军。至今城南有"遗爱碑"，土门堡有大钟，铭公之功德不忘焉。

《搜俎记异》云：

崇祯间，邑人何希闵迁父厝于里，以数千金建成闵制。占地二亩，营造精细，称一方之胜。计三进，首为牌坊，上书"以旌世德"。两楹悬联，其曰：书卷生涯，寄高标于臣节；神仙眷属，抱秀骨乎君身。二进即祠堂，规制恢宏，气象轩昂，檐牙交错，飞角凌云。院中有古槐二株，形虽不阔，而生长繁茂。逢春日开花，一片白云在上，皎似剪纸，巧比镂琼。祠之上方，颜曰"功昭日月"，两侧亦有匾，皆锦绣之词，得意之书。三进为相公墓园，其家在园内正中央。坟墩之后，筑山向，壁中题"大明忠勇将军何氏五世祖淑贤讳相之墓"。园内遍植卉木，整洁清雅。

兹附崇祯元年《敕诰文》：

皇帝制曰：有文事者，必有武略，道原相须也。矧以缝掖之儒，因亲矢报国家，卒收赳赳干城之用，忠孝尚矣。复戬谷其子，以宣樽俎之猷。兹作忠移孝，奉为传家之牒焉。宜有显纶，以旌世德。尔，原任陕西甘肃大靖、土门堡守备、署指挥佥事何希闵，乃河南归德府虞城县知县何斯美之父，乔梓家声，熊罴世杰。被儒服而咏藻，痛父仇以请缨；克奋蝥弧以先登，遂佩鹊卵以建幕。伊吾鸣剑，用成复地之功；沙漠犁庭，会雪终天之恨。朱旗云闪，正藉龙韬；金锁雨抛，早归鸿隐。既著勋劳于王室，遂绵庆祚于燕诏。是用赠尔勋轻车都尉怀远将军。贲此龙章，光其象服。

按，遗爱碑旧在城南宝塔寺，希闵子斯美立于崇祯末。详见崇祯十六年例。何氏大庙详见康熙三十二年例。

又，邑人孟一鲤是年著《春秋翼传》成，凡二十四卷。《搜俎记异》云：

孟一鲤通经博文，所著《春秋翼传》，人谓其谢太傅[3] 王公之度，大人之容，而寝处有山泽，间议其秀韵在骨也。又谓平陂世运，出处大节，得此旁通而发挥之，以包孕《涑水》《紫阳编年书》[4]。君子以道为衡，道字自是主脑，其隐见之。故独能于治乱未形时，暗中卜定。非平时有学有守者，不能具此卓识也。

广恩谨按，是书今佚。尝闻谢氏书屋幸藏原稿，余未尝见之也。

是年，判官裁。

注释：

[1] 思宗崇祯：朱由检（1611—1644），字德约，明朝第十六位皇帝，年号崇祯，庙号思宗。原书作"毅宗"，现据通例改为"思宗"。

[2] 甄陶彦：原籍通渭，《武职选簿》记天启二年四月，镇番卫右所正千户甄陶彦，年26岁，"系老正千户甄尚贤嫡长男。伊父原袭副千户，于万历二十三年在长湖地方斩达首一颗，升正千户，今老。本舍以子承父，合准替正千户"。

[3] 谢太傅：即谢安（320—385），字安石，陈郡阳夏（今河南太康）人，东晋政治家。历任征西大将军、吏部尚书等职，指挥淝水之战，大败前秦军队。

[4]《涑水》《紫阳编年书》：《涑水》指《涑水记闻》，为司马光记载北宋六朝（906—1070）国故时政的语录体笔记。《紫阳编年书》即《紫阳纲目》，又称《资治通鉴纲目》，是朱熹及其门人赵师渊根据司马光《资治通鉴》和胡安国《资治通鉴举要补遗》修撰的

编年纲目体史书，成书于宋孝宗乾道八年（1172），共 59 卷。

思宗崇祯二年己巳（1629）

经历向日茂共收过税银七百五十六两三钱四厘五毫。

邑人卢芳、李述儒重修圣容寺。孟良允有记，文佚。

是年冬，京师有警，前镇番参将官惟贤入卫，副总兵马世龙令急援宝坻、滦县。

科试贡生二员：一名杨思选，官山西寿阳县知县；一名王慎行，官浙江崇德县县丞。

思宗崇祯三年庚午（1630）

《镇番宜土人情记》曰：

孟公化凤，讳属贤，大都后裔也。聪慧精明，有将才。崇祯三年，录选蔡旗堡守备，治绩昭著，以功升古浪都司。造军车，铸兵器，招卒习武，英名一时。后以子贵，诰赠骁骑将军。丁艰归里，杜门不出，致力研讨兵法韬略，所著有《兵法》《阵法》《河西守戎记事》三编。惜俱未付梓，知之者不多。

《奥区杂记》云：

县治西南一百二十里，有堡曰蔡旗堡。或曰昔朝有"蔡旗"者居此，故名。堡筑于明嘉靖二十四年，向推邑之首镇也。详参嘉靖二十四年例。

邑人于文庙前筑尊经阁。旧志云：

文昌阁在大殿北，旧名尊经阁。崇祯三年建，后祀文昌，易今名。阁东为文昌三代祠。《搜俎记异》曰：文昌宫，亦即旧时之尊经阁，祀文昌。计三楹，首为大殿，题额"文昌阁"三字，筑于圣朝嘉庆间；中为后殿，今作"共和社"，故额曰"共和大哉"；后即为尊经阁，筑于有明崇祯三年。

又，邑人韩一魁、聂执中等重修文昌宫。彭民泽碑记文佚。邑人谢集梧有《建修文昌阁记》，其曰：

城上旧无文昌阁，乾隆丙申建魁星阁于城东南隅。嗣城垣倾圮，阁遂坍塌。增生马君登岱，协诸绅检收楹桷，为改建文昌阁计。艰于资，未果，已廿余年矣。夫文昌列宿紫垣，六星戴斗，司人间文事，功令列学官春秋丁祀。仁庙御极之初，诏制州县重修宫宇，颁特祭。煌煌巨典，昭如日星，学士文人，可弗钦崇欤！

是年，前本邑蔡旗堡参将官惟贤阵亡，邑人闻之大恸。尝与之相厚者，更啼泣不已，伤痛欲绝。《明史》记之。

《镇番宜土人情记》曰：

崇祯三年春，前蔡旗堡参将官惟贤战于波罗湾，中箭亡。邑人哀伤之，欲募资于蔡旗堡筑官公祠。艰于资，厥工未举。迨国朝建元，恐获怀明之嫌，故弃置不议。

武进士一名，名孙明奭，官湖广游击。武举二名：一名戴周冕，一名运泰来，俱无仕。

冬十月，飓风。飞沙蔽日，民屋欲摧，沿边田舍俱被灾害。青松堡黄沙拥城，几与雉堞高下。有司率夫清挖，旋移旋淤，如拉锯耳。逾腊月，风犹不止。农民石万勇、姜大通、王忻、裴燮、孙煊光等二十六户拔宅迁徙，定居双茨科及旧四坝等地。

思宗崇祯四年辛未（1631）

邑人何希闵卜地三坝李二沟，费五千金筑家祠，名"何氏宗祠"，祀忠勇将军何相。希闵公详见崇祯元年例，相公详见隆庆四年例。

《搜俎记异》云：

何氏大庙藏碑六方，一为《何氏宗祠修葺记》，鉴衡公立于圣朝康熙三十二年；一为《何氏宗祠初建记》，希闵公立于崇祯四年。余四方：一为本宗祭祖石碣，一为始祖海潮公徙镇守戍石碣，一为《小河滩城展修实录》，元季遗物；一为"汉成故里"[1]，仅四字，为汉代物[2]也。

《镇番宜土人情记》曰：

何氏宗祠建于崇祯年间，祀忠勇将军何相。逢正月十七祭日，朝拜者络绎不绝，差比关岳[3]之盛。

邑人孟一鲤当贡，让与同学王国彦，士林钦之。

是年，科试贡生一员，名王国彦，官汉中府训导。《搜俎记异》载：

邑人王国彦，家奇贫。幼读书无灯，燃麻杆替之。母杨氏劝休读，泣之曰：
"不孝虽不才，其心尚向上，若夫能登选，亦不枉母之教也。"请从学，母遂无言。
崇祯间，国彦拟试府闱而为名额限抑。有同里孟公一鲤，素知其行，慨然让之。
国彦遂获仕，官汉中府[4]训导，人嘉之。

注释：

[1] 汉成故里：疑指《历鉴》所谓郑公乡，见乾隆二十二年（1757）例谢广恩按语："郑
公乡因汉儒康成名。洪武二十四年（1391），邑人王奋筑祠，曰'康公祠'"。郑康成为东
汉儒家学者、经学大师，北海高密（今山东省高密市）人，与镇番并无交集，时人抑或
为尊崇郑康成而命名。

[2] 李注："汉成"不知何许人？诸史籍均未明载。然即是汉时人，那碣亦未见得便
是汉时物。苏武山碑大书"汉中郎将苏武牧羝处"，岂亦"汉代之物也"耶？竟为崇祯
时所立。可见望文生义，每贻为后人笑，殊史家之大忌焉！

[3] 关岳：指关羽、岳飞。

[4] 汉中府：地处陕西省西南部，因汉水而得名。元代设兴元路，明太祖洪武三年
（1370）改设汉中府。

思宗崇祯五年壬申（1632）

中原告警，外寇伺机犯边。镇邑地处边隅，是时不无后顾之忧。蔡旗堡
守备赵御遵令防范，凉、镇沿途修工事，筑城池，设驿传，增墩寨，以应不测。
继捐俸金籴义粮三十余石，分发墩军，以励严防。旧志载其传云：

赵御，字竣甫，允吾[1]人。天姿卓荦，勇冠一时。崇祯元年授蔡旗堡守备。
是年七月，套虏犯重兴堡，御同中军千总甄陶彦率兵御之。八月，虏复出犯三岔、
洪水河，御率兵拒战。师稍北，被围数重，御手刃二酋，挺戈跃马，冲围而出，
虏旋遁去。御尝捐金籴义粮三十余石，分给墩军使严防。以故每有虏警，咸争为
用命焉。

是年，科试贡生一员，名甘宏道，无仕。

注释：

[1] 允吾：读作"铅牙"。西汉昭帝始元六年（前81）置，为金城郡治。治所一说为今青海民和回族土族自治县马场垣乡下川口村，一说在今甘肃永靖县西北，三国魏废。前凉复置，仍隶金城郡。前秦、后凉、南凉、西秦、北凉沿置，北魏时废。

思宗崇祯六年癸酉（1633）

参将王之鼎上《实边疏》，上甚悦，敕令三边总制遣民充边，总督遂遣阶州庶民一百二十户至镇。是时，本邑共户五千五百三十三，口三万余，分居四坝、六坝等处。

广恩谨按，有明以来，凡边以卫腹之。镇番向属边邑，洪武二十九年始设卫建掾，故亦九边之一部。史载，明初设辽东、大同、宣府、延绥四镇，继又设宁夏、甘肃、蓟州三镇，嗣又以山西镇巡统驭偏头三关[1]，陕西镇巡统驭固原，亦称二镇，遂为九边。九边既立，爰添设总督辖领，率以一总督统辖二三巡抚，三边总督辖延绥、甘肃、宁夏三巡抚。甘肃于边为九之一，于三边之镇为四之一。跨河东西，凡要地有九，曰甘、曰肃、曰凉、曰庄浪、曰西宁、曰靖虏，兰州与洮、河二州，并饬边备焉。本邑在凉治内，曰凉者，即括镇番在焉。

是县古无定民，洪武初，始迁内地民人以实之。其时，户不过百余，口不过三千。永乐间，户口骤增，户二千四百一十三，口六千五百一十七。嘉靖时，兵燹灾疫连踵而至，是故户口日减：户一千八百七十一，口三千三百六十三。万历间，藩镇争雄，外彝屠掠，山河多疮，人民蒙难。镇邑灾荒连年，未获怜恤，黎民生计维艰，相率逃逸。是时，户不过二千，口则四千有奇。天启间，战争稍绥，灾寝略减，户口相继有增。十七年造报户口簿，户三千五百六十七，口一万又五百七十三。崇祯间，朝廷力饬实边，先后迁徙而来者每以数千计。二年造报户口簿，户四千五百三十六，口二万八千九百八十四。六年，参将王之鼎上《实边疏》，皇帝谕令三边总制遣发之，有阶州一百二十户迁居本邑，其户口再增焉。

中原报警，敕令全国整饬军务，强化兵民。本邑靡不响应，于蔡旗堡至凉大路烽墩设兵丁五百余众。本营调拨二百五十兵驻防黑山、红崖二隘口。

军需草料，由凉总署一应供给。

是年，武举二名：一名方坤，由文生中式第□名；一名何善承。俱无仕。

又，功贡一员，名杨垂裕，官商河县主簿，历升保定府通判。

注释：

[1] 偏头三关：偏头关，在今山西省偏关县。五代、北汉为偏头寨，明为偏关所。东连丫角山，西濒黄河，因东仰西伏，故名偏头。与宁武关、雁门关合称"三关"。

思宗崇祯七年甲戌（1634）

孟良允、韩一魁募化重修关帝庙。

军警。详准于蔡旗堡、红崖堡安设驿舍，各马二匹，夫一名。需用工料银两，镇番自行请领造销。

按，旧志载，驿铺设自明初，城西南隅宁边驿，永乐年冯祯建；城西南六十里黑山驿，天顺年指挥陈智建；城南一百四十里三岔驿，天顺年建。江公[1] 以为此乃常设之驿，故县志载之。崇祯时，因一时军警，添设驿舍，历时甚局。故志不载，为文体之简洁也。

注释：

[1] 李注：江公疑即乾隆时镇番知县江鲲。

思宗崇祯八年乙亥（1635）

是年，科试贡生二员：一名张所蕴，官青州府经历，署寿光县知事。明末，贼至城破，所蕴死之。《五凉考治六德集全志》载与此同。

《镇番宜土人情记》曰：

所蕴，崇祯八年廪生，官山西长子县县丞。同年擢山东青州府经历，署寿光县事。十六年，闯贼攻城，所蕴率兵民守之。执数日贼不退，城内粮尽，外无援济，料难坚守，为洁其身，毅然自刃之。土著感其忠勇，乃卜地筑祠祀之。十七年春，公厝迁里，邑人争相凭吊。

一名孟良范，官湖广上荆南道[1]。旧志载其传云：

孟良范，字元淑，贡生一豸子。崇祯八年拔贡，官湖广咸宁县知县，以才干称，升兵部员外郎。时，兄良允户部主事，兼兵部职方司主事，人呼"司马两郎"[2]。后历升湖广上荆南道。顺治四年，回籍终养。康熙五年起复，补广西泗城府[3]同知。卒于官，封"通议大夫"。

是年功贡一员，名王元，考御元武威县丞，升沭阳知县。推河工能员[4]，后以边材改调武职，以军功擢守备，历升睢阳[5]副总兵。引疾归，闭门著书。精于《易》，著《易经别解》，失传。

注释：

[1] 上荆南道：万历《郧台志》卷1《建置·总镇》记："上荆南分守道，领荆州府，兼领兵备，设参政或参议，驻澧州。"

[2] 司马两郎：孟氏兄弟供（兼）职于明代兵部，此处"司马郎"为兵部主官的泛称。

[3] 泗城府：故治在今广西百色凌云县西南，明徙今凌云县治。

[4] 河工能员：指管理治河工程的能干官吏。

[5] 睢阳：今河南省商丘市睢阳区。

思宗崇祯九年丙子（1636）

王扶朱等往赴乡试，额支举人路费银每人六两。

是年，王扶朱中式第二十八名，终生不仕。旧志载其传云：

王扶朱，字诩宸，总兵国靖子，世袭指挥，辞不就。前明崇祯九年举乡荐。十七年，流贼陷长安，扶朱慷慨倡义，请兵当道，痛发包胥之泣，思为霁云之忠。讵料甘泉内变，栋折榱摧，而有明三百年之社稷墟矣。事虽无成，时论壮之。国朝定鼎，扶朱绝意功名。征召络绎，称疾不起。疏辞再上，乃允。生平性高洁，落落寡合。于城南别墅筑台为室，不履城市者十有八年。所著有《三笑草》《忧违草》[1]。子楫、模，皆由岁贡官训导。

《镇番宜土人情记》曰：

县南二里许，有扶朱台，俗呼"王家台"，今又呼"孙家台"，为前明举人王扶朱所筑。高过三丈，广可盈亩。上筑房八间，爽垲明亮，步其间俗念顿消，真好去处也。

其详见国朝顺治十七年、康熙二年、同治六年例。其父国靖，详见万历四十一年例。《请兵檄》见崇祯十七年例，《辞聘初稿》见康熙五年例，《辞聘再稿》见康熙六年例。

武举二名：一名刘虎，一名赵教化，由文生中，皆无仕。

注释：

[1]《忧违草》：乾隆三十六年（1771），陕甘总督李侍尧奏缴禁书36种，《忧违草》即为其中之一。

思宗崇祯十年丁丑（1637）

科试贡生一员，名李述儒，初官渭南县训导，嗣官兰州学正。

广恩谨按，李述儒，字终南，工书法，有文名。所著《旅雁诗钞》，收诗四百二十首。其子渭生有序。

思宗崇祯十一年戊寅（1638）

镇邑遭蝗灾。六月大冰雹，禾蔬多击死。是年告馑。

重兴堡失火，铺舍俱焚，共一十四间，折银五十两。烧死马一匹，折银八两。一应物什凡六十七件，折银二十两五分。共银七十八两五分，以四、三、三开例赔偿：当事人赔三十一两二钱，驻铺公吏赔二十三两四钱，藩库承免二十三两四钱五分。

思宗崇祯十二年己卯（1639）

科试贡生一员，名杨思静，官河南夏邑县知县。《五凉考治六德集全志》云：

杨思静，崇祯十二年岁贡，官河南夏邑县知县，因闯逆挂冠。多著述，年八十四卒。

《奥区杂记》云：

崇祯十二年，闯军进河南。时，知县邑人杨思静猝然挂冠而去。同僚讥之曰："宁可瓦全，决不玉碎。"或曰："公愤然而去，何怨之乎？"

广恩谨按，杨公岂俊杰耶？否则，何去之若速？古谚云：识时务者为俊杰。公深悉个中意也。

是年，功贡一员，名杨桂英[1]，凤翼[2]父。历镇江，归德、保定通判，升江南安庆府知府、山东济南府同知，精敏强干，吏才最优。

武举一名，名潘惠，由文生中，未仕。

注释：

[1] 杨桂英：《河南通志》卷 36《归德府·粮捕通判》记其"镇番卫人，选贡，顺治四年任"。《江南通志》卷 109《职官志》记其顺治十五年任安庆府知府。《清世祖实录》卷 143 记载，顺治十七年十二月，内大臣会同刑部审奏山东巡抚耿焞贪污一案，济南府同知杨桂英因贪赃一千五百两有奇，"应革职，免籍没，责四十板，流徙宁古塔"。

[2] 李注：凤翼，县志作"凤翥"，杨姓，顺治十四年（1657）岁贡，通州知事。

思宗崇祯十三年庚辰（1640）

大饥，民多外徙，有司阻之不受。怨之曰："连年饥饿，恒不济恤，徒予阻挡，任死之乎？任皆死之乎？"吏无以赈恤，由其自流焉。

思宗崇祯十四年辛巳（1641）

凉州都督府奉总督令拨兵三百，驻防重兴堡，阻击闯寇西遁。

思宗崇祯十五年壬午（1642）

蔡旗堡守备孙如业率军加筑堡垣，凡所坍颓处均以石泥填平。又，都督府统调枪械马刀火药等物至于守军，饬阻闯寇。

是年，科试贡生一员，名黄承佐，无仕。

《搜俎记异》云：

黄公承佐善丹青，每濡笔必口念"来来来"。一日作画，始念一"来"字，忽见一婢立于桌侧，自云："奴来矣，尔盍见教之有？"承佐疾斥之去，弗动，欲复斥之，婢笑而止之曰："勿愠怒，奴自有好物予汝。"言未毕，自襟下取袄子捧于承佐。佐方接已，婢已不复见。承佐速释袄视之，有《神女》一箧，悉为丹青之事法也。以故诵读不辍，尽得其精微，画技亦益增其倍耳。有欲求之者，非千金不予焉。

武举二名：一名刘义，中式解元，官湖广守备；一名张戬，未仕。

孟良允以其父贵，赠户、兵二部主事，寓京邸。

邑人马良御[1]以蔡旗堡守备调征闯寇于湖广，与张献忠[2]敌，被俘，肢解死之。

《镇番宜土人情记》曰：

马公良御，乃应麟公之长子也。少聪慧，有干才，性寡合而善事下人。崇祯七年，任蔡旗堡守备。十四年，调征流寇。于湖广为张献忠执，肢解而死，卒年仅三十有二岁，人咸惋惜之。有弟良国，闻兄殁，愤然请缨，誓死雪兄仇。秋，投至副将郭天吉幕下，嗣随天吉守甘州。十六年十二月，贺锦[3]陷甘州，良国战殁。

广恩谨按，良国公愤然请缨，为兄报仇，且夫战死疆场，可谓壮哉烈矣！然独不见载于邑志，岂非憾焉哉！

又，邑人杨联芳由功贡任北直唐县[4]主簿，擢县丞。是年会闯陷城，被磔死。

《镇番宜土人情记》曰：

崇祯十五年十二月，李自成、罗汝才[5]合兵四十万攻襄阳，掳崇王由樻及世子、诸王妃以行。是月，由唐县而西至樊城[6]，与左良玉[7]军会。唐县原无重兵据守，贼既至，人民咸焚香捧牛酒郊迎。守兵望风披靡，远遁不知去向矣。联芳初欲拒，奈寡不敌众，自度势将去，因自经于城外。

《搜俎记异》曰：

十六年，李自成兵至北直，时于唐县职事之杨公联芳奉饬阻之。叵奈十万大军进击如卷席，长驱直入，城守顷间荡然无存矣。联芳殁于乱军中。后其族人驰至觅尸，竟至无所得。逾数月，其妻独坐户中事纺绩，倏见联芳蓬发垢面，立于榻前，泫然诉之曰："余不幸死于乱军，却无人拾尸还，心有所疾焉。汝肯念昔日结发之情，当速差人于东城下水井内打捞之，庶可得耳。"言未讫，有轻风扃户，遂隐而去。妇惶悚，急呼家人寻觅，殆不复见。遣人趱路往唐县，月余，去人果自东城下水井内寻得联芳尸。迁厝归里，族人大悲。

广恩谨按，联芳屈死唐县，正思无人雪其恨，孰知隔年桂月将届，此仇报矣。孙传庭[8]次汝州，伪都尉四天王李养纯[9]率所部来降。知贼并兵守宝丰，因趋奔至彼城，不下。少许，自成以轻兵来援，战于城东。嗣后，传庭亲督诸军悉力攻城，拔之。斩伪州牧陈可新等数千级，遂以大兵捣唐县。时，贼家口尽在唐县，贼发精骑来援，官军已入城，尽杀贼家口。贼满营痛哭，誓杀官军。乙酉，自成将兵万余力战，官军前锋击断自成坐纛，进逐之。贼披靡，贼营逃亡者相属。

注释：

[1] 马良御：《钦定胜朝殉节诸臣录卷五通谥烈愍诸臣（下）》："蔡旗堡守备马良御，镇番人；调征湖广流贼，被执，不屈，肢解死。"

[2] 张献忠（1606—1647）：字秉吾，号敬轩，明末民变首领之一，1640 年率部进兵四川，1644 年在成都即帝位，号大顺。后被清军射杀于四川西充。

[3] 贺锦（？—1645）：号左金王，明末民变将领。

[4] 唐县：今属于河北省保定市。

[5] 罗汝才（？—1642）：陕西延安人，明末民变首领之一。崇祯初起事，十六年被李自成袭杀。

[6] 樊城：今湖北省襄阳市樊城区。

[7] 左良玉（1599—1645）：字昆山，明末山东临清人，死后子梦庚率所部降清。

[8] 孙传庭（1593—1643）：明末振武卫（今山西代县）人，字伯雅，号白谷，万历四十七年（1691）进士。崇祯九年（1636）由顺天府丞擢升陕西巡抚，十五年起为陕西总督，被李自成大败于汝州、郏县、潼关，战死。有《白谷集》《孙忠靖公集》。

[9] 李养纯：李自成部，号四天王，拥有部众数万。

思宗崇祯十六年癸未（1643）

二月，前延绥总兵、邑人李昌龄[1]于陕西榆林会李自成，被执，斩于西安城门。妻闻之，率阖家数十人自杀。镇邑士庶知其死，莫不痛绝，几跃跃欲起也。

《陕西通志》载其传云：

李昌龄，字玉川，总兵震孙。崇祯中，以世职历官延绥总兵，挂征西将军印，数有战功。以伉直不阿于时，军政落职，因寄家榆林。十六年，会闯贼僭号关中[2]，全秦皆附。遣伪将李过[3]、刘芳亮[4]北掠榆林招降。时延绥总兵俞冲霄[5]被执已久，城中汹汹。昌龄在旅舍，或告之趣亡。昌龄曰："贼至而遁，非勇也；见难而避，非义也。我叨列大臣，莫非国土去将焉之，果此城不守，当与之存亡耳。"未已，李过等陷绥德，遣贼将黄色俊来说降。于是，榆林兵备道副使都任[6]、督饷户部王家禄[7]、中协副总兵惠显[8]与各营诸将集议死守，共推昌龄宿将知兵，署领镇事。昌龄乃与都任集榆绅弁侯世禄[9]、尤世威[10]等召问将士："守乎？降乎？"众同声曰："守。"昌龄乃沥血誓师，分汛拒守，以死盟焉。贼招降三日，四面环攻。昌龄偕都、尤等率锐卒据城死守。强弩叠射，贼尸山积。更发大炮击之，贼稍却。诸将出战，斩获万余人。贼恨之，督攻愈坚。贼以冲车穴城，城陷。昌龄等力战数十余合，被执。贼胁之降，昌龄抗词不屈。贼怒，断其臂，割其股，昌龄等声色愈厉。贼将义之密言于李自成曰："昌龄忠勇过人，大将才也，可以死嚇使降，勿杀。"每有斩戮，以昌龄徇之。昌龄略无惧色，所在辄裂眦詈骂。昌龄尝于徇斩日索水饮，侯世禄诘曰："尔畏死，喉干耶？"昌龄从容笑曰："偶渴耳，岂畏死乎？"遂叱而不饮。贼因槛送西安，抵三桥镇。又值徇斩，昌龄以束发金簪饵刽者曰："当先斩我。"刽者肯其言。逮至西安城内，磔之于市，临刑犹骂不绝口。比伪赦至，昌龄死矣，贼亦为之叹服。同死者都、尤等四十八人。先，昌龄预与妻某氏约，事危则俱死。临难，昌龄嘱其属将以所佩指机为质，使闻于妻。妻闻之，率举家数十人皆自杀。都、尤等家属亦俱自焚。方榆林之围也，士女孤城巷战，刀楯之声昼夜不绝，投掷屋瓦皆尽。至诸将之在围中者，或被伤，或自尽，或为生缚，阖门殉国者甚多，无一人屈降，人皆以为激于昌龄之忠节云。

《镇番县志》载其传，尽采是记。又，《五凉考治六德集全志》载其传曰：

李昌龄，震之孙，允白子。以世职升榆林总兵，挂征西将军印。罢职居榆，会闯逆僭号关中，全秦皆附。遣伪使招降，榆林总兵俞冲霄被执。兵备道都任与昌龄集榆林绅弁，侯世禄、尤世威等召问将士："守乎？降乎？"众同声曰："守。"昌龄与都任遂盟以死。贼招降三日，四面环攻，昌龄、都、尤等率众据城死守。

按，以下同前文。

又，《明史》载其传曰：

李昌龄，字玉川，镇番卫人，为延绥总兵官，数有功。以刚直罢，徙居榆林。贼至，或劝之去。昌龄曰："贼至而遁，非勇也；见难而避，非义也。"起，偕世威等同守城，卒同死。

广恩谨按，世威者，尤姓，榆林卫人。与兄世功、弟世禄并勇敢知名。检《明史·列传》云：十五年以廷臣荐，命与弟世禄赴京候调。召对中左门，复告归。明年十月，李自成陷西安，传檄榆林招降。总兵官王定[11]惧，率所部精兵弃城走。时巡抚张凤翼[12]未至，城中士马单弱，人心汹汹。布政使都任亟集副将惠显、参将刘廷杰[13]等与里居将帅世威及王世钦[14]、王世国、侯世禄、侯拱极、王学书[15]、故延绥总兵李昌龄议城守。众推世威为主帅。无何，贼十万众陷延安，下绥德，复遣使说降。廷杰大呼曰："长安虽破，三边如故。贼皆中州子弟，杀其父兄而驱之战，必非所愿。榆林天下劲兵，一战夺其气，然后约宁夏、固原为三师迭进，贼可平也。"众然其言，乃歃血誓师，简卒乘，缮甲仗，各出私财佐军。守具未备，贼已至城下。

又，邑人卢坊官河南获嘉县知县，是年被李自成解职归里。

《五凉考治六德集全志》载其传。

《镇番宜土人情记》载曰：

卢氏高祖铲，事阿坝营游击。嗣后，因功诰封骠骑将军。前夫人王氏，诰赠淑人；夫人彭氏，诰封淑人。子坊，岁贡，初官河南卫辉府获嘉县县丞，嗣升本县知县，有惠政。崇祯十六年闯变，弃官归里。嗣又以父贵，诰封文林郎。前夫人王氏，王森女也，诰赠孺人。夫人王氏，古浪庠生臣公之女，诰封孺人。孙士鹗，庠增广生。夫人王氏，孺人，贵州知州国正公之女。曾孙全昌，诰赠文林郎，翰林院庶吉士。夫人刘氏，诰封孺人，武举虎公三女也，岷州卫教授荫芝公、岁贡荫蒸公妹。玄孙生莆、生芯、生华，康熙庚子举人；生莲，雍正癸丑进士；生薰，癸卯联捷翰林院庶吉士，敕授文林郎；生英，癸卯科举人。

又，邑人张所蕴，廪生，初任山西长子县县丞，继擢山东青州府经历，署寿光县事。明末闯变城陷，于是年死于军中。

十二月，李自成遣贼入汉中，不克。戊辰，贼前锋渡河入山西。巡抚蔡懋德[16]先屯平阳，至时以岁暮还太原。庚辰，贼至河津[17]，陷平阳。知府张嶙然[18]走太原，吏民皆降，贼杀西河王等三百人。山西郡县闻贼至，望风迎款。贼遣伪牌，遍行山西，其辞甚悖。于此时，李自成复遣贼将贺锦率所部征甘州。先是凤翔、兰州开门迎降。贼渡河，刘宗敏[19]精骑克庄浪，凉州危在燃眉。总兵郭天吉遣飞骑救援，调凉、永、镇并兵于城中云集，誓师以死守之。时凉州卫职官刘彻统凉州军守东、南二门，永昌卫职官王繇飞统永军守北门，镇番卫职官陈大年统镇军守西门。城上枪炮、火药叠置如山，城内贮足三月粮草。贼既至，城上一齐放炮，继而瓦砾碎石，雷雨飞下，贼稍却之。无几，贺锦重兵至，鼙鼓震响，顷刻城围如桶。刘彻惧，弃城而降。城内凉民燃炬呐喊，如卸巨负，蜂拥城门，焚香牛酒款迎。凡所官兵见势已去，出城迎降。陈大年乘隙潜走，飞驰蔡旗。本处军民知贼已陷城，各作私谋，尤民间谣传四起，人心惶惶。

甲申，贺锦陷甘州，巡抚甘肃林日瑞[20]、总兵郭天吉、同知蓝台等并死之，杀居民四万七千余人。马良国亦死于乱军中。

丁亥，贼于凉州设伪官，号令各卫从属之。凉州城掠富门，开仓廪，曰"济恤贫贱"。则镇番卫尚坚守不属，蔡旗、重兴、红崖诸堡重兵坚守，如金汤铁固。月尽，贼以五千骑激攻蔡旗堡，城欲摧，大年呼曰："杨公联芳、马公良御俱惨死贼手，我等不与报仇，岂可忍乎？"断其指，歃血盟师，誓以死拼之。贼围城不克，拔军北上。至红崖堡，众寡不敌，城陷。指挥马国涛被执，责其降，厉声骂詈，肢解死之。不日，城郊数千乡民燃炬入城，更有舞枪弄棒者，聚众卫所，大呼："天下已姓李，因何怀亡明？"守备刘声远[21]惧而纵之，遣夫夺城，赴凉议降。明日，贼驿传伪牌至镇，指挥陈朝纪[22]碎之，曰："流贼放肆，竟敢冒传伪牌，蛊惑民心，是可忍，孰不可忍？"众皆愿以死效国。于是，朝纪与众共誓不降。迄国朝定鼎，阖邑方释重负，邑城乃得保全云。

前武举潘惠，自愤生于末世，无机脱颖，是年落发遁入空门。于枪杆岭山筑"静心殿"，极尽虔诚之所能。

凤翔府[23]教授邑人王慎思因闯变弃官归田，召令子弟数十众，蹴庭授学。所著有《破城记》《甲申失陷见闻录二编》，年七十二卒。

冬月，邑人何斯美于城南宝塔寺立"遗爱碑"，长六尺二寸，宽三尺四寸，厚六寸有奇。记其父希闵公之勋绩，凡一千二百三十二字。碑首自左至右篆书"遗爱碑"三字，末有"不孝男云韶恭立"云云。

广恩谨按，南塔寺毁于同治匪乱[24]，"遗爱碑"自其时亡佚。余尝竭力搜访之，未得，知斯物不存于世久矣。惜哉！

注释：

[1] 李昌龄：《钦定胜朝殉节诸臣录》卷二《通谥忠烈诸臣记》"署领榆林镇原任延绥总兵官都督金事李昌龄，镇番卫人；崇祯十六年，闯贼犯榆林，倡义与副使都任等守城，沥血誓师，用炮击贼，死者无算，七昼夜城摧，撤屋为重垣，比陷，巷战，无一人降者。昌龄被执，骂贼，磔于市"。

[2] 闯贼僭号关中：崇祯十六年一月李自成在襄阳称"新顺王"。十月，李自成攻破潼关，占领陕西全省。次年一月李自成在西安称帝，国号"大顺"。

[3] 李过：又名锦，字补之，陕西米脂人，李自成之侄，大顺制将军、都督。李自成死后，李过联合南明何腾蛟、堵胤锡等抗清。复随李定国转战湘、桂，病殁。

[4] 刘芳亮（？—1649）：李自成部将。崇祯十七年，率部由山西出太行，进入豫北、畿南，直趋保定，配合李自成夹击北京。后遭清兵袭击阵亡。

[5] 俞冲霄：明将，崇祯九年夏击李自成于安定，战败而死。

[6] 都任：字弘若，祥符（今河南开封）人。万历四十一年（1613）进士，官四川右参政。崇祯中，以山西右布政使兼副使饬榆林兵备。李自成部将李过陷城巷战，都任被俘而死。

[7] 王家禄：黄冈人，举人，户部员外郎，榆林督饷。逆闯入城，拒降，唾贼自刭死。

[8] 惠显：清涧人。崇祯十六年，与副使都任等死守榆林。城陷被执，骂贼，磔于市。

[9] 侯世禄：绥德州人，宁夏总兵官。崇祯十六年于榆林募敢死士，缒城击贼，分城拒守；城陷，死之。子侯拱极，历官参将、山海总兵官。

[10] 尤世威（？—1643）：榆林卫人，累官至左都督。有兄弟尤世功、尤世禄皆以勇敢著称。崇祯十六年十月被李自成部俘杀。

[11] 王定：延绥总兵，绥德人。

[12] 张凤翼（？—1636）：代州人，万历四十一年进士，崇祯三年至九年任兵部尚书。

[13] 刘廷杰：绥德人，进士，为延绥抚标参将，以防寇驻绥德，设武备谨斥堠。

[14] 王世钦：绥德人，原山海关总兵。

[15] 王学书：榆林人，原宣府总兵。

[16] 蔡懋德：一字公虞，号云怡，南直隶苏州府昆山人，万历四十七年进士，巡抚山西。李自成破太原，自缢而绝。

[17] 河津：今属山西省运城市。

[18] 张嶙然：浙江义乌县人，崇祯十三年进士，历官河间、平阳知府。降清，顺治二年（1644）升任山东按察使司副使、天津饷道。

[19] 刘宗敏（1607—1645）：字捷轩，陕西蓝田人或米脂人。明末李自成主将之一，在西安封汝侯。后随李自成进入湖广，被清军俘杀。

[20] 林日瑞：字浴元，诏安人。万历四十四年进士，屡迁陕西左、右布政使、右佥都御史，巡抚甘肃。

[21] 刘声远：《武职选簿》记万历三十九年十二月，镇番卫指挥同知刘声远，年21岁，系镇番卫故指挥同知刘鸿业嫡长男。

[22] 陈朝纪：字建表。镇番卫指挥，管屯政，定水利时辰，人不敢违。

[23] 凤翔府：府治今陕西省凤翔县，隶陕西布政使司。

[24] 同治匪乱：又称"同治回变"，指清代同治年间（1862—1873）发生在陕西、甘肃两省的战乱，致2000多万人死亡。

思宗崇祯十七年甲申（1644）

是年，长安陷，邑人王扶朱慷慨请兵，冀图挽救。讵料甘泉内变，明社已墟，遂隐于王家台。事见崇祯九年"王扶朱传"例。兹附公之《请兵檄》：

国步多艰，人心叵测，自中原败绩，长安失陷，河防复尔弛御，遂使万余贼兵逃将，假援声势，诱庄、凉奸弁顺降，长驱大进。将我太祖三百年创辟封疆，轻于一掷；列圣十七世生成高厚，付之流水。目时颠危，伤心痛骨，真有万难容忍而不奋然思击者欤！此时人情汹汹，恨无一血性男子为地方砥柱。扶朱不得已，释服衣戎，倡明大义，激励同志、乡绅若而人，衿弁若而人，军民、商贾若而人，齐赴关神庙歃血盟神，捐金享士，合力共图战守，必不肯开门揖盗，致么么得志于旦夕也。所惴然公患者，镇番孤援寡助，饷匮兵虚，万一旷日持久，势穷力竭，一城之死不足惜，倘处处风惊，土崩瓦解，苍生化为白骨，五服梗治一方，天颜日远，荼毒日甚，是臣子所忍言乎？不忍言乎！伏乞抚、镇、道三大人，秉塞塞之义，念切同仇，躬督大兵迎敌于前，飞檄西宁道，借祁、李士兵截其归路。扶朱等率勇往壮士三千，直扼其项。叛逆虽强，必不能撞关冲壁，免釜中之鱼肉也。若缓此不图，机失一朝，恨贻千古。生不为名臣，死不为上鬼。试思今日之身家，竟属谁人之仆妾！

《搜俎记异》载：崇祯十七年，邑人刘士藻募外郡能者为师，初织花布成，人皆往习其法。

思宗终。

卷五

清世祖顺治元年 — 顺治十八年（1644—1661）

清

自世祖顺治[1]元年始，迄宣统三年止，凡二百六十七年。

注释：

[1] 顺治世祖：爱新觉罗·福临（1638—1661），清太宗皇太极第九子，清军入关后的第一位皇帝。年号顺治，庙号世祖。

世祖顺治元年甲申（1644）

生华公曰：国朝定鼎，宦秩依旧。世祖初，设经历一员，教授一员，参将一员，卫守备一员，千、百户各二员。经历，合肥[1]朱正芳首任；教授，真宁于景宁[2]首任；参将，北直马玘首任；守备，江南宣城县刘笃生首任；中军，北直李成虬首任。

按，旧志载《官师表》，有明职官共一百七十三。清至道光三年，职官共二百四十一，两朝共四百一十四。其中，有传者四十四，无传者三百七十。

旧志曰：

古者设官分职，任事惟能，此宦绩所由彰也。镇邑肇基于汉元狩二年，霍去病击败匈奴。元鼎六年，以其地置武威、宣威二县，隶武威郡，是为立县之始。后汉因之，属凉州。自汉迄元，宦绩之可稽，仅唐凉州都督郭震一人。噫，历代地逼匈奴戎马之场，竟湮没于戈铤。煨烬之际，遗迹无存乎，不然则何寥寥耶！

明初置卫，始设镇抚、知事、城卫守备等官，分司其事。故执戈以卫，亦即代庖而烹。我朝中外一家，藩篱尽撤。雍正二年，改卫为县。今主治者曰知县，而宣教曰教谕，赞治曰典史，城守曰游击、曰千总。由后溯前，勇略冠世作万里之长城，德泽及人为一方之膏雨，犹历历在人心焉。为详其爵里，著其行实，采舆而表彰之，非敢低昂官长也。

广恩谨按，县自汉武开边以还，始设官职。维时绾符临民，握兵统领，其见于史册者，在唐止郭震一人。嗣后屡经陷覆，文阶武秩遗迹无存，故言官师，断自有明始。明初，设镇抚一员，知事一员，掌印守备一员，卫守备一员，千、百户各二员[3]。驿丞防守，分驻于昌宁、蔡旗、红沙等堡。惟守备一缺，专理钱谷，其职即以卫指挥补之。成化十二年，详请开学，设训导一员，寻改教授。弘治中，移住判官一员。嘉靖三十七年，添设参将一员，中军守备一员，而镇抚、知事、驿丞、防守等官，或即此时奉裁，前志已无所考[4]。崇祯间，判官裁，设经历一员[5]。国朝康熙四十年，经历司裁。雍正二年，改卫为县，设知县一员，典史一员，教谕一员。乾隆元年，柳林湖屯田，设水利通判一员。十八年，通判裁。乾隆二十九年，参将裁，改设游击一员。四十七年，守备裁，改设千总一员。镇邑官职，大略如此。

兹列国朝前官斯土者姓名，以资后世考镜焉。

明洪武城守备陈辉、卫守备刘清。

永乐镇抚李端澄、李旻、祁杰[6]。

按，旧志于此记"杰"，注"姓无考"。今检《镇番宜土人情记》，有"祁杰以镇抚官镇邑，下车伊始，即率民清理环城沙丘"事，时在永乐间，故知其即旧志"姓无考"之"杰"者也。

城守守备马得[7]，直隶遵化人，有传。

吴辅[8]，凤阳六安人，有传。

方贤[9]，凤阳定远人，有传。

卫守备李忠[10]。

指挥、千百户董和、曹赟、许钊、刘伟、王让，王义。

宣德镇抚张俸[11]。

城守守备张玉[12]，滦州人，有传。

马麟[13]，得子，有传。

千户王刚，滁州人，有传。

王维，安定人，有传。陈进、吴英、傅成。

正统镇抚李洪[14]，二年以百户升。

城守守备彭铉，江南凤阳人，有传。

千户刘端，百户张名[15]。

天顺镇抚李权[16]，洪子。

城守守备孟成[17]，浙江宁波人，有传。

千、百户黄义汉、曾翼辅、王谅。

成化镇抚魏显谏。

训导周琮，山西翼城人，有传。

城守守备马昭，得子，有传。

卫守备王贤，刚子，有传。

刘杰，清子，有传。

百户任浒、孙堂[18]、王忠[19]、张浩[20]。

弘治训导雷震、姜第。

城守守备李恺，庄浪人，有传；陈胜、李杰。

千、百户路俊、戈镇、罗锦[21]、张玺[22]。

正德训导傅相、陈弼尧。

城守守备刘廷佐[23]、彭林、郑铉，徐泰。

卫守备李贵[24]；彭廉，有传；刘恭。

千、百户张寅[25]、陈泰、马刚、华聪、马荣、危见所。

嘉靖训导李存华、林泽、王切、程英士。

城守备刘宇、王智、贺能、李经。甘祯，西宁人，有传；徐彦章[26]，有传；李凤、刘文华，绥德州人。尹钺、蔡勋、赵珂、黄振、郭琥。

三十四年是职裁，设参将[27]，首任何淮，有传。继任吴钊，黄福，凉州人；

刘承勋，甘州人；杨祯，庄浪人。

卫守备何淮，有传；王铭[28]、吴汉[29]、罗福[30]、李震[31]、王源、李允弼[32]、方伯[33]、彭九畤[34]、李允白[35]、李国泰、李承勋[36]、刘克敌[37]、樊英[38]、李天爵[39]、陈皋谟[40]、马永祚[41]、刘以宁[42]。

千、百户白奉[43]、甘祯、祁守谦[44]。

万历判官马天信、知事袁学颜、经历符守成。教授雒典、崔莪、彭相、文来凤。刘竹，辽东[45]人；赵琏，巩昌[46]人。

参将王绍勋，阶州人；杨思，宁夏人；叶青，平凉人；姜河，宁夏人；马应龙，永昌人；葛赖，甘州人，有传；按，《明史》亦有传。王允中，山丹人，有传；李秉诚，庄浪人；唐盛世[47]，凉州人；潘国振，凉州人；包天吉，甘州人；卫承恩，西宁人；官惟贤，甘州人，有传，《明史》亦有传。王修仁，直隶通州人；相希尹，山西蒲州武进士，有传。卫守备何崇德，有传；方升、王子善，有传；张凤[48]、彭鹤龄[49]、李光颜[50]。

守备、千百户王从谏，蔡旗堡守备，有传。张大纶[51]，实授百户；杨维乔，中所千户；孙重光[52]，中所副千户；李守国，管五百户；彭世臣，蔡旗堡守备；柴时华，蔡旗堡守备，有传；按，《明史》亦有传。

崇祯判官裁。知事向日茂，经历瞿见龙，教授姬文允、巩昌人；李郁、齐宗万[53]。参将方懋功，宁夏人；王之鼎，宛平人；陈愚忱，榆林人，武进士；陈大年，榆林人。

卫守备何光祖[54]、周鹰扬、戴玺[55]、刘声远[56]。

守备千百户赵御，蔡旗堡守备，有传。甄陶彦[57]，蔡旗堡守备；马良御[58]，蔡旗堡守备；夏宗禹，蔡旗堡守备；孙如业，蔡旗堡守备；张承祖，蔡旗堡守备。

是年，经历朱正芳，江南人。博学强记，精书法，善丹青，尤擅土木营造之术。尝于龙潭[59]筑木楼，高四层。远岫横空，乱峰列翠，绿荫一带，碧流四围。营造之精，犹如滕王之阁；风景之美，恰似黄冈竹楼。

《镇番宜土人情记》云：城东二十里有龙潭，俗谓之"龙眼"。有细流自溢，常年不涸，汇集成溪，入六坝湖中。顺治元年，经历朱公正芳于兹筑木楼，颜之"灵窟卧龙"，为镇番八景之一。

又曰：今有《边隅建置图记》一编，为朱公遗作也。藏于卫署，人以珍品目之。惜哉，同治兵乱，葬于兵火，殆不知其下落者久矣。

教授于景宁，真宁人，是年春三月莅任。公长于辞令，口若悬河，市人每戏之为"风匣板子。"[60] 知人善任，与之交，开诚布公，心镜可鉴，向著惠声。

参将马玘，北直人，以性阴鸷为时人恶。沉湎酒色，强纳妾奴，为人所不齿。

卫守备刘笃生，江南宣城县人，以武进士莅镇。县志列载刘公元年莅镇，其曰：

> 刘笃生，江南人，顺治元年由武进士授镇番卫掌印守备，豁免荒粮，劝民开垦，镇人至今赖之。

千总李成虬，北直人，事无考。

又，是年菊月，征召叙用邑人孟良允，辞不就。当道力疏荐之，乃补昌平兵备道。时市人讥其为"白眉"。

按，镇邑俗言，喻无坚志、易主而事之者尔。

邑人于城北三十里创建二截关帝庙[61]。

功贡许从孟弃家出走，不知所终。《搜俎记异》云：

> 镇民许从孟向以才闻，年少而美风仪。与枪杆老僧[62]善，辄驾舆往访。甲申春，从孟游山，寓尼庵中。半夜，一尼入室求与居，叱之不去。从孟恻曰："尔何鬼？敢玷吾？"尼嫣然曰："欲同尔欢，何为之怒？"言未已，踱炕前。是时，从孟觑尼容貌，明艳风姿，贤淑娇妮。尼复曰："奴乃西天仙女也，某年某月降于风尘，欲结庐人间，了此一生。今夜幸会人君，岂可失此良机耶？"言毕，即宽衣欲就。从孟惧，翻转而逃。尼亦夺门出，阻于从孟前曰："欲去何地？"转而又曰："去亦可，然奴名败于尔口，先赔奴名，再洁己身。"从孟不语。稍间，尼趋步以行，回顾嘱之曰："后会有期。"明日，从孟将事语众。正午时，忽有一仆唤之，出户寻，不复见。四处访问，不觉来至山门。正欲返，有轻风吹过，目不能睁，神志悠悠然。时老僧出寺远眺，忽睹从孟足不着地，知尼之所为也。

是年，科试贡生一员，名王万禄，官汉中府教授。

注释：

[1] 合肥：《历鉴》原作"淝乡"。

[2] 真宁：今甘肃省正宁县。

于景宁：顺治四年贡生，任沔阳训导、华阴教谕、镇番卫教授，改醴州州判。

[3] 此处卫所职官有误。弘治《大明会典》卷 118《铨选一·官制》记明初卫所官职设置数额为：卫，指挥使一员，指挥同知二员，指挥佥事四员，卫镇抚二员。所，正千户一员，副千户二员，所镇抚二员，百户十员。

[4] 嘉靖《陕西通志》卷 37《职官》记："镇番卫参将一员，指挥三员，千户十一员，百户二十二员，镇抚二员，经历一员，知事一员，教授一员。"

[5]《武职选簿》记崇祯年间镇番武官数为："指挥使八员，指挥同知五员，指挥佥事十员，卫镇抚二员。左所正千户三员，副千户八员，实授百户五员，试百户十九员，署试百户事冠带总旗两员。右所正千户一员，实授百户五员，试百户八员。中所正千户二员，副千户五员，署副千户一员，实授百户十二员，试百户十九员，冠带总旗一员。"

[6] 李端澄、李旻任镇抚为误记，见本书卷二嘉靖四十五年注 [11]、[12]、[23]。

祁杰：应为刘杰。见本书卷二嘉靖四十五年注 [14]。

[7] 马得：见本书卷一永乐元年、三年例。

[8] 吴辅：见本书卷一永乐五年注 [1]。

[9] 方贤：见本书卷一永乐八年注 [2]。

[10] 李忠：疑为守备李志，见本书卷一宣德四年注 [3]。

[11] 张俸：疑为张胜，见本书卷三嘉靖四十五年注 [15]。

[12] 张玉：见本书卷二正德六年注 [5]。

[13] 马麟：见本书卷二正德六年例。

[14] 李洪：见本书卷一正统二年注 [2]。

[15] 张名：见本书卷一正统三年注 [1]。

[16] 李权：见本书卷一天顺七年注 [1]。

[17] 孟成：《武职选簿》记其家族嫡系大房辈份依次为孟大都、孟源、孟成、孟鼎、孟清、孟堂。"嘉靖三十一年六月，孟堂，鄞县人，镇番卫中所老疾百户孟清嫡长男。"

[18] 孙堂：《武职选簿》记为孙镗，见本书弘治十四年注 [3]。

[19] 王忠：见本书卷二嘉靖四十五年注 [18]。

[20] 张浩：《武职选簿》记，"成化十七年十二月，张浩，临淮县人，系镇番卫右所百户张名嫡长男"。

[21] 罗锦：见本书卷二嘉靖四十五年注 [19]。

[22] 张玺：见本书卷二嘉靖四十五年注 [20]。

[23] 刘廷佐：《武职选簿》记，"嘉靖十五年八月，刘廷佐，年二十三岁，宛平县人，系镇番卫中所年老重升试百户刘应奎嫡长男"。

[24] 李贵：《武职选簿》记，"宣德八年二月，李贵系镇番卫指挥使李志嫡长男"。

[25] 张寅：见本书卷二嘉靖四十五年注 [21]。

[26] 徐彦章：见本书卷二嘉靖十五年注 [2]。

[27] 此说存疑。见本卷顺治九年注 [6]。

[28] 王铭：《武职选簿》记，"成化二十二年十一月，王铭，滁州人，系镇番卫指挥佥事王贤嫡长男，钦与世袭"。

[29] 吴汉：《武职选簿》记，"成化二十年六月，吴汉，六安州人，系镇番卫故世袭指挥同知吴江亲弟"。

[30] 罗福：《武职选簿》记，"嘉靖七年十月四月，罗福，年二十四岁，伏羌县人，系镇番卫左所患疾副千户罗恕嫡长男。伊父原袭百户，正德八年柳条湾功升前职"。

[31] 李震：见本书卷二嘉靖二十六年例。

[32] 李允弼：《武职选簿》记载为李胤弼。改胤为允，应是《历鉴》或家谱编撰者避雍正讳。《武职选簿》记："万历八年十二月，李胤弼，年三十二岁，高邮人，镇番卫老疾指挥佥事李震嫡长男。伊父李震原替祖职副千户，嘉靖二十年双明沙斩首一颗，升正千户；二十四年果园堡斩首一颗，升指挥佥事。嘉靖三十一年，历推宁夏等处副总兵官。四十四年失事，参降二级，与做副千户，犯该守备不严，充平虏卫左所终身军。隆庆三年九月，花马池出边捣巢，部下斩首一百七十颗，钦准复原职指挥佥事，今老。本舍照旧指挥佥事。"子李承勋。

[33] 方伯：《武职选簿》记，"嘉靖三十四年六月，方伯，定远县人，系镇番卫故指挥使方清嫡长男"。其二世祖方贤，"永乐九年正月十八日钦调镇番卫掌事，照例授流官"。

[34] 彭九畴：《武职选簿》记嘉靖三十七年十月，彭九畴，年二十岁，虹县人，系镇番卫阵亡指挥佥事彭汝为嫡长男，与替指挥佥事。又记："彭九畴原袭指挥佥事，万历二十一年推升游击，二十三年为诏论庸鄙选臣等事，提问间病故。都察院参详，彭九畴纳房畜而犯干永戍，于例似当革袭。第本犯提问未结，业已病故。"

《明神宗实录》卷294：万历二十四年二月壬子，"陕西按臣乔廷栋题参……彭九畴违旨私市，媚房海虏，自戕"。

[35] 李允白：《武职选簿》记，"万历三十九年十二月，李昌龄，年二十岁，系老实授百户李胤白嫡长男。查伊父于隆庆三年九月，征陕西固原、延绥、宁夏三镇花马池、白城子等处，斩强壮首级一颗，以并枪实授总旗，升试百户。万历二十三年五月内甘肃镇孤山寺等处斩强壮首级一颗，升实授百户"。李胤白即李允白，清代修书避雍正讳。

[36] 李承勋：《武职选簿》记，"万历三十五年二月，镇番卫指挥佥事李承勋，年三十

岁，系李胤弼嫡长男。伊父推升守备，虚冒名粮，问拟杂犯，准徙五年。照例纳银闲住，五年开俸，老。承勋系嫡长男，准替指挥佥事。比中一等"。

[37] 刘克敌：《武职选簿》记，"万历八年十二月，刘克敌，年二十四岁，定远县人，系镇番卫故降级指挥同知刘勇嫡长男。伊父原袭祖职指挥使，嘉靖三十五年犯该侵占军俸，参降指挥同知，万历四年故。本舍照例复袭祖职指挥使"。

[38] 樊英：《武职选簿》记，"嘉靖二年七月，樊英，望江县人，系镇番卫中所老疾世袭百户樊俊嫡长男"。

[39] 李天爵：《武职选簿》记李天爵即李释迦保，"年十五岁，小兴州人，系镇番卫故指挥佥事李凤庶长男。本人先因年幼，革与祖职指挥使俸优给。今出幼，仍袭指挥使"。

[40] 陈皋谟：见本书卷二嘉靖三十四年注 [5]。

[41] 马永祚：见嘉靖三十四年注 [6]。

[42] 刘以宁：《武职选簿》记，"万历三十一年二月，镇番卫右所副千户刘以宁，二十二岁，系正千户刘宗禹亲侄"。

[43] 白奉：《武职选簿》记作白凤，见本书卷三万历十七年注 [11]。

[44] 祁守谦：见本书卷二嘉靖十一年注 [1]。

[45] 辽东：明代"九边"之一，相当辽东都司的辖境。

[46] 巩昌：今甘肃省陇西县。

[47] 唐盛世：凉州卫人。见本书卷三万历四十三年注 [1]。

[48] 张凤：《武职选簿》记为襄阳县人，系故指挥使张天宠嫡长孙，万历四十七年十二月减袭镇番卫指挥佥事。

[49] 彭鹤龄：《武职选簿》记，"万历三十八年二月，彭鹤龄，虹县人，年二十六岁，系镇番卫中所故试百户彭九叙嫡长男"。

[50] 李光颜：《武职选簿》记，"天启七年十二月，大选过镇番卫指挥使一员李光颜，年二十七岁，系镇番卫故指挥使李时渐亲侄"。

[51] 张大纶：见本书卷三万历二十九年注 [5]。

[52] 孙重光：《武职选簿》记，"万历五年十二月，孙重光，年二十二岁，通渭县人，系镇番卫中所故试百户孙继祖嫡长男"。

[53] 齐宗万：《武职选簿》记为齐宗道，"嘉靖四十二年八月，齐宗道，年三十五岁，嵩县（今河南省嵩县）人，镇番卫中所试百户。"

[54] 何光祖：《武职选簿》记，"崇祯元年二月，镇番卫指挥佥事何光祖，年二十二岁，系故指挥佥事何玙嫡长男"。

[55] 戴玺：《武职选簿》记，"崇祯十一年二月，镇番卫指挥佥事戴玺，年二十三岁，系老指挥佥事戴朝聘嫡长男"。

[56] 刘声远：见本书卷四崇祯十六年注 [20]。

[57] 甄陶彦：见本书卷四崇祯元年注 [2]。

[58] 马良御：见本书卷四崇祯十五年注 [1]。

[59] 龙潭：在民勤县城东苏武镇龙一村。

[60] 风匣板子：方言，"风匣"即风箱，两端有活动风门，以木板掩之，推拉时呼吸有间，砰然作声。形容声高而语速快。

[61] 二截关帝庙：在今民勤县双茨科镇中杰村。

[62] 李注：枪杆老僧，住枪杆岭之老僧。清初，河南白马寺僧人弘一大师游方至镇主持枪杆岭，恢张旧制，扩建僧院，讲经说法，广纳僧尼，一时称河西佛教之盛。弘一精谙佛学，兼通六艺。凉州士绅多慕名谒拜。事见本书卷六康熙五十五年例。

世祖顺治二年乙酉 [1]（1645）

奉饬裁青松堡 [2] 守备。《五凉考治六德集全志》载青松堡：

本堡东连阿喇骨山，西通昌宁湖，俱贼虏出没之地。明额防守营兵，顺治二年裁革。

参将王学宇、邑绅何斯美移药王宫于城内东北隅三官庙后。

邑人孟良允升河南按察使 [3]。

饬令于蔡旗堡分都司镇守，以扼凉、镇通道。驻官兵四十二名，俸、饲由镇营供给。

是年，科试贡生一员，名甘作霖，官陇州学正。武举二名：一名马维集，官西安后营千总；一名陈良金，复进进士。参见三年丙戌例。

注释：

[1]《中国清代科举制度史·清代卷》载，明朝举人名额实行分省定额录取制，清代沿用且更为具体详细，另辟字号专门录取边远地区士子。是年，陕西乡试另编韦字号取甘肃 2 名。

[2]《大清一统志》卷 206《凉州府·关隘》记："青松堡在县西南三十里，城周一百二十丈。明天顺三年建，西北至边俱五里。旧皆设官兵戍守，本朝初悉裁。"

[3]《东华录》194 卷记："顺治二年，昌平道孟良允为按察使司佥事。"

世祖顺治三年丙戌（1646）

经历冷遇阳至镇任职，其籍、绩未详。据《奥区杂记》：

是年正月初四日，经历冷遇阳大设乡饮[1]酒筵，届席者凡六十八人。设席十桌，上席三桌，上中席三桌，下席四桌，耗银共五十余两，由课税司暂行垫付。

饬令改编凉州戍军行伍为屯丁。镇邑除免军名、令其种地者五百六十人，向纳草粮依例征收。

甘宏道、黄甲、朱英帜等三人往赴乡试，额支举人路费银每人五两二钱八分六厘七毫，在地丁银内支领。

是年，廪生仓斗饦粮五十四石五斗五升二合。

是年，举人一名，名朱英帜，中式第四十八名，官湖广攸县[2]知县。又，武进士一名，名陈良金，官福建兴化[3]游击。

注释：

[1] 乡饮：庆祝丰收、尊老敬老的宴乐活动。选德高望重长者数人为乡饮宾，与当地官吏一起主持。

[2] 湖广攸县：今湖南省攸县。

[3] 福建兴化：今福建省莆田市。

世宗顺治四年丁亥（1647）

孟良允举卓异，自河南按察使迁升浙江右布政使[1]。

北路铺舍，除红沙与大滩外，余皆废弃。是年，自大滩堡迤北三十里，至红柳园设驿所。又三十里至钟家墩设驿所，皆骑马，夫役送迎。

据旧志，镇之驿铺，设自明初。时城西南隅有驿所曰宁边，永乐年冯祯建。城南六十里有驿所曰"黑山"，天顺年指挥陈智建。城南一百四十里有驿所曰"三岔"，天顺年建。城南三十里有铺舍曰"青松"，一百里有铺舍曰"重兴"，一百二十里有铺舍曰"蔡旗"，一百七十里有铺舍曰"石羊"。而"红沙""大滩"二铺所以不载，盖因其兴废不定故也。

五月，天雨小蛙，大如胡桃，落地即能跳跃腾走，人咸以为神。

是年，科试贡生一员，名卢即兰，官至高陵县教谕。即兰为卢氏七世祖汉之子也。少英明旷达，天分过人，文名赫著，傲物不屈，有乃父遗风。终身厄于科名，授徒多有成就。老年多著述，撰《河西山川水域考略》一帙，时人推重之。

广恩谨补：天启辛酉，武举一员，名卢汉。其为即兰之父，由文生中式天启辛酉科武举，历任镇番营千总。天资英敏，赋性滑稽，博学傲物，兼精骑射，人谓有大将风。惜乎过于鲠直，终以傲上见斥，死年六十三岁。今城北有卢千总教场，盖公之陈迹也。

又，前卫守备刘笃生调职离镇。其在镇时，镇人拥戴，即行，民人挽辕而送。旧志载其传曰：

刘笃生，江南人，顺治元年由武进士授镇番卫掌印守备。豁免荒粮，劝民开垦，镇人迄今赖之。

按，旧志将顺治元年误作顺治六年，字形相近，校刻不慎所致也。

卫署劝民种麻[2]，城近潮湿之地尤能广种丰收，且质绝佳。

注释：

[1]《东华录》194 卷记，顺治四年，孟良允为河南布政使参议兼按察使佥事管按察使事。顺治九年，由河南管按察使参议道迁为浙江按察使司兼参议管布政使事。

[2] 麻：指桑科大麻，民勤主要用于榨油、取其纤维造纸、制作绳索等。

世祖顺治五年戊子（1648）

是年，科试贡生一员，名何孔述。

《镇番县志》载其传曰：

何孔述，字怀古，知县斯美子。颖悟非常，日记数千言，髫龄食饩。顺治五年，逆匪丁国栋[1]、马腾金等在秦、陇、甘山间啸聚匪徒数万，推伪帅米喇印[2]为盟主，自甘东向。所过屠掠戮逐官僚，僭据曹署，搜刮富宦，涂炭生民。凉州总兵张鹏翼[3]、副将毛镔[4]死之。匪党贴清泰逐镇番参将马玘自立。时，吾邑张龙门谋勇兼全，为贼胁致麾下，非其本心。密遣朱运开赴甘行反间之计，潜约龙门为内应。计成，归语孔述，缘总督孟乔芳[5]奉命讨匪，鞭长不及。孔述与被逐参将马玘协同乡绅王子胁、邓万钟、段可举[6]、何孔成、卢愈兰等密练民兵千余，复借士达数千，于五月初二日夜分起兵。时，三城门俱为贴匪所屯，士达率兵至城下，孔述怂恿民兵李国瑞等拥赴东门，砍其门，引士达、赵木赖等入城，复令刘化成先擒一匪枭示，民兵黄溢灿等应之。衣彩为号，阖城雷动，沿街掩杀。复招诱余党于元真观、关帝庙内火之，逆匪遂无遗种。国栋西逃，腾金、喇印相继伏诛，孔述与朱运开又救龙门于鼎镬之下。事平，以孔述为功首。总督孟乔芳嘉其功，檄署本营参将。莅任数月，兵民贴服。孔述辞，以科名显，是年选拔，旋登贤书。孟公闻之叹曰："何生果有大志，真文武才也。"年四十六卒，无子，人共惜之。弟孔成，同时剿匪有功，嗣由武进士官湖广夷陵州[7]右营都司。

又，《镇番宜土人情记》所载，与右略同，所不同者，兹复录之：

五月初二夜分起兵，从东门斩杀。先擒匪斩之，沿门枭示，士民相应者数万。假以招安为名，诱其党于玄真观、西关帝庙内火之。复沿街剿杀，逆匪遂无遗种。孔述公曰："镇，蕞尔邑也，不可以保。"因率众而南。凉郡闻风，亦以乡民应之。贼据城坚守，会总督孟乔芳奉命征讨，合兵一处围之。国栋西遁，腾金据城，残杀百姓不下万余人。阴谋佯降，狡志百出。后设奇计剿之，城社晏安。事平，孟督辖以公为功首，檄署本城参将，令统义兵追击国栋余党。至肃州，栋遁出口。公撤回镇，在署七月辞职，愿以科名显。即以是年拔贡，考定通判。顺治辛酉，获隽捷报至。孟督笑曰："何生果有大志，真文武全才也。"惜才未大展，年四十六而卒。有何氏十二世孙其烈公为作碑记云："逆匪之变，猖獗极矣。祖以一介书生，挟弹丸之镇，首众靖乱，好谋而成。虽多士协心，人情顺应，固邀灵长福。然势处累卵，谁能必未定之心，奋臂一呼，携半生，烬余生，摧亿万腥膻之大敌哉？及至勋勒金石，威伸华夏，封侯万里，已有明命矣。孰意功成谢爵，奋志芸窗，不屑赳赳之任，力图凌阁之名，脱再假之年，所就未可量也。乃年正壮，一旦修文，天下惜已！迄今捧读破匪诸诗，老干沉雄，英姿勃勃，不减助阳风度。是忠肝义胆凝结而成，岂与雕虫呫哔者等耶！"

是月，匪乱。千百匪卒至镇掳掠。参将马玘抵御不胜，被解职。乡民时有群聚抗之者，敌我皆多死伤。

五月，元真观及观后关帝庙、乐楼着火，烧死逆匪甚众。是月初二日，何孔述等起兵剿匪，详如前述。

秋，邑人何孔述率兵丁自县城至蔡旗堡，沿大路增设烽墩八座。于县治西南十五里筑燕儿沙窝墩，南接重兴堡墩，北接俞家明沙窝墩。于县治西南一百里筑重兴堡墩，南接苦水墩、黑泉湖墩，北接燕儿沙窝墩。于县治西南一百一十里筑苦水墩，南接下团庄墩，北接重兴堡墩。自此偏右五里，又筑黑泉湖墩，与苦水墩对峙，南通永昌大路，北接重兴堡墩。于县治西南一百二十里筑张家腰墩，南接月牙湖墩、河口墩，北接蔡旗堡墩。于县治西南筑月牙湖墩，南接武威属之三岔堡，北接上团庄墩。于县治西南一百三十里筑河口墩，南尽川界至武威，北接张家腰墩、上团庄墩，与月牙湖墩对峙。

广恩谨按，类若蔡旗、重兴诸烽墩，早于世宗时即已有之。而顺治间为御匪乱，不过重整规模，加筑墙垣而已，非其时所创修者也。

是年，于县境内剿匪。指挥徐文正与邑庠生祁文灿俱战殁十里墩，有碑记。

《镇番宜土人情记》云：

祁文灿，庠生，百户祁恩[8]子，英勇善战。顺治五年剿匪之役，战殁昌宁湖[9]。

《五凉全志·回类》例：自顺治五年剿灭之后，根株尽绝，其生存者亦流寓别县，故镇无回种。

广恩谨按，想异族亦吾国之一邦，纵有逆党叛乱，以兵燹相加可矣。黎庶生民岂能根株尽绝，公平乎？

又，邑人朱运开偕参将马玘、何孔述合撰《剿匪纪略》，记述缜密。今谢氏书屋尚存残编，洵属至文。

按，运开，据《五凉全志》载：

字文天，廪生，蔡旗堡人，长于古学。顺治五年，逆匪丁国栋、马腾金在秦、陇、甘山间啸聚匪徒数万，自甘东向，所过屠掠，凄惨万状。凉州参将张鹏翼、副将毛镔死之。逆匪贴清泰逐镇番参将马玘自立。何孔述时为庠廪，密谋于朱运开曰："吾邑张龙门勇而多谋，今为贼胁致麾下，若得龙门为内应，灭匪易矣。"朱以反间计赴甘，挺入匪营，卑辞媚米[10]，潜约龙门为阳顺阴违之计。归语孔述，合计于五月初二日夜分起兵，内外相应，所向披靡，逆匪遂无遗种。中军庞应奇[11]与匪战于城南，死之。其妻张氏自缢殉节。运开，《剿匪纪略》记为"贞烈"。

是年秋，因多雨致红沙、大滩等铺舍墙垣坍塌多处。而钟家墩驿舍虽有屋三椽，其实极敝，已不可居矣。各铺驿卒每蹒跚旁舍。因所领工食甚少，加之沿途铺店货价踊贵，故每常夜宿荒野，司卒役夫不免怨声时起。而邮书每具，呼召即觉为难。即得以给发，亦难免延期也。冬，众议欲治，惜库无蓄资，竟觉束手。后谋自车辆派税，依每车例额五分一厘，共聚一千余两。明年春，即行修复矣。

是年，前经历冷遇阳迁职，山东赵悦任。前参将马玘卸职，定边王万成[12]莅任。前中军守备千总李成虬辞退，宁夏孟化凤莅任。

注释：

[1] 丁国栋：明朝驻防甘州（今张掖）军官。与米喇印等人于顺治五年三月杀死甘肃巡抚张文衡等，拥立明延长王朱识锛，以"反清复明"相号召。丁国栋留守甘州，米喇印领兵东进，连克凉州、兰州等城镇，"关陇大震"。顺治六年十一月，丁国栋及主将黑承印（黑二）被清军俘虏。顺治七年正月十五日，多尔衮下谕"丁国栋、黑二着就地立斩"。

[2] 米喇印：明甘州军官，与丁国栋叛乱后进据兰州，在靖远县遭遇清军战死。

[3] 张鹏翼：辽东昌平人。

[4] 毛镔：直隶人，顺治初年任。

[5] 孟乔芳（？—1654）：字心亭，直隶永平（今河北卢龙）人，汉军镶红旗。父孟国用为宁夏总兵官。孟乔芳原为明朝副将，坐事罢，家居。崇祯三年（1630），清兵入关围城，孟与知县张养初等15位官员出降。后明军夺取滦州（今河北滦县），清军弃守永平并屠杀城中百姓。张养初等降官11人遇害，孟乔芳等4人得以幸免，随清军返回辽阳（今辽宁辽阳），改封刑部左侍郎。顺治二年起任陕西三边总督，先后扫平关中及甘肃米喇印、丁国栋等叛军，进封兵部尚书，加太子太保，谥忠毅。赵尔巽《清史稿·孟乔芳传》："太宗拔用诸降将，从入关、出领方面，乔芳绩最显。"

[6] 段可举：镇番人，崇祯十三年功贡，官山东海门县知县。清初弃官归里，顺治五年与何孔述、朱运开剿匪有功。

[7] 夷陵州：今湖北省宜昌市。

[8] 祁恩：《武职选簿》记为嘉靖年间（1522—1566）人，其孙祁守谦为万历年间（1573—1620）人。按时间计算，清顺治年间的祁文灿，不应为祁恩子。道光《重修镇番县志》记祁文灿为："庠生百户恩曾孙。顺治五年，剿匪之役，同指挥徐文正俱战殁，

十里墩有碑记。"

[9] 昌宁湖：李玉寿先生认为《历鉴》前作"战殁十里墩"与兹"战殁昌宁湖"实为一地，均在昌宁湖一带。

[10] 米：指米喇印。

[11] 庞应奇：靖远卫人。顺治五年署镇番营中军守备，战殁于阵。

[12] 王万成：顺治五年随督宪孟乔芳剿匪。六年授镇番参将，勇敢御敌，身多被创。调江西建昌参将，后升授浙江宁波副将。

世祖顺治六年己丑（1649）

邑人王慎言阖郡举优，学宪以"澹台原宪"褒勉之。旧志载其传曰：

王慎言，顺治六年岁贡。家贫，耕读自乐，阖郡举优。年九十余以寿终。

邑人何斯盛与兄斯美率兵战土寇于山西翼城县。十一月河干之战，斯盛遇难。翼城百姓感其护城之功，为立祠庙，塑像祀之。时为平阳一府盛会，香火之盛，过于关帝。兹录"何二翁[1]保守全城、护救阖县功德碑"文：

何二翁，讳斯盛，号际韶，陕西甘肃镇番卫世家。勋著秦邦，为明时山海总督标下钦依督司。顺治五年，胞兄何老父母奉命来莅兹土，公随任辱临敝邑。顺治六年三月，内贼犯境，蹂躏东南一带。我公南征东拒，执获许多首级，生擒许多逆谋，夺回许多骡马，已操全胜之局矣。继而，南常乡告急，贼集草束，距城头咫尺许，数千性命指顾间耳。公跃马救援，始闻风而逃，令阖邑肖像祀之。

至本年七月十六日，陡遭贼党七八万蜂拥桐城[2]，凡九昼夜，殆哉岌岌乎！阖城之人手忙脚乱，几以城与敌。幸邀我何老父母署玉同心，首为倡率。九昼夜目不迷睛，夜不解带，食不及咽，极力捍卫之。犹恐仓惶失措，人心滋惧，寓从容于危急之中，缓颊以谕曰："有吾斯盛，可恃无恐。此身可捐，此城必不可失。"与士卒歃血苦盟，以矢天日。于是，众相鼓奋，始敢明目张胆。或矢石交加，或火炮相击。一处有衅，必请公御之。彼时，非无架云梯以图城者，非无负锹镢以掘城者，又非无群贼乱呼曰"此处已上"，饰词以摇动守城之人心者。而公色象不变，大约击死者千有余贼，而贼党始废然返矣。噫，倘非我二公大有臂力，大有智谋，大有胆略主持者，效死勿去，窃恐城破之日，盈城被杀，妻女被掳，残辱尚忍言哉！且不止此也。国法森然，失城者必有一冼，恐玉石又难分也，后患其奈之何！言念及此，何日忘之！

勑意曾不悔祸，有寇自上党[3]来者，公发怒冠冲，单骑径往，虽有附徒，缓不及至。迨至东河之堤，以一敌百，众寡之数不胜也。虽舞剑杀死者多人，然援兵失后，而公竟见殒矣。临终自折数矢，恐为盗资，口口喷血骂贼至死。其尸僵立不仆，殁后之容俨然如生。且公虽在兄任间与敝邑无官职之衔，无守城之责，为救阖县，竟以身殉此，不但海内所未有，亦千古所罕见者，痛哉哉！

至于英魂不散，时显灵威，贼营感梦相戒。誓南常肖像享赛，近城忽黄风飚座下，直冲碧汉，有甲兵奔腾声。时，潞[4]贼有降者一人，偶入庙，见像鞭之曰："这汉子伤我许多好汉，如何在此？"当夜人马俱毙，邑中竞传神异。及建祠战场，河水南注，人患其浸祠也。祷于前，逾日水忽北徙，岂非恩斯勤斯，犹作厉以绵呵护哉！

人心三代，于今不泯。公议于县治街东，已建何老父母生祠；于北门外东，已建何二公祠庙。窃又思之孟夫子叙舜、文[5]曰"生于诸冯，卒于鸣条"；"生于岐周，卒于毕郢"。其所卒之地，足记也。而况杀身成仁，舍生取义之处，顾泯泯也已乎？公议于河堤战场，崇立祠庙以报之。入门建乐楼，歌舞扬功也；中亭建大殿一座，肖神奉祀也；次后建堂一座，明德荐馨也；又次后垒坟冢一邱，安土宁神也；又后立窑亭一所，屏翰神营也。而至于坊牌两竖，墙垣百堵，树株盈林，无非崇庙貌、壮生气也。且面前绿水，左右青山，无非颂先生之风。山高水长，永不朽也。巍巍之功，荡荡难名。拙不敢溢词过情，聊以示奕世之奉祀者，有所考证云。

赐进士第巡按江南等处监察御史邑人松茇上官铨顿首拜撰文

又，松茇公撰《际韶公翼城平寇序》。为佐史考，亦不妨照录于兹：

余尝历览经传，而见古来名勋硕辅，如奏功方叔[6]，莫邦吉甫[7]，平原[8]范雎[9]，其功捍社稷，泽被苍生，虽其德量有余使然，亦皆秩禄在躬，分固应尔。夫躬不膺爵土，责不系民社，而能排难解危，奠生民于再造，保城社于万全，未有如际韶公何老先生者也。

先生为敝邑何老父母胞弟也。幼习韬略，胸藏甲兵，在先民即夙称韩范。迩以敦手足之谊，驾临敝邑。适值崔苻窃发，先生遂提袂振臂，督率壮勇，歼厥渠魁，威名已灌贼耳。未几，蟊贼数万猬集城下，攻击凡几昼夜，举城为之汹涌。先生乃亲冒矢石，登埤指挥，御众如家人妇子，众遂长城倚之。且缒城设伏，贼始沮伏而去。嗟夫，翼民数百年未经之祸乱，先生不远数千里而来为之解救，天人遇合，信有宿缘，非偶然也。以视他郡，城邑破毁，妇子流离，翼境无如登蓬阆乎？

昔人有渡蚁喂雀，恩及微物，尚受无穷衔报。矧先生捍卫一方，普救亿万生灵，其功德为何如者？真所谓再造之恩，万全之德。无爵而奠民生，无责而保城社，古今烈丈夫中，所仅见者也。方今天子设坛，推毂隆阃外之任，以先生智勇应之，系金肘后在指日矣。

余客岁抵里，家居载余，寇氛薄城。余家受祸独深，余之借庇于先生者独重。谨援笔铺叙其一二，实不能揄扬其万一。盖先生之功德无量，心可得而钦慕，口不得而多言。余亦与阖邑之绅衿百姓，同焚香顶戴其高厚而已。是为序。

左附《际韶公像赞》：

关岳尔后，谁是忠良？睹此尊像，堪与颉颃。看看仪容，正大想想。虽然手足重义，未必英雄轻亡；只因胸藏万甲，肩担五常。欲无愧乎天地，故有功于家邦。噫！看得破，敢为敢做；丢得开，不躲不藏。捐躯一旦，苦也实苦；庙祀千秋，香乎不香！

广恩谨补：余平素喜集诸家"像赞"，以为可以窥见地方人文之大概。日积月攒，居然得千余帧之多。民国七年，居家养疾，寂寞无聊，遂将箧中所有厘出次序，精选上乘者四百三十篇，按年先后编辑成集，取名《镇番像赞荟萃》。今检其中有《何公际韶与其妻杨氏双像赞》，不妨亦补录于左：一个披盔贯甲，一个顶冠裘裳。一个秉坤之顺，一个体乾之刚。一个钢肠铁面，一个玉洁花香。一个无官尽节，一个有子成行。一个万军中争义气，一个四德里数贤良。一个举家恩泽溥，一个报国姓名扬。噫，皇天无亲，惟善是辅。知公夫妇如此，自然子孙绵长。

岁末，掌印守备刘笃生豁免荒粮，颁发开垦执照，镇民啧啧称颂焉。

注释：

[1] 何二翁：何斯盛兄弟序行为二，故称何二翁。

[2] 桐城：古地名，在今山西万荣县西。

[3] 上党：在今山西省长治市。

[4] 潞：潞县，时属上党。

[5] 孟夫子叙舜、文：见于《孟子·离娄下》，"文"指周文王。

[6] 方叔：周宣王时贤臣，方氏的始祖。奉命征伐淮夷，击退北方少数民族狁，为周室中兴功臣。诗经《采芑》即为方叔元老克壮其猷的赞誉。

[7] 吉甫：指周宣王贤臣尹吉甫，曾率师北伐狁至太原。《诗·小雅·六月》："文武吉甫，万邦为宪。"后代诗文中多以之作贤能宰辅的典型。

[8] 平原（？—前253）：嬴姓，赵氏，名胜，东武（山东武城）人。东周赵惠文王和赵孝成王时任相，号平原君。

[9] 范雎（？—前255）：字叔，魏国芮城（今山西芮城）人，秦国宰相，封地在应城，又称为"应侯"。

世祖顺治七年庚寅（1650）

山西翼城人民感于何公斯美护城之功，为立生祠于县城东街。是时香火绝盛，胜于关岳。

又，何二公祠堂已于六年破土，七年五月竣工。

奉文于县治东西北三面增筑烽墩，以补原来之残缺。于东边甲方二十五里筑新六坝墩，南接赵百户墩，北接石嘴儿墩。于东边甲方二十里筑赵百户墩，南接龙潭墩，北接新六坝墩。于东边卯方二十二里筑羊路墩，南接中沙嘴墩，北接龙潭墩。于东边乙方二十里筑中沙嘴墩，南接新墩，北接羊路墩。于东边辰方十五里筑新墩，南接明沙嘴墩，北接中沙嘴墩。于西边戌方二十里筑马合沙窝墩，南接城北墩，北接白台子墩。于北边子方二十里筑天池墩，东接杜家庄墩，南接大暗门墩，西接水口子墩。

何孔学由功贡出任北直杨村[1]通判。旧志载其传曰：

何孔学，知县斯美子，崇祯十五年功贡，历官北直杨村通判，左迁浙江按察司经历，调海盐县知县。镇番沙压陪粮甚多，孔学剀切陈之御史，豁免三百余石。

子铦，知县，有传。

树森按，旧志作孔学出任北直，时在崇祯十五年，而《五凉志》《镇番宜
土人情记》诸书均作顺治七年，余从后说。《镇番宜土人情记》载其传曰：
公讳孔学，字奎轩，知县斯美次子。顺治七年由功贡出任北直杨村通判。杨村
为响马出没之区，公擒获有名大贼数十，村境宁息。调浙江按察司经历，署
绍兴上虞县事，又调海盐知县。有政声，性孝友，轻财好施。在京与御史何
交善，嘱题请豁免镇番荒粮数千石。翼之寇，公叔怀远翁为沈部院所害，贼
复大至，阖城惶恐，无所措手足。公会在京师，调官候补，以其隙至翼城省亲，
领父命带本县新兵及家丁等与贼战于中堡城下。设奇发伏，假贼衣帽闯入其营，
内外夹攻。贼势大溃，追杀十余里。遇怀远翁显圣，复阴推一阵，翼城自此
又安。

注释：

[1] 北直杨村：今河北省保定市定兴县。

世祖顺治八年辛卯（1651）

八月二十一日，孟良允夫妇锡封制诰。

奉天承运皇帝制曰：国家推恩而锡类，臣子懋德以图功，懿典攸存，忱恂以勖。
尔，浙江按察司副使兼布政使司右参议管右布政使事孟良允，慎以持躬，勤以莅
事，服官有日，荐历监司。既奉职以无愆，复率属而克谨。式逢庆典，裁沛新纶。
兹以覃恩，特授尔偕中大夫，锡之诰命。于戏！式弘车服之庸，用励显扬之志。
尚钦荣命，益矢嘉猷。初任昌平兵备佥事，二任河南布政使同右参议兼按察司
佥事管按察使事，三任前职。

制曰：靖其尔位，良臣既效其勤，黾勉同心，淑女亦从其贵。尔，浙江按察
司副使兼布政使事孟良允妻李氏，克娴内则，能贞顺以宜家；载考国家，应襃嘉
以锡宠。兹以覃恩，封尔为恭人。于戏！敬为德聚，实加儆戒以象成；柔合女箴，
愈著匡襄以求赉。

顺治捌年捌月贰拾壹日

貤赠孟良允父母孟一鲤夫妇制诰。

制曰：兴孝惟君，锡类弘昭报本，教忠自父，服官敬用承家。尔，孟一鲤，乃浙江按察司副使兼布政司右参议管右布政使孟良允之父，道在褆躬，爱被统纶之重；志在作室，式宏堂构之遗。兹以覃恩，赐尔为中宪大夫，浙江按察司副使兼布政使司右参议，锡之诰命。于戏！恩逮所生，弥表象贤之美；荣施下壤，益彰燕翼之庥。

制曰：疏恩将母，弘推锡类之仁；移孝作忠，均且显扬之念。尔，浙江按察司副使兼布政使司右参议管右布政使孟良允母王氏，爱子能劳，笃义方于杅柚；相夫克顺，端令范于闺闱。兹以覃恩，赐尔为恭人。于戏！象服昭荣，韦荷廷纶之宏；熊丸遗教，永流泉壤之辉。

制曰：劬劳罔间者，鞠子之深恩；褒恤惟均者，劝忠之大典。尔，浙江按察司副使兼布政使司右参议管右布政使事孟良允继母樊氏，相夫必敬，克嗣乎前徽；勖子成名，不殊于己出。兹以覃恩，赠尔为恭人。于戏！承明命之有赫，宠被华池；昭德音于不暇，宠貤黄壤。

顺治捌年捌月贰拾壹日

树森按，孟良允又作孟良胤[1]，参见前传。

注释：

[1] 李注：镇番《孟氏宗谱》记孟良允原名孟良胤，后避雍正帝胤讳，改良允。然孟公生于明末，获仕于天启，经甲申之变，已步入中年，至康熙20余年间，即以75岁之龄卒于故里，后距雍正帝近40年，何避讳之有？果如《孟氏宗谱》所言，必是孟公身后之事。死人避讳，古已有之，姑且信其实。但，既如是，则本书援引前两"制曰"中俱作"孟良允"，岂非谬误哉？播远公不察？传抄者糊涂，无以为榜，难定是非。暂且存疑，待考。

清乾隆《四库全书》卷121《浙江通志》为避讳作"孟良尹"。

世祖顺治九年壬辰（1652）

何孔学调任浙江按察司经历署绍兴上虞县事。

何孔成以科试武进士任兰州抚院[1]门下旗鼓，旋调龙泉关[2]守戎，升湖广夷陵州右营都司。

奉饬颁刊卧碑[3]一通，置于明伦堂，晓示生员。碑记附：

朝廷建立学校，选取生员，免其丁粮，厚以廪膳，设学院学道学官以教之，各衙官以礼相待，全要养成贤才，以供朝廷之用。诸生皆当上报国恩，下立人品，所有教条开列如后。

一、生员之家，父母贤智者，子当受教，父母愚鲁，或有非为者，子既读书明理，当再三恳告，使父母不陷于危亡。

一、生员立志，当学为忠臣清官，书史所载忠清事迹，务须互相讲究，凡利国爱民之事，更宜留心。

一、生员居心忠厚正直，读书方有实用，出仕必作良吏，若心术邪刻，读书必无成就，为官必取祸患，行害人之事者，往往自杀其身，常宜思省。

一、生员不可干求官长，交结势要，希图进身，若果心善德全，上天知之，必加以福。

一、生员当爱身忍性，凡有司衙门，不可轻入，即有切己之事，止许家人代告，不许干与他人词讼，他人亦不许牵连生员作证。

一、为学当尊敬先生，若讲说皆须诚心听受，如有未明，从容再问，毋妄行辩难，为师亦当尽心教训，毋致怠惰。

一、军民一切利病，不许生员上书陈言，如有一言建白，以违制论，黜革治罪。

一、生员不许纠党多人，立盟结社，把持官府，武断乡曲，所作文字，不许妄行刊刻，违者听提调官治罪。

本邑参将王万成，定边人。顺治五年，逆匪掠陇西，随总督孟乔芳剿匪有功。六年，授镇番参将。训练有方，每遇敌流矢贯肘及颊，略无回扰，军中莫不惊其胆勇。后调江西建昌[4]参将，旋擢浙江宁波副将。孟公良允感其建功于家籍两地[5]，因于是年特制“游府衙署碑”，撰文以记之云：

镇邑为五凉重地，昔汉置股肱时，姑臧即处一焉。迨明嘉靖十七年改设参将[6]，相延非一朝夕。我大清荡扫流氛，恢复大统，河以西员秩俱仍其旧。乙酉[7]以前，庖代者有如传舍。及庚寅[8]岁，显翁王老公祖[9]骁勇凤著，从督台孟大司马[10]戎行剿叛，多大勋。乃上其名于御屏，遂简畀兹土。尔时，银夏套彝启疆犯顺，公深入截杀，躬冒矢石，而名益震。再闻之上，上甚悦，特颁敕印各一。赫赫铜符，五色云中贲下；煌煌纶绋，九重天上衔来。今而后，顾名思义，所当益竭丹衷，勉图后效，敢跱步阽越，以遗圣天北顾之忧耶！后之视今，亦犹今之视昔。异日奉尔命而继武功者，欲于旗常竖不朽，先于衾影问乃欺，得已恤军，勒琨珉以垂史册，直大将军分内事，封建岂异人任哉！允不揣固陋，率笔纪实，聊以代燕然一片石，咸知所观感云。

顺治九年岁在壬辰夏五月吉旦，越藩使前户、兵两部主事孟良允顿首拜撰

县治东二十五里有苏武山，相传汉苏武尝牧羝于此。旧有苏武庙，建于何代已无从考，历代屡有修葺，至圣朝大有规模。是年九月重阳，遵古之遗义，恢复"驼羊会"。至时，阖县士庶官民云集苏武庙前。百乐杂伎，各显其能；车马辐辏，在在成市。驼羊牲畜蚁集山上山下，叫卖之声此起彼伏。并有赛驼之举：选精壮骟驼五十峰，列阵如堵，锣声为号，颠狂奔竞，沙尘蔽日，以优胜者为冠。县事为挂绶带，鼓乐演成升平。蒙泉处汲水者摩肩擦踵，牧人得之六畜可保无疫，人饮之则四季安康和顺矣。凡七日。

注释：

[1] 抚院：明制，各省巡抚例兼都察院右副都御史或右佥都御史衔，故又称抚院，清沿袭。

[2] 龙泉关：明长城重要关隘，位于河北省阜平县西部的龙泉乡。

[3] 卧碑：《明史·志第四十五·选举一》记，"（洪武）十五年，颁学规于国子监，又颁禁例十二条于天下，镌立卧碑，置明伦堂之左"。清顺治九年，清政府颁行新卧碑，通令全国刊刻于各地学宫明伦堂之左，作为禁条晓谕诸生遵守，称为《训士卧碑文》。《历鉴》所记字词有误，此处依《钦定大清会典事例》卷337校正。镇番"生员守则碑"初刻于清顺治九年，重刻于清嘉庆二十四年（1819），原置于明伦堂。1979年发现于民勤一中院内，现藏于民勤县圣容寺内。

[4] 建昌：古邑名，在今江西省南城县。

[5] 家籍两地：王万成系定边籍参将，任职镇番、江西、浙江等地，故有此说。

[6] 李玉寿先生认为此条诸志有分歧，一为《五凉志》作"嘉靖二十四年改设参将"，二为《道光志》作"嘉靖三十七年添设参将"，三为《历鉴》嘉靖三十四年例载"是年额设参将一员"，究难定论。

以上三者记载均有误。《明会典》卷126《镇戍一·将领上》记："镇番参将，旧设，

后改为守备。正德四年改设。"《明武宗实录》卷 64 记：正德五年（1510）六月，"分守镇番右参将李恺夜率马步军出城袭贼所，斩首四十一级，获马驼一百二十余匹，器械甚众。获赐金织飞鱼文绮一袭"，可证镇番参将设立时间在正德四年。

[7] 乙酉：即顺治二年。

[8] 庚寅：即顺治七年。

[9] 王老公祖：指王万成。

[10] 孟大司马：指孟乔芳。

世祖顺治十年癸巳（1653）

三月，垦民甘维敬于瞭江石地掘得古冢一处。有内室三，进深八尺，宽五尺，高七尺余。壁周均系青砖砌造，正室以石为榻。有尸骨二具，首南足北，左长而右短，疑为夫妇。首部有绿石如珠，有开孔者，有无孔者，识者以为饰器。足部置巨瓮二，以石作盖，内储菽黍半瓮，然已朽不可食也。偏室无榻，亦藏器物之所。有陶马六乘，偃卧者四，站立者二。站立者具鞍辔挽缰之属，绿釉敷面，新翠如初。惟马耳、马蹄为白色。有盔甲铁胄残物，知死者原系行伍中人。

又闻，该处并有古冢数十丘，类金砖室，且多有陶物。《搜俎记异》谓其处即汉之武威郡县所也，未知确否？所据明人渠世楷诗："瞭江石高连碧落，不见长江天际流。欲问骠骑今何在，惟余古城千年愁。"古城今犹存之，在瞭江石墩西。城垣颓废，半为沙拥。时有古钱为风析出，皆汉之五铢也。

邑人何孔述移建城西关宝塔寺于城内西街，孟良允作记。

世祖顺治十一年甲午（1654）

是年，城内建都督坊在西街，副总兵何崇德立。

继之，又建云程鹗荐坊在西街，举人李相立。

冬，大雪连日不止。天地浑然，乌鹊与人争食。方霁，奇冷无比。西风瑟瑟，人每畏寒而不敢出户。童谣：

雪儿下，雪儿大，七天八夜才下罢。树低头，房压塌，老汉冻的不说话，儿媳妇冻的叫达达[1]。哎哟，叫达达。

雀儿飞，鹞儿追，一追追到屋里边。柳根火，光是烟，呛的雀儿泪涟涟，抓住鹞儿犒犒嘴。哎哟，犒犒嘴。

注释：

[1] 达达：亦称"大大"，方言，对父亲的称谓，山西、陕西、山东等地常用。

世祖顺治十二年乙未（1655）

西河溃崩，哈喇海[1]黄浪涛天。阅月洪水稍退，沟壑湖岸，遍陈畜尸。一二月间，其臭冲天，牧人避而远之。有司佣夫掩埋，恐疫病肆虐焉。然前灾未及敉定，八月初连降大雨，凉州各渠汇潴下流，致西河大堤顷间溃决，沿河村庄田亩均被重灾。柳林湖地方漫延成海，牲畜淹没者无计其数。有司奏请赈济，其果未详。

注释：

[1] 哈喇海：或称"哈喇鄂模""哈喇海谟"，或"沙嘛泊"，皆蒙语译音。李玉寿先生认为实即今之昌宁湖，然此处似不指昌宁湖，而特指青土湖或白亭海。因西河倒失之水，一路东下，直贯柳湖，不可能逆流而上，而入昌宁湖。

世祖顺治十三年丙申（1656）

蒙人弃小青山煤窑，县民继之开采。岁纳租银七十两，原征税银四十两。

前经历赵悦迁职，顺天平谷县[1]拔贡倪尔谐继任。

广恩谨按，今圣容寺藏经阁鎏金匾为倪公所书，笔力遒劲，铁篆横风，知其为书法大家。

经历倪尔谐于十月某日设筵酬宾，届席者竟八十六人。设席一十二桌，耗银一百二十两余。

广恩谨按，饮燕之事，人之常情，吾祖何屡列不烦？且人数、桌数、耗银数，一一查实，次第开出，可谓用心良苦矣。其有谮意乎？观镇邑民风，昔时俗美而风淳。清定天下，兵战渐息，人民勉可安业，于是渐生怠惰侈靡之气。排场争比,靡费相竞。盈实之家甚嚣尘上,贫贱之户何曾认输?婚丧嫁娶,节庆喜吉,更复争强斗胜,张狂布置。楚王有细腰之好,宫中焉有肥硕之人?是故当道率尔,民间效尤;绅衿若是,庶民若而是焉。祖乃明察,而不便明斥,照直陈述,读之者心鉴。

注释:

[1] 平谷县:今北京市平谷区。

世祖顺治十四年丁酉(1657)

杨端宪从靖逆侯张勇[1]征吴逆[2]叛党马宝[3]、王辅臣[4],以军功升知州。历四升,旋改工、刑二部郎中[5],历官至浙江宁绍台道[6]。旧志载其传曰:

杨端宪,字尊度,霍州州判佩之子。顺治十四年举人,从靖逆侯张勇征吴逆叛党马宝、王辅臣,以军功升知州,历四升,旋改工、刑二部郎中[6],历官至浙江宁绍台道。宦游四十余年归,惟图书数箧而已。晚年家居十余载,日与亲友言欢,脱略礼数。八十卒于家。

广恩谨按,果有如此好官邪?余半生见得好人到处有,好官无一个。

是年,丁酉科甘肃十学,东至平番、西宁,西至肃州,题请另编闱字号于通省,举额七十九名内,闱号分中二名。

是年大馑,乡民外徙者争前恐后,阻之不从,田亩多荒废。即冬,饥寒交替,柴米奇贵,阖邑军民有朝不保夕之虞。有司奏报络绎,巡抚佟延年[7]题《免编审丁徭疏》,无果。

注释:

[1] 张勇(1616—1684):字非熊,陕西咸宁人,明甘州副将,顺治二年降清,以平米剌印功升总兵。顺治十八年迁云南提督,康熙二年(1663)命还镇甘肃,任甘肃提督,节制甘肃、宁夏、西宁、安西四镇总兵。康熙十二年,云南吴三桂反,陕西提督王辅臣亦叛,勇督兵进剿。康熙授勇靖逆将军,勇兵败王辅臣,收复平凉、庆阳、巩昌,进一等侯,加少傅兼太子太师。

[2] 吴逆:吴三桂(1612—1678),字长伯,一字月所,明朝辽东人,祖籍江南高邮(今江苏高邮)。明崇祯时为辽东总兵,封平西伯,镇守山海关。崇祯十七年降清,在山海关

大败李自成，封平西王。康熙元年，吴三桂杀南明永历帝于昆明。同年，晋封为平西亲王，与福建靖南王耿精忠、广东平南王尚可喜并称三藩。康熙十二年下令撤藩。吴三桂自称周王、总统天下水陆大元帅、兴明讨虏大将军，发布檄文，史称"三藩之乱"。康熙十七年，吴三桂在衡州（今衡阳市）登基称帝，国号大周，建都衡阳，建元昭武，同年秋病亡。

[3] 马宝（1628—1699）：或称三宝，陕西隆德（今宁夏固原市隆德县）人，李自成入北京时（1644），马宝擢升老营副营总。康熙五年调曲靖武营总兵官，十二年十一月，吴三桂反清复明，封宝国公，衔为铁骑总管将军。后挂大将军印总统，衔为兵马大元帅。二十年（1681）反清兵败，匿迹岱港。

[4] 王辅臣（?—1681）：山西大同人，明末随山西大同守将姜瓖反清，后降清，经洪承畴保举，官至总兵。康熙时调王辅臣为陕西提督，镇守平凉。三藩之乱时畏罪自尽。

[5] 工、刑二部：工部，为掌管营造工程事项的机关。刑部，主管全国刑罚政令及审核刑名的机构，与都察院管稽察、大理寺掌重大案件的最后审理和复核。

郎中：清朝六部以下设司，司设长官郎中，分掌各司事务，为尚书、侍郎之下的高级官员。

[6] 宁绍台道：清顺治十五年设，驻宁波，辖宁波、绍兴、台州。

[7] 佟延年：汉军正蓝旗（辽东抚顺）人，监生出身。顺治十五至十八年任甘肃巡抚，督编《重刊甘镇志》。康熙初任贵州总督。

世祖顺治十五年戊戌（1658）

春大饥，民人无以为生，多以榆荚、沙枣树叶充饥，每闻有阖家并死于一日一夜间者。五月，赈粮三百石自凉府运至，然杯水车薪，亦无济于大困。

《镇番宜土人情记》云：

顺治十五年大饥，民不聊生，哀鸿遍野，饥馁而死者不知凡几？然所幸秋禾颇丰，邑人顿形喜悦之色。

吴攀桂[1]继孟良允纂辑邑志[2]。

秋季多雨，尤多雷电。每近黄昏，黑云西来，伴之以雷电交加，震耳欲聋。雨条为晚阳斜照，直插横刺，其状狰狞。转瞬有凉风微吹，随之苍茫而落。或一时半辰，或夜雨昼晴，绝少连绵阴雨。《奥区杂记》以为"天有水库，秋多雨而冬无雪"。果尔，是年冬旱异常。

注释：

[1] 吴攀桂：康熙十一年（1672）中副榜，授安定县教谕，改固原学正、西安教授。

[2] 李注：纂辑邑志，志载孟良允有卫志一编，依时间考之，即《五凉志·镇番县志》。该志涵盖"五凉"，并非一县专志，因许协问志于士大夫，佥曰："吾邑旧无专志。"良允所编，不过粗似志书，《凉镇志》择而录之。其后，吴攀桂、卢生华诸人又复修志，其实多藉孟志而补充之，故《五凉志》有"续修"之说。攀桂诸人所续之志，亦未成专志，其中一册被《五凉志》所附刻，并不说明尚有数册未被录用。

世祖顺治十六年己亥（1659）

山西威远卫[1]监生刘余庆任经历职。北直交河[2]纪灏任守备职。

树森按，纪公，字光吉，本朝大学士晓岚公[3]之曾伯祖。任间轸念民瘼，励精图治，颇著惠声。《阅微草堂笔记》："曾伯祖光吉公，康熙初官镇番守备。李太学殁于兵，其妾为副将韩公所得。韩公者，韩进是也，山西灵石人。"晓岚公谓"康熙初官镇番"括略之言，非准时也。

注释：

[1] 威远卫：明正统三年（1438）筑城置威远卫，嘉靖三十九年（1560）分设威远路，辖城堡五。清初废为威远城，今称威远堡，在山西右玉县西南。

[2] 交河：今河北省泊头市交河镇。

[3] 晓岚公：纪昀（1724—1805），字晓岚，一字春帆，晚号石云，道号观弈道人，历雍正、乾隆、嘉庆三朝，总纂《四库全书》。著有《阅微草堂笔记》《四库全书简明目录》等。

世祖顺治十七年庚子[1]（1660）

是年，路直等重修关帝庙，耗三千余金。

邑人王扶朱于城南二里许筑土台，曰"扶朱台"。高逾三丈，广可盈亩。上筑房八间，左以悬梯相通，扶朱隐居其上，凡一十八年。

树森按，扶朱台今存，台上原构已非昔日气象。俗人多呼为孙家台，未知其由。

广恩谨按，检《王氏宗谱》，知扶朱无子，嗣其姊之子孙克明为螟蛉。后扶朱死，克明复归本宗姓，故王家台有孙家台之异名。

学政张肇升奏请邑人孟一鲤从祀乡贤祠，得准奏。一鲤，字禹门，前明天启二年贡生。事继母最孝。万历己酉应试长安，社友党完我卒于邸，一鲤躬率一夕馨资助之，俾还榇故土。崇祯四年，鲤当贡，让之同学王国彦，士林钦之。著有《春秋翼传》。

按，镇邑旧无乡贤祠，孟公一鲤入祠，其子孟良允始建于文庙戟门西侧。孟之前如汉金日磾至明之马昭等十六人俱属苏公祠配享。《凉镇志》则又以金伦等十一人为乡贤，而配享苏祠者不与。盖金、马等既有正祠，故不复见于"乡贤"。孟"志"止载金伦等事，未附"乡贤"，亦未补注，岂从前遗逸乎？又，《五凉志》载乡贤祠，"内祀历代乡贤"，实则此前乡贤祠止祀孟公一鲤一人而已。

注释：

[1]《清顺治朝实录》卷133：三月，"降甘肃总兵官刘友元职三级，照旧管事，以镇番营兵噪变故也。"

世祖顺治十八年辛丑[1]（1661）

张宗琪，南人也，贸易至镇。是年春凿木为舟，循西河北上鱼海。缘湖环游，好事者骑马观望。翌日，宗琪再出，虽阴霾而有大风，午时归，竟得鱼虾数篓。其后每出，满载而归。归而售于市，利颇丰赡。

广恩谨按，旧志有《小河垂钓》诗云：

丽水滔滔逝不休，渔人生计在江头。杨花雨暖投香饵，芦叶霜清撒钓钩。

唱曲喜闻儿共咏，闻沽忻与妇同谋。烟波托命随时过，何用声名列九州。

又，续诗云：

仿佛蜃南海市楼，扶竿人在画中游。一围带束龙城瘦，四面风湍丽水悠。

踪迹似凭鱼托意，丝纶隐借钓为由。临渊话柄任人笑，日日归来月满舟。

此之"丽水"者，西河通谓也。然所谓"小河"，相对于大河而言者，在县治东北。县城元时即名"小河滩城"。明、清时河水细微，许步即有湖泊相连。因鱼类孳生，邑人每兴垂钓之事。卢生薰[2]公"千里交河傍戍楼，沙轻水阔见鱼游。乘槎塞外神何渺，垂钓滩头意自悠"亦指此。可奇者，造舟而至白海，似前未之有也。虽康熙间白海鱼丰，邑人捕之以疗饥，却无宗琪之豪迈气象，是故《镇番宜土人情记》称之为"真奇人也"。

是年秋，多雨，八月下旬滴沥相继，直十余日始霁。

元日,市民作傩戏,倾城往观。有乡民自演小戏[3]至于大关庙者,人烟辐辏,车马喧阗,为边城一时之盛。

广恩谨按,此之傩戏[4],亦"乡人傩"乎?然圣人云,傩在腊岁一日,而吾邑之傩戏则在元日,岂非悖于古礼哉?或傩戏即今日之秧歌,所不同者,假鬼魅之象耳。

世祖终。

注释:

[1]《重刊凉镇志·镇番卫》:"小河,城南十五里。其源五派,出自凉州五涧谷,一派来自凉州沙河,流至三岔合而为一;一派经城西南开渠分水以溉田;余水由东北流入白海。"

[2] 卢生薰:字文馥。康熙五十三年(1714)中副榜,雍正元年(1723)与弟生莢同举于乡。生薰即是科联捷礼闱,钦点翰林院庶吉士。逾岁,殁于京邸。

[3] 小戏:即民勤曲子戏。《中国戏曲志·甘肃卷》载:"民勤曲子戏虽称曲子戏,与甘肃东部、南部以及敦煌一带流行的曲子戏,实非一脉。""兼具北风南韵,流传西北五省。""融北方小曲的苍凉刚健与南方小曲的柔美俏丽于一身。"是中国西北地方戏曲的"活化石"。

[4] 傩戏:《吕氏春秋·季冬纪》"命有司大傩"。高诱注:"大傩,逐尽阴气为阳导也。今人腊岁前一日,击鼓驱疫,谓之逐除是也。"

卷六

清圣祖康熙元年 — 康熙六十一年（1662—1722）

圣祖康熙元年壬寅[1]（1662）

城南二十五里卢举庄筑六府庙，邑人卢生华、卢生荚[2]皆作记。

前经历迁职，顺天宛平监生程武勤继任。

参将王三华[3]督令搬运淤城沙丘，建西城楼。三月工竣，颇壮观瞻。

邑人河南获嘉县知县卢坊，于是年十月十五日寅时卒于家，享年八十一岁。据《卢氏宗谱》，坊为前诰封明威将军瑾之孙，诰封骠骑将军钌之六子，巩昌府成县训导士鹍之父，诰封文林郎翰林院庶吉士全昌之祖。生于前明万历九年辛巳九月十九日寅时。葬城西小坝下管林沟。

广恩补记：坊公配王氏，诰封孺人，古浪庠生臣公女。参康熙三十九年、四十五年例。

夏月，参将王三华整修东门楼，颜以"鼎新览胜"额。守备黄抡初修南门楼，颜以"文艺炳汉"额。

卫守备张宏亮重修卫署。

按，宏亮，直隶保定人，由武举授镇番卫守备。任间捐资整修卫署、学宫、文庙，不遗余力，镇人感佩之。

注释：

[1] 圣祖康熙（1654—1722）：爱新觉罗·玄烨，清军入关后第二位皇帝。年号康熙，庙号圣祖。

[2] 卢生荚：字文衡，雍正元年（1723）与兄生薰同登乡榜。生平以家学教授生徒，士无远近，皆宗之如山斗。其藉所传以达者，尤不胜数。

[3] 王三华：《五凉志·镇番县志》记其"四川资阳人。建西城门之门楼，修补城垣，搬运沙患，整理营伍，赈济孤老"。

圣祖康熙二年癸卯（1663）

王扶朱筑怀明楼成，傍扶朱台之左，以活板使楼、台相接，用则通，不用则卸板间之，人不能至。

树森按，怀明楼后焚于火。王氏家人云：扶朱殁于夜。后其来，每夜中有窸窣声。潜聆之，扶朱咳喘声也。某夜分有火星坠于楼内，遽成灰烬，何待相救哉！

冬，北彝寇边，四防告警，城内士民奉令清野。凡昂贵物悉遣人守之，值岁末贼退，乃相率返里。

药王宫栋宇椽桷半为薪火之供。诉于有司，守垺者闻风而逃。冬腊之月，其匿于文庙旧宅，人觉时已成人蜡矣。

圣祖康熙三年甲辰（1664）

东鲁[1]医士刘兴业、庠生孙枝莅衰集药王宫梁木，移圣像于真观殿，欲以再造。奈市人军需重负，财货告罄，故响应者寥寥。

邑人卢缵宗以军功诰封武毅将军。缵宗乃士元冢子，少怀大志，英明豁达，赋性刚直。善骑射，多智谋，骁勇任侠。就任凉庄道[2]标旗鼓守备，颇著能声。是年，番寇攻城，缵宗慨然领兵御之，全歼贼寇。闻于朝，乃嘉勉之。

教授张我兴同邑人孟良允、何斯美、杨垂裕、王慎修等捐资重修儒学[3]，增置明伦堂三楹，博文约礼斋各七间，教育署一所，共费银一千六百四十二两三钱四分。

庠生王慎修倡修学宫，王守士、张印君及阖邑绅衿争相捐输。于是年孟秋之初兴工，阅三月而工竣。凡殿基斋庑，门牖墙垣，黝垩楹宇，皆焕然改观。邑衿孟良允作《重修学宫记》云：

吾邑学宫，创自成化乙未，历二百年。天启中，孝廉何公、孟公迭为修葺，迄今四十余祀。因地基卑湿，年久倾圮。庠生王君慎修目击心伤，恐钟簴将坠，自思年逾七旬，老于庠而不为修建，遑问诸后人？乃谋于同侪，锐意重修。其时，守土王公、印君张公暨阖邑绅衿，各助俸捐资，兴工于孟秋之初。君不辞衰耄，日夜操劳，三阅月竣役。凡殿基、斋庑、户牖、墙垣，黝垩楹杙，焕然改观矣。爰勒片石，俾后之有志整饬宫墙者，庶有感于斯言云。

广恩谨按，吾邑向重文教，旧志谓"崇文尚武"，良有以也。今城内诸构，首文庙而次儒学，其次尚有学宫、书院、文社等，俱雄宏壮丽，蔚为可观。文教之盛，于此可见一斑。此风相延，人民得以教化，人才得以育成，地方得以安绥，天下得以太平矣。

注释：

[1] 东鲁：原指春秋鲁国，后以指鲁地（今山东省）。

[2] 凉庄道：清康熙二年置，驻凉州卫（后改凉州府、治今甘肃武威县），领凉州卫（凉州府）、镇番、永昌、庄浪 3 卫、古浪所；雍正二年（1724）镇番、永昌、庄浪 3 卫、古浪所改置；乾隆三十七年（1772）甘州府来属，更名甘凉道。民国元年（1912）废。

[3] 儒学：《甘肃通志》记，"镇番县儒学，学宫在县治东，初为社学，明成化十一年巡抚朱英奏设，十三年训导朱琮呈请都御史王朝远创建。皇清雍正三年改卫为县，立为县儒学"。《镇番县志》载：儒学"系社学改建，成化十三年创修"，可证镇番卫学始建于明成化十三年（1477），废止于清雍正三年（1725）。

圣祖康熙四年乙巳（1665）

孟良允捐资三千缗，开办"共和文社"，聘汉、番士子入社就学。

树森按，孟公非凡人也。此举不在于才，而在乎能；不在于有胆，而在乎城府。谦谦学子，万万不能成斯事；赳赳武夫，更复难以有此想。有才、有德、有胆、有识者，方有此千古盛举焉。

广恩谨按，民国初，苏山书院存一牓，镌"共和文社"字样，盖孟公陈迹也。

圣祖康熙五年丙午（1666）

孟良范于是年补广西泗城府同知。

药圣寓居真观殿历三年之久，邑人疲于资费，久未问津，刘兴业是年大声疾呼："鹪鹩尚有一枝之托庇，民寿世如圣，而坐视其风雨淫淫乎？"由是，神灵所感，人人响应。农官许君廷陈首倡义举，梁君栋、马君正元欣然资助。是年夏，卜建于关帝之南，阅三年次第工竣。

邑人卢生华有《移建药王宫记》，略云：

药王宫，始于天启间，邑方伯孟公良允未仕时所建，址在东郭外。国朝顺治二年，署参戎王公学宁与邑绅何公斯美移建于城内东北隅三官殿之后，但地势上沙下碱，又逼城垣。风沙之沿堞而下者，若水之流；环庙而拥者，若水之潴。先君子少业儒，游艺于医。每与医士岁时骏奔其宇，然斫楹桷于碱土，涂丹腠于沙丘，劳而无补，不待智者知也。尔时即有改建之议，而未果。

癸卯冬，逆彝告警，栋宇檐廊半为守埤者薪火之供。东鲁医士刘公兴业、庠生孙公枝莅收辑梁木，移请圣像于真观殿寓居。凡三载，众以军需力绵为怯。孙、刘二公乃大声疾呼曰："鹪鹩尚有一枝之托庇，民寿世如圣，而坐视其风雨淫淫乎？"由是神灵所感，人人响应。农官许君廷陈首倡义举，而梁君栋、马君正元，举欣欣然将伯之助。卜建于关帝之南，三阅年而次第就理。虽规模尚隘，而营构颇精，较之尘沙满面、露处霜栖者远胜矣。

工竣，丙余记之。余唯唯敬诺曰："神为生灵司命，居妥则功屹，默酿太和之运，潜消殄厉之气者，其在是举乎？惟以是庙言，则先君之宿债也，藉手诸公以遂余小子肯堂之志，余不胜愧。"爰述其济世之怀，后先一辙。勒之金石，以见善念之大同云。

二月，聘书征召前明举人王扶朱。扶朱上《辞聘稿》曰：

稽古明言立政，先存大礼；君子观人，先详大节，未有大节罔敦，而骤以庸违谋面，责明扬侧陋之典者。于某月日忽接该卫官征聘檄内奉旨事件，捧读之余，不禁愧悚。扶朱罪无赦，祸及庭闱。父母相继而去，涓滴未伸，止有此终制寸肠，微酬万一！今见丁父忧，身撄残疾，宁忍冒昧起程？梯云希世，蔑三代以来礼制，伤人子事亲之本也。传云：求忠臣于孝子之门。设使扶朱遽释齐衰，欣膺组绥，俯仰愧怍，是未仕而先居不孝之名矣。矧新主鼎建，怙冒之恩，肇于西土，讵谓边氓蜗角，玷圣朝"孝治天下"之雅化，其所关不亦大乎？且也，直指定疆土之初，劳臣心血，不徒在笔墨间。扶朱奔走宣猷，两无可取，倘授之以政不达，概责所指之未公，不几以一人而塞天下登庸之路耶？万祈仁慈大执事洞悉下情，曲为上达，姑准数月，终制三年。是"报刘之日短"，而致身之日长；裕全之德被扶朱，风厉之权遍海宇，岂非政体之所在乎？伏乞垂鉴，幸甚！

是年冬，大河水潮，凉镇大道车辆病渡。十一月末，有城内商号骡车自武归镇，依车辙履冰而过。行至河中，轰然崩塌，车人尽落水中。幸河之两岸尚有待渡者，齐力抢救。车上三人幸免于难，而骡陷入泥沙，水溺而死。货物浸洇漂流，损失大半。卫署布告城乡，劝涉渡者小心从事。

圣祖康熙六年丁未（1667）

元月，官檄复至，坚召王扶朱。扶朱仍辞之曰：

终制，风化所关也，恳恳未许，犹有万不得已之情。为必不可缓之，请望慈明电鉴。圣人治天下，取士贵乎必得，广业董之惟勤。如使疲癃残疾之夫，而能克勤政事，为选举光未之前闻。今闻新主侧席求贤，征书遍布，悬趾而思效力者如云如雨，敢有一介区区甘心化外？委以扶朱，苦块忧虞中，遘一漏疾，血水淋漓，已经半载。倏催檄又至，且感且惧。欲遵依就道，性命未必瓦全；欲请假徐程，有司急如星火。进退维谷，真无地可以自安也。幸闻直指先生按临，旌别清问，正扶朱更生之日矣。兹抱病匍匐台阶，控诉苦楚，再祈验明真伪，俯准宽期，待调理病瘥之日，星驰赴选。庶居官无素餐之耻，而廷揽收得士之实。国法人情，两全其便，正平治养贤之一道耳。伏乞垂怜，万幸！

镇大饥，何际韶捐麦数百石以救灾民。

是年，白海孳鱼甚繁，民借以疗饥。卫志载：康熙六年，白亭海鱼丰，饥民咸往捕捞，赖以全活。嗣则殆无片鳞，至今海水尽涸，论者以为天佑饥民也。

《搜俎记异》曰：

康熙间，天下大饥，饿殍遍野。镇番北碛中有鱼海，古名白亭海，水色洁白，故名。虽深不可测，浩淼无际，究无游鳞生焉。迨康熙六年，镇人大饥，海内倏生鱼虾之属，且竞相浮游，有跃跃欲出之势。初，人不知。一日小雨，有龟破云来，生员赵尔栋自院中得之。凭轩细观，有图文依稀可辨，文曰："天下饥，白海鱼。"赵奇之，出户鼓吹，人以为神，遂络绎而至白海。果觌鱼虾甚夥，争以篾什捕之。鱼贯而入，有饥不可忍者，饕餮而食。如是者月余，饥民得以苟延。镇人感天之恩，募资筑庙，颜之曰"佑民神邸"。

树森按，乡闾俗谓"佑民庙"者，即此"神邸"也。遗迹今存，在柳湖东南。

孟良允于圣容寺内建藏经阁，贮经三千卷。

前经历程武勤退，浙江绍兴吏员杨应元接任。

圣祖康熙七年戊申（1668）

广西泗城府同知、邑人孟良范卒于官，诰封通议大夫[1]。

邑人胡席珍著《西窗灯影》，夏月付梓，前明小说家言。内多良篇，故事取于宋元明三代者居多，语辞颇清雅。男妇稚叟，言语滔滔，闻其声犹见其人耳。

广恩谨按，胡书今不存。幼时，余家箧中有《西窗集》《剪灯集》诸编，皆传奇之什。前者不记作者名，后集则钱塘瞿宗吉[2]之俊裁也。忆其自序有句云："余即编辑古今怪奇之事，以为《剪灯集》，凡四十卷矣。其事皆可喜、可悲、可惊、可怪者，自以为近于诲淫，藏之书箧，不欲传出。又思虽于世教民彝，莫之或补，而劝善惩恶，哀穷悼屈，其亦庶乎言者无罪，闻者足以戒也。"胡氏《西窗集》或即踵事于瞿公而成之亦未可知，以阅者有"闻其声犹见其人"之感，当属传奇小说无疑矣。吾人知清初小说不竟，文人争以笔记取胜。兰州张公谓《西窗集》为笔记体，盖以想当然而论之。先生定不曾读是书，亦未闻播远先生语。

注释：

[1] 通议大夫：孟良范任府同知，为正五品，生前诰授当是奉政大夫，殁后赠或可为上一阶之朝议大夫，似不当是正三品的通议太夫。存疑。

[2] 瞿宗吉：即瞿佑（1347—1433），祖籍河南开封，生于浙江杭州，元末明初文学家。

著有《剪灯新话》《归田诗话》等 20 余种。

圣祖康熙八年己酉（1669）

奉饬裁革本营各堡官兵，限存官兵五百七十员名，驻于署内。

地震，人畜房屋损失甚巨。卫署开仓赈济。

是年以迄嘉庆元年，参将奉裁，改设游击；守备裁，改设千总。在额设马兵七十三名，步兵一百六十四名，守兵一百一十六名，共马、步、守兵三百五十三名。

又，和阗[1]驻防马兵七名，步兵二十九名，守兵十一名。吐鲁番屯田马兵一名，步兵三名，守兵一名。察汗托海[2]巡防马兵二名，步兵五名。在内，马七十三匹，铁盔甲八十七顶副，锦盔甲二百六十三顶副，锦纛六全副，鸟枪一百三十杆，火药五千五百零九斤四两八钱，威远炮四位，子母炮一位，吉字四十二号抬炮一尊，四十五号抬炮一尊。

孙克恭从靖逆侯张勇，以军功授陇西县知县，旋升广西平乐府[3]同知。著《南征草》《西归吟》诗集。旧志载其传云：

孙克恭，字敬涵，康熙八年举人。豪放不羁。吴逆叛，从靖逆侯张勇渡河，以军功授陇西县知县，改授山东禹城县，旋升广西平乐府同知，所至咸有政绩。

广恩谨按，先大人早年藏孙公诗集，尝语余曰："孙诗有唐人风，简括赅洽，造语新奇，纵横拓落，蕴义深邃，非真学文不能为之。"今书佚，余耿耿者久矣。

注释：

[1] 和阗：今新疆和田地区，古称"于阗"，清初改为"和阗"。

[2] 察汗托海：今新疆维吾尔自治区塔城地区裕民县。

[3] 平乐府：清代隶桂平梧郁道，治广西平乐县。

圣祖康熙九年庚戌（1670）

有生员郭开义勾结贼人王六儿，夜盗孔庙银器数十件。诉于官，不日擒获。贼人杖毙，郭年幼，宽免，褫其父衣，杖三十，以责不教。

六月飓风，漫天沙尘，田禾被灾者十之八九。

圣祖康熙十年辛亥（1671）

大旱，终夏不雨，大河断流。

圣祖康熙十一年壬子（1672）

邑人何铦以拔贡从靖逆侯张勇讨平凉。铦，字鉴开，何孔学子。康熙十一年拔贡，以军功授镇原县知县，改浙江嘉兴县知县。因公诖误，开复补福建古田县知县。以祖母在堂，陈情终养，居家课子论文而已。其风度和蔼，崇尚意气，吏才敏捷，为当道所推。尤精书法，乞得者几于一纸千缗云。

广恩谨按，《何氏宗谱》载《子昭祖原谱述略》云：公讳铦，号青崖，性颖异。少孤，侍孀母，受祖父教。髫年入泮，壬子选拔。会滇黔弗靖，关陇驿骚，奉檄从征。寇平，靖逆侯张勇、甘抚华善[1]疏题授陕西镇原县知县。时，祖父年逾八旬，抱疾里门，请假归省。抵舍不阅月，祖父终，以承重孙丁忧。服阕，补浙江嘉兴县知县。该邑处万山之中，民顽赋逋租，任后催科抚字，深协舆情。甫二年，以祖母梁淑人年逾古稀，爰告终养。起行日，万民制锦衣，赠路费，争相肩舆送百里，垂涕不忍去。乙亥春，旋里隐居，课耕教子，不干外事。嗜书法，老愈甚。辛巳岁，祖母告终。终制未及补授，以疾卒乡。

邑人李愈桂中副榜。《镇番宜土人情记》曰：

李愈桂，字月宾，康熙壬子副榜。向好学，博闻强记，通经谙史。所著《草堂赋》三章，人争诵之，惜今佚。

举人张奇斌[2]、庠生段嘉猷于东城重修拜殿，并建魁星阁。

按，魁星阁即旧志所称魁星楼，在文庙内东城敌楼上。

注释：

[1] 华善（？—1676）：伊尔根觉罗氏，满洲镶黄旗人。初授笔帖式，累迁刑部郎中。顺治十三年（1656），从大将军伊尔德克舟山。康熙九年授甘肃巡抚，疏请免逃荒额赋。王辅臣反，攻兰州，与张勇规复兰州。又与勇督兵赴临洮，遣将收河、洮二州，复督兵

攻巩昌，克之。

[2] 张奇斌：康熙五年乡荐，官福建武平县知县。

圣祖康熙十二年癸丑（1673）

江南颍州吏员陈宏训[1]莅任经历，李应忠任蔡旗守备。

按，陈宏训，字晓峰，江南名士。擅诗翰，触景朗诵，警句叠出，人许为倚马才。有《西陲吟草》一集，收长短句二百又七首。

广恩谨按，余尝读晓峰诗，五言多咏饮酒事，格骨澹泊，可与五柳先生颉颃焉。

浙江布政使孟良允以母艰辞归，时年六十二岁。

邑人何斯美，年逾八旬，予告归里。抵舍阅月，以疾而终。七月，族人大祭。秋，孙铦补祖职。

注释：

[1] 陈宏训：《光绪镇番乡土志》记，"康熙十二年，（陈宏训）任卫经历。好士爱民，不事烦苛。先是，镇民之纳粮者，有尖斛、鼠粮、耗粮等名目。吏胥辈以其可渔利也，恒肆意掊克之。以故弊益重，民益不堪。宏训慨然曰：相彼小民，将终岁勤动，半入若辈贪囊，吾职牧民而坐视，焉何安哉？于是悉革除之。当是时，民户多流亡，宏训以权宜赈给，民赖其利，散而复归者甚众"。

圣祖康熙十三年甲寅（1674）

浙江按察司经历署绍兴上虞县知县邑人何孔学，向与御史何交善。是年，嘱题请豁免镇番荒粮数百石，镇人德之。

科试贡生一员，名卢士鸥，官巩昌府成县训导。

按，士鸥，坊长子，字傅天，号跃林，沉潜好学，旷达豪饮。晚年仕进[1]，卒于职所。

五月，枪杆岭山倏生一泉，岚气升腾，激荡有声，自岩间泻下，周山奔流，行三四里汇潴为潭，清鉴毫发，气象诱人。惟驼羊饮即不起，腹胀如鼓，溺血死之，县人以为魔泉。

注释：

[1] 仕进：入仕，做官。

圣祖康熙十四年乙卯（1675）

邑人张其蕴[1]以武生随振武将军孙思克[2]讨伐吴逆，功授辰州府[3]水师营守备。

王扶朱著《忧违草》成，间多良篇，士林辗转录之。其序略云：

吾先师赞之乾初曰：乐则行之，忧则违之。夫违者，背也。背世则忧，背心则怨。怨与忧，非潜之为道，非所以示训也。今何时耳？若所忧，则有讵云违，吾以为违有贞正而固之义。父正，可忧也；君正，可忧也；君父有忧，虽白刃可蹈也，爵禄可辞也。我心匪石，不可转也。或形诸啸傲，或抚诸悲歌，或与显者权，穷者变，吾忧也乎哉？吾违也，违必有言，言似祸身，不言祸心。祸身救，祸心无救。吾宁言，言者，言其正也。正则忧，可也；乐，可也。时否而泰，吾于复见。天地之心，不信而方否，吾于剥观玄黄之战，吾率吾性，吾守吾正而已。非若背也，夫何忧何怨？遂引为弁。

广恩谨按，扶朱先生高雅士也，平生著述极丰，然今所见者仅《忧违》而已。诗格雄迈，措词险冷，自谓有放翁风。时学七言者翕然宗之，是故赋名籍甚。其推崇宋之薛景石[4]。薛有大屋名"瓜庐"，先生因题自室曰"亦瓜庐"。伊心腹事据而可揣焉！

注释：

[1] 张其蕴：历官延绥中路波罗等处地方副总兵、云南临元澂江总兵官。

[2] 孙思克（1628—1700）：字荩臣、号复斋，汉军正白旗。早年随洪承畴征战，调任甘肃总兵，驻守凉州。康熙二十二年任甘肃总兵，三十五年参加昭莫多之战，击退噶尔丹。

[3] 辰州府：地处湖南省西部，治沅陵，辖沅陵、泸溪、辰溪、溆浦四县。

[4] 薛景石：字叔矩，金末元初著名木工理论家，木工机械设计和制造工艺总结者。其代表作《梓人遗制》，是古代唯一一部由木工匠师自撰的学术论著。宋代诗人徐玑《题薛景石瓜庐》："近舍新为圃，浇锄及晚凉。因看瓜蔓吐，识得道心长。隔沼嘉疏洁，侵畦异草香。小舟应卖在，门外是渔乡。"王扶朱独喜薛景石，有隐逸避世之意。

圣祖康熙十五年丙辰（1676）

红寺堡设学馆，曰"红寺书院"。卢公士龙首任主讲。

广恩谨按，检红寺堡现存碑碣，康熙间所开学校实为公塾，其谓"书院"，事有间焉。

卢生华在世，其生于康熙十五年丙辰十二月二十日子时，卒于乾隆十年乙丑正月二十九日子时，享年六十九岁。为前增生鹗公之孙，诰赠文林郎翰林院庶吉士全昌公季子，翰林院庶吉士卢生薰公胞兄也。公幼慧敏，髫年应试，未冠举庠，继而拔贡，继而膺举。终生不仕，居家课读，所作诗词千余篇。

广恩谨按，生华诗文，今见者有《六府诗钞全集》《六府读史杂录》《兰言斋合吟诗集》《兰言斋诗话初稿》《雁北秋声赋》《塞上咏草》等。据知，六府庄今存先生窗稿多种，未获亲读，未便妄议。公能文而善诗，而诗在文之上。其诗平易澹泊，淳厚危冷，无嘲风弄月之词，咳吐酣畅，风骨沉整。有句云：

不求闻达不趋荣，到老白衣处士卿。值富才高心却淡，读书命塞子能成。

缥缃根厚青云茂，儿女债完白发生。郎为晨昏孙为养，孝亲未获显亲名。

坦陈胸臆，慨然无伪，读其诗一如见其人。又：

齿高德迈复才长，从小人都号智囊。似觉家风落后减，算来门第比前强。

千金难买儿孙肖，百世全凭积累昌。只为耄年亲侧重，风云耽搁几科场。

先生夙著才华，跌宕不羁，虽不经意语，犹能楚楚动人。又：

挺然怀铗古英贤，不为遭逢受倒颠。世事无常同塞马，人情好噪比秋蝉。

问谁近市高能隐，虽未逃名旷若仙。科甲根基培植就，逍遥安稳卧牛眠。

先生天才拔萃，文雄一时，然落魄不羁，纵情诗酒。领乡荐不仕，著意湖山名胜，燕饮讽歌，殆无虚日，并以之终其身尔。

圣祖康熙十六年丁巳（1677）

二月，县北沙漠狼群啸集，牧人畜群被其害。有司遣丁勇围歼，射死十余头，少安。逾旬，红柳岗、大滩堡西惊报狼群出没，未及统兵，县西狼群已蜂拥而来，所过之处，羊只狼藉。且报周家井 [1] 等处已有三人觅无踪迹，疑为狼群所害。

卫署惊报道宪[2]，凉州卫马兵七十名、步兵五十名星夜驰援，于各烽墩亭障明火恫吓，火炮驱逐。不数日，狼迹渐杳，传已逃遁远去矣。

树森按，豺狼之心可谓毒矣。常闻北山沙碛中有狼肆虐，每啸聚成群，结阵作恶，因牧人不能奈其何。狼之为患，不亚兵祸，岂天设网罗于人类哉！

广恩谨按，镇邑三面环沙，自古为放牧之场，故多兽类。据《搜俎记异》，开垦之初，不惟多狼、多獾、多狐，且有虎豹之属。因有"红崖隐豹"之说，"黑山虎仇"之闻。纪公晓岚作《狼仙》之传，张公介侯[3]记《狼女》之文，其固有所凭尔。

兹附《狼女》一篇。

镇番章佽，世居水磨关。少好勇，十七八岁时，独负弩入北山，猎取雉兔。日暮不得归，露宿悬崖下，酣寝。至夜半，觉有物舔其颐颔间，亟启目，就月光觑之，人也。欻然捉其臂，则一美女子卧草露间，宛转娇啼，若不胜其臂之痛者，章怜而释之。女起坐地上，徐徐理裳，冶容绝代。问："深夜何得至此？"答曰："儿家去此里许，偶步月岩下，见郎熟寐，童心未改，聊而相戏，不虞郎鲁莽乃尔！"章曰："然则，何必舔吾颐也？"女含羞俯首，不能置对。章觑之，目眩神夺，踞前拥之，女极力撑拒。方扰攘间，蓦然一婢出径之山蹊间，惏息而至，诃且叱曰："何处小郎，强来扯人闺秀耶？"章曰："彼自来就我，岂我唐突西施？"婢嚎曰："强人！强人！复具佞口，不足与校情理，小娘但归休。"乃掖女子循蹊径去。

章少年不检，旋从女子之所至，越嶙岣，逾洞壑，约五六里，于松林内得瓦屋数椽，绕以沙竹短篱。二女入，章亦趋入之。婢回首睨之而哂曰："此小郎亦太颜狙，夤夜入人家，欲何为耶？"女掩口微笑曰："想非奸即盗耳。"声清锐如春莺。章揖之曰："小人开罪小娘，故踵门请荆，敢云奸盗乎？"婢不语。少顷，促然质章："小郎能属对乎？"章曰："即使能将若何？不能，又若何？"婢曰："儿家小娘子葳蕤之质，方十六，孤处无依，欲求人家兰玉而伉俪之，未肯轻易。尝作一对，誓云有人能属之者，愿以身归之。郎苟能属，此大缘分。否则，不能留，驱而出也。"章因不识一丁，第不欲遽示空疏，徒失香饵，乃绐之曰："姑言何对？倘可属，未可知也"。婢请于女，女书之于笺。婢持向章且读曰："织女星辰永相暌，且一年两会。”盖是年值闰七月也。章不解所云，辗转间面热如火，婢背女小语教章曰："梨花月舞常独坐，每半夜三更。"章再三期期述之，犹讹两字，婢吐舌忍笑。女哂曰："此必婢子教坏矣。"婢曰："小郎口吃，且非章句士，小娘无复拘执矣。"女遂纳章与共寝食，好合无间。

女赠章金钏一枚，章答以玉玦拾，女系诸裙带间。女极慧，特饕餮殊甚，每食禽兽之肉，腹笥兼入，虽至餍饱，犹耽耽于余。章嬖之，不以为怪，日出猎取以媚之。

女与婢间日一出，归必暮夜。章诘其所往，女曰："有寡嫂居大黄山，故时往探候。"章惊曰："大黄山，狼薮也。卿奈何数数往来，且必夜归邪？"女不答，往返如故。章深以为忧，请偕行，女坚拒不可。章思狼之为物，性虽狡猾，然无饥饱，遇物辄啖。腰缠中所蓄木鳖子颇饶，默以毒黄羊肉置山径间，自北山至大黄山凡十余处，盖以杀狼以卫女也。

是日，女与婢复出，通宵不返。章忧虞，坐以待旦，至晓弗归。章惧，负弩往迎之。见二狼死草间，毒肉尚有余者，章知狼为中毒死矣。拖狼入林中，得女衣二袭，细审之，知为女、婢所服者，遂大惊。捡衣复视，忽一物落石上，拍拍有声。谛视，则定情时赠女玉玦拾也。骇甚，拾之以归，至则瓦屋竹篱化为乌有，惟土窟乱柴，绕以流水荒山而已。章徘徊延伫，昼夜支颐，终无消息。糇粮尽绝，号啕而返，不复再娶。

镇番孝廉谢公葆霭尝述于予，据实录之。又闻狼跑泉山亦有狼女事，媾合之间，每能摄人体魄，夺人精血，但近之几无生还者。有猎人某入其港，不令急死，从缓凌虐，以雪荼毒同类之夙仇。而猎人湎于色，概不思悔，终致瘦骨凹凸，面如骷髅。里人见之，疑为恶鬼来矣。

初秋之季，城西北堡创建真武殿，气势恢宏，洵一巨观焉。

注释：

[1] 周家井：在今红沙岗镇，距民勤县城 70 公里。

[2] 道宪：道台的尊称。

[3] 张公介侯：即张澍（1776—1847），字百瀹，又字寿谷、时霖等，号介侯、鸠民、介白，

凉州府武威县（今武威市）人，清代著名文献学家。嘉庆四年（1799）进士，入翰林院庶吉士充实录馆纂修。任贵州玉屏、四川屏山、江西永新知县，署临江通判，改江西泸溪县令，以缓漕免职，晚年居西安。长于考证舆地以及姓氏谱牒，有《姓氏寻源》《二酉堂丛书》《凉州府志备考》等著述多种。

圣祖康熙十七年戊午（1678）

邑人齐荫芝以长翰夙著，是年辑五百六十四章成书，孟良允为题《仙圃躬稿录》。

树森按，此书今不传，章句有流于口碑者，简淡寥落，令人作脱尘之想。

圣祖康熙十八年己未（1679）

一月，府台张公亲诣镇邑勘察水利。循老河口西北行，至小坝折东向，谒苏武庙，题"苏武风高"额，笔力透纸，气韵流动，堪称逸品。

广恩谨按，是额今存，在苏武庙正殿楣上。旁注细字"捐金五百，聊资维修"，可谓别具心裁者。

三月，西河水涨，有司督众抢堵。凡十余昼夜，水渐退，遂化险矣。

春以来，凉镇大道屡遭匪祸。鸭儿湖时有强人拦路抢劫，得手即隐芦丛中。官兵虽数往剿之，而卒不能执获其一喽。四月廿八日，有马车自南来，行至鸭湖之左，草莽间突出强人若几名，蜂拥夺车。讵知车中匿悍兵四员，飞跃而下，掣刀杀匪，匪猝不及防，顷间折命其半。余匪畏死，跪地求饶，爰缚手系车后，解县问罪。未逮之匪闻声逃匿，凉镇道路告以稍安。

圣祖康熙十九年庚申（1680）

邑人李士达[1]以守戎职从振武将军孙思克，往川东征吴三桂伪将谭洪[2]、彭士亨[3]，凯旋邀功。未几，圣祖召见瀛台，命其为射，连中三的，嘉勉之。特简为天津总兵[4]，未赴任改调古北口[5]总兵，旋调甘肃镇总兵[6]，官都督府。

方伯孟良允是年六月六十寿辰，吴兴通家治生[7]金之俊[8]为撰序云：

嵩岳嶙峋，孕地灵于申伯；弧星朗耀，钟天瑞于留侯。际五百于鸿期，处真儒而出名世；位九二之龙见，功王佐而德帝师。自古称隆，于今为烈猗，惟我大师相淑翁孟老公祖。天上麒麟，云中鸑鷟。香班艳宋[9]，才名久擅于关西[10]；掩陆摧荀[11]，声誉远腾于江左[12]。遂奋摩天之翼，旋为驾海之梁。禁苑新臣，暂借淮蕃于南服；纶扉上下，特权行省之中书。惠泽流膏，圣水与桐江共沛；清标峻节，吴山偕越峤争高。弹压封疆，大小十一侯咸资领袖；节宣财赋，东南亿万户尽藉拼襱。既简帝心，名姓金瓯待复；自膺天鉴，太平玉烛行调。

兹者，序属春阳，欣逢昂诞。桃开薇署，千绯色映紫霞；兰馥槐庭，万绿香浮青玉。况复括苍委羽，尽旧封内名山；许迈初平，咸隶部中仙侣。挥安期[13]之醉墨，碧海非赊；搜神寓之丹书[14]，白珪犹在。用是替神胥忭，童叟皆欢。冠盖盈门，何啻金钗珠履；讴歌载道，绝胜宝瑟朱弦。又况麟脯出仙庖，共饱行厨于六甲；云璈将凤管，似闻天乐于重霄。俊等或谊洽芝兰，或恩孚梫朴，均藉松乔之余荫，敢忘葵藿之微忱？挹湖水以为浆，未酬明德；歌稽山而作颂，莫罄隆情。敬展诗篇，兼微画史。淋漓翰墨，拟歌十有之章；缥缈缣缃，聊取九如之祝。

注释：

[1] 李士达：《甘州府志·官师》记其康熙三十二年八月任甘州城守备。《清康熙朝实录》记其三十四年七月由陕西肃州副将升为直隶天津总兵官，十月调任古北口总兵官。三十五年八月任陕西肃州总兵官。

[2] 谭洪：初为流寇，后入明营。顺治十六年（1659）降清，封慕义侯，从吴三桂转战西南，屡多战，建勋功，授四川总兵。与吴俱反，其部为山陕总督所击破。

[3] 彭士亨：吴三桂麾下总兵。

[4] 总兵：清代总兵为绿营兵正，官阶正二品，受提督统辖，掌理本镇军务，又称"总镇"。其直接统辖的绿营兵称"镇标"。

[5] 古北口：位于今北京密云区，是山海关、居庸关两关之间的长城要塞，为辽东平原和内蒙古通往中原地区的咽喉。

[6] 甘肃镇总兵：应为肃州总兵官。

[7] 吴兴：应为吴江。

通家：指彼此世代交谊深厚、如同一家。

治生：旧时部属对长官或旅外官吏对原籍长官的自称。

[8] 金之俊（1593—1670）：字岂凡，又字彦章，号息庵。江南吴江（今苏州市吴江区）人。万历四十七年（1619）进士，官至兵部右侍郎。明亡后降清，仍任原官。累官至中和殿大学士兼吏部尚书加太傅。

[9] 香班艳宋：班固和宋玉均善辞赋，以富丽见称，后以之泛称辞赋之美者。清孔尚任《桃花扇·听稗》："早岁清词，吐出班香宋艳；中年浩气，流成苏海韩潮。"

[10] 关西：指函谷关或潼关以西。

[11] 掩陆摧荀：文采掩盖（晋代文学家）陆机，（智慧）摧折（东汉政治家）荀彧。

[12] 江左：今长江以东的苏、皖地区。

[13] 安期：即安期生。晋皇甫谧《高士传》记载："安期生者，琅琊人也，受学河上丈人，卖药海边，老而不仕，时人谓之千岁公。"

[14] 丹书：《搜神记》卷三记孔诉谓钟离意"（孔丘）夫子瓮也。背有丹书，人莫敢发也"。钟离意曰："夫子，圣人。所以遗瓮，欲以悬示后贤。"

圣祖康熙二十年辛酉（1681）

何铉以陕西镇原县知县调任浙江嘉兴县知县。

是年十二月二十日，何铉妻张氏钦奉诰命。

皇帝制曰：恪恭奉职，良臣既殚；厥心贞顺，宜家淑女，爰从其贵。尔，浙江县知县何铉妻张氏，含章协德，令仪夙著于闺闱；黾勉同心，内治相承于夙夜。兹以覃恩，赠尔为孺人。于戏！龙章载焕，用襄敬戒之劳；翟茀钦承，永作泉原之贲。

圣祖康熙二十一年壬戌（1682）

二月五日地震。先是雨雪霏霏，少暖，继之西南有声如雷。傍至晚间，暮鸦惊鸣，渐有地动之感。寅时，轰然作响，如万马齐来，人无以辨西东。候有炬光如电，闪耀播晖，琼花倾泻，随之地动水漾，墙垣纷落。牛羊厩中哀嘶，鸡犬户外奔突。无风而有雨，雨声与人声交响；有电而无雷，电光同火光辉映。轰然屋塌，梁桷尽成柴木；惨乎天白，男妇垛作尸山。天将翻兮，何神鬼之独存？地已覆也，岂宇宙之不容？天道无妄，而人类竟罹此厄，甚非天报之早施也欤？翌日，村落狼藉，时闻号啕，死于地震者不计其数。

三月，官放赈粮，户各陈麦一石。小坝口震尤烈，户陈麦石二。

广恩谨按，二月遭灾，何三月始赈？业中人言：子不知，官府放赈，先计被灾粮口，报府审核。递呈省验获准后，方可付诸仓廪，故二月而逮三月也。诚如斯言。然吾闻之，老拳不禁有蠢蠢欲动之象，宁非怪也哉！

圣祖康熙二十二年癸亥（1683）

学道俞陈琛[1]于是年题请本卫小学岁、科各八名，武学八名。文学岁、科并试，武学有岁无科。

邑人张从言贸易北蒙，大富。以其地荒气凉，不适久住，遂携资货万金归里。途经亦集乃大青山，道出强人，呼啸而至，尽将财货劫掠。有一马惊奔，强人追缚，至一岩石前羁绊扑地。强人喜，蜂拥下马夺货。讵马忽起，狂踢强人，倒地呼救者争先恐后，并有一人被踢毙命，余则落荒而逃。从言颈被数刃，勉使马驮运肃州，寄住疗治月余。痊愈返里，尽将劫余钱物济人，曰："此阿堵物实害命根耳！留一日，惊一日，不如不留，岂不安然！"

树森按，从言子谨善能属文，作《北蒙劫余》一卷，今存卫署中。记述括略，文辞颇精赅，读之有亲历感。

冬暖，疑将地震。叠木累梁，欲防患于未然。至春日骤寒，并间有风雪侵袭，惧震之疾顿时释然。

广恩谨按，去岁大震，人存余悸，但有不虞之象，急急谋应变之策，可谓未雨而绸缪，是举良可尚矣。

注释：

[1] 俞陈琛，浙江钱塘人，康熙九年进士，《甘肃通志》卷28记其康熙二十一年任甘肃学政。

圣祖康熙二十三年甲子（1684）

邑人张其蕴随振武将军孙思克征贵州红苗[1]，得胜而归。

邑人何绪荫恩监，少无纨绔习，潜心举业，赴试十余次。康熙甲子，文已入谷，以额见抑，人皆惜之。主司美其文，刊布全秦，令诸生仿习之。

注释：

[1] 红苗：居住在湘西、鄂西、川东南、黔东北的苗族，因崇尚红色服饰，被称为"红苗"。

圣祖康熙二十四年乙丑（1685）

孟良允病卒于家，享年七十五岁，诰授中宪大夫[1]，享祀乡贤祠。

树森按，良允殁，子孙裒辑其诗文成书，名《北窗集》，共二十四卷四册，今存孟氏宗祠。

县人于城南街重修城隍庙，邑人李映棠作记，略云：

此城隍庙之创建，莫皇图，佑民生，所由来远矣。修残补缺，代有成劳，迄今数十年，庙貌倾圮久矣，其怨恫滋惧也。功德化主张思文、李永清、曹允廉、金善信、王经世、方四维等目击其状，爰集众金谋修葺，而倡先捐输，不遗余力。窃喟然叹曰：千金之裘，匪一狐之腋也；台榭之榱，匪一木之支也。向十方檀越持钵延门，以共证善果，虽术鲜金砖布地，掷米成珠，乃十室八九随愿捐资，萃千百人之欢心，襄神功之赫奕。由是，早作夜思，鸠厥工，庀厥材，量度而经营之。首法相，则金妆玉饰；次殿庑檐廊，则画栋飞云，彩椽映日；次牖户，次垣墉，涂既次矣，则勤丹腠垩黝；次隶卒仆马，则俨若传呼奔腾；次云橱，则创别厦，洁斋供，种种维新，焕然改观。兴工于甲子岁之初夏，逾年而始竣。

嗟嗟，噫嘻！会善信之不惜金钱也如此，勤董率也如此，拮据不遑宁处也如此，猗欤休哉！虽然，尤有进扶翼淳风，惟恃刚大之气，光明正直之人心，常伸万类之上，而防维今古，若犹未也。阳慕施舍之名，旦昼所为不可以告天；生平之行实，机巧百出不堪对人言。纵诩诩然，施维千百，舍维万亿，揆诸福善之天心，果允当焉否？吉人为善，维日不足，愿持此同善之情，遍告同人，外修其善矣。复励其善于内，目前修善矣。更笃其善于将来，俾后先修建者，共有感于斯云。

卢生莲在世。据《卢氏宗谱》，生莲系邑举人生华胞弟。其卒于乾隆十三年戊辰八月初四日，享年六十三岁。终生不仕，寓居故里，专志奋读，有《读史汇刊》《北窗闲咏》《感事录》诸文稿刊世。手本颇富，今见者有《卢太祖诗文汇览》初集、二集、三集，为其后代所辑也。

是年，饬定岁贡旗匾银、举人牌坊银二十两，自陕西藩库报领，文有武无。文、武举人乡试盘费银五两三钱零八分七厘七毫七丝，县库具领。往日支销发拨，亦有变动，有多至六两者，亦有少于五两者，概依库存银两多寡而定之。

腊月初四日夜丑时，天深黑而奇晴，繁星灿烂，忽有一光盘自东南来，渐大，渐亮，行至中天已巨如车轮，周边熠熠然。方半刻，倏而如离弦之箭，飞窜东北去。渐小，渐暗，殆不复见矣。《搜俎记异》记此。

注释：

[1]《历鉴》康熙十九年例记孟"六十寿辰"，本年应为 65 岁。孟良允在世时为布政使，职级从二品，当是通奉大夫。去世后授中宪大夫，此职级为正四品。待考。

圣祖康熙二十五年丙寅（1686）

是年，阿拉善王祖巴图尔[1] 觐朝，赐贺兰山地方为其放牧之地。奉敕划定其与本卫界址，以阿拉善居住宁夏所属贺兰山以至额济纳依河等处，均以六十里为界。惟凉州府属永昌县宁远堡属，在正北离城七十里，宁远堡再北即昌宁湖离本堡八十里，以墩为界；东北之平泉儿离本堡七十里，以泉为界；西北之寺儿沟，离本堡一百二十里，以墩为界。墩、泉以内，系汉民耕牧之地，墩、泉以外，系蒙古游牧之场。

树森按，闻碛北百八十里有先代界址碑，亲往勘验，果如所记。荒草半掩，斑剥脱落，字迹依稀可读。略云："阿拉善王旺沁班巴尔之祖，系巴图尔厄尔济农霍尔赖·霍硕特之额鲁特，于康熙年间投顺本朝，仰蒙特恩，封为贝勒，令其驻扎阿拉善地方，环居镇番卫东北境内，连接宁夏边界，总隶贺兰山贝勒部落之下。"[2]

按，其族类亦繁，捍卫内地。与汉人一体交易，本营兵丁中择能翻译者，谓之通士，说合市评之。蒙古亦有能通汉语者。其俗质直，不谙中华礼教，然粗知忠孝大义。性嗜酒肉，交易至内地，汉人饲以饮食则喜，否则色艴。

汉人至其巢,亦加款接。无房屋床榻,结毡聚族而居无定所,逐水草为住牧地。故岁数迁,以繁育牲畜、征禽角兽为务。冬夏衣冠皆皮毛之属。所得谷止以拌茶,不能做饼粥,韦韝毳幕,膻肉酪浆而已。嗣于康熙二十五年间,蒙古、民人互相争告疆界,奉旨差派侍郎拉、提督孙,查定贺兰山六十里之内作为民人采薪之处,六十里之外作为蒙古游牧之所。

广恩谨按,聂公景阳于阿拉善事考之甚详,尝读其《阿拉善证古札记》,洋洋乎数万言,言之凿凿,如数家珍。或云:"阿拉善,蒙语读如贺兰山,汉译之音转也。其部族本和硕特部。和硕特即博尔济吉特氏,系成吉思汗弟哈布图哈萨尔之裔。传至巴尔斯图鲁拜琥,因入藏征讨著功,于清之初蒙恩册封为彻辰顾实汗。据青海,再征西藏,诸汗畏服,授五世达赖汗印。顾实汗孙和罗理,史称巴图尔额尔克济农。康熙二十五年噶尔丹叛,和罗理率部东迁,奏请归顺,遂赐阿拉善为其放牧之场。此其阿拉善建置之始也。"或云:"和罗理子阿宝,幼寓京邸,为御前侍卫。康熙四十三年赏和硕格格为妻,授和硕额驸。四十六年袭父职。雍正元年晋多罗郡王,八年建定远营于贺兰山之西。明年,自青海返,驻定远营。乾隆四年阿宝卒,次子罗卜桑多尔济荫父职,封为札萨克多罗贝勒。尝征准噶儿,著勋绩,晋多罗郡王,授参赞大臣,四十七年赐封'世袭罔替'。"或云:"今阿王达理扎雅,塔旺布理甲拉之子也。民国二十年袭王位,仍居定远营。"

邑人何鉴衡,孝廉李一元 [3]、孙克明,贡生何鲲、李复膺等创立"春秋诗社"。邑绅王永禄慨捐二千金,用资膏火。岁之春秋,开社二期。春社二月初四至十四日,秋社八月初五至十五日,每期十天。社众数十人,届期不与者,初罚斗酒,执勤半载;再不与,除其名尔。

春大雪,三日始霁。

是岁大稔。

注释:

[1] 巴图尔:即巴图尔额尔克济农和罗哩,阿拉善和硕特鄂齐尔图汗侄子。康熙二十五年十一月,清廷召集巴图尔额尔克济农和罗哩、鄂齐尔图汗之孙罗卜藏衮布阿喇

布坦及达赖喇嘛使者等，划定牧地，以距离边 60 里为界，和罗理始定牧贺兰山麓定远城，并与罗卜藏衮布阿喇布坦聚合一处。

[2] 康熙时，额鲁特蒙古驻牧于阿拉善地方，遂与镇番县有疆域之争。历经康、雍、乾三朝的争论与调处，至乾隆中始有定夺。之后，蒙汉界址遵循乾隆定案。

[3] 李一元：字涵九，康熙二十年举人。商州学正，升西安府学教授。

圣祖康熙二十六年丁卯（1687）

四月，圣容、地藏诸寺延河南工匠刻印经书二十四种三百五十册，其间《表符牒榜文汇集》，时人厚称之。

树森按，此书今存。收罗丰富，刻写颇精，然应时之制，究非学者所为。如《痘疹圣母表文》：伏以化育存心，赤子咸赖，妙用生成，婴孩共托，俯伸下悃，仰望仁慈。臣谨奏为某年某月某日，恩惟九天仁慈痘疹帝君位前：位止九天，光分列宿；德超三界之中，功著九宫之内；保全赤子，庇荫孩童。伏愿化浮新样，毒气消除，吉庆大来，恶逆不形。一方清吉，咸沾化日之光；四隅奠安，永受和平之赐。同登寿域，共享遐龄。臣敬迓圣麻，惶恐稽首。

六月四日午时，卫署失火，文牍官帙多被焚毁。有司申饬，教授王尚斌以渎职见责。

广恩谨按，王尚斌为县志不载。谢公集成宁不知王名？无意载也。其有失于吾邑数百年之文献考籍，值修志之期，县人恨王者何只谢公一人哉？

圣祖康熙二十七年戊辰（1688）

邑人张其蕴征夏包子[1]。

天旱多风，大河细微，夏末渐涸。九月复流，然迄冬未足往年之半。

八月某日夜分，羊路关庙失火。庙夫二人夜间饮酒，醉不知熄烛。迨烛尽火起，犹酣睡不觉。及至被服熊熊，始大梦初醒，然其时户牖封堵，烈炎喷薄，焉可出而遁之乎？二人遂死于火。经历陈宏训逮与夫共饮者三人，杖各四十，罚一百金。并着颁文严叱，立公差夫役禁酒规约若干条，县人许之。

广恩谨按，庙夫非死于火，而死于酒也。故陈大令有禁酒之约，可见此陈非庸庸之辈。今人嗜酒，已臻其极。百姓不论，公差夫役亦不论。为官在上者，无一日不饮，无一日不饮至大醉而后快。且不取己囊之分文，惜而不忍也；以大慷平民血汗之慨为能事，多多益善也已！是故虽有油脂满服，而倦容一脸，乃官家之显志也。巷中人尝语于余：昨夜豪饮方未醒，今晨邀束又复来；百姓纵有天大事，老爷明日才好管。嗟嗟，恁般为官，何啻民之蟊贼也邪？然则，陈令不再，此贼谁杖四十而罚一百金哉？

注释：

[1] 夏包子：原名夏逢龙，竟陵（今湖北天门）人。康熙二十七年，湖北武汉清军哗变，推夏逢龙为"兵马大元帅"，占领武汉。清廷派水陆大军清剿，夏逢龙被擒杀。

圣祖康熙二十八年己巳（1689）

是年，翰林院庶吉士卢生薰在世。生薰为举人生华、进士生莲胞弟，雍正二年二月卒于京邸，年仅三十六岁。

绅衿有开拓柳湖之议，疏几上，未获准允。

广恩谨按，清以来，邑人屡有开垦柳湖之请，知其时人口已众，而耕地则有不敷种植之患。然前议不许，个中必有蹊跷。迨雍正二年，廷准开拓，于是柳湖沸沸然。余族之一支，今居东渠，盖雍正时迁往拓垦之一者耳。

圣祖康熙二十九年庚午（1690）

增生卢士鹗，八月十五日卒于里，享年六十一岁，葬卢氏西茔。据《卢氏宗谱》，士鹗，士鸥胞弟，坊之次子，全昌之父，生华之祖也。字翼天，号逾林，颖异超群，过目成诵，藻思文艺，推重一时。但以清贫坎坷，至老未获科选。品行端方，议论正大，时人敬重之。

广恩谨按，士鹗配王氏，贵州黄平知州国正公之女。生子四：介昌、全昌、逾昌、遐昌，皆镇之名士也。

圣祖康熙三十年辛未 [1]（1691）

夷卜吉 [2] 降叛无常，圣祖声其罪于归化城 [3]。卜吉违命西遁，遂命凉州总兵柯彩 [4] 讨之。本营参将张文辉、守备田万亿、千总吴兆彦率官兵与甘肃凉永各标游击李士达等合兵征剿于西边外之昌宁湖，部夷诛戮殆尽，一时力战人员首推镇邑官兵。

风沙拥城，高于雉堞，东南则土堆坟起，危似岩墙，惟逻铺粗有形迹。是年，参将杨钧以军民五百人搬沙清淤，又以柴草插风墙一百二十丈。

树森按，杨钧，江南人，任时有循声。

卢生荚在世，其生于三十年二月十八日，卒于乾隆二十六年七月十七日，享年七十岁。终生不仕，寄兴林泉。擅诗翰，工字画，文名知河西。

邑人捐资五百金，拓筑文庙内拜殿、甬道。

北直岁贡张嘉生任经历，凉州陆常春任蔡旗堡千总。

注释：

[1] 康熙三十年，康熙于四月间多伦诺尔（元代上都地，在张家口和承德北）抚绥安辑喀尔喀蒙古全部归附清朝，史称多伦诺尔会盟。

《清康熙朝实录》卷 151：六月，"谕将军尼雅翰率领宁夏所备西安满兵全军，并令总兵官一员酌率绿旗官兵会同前往巴图尔额尔克济农所，将喀尔喀丹津额尔德尼等被劫人畜什物俱照数追还，尼雅翰等率兵押送巴图尔额尔克济农，至归化城，交将军郎谈押护内送"。

闰七月，"四川陕西总督葛思泰疏报，臣差甘肃副将陈祚昌等哨探至昌宁湖，有巴图尔额尔克济农之弟博际遣亲信喇嘛格隆等来，言素蒙皇恩，不敢背负，今请在昌宁湖牧马。陈祚昌度其将往西海借名牧马，缓我军机。随将格隆等监禁，一面报臣及总兵官。甘肃总兵官柯彩调遣游击李士达等领官兵四路进剿，大败蒙古兵，杀五百余人。博际遁走，追蹑百余里，所获牲畜器械无算，生擒蒙古十五人，并前监禁之格隆额林臣索诺木等皆斩之"。

[2] 卜吉：《清实录》作"博际"，《亲征平定朔漠方略七》作"博吉"。巴图尔额尔克济农之弟，牧马于贺兰山一带。

[3] 归化城：即呼和浩特市旧城。

[4] 柯彩：福建漳州人，历南阳镇、凉州、延绥等地总兵。

圣祖康熙三十一年壬申（1692）

是年，优贡二员：一名孙枝莲，一名李桂。桂后官庆阳府训导。

又，例贡二员：一名何铭，一名王志道，俱未仕。

饬定额支镇番营年仓斗兵粮二千石零，马粮二百石零。

广恩谨按，兵粮何其多耶！以一兵年食口粮二石计，知彼时镇营兵丁即有千员之数，是民焉不为之所累哉！小邑尚如斯，巨县可想矣。

圣祖康熙三十二年癸酉（1693）

何氏九世祖何鉴衡于六坝沟卜地筑何氏大庙成。庙貌巍峨，推为邑之巨构。

何氏裔孙何益轩夫人杨氏，乃名门杨太公之女也。是年，杨氏淑人以七十稀寿设悦庆诞。值正月初四，薰风蔼蔼，曙色融融，诸亲眷拜舞于前，趋蹈于后。有以"紫气东来，王母西降"为寿者，有以"玉门献枣，瑶池馈桃"为寿者，又有以"金母传八百之歌，麻姑奏长生之颂"为寿者。耗资甚巨，仅赏钱即逾二千五百金。县人窃窃，奖贬异同。

广恩谨按，费矣！虽圣祖之朝少有饥馑之灾，然镇邑究属边塞苦寒之地，若以寿金之半赈苍黎，不知可饱几饿者？况且以可费不可费之金，济半死半活之民，其寿岂不倍增欤！

圣祖康熙三十三年甲戌 [1]（1694）

是年痘疹肆虐，婴童风染甚速。轻者通体肿浮，重者不逮痘出，即已殒命。药石无补，医家叹息。村有哀鸿之声，路多夭折之尸。

注释：

[1]《张襄壮奏疏》：康熙三十三年八月十二日，"查河西各边将屡报海彝麦力干等有收拾兵马入内犯边情形，万一知我虚实，狂逞入犯，乏兵堵御，非计之得也。故臣等特拨甘肃镇标并各营马步兵一千名，令永固城副将黄铉统领，回汛防御；再拨各营兵一千名，令镇番防将陈应启统领，赴高古城提防"。

圣祖康熙三十四年乙亥（1695）

孟祥、孟瑞等孟氏裔孙募资于城南二里许筑孟公祠。

嘉兴县知县邑人何铥以祖母梁氏年逾古稀，予告终养。北归日，万民制锦衣，赠路费，争相肩舆，送百里不忍去。

奉饬废前征粮例，制定"麦六豆四，一名一串"之例。

夏五月十三日午时，飓风骤起，天地昏霾，降黄土，攒积寸许。树木多折，危房亦有坍塌者，牧人牲畜损失甚巨。

圣祖康熙三十五年丙子（1696）

前经历迁，江南松江[1]岁贡金本修莅任。山西汾州[2]罗绣任千总。

猎人吴竞技报北山有虎，唼一蒙妇。有司急拨勇卒二十五名，策马围捕。至五道梁，果觇人颓暴于野，复勘之岩石下，得碎骨衣带，而虎已逝踪迹。分兵围剿三日后，于乱石荆丛中得之。闻有声息，狂啸而来，于是乱箭齐发，俄成猬形。后屡有虎警，幸无伤人之耗，兵不轻出，消息渐杳。

广恩谨按，今境内无虎，常见者狼獾而已。獾娇小如狸，逃窜甚疾，猎人设陷阱可捕之。其皮价昂，制裘帽远胜于狐皮。狐尤多，夹河、大滩堡诸地有世代以猎狐为生者。狼性暴戾，每结阵来犯，人多避之。

注释：

[1] 松江：古称华亭，今上海市松江区。

[2] 汾州：即今山西省汾阳市。

圣祖康熙三十六年丁丑[1]（1697）

拨兵筑红崖堡[2]，址在红崖山西麓，与黑山堡南北相望。

广恩谨按，红崖堡今存。风沙拥积，墙垣颓废，余尝于此得铜制"令牌"一枚，绿锈斑驳，字迹依稀，方家识为前明古物。

注释：

[1] 是年题准陕西凉州、西宁编聿字左号，甘州、肃州 5 学编聿字右号，各取举人 1 名。

[2] 红崖堡：遗址在今重兴镇下案村、红崖山水库溢洪闸口南 4.5 公里的石羊河西岸。

圣祖康熙三十七年戊寅（1698）

有"川姑婆"[1]者，伙数十众拥据城乡，扶觇问字，卜卦相面，居成一时风尚。观其衣饰，非我族类；聆其言语，咿呀生硬，疑属远代逸民。喜娱乐，善歌舞，音调亢远，婉约可听。

《搜俎记异》云：

川姑婆，由来久矣，康熙间尤盛。掐算颇神验，视手脸纹路，可说身前身后事。

邑绅孙克恭、李从政以崇圣祠庙门卑隘，重建牌坊。东西为黉门，门外下马石二，东即文明坊。

注释：

[1] 川姑婆：又名"揣骨婆"，以摸骨法占卜。

圣祖康熙三十八年己卯 [1]（1699）

卫守备童振 [2] 扩张旧制，以经历司木料移建卫署。南向，东西栅门各一，大门三楹。

拔贡一员，名卢生华，字文锦，全昌季子也。性聪慧好学，博经谙史，尤工时艺。康熙三十七年拔贡，五十九年登贤榜。适川陕制府观风 [3] 全秦，生华同弟生莲、生薰、生莱俱列高等，倾动河西，制府特加奖赏。时，镇番卫尚隶小学，因生华兄弟文名大噪。越岁，制府同学政即奏请特开大学。之后，科第接踵，毕力为先。平生善启后学，诸弟联翩科甲，子侄接踵入泮，皆其陶铸。郡邑之士闻风而至者，咸执经请益，以故多所造就。年七十终于家，未仕。著有县志十卷。以子赀贵，赠文林郎。

僧正司妙明于是年八月二十一日圆寂，终年八十七岁。《卢氏宗谱》：

妙明俗姓卢氏，行一，字耀天，器宇轩昂，精神矍铄。幼怀羽化之志，遂弃儒而释，潜心佛学，精研三乘，得正法眼藏，官僧正司。

《镇番宜土人情记》云：

镇番古无异教，自国朝始，渐有流传。迄至卢氏耀天之就释，教风益炽，可与儒学抗礼矣。

广恩谨按，《镇番宜土人情记》称"镇番古无异教"，予谓不确。今检枪杆岭喇嘛寺碑，前明之初，释教已风靡本邑。四时朝山者络绎不绝，至有蒙番高僧游化于此，讲经说法，觐拜者更以千万计。

注释：

[1] 原书该年空缺，疑系抄写所误。现据童振任职时间加入年份。

[2] 童振：京卫人。乾隆《镇番县志》记其康熙三十八年任卫守备，"建修卫署，毕尽勤劳。知镇地沙漠，重在水利。酌定水例，曲尽经画。四十年立大倒坝碑于卫署，至今民共利赖之"。

[3] 制府：即制置司衙门，掌军务。

观风：观察民情，了解施政得失。语出《礼记·王制》："命大师陈诗以观民风。"

圣祖康熙三十九年庚辰（1700）

邑人孙寿岩[1]、李愈桂募资重修地藏寺于城北隅。

陈起凤任蔡旗堡守备。

邑人张其蕴以战功擢神木副将。

甘肃镇总兵李士达奉命征噶尔丹[2]，行至希尼乌素[3]暴病而卒，诏赐祭葬，封荣禄大夫。

邑人孙克明徒步二千里，访师史流芳[4]，授以《关学编》[5]。克明字鉴涵，康熙三十九年进士，为国朝河西甲子之首。镇邑地多沙患，三十四年率邑民王众等呈请于东边外六坝湖移丘开垦，贫民赖之。后官湖广通城县[6]知县，颂声载道，未尽所施而卒，通人立"遗爱碑"彰之。

是年春，白亭海水潮，湖属井水漾溢。

前巩昌府成县训导卢士鹍于是年十二月初八日卒于任，享年七十五岁。士鹍为诰封骠骑将军铲之孙，河南获嘉县知县坊之子。详康熙十三年例。

注释：

[1] 孙寿岩：字魁轩。子克恭、克明，俱擢高科。子克恭官广西平乐同知，克明授湖

广通城县知县。

[2] 噶尔丹：厄鲁特蒙古准噶尔部首领。康熙二十七年，噶尔丹进攻喀尔喀蒙古土谢图汗部，继而进军内蒙古乌朱穆沁地区，威逼北京；二十九年，噶尔丹在乌兰布通战败退至科布多；三十五年被清军击溃，次年三月服毒自杀，清廷重新控制阿尔泰山以东的漠北蒙古。

《历鉴》此处记载年代有误。"甘肃镇总兵"应为肃州总兵官。

[3] 希尼乌素：在今内蒙古阿拉善盟阿拉善左旗境内。

[4] 史流芳：陕西华州人，任临高知县，编修《临高县志》。

[5] 关学：由北宋关中思想家、教育家张载创立的理学学派，故称"关学"。《关学编》，明代陕西长安思想家、教育家冯从吾著。

[6] 湖广通城县：今湖北省通城县。

圣祖康熙四十年辛巳（1701）

邑人何铣祖母梁淑人谢世。何氏后裔醵重金盛葬，往悼者数百人。

是年经历司裁，改设知县。刘吉仁任千总。

圣祖康熙四十一年壬午（1702）

是年始，创设水利老人[1]，专董河工事。此前，河工由水利通判掌之。

何铣于是年自制图像，题赞数语，诙谐有趣，略云：

我昔三十一，写貌在嘉兴。我今四十六，告养到边城。荏苒十五载，劳攘浙闽中。一照旧图画，无复昔仪型。形影较相顾，如弟对老兄。况使他人见，能不昧生平。羲和鞭日走，不为我少停。形骸属日月，老去何足惊？所恨凌烟阁，不得书功名。

是年，饬颁《御制训饬士子文》[2]，士庶学子，严敦奉守。略云：

国家建立学校，原以兴行教化、作育人材，典至渥也。朕临驭以来，隆重师儒，加意庠序。近复慎简学使，厘剔弊端，务期风教修明，贤才蔚起，庶几械朴作人之意。乃比来士习未端，儒效罕著。虽因内外臣工奉行未能尽善，亦由尔诸生积锢已久，猝难改易之故也。兹特亲制训言，再加警饬，尔诸生其敬听之。

从来学者先立品行，次及文学。学术事功，源委有叙。尔诸生幼闻庭训，长列宫墙，朝夕诵读，宁无讲究？必也躬修实践，砥砺廉隅。敦孝顺以事亲，秉忠贞以立志。穷经考义，勿杂荒诞之谈；取友亲师，悉化骄盈之气。文章归于醇雅，毋事浮华；轨度式于规绳，最防荡轶。子衿佻达，自昔所讥。苟行止有亏，虽读书何益？若夫宅心弗淑，行己多愆；或蜚语流言，胁制官长；或隐粮包讼，出入公门；或唆拨奸猾，欺孤凌弱；或招呼朋类，结社要盟；乃如之人，名教不容，乡党弗齿。纵幸逃脱襦扑，滥窃章缝，返之于衷，能无愧乎？况乎乡会科名，乃抡才大典，关系尤巨。士子果有真才实学，何患困不逢年！顾乃标榜虚名，暗通声气，夤缘诡遇，罔顾身家。又或改窜乡贯，希图进取，嚣凌腾沸，网利营私。种种弊端，深可痛憾。且夫士子出身之始，尤贵以正。若兹厥初拜献，便已作奸犯科，则异时败检逾闲，何所不至？又安望其秉公持正，为国家宣猷树绩，膺后先疏附之选哉？

朕用嘉惠尔等，故不禁反复惓惓。兹训言颁到，尔等务共体朕心，恪遵明训，一切痛加改省，争自濯磨，积行勤学，以图上进。国家三年登造，束帛弓旌，不特尔身有荣，即尔祖父亦增光宠矣。逢时得志，宁俟他求哉！若仍视为具文，玩愒弗儆，毁方跃冶，暴弃自甘，则是尔等冥顽无知，终不能率教也。既负栽培，复干咎戾，王章具在，朕亦不能为尔等宽矣。自兹以往，内而国学，外而直省乡校，凡学臣师长，皆有司铎之责者，并宜传宣诸生，多方董劝，以副朕怀。否则职业勿修，咎亦难逭，勿谓朕言之不预也。尔多士尚敬听之哉！

六月初六日，早间天晴，户有晒衣之俗，家妇竞相出衾服。方三刻，西天有云翻滚而来，急急焉有排山倒海之势，俄即冰雹下矣。初，粒大如豆，屋盖叮叮然。继则渐巨，殆其极，差比鸡卵，掷地嘭嘭，而楼屋古尘纷落，似有不克承接之险。幸而短暂，人畜勉保，然田禾被灾甚烈。

是年，卫守备童振立"大倒坝碑"，其文略云：

自立夏前四日至小满第八日，为出河水，共二十七昼夜。每粮二百六十八石分水一昼夜，为小倒坝；上下各坝轮流一次，名头牌水。自小满第八日额时刻三十五昼夜零，每粮二百五十石分水一昼夜，为大倒坝；上下各坝轮流一次，名二牌水。大倒毕，又额时刻三十五昼夜零，上下各坝轮流一次，名三牌水。倒至三牌时已七月，再额时刻三十五昼夜零，上下各坝轮流一次，名四牌水。至八月，各坝开放河口，浇灌冬水，至小雪次日，水归柳湖。共计一岁，除春秋水不在分牌例外，上下坝水各四周。

树森按，今县署尚存"小倒坝碑"，与"大倒坝碑"并立。

注释：

[1] 水利老人：又称"水老"，系管理水利事务、督办河渠浚疏的乡绅。

[2]《御制训饬士子文》：依国家图书馆所藏清康熙四十一年刻本校改。

圣祖康熙四十二年癸未（1703）

奉饬额定蔡旗堡每年仓斗兵粮三百石零，马粮三十石零。

水利老人倡捐四百两，发当营息，充为修渠之资。

圣祖康熙四十三年甲申（1704）

何铭妻张氏卒，恩赐祭葬。

孙克明等募资修葺苏武庙，筑土屋数间，佣人看守，专行种植树木之责。是年栽植香椿二十株、土榆五十株、紫槐三十株、杨树二千株、沙枣二千株。

广恩谨按，苏山树株，今安在乎？今所见者，沙砾、白草、野兔、老鹰而已。询之耆老，佥曰："曩年树株，葱茏四被。同治匪乱，争筑寨垒，于是席卷空空矣。"嗟夫，伤哉！

圣祖康熙四十四年乙酉（1705）

县西有镇国塔，是年倾圮。晋民郭维复偕本邑彭应运、许廷陈等捐资重修。

广恩谨按，镇国塔创建于明正统五年，今存。

临秋之季，苏山佣夫于山之西麓掘井，深至五尺，有巨石如盘，攒力揭起，其声嗡嗡，俄即喷涌而出，水甘如醴。数日后，水势渐微，而小溪清澈，遇险折潺潺作响，延月余干涸。

圣祖康熙四十五年丙戌（1706）

夏之月，卢举庄结社捐资重修六府庙。增建"手泽馆"，卢氏兄弟文稿诗笺搜罗颇富。十二月，卢全昌发笺散刺，谋诸修襖之会事。不屈，遽尔捐馆。

树森按，卢全昌，行二，字熙明，前明骠骑将军矿之裔孙，河南获嘉县知县坊之孙，增生士鹗之子。沉潜嗜学，颖异机敏。自愧昧于医术以误继母，因悉心《金匮》，精研岐黄，博济世人，广种德田。尤敬重斯文，义方教子，卢氏一门文声彪炳，其功居最。倡修祖墓，定期拜扫；创辑家谱，序次隆杀。寻宗祧于无征，衍书香于将坠；启后人科甲之羽毛，补列祖风云之缺陷。旧志称其以孝闻于乡，以医名于世，以传经课子为切务。性喜下士，每值文人儒秀，必改容礼以故物。工属文，擅诗翰，有《六府堂全集》二十四卷。

广恩谨按，熙明遗作原存崇文社，余尝阅之，锦绣华章，有目不暇接之慨。诗有岑[1]、卢[2]之风，多吟塞上事。文赋多抒胸臆，特以挽辞、传状见长。全昌配刘氏，诰封孺人，武举虎之季女也。生子六：生莆、生蕊、生华、生莲、生薰、生芙，俱以文名显。盖谓六府者，昆仲六人府第也。

注释：

[1] 岑：岑参（约714—770），唐代诗人，南阳人。长于七言歌行，所写诗多以边塞为题材，著有《岑嘉州集》。

[2] 卢：原作"陆"，疑为"卢"，即卢纶（739—799），字允言，范阳涿县人。唐代大历十才子之一，有《塞下曲》等边塞诗名作。

圣祖康熙四十六年丁亥（1707）

邑人张其蕴擢升云南临源镇[1]总兵，捐金谷折价银五千两，分贮三营。滇人美其行，奏闻，嘉勉之。

夏五月，飞蝗糜集，自永昌横空而来，田禾多被其害。

《搜狙记异》：

圣祖丁亥，陕人十数众来镇献艺，所唱皆秦音。高亢苍凉，粗猛奔放。然南人恶之，谓豪放过于狂，直率近乎俗，悲怆害于流，戏谑殆乎媚，言甚诮苛。

广恩谨按，此谓秦腔也。今镇亦有此艺，柳湖刘氏为其翘楚。尚有曲戏、小调之类。秦腔委婉可听，镇人多善事之。曲戏亦自陕西来，故白口袭陕音。小调，自产物也，白口吐方音。多折戏，常演者《钉缸》《卖水》《闹书馆》而已。

注释：

[1]《清康熙朝实录》卷 230：康熙四十六年六月，升"陕西庆阳副将张其蕴为云南临元澂江总兵官"。临元在今云南省建水县，澂江府治今云南省澄江市。《历鉴》误记为"临源镇"。

圣祖康熙四十七年戊子（1708）

元霄赛灯，晋商技高一筹。有李道民者，取沙竹篾片制鱼蟹鹰鹑，其状栩栩。走马灯尤精善，彩绘《水浒》《西游》人物，衣冠、行止盎然成趣，观者啧啧称绝。王复礼者，亦晋人，以沙枣巨枝结扎成树，悬玲珑灯笼数百枚，繁星点缀，灯花耀眼，成一时之盛景。

圣祖康熙四十八年己丑（1709）

九月十二日地震，或动或静，旬余始安。危墙坍落，而人畜无恙。

奉查境内客民共三百又二户，一千一百十七人。蒙人为多，次则回，再次番。番人皆僧尼，分居城内、苏山、枪杆岭山等处。

广恩谨按，番僧不足怪，番尼未之闻也。今城中绝番类，惟枪杆岭山有喇嘛庙，前清居番僧，今则蒙僧寓之。蒙僧亦番僧之属，红衲巍冠，诵梵经，并无食饮戒也。

圣祖康熙四十九年庚寅（1710）

邑人郭维复、彭寅、孙宗舜、薛仁、许廷陈、马珙乾诸人募化重修南塔寺于南门外。

红沙岗郭维屏善丹青，尤精壁画。是年，绘《城隍庙诸神故事图》，神情毕肖，人许为绝笔。

树森按，余尝见郭二画作《东周列国人物绘图》一函，精甚，未知其亦维屏之别名否？

广恩谨按，维屏父也。祖籍山西汾阳，寓居镇邑，终留播迁，今已汇成巨族。有《郭氏宗谱》可为证。孙期庠有二画祖《东岳庙壁画粉本演释》，凡四册，手本今存邑绅张九如先生家。

圣祖康熙五十年辛卯（1711）

广西平乐府同知邑人孙克恭著《南征草》《西归吟》诗集付梓。是书今佚，事迹详见八年例。

卢焭在世。其生于是年八月二十七日午时，卒于乾隆五十七年壬子正月二十三日戌时，享年八十一岁。乃全昌文孙，生华子也。平生居家不出，惟事书翰以自娱。勤谨谦恭，颇著能声。

是年，乡缙何鉴衡五十九岁寿诞，作《戒了俗语》文，略云：

尝稽一昼一夜，花开者树；一春一秋，物故者新。天道人事，消长盈虚。又闻皇天何亲？惟德之亲；鬼神何灵？因人而灵。善恶之报，如影随形；积善余庆，告诫谆谆。我忆我年，将近六旬；自少至老，做人兢兢。起早眠迟，一刻弗宁。耕读之外，别无经营。虽未显扬，颇足守成。生地新庄，给尔叔季；老庄旧地，嫡子双孙。尔等无惰无荒，须要克勤克俭。守成先人之遗业，共宗祖父之家风。勿争多而较寡，必苦读而勤耕。孝悌为本，爱敬峥峥。和以处众，谦以持躬；仁以守己，廉耻存心。国税早纳，务重乡评；邻里乡党，爱老怜贫。待人务宽，忠恕和平；责己必严，恩怨分明。一本宗族，时时常亲。临财莫苟，推己及人；匪类勿交，敬业乐群。阋墙之变，人鬼不容；静思三省，独守四箴。依此躬行，吾家之珍。古语反祸为福，壅阏则通。商颂之寿考，且宁以保我后生。诸子众孙，三复斯云。余言不谬，万世遵行。

树森按，语无大好，而情至真，故得流传于今世也。

圣祖康熙五十一年壬辰（1712）

是年，邑人侍彤[1]从川陕总督[2]观风全秦，有使者诣镇勘察。

五月二日夜，宁远堡民人柳树叶胁迫同籍六人，潜至晋商王清奎丝绸店，杀死佣夫王六儿。其妹王桃英救兄，贼人颠扑于地，轮番奸淫。事毕，以捶布槌塞入其阴，顿致命毙。遂逍遥捆扎细绸百余匹，车载而去。清奎适赴凉，幸免于难。无何，贼众皆被擒，渠首柳树叶杖毙，余处重刑。

注释：

[1] 侍彤：字赓飏，康熙四十四年举人。西安府同州（治今大荔县）学正，升甘州府学教授。

[2] 川陕总督：康熙时，迭改川陕总督，并辖山、陕、甘，寻改川陕甘总督。

圣祖康熙五十二年癸巳（1713）

凤翔举人刘鼎新任本卫教授，甘州俞得功任千总，瞿连任蔡旗堡守备。

崇文社创立印书坊，主刻佛、道经书，兼及时艺、名刺等。

树森按，崇文社印书坊创立于五十年前，迄今犹未艾也。访得今有刻工五人，校工二人，董事一人，杂役一人。存刻板五万三千余张，刻书八百二十函，共一万五千余册。优劣并存，顾视书主本银而定。有地藏寺僧人集印《佛说土地真经》十卷。精艳高标，豁目爽心。尤字迹刚健俊丽，尽掠宋版风格。

广恩谨按，祖喜藏崇文印书，诸凡巨构宏制收之固多，应时文艺亦不忍轻弃。虽祖逝经年，岁有散佚，而今存者仍复洋洋可观。足珍贵者，有邑人高佩珚编刻《诗经集韵字汇》一帙，文美册精，书函亦考究。另如道光五年刻《阳宅编》，字极俊丽，装订未见有可与埒者。

圣祖康熙五十三年甲午（1714）

邑人卢生薰领副榜，参见雍正元年例。

何鉴衡是年佣人制图像一帧，自题《像赞》，曰：

我父生我，形只影单。闵予小子，不聪不敬。止三十离父，五十去母，余今年行六十有二矣。前岁甲午之三月廿日，子侄辈班衣戏舞，诸亲朋贺寿毕，嘱丹青写真。今子长孙披图仰视，果我，真耶？假耶？夫假者，真之反也。绘像为真，抑知我之真真乎？旁观者曰：像我之容，而我之面软，焉乎？写我之体，而我之心慈，焉乎？耳目口鼻，衣冠顶带，像矣；而我之耕读勤俭，小心翼翼，又何以写？后嗣若或不孝不悌，不务本业者，见我之像且羞，亦何必供我之真，又安望乎知我之真？会我真中之真，且得我真真之至真乎？供像者，必须寻我祖父之真真可也。

卢生莲[1]等往赴省试，额支举人路费银每人五两六钱。是年，卢生莲中式第三十七名。

滇中大饥，邑人张其蕴发官米万余石赈济灾民，滇人感佩之。

注释：

[1]卢生莲：字文洁，雍正十一年（1733）进士，官江西弋阳县知县。尝与兄生华同辑县志。

圣祖康熙五十四年乙未（1715）

昌宁湖草场被虫灾，有细蚊肆虐，草半枯死，畜群有失牧之虞。七月末，暴雨骤降，旱象始解，而细蚊不灭自亡。

广恩谨按，顾细蚊者，或即土人所称蜜虫也。草地最多，尤以湖地为盛。其害非食，然所酿蜜汁，遍涂于草，徒致其萎颓，故虽微同蚍虱，而害过于蝗虫，因有失牧之虞也已。

圣祖康熙五十五年丙申（1716）

张其蕴卒于官[1]，诏赐祭葬，从祀云南名宦祠。

何鉴衡于宅后筑亭，名曰"可亭"。工竣，自作记云：

余蠢拙人也，何幸而年已臻八八之数矣！数年前，上庄祖地既授予伯仲，尔时余病将愈，即移居下庄。今屈指而计，不觉又六七载，开生地，务园圃，一刻弗宁，不顾死命者，盖为晚生叔季二子也。兹者，喜子仲叔成均，南庄房粗就，且幸园内有多桃李，中筑台基三尺，四顾空阔，其乐何为？南则对峙门房，上题"稼穑匪懈"；北则肥土沃壤，棋楠望城；东则高低叠垒，映射苏峰；西则陇畔纷纷，行人往来。

小亭即成，仅一间耳。吾登而望之曰："可更于庭，穆然思覃。可以负日之暄，可以接月之光，可以披风之爽，可以娱花之茂，可以听鸟之语，可以邀宾之来。

优哉游哉，幸可乐也。"于是名之曰"可亭"，为吾意之所可也。

曩吾少时，都门会试毕，慨然游名山大川，见丘壑之最奇者，如浙闽吴越，以及燕赵秦晋之处，类多名花异果，卉木芬芳，无足可吾意中愿。乃可斯亭也，是殆不然天地之间，非吾有者没取，况他乡之美，岂可长乐？

今吾于兹承先祖遗业，朝夕经营，殚心毕虑，一斯守成。凡一庙一地，一花一木，皆系亲身料理栽培，日积月累，以至于斯。因辞挂紫腰金之贵、秉坚策肥之荣，自谓林泉可怡性，此中有真趣焉。故为斯亭，规模最小，而实意则大。

夫人生患起居有不可无不可焉，斯无所不足矣，斯既无所不乐矣。现前光景，随遇而安，不怨不尤，无人而不自得。则是亭也，以之为憩息地也可，以之为安乐窝也亦可，以之为课子庭也可，以之为催耕所也亦无不可，取其可而寄吾之志，俾后小子所知吾意之所可者而可之，所不可者即不可焉。斯可矣，可亭云乎哉！

是年，重定蒙汉界址。甘凉道富巽作《蒙汉界址记》[2]，文见康熙二十五年例。

注释：

[1]《清康熙朝实录》卷273：康熙五十六年七月，"予故云南临元澄江总兵官张其蕴祭葬如例"。

[2]《历鉴》康熙二十五年未录甘凉道富巽《蒙汉界址记》，兹录如下：

"阿拉善王旺沁班巴尔之祖，系巴图尔厄尔克济农·霍尔赖·霍硕特之额鲁特，于康熙年间投顺本朝。仰蒙特恩，封为贝勒，令其驻扎阿拉善地方，环居镇番县东北境。内连接宁夏边界，总隶贺兰山贝勒部落之下，族类亦繁。捍卫内地，与汉人一体交易。本营兵丁中，择能翻译者，谓之通士，说合市评。之蒙古亦有能通汉语者，其俗质直，不谙中华礼教，然粗知忠孝大义。性嗜酒肉，交易至内地，汉人饲以饮食则喜，否则色鞑。汉人至其巢，亦加款接。无房屋、床榻，结毡聚族，而居无定所，逐水草为住牧地，故岁常数迁。以蕃繁育牲畜，征禽角兽为务。冬夏衣冠，皆皮毛之属。所得谷止以伴茶，不能作饼粥，韦鞲毳幕，膻肉酪浆而已。

嗣于康熙二十五年间，蒙古民人互相争告疆界。奉旨差派侍郎拉、提督孙，查定：贺兰山六十里之内，作为民人采薪之处；六十里之外，作为蒙古游牧之所。雍正四年，霍尔兰之子，多罗郡王和硕额驸阿宝，奉旨移驻西宁，所空之地，均作为民人采薪牧放之所。因居西宁三载，不服水土，牲畜倒毙者甚，奉旨复回故地。又赏赐定远城居住。

后因额驸阿宝又控告伊之游牧内，有民人等私砍树木，呈请定界。一案经前任总督刘查明，康熙二十五年所定地方疆界，以阿拉善王居住宁夏所属贺兰山，以至额济讷依河等处，均以六十里为界。惟凉州府属永昌县宁远堡，属在正北，离城七十里。宁远堡再北，即昌宁湖，离本堡八十里，以墩为界。东北之平泉儿，离本堡七十里，以泉为界。西北之寺儿沟，离本堡一百二十里，以墩为界。墩、泉以内，系汉民耕牧之地；墩、泉以外，系蒙古游牧之处。与蒙古相去尚远，久相安分，从无争端。至镇番县境界，南面与武威毗连，西北与永昌接壤，毋庸议。外其余镇邑，左右临边不过二三十里。口内并无山场、树木，及产煤处所。

自开设地方以来，合县官民人等，日用柴薪，樵采于东西北之边外，以供终年炊爨，实与他地不同。请以边外一二百里之外樵采，以资民生。迨因所议未分界限，随经驳查，于乾隆六年始指定，正东麻山，离城八十里；东南由苏武山至阿喇骨山，离城六十里；西南之青台山、小青山，离城一百七十八里；正西之榆树沟，又相连西北之独青山，离城一百八十里。俱以山为界。

嗣柳林、潘家二湖，于雍正十二年，奉旨屯田，收获粮石，为运供驻凉满营官兵之需。经总理屯务侍郎蒋原勘，地处沙漠，恐数年之后，禾稼瘠薄。尚有附近柳林湖东面之红岗子，西南之三角城，北面之刘家山，俱尚可耕。以为将来移丘之地，须于屯务有益。是以于乾隆七年，议请红岗子、刘家山为界。其余即以前指之青台山、小青山、榆树沟、麻山、阿喇骨山等处，山前定系民人耕牧，山后分为蒙古游牧。倘有越此界限，并越永昌、昌宁墩定界，以外黑水寺儿沟通透西山一带，又界外之芦沟套等处樵采，或烦夷人照看牲畜者，自应照宁夏赤水口之例，每车一辆给粟米一升，以酬其劳。其余界内，历系汉民耕牧樵采之地，正与宁夏中卫口外营盘水，计程一百八十里之处相同，毋庸议。给咨据宁夏部郎六，行知该旗协理台吉索诺木达什等，覆称原照所议遵守等情由。川陕总督部堂庆，题明各山为界在案。彼时虽指地为界，奏定之后，数十年来汉蒙安业，彼此无争。

无如近年以来，该处地方宽阔，因无专查之员，蒙古等偷行移住，混称汉民越界。在民人，则系界内牧放，并无侵占滋扰。而在蒙古，则又坚执边墙外六十里为界，总以侵占游牧为词，强收草头税银。民人以需索无几，隐忍出给。习以为利，贪得无厌，任意索诈，乃年复一年。更欲加倍抽取，以致争端日起。

经前任总督福，差委前任凉州镇苏，甘凉道满，会同旺沁班巴尔之办事图萨拉克奇、策伯克、多尔济等，会同酌视。东南一带，由苏武山至阿喇骨山、麻山、半个山、红岗子、刘家山竖立界石外，所有西北之独青山，正西之榆树沟，西南之小青山、青台山等处地方，阿拉善办事图萨拉克奇、策伯克、多尔济等，推诿抗赖，不肯竖立界石。

至五十三年，经总督勒复委总兵巴、凉州府知府清，前往勘立边界。因策伯克、多尔济等不遵从前办过之例，竟行旋回游牧。嗣于五十四年，本道因查，该王之祖父以来，即以六十里为界之语，争执不休。节次会勘，仍以山为界。今旺沁班巴尔复以离边墙六十里一语，哓哓置辩，以致屡次委员会勘，而蒙古差员坚执六十里之辞，终未定局。

以致民无耕凿，户缺樵苏，争执纷纷，频烦案牍。不知该王游牧之地，皆系皇上恩赏。今若照六十里定界，则镇番一县军民百姓，无处樵采牧放，于民生大有关碍。本道亲历其地，逾险越阻，细加踩勘。并检查底案，分晰具详。

督宪勒据详咨明理藩院转奏于五十五年十一月，钦差仓厂总督苏、理藩院侍郎巴，会同督宪亲临查勘。仍照详内原奏所定之址，设立俄卜（鄂博），以昭信守。阿拉善王俯首无词，汉蒙民人俱各悦服。数十年来，蒙古混执不清之界，一旦判然。从此，民得安居，官无牍扰，洵属一劳永逸之举。庶五凉之民，自今得享耕凿之安矣。

至旧志图载，山向多有舛错。如小青山在西面，而载在东南隅；独青山在西面，而讹列在正东是也，必得改正之。又遗漏未载，如东面之麻山、半个山，西南之青台山，北面之榆树沟、刘家山、红岗子山是也，必得增补之。悉照亲勘界限，历历绘图。斯为记。"

圣祖康熙五十六年丁酉（1717）

饬令裁拨本营官兵至安西柳沟等处，止存官兵五百五十二员名。

《云窗漫笔》记：

凉州货郎至镇鬻沙锅、面笒诸什器，时来久矣。其砂锅色黛黑，重沿双耳，击之声如磬。每以一锅质米四斤，一笒质米八斤。凉人善挑，以一担挑百二十斤，行如平常。康熙丁酉春，有张姓货郎自镇去凉，肩米百六十斤星夜攒程，至小坝口忽喘如汗牛，踉跄扑地，有同行者救不措手，倏而命毙。同行者亦凉州货郎也。四觑无人，急分张米逃遁。行大河渡口处，亦作牛喘状，旋即死矣。家人不知，尸陈于荒途若数日，路人侧目。迨后来，凉人来镇贸易者顿形稀少，危于贫而惧其死也。

八月多雨。某日，炸雷轰鸣，势如万钧。六坝湖驼群猬集湖边，闻有裂地声，驼群已无一幸存者。

圣祖康熙五十七年戊戌（1718）

邑人李兰以新城堡[1]守备随凉州总兵康海[2]征西藏，进至哈喇乌苏[3]，与贼战，兵尽矢绝，稽首而殁。事参雍正二年例。

卫守备王瀚[4]捐俸，倡众建圣训亭于文庙前，内立训节士子碑。

《镇番宜土人情记》曰：

圣训亭，亦名敬一亭。康熙五十七年卫守备王瀚倡建，在崇圣祠前。

又，是年，王瀚重修文庙牌坊，教授薛乙甲、千总李如弼重修两庑。

注释：

[1] 新城堡：位于永昌县新城子镇。

[2] 康海：甘肃甘州人，陕西提督康泰之弟，凉州总兵。康熙五十七年将所部从额伦特赴西藏平定策凌敦多布叛乱，战死。

[3] 哈喇乌苏：亦作哈喇无苏、哈鲁无素，意为黑河。在今青海省都兰县境内。

[4] 王瀚：山东郓城人，康熙三十六年武进士。

圣祖康熙五十八年己亥 [1]（1719）

三坝王某牢得黄羊二头，豢养一年，雄雌相交。是年三月，雌羊生小羔二头，人咸以为奇事。

广恩谨按，奇其野性可驯耳。尝闻猎人云，捕野类圈养，什九不能生殖，尤黄羊胆小如鼠，交配尚难，况令衍乎哉？

张三忍，陕人，擅医驼羊。寓镇若数年，有《驼羊医案》四卷传世。

广恩谨按，是书今存，道光五年刊刻。邑人王德奎作序，五卷，与播远翁所言略异。

注释：

[1]《清康熙朝实录》283卷：四月，"议政大臣等议覆甘肃巡抚绰奇疏言，见在甘凉喂养之四千九百骆驼暂且不用，令喂养骆驼官员等带领兵丁择水草佳处牧放。其购买之一千六百余骆驼随到即分与牧放骆驼之官员等，令其牧放。从之"。

卷286：十月，"镇番卫等六十六州县卫所堡康熙五十九年钱粮米豆草束俱宜蠲免，但目今系有军务之时，除米豆草束外，将康熙五十九年额征银九万八千一百两零尽行蠲免"。

圣祖康熙五十九年庚子（1720）

是年夏初，举人卢生华游秦归，辑《东游诗草》一卷。

参将霍煜征泽旺 [1]，力战阵亡。县立"遗爱碑"，在县之西街。

蔡旗堡养马地一千四百四十四顷，养马一千零三十二匹；红沙铺养马地二千八百六十七顷，养马八百九十六匹。

邑人张继祉、方明、卢生华、陶推隽等四人往赴乡试，额支举人路费银每人五两三钱八分七厘，共费银二十一两四钱八分八厘。是年，卢生华中式第四十九名。

注释：

[1] 泽旺：藏地名。清军曾分北南两路入藏，驱走盘踞拉萨等地的蒙古准噶尔部。

圣祖康熙六十年辛丑（1721）

大旱，夏秋无雨。迄冬，雪奇沛，元月连降三日。

冬十二月下浣，西南向彗星见，尾长数丈，十余日渐隐去。

圣祖康熙六十一年壬寅（1722）

六坝湖勘明荒地三百一十二顷零，减马二百一十四匹；红沙铺变卖阿拉善种马九十二匹，减例额马数三百七十六匹。镇地实编马户一千三百三十八匹。

武威县高沟堡民人于附近督宽湖内讨给开垦执照，镇民控告于甘抚。夏月，守备洪涣协凉州监督及庄浪知事赴洪水河踏验，绘图呈详。后，府尹亲诣会勘，批：于此开垦者，永行禁止，违者严惩。

千总周甲鼎妻张氏，年十六于归。旬余，甲鼎征西宁，旋从赴蜀，以军功授四川千总，未尽展所施，遽卒于官。氏无嗣，乃矢志守节，孝事耆姑，年七十余卒，是年旌。

夏五月，邑举人卢生华只身游云南归，辑《南归吟》。

广恩谨按，《北归》《南归》，今俱不存，前辈曹公秀彦尝作刻本，惜未刊行，知之者无几。访于卢氏，金曰："同治逆匪之乱，俱遭兵火，今则荡然无存矣。"语间欷歔，似有悲不自禁之慨。

圣祖终。

卷七

清世宗雍正元年 — 雍正十三年（1723—1735）

世宗雍正元年癸卯[1]（1723）

是年，邑人马维翰、杨振莪、卢生薰、卢生莢、张维垣、段文炳、王印曾等一十七人往赴乡试，额支举人路费银每人五两三钱四分六厘，共费银九十两八钱八分二厘。

是年，卢氏兄弟金榜蝉联。卢生薰中式第十三名，卢生莢中式第四十一名。生薰联捷会试第十七名，殿试第二甲第五十四名，钦点为翰林院庶吉士。

奉旨，本邑自是年起，加武学四名[2]。

是年十月，番夷窃发，武威县属之张义堡、永昌县属之新城堡俱遭蹂躏。镇番北距套夷止六七十里，官民惊惧。参将张志浩、卫守备洪涣邀集绅衿士庶，协力防守。洪与卢公生莲等昼夜登堞分巡，率民夫搬沙守埤者月余。复练民兵，修器械。时冬雪经旬，水冻草埋，夷马难进。平番武胜、岔口[3]、镇羌等处西羌乘机来寇，劫掠商旅。会讨番大军驻扎西宁，夷类闻风远遁。

岁末，诸绅衿议开柳湖，递呈详请，未获恩准。

按，当其时，镇邑人多地狭，粮糈不敷自用，加之沿湖新开之地，湫隘阴湿，春之将始，沼沼如泽，难以播种。待至夏节，勉可种植，收获无几。而柳湖远湖之地，沙地居多，一经春风涤荡，顿成干爽肥沃之区。无论夏秋田禾，俱能生长繁茂。一旦准垦，自食之需何复虑哉！[4]

注释：

[1] 世宗雍正：爱新觉罗·胤禛（1678—1735），清入关后的第三位皇帝，年号雍正，庙

号世宗。

[2]《五凉志》："奉旨，以秦省武盛，镇番武学加四名。"

[3] 武胜、岔口：指武胜堡、岔口堡，均在今永登县西北。

[4]《重修肃州新志》载："惟自雍正十年以来，因西方用兵，军需烦重，大学士西林鄂公（尔泰）巡边，考汉唐故事，总以屯田为第一要义，于是总督武进刘公（于义）与协办军需侍郎蒋公（洞）在嘉峪关以东屯田……募百姓充当屯户……设官督种，分粮以为驻防军糈之用。"

世宗雍正二年甲辰[1]（1724）

是年，本卫改县，设知县一员，典史一员，教谕一员。江南江都人杜振宜首任县事。富平举人任席珍任教谕，直隶吏员周淳任典史。

按，振宜，旧志有传云：

杜振宜，江南江都人，雍正二年镇番改卫为县，振宜首任县事。廉明阔达，亲恤士民，经画仪制，胥中伦虑。尝酌定水利章程[2]，尤称详善。镇邑荒度之功，振宜为最著。后以护篆张掖诖误，返居镇番。两袖清风，布衣蔬食，有寒士所难堪者。数年病卒，无五尺之童，一钱之蓄。镇邑士民卜地于东郊葬焉。建祠祀之[3]，至今犹香火不绝焉。

广恩谨按，本卫改县，旧志俱作雍正三年，播远翁转录《杜大令传》亦明言三年，岂此竟作二年耶？今检县府存案，知朝廷饬准确乎在二年十一月，而县府奉旨遵行却在三年二月二十三日。据此，则杜公首任县事，奉调在二年，莅任当在三年矣。

守备洪涣创设义学[4]二所，招孤贫子弟入学就读。县志载其传云：

洪涣，江西鄱阳人，由武进士授镇番卫守备。娴雅好文，训练之暇，尝延接诸生，捐俸以资膏火。义学之设，自涣始。余亦多所创建云。

三月，番夷盘踞北境，大将军岳钟琪[5]统铁脚蛮，会同各官兵征剿之。夷闻，远遁而去。

大将军岳钟琪统苗民名铁脚蛮者，会同凉庄道蒋公洞，率土、汉官兵万余，征剿桌子[6]、棋子等山，番夷扫平，设大同镇[7]，河西宁谧。

各省增广学额，特题镇番为大学，岁科各充附十五名。

奉文于是年加磨课、门面征例，议定磨课每年额征银三两，门面每年额征银十两八钱，俱解藩库。契税，拟尽收尽解。

奉旨优恤前新城堡守备邑人李兰，遣镇番卫参将王瀚谕祭。县志列载其传云：

李兰，字心言，游击桂馨[8]子。由武解元历官新城堡守备。康熙五十七年，出征西藏，以子如郇从之。行至乌鲁木齐，兰念母老，家无次丁，恐深入绝域，不获生还，即泣令如郇归乡里事母，以忠孝大义为母陈之。遂随总兵康海进至哈喇乌苏地方，与贼迎战，力尽矢穷，望阙稽首而殒。雍正二年诏赐祭葬，世袭恩骑尉。

按，兰公殒于康熙五十七年八月二十一日，祭于雍正二年八月二十一日，时隔六载，获此哀荣，亦死者之慰藉，生者以式闾焉！祭时，阖邑绅耆临旒祭悼，卢公生华制表作《怀远将军李公心言殉难纪略》，云：

康熙五十三年，西彝猖獗，圣祖仁皇帝命将西征。天戈所指，逆贼闻风远遁。但剽掠旧习，有时乘间窃发。

五十七年，将军额[9]统领满汉官兵，分路进剿。我心公老长兄先生以新城守戎，为凉州总镇康公先锋将，胆识过人，谋勇兼裕。不惟腹有甲兵，抑且手娴刀法。每提刀入阵，千军如扫，破贼数十余合，皆公为之前矛。凡其帷幄参谋，军中倚为颇、牧[10]。木鲁乌素[11]地方，业已三箭荡平。厥后，军令戒严，必期乘胜深入，偶为逆彝所陷，康公死焉。公遂誓谓同行将士，以必死之心，毕力血战。惟公血流遍体，矢石刀戟之伤，身无完肤，犹带血拖肠，出入贼阵中数十余合，杀伤无算。时，八月二十一日，自辰至酉，矢尽马疲，公乃北拜君亲，俄而阵亡。飞将人痛子车，大业未成，英雄立溃，悲哉！

我皇上御极之始，轸念死节功臣，特颁温旨，遣官赐祭。宸章恻侧，当年赤心如揭，公其虽死犹生矣。公考诰封将军、白土关参戎、我长亲蟾枝太翁也。当日读书肄业时，朝夕勖以许身报国大义。公乙酉擢武闱第一，遂效忠至斯。闻其死之日，拳拳以老母在堂为憾事。由今观之，报君致主者，此一死；继志述事者，此一死；完科名之素志，垂青史之芳名者，又何非此一死？夫死于床笫妻子之手者，草木同朽；死于疆场锋镝之中者，日月同光。马革裹尸之雄风，鞠躬尽瘁之大义，其再见于史书矣。御祭颁时，乡党传为盛事。丐余为言，余谊忝至亲，分当修史、录节、旌忠，固余所有事也，故珥笔为之，聊当公殉难之纪略云尔。

　　十月初四日，翰林院庶吉士邑人卢公生薰以疾殁于京邸，终年仅三十有六岁。翌年二月，柩回梓里，立祖[12]葬北茔，阖族大祭。

　　广恩补记：据《奥区杂记》，是年春，大雪，气温寒极，马匹倒毙者三百二十一匹，幸存者清癯瘦削，不堪驭使。详请上宪，蒙准马匹自现存数目减半，即实养三千五百匹。

注释：

[1]《清雍正朝实录》卷 25：十月，"增陕西省各学取进文武童生额数，凉州、镇番二卫俱升为大学，各取进十五名"。

"又议覆川陕总督年羹尧奏言，甘肃之河西各厅自古皆为郡县，至明代始改为卫所。今生齿繁庶，不减内地，宜改卫所为州县。镇番卫改为镇番县。"

[2] 李注：清之前，镇番地广人稀，河水充裕，农民环湖垦种，无虑来水之多少。后来垦殖渐兴，镇地丁口与日俱增，而可耕之田日趋减少，尤其上游用水增加，导致中下游垦民发生缺水、断水现象。鉴此，杜振宜勘度形势，制定用水规程，严格控制和分配河水溉地之时间、流量。同时，设立管理机构，专董水利事。

[3] 建祠祀之：所建即"杜公祠"，在县城东郊，今不存。

[4] 义学：也称"义塾"，由官款、地方公款或地租设立的蒙学，免费招收贫寒子弟。

[5] 岳钟琪（1686—1754）：字东美，号容斋，四川成都人，原籍凉州庄浪（今兰州永登）。四川提督岳升龙之子，累官至陕甘总督，封三等威信公，屡平边地叛变，著有《姜园集》《蛩吟集》等。乾隆赞为"三朝武臣巨擘"。

[6] 桌子（山）：亦称棹山，在今甘肃省天祝县赛什斯乡境内。

[7] 大同镇：位于甘肃省永登县中部，即今永登县南大同乡。明代称南大通堡，亦简称大通。清道光时为山口驿，光绪元年（1875），左宗棠改为大通。

[8] 即李桂馨，字蟾枝。由武生从振武将军孙思克讨马宝、王辅臣等，所过地方，秋毫无犯。以功加授响水堡守备，升黄甫川、白土关二任游击。唯以好士论文为务，凡有益军民事，或激切详请，或独力担荷。官辙所历，人皆称颂之。

[9] 额：额伦特（？—1719），满洲镶红旗人，康熙二十三年（1684），授西安驻防佐领，历官西安副都统、荆州副都统、擢湖广提督、湖广总督。康熙五十七年（1718），策凌敦

多布入西藏，破布达拉城，遂据有其地。七月，额伦特至齐诺郭勒，督兵接战策凌敦多布，多所斩获。九月，额伦特在喀喇乌苏中伤，殁于阵。

[10] 颇、牧：廉颇、李牧。

[11] 木鲁乌素：亦作穆鲁乌苏河，蒙古语意为"冰河"。即长江上源通天河，在今青海西南部。《清一统志·西藏》："金沙江，古名丽水，一名神川，一名犁牛河，今番名木鲁乌苏，一名布赖楚河，又名巴楚河。"

[12] 李注：立祖，当地乡俗，死后葬于老茔（或称"祖茔"，亦称"老坟"），称为"进茔"。如因老茔已满，或因其他特殊原因需开辟新茔，其第一人便称作"立祖"。

世宗雍正三年乙巳 [1]（1725）

武威县校尉沟民人筑木堤数丈，拥堵清水河尾泉沟，镇民数千人呼吁，凉州监督府同知张批凉州卫王星、镇番卫洪涣会勘审详。蒙批"拆除木堤，严饬霸党。照旧顺流镇番，令校尉沟无得拦阻"。

二月初八日，上赐夫十二名，马二匹，车一辆，迁庶吉士卢生薰灵柩回籍。四月初六日，侧太先生之灵冢，卜新茔以葬之。卫主洪涣题《卢公生薰灵榇到家行状》云：

呜呼，天之生才，不其难哉！萃日星河岳之精华，或数百年而一见，或数十年而一出，不啻祥麟瑞凤，为人世所希觏之物，较之生常人珍重十倍。意天必护惜之，保佑之，俾才不虚生初心，庶不刺谬乃生才矣。而复使之不获，满其才之量，竟其才之蕴，屈抑夭折，较之待常人残刻亦十倍。如石曼卿之芙蓉城，曹子建之遮须国，生之何心，摧之何意？自古及今，未有不拊膺神伤者。如今日月翁 [2] 卢老先生，亦其一也。得不令人唏嘘叹息，搔首问天哉！

忆余己亥夏 [3] 恭荷简命，来莅兹土，荐绅先生晋接颇多。惟公昆玉，以文名驰骋西秦，伯仲林立，皎皎如玉树临风，见者有八龙五凤之目。时，公方屈抑副车 [4]，而器宇深沉，气度轩爽，余即意其为五常中白眉 [5] 也。以穷边极塞之区，有此清庙明堂之品，天之生公，岂偶然哉！

癸卯 [6] 春，御极改元，特开恩科，公昆季一榜联芳。自甲午、庚子 [7] 至此，兄弟同胞四登贤书，亦极奎聚之盛事矣。公复乘风直上，一举而联捷礼闱，殿试传胪，独居高甲，遂擢琼林之选。时，太傅公又以孝友特荐，由是公一门金玉之声，倾动当宁矣。公为文根据六经，经纬子史，天分人工，两居其最。故宏博幽折，不随时径。凡御试馆课，属笔辄倾泻天河，同馆诸公无不甘拜下风。文名之盛，轰动京师，称为海内第一。而公愈沉醉百家，务期读尽中秘书，使天假之年，以翊赞皇猷，鼓吹文教，其风轨岂在班马韩欧[8]下哉！夫何清班[9]一载，而遂夺之以去？噫！公之自许与天之酬，公其遂止于斯耶？悲哉，悲哉！天何生公之难，而折公之易？若是耶，是岂天之数真不可逃，而天之心真不可问耶？

顾吾思公所憾者，公之才未大展，公之志未大伸，公之母未能终养，公之子未能成立耳。然紫诰黄封，太夫人已身膺之，荣亲惟公矣。公不死，公之兄如弟，举皆翰院才，指日必有叠耀南宫，与公后先辉映者；公不死，公之子幼，而头角岐嶷，必能继公之志，述公之事，不出十余年，复为眉山二子矣；公不死，短于此，长于彼，是亦天心之可以预度者也，公不亦了无遗憾乎？所可痛者，魂飞京邸，榇返故庐，溯音容而太息，瞻华表而感怆。悲哉，悲哉！以与公作长别叙。

按，涣公一介武生，行文竟如此真挚清淳，如血泪写就，读之令人潜然而涕零，真椽笔也。

又，邑进士王有德所作《奠幛文》，更复闳深肃括，力厚思沉，语有根柢，笔具炉锤。其云：

余昔观于公，昆玉文学之炳蔚，祖宗世德之源流，燕山义方之家教，而卜公今日之门第。近观于公，一门五桂之家风，两榜联登之盛势，龙文凤藻之斗望，而卜公异日之经纶。乃昔之一卜则验同影响，近之一卜则谬若径庭。登科及第之则弗屈，而盐梅鼎鼐之才则屈之；诗礼缥缃之德则偿之，而寿考遐龄之德则弗偿。天之可知而不可知也，一至此乎？

公，吾郡文武旧家，世职相承，名儒辈出。自有明以来，簪缨凡十余传，抵太翁熙翁太老先生生不逢时，以文坛宗匠一衿未获，乃以岐黄擅名一时，而太翁卒郁郁非其志。嗣君六人[10]，矫矫皆大器。长、次限于贫，学业未竟。公居五。三文锦公，四文洁公，六文历公，愈出愈奇。由是太翁全副精神，举在诸公。晨灯暮火，不数年而三公首倡文帜，诸公旗鼓递起，而一门文风势如破竹矣。

公五岁即解读书，授以书籍，易如宿晓。沉静渊默，不好逐儿童戏嬉之场。盖大儒局度，自孩提而已然。与四公髫而入泮，从此小试、大试，采芹擢廪，昆玉联芳，率以为常。既而，太翁见皆家计愈艰，文芒愈锐。甲午，四公售矣，而抡元于副车者更有公；庚子，三公售矣，而踵接于癸卯改元之恩科者更有公。与六公复拾级而上南宫之魁甲，公联之；钦试廷对之前茅，公擢之；金昆玉季之家风，公显之；而本朝一代之文名，雷动琼林矣。沙漠一隅之镇番，藉以驰名海内矣。是则，以公之才品遇合，合观于公之积累家教，其为翊赞千秋之人物，明、清两代之一人也。何期胡为乎清班珥笔之次年，即玉楼赴诏之一日；辞母公车之一去，即骨肉分离之一朝。抱病京华，无由炙垂白之老母；游魂史馆，不复顾举案之家人。止凭一二兄弟，泣别鸰原[11]也。痛哉！

顾余等所痛者，将谓公母老乎？而封诰之荣，已身餍之；子幼乎？而千里之品格，已预卜之。况名孝廉满座，胜概举不在公下，此人人料若龟烛事，吾知其不痛也。所痛者，公爵未，公孤身未，画锦年止三十六耳，然公逝矣。而"翰林"两字，犹足香人齿颊，耀人眉宇，则一日而千秋者，孰知公寿？太翁贫苦教子，与公发愤读书，本念原不在利禄温饱，则朝闻而夕死者，孰如公快？使公病卧东山，相对不过妻子儿女辈，安能望一代之文人学士、台阁公卿，远引梁木斯文诸语，临棺悼叹也！则生荣而死哀者，孰如公显？至于黄甲之天荒自公，辟边隅之资格自公，破学校之名额自公，广缘是而贤书甲第，纵横天衢，则公之功百世不朽矣！更何事可为公痛？灵梓旋里，既而将驾，余等以与公相慰藉者，此时此际也。敬奠。

按，月公即逝，士林俱悲，祭悼文赋，连篇累牍，多不胜收。此下更选翰林、京官张考[12]等诸公所作《月湄卢公生薰行状》一文，以概其余。

翰林、京官张考等题《月湄卢公生薰行状》：

国家景运昌隆，重禧累洽，蔚为一代人文。金薤琳琅之笔，错落琼林，虽有明之王唐归胡，不闻稍逊一筹。求其独高千仞，更上一层，集百代之大成，为文章之山斗，俾海内才人学士惊叹观止者，慕卢先生而后，谁复足语于此也。

月湄老先生以秦西边士，辟易关陇，崛起清班，仙才妙品，横绝一时，更驾慕卢先生而过之。人间学海，天上文昌，公之付托重矣哉！乃琼林甫一载，人曰鼎甂之初肇，吾曰斯文之在兹，而公则曰书债毕矣。吾复何所冀于世，而岂知世之所赖于公者方巨哉！

公少聪颖过人，太翁老先生家教严密，一门昆仲，皆以髫年驰誉文坛，而公尤称最。馆阁诸同人，每奉使视学秦中，览公昆玉才名，辄索摸暗中回馆后，逢人说项，以为异日骏市之卜。但恐限于甘肃额号之资格，不能一科并发，遗珠势所不免。既而，大比岁兴，破格联登者非他人，曰卢氏某昆；蝉联独步者非他人，曰卢氏某仲。

甲午、庚子以来，西秦桂蕊，更无人倬折半枝矣。岁癸卯，圣天子特设改元恩科，公以甲午副元，与弟文历公复联一榜，维时以边号故，两美例难兼收。主司怜才之极，至于特疏题请，其文章之夺人赏鉴至此。公遂一鼓而前，南宫之魁由是联步焉。及其选入史馆也，虽公文名素著，论者总不免边方之目。及读其文，光芒万丈，一时无两，不啻登山观海。御试馆课，人人甘拜下风。于是，本朝一代文人之俎豆，争奉之边方公座下，而两闱墨艺，与夫灯窗杂咏，俱脍炙于南北文人齿颊间矣。

易箦后，尝就公丧次，与公兄文洁公、弟文历公相对慰勉，其才品亦仍然一琼林，公不过指日间事，而卒不禁悲悼无聊者，岂为少一琼林故哉！是故，年寿未登，家园远隔，妻子之痛也，吾不痛；经纶未展，鸾坡虚步，乡里之悲也，吾不悲。吾所悲且痛者，天既生绝代文人，不使之为三千学士大振鼓钟，一腔星斗，万斛珠玑，尽付之北邙三尺土中，惜哉！灵榇旋时，荷蒙圣恩赐以勘合，由是邮亭驿站，举吊香魂。悲夫，悲夫！爰滴泪和墨，以当江东渭北之咏。

又，翰林院修撰于振[13]公，当朝一大儒也。其于月公旋里谕葬时，特修《墓志》以悼之，前见于卢公冢侧，亦不妨照录之：

镇番自有明以来，凡四百余年，始有一琼林人物。而期颐耄耋者，代不乏人，孰难孰易，判然著矣。乃月湄卢老先生，不难于为四百余年未有之人文，而难于为颁白之老，不亦异乎？

按，状公，太翁熙翁太先生之五子也，太翁以宿学儒，终老布衣，惟时诸公，龙文蔚起。太翁科目雄心，不能及身而显者，举钟结于中才。一辈一时，燕山义方之教，与八龙五凤之美，相得益彰。而于门必大之势，已卜之此时矣。厥后，三君首倡衣钵，一锦金针，诸昆叠授，小试、大试一一取诸左券。而公更灵根性具，五岁读书，八岁行文，未十岁而斐然成章，总角而青衿在握矣。以丁外艰故，再阅考而始经岁试。

时，冢宰太傅公朱视学秦中，公与四公首擢廪饩，一门弟侄之蝉联采芹者，累若贯珠。以后公车数上，点额龙门者凡几次。甲午，以璧经与四公联掇贤书，而公以边额屈抑副元。此时，公已势成破竹。甲午、庚子之交，聿号科名尽在公昆玉一门，公与六公更联芳于癸卯改元一科。晚后，即就近北上，公遂联魁蕊榜，传胪二甲琼林之选。蒙圣恩特加珍重，钦试内殿。公文字举列上考诸大臣，又以孝友交章荐剡，而昆玉家风俱轰扬陛下。厥后，读其文，仰见其丰采者，谁不钦为本朝一代人文！讵料三年馆未授，而两楹之梦已成。一代文章，长埋荒冢，千秋人物，远吊湘滨。呜呼！

公生于康熙二十八年己巳二月二十一日寅时，钦选翰林院庶吉士，年享三十六岁。于雍正二年甲辰十月初十日子时，以疾卒于京任。奉旨赐扶柩勘合，给夫十二名，马二匹，车一辆，礼部给回籍入城治丧咨文。

雍正三年二月初八日，灵柩回籍。太先生先公卒，太夫人刘太孺人，同邑武孝廉虎公女，俱以公职赠封。兄四：长生莆，先公卒；次生蕊，三生华，庚子科举人；四生莲，甲午科举人，俱拣选知县。弟一，生英，癸卯科举人，拣选知县。原配魏孺人，同邑故庠生若符公女，以公职受封。过继长兄子一炽，聘同邑庠廪许公璜女。亲子一，幼未聘；女一，未字。今择于四月初六日，侧太先生之冢旁，卜新茔以葬之。爰志其生平履历，而为之铭曰：

八代文章，千金骏骨。虽沦没兮，香风勃勃。金井郁葱，佳城突兀。龙虎之穴，风云之窟。永荫儿孙，千秋绅笏。

是年，邑人李万仓[14]以天津镇把总出征建功。

蔡旗堡向无学，生童就课，或则凉州，或则县城。本年，延康来庆[15]为师，特立学舍，招生童百余人。

是年开凉州府学，镇番岁科拨府文生十二三名，或八九名；武生三四名，廪、增生各二十名。

奉文增牙斗行征例，议定每年征税银一两二钱，起解藩库。又，增设畜税征例，议定每年征银十六两二分五厘。有年有司收过代解，有年收过即起藩库。后定尽收尽解。

六月，军营添设子母炮九位。《五凉志》曰：

> 旧设守城大神炮一十三位，汛珠炮一十四位，骑驮炮一十二位，传烽炮二十三位，马腿炮一位，小铁炮一位。

九年，于柳林湖设守备一员，兵二百五十名。新移居民以每兵每日粮一斤二两俸之。

注释：

[1]《清雍正朝实录》卷33：六月，"吏部等衙门议覆原任川陕总督年羹尧等疏言，陕西宁夏等卫所新经改设郡县，请分设宁夏、西宁、凉州、甘州四府教授、训导各一员，取进文武童各十二名。永昌、镇番、山丹三县教谕各一员。童生照题定之额取进，廪增仍旧两年一贡"。

《皇朝通典卷四·食货四·田制四》记：雍正三年，"裁汰凉州府镇番县柳林湖屯户，设立屯长、总甲分理。谨按，镇番招民屯垦在雍正十三年，至是以地方辽阔，屯户众多，酌留熟谙农事者，余皆裁汰"。

雍正《屯田条例》载："凡开渠、筑坝、平地、雇募人夫，每日每名给工价银六分，面一斤八两，米四合一勺五抄。若米面本色不便，愿领折色者，照依各地方时价计算给银。"

《甘肃通志稿》载：凡屯田需牛、车、农具，计籽种每百石需牛二十四只，每只银十两，需车六辆，每辆银七两。又凡牛一只，需农具银一两六钱。凡有多寡，依此核算，官为借给，分作五年扣还。

[2] 月翁：卢生薰，字月湄，尊称为"月翁"。

[3] 己亥夏：指康熙五十八年，洪涣任镇番守备时间。光绪《镇番乡土志》记洪涣"康熙六十年，由武进士授卫守备"。存疑。

[4] 副车：清代称乡试的副榜贡生。

[5] 白眉：《三国志·蜀志·马良传》记，"马良，字季常，襄阳宜城人也。兄弟五人，并有才名，乡里为之谚曰：'马氏五常，白眉最良。'良眉中有白毛，故以称之"。后因以喻兄弟或侪辈中的杰出者。

[6] 癸卯：指雍正元年，故有"御极改元"之说。

[7] 甲午：康熙五十三年（1714）。

庚子：康熙五十九年。

[8] 班马韩欧：班，班固；马，司马相如；韩：韩愈；欧：欧阳修。

[9] 清班：清贵的官班，多指文学侍臣。谓卢生薰"清班一载"，意指其充为翰林院庶吉士一年便病逝。

[10] 六人：指卢生薰兄弟 6 人。

[11] 鸰原：比喻兄弟。《诗经·常棣》："鹡鸰在原，兄弟急难。"

[12] 张考：字尔征，号松鹤，山西夏县人。雍正元年卢生薰同科进士，翰林院庶吉士，时任刑部侍郎，历官浙江道、山东道监察御史，提督河南、广西两省学政。

[13] 于振（1690—1750）：字鹤泉，号秋田，一号连漪，江苏金坛人。雍正元年癸卯科恩科状元，授翰林院修撰。

[14] 李万仓：《清代官员履历档案全编》记：总督孔毓珣送到两广督标右营参将李万仓，陕西人，由行伍，55 岁。于广西左江中营镇标游击任内，原任广西左江总兵边士伟保举，"汉仗弓马俱好，人亦练达"，雍正三年十二月已用广西副将。《清雍正朝实录》卷84 记其雍正七年由广西浔州副将升为广东右翼总兵官，历官广东韶州、潮州、广州左翼总兵官；卷 135 记其于雍正十一年缘事革职。《历鉴》此处记载李万仓该年任天津镇把总，误。

[15] 康来庆：字茨如，雍正三年岁贡。道光《重修镇番县志》记其"体度惇醇，言行有法，尤善启后学。蔡旗堡隶县之南鄙，士习朴鲁，堡民延来庆为师。来庆乃联文社，立学舍，生徒尝数百人。凡二十余年，多所成就。堡自有明以来，振兴学校之功，来庆为首。乾隆八年，官合水县训导。曾孙绳武，知县"。

世宗雍正四年丙午（1726）

二月，有红柳岗猎户王勇为者，暗设铗牢于东边草丛中，欲猎狼狐。讵知蒙鞑畜群越境而牧，误入铗中，一马前腿断之。马主为一悍鞑，恣意轰扬，纠数十人众挟王赔马。而王不受，遂相抵牾。鞑怒，策马缒王居，顷间王屋成平地矣。王因诉于官，县事杜敦请蒙主会勘同审。王勇为赔马价银五十两三分，鞑人赔房价银一百二十两五分。

春，李海峰等七十二户农民自青松堡迁徙柳林湖屯田。

是年，本邑社粮依令改定随民捐输，有"丰年捐，欠年停"之议。

邑令杜振宜于县城西北隅添建仓廒，名"常盈仓"[1]。至时，城内仓廒共计一百八十间。

国朝以来，天下大同，汉、番诸族综归一统。本邑地处边隅，向遭外彝虏掠侵夺，是时亦渐趋安定矣。国初，有八力漫插汉[2]一部，环居本县东北境，外接宁夏边界，总隶贺兰山驸马荣庆公部落之下。族类亦繁，捍卫内地，与汉人一体交易。是年奉旨移驻南山，居三载不服水土，牲畜倒毙者甚多，因于六年奉旨复回故地。详参六年例。

岁末，卢公生华、生莲、生荚诸昆仲衷辑生薰御祭大礼诗文集六册，类金海内名士鸿篇巨制，文赋繁冗，较著者已见载于三年例，故此不录。诗联二册，辑律诗百八十首，绝句六十首，挽联三百幅。

选录翰林院同馆京官《哭祭月湄先生》清韵四首。

其一：

玉堂文酒日相同，谁使吞声一滴中？计算何当登鬼箓，论才无处问天翁。

经年病吊都门月，万里魂归陕路风。愿得英姿常入梦，穷边又恐路难通。

其二：

文章博大最风流，翰院声名谁与俦？不独近科俱下拜，即教先辈亦低头。

延津忽失冲星剑，天上想成白玉楼。史馆朝廷今缺一，乾坤何故使人忧！

其三：

文名不止压西秦，弁冕琼林此一人。淡致清同秋水菊，笔华灿过洛阳春。

魂飘京邸鹃啼急，梦返故园蝶影真。了却撑天事一段，长教词客吊湘滨。

其四：

科名直与斗山齐，谁料日初即日西。哀动举朝同寅客，惊教圣主御筵诗。

扶灵驿路兄和弟，受诰临门母与妻。泉壤已光三尺土，千年万载总相宜。

注释：

[1] 常盈仓：遗址在今民勤县三雷镇北大街，城关粮站院内。

[2] 八力漫插汉：镇番东北部蒙古族部落。

世宗雍正五年丁未（1727）

春三月，知县杜振宜倡募重修厩神庙。

武威县金羊、羊下坝民人谋于石羊河东岸筑坝开渠。武威郑松龄[1]、镇番杜振宜会查，蒙府宪批：“石羊河既系镇番水河，何金羊、羊下坝民人谋欲侵夺，仰武威县严加禁止。”

按，是时，凉州府宪邢硕辅[2]，顺天大兴人，清淳忠厚，吏治整肃，于凉、镇水利一端，多有明断，人莫敢争。后为猾吏构诬，竟致黜免。

杜令改县城西北隅经历司官廨为仓廒。

杜令革除“一名一串”征粮例，允民随意填串。

奉文设保甲之制，其法：十户立一牌头，十牌立一甲长，十甲立一保正。镇邑共六千九百六十三户，按制立七保七十甲七百牌。七保据户口例额，川五，湖二。川由薛进贤、王三虎、何世贵、王刚峰、朱裕禄领之，湖由王玉琥、李容升领之。

社粮随额粮每石外加五升，屯、科、学、更名等粮，一体上纳，然不带加草束，议定耗羡后豁免。

知县杜振宜立“小倒坝碑”。

按，小倒坝、大倒坝两碑，俱在县署，原额粮除移并武威停征外，嗣则所征之数少于原额者一千余石。详见雍正十年例。

移民百六十人至镇定居，有司发给试种执照及牛马车具等物，令其垦荒种植。

是年，邑人卢颜授武胜驿把总。

冬，镇大饥，邑令杜振宜委参将刘顺[3]率民人五十众往沙漠采沙米以救荒。阅二十余日，共采净米二十五石六斗四升，饥者赖以全活。

注释：

[1] 郑松龄：直隶丰润人，岁贡，由武威县升任。精政治，吏胥莫敢欺。时军兴，有干济才。

[2] 邢硕辅：宝坻人，大兴籍，教习，康熙五十九年（1720）任邱令。朴直端庄，遇事能断，莅任连遭凶歉，放赈缓征，民无流亡者，升凉州知府。

[3] 刘顺：顺天人。雍正五年武进士，授蓝翎侍卫，以守备发陕西。累迁至金塔协副将，擢贵州威宁镇总兵，移甘肃西宁镇总兵。

世宗雍正六年戊申（1728）

邑人孙枝苙等改建药王宫于西街关帝庙之南。

小东街士庶于星主庙前募修山门。

知县杜振宜于城外东南郭建先农坛，辟藉田四亩九分，属四坝湖沟。

前八力漫插汉部于雍正四年奉旨移住南山，以北碛牧地移交本邑牧畜。以其部不服水土，于是年奉旨复回旧地，本邑边界仍其旧。

是年，增修六府庙，卢生华有记。

冬十一月，县事杜振宜迁，四川巴州举人王联槐任。

除夕，市人燃爆竹，不慎有火屑入南城火药房，顿起巨火。南门墩所设火炮，经火烤炙，内药引发，一弹掷出，竟伤救火者三人。

世宗雍正七年己酉 [1]（1729）

春之日，奉敕废柳林湖守备，改设游击一员，千、把总各一员，兵四百名。

邑令王联槐、教谕任席珍重修文庙两庑，并以五百金增筑戟门，铺设台阶。

是年，军营新领威字号鸟枪一百六十杆。

按，《五凉志》载，旧设鸟枪一百一十六杆。雍正七年后，本邑共有鸟枪二百七十六杆。

广恩谨按，播远翁以顺治时鸟枪数与雍正七年新领数相加，得二百七十六杆，以为即是时"本邑共有"之数，恐不确焉。顺、康之间，战事频起，岂非原有之百一十六杆果无增减耶？

本年，奉饬清丈在例地亩。据应征田亩分上、中、下之则制定赋税。据《五凉志》：镇番田亩，屯、科、学、更名等地，旧制虽分上、中、下之则，然顷亩混淆，粮草徭役民间率以土脉肥瘠、籽种多寡定赋轻重。盖缘沙广水微，变迁无常故也。屯，明时兵地也；科，民地也；学，学租地，供廪生贫士也；更名，明时王粮地也。是年，统计共屯、科上地六百三顷八十五亩八分六厘七毫九丝八忽，中地二百三十八顷六十五亩八分四厘二毫二丝，下地三百九十八顷六亩九分四厘四毫。

树森按，《五凉志》作"下地二百九十八顷六亩九分四厘四毫"，今检县署旧案，其数如右。《五凉志》载误作共一千二百四十顷五十八亩六分五厘三毫一丝八忽。更名上地七十八顷二十四亩一分，中地二项四十四亩九分八厘四毫，下地四顷三十一亩，共八十五顷八厘四毫。学粮上地二顷四十二亩五分，中地五顷九亩六分八厘，下地七顷一十亩五分，共十四顷六十八亩六分八厘。各则地统共一千三百四十顷二十七亩四分一厘一毫一丝八忽。

伤寒流行，县城尤烈。男妇老幼，死者枕藉。地藏寺僧医有秘藏"普济还生丹"，一时名闻阖县。以黄酒冲服，或三五丸即验，或一二丸便获奇效。山门前求药者蜂拥如堵，局街黄酒坊亦人马络绎。

柳林湖新垦地玄字号有民人张奋先妻汤氏，是年冬腊之日，得一子，长三臂，能动静如常。

又，四坝民人王新地妻刘氏，亦生一子，长三腿，纤细如豚尾，疑尾之旁出也。

注释：

[1]《世宗宪皇帝硃批谕旨》第27：是年五月初六日，"兰州巡抚许容谨查，有原任镇番县知县杜振宜因与甘山道岳礼互讦，经前抚臣莽鹄立题防革职，奉命至陕，即闻杜振宜为河西能员，抵兰之后细加访察，伊在镇番并历署武威、张掖等县，俱有声名，颇见风力。复查与岳礼互讦，原系同日详到，前抚臣莽鹄立将杜振宜防革提审，将岳礼留任，质问其偏私之处久在"。

世宗雍正八年庚戌（1730）

邑人王有德以进士官山西榆次知县，旋改湖南湘乡县知县。旧志载其传云：

王有德，字慎先，性刚正而邃于经术，工属文。雍正八年成进士，官山西榆次县知县，旋改湖南湘乡县知县。持法明允，民无冤滞，有廉惠声。后以亢直不谐于时，遂解绶归。晚年劝课耕读，尤多所成就云。弟衣德，举人。子其仁，岁贡。

前知县王联槐卸职，顺天宛平例监[1]杜荫苾任。

邑人王子青是年募资于青土湖创建"牧犊楼"，面山傍水，有万千气象，足资游览。

《搜姐记异》云：

镇有青土湖，广袤三十方里，其土青绿故名。马城河经其东。春夏则潮涨，秋冬则潮落。多水草，宜畜牧。耆老相传古名"青牛湖"，因湖中有青牛名之。大旱之年依稀可闻哓唤声，而丰稔之年则每有丝竹相谐鸣。

广恩谨按，枪杆岭山在青土湖之左，古称"金牛山"。

是年，马鳌、李升龙、曹一鼎、王衣德等往赴乡试，额支举人路费银每人五两三钱四分六厘，共费银二十一两三钱八分四厘。

邑令杜荫倡率县人以梭梭烧炭，屡经磨砺，终告其成。其质坚，其色黛，其火强而经久。

奉饬裁拨大通[2]马战兵，随从宁夏拨补步战兵，本营实存马战兵一百七十八名，步战兵三百四十三名，守兵一百二十六名。

《镇番宜土人情记》云：

雍正八年秋八月，苏山蒙泉喷涌，延月余，渐细微，又阅旬日，仍干涸。

广恩谨按，今苏山黄沙如埠，何泉水之有？沧桑巨变，此岂验之乎？

注释：

[1] 例监：明清时监生名目之一，由援例捐纳取得监生资格者称为例监，亦称捐监。

[2] 大通：今青海省大通县。清雍正三年（1725）设大通卫。乾隆二十六年（1761）改大通卫为大通县。

世宗雍正九年辛亥（1731）

奉府饬谕，缘寄庄、寄粮例[1]，将附近武威田亩归并武威，去粮三十石二斗五升一合三勺，大草三百二束五分一厘二毫。

县杜令募资筑名宦祠于文庙戟门东，祀提学叶映榴[2]。

按，映榴字仓宰，江南上海人，顺治辛丑进士，历任陕西提学道训士。以立品为主，每按部虚公考核被落者，悉无怨言。三秦士子，经明行修，风气日上。后督粮楚省，值夏逢龙^[2]乱，死之。赠工部右侍郎，谥忠节，诏令于各筴处祀名宦祠。

是年，重订文庙丁祭银例额四十两，关帝庙一十六两，各坛庙壝每岁祭祀银一十两零。

注释：

[1] 寄庄：把田庄设置在外地，以逃避本籍赋役；或是借用外地官僚的名义，在本地设置田庄，谓之寄庄。有田在此县而完粮在彼县者，谓之寄粮。乾隆元年（1723），令各该县将坐落区图田亩赋率造报，委派人员勘丈确实，将应征钱粮核清，改隶于田地所在之县，入额办理征收。

[2] 叶映榴（1642—1688）：字炳霞，号苍岩，上海人。顺治十八年（1661）进士，历官礼部郎中、陕西提学。康熙二十四年（1685）授湖北粮督。清廷裁总督缺并裁标兵，兵噪，索月粮不得，谋变。映榴冒刃劝之不应而大骂，自刎死。谥忠节。康熙亲书"忠节"匾赐叶家，其子整理其诗，成《忠节遗稿》。工书、画，长古隶，善山水，苍古似沈周。

[3] 夏逢龙：见本书卷六康熙二十七年"夏包子"注。

世宗雍正十年壬子（1732）

原定本邑额征屯、科、学、更名等粮，本邑共七千四百五十二石奇。是年，除移并武威停征者外，实征之数较少于原额一千余石。依此粮额分水，则小倒坝每粮二百一十五石，该水一昼夜，大倒坝仍二百五十石，该水一昼夜。缘有加减之制，故四坝居极东，倒坝先之。渠口即通河，迄东为外河，柳林水路也；迄西接小二坝，通长约三十里，共征粮一千六百八十六石三斗一升零，该水九昼夜又四时。润河水：小倒坝该水七昼夜零七时外，润河水三昼夜零四时。

刘家窝铺地新垦，民人刘华洲、王家礼等开改水渠，得一石，形似鱼类，鳍甲鳃须皆历历可指，人莫能识之。

广恩谨按，此鱼化石耳。窃闻先年西河溃决处亦得一石兽，形类驼而无峰，貌如鹿则甚大，亦不知为何物。

世宗雍正十一年癸丑（1733）

是年，部堂蒋[1]、刘[2]会题，于屯田处所外纸碾子湖准给营田。营中出备籽种一百京石，令兵丁子弟耕种收获。粮石营中平分，不在水利通判辖治之内。

十一月，多雪，入腊奇冷。

注释：

[1] 部堂蒋：蒋洞，康熙五十二年（1713）癸巳恩科进士，五十九年任分守凉州道。雍正元年，番夷猖獗，公团练乡勇，率众御棋、棹等山，剿除有功。后迁户部侍郎，屯田柳湖。《清史稿·列传》63："雍正十年，加侍郎衔，往肃州经理军营屯田。在事二年，辟镇番柳林湖田十三万亩，得粮三万石。筑河堤，扩二大渠，分濬支渠，并建仓储粮，公私饶裕。副都御史二格协理军需，劾洞侵帑误公，逮治论死，下狱追赃。总督查郎阿等交章雪其诬，洞已病卒。"

[2] 刘：指刘于义（1675—1748），字喻旃，号蔚冈，江苏武进（今属常州市）人。康熙五十一年进士，散馆后任翰林院编修。雍正十年七月署陕甘总督。历官署理直隶布政使、福建巡抚、户部尚书、吏部尚书兼协办大学士、署理直隶总督。

《重修肃州新志》载，雍正十一年，柳林湖开挖灌溉渠道，用镇番大河之水，堵筑西河，俾全东归柳林。自西河口起，及大二更名坝以下，边墙以东，俱培筑堤岸，不令疏泄。流过抹山至哨马营，有总渠一道。然后分东、中、西三渠复开岔渠数十道，各长数十里不等。开三大渠列斗门数百，以引水而筑浅闸坝大小桥梁，复以百计。

世宗雍正十二年甲寅[1]（1734）

部堂蒋洞题准，柳林湖屯垦浚五渠，划地二千四百九十八顷五十亩，以《千字文》编号。东渠地三十八号，西渠地四十二号，中渠地四十四号，外西渠、红沙梁、红柳园共地二十七号，共编号一百三十三。每号二十户或十余户，每户地一顷，管给牛车宅舍银二十四两，限五年节次扣还。

五月，于柳林湖筑八卦庙。

奉饬于潘家湖屯田，收获粮石运供驻凉满营官兵。

夏之月，阖邑祭风伯，建醮于玄真观，凡所士民咸雍雍肃肃，未敢稍怯。卢公生华作《祭风表》，略云：

伏以帝德焕巍，穆穆圣容垂北极；神功浩荡，森森金阙镇西方。沐太乙之洪波，从天下地；沾元都之膏泽，系月维星。治世福神，镇天大德。镇番县知县郭公宏甲亲率本邑官绅士庶等，谨诚惶诚恐，稽首上言。

窃谓惟乾称乎父，宠绥必笃于下民；惟人承天祇，教敬宜严于上帝。大哉，万物之首；允矣，四气之和。十雨五风，曾叶太平之瑞；五行三正，必符皇极之占。喜则调畅祥和，诚为上天之恩泽；怒则折扬奔厉，无非造化之刑威。故洪水为灾，既已帝儆浖洞，而桑林是祷，何妨身为牺牲。凡此人事之愆，尤以致天心之震怒。迩来狂飚肆虐，阴霾为灾。黑雾滔天，刮尽田间籽粒；黄沙卷地，飞来塞外丘山。鬻女卖儿，半是被灾之辈；离家荡产，尽为沙压之民。此日之播种无资，将来之供赋安出？此诚上帝所痛念，而下民所哀诉者也。

兹盖虔心奉祷于金阙：上帝陛下，天心仁爱，帝德好生。念民以食为天，时沐桃花之雨；思国以民为本，永回黍谷之春。履秦阶而调太平，顺八风以齐八政。愿叱风伯于南北，永不鸣条；欲呵雨师于西东，时为洒道。水火济以成治，阴阳和而化行。井鬼分星，何劳箕公再管；乾兑画地，焉用巽女秉权？逐蚩尤于天边，被和风甘雨之化；驱飞廉于海隅，释雷迅风烈之惊。况物福人妖作祟者，尚当加之以铁钺；而山精土怪为灾者，自可鼓之以雷霆。征之风必扬沙，乃知箕离于月。拔苗逐种，怨气与风气交加；呼地吁天，号声协沙声并烈。侵伤于斯为盛，饥馑因而荐臻，未有如今日者也。某等叨任兹土，目击风灾，信本未及于豚鱼，不敢效韩昌黎之驱鳄，职则已切于君国；惟期广赵充国之屯田，念务本必先务农，知足兵在于足食。伏愿圣慈默佑，帝泽洪施。福延于无量无边，亿万年常馨沙漠；恩及于有生有相，千百世永镇金汤矣。某等无任，瞻天仰神，激切营屏之至，谨奉表称奏以闻。

是年，例贡二员，一名田薰，一名王应，俱无仕。

原任知县杜荫迁，陕西蒲城郭宏甲以拔贡任。

注释：

[1]《清雍正朝实录》卷149：十一月，"又谕：朕闻凉州府镇番县属柳林湖地方屯种地亩，经加衔侍郎蒋洞估计开垦，修筑渠坝，置备农具等项，共银七万八千余两。而办

理此事，率多营私作弊。蒋洞委用原任知县潘治、州判石廷栋二人，所修渠工岸坝在在草率，俱经冬水冲塌。而蒋洞视同膜外，不问不究。又今春下种之时，种少报多，隐匿籽种一千余石。又平地工价一项，共该银七千八百两，委官领去分发屯民。而潘治、石廷栋等朋比分肥，短发工价银四千余两。又，蒋洞将屯田下剩应存银八千二百余两亏空无存。朕所访闻如此。蒋洞受朕深恩，何以负恩溺职至于此极？非派员确查，难定虚实，着副都御史孙国玺前往凉州，将以上情节详确查勘，无得丝毫瞻徇"。

世宗雍正十三年乙卯 [1]（1735）

前定柳林湖屯田户借贷牛车宅舍银，奉旨豁免其半。一项地扣还一十二两，每户给京石粮籽种麦六石。秋后，除原种存官无息，余粮多寡平分。

又，饬定柳林湖新开屯田十年后起科，至时应依例征收税赋。

请准辟柳林湖见号地五十顷给营田，令在所兵丁子弟耕种收获，时称营田地 [2]，今尚沿之。

前县事杜振宜是年卒于县城寓所。十月，卜地于城隍行宫后葬之，并建"杜公祠"。

冬腊之月，崇文社邀诸名士作修禊之会。教谕张兴、邑举人卢生华等各制《镇番八景》诗八首，公推卢公为最著，故录于左。

苏武牧羝：

忠肝百练老于羝，仍把岩坡着意栖。河岳不随炎汉去，旄竿常伴月氏西。

角蟠碧落云中彩，蹄踏长虹雨际泥。确有将军生气在，岂同冥祀享金碑 [3]。

红寺农耕：

万里黄沙陇畔头，尚绿红寺度春秋。岫云深处陶潜啸，野马尘间许父游。

眼底如披齿馆画，意中浑到武陵邱。苍心特为边农劝，揭出天然平地楼。

平湖叠垒：

银河久已洗天兵，刁斗何须细柳营？一线蚁封麈赤壁，千群虎士走黎明。

军容雾列人无噪，阵影风飘望有旌。雷台星辰齐合队，稳教万载赋升平。

小河垂钓：

仿佛蜃南海市楼，扶竿人在画中游。一围带束龙城瘦，四面风湍丽水悠。

踪迹似凭鱼托意，丝纶隐借钓为由。临渊话柄凭人笑，日日归来月满舟。

灵潭起龙：

天门变化已千端，特把灵潭着意幡。日上徐牵黄甲动，夜深每向紫微抟。

风云合势遥冲斗，雷电张威似驾銮。为见为潜猜不的，边方藉作瑞图看。

黑山积雪：

黛岭苍岩紫色云，望中翻觉玉氛氲。凝成缟素倘宜月，生就瑶姿不碍曛。

锦乡山川凭瑞相，晶莹世界藉清氛。米肌铁骨难分辨，合作尧天景庆雯。

红崖隐豹：

以东太华以西仑，谁识红崖豹寓跟？首尾迤逦遥接汉，爪牙伸缩正朝坤。

千岩横枕俨疑卧，一面独当的似蹲。润色山川凭此相，人文常带羽毛痕。

莱茯闲云：

屹立乾郊巩北庭，阴晴不用课沧溟。氤氲欲绘千山黛，浓淡还兼五色形。

升到青霄天有嶂，浮成丹霭日垂屏。从今霾旱全无虑，吐纳风雷此是扃。

是年春，奉文具报各县方物土产。县大令郭公宏甲谕示岁贡马维翰、恩贡段文炳、岁贡曹一鼎、岁贡刘叔堂诸公采访编撰。三月经始，八月竣稿，九月初呈审之。稿略如：

青稞，形似大麦，播种最先，可酿酒醋。大麦，有白、黑二种，白者可食，饲马尤佳；黑者入药。小麦，色赤而粒小，面质胜于他地所产。荞麦，山、陕、豫进种。豆类有豌豆、扁豆、蚕豆、黑豆、黄豆、刀豆、老核豆等。扁豆作粥，绵甜可口；蚕豆，俗名大豆，种者较少；黑豆，多作饲料；黄豆作腐；刀豆，初结实时同壳，采之和肉食，治圃者皆种之。老核豆，或名老胡豆，煮食最佳。胡麻，可榨油，种之时，麦后糜先。麻子，有花者无子，俗称"花麻"，剥麻最佳；有子者无花，子可榨油，麻不堪用。糜子，山、陕移民谓之稷[4]，有黄红黑三种，红黑者谓之"六十黄"，自种至收，两月可熟故名。舂米俗称"碾米"，其具与江南石臼判然不一，晋民称为"碾子"。土人日用之需，以黄米为主。谷，舂米为小米，食之差比黄米。妇人生产，以之做粥，食一月方止，据云下乳最易。糜谷皆秋禾。沙米，野产，入冬采于沙窝，粒小如芥，煮粥最佳，以之酿粉皮，尤清凉爽口，味极鲜美。荒欠之年，土人充作口粮，他物所不及也。桦豆，野产，色黄，粒大如豆，炒熟食之，味稍腥涩。以之饲牛马，易肥壮。碱柴子，俗呼"碱子"，炒熟磨面，乡民谓之"炒面"，救荒最宜。惟其味咸性燥，不宜多食、久食，肠胃所不受也。以上谷类。

萝卜，有多种，春种者谓之"水萝卜"，体短小；夏种者谓之"冬萝卜"，体大，有长至逾尺者，宜冬贮。胡萝卜，红、黄二种，黄大而红小，味俱佳。葱有大、小二种，大者谓之"献葱"，主食根茎，小者谓之"小葱"，主食茎叶。蒜二种，白皮蒜，紫皮蒜，后者辛辣异常。韭，或作"韭菜"，叶细，味辛，宜早种。芹菜，茎短，味浓，宜生沙地。白菜，有夏、秋二种，夏白菜易抽苔扬花，秋白菜最宜冬藏。窝苣，春种秋收，根球宜腌制。甜菜，俗呼"糖萝卜"煮食之，味极甜。芫荽，土人呼为"芫绪"，芫读"严"，南人则读"元"，有香味，子可入药。苋菜，本土原无此物，迩年为江浙移民引入之，有红、绿二种。茎脆，腌制食之，味鲜适口。芥菜，九月者佳。茼蒿菜，茎叶可食。菠菜，或称"绿菠菜"，晾干冬食，胜于白菜。茄子，有长、圆二种，长者为上，圆者稍次之。入秋则味苦，以之蒸熟，和蒜泥贮坛瓿，冬食最佳。辣子，有多种，尖而细者最辣，粗而短者肉厚。蔓菁，根球可食，味稍次，故种者少。沙葱，野产，不拘秋夏，得雨则生，有茎无叶，味辛，腌食尤佳。土人以之和肉作馅，包"沙葱扁食"，味奇美，南人无从想见其美也。沙芥，野产，味辛辣，冬初采之，亦可腌食，然远逊沙葱。苦菜，俗呼"马曲曲"，春时佳，夏秋味甘，晾干冬贮，食之可补肠胃。羊蹄菜[5]，勉可食之，味次。碱菠菜，野产。蒲笋，蔡旗堡水产。地软，一名"地卷皮"，形、味似木耳，和肉食。桦菇，冬月桦柴[6]根下采之，味佳。蒲公英，一名"黄花菜"，春时开黄花故名。早春采于湖边河干，佐以饭食，味甚佳。以上蔬类。

西瓜，有多种，红瓤黑子者最佳，黄瓤红子者次之，白瓤黑子者味酸，不宜多食。近有河套长西瓜引种，俗名"考考其"，味亦佳。甜瓜，有多种，以哈密瓜为最焉。土种有"脆瓜"，亦甜瓜之属，脆如酥梨，有清香，食之齿颊爽然。南瓜，皮色淡绿，不宜生食，用佐饭食，有南地瓜之妙。医家以之解溽暑，效辄验。黄瓜，可生食，可佐饭，尤可佐酒。葫芦，有多种，圆形谓之"莴葫芦"，瓤黄，子白，止可煮食，不宜炒食；长形谓之"菜葫芦"，宜炒食，不宜煮食。今又有瓠子一种，土人谓之"吊葫芦"，盖由移民引入本土。其皮坚质，可制水瓢。以上瓜类。

桑椹，色紫红，味胜于他地，惜无多产。杏，有红黄二种，熟于夏月者，谓之"麦杏"，熟于秋月者，谓之"糜杏"。桃，果小，味不及河东所产。果，有红白二种，其味甘甜爽口，是为上品。楸子，色紫红，初熟脆而微酸，经霜后绵而变甜。檎子，俗名"沙果"，有红、白二种，味不及苹果。长把梨，多汁，味佳。接木而成，善事者可为之。墨梨，又名"圆果"，有二种。李，果小，种者寥寥。葡萄，青紫二种，青色为上，紫色次之。枣，果肉细密，甘甜沉香，河西无有胜于此者。沙枣，经霜则味甘，有多种，以红白相间者为最佳。沙嘴墩所产"离核子"尤佳。以上果类。

松、柏最少，昔时，青松堡产松，迩年被沙灾，遂不多见。榆，多栽培，以其质坚造车故也。柳，有多种，枝条下垂者谓之"垂柳"，上扬者谓之"渠柳"。柳林湖所产，则呼之为"柳条"。枝条歧出，葳蕤而生，土人折柳编篓，与竹篾差似之。桑，原无此树，明时徐达留兵屯耕，江浙兵卒试种之，可活，惟其地不兴蚕业，而桑木不堪卒用，故种者无多。槐，止见于庭院，无野生。白杨，最多，有多种，以大杨树最佳，可长为巨材。文庙内二株，粗及丈余，高过三丈。梧桐，随处有之，以红沙堡最繁茂。红柳，又名柽柳，古所谓"降龙木"也。遍地皆有，多见者二种，枝条紫红色者谓之"紫红柳"，质坚如铁；淡黄色者谓之"沙红柳"，茎杆中空，皆材小作薪。以上木类。

花无多产，大宗为菊，种类颇多，以秋菊为盛焉。黄色者可入药。次则葵花，茎既高且壮，花硕大如盘。子可食，并可榨油。次则丑牛，俗名"喇叭花"，种者甚夥，子入药。当地野产者又有马莲，俗称"马兰"，其茎叶如兰故名。其梗可造纸，子可煎茶。之外，尚有尤柏、茶藤、玫瑰、探春、米心、萱草、芍药、蔷薇、石竹、茉莉、牡丹、百合、十样锦、绣球、腊梅、鸡冠、凤尾、金替、墅琪、柴花、罂粟、凤仙草、芙蓉、金莲。别有沙枣花，浓香馥郁，沁人心脾，数里可闻。以上花类。

苜蓿，二种，一称"紫花苜蓿"，宜饲牛马。春芽初发，土人采而食之；一称"草苜蓿"，止可饲畜，人不可食也。芦苇，境外最多，治内湖溏亦茁然成林。其粗壮者可织席，幼细者饲牛马。箕芨，俗呼"芨芨"，可织席。苏山无节芨芨负盛名，与绵竹可织为篮，所谓"虽有丝麻，无弃菅蒯"者，诚有信也。沙竹，产于荒野，中通无节，光洁圆滑，可织凉席，亦可作蜡心。土人元宵扎灯，舍此无有可代者。野麻，产于沙漠，可造纸。冰草，随处孳生。仲夏起苔抽穗，羊喜食其叶，牛马喜食其茎，洵草中之佼佼者。打碗草，一名"扯拉弯草"，茎含乳汁，宜肥猪羊。刺竿，茎叶多毛刺，人不敢近，驴独嗜食也。马莲，又称"蓬棵"，有多种，可饲畜，可救荒，子磨面做饽饽，色奇黑，味甚佳。其茎焚烧成炭，土人名之为"蓬灰"，用以做"碱面"。色呈赭黄，味有清香，殊野生物类中之珍品也。香茅，俗名"香蒿"，叶、茎灰白色，有异香，经霜后六畜喜食。花儿菜，叶茎肥嫩，可浆为猪饲。黄喇嘛草，开黄色小花故名。有臭味，经霜干枯后，饲畜颇佳。以上草类。

梭梭，质坚，可烧炭，燃时有清香溢出，大非石煤可拟。黄蒿，有异味呛鼻，粗茎可烧，子可食。碱柴，土人以其烧炕，最佳，子可食。以次尚有牛角柴、霸旺柴、冬青、铁姜、茅柴、红沙柴。另有一种谓之白茨柴，质坚硬，耐焚烧，因其茎修长绵软，结捆成束，最宜拦水堵坝，故县民每年按例分缴之柴草，多为此物。其果色赤，剔透晶莹，直似玛瑙。食之酸甜可口，俗名"酸胖"[7]。晾干入药，清热解毒，祛除风寒，诚良药也。以上薪类。

甘草，有红黄二种，其根入药，以红色者为上品。性不喜湿，水淫，则药效大减矣。茴香，有二种，一称"大茴香"，有浓香味，不宜入药，作调料甚佳；一称"小茴香"，香味稍淡，宜入药，不宜作调料。土人将子焙黄，用为茶叶，胃寒者饮之最宜。枸杞，三月采，其叶可为茶，四月花，五月实，小暑采其子。境外者佳，瞭江石[8]产者尤佳。迩来其树为耕樵砍伐，不可多得。境内园圃中，亦有移植者，但一经水浸，则子多而肉薄，易于干枯。红花，土人每视为蔬菜，种于园圃。夏时，采其花作饽饽香料，中秋月饼，尤不可无此物。子捣碎，妇女充作妆品，可使发肤光洁润滑。花、实皆入药。哈密麻，番名，土人或直呼为"哈密"。哈，读"喀"。《本草》无此物。形似枸杞而小，色初赤而后黑，有核，性最热，味甘咸，可和麦作炒面，胃寒者煮茶食之，每效。琐阳，土人呼为"琐炎"。炎，亦阳之意。三九者佳，和面作饼，味甘可食。入春尚可用，入夏则取以饲豕，质老而味苦，盛夏则枯。茅茨，柴根孳生也。苁蓉，俗名"从英"，伏于地中，通体有鳞，龙形，梭梭柴根所发。《本草》以为马溺所成者，非也。春秋时产者佳，土人辄以之渍酒，以为可强精壮阳，人多珍视之。外尚有多味草药，如茵陈、益母、车前子、紫苏、薄荷、荆芥、地骨皮、乌药、柏子仁、木贼、菟丝子、牛蒡子、麻黄、莱菔子、蓖麻子、天券子。另有青盐，出境外摆鸭湖[9]。滑石，出狼跑泉山。咸水石，土人呼为"海水石"，盖由本土方音读"咸"为"海"故，枪杆岭产者佳。以上药类。

鸡，有二种，一名"草鸡"，牝鸡羽毛淡黄，牡鸡羽毛红黑相间；一名"南鸡"，系江南移民引入本土，体小灵捷，羽色亦淡，乡民多饲养之。鹅，不群养，数较少。鸭有家、野数种，家养者不多，野生者随处可见，尤摆鸭湖、青土湖为最多。鸽，有多种，羽毛灰色者称"原鸽"，数极多。土人每于寨墙之上筑鸽楼，有精于此道者，令鸽出户觅食，晚来归巢，诱其啜饮石灰水，少顷呕吐，所食麦谷尽为豢者所获。收而集之，一年可得鸽食数几石。雏鸽肉细嫩，味极佳，医家视为大补之品。雁，秋去春来，常作雁阵之行；啄食麦种，为害甚巨，土人辄以铗牢捕之。陷于人，鸣声哀惋；纵之去，不径逃离。每低回飞旋良久，始逝云霄中。或云，感人恩也。鹰，又名"老鹰"，每栖于岩坡岸头，作风云观。兔鼠之属，数里可察，莫能免其逮也。困顿之极，每演偷窃之伎。雏鸡小鸭，时有被掠之险。雕鱼郎，似鹰而非是，栖于水泽，擅水中捕鱼之术。鹘，较鹰、雕体小，而其强健凶猛，鹰、雕所不能及。鹧鸪，鸣声悦耳，可呼阴晴。沙鸡，毛色如沙，群翔而过，翅声如雷，噼啪震耳，似有冷风疾吹。土人以网罗之，鬻之于市，人每目之为肴中珍品。野鸡，牡鸡毛羽极艳丽，鸣声关关，不善飞翔，性机灵而多疑，但有声响，即作鼠窜。天鹅，有灰、白二种，善舞蹈，喜群居。秋去春来，飞时作"人"字阵。啄木虫，树之医。鸱枭，俗名"祠官子"，盖由其潜匿于庙祠故名。喜食鼠，性机警，鸟身猫头，乡人视为凶险之兆。戴胜鸟，俗呼"伯伯赤"，由其鸣声而名之。喜栖于墓冢土垒，人以为有鬼魂之气，视为凶鸟。土伯劳，又称"麻哒啦"。麻者，谓其为麻雀之属；"哒啦"，亦像其鸣叫之声，栖于田间垄头，亦属凶鸟；偶有入室者，土人倾力捕杀之。喜鹊，随处皆有。乌鸦有二种，通体黑者曰"旱鸦"，颈间白色者曰"水鸦"。麻雀，多不可以数计，常栖于岩隙墙洞中，每与人争食，驱之不去。以上鸟禽类。

骆驼，宜驭使，可载重物远行。耐饥饿，十数日不饮食，每能行走如常。惯走沙漠，预知水源，善辨道路。失子每哭，有泪潸然，知其通人性者也。牛，有黄牛、犏牛二种。骡，马母驴父者呼为"马骡"，驴母马父者呼为"驴骡"。驴骡高大魁伟，健而有力，兼宜驯顺，故土人喜驴骡而远马骡。驴，体瘦小，驭使便利。马，前明有养马之例，县中争饲之。圣朝兵氛销绥，导民以驼易马，故今驼多而马少。羊，有绵羊、山羊二种，山羊或称"羖䍽"，县内最多。绵羊肉味佳，他地未可争也。豕，春牢冬宰，寻常百姓家皆畜养之。惜无良种，体格颇小。犬，种类颇多，以猎犬为最凶暴，"板凳犬"[10]最可贵。县人无食狗肉之习，狗死，每弃之于野。皮可制褥。猫，无论贫富，皆畜之。狐，境内外颇多，县中猎人以捕狐为能事。其皮以冬时产者为上，春夏次之。可为帽，为裘，有华贵之象。狼，境外最多，喜群居，嗜食羊，牧人最恨。其皮逊于狐，亦可为裘，以冬月所产为上。草猞猁，性刁猾，有时入号[11]偷窃。土豹子，体较豹小，喜奔驰，其速如飞。皮极华贵，可为裘帽。獾猪，肉可食，其皮可寝。青羊，肉可食，角大如弯弓，可制饰物。黄羊，结队而行，每有数十只甚或数百只蚁集一处。肉可食，差比绵羊肉。野马，体较家马为小，善奔驰，不易捕捉。肉可食，味次。野驴，黄白色为多见，奔走如飞，家驴不能望其项背。野骆驼，形较家驼小，虽捕而得之，绝难驯顺。兔，肉可食，皮可制帽。捕得幼仔，设牢豢养，每能大获其利。以上畜兽类。

无鳞鱼，蔡旗堡多产之。鲫鱼，味甚鲜美，小河钓之可得。康熙时，白亭海孳鱼甚繁，县人借之疗饥，今不复再得。蝎，栖于湖溏，南人[12]有烹而食之者，土人则骇然。蜗牛、螺蛳，于湖溏中每可捕获，惟其体皆小。癞蛤蟆，多不胜数，有毒不可为食。水蛇，不常见，偶有得之者，视为席上之珍。以上鳞介类。

蜜蜂，种类颇多，细腰者最毒。蛱蝶，风景之点缀。有巨型蝶俗呼为"马心有"，未知其何以为此名。蜻蜓点水，不失为塞上又一景观，每有群聚，天雨之兆，亦一灵物也。螳螂，每有捕蝉之想，而不知黄雀在其后焉。苍蝇、蚊子、臭虫、跳蚤，卑微龌龊，不足道哉。以上虫类。

世宗终。

注释：

[1]《清乾隆朝实录》卷 9：十二月，"又议覆署理陕西总督刘于义奏称，凉州府属之柳林湖等处屯员呼应不灵，应照直隶屯田例归地方官管辖。查该处知县俱系冲要，各有地方事件。应于凉州府添设通判一员，驻劄镇番，专管屯田，仍责成凉州道督查。从之"。

《皇朝通志》卷 92《食货略》12："甘肃凉州府镇番县之柳林湖地，自雍正十二年招集民人屯垦，至是垦地二千三百余顷。地既辽阔，屯户亦众，乃设立屯长、总甲。四年复募农民及官兵余丁承种。"

[2] 营田地：在今民勤县收成镇中兴村。

[3] 金碑：即金日碑。

[4] 稷：谷子。

[5] 羊蹄菜：即羊茅，或称"酥油菜"。学名牛耳大黄，中药名，有清热解毒，凉血止血，通便杀虫之功效。

[6] 桦柴：今称"花棒"，又名花子柴、花柴、花秧子和牛尾梢等，耐干旱，抗风蚀，喜适度沙压，根系发达，生长迅速，枝叶繁茂。

[7] 酸胖：应为"酸蒡"，学名"白刺"，蒺藜科植物，味甘、酸，有健脾消食、安神的功效。

[8] 瞭江石：在今民勤县城北 30 公里处，原有大烽火墩 1 座，为汉时所筑，俗称"江石墩"。传立于其上，可遥望大江东去，故名。

[9] 摆鸭湖：又作"板鸭湖""拜亚湖"，在今民勤县西北 185 公里。

[10] 板凳犬：体形似老式四脚长凳，腿短而有力，灵活敏捷。

[11] 李注：号，土语，即村子，狭义作如此解。镇番属沙漠绿洲地区，土人每将沙漠区称作"麻岗"，将绿洲区称作"号"。其历史根源是雍正朝开垦柳林湖时，将新垦地按《千字文》编号，即有"天字号""地字号"之名称，后其来，人们径称村落为"号"，称村落以外的绿洲为"号外"，此广义之解。

[12] 李注：南人指移民中之南方人，相对"土人"而言。土人，即土著人。

卷八

清高宗乾隆元年 — 乾隆六十年（1736—1795）

高宗乾隆元年丙辰 [1]（1736）

柳林湖屯田，设水利通判一名，河南进士傅树崇 [2] 首任。通判署在县城内。

奉饬裁柳林湖游击，以旧营留千总一员，兵一百名。

奉文厘定本邑当税，每年额银二百一十两，在凉州府缴纳。开销支放每年丁戊祭祀银二十四两八钱，先农坛祭祀银三两一钱五分。

丙辰科国子监祭酒 [3] 扬名，时，甲午科卢生莲会试陕西。稔知聿号文风，每为定额所限，奉请聿号每科中二名，永为定例。聿左聿右，分中一科，通遍聿号，合中一科。但旧聿号止系十学。改县之后，聿左肄九学，聿右肄五学。又有柳沟沙瓜等新设之学，举额号广半名，而学分几加倍矣。

前定柳林湖屯田，十年后起科征赋，因效力官员滋事，是年奉文裁去。特设水利通判一员，止留效力农民 [4] 十五名董屯 [5]。其屯户中俯仰有籍者，固多贫无立锥者，由距县窎远，粪田无资，且民情自谋，则切公田芟柞作辍，所获尚有不敷籽种者，此不可无经久章程也。至于其地，颇称沃壤。初屯止宜种麦，今百谷蔬菜皆可收获。若今民营阡陌，耕东息西，亦镇人之利薮也。

广恩谨按，耕东息西，俗谓之"歇沙"，广有土地，始可为之。今农民为养地力，其法有二：一即歇沙，一为换茬种植。歇沙需深翻，或歇一年，或歇二年。夏种时，大水冬灌，冻泡如酥，遂成沃田。换茬最易，甲年种麦，乙年植糜，亦见奇效。若地力过疲，易之苜蓿，阅二三年，遂成上上之地，盖亦农家经验也。

是年，曹一鼎、李发甲、王新命、刘叔堂[6]等往赴乡试，额支举人路费银每人五两三钱，共费银二十一两二钱。刘叔堂联捷会试第一百六十名，殿试第三甲第七十三名，官刑部主事，改江南宝山县[7]知县。

注释：

[1] 高宗乾隆：爱新觉罗·弘历（1711—1799），清定都北京后第四位皇帝。年号乾隆，庙号高宗。

是年十二月初十日，甘肃巡抚刘于义《为请定甘肃屯田善后事宜事奏折》："据包承圣（凉州知府）申称，柳林湖屯田连本年新增共一十七万五千亩，地方辽远，屯户众多，通判一员耳目恐难周遍，细细体察情形，中、东二渠地多户广，每渠应各留生监各三名，农民各五名；其内、外、西渠，潘家湖界连地接，可归一处管理，应留生监三名，农民五名。以上共留生监九名，农民十五名。""柳林湖大渠共长一百七十里，又岔渠计长三、四、五十里不等……凉、肃屯田每年可收平分粮四万数千石。柳林湖逼近凉州，将来可供满兵支食，即肃、高（台）等处每年所入可以接济口外防兵，甚为有益。"

[2] 傅树崇：字林宗，号嵩樵，河南登封人。康熙五十七年进士。《五凉全志》记其雍正十一年任武威知县，"捷于判断，力除陋习，教课生儒，多所裨益"。后迁镇番柳湖水利厅，专管屯田。乾隆《登封县志》记其"栉风沐雨，先劳弗倦，教民耕获及时，屯收数倍于前。有《柳林湖赋》及《屯田记》，文章经纬，具见一斑"。乾隆五年补宁夏府西路同知，八年卒于任，人称廉吏。

[3] 国子监祭酒：古代中央政府官职之一，始于西晋武帝国子祭酒，后经北齐、隋唐、明清延变，主要任务是掌大学之法与教学考试。

[4] 效力农民：柳林湖屯田初期，负责保障行政、屯务事宜者。

[5] 董屯：意谓董理屯田事务。

[6] 刘叔堂（1708—1754）：字子升，号溶溪，镇番县西乡曹城人。乾隆元年丙辰科进士，初授刑部山西司额外主事，改授陕西延安府保安县知县。

[7] 宝山县：今上海市宝山区。

高宗乾隆二年丁巳[1]（1737）

高沟堡民人控镇民开垦洪水河[2]滩，邑令郭宏甲[3]阅志审详，寝滞。

树森按，高沟堡，武威县所辖也，在城东北五十里，旧有防兵，今无之。

《奥区杂记》：

乾隆丁巳之秋，屯民王仲高疑其邻居张天翼与妻郭氏有染，暗中窥视多日，张不觉。某夜入王宅觅猪仔，适逢郭氏，尚未语，即为王擒，恶语谩侮，老拳几挥。张与之争，王挥臂即捆张口。张怒，亦相捆之。王力不支，觑旁有镢，以之猛击张头，张遽而命毙。张子万杰闻事，怒不可遏，自数十里之新屯地径趋王家，执镢入门，横扫老幼。顷间，仲高及其父母妻子六人，尽皆卧血家门。万杰亦血性男儿也，罹此巨祸，稍不畏惧，自缚身手，连夜入城自首。县事查实，不敢以常例轻判，报解凉府；府台亦觉束手，遂递报道宪；犹以为难，再报再解，直至刑部。阅明年，县奉上谕，流放新疆伊犁。万杰以六命案，竟获不死，亦一千古奇案也。

广恩谨按，仲高固可杀，然万杰似亦不应生。以六命案而法典网开，岂无纵人行凶之嫌哉？或刑部老爷别有说法？若非，何"千古奇案"之有耶？

注释：

[1]《清朝通志》卷92：乾隆二年，"甘肃凉州府镇番县之柳林湖地，自雍正十二年招集民人屯垦，至是垦地二千三百余顷。地既辽阔，屯户亦众，乃设立屯长、总甲。四年，复募农民及官兵余丁承种安西口外屯田所兵屯田"。

[2] 洪水河：在今武威市，为凉州区与民勤县界河。

[3] 郭宏甲：道光《重修镇番县志》是年知县为郭宏甲，《历鉴》误记为张能第。

高宗乾隆三年戊午 [1]（1738）

是年，奉文停征，豁除水冲沙压地粮一千九十石七斗一升五合七撮六圭，大草九千六百七十束四分四毫七忽六微，两项开除粮一千一百二十四石七斗一升五合七撮四圭，大草九千九百四十二束九分四毫四忽六微。

又，奉文每额粮一石加耗羡粮一斗五升，屯、科、学、更名等粮一体缴纳。丁银随地照原额粮七千四百五十二石九斗八升有零，每年征丁银七十九两九分一厘九毫五丝八微，随征耗羡银一十五两八钱一分八厘三毫九丝一微六纤。是年应征粮六千三百二十五石二升三合三勺九抄二撮八圭，该丁银六十七两一钱二分一厘八毫四丝七忽二微零，该耗银十三两四钱二分四厘三毫六丝九忽四微四纤零。除支给典史养廉外，余同正丁银起解藩库。

邑人捐资二千缗，于明伦堂西建乐器、祭器阁。

注释：

[1]《清乾隆朝实录》卷 63：二月，"川陕总督查郎阿等奏，柳林湖屯种收获粮石运赴武威贮仓备用，以供驻凉满兵粮料。向令镇番县民挽运，应请酌拨驼只"。

卷 81：十一月，"缓征甘肃武威、永昌、平番、镇番等九州县厅虫灾本年钱粮"。

高宗乾隆四年己未（1739）

邑人王衣德，乾隆二十七年举人，幼卓异，才智天造。是年，衣德方十二岁，为兄代作《凌烟阁绘二十四功臣赋》，文笔清丽，气韵超绝，士林奇之。

王训妻刘氏，年二十八丧夫，乃以针指鞠养二孤。后，长子希本中年复殒，即与媳李氏两世孀居，贞操如一。越数年，冢孙有德登进士，官至知县；次孙衣德中举人。氏年八十余卒，是年旌。

广恩谨按，好一对婆媳也，真巾帼中荦荦不可多得者。有德兄弟以文才名闻关陇，而孰知出自寒门，又孰知造就于二世孀妇耶？可见义方不惟丈夫，孟母亦有传人，信焉哉！

凉州镇标将卢公复兰，于是年九月八日战殁沙河湾，年仅四十有一岁。

据《卢氏宗谱》，复兰为庠生士龙长子，字金山，号宝峰。为人慷慨，特以骁勇名世。精骑射，有百步穿杨之功，为时人所钦慕。每恃勇而单骑杀敌，敌闻其名不敢与之轻战。乾隆四年，强寇掠边，公以轻骑五十截击于沙河湾，讵敌伏于河干柳林下，以三五卒诱公入毂，忽喊声四起，公力战不屈，终不敌其众，竟被磔死。嗣迁厝故里，葬于城西祖茔。时，知县杜振宜感其忠勇，亲为主祭扶柩，一时传为美谈。

九月，王训妻刘氏因节入祠，在节孝祠内。十年九月入坊。

高宗乾隆五年庚申 [1]（1740）

前通判傅树崇废 [2]，正白旗汉军沈予绩莅任。

四川阆中进士张能第任知县，王其云任蔡旗堡千总，江南吏员王溶任典史。参将仍万岱继之。岱，湖南人，雍正八年执参将事，克尽职守，官民拥戴。

水利通判移置县城小北街，与县衙分署理事。

广恩谨按，是署今存，房屋为武威水文站借住。

于县城西街建谢氏坊，旌杨必梁妻谢氏。

冬十一月，商民姜正国、胡开鲤驼队十二连[3]至亦集乃地方遇盗被劫，财货掠夺一空，驼夫十四名俱罹难。幸而帮主姜、胡二人因故滞甘[4]，免遭屠戮。报官追剿，盗迹杳无。据云，系沙漠惯盗王三锥所为。

按，三锥，河套人，祖籍晋阳。其父二锥行伍出身，骄悍骁勇，武功精熟，尤谙于沙漠中劫掠。北漠驼道，了如指掌；河西商家，如数家珍。某日某商自某处来，往某处去，悉被信使查实。每出山，辄能得手。镇人畏其荼毒之苦，每绕道千百里，以避其枪戟所指之害。或有敢与之匹敌者，非数十众扈从前后，亦吉凶未卜也。

广恩谨按，闻东南地方有汪洋大盗，游弋于大洋水域，凭藉坚船利炮，横行无忌，杀人越财。讵意浩瀚沙漠中亦有沙漠大盗，且掠夺伎俩、屠戮本领并不在海盗之下。嗟乎，天生万物，人为灵宗，何莫非良者出，即必有莠者生？同类相食，岂非禽兽所不如？朗朗乾坤，执一柄利斧，照准无辜头颅，恣意斫伐，以为快事，上天何不聚歼其遗种耶？

注释：

[1]《清乾隆朝实录》卷113：三月，"户部议覆原任川陕总督鄂弥达疏请甘肃捐监一案。原议系纯捐米谷或米、麦、豆三色兼收，现在陆续报捐粮石共二十万八千余石，俱系有谷有麦之州县，应将米少之西和、靖远、崇信、固原、通渭、古浪等六处，不产米之隆德、庄浪、渭源、永昌、镇番、西宁等六处均以麦、豆二色收捐。其止种大豆之西固、漳县、岷州等三处亦以大豆收捐。至米价贵于麦豆，或以麦豆二色照原议，三色收捐之数加十分之一及十分之二。或以大豆一石抵谷一石收捐，其所加所抵粮数"。

[2] 傅树崇废：《清乾隆朝实录》卷110：二月，"谕，据鄂弥达、元展成奏称，宁夏府西路同知员缺。系沿边孔道，有分防之责，并监督渠道，管理驿务，必得谙练干员，熟悉水利者，方能胜任。查有以同知衔管柳林湖屯田通判事傅树崇，勤练老成，克称斯职。至所遣通判一缺，地方广阔，贴近边外，每年查看渠工，兴修水利。若非勤干之员，亦难胜任。查有西宁县知县沈予绩，在甘年久，练悉边情，且勇往任事，勤劳素著。若以升补柳林湖通判，于地方有益等语。着照鄂弥达、元展成所请，将傅树崇补授宁夏府西路同知，沈予绩补授柳林湖通判"。

[3] 连：亦称"链子"。驼队组织单位从小到大为"链、把、房、运"，一般以 7 峰、9 峰、11 峰前后相系为"一链"。两链子为"一把"，安排一名专职驼夫，俗称"驼把式"。十把为"一房"，1000 峰为"一运"。

[4] 甘：指甘州，即今张掖。

高宗乾隆六年辛酉[1]（1741）

奉饬重审蒙汉界址，以康熙二十五年所定界址为绳尺，更定镇之东麻山距城八十里，东南由苏武山至阿喇骨山距城六十里，西南之青台山、小青山距城一百七八十里，正西之榆树沟相连西北之独青山，距城一百八十里，俱以山为界。

是年，书院刊刻《镇番百年硃卷[2]》，按各沟俵征[3]大钱三千五百缗。

广恩谨按，世祖顺治元年迄高宗乾隆六年，凡九十八年，以其谓之"百年"可矣，因知《百年硃卷》实即自有清以来至乾隆六年之本邑硃卷，而不含盖前明。余书屋今有先祖所藏硃卷集亦称《镇番百年硃卷》，而其上溯嘉庆元年，下迄光绪二十年，凡九十九年。内收播远翁硃卷，吾甚珍爱之。并有王公舒彩、蓝公毓青、佩青，卢公宝伦多人硃卷。刊印亦精，绵纸石印，考文清瘦刚劲，批注丰腴浑圆，洋洋巨帙，无一页讹订，无一字脱误，洵难得之善本也。尤堪称道者，文加圈点，眉标师注。不惟生员习读甚便，他人探讨亦觉若对严师。

《搜俎记异》云：

乾隆辛酉，天降祥瑞之象，地显丰裕之兆。柳湖有瑞兽出于三月清明，小河有吉鸟集于九月重阳。瑞兽为独角之麟，吉鸟系丹顶之鹤。镇邑之幸，大清国之大幸也。果尔，是年镇乃大稔，国亦大稔矣。

注释：

[1] 乾隆七年四月二十六日，甘肃布政使徐杞《为请免柳林湖等地屯户欠钱粮事奏折》："驻凉满兵岁需粮饷采买，拨运既多，经费备极艰难。柳林湖逼近凉州，可供满兵支食。至柳林湖垦种后，驻凉满兵小麦一项全赖柳林湖平分，频年供支无缺。"

[2] 硃卷：亦作"朱卷"，明、清时，乡会试场内，应试者"墨卷"须由誊录人用笔誊写一遍，再送考官批阅，称为"硃卷"，以防考官徇私舞弊。考中后，将本人在场中所作之文刊印赠人，亦称"硃卷"。先载姓名、履历，继始祖以下宗属及兄弟叔侄、妻室子女，再载受业、受知师，

最后选登文章数篇，与场中硃卷名同而实异。书院所刊"硃卷"，当属后一种。

[3] 俵征：谓以金钱代替派征的实物。

高宗乾隆七年壬戌（1742）

总理屯务侍郎蒋议请以红岗子、刘家山为界，其余即以前指之青台山、小青山、榆树沟、麻山、阿喇骨山等处。山前系民人耕牧，山后为蒙人游牧，越界者，罚每车一两，每畜扣给粟米一升。

是年，太庙设正祭，本卫为征银五百二十三两解京。

正月，祭忠烈，费银一百四十两。采办羊只八头，价十二两四钱；牛二头，价八两五钱；羷猪二口，价三两；鸡十三只，价一两三钱；豆腐八斤，价一两；荠菜五十六斤，价一十八两二钱三分二厘；韭菜一十四斤，价一两八钱；羊奶二十斤，价三两五分；鸡蛋二十斤，价五两；茶八斤，价一十六两；火杆五根，价三两；竹竿四根，价五两；净盆焰硝二斤四两，价二钱四分；熟硫磺四两，价四分；柳柴炭四斤，价二钱四分；白面一百八十斤，价十二两三钱八分；黄莲土纸三张，价五分；开花纸五张，价十分；麻纸五十张，价一两二钱；白麻三斤二两，价二钱五分；高头黄纸一百四十张，价一两五钱五分；毛边黄纸四十张，价一两四钱三分；脚价使用银四钱；烧香火炭二百斤，每百斤价一两二钱；香油四十斤，价八两八分；共银一百零六两四钱二分七厘，余作零支用。

广恩谨按，《诗》云："谁谓茶苦，其甘如荠。"荠菜，镇所不殖也，故价至昂，每斤价银竟与牛肉差等。然此不为过焉。竹竿四根，价银五两，洵属罕闻，亦本土不产故也。

二月祭龙，征钱五十两，支费不详。

三月祭祖庙，征银十一两四钱四分，采办香十二捆，价四两二分；苇把四束，每束重二十五斤，脚价使用银二钱；滦纸[1]五十张，价一两二分；毛笔六支，价一钱二分；大笔十支，价一钱四分；小笔十五支，价一钱；木炭三十二斤，价五钱；共银六两一钱，余不详记。

《镇番宜土人情记》云：

邑绅刘玉玺向擅俚歌，乾隆壬戌，自刻俗曲三百首，开卷作《便好歌》：穿不在绸缎，不冷便好；吃不在美餐，不饿便好；住不在华屋，不漏便好；妻不在娇艳，不懒便好。穿好吃好，其行也若何？藏娇金屋，可配之也否？

注释：

[1] 滦纸：河北滦州所造的纸张。

高宗乾隆八年癸亥（1743）

邑衿议于文庙前增筑明伦堂，是年二月庀材鸠工，王公绪儒董其事。

邑人杨大志、聂永寿、谢履缙、吴质聪、杨为濂、张大勇等募化重修火神庙，田生蕙作记，文略。

是年，社粮项奉文劝捐，议于各坝建仓立长。缘地狭民寡，上农夫夏秋两禾不过杂粮二百石，阖境亦寥寥数人，故劝捐总成筑室焉。

《搜俎记异》：

乾隆癸亥七月初三亥时，天雨石，其状如窠，其色黛黑，落地有巨声，土石亦成火炭。有好事者掘之出，数日尚腾腾然。以铁击之，铮铮作响，无异坚铁也。

广恩谨按，此石现存于学宫，原在书院。据悉，本有三只，现止存其一，另二只不知何时失之矣。

高宗乾隆九年甲子 [1]（1744）

知县施良佐 [2] 重修名宦祠。

邑人李辉祖，于是年以其祖守备兰阵亡，荫所千总候补。

按，兰，系游击桂馨子，于康熙五十七年出征西藏，战死哈喇乌苏，雍正四年赐祭葬，其子如邺袭恩骑尉。辉祖即如邺子也。

夏六月，柳湖东渠浇灌山水，自外河口漂来人尸二具。打捞上堤，一男一女，皆少年也。人所不解者，二尸以绳捆缚，面面相向，四臂相挽，上着衣而下无裳，其景象秽不可睹。或以为少年情种，缘不能卒成夫妻，故彼此以身殉之乃尔。

广恩谨按，与其效杜十娘之"怒沉"，不如蹈月嫦娥之私奔。

注释：

[1]《清乾隆朝实录》卷228：十一月，"赈贷甘肃河州、镇番等三十五厅州县卫被雹及水风霜虫等灾民，并分别蠲缓新旧额征"。

[2] 施良佐：汉南宁国（今广西南宁）举人。

高宗乾隆十年乙丑 [1]（1745）

是年，本邑额征屯、科、学、更名等粮，本色七千四百五十二石九斗九合七勺四圭，大草六万六千四百五十九束八分九厘四毫四微，小草一十七万八百九十六束八分七厘二丝九忽六微。每大草一束，折小草二束五分二厘一毫四丝二忽八微五纤七尘一渺四漠；每粮一斗，上大草一束，或应收折色大草一束，折银三分九厘。更名学粮，俱不征草。

是年正月二十九日子时，邑举人卢生华逝世，享年六十九岁。立祖安葬北茔，族人大祭。

广恩谨按，华公以文名著于世，《卢氏宗谱》记：十岁能文，十四应童子试 [2]。有诗集《北庐闲赋草》，未刊，今存。

是年，阖郡就洪水河一案具呈。本县转详上宪，准永勒碑府署 [3]，校尉、羊下坝案俱载碑记，同时立碑于郡城北门外龙王庙。

《府署碑记》略云：

镇番额粮六千余石，旧赖大河浇灌。大河之水，合石羊、洪水二支而东北注焉。洪水一支，发源于武威县署之高沟堡，由五里墩入边，至蔡旗堡入石羊河，此一支也。盖合众小流为一河，至蔡旗堡总名大河。石羊河，即达达河是也。自蔡旗堡逆溯而上，西收三岔堡南、北沙河之渗漏，东收白塔河之余流，更溯而上，则校尉、深沟等堡诸水，观音堂、三盘磨、雷台观、海藏寺等乱泉，交汇而下十余里，遂成河。而穷源溯本，则以郡城西北清水河滩为吾镇大河之星宿。初设镇番时，镇人于此建龙王庙，置地八亩，粮三斗，上纳镇仓，界属武威，粮归镇邑，故先后相传，名之曰"镇番龙王庙"。顺治初，营卫总戎王公万成，印主刘公笃生捐资重修，而镇邑绅衿坝民，历有匾额。道士胡宗谕焚修主持，三世于兹。但地远年湮，碑迹剥落，基址地亩，半为邻民蚕食。兹日，因洪水河水利，蒙本县详府，府宪审详镇道各宪，勒石公署，挪赢余资，重镌碑记，使后之人有所观感云。

其庙正殿三间，东廊房五间，西廊房五间，山门、二门各一合。墙垣四围环庙可耕田四亩有奇，东西阔四十五步，南北长八十二步。庙内原有龙王像一尊，胡道士募塑土地、禹王像二尊。钟鼓俱全。并附志之，以垂不朽。[4]

广恩谨按，此碑系"镇番龙王庙碑"，吾祖以为"府署碑文"，失于察也。府署碑文为旧志所不载，姚公佑生[5]以其有"因洪水河水利，勒石公署"语，名之为"镇番水利源流碑"，并附记民国十四年五月县人田毓炳[6]、叶昶远诸公禀请将该碑自武威移至钧署文。播远祖援引碑文时将"其庙正殿三间以下"悉行删削，窃感不妥，未知何其如耶？

九月，建王训妻刘氏坊，在节孝祠内。

按，刘氏四年九月入祠。

注释：

[1]《清乾隆朝实录》卷245：七月，"甘肃巡抚黄廷桂奏甘省镇番等州县被雹被水，夏禾损伤。现在委员确勘，酌借籽种口粮，暂行停征。其淹毙人口，照例赈恤。地亩坍压者，查明题豁"。

[2] 李注：原文"十四应乡试"，疑系误载。据《历鉴》康熙十五年载，生华17岁入泮，20岁擢廪，23岁拔贡，45岁中举。而乡试为考取举人科考（或恩科），每3年在省举行，参加考试者须是生员与监生、荫生、官生、贡生等，可知生华14岁不是应乡试，而是应童子试。童子试亦称童试，是明、清两代考取生员（秀才）的入学考试。

[3] 勒碑府署：《五凉志·镇番县志·水案》记，"雍正三年校尉沟案、五年羊下坝案、康熙四十一年洪水河案，皆关镇番水利"。以上三案于乾隆十年准永勒碑府署，名《武威校尉沟、羊下坝、洪水河三案碑记》。同时明确界定武威与镇番水系，立碑于凉州城北门外总龙王庙，名《总龙王庙碑记》。"总龙王庙在凉州北门外，雷台西，距府城二里许。镇番水源在此，镇人因置地建庙。"

[4] 原稿无"其庙正殿三间"以下文字。此处据乾隆《镇番县志》所载《总龙王庙碑记》补订。

[5] 即姚佑生，字启明，甘肃天水人，国民党中央政校高等科毕业。1942年11月任

民勤县县长，1946 年 5 月调离。后任平凉县长，1951 年"镇压反革命运动"中被处决。

[6] 田毓炳（1864—1929）：字筱三，民勤县中渠乡巨元村人，清末贡生。光绪二十八年（1902），倡举重修中渠大庙，增修魁星楼一座，创建柳林湖高等小学。三十年，本县雨水汛滥，西河堤坝多有溃决，尤其三渠田亩水淹成灾，筱三协同东渠赵国栋、西渠黄开科、中渠程维道等人，亲率民工防堵修堤，变水患为水利。民国 18 年 2 月，马仲英屠城，筱三遇难。

高宗乾隆十一年丙寅 [1]（1746）

奉饬归并凉州经收盐课银九十八两一钱五分，磨课银一两八钱，门面银十两四钱，牙斗行银一两二钱，畜税银十六两二钱一分五厘，并解府库。

四月，知县施良佐捐俸添设蔡旗堡、青松堡、红沙堡义学三处。

广恩谨按，三处义学需多少银子？同时由知县"捐俸添设"，这老儿俸银委实不少。此等义举，为官者做得，无官者不能；为官者或偷梁换柱，或捐一说三，百般手段，莫非沽名，以图上达。无官者纵或盈实，而捐之于公，本三余一，难成大器。甚或史册不载，名姓湮没。虽立功于当代，造福于社里，而为后人所不知，岂非人间一大不平也哉！

邑人魏重光等募资五百，于儒学重修礼门二，阅月而工成。

凉州镇标大靖营千总卢公嘉兰，是年因军功诰封武德将军。据《卢氏宗谱》，嘉兰，复兰胞弟也。精于骑射，勇略过人，性豪放，肯施人。尝数次督军与番寇战，每获大胜归，因世称卢千总为不败之将，实不过焉。后以老告还，于城西筑"春来堂"居之，卒年八十九岁。

是年，奉文按历年盐课年额征银九十五两九钱八分八厘，新并武威征收盐课银九十八两一钱五分，起解藩库。

凉州府尹欧阳永祎 [2] 撰《敦节俭条约》，刊布各县，谕示县府吏员以身作则，导民遵行。其文略如：

尝闻，礼有吉凶，己因情而定制；人分贫富，贵损过以就中。故国奢示俭，国俭示礼，权所重也。五凉虽处边地，而土田之膏腴，人民之辐辏，实河西形胜之区，宜乎家给人足，无复贫窭之嗟，乃富者不足十之一二，而贫者即不下十之八九。揆厥所由，实因俗尚奢侈，不知节俭之所致。而其弊始自绅衿富户，夸多斗靡，奢泰滥觞。因而中产以下，亦不自量有无，随身附影，互相效尤。夫风俗之奢俭，关乎人心之淳漓。本府前令兹土，复守是邦，自反德薄能鲜，无以易俗移风，深为抱愧！然终不忍斯地人情之日流于伪也，特切举耳闻目睹一切靡妄无益之弊，酌立条约。尤望绅衿士庶有心善俗者，加力剔除，去奢就俭，则风俗人心，庶相维于淳厚矣。谨列其条约于左：

一、丧祭之费用宜节也。先圣云"礼，与其奢也宁俭；丧，与其易也宁戚。"凉郡风俗，竞尚繁文。一遇丧事，多延僧道，盛备声乐，彩楼台阁，以耀观瞻。更无论有服无服，凡吊奠者尽行挂孝。不知此等侈肆，全为己身沽名，于亡者何益？岂惟无益，而以有限之家资，供非礼之靡费，富尚能支，贫将累债。况鸡菽不逮夫亲存，而牲鼎徒隆于殁后。亲身有恙，未闻尝药之诚心；一旦归泉，空作荐亡之佛事。衣衾棺椁，视若具文；哭泣擗踊，徒为哀送。此所谓"尽孝不闻甘旨养，哀亲空咏《蓼莪》[3]篇"，亦何裨乎？兹立条约：凡中产以下，勿得破产殡葬；即有力者，亦只于棺梓坚厚，牲礼丰洁，分所应为，中文而中礼。凡待观祭亲友，惟藉现成祭品，酒止数巡，毋得滥用樽簋，杯盘狼籍。其挂孝服，只按《五服图》[4]内宜有服者，始穿孝服。即戴头孝，亦惟三党姻娅，不得滥及乡邻。作七送终，只须致祭尽哀，不许搬演戏乐。此实反本追始，黜浮崇朴之要图也。遵而行之，既得循礼之名，复收节用之实。久之而风俗人心，俱有可观矣。

一、嫁娶之费用宜减也。婚嫁以时，礼有明训。男女居室，父母之心。然往往比巨族之华靡，委为无力，以致标梅兴叹，婚嫁愆期。凉郡[5]素称都会，岂无守礼之人？但效尤既众，渐入于奢。如苏席、靠席艳其名，请东、酬东多其费，一姻之举，十日不休。有力之家，尚能支持；无力者治办无措，必致借贷；借贷无门，必致当卖，甚至待客方毕，债主盈门。备办妆奁，转盼抵遁，新妇暗泣于青帏，新郎含羞于红烛，必至之情也！其始如此，后何以堪？穷其故，或因女家争盛，非华丽无以壮其观；或因妇人图荣，若俭朴即以訾其陋。是以腼颜告助，挖肉补疮，拮据百般，喜忧交集，诚何为哉？再，贺客敬礼，亦因主人席丰，故礼数不肯独薄，尝有行一礼而预为措筹，棘手者非借则当。是主既竭其力以往，客复窘其力以来，彼此交损，何所利于奢靡而甘蹈此自困之术也？且男子亲迎，载在《昏礼》[6]，奠雁之后，俟著候堂，施衿之时，命敬命戒。未闻以妇女摆马，对对艳妆，前引后拥于道路者。凉城岂少读书之家，素晓礼法，但相沿成风，虽明知昼不游庭，为妇道所必谨，亦拘于俗弊而不顾也。兹立条约：凡遇婚嫁事，无论贫富，其待客肴馔汤饭，务宜合礼适中，毋得再行苏、靠席桌。且东家定属己亲厚友，万一执事乏人，亦须酌量请酬，无滋多费。其敬礼仪数，宜照往来常规，不必勉强过厚，以致束手。至亲迎之日，除女婿冰人及执事随从人外，只请内亲男客数人，以作迎送，亦不得成联抬桌，夸耀嫁妆也。如此则礼无或缺，情亦可安，既俭而雅，复朴而淳矣。

一、酬酢之馔饮宜简也。夫馈送往来，用全交际，饮食宴会，亦乐嘉宾。此情理之不容已者，但宜达其款洽之意，不可侈其肆筵之丰。今凉地会请亲友，客至，先用乳茶、炉食、油果，高盘满桌，是未饮之前，客已饱饫矣。茶毕，复设果肴。巨觥大瓯，哗然交错，是未饭之先，而客又醉酒矣。已而，上以五碗，佐以四盘。而所盛之物，又极丰厚。究之客已醉饱，投箸欲行，是名为敬客，实夸席丰，独不思一客之用，分之可以食一家；一席之财，留之足以食数日，何故以积之祖宗者，耗之之孙，劳之终岁者，罄之一朝？语云："眼前图好看，日后受饥寒。"诚有味乎其言之也！更有甚者，宴会之日先设赌具，或父兄登场，而子弟点注，或尊卑同博，而对面呼卢，即好子弟，亦相习为固然。一入局中，流荡忘返，而人品因以卑污，财产于焉耗散，谁实使之然哉！兹立条约：凡客至，止用空茶，茶毕饮酒，或用果盘，酒毕即饭。须厚薄相称，荤素相间，不可多品妄费。而设赌为欢，尤宜切戒。如此，既不同于啬吝，又曲尽乎情文。主免暴殄，客歌醉饱，家何由而贫。俗何由而侈乎？

广恩谨按，欧阳公之条约，可谓切中时弊，诚君子嘉言也。然流俗既成，犹如顽疾沉疴，岂一纸条约所能革除？

余尝考于镇邑风俗，古者，人勇而知义，俗美而风淳。迨至前明，惟其东虏时犯，边境不宁，故土人重在武功，所谓乡旅丁壮，俱能同仇敌忾，为国家作干城。迄于有清，匪乱屡起，干戈扰攘，勇于公战者虽不乏有人，然较之往昔，犹觉寥寥。

至五族共和，军营裁撤，民风趋于怯懦，亦太平之日久所致耳。至若风俗一端，清初尚称朴茂，服食之间，披布褐、饱菽粟者率以为常。间有富绅大贾，衣锦食稻，以各在其时。至宾朋宴会，羹羊炮羔，米酒麦饭，犹存古风。今则宫室车马，竞相夸耀；衣服饭食，争为奢靡。荡僻之行，浸成习惯。惟妇女向称勤劳，纺织针指，尤能克尽巧施。士儒力争文明，尚为河西诸郡所罕有。子弟不论贫富，特以读书为要图。

窃读旧志《风俗记》，当时乡先生据童时，闻见与躬亲阅历者，载在简册，以昭示后来。若贵族大家、闾巷小民之所往来，饮食衣服、典礼仪节之所设施，与夫敦节俭、尚廉义，老成忠厚之所弥纶，陶然成俗，循循焉莫不有规矩。即有矜豪华、角声势，佻达儇薄，放僻邪侈诸习尚，而窥其心，犹存顾忌，未敢大肆特炽，渐萌芽仅见于一二于千百，已不胜今昔不同之慨。降及于今，已阅百年，此中变迁，无论等而上之，欲求太古遗风，已成往事。即并乡先生所感于昔日之今，上下比较，其风会所趋，不知孰优孰劣，更复何如也。

顾尝询诸父老，抚时感事，辄唏嘘叹息，以谓气运之由厚而薄，由谨而肆，由朴而华，无论今与昔异，即今与今尚且不同。向之，师儒温文雅饬，静默厚重，束为自好；今则冠带风流，争以舌锋口角，挟人短长矣。甚而学子不以学文为能事，争名逐利，阿谀奉迎，奔竞官场，图谋升迁。向之，街衢匪党潜踪，人安静谧；今则武夫健儿嚣张跋扈，凶焰自造矣。至富室以骄矜睨物，豪侠以把持为能，及胥吏干役之因讼狱税课鱼肉乡民，动以声色加人，狂悖无状，令人发指，人亦无敢訾议之者。向犹知畏人言而蠕蠕以动，今则飞扬跋扈，公然自鸣得意矣。所幸男耕女织，重农桑以崇务本，尚不失先民矩约。然一遇冠婚丧祭，车服器用，漫无限制，都人士以奢为荣，以俭为耻，徒使财力不足而不能自称于流俗。则婚丧之际，往往得罪于里党亲族，而援以为大耻。故富者竞务奢华，贫者勉强支持，地方所以重困，而习俗所以日渝者，其不以此也欤！

夫世风移易，谁为为之，谁为使之？上下往复滔滔者，类如是焉。观前辈所言，若以积重难返，有听其波靡，已尔不知高髻细腰，流从源转，长缨紫服，影随形移。洛贾披褐衣，乡里皆去其锦绣；太仆好墨布，荆人不贵有帛丝。诚使有位者为挽末流，又得士大夫为之倡，藉以革浇漓颓敝之习，返纯一朴茂之实。虽限于时，沮以势，不能尽如古之所为而转移，以渐吾固知教化之将行，而风俗之必底于有成也。

民国五年，卢西洲为县代写《风俗调查录》报省；嗣纂县志，西洲荣任总修，于"风俗"一节，仍删略《调查录》以充之。略云：

冠，河西礼不备。

婚，订婚凭媒许字，先合男女年庚，无冲剋，即写庚帖为婚书议定。补用币帛首饰为聘仪，奠雁亲迎，俱非古礼，惟请其纳采粗似之。新妇入门，先拜天地，合卺后，亲友俱贺。三日行参灶礼，拜谒先祖、舅姑诸党。宴客酒馔，丰约随宜。女家妆奁，不计多寡。然上下数十年间，习俗移人，因朴趋文，由俭入奢，已不为今昔不同之感。

祭，丁祭外，文昌、魁星、仓颉，俱有祀。农祀龙王、土地，工祀各业祖师，商祀关帝、财神。至普通合祀，则有三月三日之玄真，四月八日之佛会，五月念八之城隍，六月念四之雷祖，上、中、下元之三官。建醮荐馨，莫不牵牲束帛，备致丰洁。若行拜扫于清明、上元，奠凉浆于六月六日，送寒衣于十月十日，焚纸钱于岁终除夕。墙间互祭，墓前致奠，虽非古礼，然奠祀蒸尝，未始非亲亲合族之遗意焉。

丧，卒哭擗踊，至性所感，礼即存焉。初终，子妇妻妾及女子已嫁未嫁，皆披毛蓬头，即柩铺草，昼夜寝处。三日殓，行祭礼，乃束发服哀，闻讣亲友。七日行祭礼，凡铭旌，告庙，迁灵，朝夕奠，俱为家礼。殡不拘时，殡即焚草门外，至祀后土题主，虞祭大小祥禫诸礼，行否不等，贫富便之。惟七作佛事，酿成积习。士大夫家不肯沿，然亦不能革。

宾，无故不宴宾，惟庆贺祝嘏，乃治酒张罗。虽间有多数老成，轮流酿饷。然酒馔不丰，不过月一行之，以昭敦睦之意。未有酒食征逐，浪掷金钱于杯盘，如今日之甚者也。

师，《洪范》曰：师，言军旅也。兹即师生而论，初学修艺，敬四时，节仪多寡量力。入泮酬谢，亦视贫富为准，无定数。工匠亦有师，礼敬相同。惟艺成后，按所获工作做酬金，足其数，方准专业。不然，仍协力服劳，视需价值迥不侔矣。

四时仪节：元旦礼神明，敬先祖；元宵花朝之张灯，三月上巳之清明，四月八日之佛会，五月五日之端阳角黍，六月六日之祭祖墓、奠凉浆，七月望日之拜扫，八月中秋之月饼，九月重阳之登高，十月朔日之墓祭、送寒衣，冬至日之投醪，腊八日之五色麦豆粥，除夕之守岁。

注释：

[1]《清乾隆朝实录》卷 259：二月，"户部议覆甘肃巡抚黄廷桂疏称，武威县食盐向系拽运永昌、镇番二县土盐来武，听民购买，商引俱无。每岁武威县于永、镇二属征收额税，殊多未便。请嗣后令各该地方官就近征解，以免隔属差催之扰"。

[2] 欧阳永褆：字德馨，一字子馨，号兰畦，广西柳州马平人，居罗池，故晚号罗池狷叟。雍正十三年（1735），以廪膳生选拔充贡。乾隆元年调武威，转岷州知州，历知兰州、凉州、平凉府。

[3]《蓼莪》：《诗·小雅》篇名。

[4]《五服图》：旧时的丧服制度，以亲疏为差等，有斩衰、齐衰、大功、小功、缌麻五种名称，统称"五服"。

[5] 凉郡：即凉州城，为凉州府所在地。

[6]《昏礼》：《礼记·昏义》记载为"昏礼"。古人认为黄昏是吉时，所以会在黄昏行娶妻之礼。

高宗乾隆十二年丁卯（1747）

奉文统领阖县当铺暨钱庄，凡四十有二：县城八，蔡旗堡一，重兴堡一，扎子沟一，昌宁堡一，大坝沟一、祁润沟一，小坝沟一，三坝沟一，四坝沟一，五坝沟一，六坝沟一，大滩堡一，红沙堡一，红柳园一，柳林湖五，余不详。

饬定本邑俸银四十五两，由藩库具领。养廉粮六百石，公费粮二百石，耗羡粮内支销。各班役七十九名，年工食银五百六十两四钱，均在藩库领取。孤贫二十七名，年给口粮仓斗麦九十七石二斗，每人日该一升。

广恩谨按，孤贫有福，令吾辈堪羡。果有日该一升之数？吾窃疑之。

是年，邑人孔传纯领副榜。

邑人吴道晃妻胡氏，年十九而夫殁。无子，舅姑欲易之，氏誓不更。适两世舅姑终，乃以水皎霜清表其门，年六十九卒，是年旌。

又，邑人杨必梁妻谢氏，年二十五而夫殁。遗子三，家贫如洗，氏乃以纺织抚子成立。年七十余以节终，是年旌。

又，邑人曹祥吉妻萧氏，年二十七而夫殁。氏守节抚孤，藉针指为子谋室，生孙。后孙从军，因功升山东兖州通判。氏年六十九卒，是年旌。

沙漠强盗猖獗，辄啸聚数十喽啰，伏于驼道之阴，杀人越货，劫掠驼群。九月，柳林湖杜昆仁自设武馆，揭帐收徒，教习武技。凡邑中商家，多有输捐之举。据闻，三年功成，可充为路镖。杜公擅枪棍，名闻当时，故从习者甚伙。

高宗乾隆十三年戊辰（1748）

知县江鲲[1]移建原里仁巷养济院于城西北隅，额设孤贫二十七名，每日各给仓麦一升。

是年造报户口簿，阖县五千六百九十三户，甲长五十七名，保长三十一名，各任稽察，宁谧地方。柳林湖屯田户二千四百九十八户，原编一百三十三号，分东中西三渠。东渠农民五名，中渠农民五名，西渠农民四名，红柳园农民一名。每号户头一名，各分责任，经理屯田。共甲长一百三十二名，保长十五名。

饬定囚粮每月给黄米一仓斗，灯油盐菜等大钱五文，俱由库银支领。

又，廪生二十名，每人每年饩粮四石，司估拨本色折价不一。岁科考试花红果饼银，公费粮内开销。

八月初四日午时，进士卢生莲逝世，享年六十六岁，立祖卢氏北茔。

广恩谨按，生莲配李氏，白土关游击诰封怀远将军桂馨公四女，乙酉武解元新城堡守备崇祀忠节兰公之妹也。生子五，曰烋、曰然、曰煓、曰煡、曰美，俱业儒。

《奥区杂记》云：

乾隆戊辰秋八月，西域回纥眩人四五众，自凉迁镇，搬弄乐伎，县署官吏及城乡市民争相围观。其有口吐巨火者，有足履细木者，或腾如蛟龙，或曲若盘蛇。尤令观者惊怵者，竖木棍于地中，高与檐齐，一小童大呼："康弹！"[2]，即如轮飞滚，至棍处腾身跃起，不偏不倚，倒立于棍端。是时，鼓乐骤鸣，一顽童捧盘求舍。凡近于前者，莫不慨然输之。每得数十文甚或数百文，顽童欣喜而退。延四五日，乃去。

注释：
　　[1] 江鲲：直隶天津举人，乾隆十二年五月任镇番知县。
　　[2] 李注："康弹"为维吾尔语，依句意应系"开弹"之音转。开弹，走之意。其情形略如传统戏曲中演员出台时的吆喝，犹"嗨——""走啊——"之类。

高宗乾隆十四年己巳 [1]（1749）

　　邑令江鲲奉道府檄，相地宜准舆情，闭狼湖二沟大河之旧口，令归新河。仍按粮多少各立坪口，粮数、水时俱各照旧不紊 [2]。

　　是年起，军制奉文定制参将一员，中军守备一员，千总一员，把总二员，统官兵共五百五十二员名。经制外委把总二员，车马战兵一百七十八名。之内马一百七十八匹，外参将坐马八匹，守备坐马四匹，千把总坐马六匹，共坐马一十八匹，驼四十二只。蔡旗堡明额兵四百余名，今定制都司一员，千总一名，步守兵一百名，官骑自备战、坐马四匹。

　　邑令江鲲亲诣蔡旗堡，导民疏渠，开扩水源，镇河水流骤然见增，民人德之。

　　按，例本邑是年实应征粮六千三百二十五石二升三合三勺九抄二撮八圭，大草五万六千四百八十六束九分七厘九丝三忽八微，折小草十四万五千二百五十二束二分二厘六毫三丝八忽六微二纤八尘五抄七漠。屯科上地征粮三千九百二十五石八升二合九勺九抄七撮八圭，中地征粮一千五十石九升七合五抄二撮八圭，下地征粮六百七十三石五斗一升七合六勺四抄二撮二圭，共征粮五千六百四十八石六斗九升七合六勺九抄二撮八圭。每粮一斗，大草一束，即符现征草束。更名上地征粮五百八十六石八斗五合二勺，中地征粮七石三斗四升九合二勺二抄，下地征粮九石六斗六升一合四勺，共征粮六百又三石八斗一升五合八勺二抄。学粮上地征粮十九石四斗，中地征粮二十八石三升三合三勺八抄，下地征粮二十五石七升七合五勺，共征粮七十二石五斗九合八勺八抄。俱不征草。

是年文庙秋祭[3]，设佐领一员，支行钱买办，先师座下八笾：菱一，以纸制代之；鹿脯一，以牛肉代之，四分；榛一、芡一，四分；栗一、枣一，四分；盐一、鱼一，三分。八豆：菁菹一、鹿醢一，以牛肉代之，四分；蒲菹一、醓醢一，四分；芹菹一、兔醢一，四分；笋菹一，以莙子代之；鱼醢一，四分；稻粱一簋、黍稷一簋，一分；羊一只，重五十斤，一两二钱；豕一口，重八十斤，一两五钱；帛一匹，二两八分；哈达十六条，六两六钱；烛八对，八分；香六捆，二两三分。东西配、东西哲、东西庑六处各六笾：栗一、枣一，四分；菱一、芡一，四分；盐一、鱼一，二分。六豆：菁菹一、芹菹一，四分；蒲菹一，以莙菹代之；鱼醢一，四分；羊一只，重三十斤，一两二分；豕一口，重六十斤，一两二钱；烛一对，二分；帛一匹，二两八钱。启圣祠六笾，东西从祀等数不举。

八月，张治斋重修《五凉考治六德集全志》成，《镇番县志》为仁集。清溪官献瑶[4]撰序，略云：

志者，志也，例起于班史，后之志郡国者沿而加详焉耳。前乎此者有志乎？曰："有。"周官小史氏掌邦国之志，记其境土迁迤，山川险易，与其民物之丰耗、赋役之下上，以及国典官方，土宜人情而为一书，以昭王族邦国而出治焉。故曰："民之所欲，因而予之，俗之所恶，顺而弃之。""自乡遂暨郊畿百千里外上之人，若入其家而代为理也。若隐知其疾痛疴痒，为之抚摩搔抑而去之也。政行而不咈乎俗，功成而不愆于素。"由是观之，志之体，虽古史之支流余裔，精其意，仿佛《周官》六典之遗意焉，可易言也哉！

凉州，河西要区，土衍而俗茂。金台张治斋先生观察是邦，凡可以课吏训士若民者，旬有会，月有要，岁有成，以一身先之，历五寒暑如一日，治其境如奥阼然。先生之学，本于敬明恕而行之，故其为政也，委曲详密，而序次犁然，可层累以稽。其为言也，不惮丁宁，反复而恳恻，俱有条理。余观先生《天山学道编》，根心以修词，因词以核事，吏斯土者，师而行之有余矣。先生犹惧旧乘缺略，无以考治。爰率其僚，辑郡志凡七篇，因以己学道之编殿焉。嗟夫！道与治岂有二耶？守先生之道以治凉，虽《五凉志》无作可也。而志以考治，治以得道，斯地而有斯志也，实始于先生。何则顺时以立功，而不易其宜；因地以播政，而不易其俗。道与治，惟先生为能一之矣。又况凉郡介祁连、瀚海之间，控引乎酒泉、朔方，天所以招徕西北也。戎菽荐居，亭障相望，其于大荒穷漠，深阻厄塞，尤当披图而后知，按籍而后理。后之有地治之官，与夫观风奉使来过是郡者，非《五凉志》之考焉考哉？故于先生属也，敬诺而为之序。书六册，以六德称者，私有请于先生。斯集也，不惟古史之法，殆诏来者，以地官司徒保民之遗也耶。

时乾隆十四年八月既望，清溪官献瑶拜序

　　邑生员何绪淮妻杨氏，年二十五而夫殁。子甫三龄，氏以纺织孝养舅姑，抚孤成立。阅四十余年卒，是年旌。

注释：

　　[1]《清乾隆朝实录》卷345：七月，"甘肃巡抚鄂昌奏报，凉州府属之武威……间有被旱之处。柳林湖及镇番县屯田……禾苗为田鼠所伤"。

　　卷352：十一月，"谕：据甘肃巡抚鄂昌奏称，凉州府属之镇番、平番二县……秋收俱仅五分以上，实属歉薄等语。收成五分以上，例不蠲免钱粮。但该省土瘠民贫，偶值歉收民力不无拮据，宜量加体恤。着将张掖、东乐、镇番……等州县堡属本年未完正赋及带征各年正借钱粮暂予缓征，俟明岁麦熟后照例催纳"。

　　[2] 道光《重修镇番县志》记：乾隆十四年四月屯坝士民公立"屯坝水利碑"，"特授甘肃凉州府柳林湖水利屯田分府加一级纪录二次刘，镇番县正堂加一级纪录二次江，为再恳天恩，查案立碑，均平水利，内外相安"。同年八月，江鲲又立"首四坝水利碑"，明确该处水利分配等事宜。今两碑均佚。

　　[3] 文庙：在县东街，亦称学宫、儒学。仲春二月初四和仲秋八月初四祭祀孔子。镇番崇文重教，儒学兴盛，祭孔形式隆重。祭器设八笾八豆、六笾六豆。笾、豆是高托的有盖容器，祭品有香、烛、哈达、鹿、鱼、牛、猪、韭、菁、芹等。

　　[4] 官献瑶：字瑜卿，号石溪，福建安溪人。以拔贡生授国子监学正。乾隆四年进士，充《三礼》馆纂修官，散馆授编修。历官提督陕甘学政，迁司经局洗马，乞养归。著有《石溪文集》等10余种。

高宗乾隆十五年庚午 [1]（1750）

邑人李鹏峰 [2] 任新渠县令，是年新渠地震，阖邑被灾。鹏峰奋身抢救，民人赖以获生者甚众。

通判刘炆倡率三坝民人编织芨芨凉帽，精细奇巧，与南地竹笠相埒。肆于甘凉诸州，民人多争购之。

又，重兴堡麦秸挺韧，宜织草帽，令并倡导之，于是蔚然成风，比户编织，其数以千万计。货于外埠，人称"镇番帽"，而土人亦获厚利云。

邑人高日勇妻杨氏，因拒奸被伤殒命，知县江鲲详请府宪，具题旌表，二凶伏法。

饬令本邑柳湖通判移驻抚彝堡 [3]，归甘州府辖治。

是年夏月，于县城南街筑河西元戎坊，为总兵李震立。于西街建都督坊，为副总兵何崇德立。

注释：

[1]《清乾隆朝实录》卷 376：十一月，"贷镇番等二十八厅州县籽种口粮，缓甘州、镇番、肃州、高台等四州县及东乐县丞所属田亩额赋"。

[2] 李鹏峰：即李翀南，见本书卷八乾隆二十五年注 [1]。

[3] 抚彝堡：在今张掖市临泽县。移驻时间《清乾隆朝实录》卷 390 记为乾隆十六年。

高宗乾隆十六年辛未 [1]（1751）

奉饬裁柳林湖千总，改设把总一员，兵二百名。

七月十六日，阖城绅缙耆老彩杖鼓吹，送节妇杨氏入节孝祠。邑令江鲲为撰碑文以志之，略云：

烈妇杨氏，镇番民家女也，年十八于归县民高日勇。高贫无倚，挈佣于冯。时氏年二十，冯承明冀渔色之，每媒以语，弗听；饵以衣食，弗受。一月之间，诱惑多端，氏已誓有死志矣。曾以兄来，告之故，劝以少待，早完工他逝。

越月，中元后三日，承明乘高在田，求淫。氏正色力拒，终不可犯，承明遂遁去。夫归，羞语涕泣唏嘘，讵声息已闻于明嫂韩氏。韩子大连知其事，以为我强于叔。遂于二十日窥氏独处，逾垣而入。氏适晚炊，力抵甫脱。大连惧氏声扬，一手塞口，一手释裙，氏且挣且詈。大连顿萌杀机，拾坚土击之，中其左肋，倒地殒命。大连惧祸及身，举尸作自经状，而外键其门。是氏灵之不昧也。连犹自谓得计，趋田间召高。绐以入室寻物望见，并语逾垣及门键状。高不察，信为佣主。主立集多人，并通氏兄贿乞和，高寝其事。氏兄玉章告之姑汤，同诉于县。大连走匿。余反复研讯，承明但服罪，不知伤痕之所自也。予思大连潜迹可疑，拘而诘之，至两昼夜始得其实。告之上官，令发棺视尸，颜色如生，伤痕显著，免检。大连亦泥首无辞。逾年审讫伏罪。府宪以"强暴相侵，宁死不辱"闻于朝，得旌，准入节孝祠。

乾隆十六年七月十六日，鼓吹彩杖，乡之绅士耆老送氏于祠。余率拜奠焉，以为风化之功。先是，高请移葬高原，余于县之西南择土而丘，树碑而铭之曰：

哀哉少妇，行芳志烈；勉随夫佣，谨持素节；力拒二凶，宁死不屈；贫而有躬，坚经百折；泥坏茅索，覆盆以雪；巾帼须眉，永怀纯洁。

今奉旨旌扬，爰补载于志，以励贞守云。

又，翰林院检讨知凉州府事何公德新[2]为撰《墓志铭》云：

节妇姓杨氏，镇番编氓之媳也。字同邑高氏子，年二九于归，操勤井臼，颇克妇道。里有渠户冯承明者，阚氏少艾，意将渔之。爰觅佣作，氏夫以贫窭无聊，偕氏就佣于冯。时，戊辰春末，氏年才二十也。冯乘高出作，屡以媟语挑氏，氏辄庄颜以拒，如是已非一日矣。其未殉之先，氏兄过从，氏泣语故，且言将偕婿去此，否则无生还也。兄为慰喻再四，乃去。

迨至夏中，冯以禾稼将登，虑有窃损，遣高出守。盖阳为防守计，实欲伺间图氏耳。及时值麦秋，高获于田，冯遂潜入氏室，复为甘言调之，氏遽大声以斥，冯惧而逸。讵意冯侄名大连者，壁听而知，因萌邪，乘隙逾垣过氏，强以相干。氏固坚贞自抱，力拒狂且。而大连情暴方张，即拾块击中要害，遂殒命。复惧罪及，乃以绳系氏项，示若自经，意在嫁祸于承明也。逮经县理，廉得情实，二凶服辜，分别成谳。而邑侯江君以氏节堪矜，即捐俸扞葬于城西之陇，且为文勒石，以纪其事。上宪疏请于朝，于辛未秋七月十六日钦奉恩旨，旌显幽潜，而凶犯大连即于是日斩决，冯承明亦拟流发遣。呜呼！氏于今日乃可以报贫窭无聊之夫子矣。

广恩谨按，据《五凉志》，此下尚有"边隅得此，亦可以风"等数句，祖乃删之，未知深意。且"铭曰"为该文精髓，亦略而不录，窃谓至憾。兹并挽言四绝附之于左。

铭曰：天山雪，氏方洁；渠水清，氏比贞。山之阳，苏中郎；水之西，金日磾。山水钟灵昭史册，节妇于中隆兆宅，文章千古垂金石。

绝句之一：

寒露凄凄泣野坟，芳魂地下耻文君。当涂驻马悲遗事，秋塞天山吐碧云。

之二：

两拒狂且泪有痕，投崖断臂敢相论。可怜昏夜承恩者，羞见寒泉一女魂。

之三：

木拔沙飞怒未平，道旁高冢气如生。丹心长寄天山月，夜夜清光入镇城。

之四：

荒丘凭吊足生哀，边地丹书日下来。信有胡儿重死节，悲歌不到李陵台。

冬，枪杆岭山遽生新泉，泉水喷涌，数里可闻。以手沐之，滚烫如沸，烟雾蒸腾，土人争观之。

注释：

[1]《清乾隆朝实录》卷390：闰五月，"吏部议覆甘肃巡抚鄂昌疏称，张掖县之抚彝地方，请移驻柳林湖通判管理，旧设驿丞应裁。原管柳林湖屯田事务，即归镇番县兼理，无庸另设专员，应如所请办理。至称柳林通判与镇番县员缺，改简归繁，在外调补。与原议不符，应毋庸议。从之"。

[2] 何公德新：字晖吉，号西岚子、笠庵、云台山人。贵阳人。乾隆六年（1741）举于乡，十年成进士，选庶吉士，授检讨，出为凉州、甘州、永州知府。著有《五湖集》《燕南集》《西凉集》《甘泉集》等。

高宗乾隆十七年癸酉（1752）

是年，周文明、李枝枢、彭溥、许大德、严克和、王宏善等往赴应试，额支举人路费银每人五两四钱八分，共耗银三十二两八钱八分。王宏善中式第四十九名，殿试第三甲第四十三名，官同州府教授。

广恩谨按，此条应置于王宏善著书之前，否则，有条理不整之嫌。抑为传抄者误，有日付梓，当须更正之。

邑人王宏善著《同州风俗通论》成。宏善，字协一，天姿逸宕，博闻多学，为文绮丽有姿。乾隆十七年进士，官同州府教授。后回里教授生徒，甚有矩法，远近宗仰之。

邑人谢王宾筑"谢家书屋"，七月工竣，凡三进，藏书逾万卷。

广恩谨按，书屋今不存，余尝遍访阖县藏家，仅得谢书数十册而已。

奉饬于鱼海及迭布次尔分设左右都司二营，马步兵各一百二十名。

八月，文庙添置乐器三十二件：钟四，磬四，鼓二，钹二，木鱼一十二，琵琶四，五弦琴二，二十五弦琴一，余不详。二十五弦琴状如弯月，弹之铮铮然，人疑其即古箜篌也。

广恩谨按，未必即箜篌。余尝见西域乐人有演奏二十五弦琴者，岂箜篌独存于西域耶？

高宗乾隆十八年癸酉 [1]（1753）

柳林湖通判裁，以射圃 [2] 为典史署。

鱼海及迭布次尔二地都司营裁，各设守备一员，额兵二百五十名。

邑人闫锡珽妻白氏，年二十而夫殁，遗子。氏乃抚弱子，事孀姑，年五十八卒，是年旌。

广恩谨按，未再嫁，即乃旌，再嫁者未见即不贞，乃旌者冤枉了好端端女儿身，岂不冤哉？岂不冤哉！

注释：

[1]《清乾隆朝实录》卷433：二月，"户部议覆陕甘总督黄廷桂疏请更定盐务章程。凉庄道属素不产盐，所食皆系永昌、镇番二县土盐，并无商引，而每年镇番县属蔡旗、野猪湾、六堡税银九十八两一钱零，永昌县属新城各堡税银四十三两一钱零，又隶武威县收解，越境征收未便，请嗣后令各该地方官就近按数收解均应"。

卷450：十一月，"赈贷甘肃镇番等二十九州县卫本年水雹灾民，并蠲缓额赋有差"。

[2] 射圃：习射之场。此处指镇番演武厅，在县城西南隅。

高宗乾隆十九年甲戌 [1]（1754）

《搜俎记异》云：

镇人嗜酒，边地风寒气凉故也，然向不自酿。乾隆甲戌之秋，邑人王有禄自起酒坊，以菽稷为料，屡经酿试，终获厥成。醇厚清芬，市人视为上品。

广恩谨按，莫非即"景苏春"耶？年前腊日，余自赵贡爷 [2] 处得见一酒，绵红纸标笺，书"景苏春"字样，旁注细字"乾隆丁酉封坛"，盖为乾隆四十二年之陈酒也。窃谋尝试之，爷喁喁有吝色，遂释念。

注释：

[1]《清乾隆朝实录》卷466：六月，"又谕，据鄂乐舜奏皋兰、金县、会宁、靖远四县得雨未能普遍，业有受旱情形。静宁、通渭、镇番各州县山地，亦现在望雨等语。时当盛夏，农田望泽甚殷。所有甘省缺雨州县，如旱象已成，该抚等即当豫为筹办接济。寻奏，查会宁、静宁、通渭、镇番四州县自五月二十四五日得有透雨，二麦虽稍减分数，不致成灾"。

卷472：九月，"蠲免甘肃皋兰、镇番等十四州县十八年分被灾地一千六百二十七顷有奇额赋，并豁除被水冲坍无征地二十六顷有奇额赋"。

[2] 李注：赵贡爷疑指赵汝珙，清末贡生，擅书法，有文名。

高宗乾隆二十年乙亥 [1]（1755）

江鲲卸职，松龄代之。

又，镶红旗监生姚当任通判。

《奥区杂记》云：

镇地多庙寺，故代有巧匠焉。乾隆之初，名匠高其翼、蓝勋国、张仁杰、吴富枝诸人，技盖阖县，名闻甘凉。乙亥春，高其翼、张仁杰各率徒十余众，往赴甘州修葺佛寺，松邑令亲邀饯行，为一时佳谈。

广恩谨按，如此甚好。木匠虽九流之属，其技冠时，即不是寻常人物。堂堂县令能卑躬亲饯，余已见其风姿卓然，委实难得！

注释：

[1]《清乾隆朝实录》卷488：五月，"工部议准原任甘肃巡抚鄂昌疏请，凉州府镇番县柳林湖通判移驻甘州府抚彝堡，建给衙署监狱。从之"。

高宗乾隆二十一年丙子（1756）

邑人马虎以庆阳协副奉调伊犁靖边。敌克，留屯斯土。旧志载其传云：

马虎，原名永锡，怀远将军得十二世孙。形貌魁梧，放达不羁，幼好武。初，从征镜儿泉[1]等处，累功升西宁守备，旋擢南川[2]都司，寻迁庆阳协副将。乾隆二十一年，贼众扰伊犁，虎率兵征剿，无不克。即于是年留屯伊犁，恩威兼用。历官至湖北襄阳镇总兵。三十八年，金川寇叛[3]，虎领所部兵，亲冒矢石，与贼战于宜喜山[4]，阵亡。赠光禄大夫，世袭骑都尉。子壮猷，以荫授山西大同参将；壮威，授山丹游击。

广恩谨按，余幼闻谣谚云：谢家一门三知县，卢家出了翰林院。最是马虎不成材，襄阳城里坐镇台。镇番数百年之人物概见矣。

是秋大旱，秋禾被灾甚巨；草场如洗，牧人多叹息之声。

重阳之日，圣庙遽起大火，倾城救之，火熄，已半为丘墟矣。

冬无雪。除夕夜，雪骤降，人以为明年丰稔之瑞。春联多咏雪，不乏良构锦章。

注释：

[1] 镜儿泉：在今新疆哈密以东150公里。

[2] 南川：在今青海省西宁市。

[3] 金川寇叛：指发生于乾隆三十六年至四十一年（1771—1776）的第二次金川战役，其时清廷征讨聚居于四川西部高山藏族部落。

[4] 宜喜山：在今四川金川县西北100里。《清史稿·海兰察传》："乾隆四十年征金川，四月，将军阿桂令往宜喜，会明亮调兵入道，约期会攻……寻分兵千人，偕福康安赴宜喜。"

高宗乾隆二十二年丁丑（1757）

因段昌绪、彭家屏案[1]，各省奉旨设专司稽查荒诞不经之书籍。镇邑共查禁五百五十六种，四千又三十册。邑人王扶朱《三笑草》亦在禁销之例。

广恩谨按，怪道《三笑》今不存，县志亦止列其名，原是早叫那乾隆佬儿做了烧纸，孰能不憾，宁不伤哉？！

奉饬更定保甲之法，令每户岁给门牌。十户为牌，立牌长，十牌为甲，立甲长，三年更代；十甲为保，立保长，一年更代。

邑人谢葆霈视县东北郑公乡^[2]因被沙覆，户民迁徙，力为申请蠲免，并招之以归，时人德之。

广恩谨按，郑公乡因汉儒康成名。洪武二十四年，邑人王奋筑祠，曰"康公祠"。成化间倾圮，弘治二年王钦等募资重修，后废。

邑人王恒德妻甘氏，年十六于归，甫逾七月而夫殁。舅姑欲立长子之子为嗣，氏拒之不从。守贞四十二载卒，是年旌。

广恩谨按，阿弥陀佛！二八之年，尚属稚童，于归丈夫，又巧逢着一具病身，那孩儿又不知几多年岁？七月夭折，岂不痛煞人也么哥！男娃死了，女孩就该改嫁他人，何莫非定要弄个"乃旌"名份？不嫁倒也罢了，过嗣侄子，防着些生老病死，也是你一世帮衬，坚拒不受，碍着你什么贞操！傻孩儿哟，哪个教得你恁般呆邪也耶！

注释：

[1] 段昌绪、彭家屏案：乾隆二十二年二月初，乾隆于徐州召见河南夏邑籍致仕布政使彭家屏。彭举报河南巡抚图勒炳阿匿灾不报，图被革职查办。不久乾隆发现河南夏邑籍生员段昌绪家藏有吴三桂伪檄文，此事原与彭家屏无瓜葛，但乾隆却认为"即彭家屏家，恐亦不能保其必无。即应委大员前往伊家，严行详查"。五月乾隆回銮京师，彭家屏承认家中藏有明末野史禁书，七月被赐令自尽。

[2] 郑公乡：见本书卷四崇祯四年注[1]。

高宗乾隆二十三年戊寅^[1]（1758）

奉饬编报在邑贸易或置有恒产之客民。本邑贸易者七十八户，置有恒产者二十三户，共一百又一户。按例编列十牌一甲，移置县署总理。

又，查有二十七户商贾小贩及匠工，往来经营，游弋不定，按制责令客长诘而出之。

是年丰稔，上地有收麦至五斗者。

广恩谨按，去年除夕降瑞雪，今夏果有好收成，果效验而至于此者乎？

注释：

[1]《清乾隆朝实录》卷 569：八月，"赈贷甘肃镇番、中卫等二十二府州县"。

高宗乾隆二十四年己卯 [1]（1759）

依令查核户籍，因镇有外民四十二户，特报请示，旋令外民与土著一例
编设。如系亲佃种者，即附于田主户内。倘有不安本分，抑或来历不明者，
可报官递回原籍。查有蒙民七户已置田产，五户则来历不明；回民二十户已置
田产，八户系流乞；番民二户皆系游方僧徒。置有田产者二十七户，与土著居
民一例编置，其余十五户递回原籍。

注释：

[1]《清乾隆朝实录》卷 580：二月，"阿拉善郡王罗布藏多尔济捐输羊五千只，送
至镇番县。又谕，罗布藏多尔济感戴朕恩进羊五千只，解往镇番所属地方，殊属可嘉。
着加恩将所进羊只俱照现在加增羊价之例，给与价银"。

高宗乾隆二十五年庚辰（1760）

高姓、郭姓、李姓等二十五户开垦头坝、红沙梁等地，共垦得新荒二十二
顷四十一亩。

邑人胡裕昌经商陕中，是年自陕携烟籽二斗二升，肆于市，土人每购而
种之。迄秋收获，胡以昂价兑收，农民颇获厚利。越明年，更复争种，三坝、
四坝等地烟田连畛，几与菽稷争土焉。自此而始，县中食烟者遍及市井矣。

邑人李为纲自幼聪慧嗜学，惟其性豁达不羁，为文不拘古法，故与科名
失之交臂。然文心生动，卓异而有奇才。其《史论》《札记》浑然天成，俨为
大家一派。是年《史论》二十卷付梓，邑进士王宏善为之撰序，为纲自作弁
言附之。

树森按，李为纲，训导李翀南 [1] 次子，教谕李为濂 [2] 胞弟也。文艺淳正，
与兄齐名。乾隆十四年岁贡，官富平县训导，著《史论》二十卷，今存。

广恩谨按，是书今佚。前读曹公秀彦《读史札记》，多引《史论》语，可知
清之末尚存。欲辑而出之，约可得万余言。

是年松龄卸职，镶白旗举人黎珠[3]任邑令。

注释：

[1] 李翀南：字鹏峰，康熙六十一年（1772）岁贡，行方学笃，官新渠县训导。乾隆十五年，地震废新渠，改陇西县训导。子为濂，拔贡。

[2] 李为濂：字临溪，训导翀南子。性冲和，文辞优赡。雍正十三年（1735）拔贡，廷试一等，后授蓝田县教谕。弟为纲，文艺醇正，与为濂齐名，乾隆十四年岁贡，官富平县训导，著有《史论》若干卷。

[3] 黎珠：乾隆二十五年三月任镇番知县。后迁任秦州，在王亶望捏灾冒赈案中侵冒白银 3.2 万两，被正法。

高宗乾隆二十六年辛巳（1761）

红沙梁新屯户民李姓者，于西边沙碛中得一古窝堡遗址，偶觑一穴，掘之，尽为古砖瓦之属，间有古器具，钟、盘、钵、坛，狼籍堆陈，识者谓为"汉之古冢"也。

广恩谨按，汉冢唐穴，邑中遍布，五铢、开元随处可得，何足怪哉！

是年七月十七日卯时，举人卢生荚逝世，享年七十岁，立祖葬北茔。

广恩谨补：生荚公元配王孺人，继配马孺人，生子一，名荣。生荚擅诗，著《举庄杂咏》，辑诗五百二十首。书今存。

高宗乾隆二十七年壬午[1]（1762）

重修三官阁，刘叔堂为记。

五月端阳之日，盐湖营兵胁迫阿拉善牧羊女三人，强行奸污。间有名奥琪格尔者，龄仅十四，不禁狂且，即致殒命。阿拉善王怒闻于朝，敕令道府严惩奸凶。通判姚当、知县黎珠着罚俸银一年，依蒙人俗焚尸火葬。

广恩谨按，该惩，该罚。谚云：兵匪一家，而兵更凶于匪。匪为离经叛道之徒，有小恶即为当道所不容，故剿之灭之，使无立锥之地。兵则为当道所豢养，名既正，言必顺，便有巨恶，何人敢悍然言哉？驻地官兵名为保护地方，实则蹂躏无辜，乡民敢怒而不敢言，百姓深被其害久矣。余尝窃谓：宁有土匪，不要官兵。

秋月,西河决口,黎令率众抢堵。天公作恶,暴雨倾盆,数千民夫冒雨守堤,决口豁然,官民束手。凉都防兵奉令来援,柳林湖屯民[2]以五百车辆专事转运柴草。阅七日,决口渐复,而雨犹时停时作。事竟,黎令为文以记,间云:水何谬哉?堤坝之不固;堤坝之何辜?人力未及所致耳。

注释:

[1]《清乾隆朝实录》卷675:十一月,"赈恤甘肃镇番、武威、永昌等二十厅、州、县本年冰雹霜灾饥民,并借给籽种"。

[2] 王希隆、雍秉乾《清代前期河西兴盛原因初探》记,柳林湖开发高峰期每年产粮8万石,其中四成或五成作为屯租交给国家,屯民所受剥削远超一般农户。乾隆二十二年后,屯田处于衰势,"分收粮石渐次减少","殊鲜实效"。乾隆二十七年,柳林湖改屯升科,屯户与国家的人身隶属关系松弛,所受剥削量减轻,从而提高了生产积极性。(《甘肃社会科学》1987年第3期,第73—74页)

高宗乾隆二十八年癸未[1](1763)

是年,核查柳林湖实垦科地二千三百三十二顷二十三亩五分一厘[2]。

广恩谨按,据雍正十二年奉饬开垦,所额地亩为二千四百九十八顷五十亩,距划定之数尚欠一百六十余顷。而阅三十年至乾嘉之交,柳林湖实垦地已逾三千顷,因时人有"缓垦"之议。

又,柳林湖是年额征粮一万一千四十三石一斗六合二勺,川湖共额征粮一万八千四百九十二石一斗七升六合一勺。

镇大饥,民情汹汹。邑人胡永达赴宁夏自阿拉善地方佣驼枭粮万余石,饥民赖以全活。而柳林湖尤沾利渥,邑令黎珠赠匾彰之。其子罔龄,监生,从父往来,亦多劳绩,并予褒扬。

广恩谨按,查胡永达系今东渠调字号胡氏之祖,今胡氏家堂尚悬黎氏锦匾,书"乡里柱石",并有邑进士王宏善所撰《胡公永达义输粮石记》,朱漆巨匾,金粉楷字,颇壮观瞻。惟其所运粮石数额甚巨,疑有虚夸浮冒之嫌。

注释:

[1]《清乾隆朝实录》卷681:二月,"蠲缓甘肃镇番县乾隆二十七年被旱额赋"。

卷 688：六月，"赈恤甘肃镇番等三十厅州县乾隆二十七年分水、旱、霜、雹、灾饥民，并缓应征额赋"。

[2]《五凉全志》记，雍正十二年柳林湖有 24.3 万亩之多。垦田按《千字文》编列字号，每号约有千亩。每号 20 户或 10 余户，每户地 1 顷。东渠西春水湖、红柳嘴、东西板槽等地编为天、元、调、阳、万、丰、辰、赏等 28 个号，设有屯户 523 名（户）。中渠红药水和长湖、营盘、大红沙湖、铁姜湖、石山湖、珍珠湖、苦水井湖、西板槽下等地编列有万、民、乐、业、共、享、升、平等 27 个号，设屯户 552 名（户）。西渠所属古槽、西白土墩湖、西明沙湖、苦蒿湖、蓬科湖、顺山湖、外西渠等处，编列有坐、朝、问、道、周、发、商、汤等 37 个，设有屯户 561 名（户）。西渠之尾，复有潘家湖 4600 亩，设有屯户 32 名（户）。

徐实《清前期河西柳林湖的屯田开发》记，乾隆二十七年，柳林湖屯田改为民田，分给农民耕种。柳林湖屯田作为清朝在河西兴办的规模最大的分成制民屯，有极其重要的历史作用。屯田的开办，不仅在平定准噶尔战争期间为清军提供了大量军粮，节省了转输劳费。同时，兴办屯田，使镇番边外水利资源得到开发，大片荒地得以开垦，促进了当地农业经济的发展。（《甘肃社会科学》1997 年第 5 期，第 65—66 页）

高宗乾隆二十九年甲申 [1]（1764）

双茨科民人募资创建双茨科大庙，地居二分，故径称"二分大庙"。庙前置关帝殿，背耸观音堂，后设龙王殿，两庑土地祠、百子宫，东筑台址上文庙山门，两厢又文昌、真武二阁，相对建戏楼、两廊斋房、左右学舍。

是年参将裁，改设游击一员，镶白旗满洲人永成首任。邑令黎珠去职，顺天大兴进士金涣莅任。

秋雨频仍，秋禾丰稔。年来被灾，士民疲惫，虽多方赈济，亦时闻道里哭声。迄秋收后，渐有改善云。

冬初，金令继黎令西河未竣之役，挑选壮丁，裕备柴草，高堤坚坝，裁弯培直，卒使冲淅之堤如金汤固矣。

注释：

[1]《清乾隆朝实录》卷 702：正月，"又谕甘省皋兰等属。上年夏秋俱有偏灾较重之处，虽经该督抚等照例抚赈，灾黎自可不致失所。第念该省土瘠民贫，生计维艰。时届春和，若使饔飧不继，何以课其尽力田畴。着再加恩……武威、镇番等十九厅州县无论极次贫民，俱各展赈一个月，以资接济"。

卷 705：二月，"又覆奏前任甘肃布政使吴绍诗，以上年甘凉等处偏灾奏请兴修张掖等八州县厅城垣,以工代赈,当饬司道查勘。内惟镇番县城议请缓修。又奏,镇番邻近边塞,今东西北三面,内外沙与城齐,几无城垣形迹。先宜劝民刨运沙土,于近城处种柳成林。俟足御风砂之后,始可徐议修葺。至镇邑贫民,自可赴永昌等县就近佣工"。

卷706:三月,"花马池改设参将,以镇番营移驻"。

卷722:十一月,"赈恤甘肃皋兰、镇番、红水县丞、沙泥州判等二十厅州县旱灾贫民,缓徵新旧额粮有差"。

高宗乾隆三十年乙酉 [1] (1765)

奉命造报户口簿,户五千六百九十三。柳林湖屯田户二千四百九十八。

广恩谨按,其谓"户口",何止载户而缺口?似非抄录者所遗。然未见原著,无以为榜。姑且存疑,特考定补之。

有浙江客民孟从蛟,是年辟地十余亩试种南稻。初,稻苗萎颓,了无生机,从蛟欲改种菽麦。惟其牛疾,延误数日。迄芒种时节,秧田骤长,不数日而葱茏满目。继则扬花,进而结籽,遂之成熟收割,大丰。人皆奇之。明年,邻里多效如也。然从蛟独不种稻,而改种麦。至夏,阴雨时来,气温寒凉,所种稻秧瘦细如韭。秋来收打,几无籽粒可收,而从蛟麦则丰稔矣。

注释:

[1]《清乾隆朝实录》卷744:九月,"兵部议准大学士管陕甘总督杨应琚奏称,设抚彝堡、高古城、镇番营兵各二十名"。

卷750:十二月,"赈贷甘肃镇番、古浪等十一县本年旱灾饥民,并蠲应征额赋。缓征蠲剩及旧欠钱粮有差"。

高宗乾隆三十一年丙戌 [1] (1766)

三月启冻,县人募资一千缗,移建真武殿于城内西街。

是年通判裁,贵州南笼府举人汤尚箴 [2] 任县令。

五月廿四日卯时,南门楼失火。汤令亲率士卒往救,惟其远距水源,运载不便,致扑救延时,门楼遂成灰烬。

六月,重建南门楼,并傍门掘井一口,虽云亡羊补牢,亦谓前车之鉴。

广恩谨按,火后掘井,未雨绸缪之意耳。

秋八月，麻雀成灾。凡糜谷之地，轰然有声，如飞蝗蔽日。农夫结队驱赶，其东西移窜，赶雀人首尾不顾，无以与之比翼也。

冬日奇寒，无牢之畜闻有冻死者。红沙梁窝铺冻死三牧人。

注释：

[1]《清乾隆朝实录》卷 752：正月，"谕，前因甘肃河东河西各属有秋禾偏旱及间被雹水风霜之处……被灾稍重之……武威、镇番、平番、中卫等十五处。无论极次贫民，俱展赈一个月，以副朕优恤边氓至意……将甘肃省之靖远、武威、镇番、永昌一十四厅州县，自乾隆二十三年至二十九年民欠地丁银及折借籽种口粮牛本等项银共三十七万四千余两、民欠地丁粮及籽种口粮牛本等项粮共一百二十四万五千余石，普行豁免"。

卷 768：九月，"豁免甘肃靖远、镇番九县乾隆三十年分旱灾额赋"。

[2] 南笼府：治今贵州安龙县。清雍正五年（1727）南笼厅升为南笼府，嘉庆二年（1797）改南笼府为兴义府，1913 年废府置南笼县。

汤尚箴：南笼府举人，历官永宁州学正，任丘、成县知县。

高宗乾隆三十二年丁亥（1767）

汤令奉迁，江西南昌进士金光斗[1]继任，安徽亳州刘淳[2]任游击。

清明大雪，落地即化，田禾无损。金令作《清明雪赋》，苍茫迭宕，斑斓多姿，洵为大家手法。士林传诵之。

广恩谨按，清明雨雪，未之有也。不知路上行人，魂断何处？细雨纷纷，已觉清冷不已，而雨雪霏霏，岂非苍凉有加？惟文章不录，无以窥金文苍茫斑斓之气象，令人难免作镜里看花之想。

重阳之日，邑令金率士绅三十余众谒苏武山，凭吊苏中郎。睹庙貌颓废，首倡义输，以图重建。迨明年厥工告竣，伟乎可观。子卿金像为山西名匠所造，凛然有生气。金令书额，颜曰"苏山仰止"。

注释：

[1] 金光斗：江西奉新人。乾隆二十五年庚辰科进士，三十四年任临洮知州。

[2] 刘淳：清袁枚《小仓山房续文集》卷 2 记，刘淳，亳州人，讳淳，号厚夫，举乾隆丙辰武乡试，选江宁城守营守备，迁肃州都司、镇番营游击。再调巴里坤游击，署安西参将，以失察事罢官。归过兰州，卒年 65 岁。

高宗乾隆三十三年戊子 [1]（1768）

金光斗调任，湖南湘阴进士陈梦麒 [2] 莅任。

是年，邑人康绳武中式第五十三名，官广西容县 [3] 知县。旧志列其传云：

康绳武，字祖昭，少失怙而敏于学，经明行修。乾隆三十三年举人。性刚正淳笃，不阿时好，亦不作欺人语。四十六年大挑一等，试用广西。粤中故多瘴疠，人或以危险难之。绳武曰："昌黎赴湘，东坡过海，身为国用耳，遑恤其他？"遂毅然去不顾。历摄来宾、永宁、西隆等篆，俭慎勤廉，所在咸有政绩。五十二年补容县知县，锄暴安良，民心爱戴。年五旬，遂解组归。晚年构小亭曰"退思"，以自娱林下二十余年。从不奔竞公府，而乡评亦以此推重焉。年七十八卒于家。子以直，举人。

又，武举一名，名段学南，明年获武进士。

秋末，陈令奉迁，浙江嘉兴举人沈增继任。

按，沈令擅诗工曲，邑中名士王衣德尝云：嘉兴多才子，增公第一人。

广恩谨按，该公尤精书法，今衙署大堂"正大光明"四字为其所书。苍劲如铁篆追风，厚重犹春雷掷地。其功其韵，人莫能及之。

注释：

[1]《清乾隆朝实录》卷808：四月，"兵部议准陕甘总督吴达善奏称，凉州镇属之镇番营……各裁拨把总一"。

[2] 陈梦麒：字天石，号南园，湖南湘阴人，乾隆十三年进士，二十一年任余杭知县。《爵秩全本》载其乾隆三十二年三月任镇番知县。嘉庆《余杭县志》记其在镇番"除莠安良，宵小屏迹。其兴废举坠，自学宫及近城祠宇、道路，咸以次葺治。果于为政，任人不疑……听政六年，操未尝改"。

[3] 容县：古称容州，今广西壮族自治区玉林市辖县。

高宗乾隆三十四年己丑（1769）

邑武进士段学南，以贵州水城营 [1] 守备出征金川寇建功，旋擢升直隶三屯营 [2] 副将。旧志载其传云：

段学南，字道然，形貌魁伟，臂力过人。乾隆三十四年由武进士授贵州水城营守备，尝以征金川屡有战功。历官至河南抚标参将，旋以功擢直隶三屯营副将。卒于官。子蟾桂，由武举官泾州[3]千总。

五月降雹，大者如鸡卵，禾稼被重灾。《搜俎记异》云：

乾隆己丑之年，五月降雹，六月雨蛙，七月风伯狂作，秋八月天降铜钱。

广恩谨按，信乎哉，不信也乎哉？降雹雨蛙，世间有之，天降铜钱，前所未闻。果尔，今天下饿殍当涂，老天爷何不将那腐臭铜钱东降几个，西降几个，以救奄奄将死之难民哉！

注释：

[1] 水城营：在今贵州省水城县。

[2] 三屯营：今河北省迁西县三屯营镇。

[3] 泾州：在今甘肃省东北部，泾河中游。汉置安定县，唐改保定县。金为泾川县，迨明入泾州，清因之，1914年始改为泾川县。

高宗乾隆三十五年庚寅（1770）

是年，貤赠卢公永发文林郎。据《卢氏宗谱》，永发生于乾隆八年五月十八日酉时，卒于乾隆三十五年五月初三日子时，终年二十七岁。遗子润茂。妻周孺人守节抚孤五十余年，时人德之。

《镇番宜土人情记》曰：

卢公永发，生英文孙，煴之季子也。字荣亭。性和蔼，貌魁伟，聪敏嗜学，勤于农耕；品端行方，乡人颇钦重。喜搜罗先祖遗文旧稿，每有所得，如获至宝。率以年代之后先，依次编目，厘定大纲，缀以小注，目之了然。所编《卢氏秩官行略录》尤称详善。而《卢氏文武选举简编》井然有序，取舍得体。尚有《丽滨先生文牍要览》《圜西先生诗文精粹》《月湄遗稿三编》《豹岩先生诗文遗稿》《卢氏历代文选》，类金良构名篇。散佚远年，忍自湮灭，所赖荣亭广搜博集，藉以成帙，宁非文苑之幸事哉！然公不遐年，中道修文，巨星殒落，胡不悲哉！

广恩谨按，荣亭文名，今犹啧啧在人口碑。然其书稿，未知何年散落。余尝遍衷于邑中，竟无只言片语留诸当今。

是年恩贡一名，名何中本。

按，中本，字悦溪，性好学，所出诗文浅近而寓深意，评者以为得香山[1]风韵。

秋月，前教谕石复贤迁职，西安耀州[2]刘振苜任。典史职，二十九年福建闽县[3]人龚景运接篆后，迫三十五年，由浙江嘉兴冯炎继之。

按，《镇番宜土人情记》曰：

镇邑地处边塞，远距城市，土厚沙深，交通阻隔，人民杂聚，风俗交烩。于语音一端，南腔北调，东韵西声，往往令来官斯土者瞠目结舌，不知所云。乾隆间，有福建龚景运者苜任典史之职。其闽音深重，镇人目为蛮夷。而龚公不解镇语，闻之如听天书。虽誓习方言，终因喉舌有违宏旨，无奈作罢。后寄书原籍，延请熟北语之通使赴镇供役。

注释：

[1] 香山：白居易（772—846），字乐天，号香山居士，唐代著名诗人。

[2] 耀州：今陕西省铜川市耀州区。

[3] 闽县：旧县名，辖境大致为现今的福建省福州市区和闽侯县的一部分。1913年取消建置。

高宗乾隆三十六年辛卯[1]（1771）

是年，举人二名，一谢葆霭，中式第二十九名，官山东安邱县[2]知县；一马世玢，中式第四十一名。

按，谢葆霭，字雨甘，训导鳌子也。幼严正英毅，博学工文。乾隆辛卯应乡荐，设帐授徒，成就斐然。邑有公塾曰"苏山书院"，旋兴旋废，偕同侪谋诸邑宰，募金营息资费膏火，士林载德。丁未大挑，分发山左[3]，历官益都[4]、临朐、诸城县，皆有惠声。寻补安邱令，其治主于崇学校以厉俗，锄强暴以卫良。立法严明，恩威并济。尤长折狱，郡邑有要案，当道辄檄委按谳，多所平反，罔不明允。政事文学，相为表里。己酉分校乡闱，所得多名宿。尝以贤士大夫论及兴衰起废之举，会学宫倾圮，邑志残缺，奋然曰"此守土之责也"。遂倡先捐廉，次第就理。县东北郑公乡为汉儒康成故里，由被沙覆，户口逃亡，力为申请蠲赋，招之以归，全活甚众。其长才伟略，遇事明敏类如此。甲寅大计卓异，中丞以《治行第一》首列荐剡。疏语云："精勤慈惠，守洁才优，民情爱戴，舆论翕然。"良无愧也。后丁艰回籍，服阕谒选，卒于京邸。

按，马世玢者，字玉章，指挥福裔。幼奇异，豁达不羁，而奋志于学。乾隆辛卯膺乡荐。其为文力追先正，不屑一时妍好，以故每被放于春官。五十五年卒于京邸，士林惜之。子肇运，拔贡；次子丕运，恩贡。

七月，新科举人谢雨甘募金五十两，赠苏山书院。当其之时，苏山书院学舍罅漏，桌凳破损，原置乐器、书籍诸物，鼠啮贼偷，迄已所剩无几。士林中每有振拔复兴之吁，惟其经费无着，亦止清谈耳。乾隆辛卯，雨甘、世玢诸同人鼎力斡旋，渐有起色。重阳之日，宿儒王有德设帐讲授，投其门下者络绎门庭。

十一月，卢公生华因其子贵，貤赠修职郎；妻刘氏，貤赠八品孺人。

奉天承运皇帝诏曰：任使需才称职，志在官之美；驰驱奏效报功，膺锡类之仁。尔，卢生华，乃甘肃平凉府泾州学正卢焭之父，雅尚素风，长迎善气。弓冶克勤于庭训，箕裘丕裕夫家声。兹以覃恩，貤赠尔为修职郎甘肃平凉府泾州学正，赐之敕命。于戏！显扬之盛事，国典非私酬；燕翼之深情，臣心弥励。

制曰：奉职无愆，懋著勤劳之绩；致身有自，宜酬鞠育之恩。尔，刘氏，乃甘肃平凉府泾州学正卢焭之母。淑范宜家，令仪倡后。早相夫而教子，俾移孝以作忠。兹以覃恩，貤赠尔为八品孺人。于戏！贲象服之端严，庭膺巨典；赐龙章之涣汗，永播徽音。

乾隆三十六年十一月二十五日

注释：

[1]《清乾隆朝实录》卷881：三月，"陕甘总督明山奏甘省春雨愆期。又奏积歉地方粮不敷用，拟于甘州等属并凉州府属之镇番县共拨粮二十万石，协济兰州"。

卷884：五月，"夏禾被灾。如泾州、武威、镇番三十四州县厅，所拨甘粮二十万石、陕粮十万石，现在次第起运。按被灾轻重之处分别运往，以备接济"。

卷891：八月，"赈恤甘肃镇番等二十厅州县本年旱灾贫民并予缓征"。

[2] 安邱县：安丘县别名。今山东省安丘市。

[3] 山左：山东省旧时的别称。山左中的"山"指太行山。按坐北朝南定向，则太行山左侧为山东省，故称山左。

[4] 益都：今山东省青州市。

高宗乾隆三十七年壬辰 [1]（1772）

是年，知县沈增迁职，江南常熟人李永熙 [2] 莅任。

按，永熙善属文，工词曲，所制《柳枝词》直追宋元风。俚人诵吟传唱，雅俗并收，亦边邑一时之盛事云。

广恩谨按，尝览王竹卿先生所藏手本，有李瑶琴《曲子词初集》，询及诸老，知瑶琴即李令永熙雅号也。惜未付梓，誊写亦欠工整。

李令永熙详请在武威驿内拨马四匹，夫二名；于蔡旗堡安设马二匹，夫一名；黑山堡安设马二匹，夫一名。本县安设马二匹，夫一名。一拨怀安、柔远二驿，各马一匹，夫一名，轮送半年；一拨大河、靖边二驿，各马一匹，夫一名，轮送半年。共马六匹，本县直递黑山，黑山递蔡旗，蔡旗直递武威。上下接递，不至稽退。其夫马工料，仍在武威县与各该驿支领。

按，武威驿拨夫马事，旧志载为三十九年，而《五凉考治六德集全志》则载为乾隆八年，据兹详核，二说皆谬。此役当在乾隆三十七年秋末冬初。时，邑侯为江南常熟人李公永熙，字如琏，绰号"老背"，盖因其佝偻驼背故也。前引文字，今见于衙门案牍，所言甚详，宁有谬哉？

是年，岁贡二员：一聂膺统，岁贡；一周志濂，恩贡，祖籍安西 [3]，官华阴教谕。

注释：

[1]《清乾隆朝实录》卷910：六月，"补蠲甘肃镇番等二十五厅州县乾隆三十六年分旱灾正耗银一万六千八百七十两、粮二万六千九百四十石有奇"。

[2] 李永熙：乾隆二十二年至三十年任东乐（今甘肃张掖民乐）县丞，迁库尔喀拉乌素（现新疆乌苏市）管理粮饷。

[3] 安西：今甘肃省瓜州县。

高宗乾隆三十八年癸巳 [1]（1773）

李令调迁，镶白旗那礼善 [2] 继任。

邑人马虎以湖北襄阳镇总兵，率部与金川叛寇战于宜喜山，阵亡，赠光禄大夫，世袭骑都尉。

县人募资重修雷祖台 [3]。

县有灯山巷，巷有灯山楼，规制恢闳，造工奇巧，每为士官达贵宴筵之所。

《搜俎记异》云：

乾隆癸巳中秋之夜，邑令那微服亲躬，凭栏清酌，有男妇伎三人踏歌而至。那令稍醺，径呼为唱。有名红玉女者，年甫十八，嗓音清约委婉，如黄鹂在林，若山泉出谷。令初心动，连饮数斛，飘然忘我，遂与之偕唱。咿呀附和，几不成声，颠狂愈渐，淫念顿生，忘其所在，揭衣褫裳，强行事之。女固不就，狂吼救人。令自解其衣，赤裸猥亵。女急，以琴击令头。令倏然倒地，血涌如泉。女惧甚，扑地扶膺。令遽而跃起，置女于胯下。虽血点纷落，而起伏悠然，尽在板眼之中。女则颓然不知所自，冥冥间已入天曹地府。十八层炼狱未走，而阎王五刑备受矣。令事毕，惨然扑地，未知死生。女及三伎仓惶逃匿，何敢言他？惟其弱女功夫稍欠，投击亦不及要害。

至翌日清晨，令竟复活。策吏捕拿，皂役不遗余力。女等畏罪，逃徙凉城，三日后被擒缉镇。三阅月，女罪当斩，二伎放流。于是绅衿噪动，士庶哗然。有好事者闻于朝，令遂被解职候察，二伎着释放返回原籍。

广恩谨按，这鞑子该杀，何区区解职候察而已哉？奸人良女，又复弄权杀命。十恶不赦，千刀万剐，方可平民怨愤，何止不过解职候察而已哉哉？！

是年岁贡一员，名杨壬。

按，壬精研礼教，谙熟祭祀规章。主持春秋大祭，人莫能与之争。

注释：

[1]《清乾隆朝实录》卷 924：正月，"镇番等三十一厅州县缓征钱粮十分之三。又谕，昨岁……惟皋兰、武威等七州县夏禾被有偏灾……其被灾较轻之灵州、宁朔、平罗、镇番、沙泥州判等五处如有缺乏籽种口粮并着该督随时体察，照例酌借，以资接济"。

[2] 那礼善：历任靖远知县、固原知州，在王亶望捏灾冒赈案中侵冒白银 7.1 万余两，被正法，其子发配伊犁。

[3] 雷祖台：旧称"雷台"，有雷台庙，用祀雷神，址在今民勤五中。

高宗乾隆三十九年甲午（1774）

那令去职，山西介休王梦麟[1] 接任。

详准自武威驿内拨马四匹，夫二名，在黑山、重兴二堡安设，需用工料银两，武威自行请领造销。

邑人张洁[2] 以武举出征兰州有功，授凉标把总，旋升千总。

是年岁贡一员，名王绥，终生不仕，亦不领饩。按例应得粮石悉捐学宫，以使造就边镇人才，倡率振兴，宏扬士气。明年，徐令树旆[3] 赠以"乡梓人龙"匾，奖其懿行。

五月，邑内乌鸦蚁集，几成横灾，有识者云：蝗灾之先兆也。然殆无蝗虫来，怪哉！

广恩谨按，或乌鸦先至，蝗虫慑其威，未敢伸头耳。

七月，多热风，麦莠浸湮，以水浇地为甚。刘麦之季，又复阴雨连绵，延时误期，徒致收获锐减。县民有缓征之请，未准，道有怨声。

注释：

[1] 王梦麟：由捐纳县丞分发甘肃，补渊泉县（今甘肃瓜州）县丞后升为知县。乾隆三十九年补授镇番知县，四十一年二月卸任。任内贪污捐监银两，虚报灾情侵蚀灾赈。四十六年被查出侵冒白银 9400 余两，查抄后死于兰州监所。

[2] 张洁：事迹见本书卷九嘉庆元年例。

[3] 即徐树旆，举人，后迁任大通县令，在王亶望捏灾冒赈案中侵冒白银 1 万余两，被正法。

高宗乾隆四十年乙未[1]（1775）

邑人卢呆如卸湖北长阳县知县职，解组归里。深居简出，专志研读，五十二岁卒。有《呆如斋诗话集》《经籍纂古录》《骄文联句集萃》诸书稿传世。

广恩谨按，稿如书稿今不存，恐散佚已久。六府庙今有公横披一幅，书"苍凉边塞地，蔚然有学人"。志趣宏大，设意深邃，且字迹苍劲有神，俨然大家骨格。

是年，山东长山[2]举人徐树荫莅任邑令。

按，树荫鲠直好义，政要务实。上任伊始，整饬学宫，兴办水利，尤于屯务一端，更加勤谨不怠，务使规程得以完善，种植不失时机，赋税力争轻蠲，故庶民颇多拥戴之声。

注释：

[1]《清乾隆朝实录》卷 974：正月，"又谕，昨岁甘肃夏秋二禾据报通省收成统计八分有余，尚属丰稔……其被灾较轻之灵州、宁朔、平罗、镇番、沙泥州判等五处，如有缺乏籽种口粮，并着该督随时体察，照例酌借，以资接济"。

卷 977：二月，"蠲缓甘肃静宁、镇番二州县乾隆三十九年水旱风雹灾田额赋，并给籽粮如例"。

卷 987：七月，"蠲免甘肃皋兰、武威、镇番等六州县并沙泥州判乾隆三十九年分水灾旱灾额赋，并豁免镇番、平罗二县水冲沙淤地一百六十六顷九十亩有奇额赋"。

卷 989：八月，"赈恤镇番等三十一厅州县本年旱灾雹灾饥民，并予缓征"。

[2] 长山：山东省邹平市长山镇。

高宗乾隆四十一年丙申[1]（1776）

前令徐树荫迁升，广东番禺举人麦桓[2]接任。

树森按，广东南粤之地，与北地边塞遥距千万里。镇邑建置以还，粤人莅兹为官者，麦公当属第一人。嘉庆二十年初冬，张令能厚升迁，继之以李令荣曾。荣曾公亦粤人也。谦恭好学，和易爱人。与余交善，时相过从，并无官长骄矜之气。工诗词，擅丹青，惟其乡音偏重，每与字韵不合。某日宴饮，公笑对余云："粤音不能叶诗韵，岂粤手不可著丹青？"满座哂然。所绘花鸟，着色新奇，构意别致，或憨态可掬，或风姿绰约。余尝获《陶令采菊图》一帧，山气氤氲，花溪曲流，有茅屋数椽，竹篱在其左右；黄花几束，瘦蝶徐飞，陶公肥袍宽巾，拈一枝欲开未开之菊梗，老眼眄视，口角半合，似在唱咏"采菊东篱"之句，形神栩栩，呼之欲出。

五月降雹，大者如拳，田禾罹灾甚烈，惟镇城幸免。市人谓西门雷祖台有白光如电，雷神佑民之证也。

秋月，疫疠蔓延，罹及阖县。兼以痢疾猖行，其势汹汹，不数日因病死者无算。遍野哀鸿，哭声时闻。虽麦令亲躬督救，奈医家无回天之术，加之药草不济，每致患者坐以待毙。入冬后寒气渐侵，疫势始见徐缓。麦令痛于边地医药匮乏，谋诸绅衿商家，特于城内开设药局二处，一名"普济"，址在东街文庙西侧；一名"南北"，址在南街圣容寺之东。募资五千，采南北名贵药草数百味，延名医坐局问诊。求医者如蚁纠集，麦公亦因此而盛享惠声耳。

广恩谨按，绝好父母官，舍伊再何人？可惜不多见，百年只一个。

是年岁贡一员，名魏作霖，官怀远^[3]训导。

注释：

[1]《清乾隆朝实录》卷1020：十一月，"赈恤甘肃镇番、礼县等十七州县及分防县丞本年水雹霜灾贫民"。

[2] 麦桓：《历鉴》与镇番旧志记为"麦袾"，意为"名失"，讹传久矣。《缙绅全书》记其四十一年六月任，四十二年秋调靖远知县。

《清代官员履历档案全编》记载，乾隆朝在甘肃任知县的广东番禺麦姓举人仅麦桓一人。据《同治番禺县志·选举》记，乾隆年间，广东番禺有麦姓举人三名：麦翰，未仕；麦茂，任广西博白知县；麦桓，乾隆二十七年壬午科举人，甘肃知县。

《清乾隆朝实录》卷1141：乾隆四十六年九月，"谕，传讯原任甘肃靖远县知县麦桓。据麦桓供，于乾隆三十八年在河州州判任内，因靖远县缺出，嘱托省城素识之翟二楠，转求兰州府蒋全迪，钻营王亶望，指缺求补。司府各许银四千两。又议定本年办灾使费，司府各四千两……乃麦桓在州判任内胆敢与王亶望、蒋全迪等钻营关说，指缺求官，公行贿赂……至于如此之甚，尤堪骇异"。

卷1145：乾隆四十六年十一月，"革职靖远县知县麦桓，由粤解甘审办，行至湖北黄陂县地方病故"。

《乾隆朝惩办贪污档案全编》记载，麦桓在王亶望捏灾冒赈案中侵冒白银1.98万两，死于查抄押解途中，其子发遣伊犁。《历鉴》中的"麦令"，当为麦桓。《靖远县志》或镇番旧志等志乘，亦未见其任职记载，或欲隐其恶而回避。

[3] 怀远：今安徽省蚌埠市怀远县。

高宗乾隆四十二年丁酉[1]（1777）

麦令迁职离镇，士庶抚辕送别。十里长亭，灞桥折柳；潸潸浑泪，依依酬樽。老妪道旁额手："尔救吾儿也！"黄童悬辕哭诉："阿爹得命矣！"

广恩谨按，好一场景象，好一节文字。麦令慢走，吾亦敬伊一杯！

麦令去，江西清江[2]举人杨有澳[3]莅任。杨令号螺川，齿年弗届而立，英姿华发，倜傥风流。性鲠介，重交谊，有七步之才，出口成章；读五车之书，拈笔文来。学宫悬金匾，墨迹倾倒边镇士子；魁星撰妙文，佳句传遍河西翰苑。

广恩谨按，又是一位好令官，未知实绩若何？

三月春寒，耕殖延时，下旬降雨雪。

岁贡一员，名谢鳌，官隆德县训导。

按，鳌，字文三，教谕天眷裔孙，庠生宗孔仲子也。幼继胞叔世福，善事之，无异所生。温清抑搔，以博堂上之欢，而敦笃天显，一切田产悉让同祖兄弟，并不计较多寡，族党久以孝友称焉。性尤嗜学不倦，弱冠高登食饩。其为文力追秦汉，不蹈时蹊。教人先行后文，循循善诱，成均既贡，益以高文古学振铎云川瀚海间。上下数十载，士弸弸信从，执经问难者几于舍不能容。得其指教，类能擢巍科以去。时，同里则有若李家泌，由举人官教谕；聂子烈，由恩贡官教谕；本族则有若登科，由进士官知县：子葆霱，犹子葆初，孙集成、集梧，皆后先膺乡荐，以振家声。其教泽孚遐迩又如此。生平仗义轻财，先是为诸生时，同社戚友会文供给弗少吝。有称贷者，悉焚券不责赏给，士林钦之。晚由岁贡选隆德训导，以年老谢去不出，寿八十有四卒于家。诰封奉政大夫[4]。子葆霱、葆训、葆春，皆有文名。

广恩谨按，此谢英才辈出，代有闻人，所谓"谢家一门三知县"，即此族之掌故也。谢葆霱，乾隆三十六年辛卯科举人，官山东安邱县知县；谢集成，嘉庆三年戊午科举人，官陕西直隶鄜州[5]州同；谢集梧，嘉庆十二年丁卯科举人，官陕西渭南县教谕。父子三人，鼎足而立，争相耀辉，实谢氏之荣，亦镇人之荣焉。

注释：

[1]《清乾隆朝实录》卷 1024：正月，"又续报秋禾被灾较重之镇番、中卫二县并着一体展赈一个月，用敷春泽。"五月、八月、十一月赈恤甘肃镇番、永昌等厅、州、县乾隆四十年旱雹灾饥民。

[2] 清江：今江西省樟树市。

[3] 杨有澳：在王亶望捏灾冒赈案中侵冒白银 2.8 万余两，被正法。

[4] 奉政大夫：文散官名。清代正五品官员诰封奉政大夫。县级训导为从七品，不可能越级获得"诰封"。

[5] 鄜州：今陕西省富县之古称。

高宗乾隆四十三年戊戌 [1] （1778）

《搜俎记异》云：

乾隆中，市有痴女朱氏者，疯癫呆耽，衣履褴褛，仿鸡而食，每断残羹之供；比豕而寝，常虑厉妇之赶。戊戌夏日，氏乃横卧号槛，嗷嗷声急，似患重疾，人无有敢近者。号主无奈，掩鼻搀扶。碎袄裸露处，讵有黑腹隆起如丘，膨膨然绝是罕见伟腹也。惊目疑之，急延生婆往视，果有高胎坐腹中。牵扶后榻，令氏安卧。

至明日将晨，凄然一声，有婴啼传出，知氏有喜焉。报得男婴，方头阔面，健臂肥腿，淑女良妇不能孕此种。氏则木然不觉，示以婴儿，讪然哂笑，竟是猪狗所生一般。逾数日，氏乳膨胀，汩汩注流。氏以手捧抱，咿呀嘶鸣，极作痛苦不忍之状。人教以饲婴，欣然听从。自是牢婴于怀，坚抱弗让，亲呢有加。阅三月，氏挟婴潜遁。又三月，仍蹒跚市井，而背上男婴已能顾盼喜怒。人怜于婴，辄施自饭于氏。氏不独食，分饲于婴。婴喜，手之舞之，观者每忍泪笑之。

盐号夫妇半生未育，窃思痴氏幸得俊子，终难养育成人，不如巧施计谋，将婴掳来，聊充己子，岂不好哉？于是以枕妆成假婴，哄骗朱氏进号用食，乘隙行偷梁换柱之奸。氏初不觉，果腹即走。盐夫妇大喜，急将婴藏匿后宅。讵意正得意间，痴女张声狂号，破门入户，浊泪横流，绿涕交肆。因不觑盐夫妇站号，遂抱柱踢打，继则以头击柱，砰砰有声。盐夫惧其殒命，急急将婴归氏。氏得婴声止，而泪益流。盐夫妇为之所动，愧疚行揖。只听啪啪遽响，如鼓爆裂，循声而视，盐夫双颊已成关公气象矣。

后，氏暴病卒，男童荐入孤院[2]，再后入学，机敏聪慧，勤勉自奋，人许为远器。由而，康公绳武为之撰文曰："人固有情，性之使然也。虽麻女癫妇，亦不能脱此性而无此情。"斯言诚可信哉！

广恩谨按，痴女幸得俊子，来头定然不是鳖种。而氏蓬头垢面，疯癫呆耽，谁家少年竟风流至于斯邪？得此淑女，虽无举眉之好，却有梦蛇之兆，亦塞翁失马之遗意也。此段佳话，堪做千古谈笑之资。然解颐捧腹之余，胸中隐然有酸楚之感，何者？吾不知所由也。

是年岁贡一员，名朱名隽。

秋多雨，南山水发，东西河漫堤横溢，两堤之下几无完区。

所幸夏麦早经收获，秋禾虽被水灾，而不至重创无收。果蔬繁茂，胜于往年。

注释：

[1]《清乾隆朝实录》卷1061：闰六月，"陕甘总督勒尔谨奏，张掖、武威、平番、镇番、肃州、靖远等州县无业贫民闻新疆乐土，咸愿携眷前往。请照上年办送户民之例，赏给一半盘费，令其前往"。

卷1073：十二月，"赈恤甘肃镇番等三十七厅州县本年雹虫旱灾贫民，并蠲缓额赋有差"。

[2]孤院：孤贫院之简称，在镇番县城西街。

高宗乾隆四十四年己亥[1]（1779）

杨令有澳依令额设孤贫院一所，置院史一员。招收孤贫一十三名，每名每日支仓麦一升，每日共支仓麦一斗三升，每月共支三石九斗，每年共支四十六石八斗，俱在本县支领。

广恩谨按，未知朱氏之子亦在其中否？

是年，教谕王史整饬学务，新设公塾四所，延师一十六名。

按，王公，张掖人，岁贡。四十一年主镇教谕，勖勉勤谨，礼贤下士，为学界所推重。

注释：

[1] 三月，陕西巡抚毕沅奏，甘肃武威等县贫民 1887 户经官府办送出嘉峪关，前往乌鲁木齐落户垦种。乾隆批示："此或甘省贫民一救急生路，当从民之愿，亦不必强也。"（《清史编年》第六卷·乾隆朝下，328 页）

《清乾隆朝实录》卷 1095：十一月，"缓征镇番等十三厅、州、县乾隆三十八年以后未完额赋暨各年民欠籽种口粮"。

高宗乾隆四十五年庚子 [1]（1780）

邑人曹振清，是年中武举。

按，振清，字剑锋，幼嗜武功。师从凉州镖王严复龙，苦练凡十余寒暑，技艺日进，名噪五凉。有年贼犯柳湖，振清领命往剿，贼惧其威，闻风而遁。振清捷道围堵，得十数众入关彀，随侍者欲击之，阻之曰："振清一人足矣。"遂横马擎槌，突入贼阵，左挑右刺，如屠羔羊。而间有贼首马奎远者，颇识攻守韬略，所执狼牙双铜冷光逼人，挥之风生电掣。振清与之战数合，知不能轻取，佯做不敌之态。贼战愈勇，趁势相逼，振清忽翻身落马，蜷曲腾滚之时，突出飞镖，正中贼胸，顿教命归黄泉矣。庚子年荣膺武举，荐职不就。先设镖局，锄强暴而扶贫弱。居三年，因事与游击署理论相左，遂撤局偃旗，深居简出数十年。不入公府，拒交权贵，潜心习武，精研战法，有《剑锋楼战法演习图志》书稿传世。

岁贡一员，名王廷枢。

按，廷枢擅书法，尤精小楷，邑中金石有镌刻于乾隆中后者，多出王公之手。

秋冬之后，匪警时传，民情汹汹，各乡堡寨急遣军民星夜补葺加固。惟邑自三十六年后，游击阙如，迄未补任。邑令虑于城防不坚，呈请上宪呈陕甘总督府。总督勒尔谨 [2] 批：令蔡旗堡千总夏治暂行代理镇番守备之职。

注释：

[1]《清乾隆朝实录》卷 1101：二月，"谕，军机大臣曰勒尔谨奏，镇番县户民呈请愿往新疆垦种者一百八十六户，又平番、中卫、静宁等州县愿往户民一百三十一户，俱系无业贫民，恳请携眷前往种地。查乾隆四十二、三等年携眷前往贫民，俱赏给一半盘费银两，请循照往例办理等语。所奏殊不知事体。从前初次移驻新疆户民系官为办理，因念

远涉维艰，是以格外赏给盘费。今镇番、平番户民等因闻知新疆水土肥美，岁获丰收，呈请携眷前往垦种，自与前次官为经理者有别，岂宜循照向例？即或念该户民等口食无资，亦止应照向给一半之数，再减一半赏给，已属格外优恤。至将来四五年后，此等闻风愿往户民日多，即此再行减半之数，亦毋庸给发。不过官为查照存案，听其自行前往而已。若已经给发，不必拘泥追还。即如山东直隶等处贫民，各携眷属出口种地谋生者甚多，俱系自行前往，又何尝给与盘费耶？勒尔谨何不晓事若此？可将此传谕知之"。

张丹、庄正风《清代移民新疆地内地汉人》统计：1761—1780年，清政府在甘肃各地大规模地招募贫苦农户，组织他们到新疆参加民屯，总数大约1万多户，男女老少共4万多人，分别来自甘肃各地，其中包括镇番。（《南京建筑工程学院学报·社会科学版》，2001年第1期第48页）

李并成教授统计：乾隆三十六年（1771）十二月，凉、甘、肃三州迁往吉木萨尔计400户，乾隆四十三年（凉、甘、肃）迁往吉昌等地1255户，四十三年（1778）十二月至四十四年三月由凉州等地迁往昌吉等地计1882户，四十四年十二月又由镇番迁往乌鲁木齐等处计317户等。《民勤县近300年来的人口增长与沙漠化过程——人口因素在沙漠化中的作用个案考察之一》，《西北人口》，1990年第2期第30页）

[2] 勒尔谨（？—1781）：满洲镶白旗人。乾隆初以翻译进士授刑部主事，迁员外郎。外授直隶天津道，累迁陕甘总督。四十二年，河州黄国其、王伏林为乱，驰往捕治，诛国其、伏林及其徒400余人。四十六年，循化苏四十三复起，勒尔谨令兰州知府杨士玑、河州协副将新柱率200人往捕，为所戕，遂破河州。勒尔谨赴援，闻贼将自小道径攻兰州，引还城守。上责勒尔谨观望失机，夺官，下刑部论斩，上命改监候，旋因甘肃捏灾冒赈等贪污案，卒坐狱死。

高宗乾隆四十六年辛丑（1781）

邑令杨有澳去职，四川新县[1]举人岳升继任。前典史沈以仁调职，湖南宁乡县人陶本宏接任。应县府坚邀，是年正月补德明阿任邑游击之职。德明阿，正黄旗满洲人，孔武有威，谙熟战法，凛凛然人弗敢近之。

是年守备裁，改设千总，张掖人王天眷首任。

树森按，旧志列载天眷为四十七年千总，今依旧案改为四十六年。又，天眷原籍张掖，旧案径作"本邑"，并更正之。

三月，苏四十三[2]攻陷河州，镇邑李万仓奉陕甘总督勒尔谨令，协防城守。饬命遣调守兵、民勇一千五百人昼夜巡警，殆无疏忽。

按，万仓，字玉廷，臂力过人，娴熟兵略，由行伍授天津镇把总，雍正三年出征擒贼有功。

广恩谨按，以时间推之，李万仓于雍正三年即授天津把总。迄于乾隆四十六年，又复经过六十余年矣。万仓时年当在八十岁而犹过之，以此耄耋之龄协防城守，吾甚疑之。非上官糊涂，即万仓确有过人之处。否则，何以释之也耶？

五月，教逆坚攻兰州，凉府奉饬率精锐往援。都司王宗龙火檄本邑岳令暨游击德明阿，请以骁骑一百名驰援。

六月，新任总督阿桂[3]饬令州县，严防城守，整肃驿铺。凡游勇流民，缉拿拘问。有怠忽职守者，查办从严。

七月，教逆惨败，阖县大快，鼓乐喧阗，弦歌时闻。市有童谣云：

四十三、三十四，阎王老子夸第一；

两千个响马结队伍，禁不着阿桂一声咳。

盖言三十四者，苏四十三其时之口齿[4]耳。

秋，因布政使王亶望案[5]，凉府派员监察本邑库银仓粮并草束等存额。库银累亏一千三百两，仓粮亏空五百二十石，大草三千束，据实递报。捐生王尔周、姜大愚、杨思聪、邱开智诸人勒令停试。

岳令奉饬加征汤家海、鱼海诸盐池赋税，以补历任侵亏库银。附征养驼税每只一钱二分，牛车每辆五分，猎户每月例缴一两二钱。年可净增税额六百余两，累亏一千三百两可望翌年补足云。

注释：

[1] 新县：疑为"新都"县。

[2] 苏四十三（1729—1781）：乾隆四十六年，青海循化因教派之争酿成事端，兰州知府等前往弹压，被杀。三月二十一日，苏四十三率众进围兰州，清廷调集兵勇镇压。至七月六日下午，苏四十三所部全部阵亡。

[3] 阿桂（1717—1797）：字广廷，号云崖，满洲正蓝旗人。长期戍守西北边疆，定伊犁、讨缅甸、平定大小金川，封诚谋英勇公。编有《军需则例》15卷。

[4] 其时之口齿：是年苏四十三 52 岁，非 34 岁。

[5] 王亶望案：王亶望，字味隝，山西临汾人。乾隆三十九年至四十二年任甘肃布政使，期间捐监冒赈，贪污侵吞金银百余万两。甘肃自巡抚以下及州县官员百余人贪污赃银一千多万两。乾隆四十六年案发，王亶望、勒尔谨等五十六名贪官被处死。此案有"清朝第一贪污大案"之称。

高宗乾隆四十七年壬寅（1782）

岳令奉查积案，囿于私谊，在任甫届，迁职他省。榆林神木县王赐均接任。

按，王令，字一斋，壬寅三月以举人选授镇番知县。宅心仁恕，政务宜民。倡建苏山书院，捐募三千余金，以给生童膏火之需。暇时辄集士子于讲堂，究研经艺，视为丹黄。而甲乙之嗣，升静宁州[1]知州，官至宁夏府[2]知府。

教谕王史在任六年，潜心训导，亲躬讲堂，镇邑学风丕变，斐然有声，士林戴之。是年奉迁，陕西长安县举人王时泰继任。时泰亦谦谦君子也。俭恭温厚，循循善诱，处事平和，待人友爱。尝力偕王令整饬书院，捐俸三百余金，修葺旧堂。招募名师，开设刻印作坊，穷搜前代遗著，与王史并称学界旗帜云。

并时泰共莅镇邑者，犹有典史李凤书。其江苏元和县[3]人，温和雅识，谦恭义让。惟孱弱多疾，咳吐骇人，虽良药时煎，而作物小儿若即若离。因甫阅月，一卧不起。秋风落叶日，魂魄弥留时。

广恩谨按，此君原无当官命，才登云梯便晕头。

岁贡一员，名罗蔚灿，官礼泉训导。

五月，邑令王公赐均亲撰募化小引，倡率捐资，创修苏山书院，城乡士子靡不响应。

是年早霜，秋禾被害，糜谷青秕，几无收获。

注释：

[1] 静宁州：元初治今甘肃静宁县，明初改属平凉府。嘉靖三十八年（1559）所领隆德县改属平凉府，辖境仅有今静宁、庄浪二县地。清乾隆四十三年地属隆德县，辖境仅当今静宁县地。1913年改为县。

[2] 宁夏府：在今宁夏回族自治区北部。清雍正二年（1724）裁卫改置宁夏府，领灵州、宁夏、宁朔、平罗、中卫等1州4县。1913年废府。

[3] 元和县：在今江苏省苏州市辖内。

高宗乾隆四十八年癸卯（1783）

典史李风书去职，福建浦城县人林春晖继任。

田生蕙考授举人获中式第六十名。

按，生蕙又作生惠，字一庭，别号集书楼主人。

是年，苏山书院建成。邑令王赐均为撰《建置书院碑记》云：

自古教孝作忠，必以学虞夏商周四代之学。无论已汉唐英主，莫不以视学释奠为先务。而书院之设，肇自唐元和间衡州士李宽创石鼓书院。时，又有少室山人李渤，读书于江西之李家山。南唐时，即以其地为白鹿书院。后，朱文公作《斋规》及《白鹿洞赋》以示学者，外此而濂溪[1]、横渠[2]、伊川[3]诸先贤。迨元明，儒者莫不因其读书讲学之地为书院，其见于邑乘地志者，亦不胜指屈焉。国朝重熙累洽，文教蒸蒸日上，弦诵之声遍海隅矣。

余以谫陋，于辛丑季冬选授镇邑。地虽贫瘠，而嗜学之风闻于五凉，登南宫而膺乡荐者，后光辉映焉。余始以沙塞苦寒，边方风土疑之。暇日偕诸绅士，升苏山而眺望，拜子卿之遗像，瞻庙貌而徘徊，慨然想见其为人。昔子卿以丁年来此，流离播迁，餐天上雪，饮月窟冰。持汉节十九年，节旄尽落，始终无二心。幼读其与李陵《河梁赠答》诸篇，为后人五言之祖。此可谓大节不亏，而文采足传于后世者也。昌黎亦云乎："莫为之前，虽美不彰；莫为之后，虽盛弗传。"因与诸绅士谋建书院，以绵忠孝之气，沐大雅之余烈焉。而邑人亦踊跃乐输，共捐制钱二千串零五十千文，交商营运。每月一分二厘行息，月朔呈交。并设义田四处，得租麦九十六石五斗。以城内司马旧治改作门堂庐室，大小共四十二间。因题其额曰"苏山书院"。于前岁延师聚徒，虞饩膏火，可以粗备。

吾愿诸生由文辞以顾躬行，因讲说以宏器识；深之在性命精微之间，大之在礼义廉隅之防。锐志琢磨，以卓然自立，异时之捍大难，决大策，为孝子，为良臣，风俗美而人才众多，宁不于是有望乎？若徒以练时艺，侥幸科名，矜浮华，何以继先哲之休光，树典型于来许也哉！吾犹有望焉。以区区镇邑，余不惮劳瘁，几期年而后成。已详明上宪，存案备入。交代官吏绅士，概不得侵渔假贷。后之莅斯土者，以余之心为心，念创造之维艰，俾遵循于勿坠，则苏山之遗踪，与书院之化雨，庶其并垂永久云。

乾隆四十八年榴月[4]上浣谷旦，镇番县知县王赐均撰书

广恩谨按，今书院"碑记"于王文之后附记"首事"诸人姓名，《道光县志》亦如之，而是书删削不举，似不利后来。兹援补之。首事：谢葆霁、马世玢、严克炤[5]、阎毓芳、王尔哲、王需、卢荣、甘翊相、谢登瀛、叶质清、马登岱、刘宏镜、魏春霖、惠文英。

夏五月，卢氏族人醵资继修六府庙，卢奘有记。

七月暴雨，南山水发。黄浪挟泥沙而下，雨声与水声共鸣。大河未堵，一路恣意淹潴；西沟顷溃，满目尽成水泽。雏鸡凫水，窃喜鸡妈不曾管束；幼犊呜咽，安知牛母已住龙宫。虽王知县、德千总[6]奋力督救，奈老天爷、河伯神眼中无人。阖县被灾，庄田什九无收；闻报上宪，府台亲诣勘察。据情奏闻，请蠲赋征。恩准当年免赋，着布政使景安[7]协调粮石，赈济灾民。

注释：

[1] 濂溪：即周敦颐，字茂叔，号濂溪。宋朝理学思想的开山鼻祖，文学家、哲学家。

[2] 横渠：即张载，字子厚，号横渠，陕西眉县横渠镇人。宋代理学主要奠基人。

[3] 伊川：即程颐，字公叔，号伊川。北宋哲学家，教育家，北宋理学奠基者。

[4] 榴月：农历五月的别称，源于仲夏石榴花盛开，"五月榴花照眼明"。

[5] 严克炤：道光《重修镇番县志》记其"性耿直，不阿时好。凡遇地方公事，辄勇往仔肩，嫌怨不避"。

[6] 德千总：当指德明阿，时任镇番县游击，并非千总。千总为王天眷。

[7] 景安（？—1822）：钮祜禄氏，满洲镶红旗人，和珅族孙，由官学生授内阁中书，擢户部郎中。出为山西河东道，累迁甘肃、河南等地按察使、布政使。

高宗乾隆四十九年甲辰（1784）

王令赐均迁职。去时，邑中学子生徒攀辕相送。公以仅有之积蓄三百金，当途相赠，以给学宫膏火。士林啧啧，迄今犹在耳目间。

赐均辞，时泰接踵道别。其并为秦人又复同姓，在镇两年，联袂执席，

共谋俊治，传为佳话。

江西建昌府[1]举人江炯任县事。下车伊始，闻前令有创办书院之功，因亲诣书院、学宫诸所，视察听询，谆谆慰藉。继之，新任教谕吴步清至，其陕西洛川县举人也。

江令邀集绅衿十数人，谋划整治倒失河渠之役。阅旬日，草拟章程，刊颁各地，依例遵行。先以二千民夫浚五渠，三月告成。继以三千人培植大河堤干，自红崖、黑山蜂腰易冲之地起，至头坝高昂坚固之地止，凡五十有六里，悉行挑挖。于牛轭急弯处镶置草闸，以缓冲淅之险。至秋末冬初工竣，立冬试放，水波不兴，平泻如原。

广恩谨按：江令草拟章程何在？今无从知之。史评镇邑水利章程自文楠令制"文公定案"始，据此所记，则江公已有"草拟"之创举矣[2]。

是年岁贡二员：一名王议道，未仕；一名聂子烈，原安西籍，官石泉[3]训导。

注释：

[1] 建昌府：府治在江西省抚州市南城县建昌镇，辖南城、南丰、广昌、黎川、宜黄、乐安、崇仁等县。1913 年废。

[2] 李注："此节'广恩谨按'有失史实。镇番水利章程早在雍正五年（1727），即由知县杜振宜制定实施，旧志历有详载。谢广恩疏而不辜，因有江炯'草拟'之误"。

据《五凉志·镇番县志·水例》记："康熙四十一年，卫守备童振立大倒坝碑；雍正五年，知县杜振宜立小倒坝碑。"两碑内容俱为县治内各坝分水灌溉规程，亦可视为"水利章程"。

[3] 石泉：今陕西省安康市石泉县。

高宗乾隆五十年乙巳（1785）

江令奉迁，浙江会稽县[1]举人陶廷珍[2]莅任。

按，陶令文质温雅，不苟言笑，嗜读好学。世间纷争，漠然置之；潮涨潮落，与我何干？

广恩谨按，怕是一介呆儒。不论世间纷争，岂非昏庸？不管潮涨潮落，实绩安在？一味嗜读，读之何用？既志在治学，便不要他那乌纱顶也罢！

是年恩贡一员，名马中麟。

四月，前调营卒百二十名，往剿逆匪张文庆[3]大胜，是月凯旋，督台府县并有奖叙。

四月八日，邑令陶登苏山吊子卿，多有题咏，意甚凄婉。次月值端阳，公游枪杆岭，诗兴勃发，口占不绝，间有佳句云："看惯西湖杨柳色，不知塞外有蓬莱。"月湄先生以为"构意新奇，良有以也"。

奉饬钩肃逆匪余党，凡邑内回籍流民悉拘问审。有大讳马建武者，方头阔额，深目美髯，巧与匪首同姓名。逮之解省，备受刑笞，始知为目珠之混。释之，已颓然不能趋步矣。

广恩谨按，官府可恶，于此可见。

秋霜早侵，秋禾罹害。沿河湿地，糜谷居多，霜后未实已枯，收获甚微。

冬多飓风，飞沙蔽日，漫天混沌。交腊后稍转，然元日一过，又复卷土重来，三月不息。

注释：

[1] 会稽：古地名，宋代后一直指浙江省绍兴市附近的辖区，或今之浙江绍兴的一部分。

[2] 陶廷珍：字效川，号午庄，会稽人。乾隆三十六年举人，官肃州州同。有《天目远游》《鸡肋》《仇池》《关河》等集。

[3] 张文庆：甘肃六盘山地区反清起事首领，乾隆四十八年七月五日为清军捕杀。

高宗乾隆五十一年丙午（1786）

陶令去职，四川涪州进士文楠[1]莅任。文公，字天府，以进士两任镇令，察民所重，首在水利。因亲为勘察，相地置坪，计地均水，皆得其平。五十五年，详定汉蒙界址，不辞劳瘁。至今百姓耕牧，得以不扰。嗣以繁调中卫县去官。

树森按，文公定案今见于书院"水利碑"[2]，为志书所不录，兹特录之：

春水自清明次一日子时起，至立夏前四日卯时止，共水二十六昼夜。内除红柳、小新沟、腰井湖、中六坝、河东八案五处，共承粮二百六十二石三斗五合八勺，按五牌总计，每百石粮该分春水四十八时，共分春水一昼夜四时。扣至清明第十一日卯时止，与柳林湖配搭浇灌外，共余水十五昼夜八时，四渠坝公分浇灌。查四渠坝除移丘 [3] 不浇牌水外，共实征粮四千三百四十五石七斗六升六合二勺五抄。

小红牌自立夏前四日辰时起，至小满第八日卯时止，共水二十七昼夜，每百石粮该分水七时三刻六分，自下而上，轮流浇灌。内首四坝共承粮八百一十五石八斗一升二合，应分水五昼夜零五刻；次四坝共承粮七百零七石六斗，应分水四昼夜四时；小二坝共承粮二千零七十一石六斗三升五合八勺，应分水六昼夜七时；大二坝共承粮九百九十五石二斗六升一合五勺，应分水六昼夜十时四刻；更名坝共承粮三百三十三石八斗三合零，应分水二昼夜五刻；宋寺沟共承粮一百零一石，应分水十时；河东新沟共承粮四十石二斗九升五合五勺，应分水三时；大路坝共承粮二百八十石三斗六升三勺，应分水一昼夜九时一刻；于首四坝划出水时内加水二时七刻，共水二昼夜。

大红牌夏水二牌，自小满节八日辰时起，至立秋前四日丑时止，每牌三十五昼夜五时。内除润河水六昼夜，藉田水二时外，止剩水二十九昼夜。每粮一百石应分水八时，首四坝按粮应分水五昼夜五十四刻，润河水二昼夜四时四刻，藉田水二时，共水八昼夜；次四坝按粮应分水七昼夜一时六刻七分，附近河岸不应分浇润河；更名坝按粮应分水二昼夜二时六刻，润河水一时六刻，共水二昼夜四时四刻；大二坝按粮应分水六昼夜七时六刻，润河水一昼夜八时，共水八昼夜三时六刻；宋寺沟按粮应分水八时，润河水一时，共水九时；河东新沟按粮应分水三时二刻，地近河岸，毋庸润河；大路坝按粮应分水一昼夜十时三刻。

乾隆五十六年控争，奉武、永二县勘断，因沟道遥远，拟定水九时四刻。复不控争。又拟定小二坝附近口岸划出润河水时，首四坝、红沙梁划出水时内，每牌酌加水时四时一刻，共水三昼夜。

第四坝自立秋第四日寅时起，至白露前一日午时止，共水二十六昼夜五时。内首四坝应分水三昼夜十时，润河水二昼夜四时四刻；藉田水二时，共水六昼夜四时四刻。次四坝应分水三昼夜三时，润河水十时，共水四昼夜一时；小二坝应分水四昼夜十一时；更名坝应分水一昼夜六时，润河水一时六刻，共水一昼夜七时六刻；大二坝应分水四昼夜七时，润河水一昼夜八时，共水六昼夜三时；宋寺沟应分水五时六刻，润河水一时，共水六时六刻；河东新沟应分水二时；大路坝应分水一昼夜三时二刻。前加润河水九时四刻，今又拨小二坝润河水一时二刻，红沙梁拨出秋水三时，共水二昼夜五时。

秋水白露前一日未时起，至寒露九日丑时止，共水三十九昼夜三时。内红沙梁承粮三百三十七石五斗八升零，应分秋水二十二昼夜，自白露前一日未时起，至秋风后十日酉时止。北新沟承粮八十四石一斗六升五合二勺，应分秋水三昼夜四时，义田水二昼夜，自秋风后十日戌时起，至寒露前一日丑时止；大滩沟承粮二百三十六石二斗三升八合五勺，应分秋水九昼夜三时，自寒露前一日寅时起，至寒露后九日辰时止，由新河沟岸行水。

冬水自寒露后九日巳时起，至立冬后五日亥时止，二十六昼夜七时。内首四坝应分冬水四昼夜，藉田水二时，润河水二昼夜五时，内划出水六时，共该水六昼夜一时；次四坝应分冬水三昼夜四时，润河水四时，共水三昼夜八时；小二坝应分冬水五昼夜一时；更名坝应分一昼夜七时，润河水二时，共该水一昼夜九时。大二坝应分冬水四昼夜九时，润河水一昼夜八时，共水六昼夜五时；宋寺沟应分冬水六时，润河水一时；河东新沟应分水二时；大路坝应分冬水一昼夜五时六刻，润河水九时。自各坝划出水一昼夜九时。四坝划出水六时，红沙梁划出水四时，小二坝三牌划出水三时六刻，已酌加前四牌润河水外，冬水内止有小二坝划出润河水一时二刻，次四坝冬水牌内划出水六时，共冬水六昼夜十时。

原有秋水，后因头坝沙患移丘，将秋水一牌全行移去，以致大路竟无秋水，屡行控讼。今于各坝内取水时，按牌酌量加增，理合登明。立冬后六日子时起，至小雪日亥时止，六坝湖应分冬水十昼夜。小雪次一日子时起，水归柳林湖三渠分灌。

广恩谨按，是碑今存，在书院旧址。书院系原水利厅改建，后水利厅奉撤，碑碣仍留是处。

是年游击福德保，满洲正红旗人。魁伟英毅，臂力过人，精骑射，有百步穿杨之功。侦捕盗贼，每单人匹马，举手擒来。审讯必招，畏其威也。

广恩谨按，怕是惧其大刑伺候。

岁贡一员，名阎毓芳，官长武训导。

按，毓芳，字蘅洲，九岁失恃，事继母最孝。负性恂谨，嗜学工文，然举科屡踬，遂设帐授徒，凡族党才可造就者，不论束脩有无，罔弗开示蕴奥。讲学数十载，多所裁成，及门如孝廉马起凤、路彩云[4]，贡生裴士煌，尤其表表者。生平规言矩行，谈论必法前贤，一时争师事之。居乡谦让，仁恕终身。与人无忤色，闾里重焉。后由明经选长武训导，以疾归，卒于家。子宝三、尊三，皆庠生。

注释：

[1] 文楠：字璞园，乾隆三十七年进士。

[2] 水利碑：全名"镇番县大路坝控小二坝争添水利碑"，又称"县署碑记"，乾隆五十四年立。原存苏山书院，今佚。

[3] 移丘：李注为因受风沙埋压，移居他地垦种，所开新地称"移丘"。

[4] 路彩云：字香衢，镇番县人。嘉庆十三年（1808）中举，参与编修道光《重修镇番县志》，讲学苏山书院。

高宗乾隆五十二年丁未（1787）

春三月，文令倡率植树，东西大河堤干遍插杨柳，武镇大路设段分栽沙枣。

文令敦令有司整饬书院、学宫，布告劝学，以利开化。

广恩谨按，乃是明白好官。

是年大稔，柳林湖新科地尤特出，有亩收麦六斗者。

高宗乾隆五十三年戊申（1788）

文楠亲勘镇邑水利，以为水道弯曲弯远，不独淤积易淅，亦复浸流涣散。因议诸绅衿，拟将东河西改。县人大哗，訾言纷纭，文令愤然辞走。

丁纬继县令。纬，江苏宜兴人。

是年武举二员：一名段蟾桂，官泾州千总。一名李殿元，署西宁威远营[1]都司。

岁贡一员，名苏珽璐。

注释：

[1] 西宁威远营：在今青海省互助县威远镇。

高宗乾隆五十四年己酉（1789）

丁纬奉遣，文楠再任县事。复设蔡旗堡、柳林湖义学二处。

广恩谨按，该公一来，即以办学为要务，可谓识政大体。

邑人谢雨甘官安邱令，是年纂《安邱县志》成。

树森按，谢公擅属文，气清笔秀，力厚思沉。所纂《安邱县志》，调高格老，扫去一切浮言。人评："挥笔如长蛇走马，骏纵自属一家；构思若淡月微云，尘埃绝无半点。"

拔贡一员，名谢葆初。葆初，字子真，号穆轩。始祖天眷，岁贡生，历任宁夏府学训导，升山西武乡县教谕。二世三世皆武举。高祖庠生，曾祖乡饮耆宾；祖宗孔，父铤，庠生。公幼承家训，师从翰林院庶吉士兰山书院[1]山长梁济漉[2]。其为文神聚精凝，胸有积卷，向被尊为镇邑一时泰斗。其有《经论》一文略云：

我亦人也，同为天地之人，即同负天下后世之责，天岂独丰于舜而啬于我？同负天下后世之责，实以同为天地之人，天亦岂独薄于我而厚于舜？然而，舜之在侧微也，耕历山，陶河滨，渔雷泽，依然畎亩中一乡人耳。他如纳大麓而风雨弗迷，陟帝位而文明丕著，常变不齐，处之惟一，顺逆何定入焉。辄融法则立，而行谊传天下后世，谁不知有舜也者！造物卑万类以神明，即各付超前轶后之姿，以听翘然者之绝迹而上，我而混焉中外，胡乃犹与乡人为俦也？坊表未孚乎众望，姓字难留于将来，综计生平，实有了不异人，而终于草木同腐者，彼五典慎微之学问，曾不敢起而相衡，何处生竟若是。圣人首庶物而作睹，要只此耳目心思之用，以待后来者之望风而趋，我而挟质而以游，不谓犹乌乡人等量也。躬修无树范之能，文词亦速朽之物，静觇素履，诚有同乎流俗，而卒致没世不称者，彼重华协帝之经纶，竟不得与之相似，何自弃乃如是？是则可忧也。盖品每判于相形，第举乡人，以洁高下，纵非特出，尚与同群，则忧若可也。而情难甘于所绌，惟援大舜以较低昂，即有微长，终属薄植，则忧且正深。其忧也，必如舜而后即安，君子是倜乎远矣！

广恩谨按，窃谓亦不过八股时艺耳，"泰斗"云云，莫非景慕古人之美言，余于此不曾有同想。

岁贡一员，名潘润德。

武举三名：一张育桂，中式第七名；一陶文煜，中式第十二名；一杨永春，中式第二十名。

注释：

[1] 兰山书院：由明代肃王园林红花园改建。清雍正二年（1724），甘肃巡抚卢询捐养廉银辟为正业书院。雍正十三年，甘肃巡抚许容奉旨改建为省立兰山书院。

[2] 梁济漉：字静峰，甘肃皋兰人，翰林，刑部云南司郎中。

高宗乾隆五十五年庚戌（1790）

是年浙江山阴人冯士新议叙邑令。

文楠详定蒙汉界址。

夏五月，瘟疫肆虐，死者枕藉。

红沙梁民人募资创修大殿三楹，左牛王宫，右圣母祠，嗣则增筑山门、三官楼。壮哉斯构，巍巍乎洄柳湖第一景观[1]。

岁贡一员，名王存忠；恩贡一员，名孙生辰。俱无仕。

七月初七日，圣庙祭器失窃，凡银质杯盘八件，金质匙勺二件，象牙箸二副，铜质宗像一座，乐器五件，均不翼而飞，报查无果。

是年，碾伯举人吴栻[2]出任苏山书院山长。吴公，乙酉拔贡，丁酉举人。

注释：

[1] 本书卷十一光绪二十四年红沙梁《关帝庙诸工告竣序》有该庙"经始于乾隆庚戌岁"之记，疑"东渠大庙"即关帝庙俗称。《民勤县志》记载，东渠大庙又称"东镇大庙"，位于县城东北 73 公里的东湖镇红英村。甘肃省文物保护单位。

[2] 吴栻（1740—1803 年）：字敬亭，号对山、怡云道人、洗心道人。清代陕甘宁青的"三吴"（吴镇、吴澄）诗人之一。著有《散存诗》《赘言存稿》《赘言存稿诗》等。

高宗乾隆五十六年辛亥 [1]（1791）

邑人康绳武自广西容县去职归里，建亭名"退思"。足不出户，潜心研读。著《退思亭絮语》，语精思深，格高旨宏，自成一家言。

岁贡一员，名卢春茂。

秋月，东河洪水发，至三渠口冲浙闸口，漂淹浸灌，所过渠成泽国。

《搜俎记异》云：

乾隆辛亥，文庙古松萌发新枝。是树枯于国初，百年后竟复苗然，宁不怪哉！

广恩谨按，今文庙内有古松，未知即《搜俎》所言再活之松否？

注释：

[1]《清乾隆朝实录》卷 1381：六月，"部议准陕甘总督勒保疏称，镇番县民王元简等认种箕笈湖义田，所纳银粮作书院生童膏火，额交草束酌分镇、蔡二营，以为马草。从之"。

高宗乾隆五十七年壬子（1792）

是年，恩赐邑人卢焆七品顶戴。焆，生蓉嗣子也。字肃公，性敦笃，貌诚谨。本生英所出，惟生蓉早年殁于沙州 [1]，焆遣己子承祥迁厝镇籍，另辟新茔，葬于城近沟 [2]。时，公年已逾九旬，以其遐年承嗣宗祧，且不取分文财货，诚德之所诣也。

正月二十三日，邑举人卢奘逝世，享年八十一岁，葬于卢氏祖茔。

按，奘翁配唐孺人，生子二，长涵中，次涵申。

举人一名，名李澉，中式第九名，官郃阳县教谕。岁贡二员：一名李振儒，一名薛湛。武举一名，名李发甲，中式第十七名。

牧人报称，西山有虎出没。某夜，王姓犍牛为虎所啖。

注释：

[1] 沙州：今甘肃省敦煌市。

[2] 城近沟：今民勤县大坝镇城近村，位于县城西约 10 公里。沟：民勤地方将使用同一沟渠的村落，视为同一自然区域，俗称某沟。

高宗乾隆五十八年癸丑（1793）

生员何中乐妻杨氏，年二十八而夫殁。时，舅逾七旬，子方三岁。氏孝舅抚子，年六十五卒，是年乃旌。

生员何宏烈妻李氏，年二十七而夫卒。一子方数龄，氏乃精心抚育，后子成立，是年乃旌。

邑人周文羲妻马氏，年二十一而夫殁。遗子三月，氏竭力抚孤，守节二十二年卒，是年旌。

四月，县中近千人往祭三官阁，香火逾旬。兹录邑人王公宏德作《营口街三官阁记》[1]，略云：

祭不欲数，数则渎，惟神非德不馨。三官何神？而不日不月拜之跪之，余惧夫此举之数则渎矣。诸公曰：方今怪诞不经之祀，荒渺无稽之教，无关于物之所以阜，民之所以安者，奉天下而奔走之，不日则月，非男即女，不以为教且渎也。若夫民之所以安，物之所以阜，功施赫如，灵爽昭然，即以乾父坤母之亲亲之，水原木本之思思之。奚不可者，果且谓之数乎哉？果且谓之渎乎哉！且夫数与不数，渎与不渎，原分乎邀福之心胜不胜耳。今之祀三官者，不曰赐福，即曰赦罪解厄，惟举念一系于此。虽不数亦数，虽不渎亦渎矣。福自己求，神何能赐？罪自己作，神何能赦？厄自己招，神何能解？但以有神而不祀，何如无神？且建此阁而不祀，何如无建？是则全会之意也。果且谓之数乎哉？果且谓之渎乎哉！余唯唯诺曰：余正惧诸公所见之或讹也，信斯言也，先得我心之所同然矣。遂搁管而进曰：余不通神，如三官之赐福、赦罪、解厄，余实不能序也。余所叙者，天覆地载，永生之功而已矣，人心向善之忱而已矣！

广恩谨按，王公心性，于此见之矣。落拓不羁，豪荡胸襟，大家口气，钧下文笔："福自己求，神何能赐？罪自己作，神何能赦？厄自己招，神何能解？"痛快淋漓，方家举止。借文以发挥崇论闳议，洗出一片秋山明月，不染半点俗尘。笔墨之事，遂至于此。

岁贡一员，名何中枢。

[1] 李注:《镇番县志》署卢生薰作,与本书有间,不知孰是,待考。

高宗乾隆五十九年甲寅(1794)

文楠奉迁,邑令马履丰[1]继任。马令,字长吉,福建长汀举人,在任一年,口碑融融。

教谕,陕西郃阳举人秦飞鸿[2]接任。典史,镶红旗拔贡朱封接任。游击,中卫人黄联辉接任。

谢葆初领乡荐,获中式第十八名。邑孝廉振之翁[3]尝云:宗叔[4]为文清丽,笔调圆转。《郊社》一文,尤获殊评;士子争阅,试官传览。其文略如:

论达孝而及郊社,其礼可并举矣。夫郊社,天子之大典,厥礼为至重也。武周举而行之,孰非缘孝而起者乎?且夫人本乎祖,物本乎天,此古今之通理也。王者创制立法,有内祭以崇祖考,必有外祭以答阴阳,其燔燎之盛事,莫之遗文,迄今犹可遐稽焉。武周之孝之至,既极之所尊所亲若此。试更推之以郊社,武成未告以前,居歆已肇于有邰,而未历南郊之位者,即无与南郊之制。自大命既集,而升中致饩,遂得隆柴望于环邱。戎丑攸行之日,冢土已建于古公,而尚守侯社之旧者,即难预王社之奠。自侯服顿改,而因地制宜,遂克举明于方泽。且夫,我周之有事于郊社,亦不一矣。其在出征之日,类于郊,宜于社矣。即当营洛之年,用牲郊社于新邑矣。顾一则将发大众,示不敢也;一则告厥成功,以明有尊也。若夫报两大之德,修岁举之仪,苍璧黄琮昭其器,特牲太牢贵其诚,他如雷鼓、雷鼗、灵鼓、灵鼗,以及云门六变、咸池八变之和其声,而异其舞者,抑何至详且尽也。猗欤休哉!何礼之隆欤?而要非武周继述之善,不克制此,善念累世眷顾之仁,至今日膺图受倍征发祥之有自,故称曰元子,号曰曾孙,犹未尽昭报之忱,而必跻其礼于尊,无二上焉。相土物而荐馨香,本洁斋以伸将享,若曰天神之降,地祇之出,胥于呼吸间通之,而岂等春祈秋报之故事也哉!且思历圣缔造之艰,至今日敷天哀对,益信受社之非诬,故乾曰吾父,坤曰吾母,尚属推尊之恒,而必定其礼于大,莫与京焉。极德产之粗微,无有美而弗备,竭内心之洞属,讵匿半以自安。若曰怙冒之恩，生成之爱，悉于对越间临之，而岂徒铺张扬厉之陈迹也哉！统尊卑以尽制，情深文明，彻上下以递承，通微合漠，以事上帝，不重有赖于是礼乎！

广恩谨按，文题《郊社》，括略言之。揣其文义，应作《郊社之礼》。

岁贡一员，名连翀瀛。

秋之月，御史中丞[5]以邑人谢雨甘《治行第一》首列荐剡。后丁忧回籍，服阕谒选。卒于京邸，敕封文林郎。

广恩谨按，其有善终，天之钟玉，德之所至也。

注释：

[1]《福建省情·连城县志》（2005 年版）载："马履丰（1740—1818），字亨夫，号伟山，连城（原长汀）四堡马屋人。乾隆三十六年举人。（有司）授以穷而且偏之甘肃玉门县令，以示报复。履丰毫不懊悔，欣然就道迳赴玉门。政绩显著，提升为阶州、西固州同知。乾隆四十一年以通政使司观政致仕。履丰从政 6 年，因品性刚介，不受贿赂，宦囊如洗。每日与二三知己，吟诗作对消遣时光。"

[2] 秦飞鸿：旧志、《历鉴》作"秦飞鸿"，《缙绅全书》为"秦飞鸿"，乾隆五十八年十一月任。

[3] 振之翁：即谢集成，字振之，见本书卷九嘉庆三年例及注 [1]。

[4] 宗叔：即谢葆初，其与谢集成为同祖叔侄，因有"宗叔"之称。

[5] 御史中丞：官名，秦始置。清朝，督抚常带都察院右副都御史衔，时以为副都御史比前代御史中丞，故习称督抚为中丞。

高宗乾隆六十年乙卯 [1]（1795）

马令去职，镶黄旗百祥 [2] 继任。典史，四川成都人蒋文魁任三月，云南嵩明州 [3] 拔贡叶起鹏继之。

武举一名，名马永魁，中式第十名。

按，马公魁伟奇拔,健壮勇猛。长棍术,几无敌手。短枪亦精。《搜俎记异》记此。

高宗终。

注释：

[1]《清乾隆朝实录》卷 1485：八月，"谕，凉州府属之武威、镇番、永昌、等九州县本年应征各项银粮草束均着加恩缓至来年麦熟后征收,以纾民力。该署督务督率所属,实力奉行"。

[2] 百祥：乾隆六十年十二月任镇番知县，后任清水县知县。

[3] 嵩明州：治今云南省嵩明县。

卷九

清仁宗嘉庆元年 — 嘉庆二十五年（1796—1820）

仁宗嘉庆元年丙辰 [1]（1796）

邑人张洁，以千总职出征川陕，立战功，擢为陕西隆德营守备。

按，洁，字介三，丰姿英毅。乾隆三十九年膺武举，出征兰州有功，授凉标把总，旋升千总。嘉庆元年出征川陕，屡战累功，擢为隆德守备。三年，率兵御敌大城寨，力战身亡，世袭云骑尉。

科试贡生二员：一名卢荣，恩贡；一名惠元吉，岁贡。俱无仕。

按，卢公荣，字德卿，号晴川，举人生荚子。聪慧颖悟，记诵天赋，屡踬乡闱，遂无意功名。潜心研读，誓志读尽天下书。所编《卢氏宗谱》，发凡起例，刻求翔实，厘经分纬，纵横彻览。尤谱序一篇，洋洋数千言，考据确凿，论说辟透，文辞隽美，心构谨严，何公鉴衡评为"语有根柢，笔具炉锤"。方家盛评，良有以也。公以七旬之龄，著录《岁余佳话》一帙，凡十余万言。譬如《登高》，略云：

镇地登高，有在三月清明，俗谓之"踏青""歌山"；在四月八日，谓之"赴男会"；在九月重阳，则谓之"祝秋"。凡上坝民人，登高每诣苏山；湖地登高，则必至枪杆岭。

苏山之会名曰"槖羊" [2]。届时，民人驱驼羊争相登山，其势浩荡，连绵数十里。辄有百乐相辅，喧阗声色，接踵辐辏。谒苏庙，饮蒙泉，凭栏把樽，徜徉羊路 [3]，遥吊前贤，暗托荫庇。

枪杆岭之会名曰"男会"，盖缘圣母辄显灵爽故也。宫中塑男童像，土人匍匐趋前，摘取脐下之物而食之，谓可得男，故抢食者争先恐后。而山长唯利是图，旋摘旋塑，每具可质数文，不予钱物不舍焉。

燎天蓬：岁尽除夕夜，土人屯香草于宅院，放火燎天，祭祀天神，谓之"燎天蓬"。至时家家有火光如炽，自远观之，团团总总，直天火焚烧，烟翻云卷，红霞堆血，伴以炮仗噼啪之声，顽童戏闹之声，晨鸡司明之声，俨然清平世界，恍若武陵人家。

烧汤：镇人宴客，不以精肴盛烩，惟长面视为上品。长面者，长相晤面也。亦取长命百岁之意。妇人皆精于此。或拉或挽或擀，无不幼承家训，学有根基，终身磨砺，卒成绝技。挽面为上品，常以肉臊相佐；碱面稍次，或荤或素，以菜卤为多见；拉面又次之，中产之家佐以醋汁蒜泥足矣。

是年谢公葆初继吴栻出长苏山书院。

按，栻，碾伯人，乾隆癸卯莅镇任山长。竭力造就，尽心栽培，邑中士子多承教泽，著者如谢公葆初、谢公集成、集梧兄弟，卢公金润、李公宗泌，类金地方栋梁，国家干城。

注释：

[1] 仁宗嘉庆：爱新觉罗·颙琰（1796—1820），清朝第七位皇帝，年号嘉庆，庙号仁宗。

[2] 橐羊：又作"驼羊会"，创于明万历年间，址在民勤县东苏武山，多在重阳节举行。民国中后期衰落，活动内容本书屡有记载。

[3] 羊路：地名，在今民勤县东南苏武镇，相传为苏武牧羊所经之路。

仁宗嘉庆二年丁巳 [1]（1797）

百祥令去职，河南郑州举人宋元兆继任。典史叶起鹏去职，安徽石棣 [2] 人吴来朝莅任。

蔡旗堡千总陆作全莅任。陆尝于乾隆甲辰随甘凉营兵往剿逆匪张文庆，屡有战功。打拉池围堵贼田五 [3]，勇略过人，提督奖叙有加，极赏识之。嗣叛军敉平，陆升任千总之职。总督勒保 [4] 奖授火枪十二杆，火炮二座，敦其操演火器营兵，控扼五凉咽喉。

邑人李殿元以西宁威远营都司职奉迁藏西[5]军台，待命征剿廓尔喀[6]。嗣藏绥靖，殿元以丁艰解绥归籍。

汤家海盐丰，且质优于往年，粒大如栗，晶莹剔透，商贾闻风，争相屯买。宋令以历任库亏未补，谕令加收盐税每担一两二钱。讵奸商贿略盐吏不准加收，徒具原有之例，亦尽行逃免。闻于令，严笞猾吏，拘逮奸商，遣营兵若干移驻关隘必经之处。虽则驮运稍减，而税利颇丰。

广恩谨按，前是商人小觑了宋令，因才胆敢胡作非为。如此使些手段出来，想是尝着不少苦头。

注释：

[1]《清嘉庆朝实录》卷 22：九月，"缓征甘肃镇番等旱灾本年额赋"。

[2] 安徽石棣：今安徽省池州市石台县。原书作"石碌"，误。

[3] 田五：又名田富，固原州盐茶厅（今宁夏回族自治区海原县）人，于乾隆四十九年（1784）四月十五日率领百余人暴动，攻占西安州营土堡，进攻靖远县城未克。四月二十五日，在打拉池马营水庄战亡。

[4] 勒保（1739—1819）：费莫氏，字宜轩，满洲镶红旗人。乾、嘉时率部征廓尔喀，进剿苗疆，战功卓著。

[5] 藏西：今西藏自治区西部、青藏高原西南部。

[6] 廓尔喀：尼泊尔部落，位于首都加德满都西北，信仰印度教。乾隆三十四年，廓尔喀人征服尼泊尔玛拉王朝，建立沙阿王朝。乾隆五十六年，廓尔喀军第二次入侵西藏，意图抢掠寺庙财富。乾隆调大将军福康安率 1 万多清军赶往西藏，"六战六捷，杀敌四千，收复后藏"，廓尔喀国王臣服。

仁宗嘉庆三年戊午（1798）

宋令元兆奉迁，顺天宛平人李世华继任。甫一载，李令奉调，安徽全椒举人江勺楠莅任。

邑人张洁以隆德营守备率兵御敌于大城寨，力战而死。

生员卢荣、连翀瀛、王存忠、孙生辰、潘润德、李振儒、何中枢、薛湛、马中麟、王议道、惠元吉、谢集成[1]等十二人往省乡试，额支举人路费银每人六两二钱四分八厘，共支银六十二两四钱八分[2]。谢集成中式顺天第一百五十四名，官陕西直隶郿州州同。

　　按，谢公，字振之，山东安邱县知县谢葆霭嗣子也。幼聪慧嗜学，为文本于经史。父子集美，自名一家。当时科甲鼎盛，惟谢氏称最焉。尝于嘉庆中主讲苏山书院，与诸生说经论文，勤勤恳恳，若父兄之诲子弟，镇邑文风于是丕变。时，学宫倾圮，公倡捐修葺，亲督工作，规制重新。又偕同人捐立文社，助乡、会试川资，复以盈余主修邑志，事赅文简，镇于是始有专志焉。洎官郿州州同，调商州知州，皆有政声。摄砖坪厅 [3] 篆，凡历八年，尤尽心抚字，民戴之如依慈母。嗣升汉阴通守 [4]，未履任即卒，士民挥涕树"德政碑"。武威翰林张澍有传，大学士牛鉴 [5] 与陕西翰林路德 [6] 均有留影诗。

　　广恩谨按，是谢公主讲书院在前，出任为官在后，所谓"嘉庆中主讲苏山书院"，犹言嘉庆间，非特指嘉庆之中期。

　　是年岁贡二员：一名窦志毅，岁贡；一名王霈，府贡。武举一员，名李硕奕，中式第三十三名。

　　八月，省檄各州府县，白莲军 [7] 骚扰关陇，营军日夜警视，严堵入境。

注释：

[1] 谢集成：字振之，号东国，嘉庆三年（1798）举人。创设艺文学社，主讲苏山书院，纂修道光《重修镇番县志》，以学名闻于关陇。

[2] 此处十二人所用路费银计算有误。

[3] 砖坪厅：治今陕西岚皋县。乾隆四十七年，砖坪汛归安康县管辖。嘉庆初年升为砖坪营，道光二年（1822）年升为砖坪厅。民国 2 年（1913）年撤销府、州、厅制，省以下改设道、县两级，于是砖坪厅遂改为砖坪县。

[4] 通守：清各府通判之俗称。

[5] 牛鉴（1785—1858）：字镜堂，号雪樵，武威人。清朝嘉庆十九年（1814）中进士。道光十一年（1831）以道府用，历官粮储道、按察使、府尹、布政使，十九年署江苏巡抚，升河南巡抚，二十一年九月授两江总督。二十二年，牛鉴同耆英、伊里布代表清政府同英国签定《南京条约》。二十四年至河南戴罪立功治理河道，职降七品。咸丰三年（1835）任河南按察使，官居五品。四年参与平定捻军，五年因军功加正二品大清资政大夫。

[6] 路德（1785—1851）：字润生，号鹭洲。西安府盩厔（今陕西周至）人。嘉庆十四年进士，翰林院庶吉士，授户部湖广司主事，考补军机章京。辞官后受聘乾阳、关中等书院讲学 20 余年，以弘扬程朱理学为主，注重学以致用。著有《仁在堂文集》等。

[7] 白莲军：指白莲教军。白莲教又名"白莲社"，是混合有佛教、明教、弥勒教等的秘密宗教组织，起源宋代，元明清三代并有流行。嘉庆元年至三十年（1796—1820），川、楚、陕白莲教暴动，在甘活动月余即溃退陕西略阳等地。

仁宗嘉庆四年己未 [1]（1799）

邑令江勺楠在任。

按，勺楠，字阳山，安徽全椒举人。性庄严，貌清癯，寡言笑，嗜学文。主政半载，力惩豪猾，整饬商务，不遗余力。嗣九月奉调，云南通海县拔贡姜有望接任。

教谕秦飞鸿迁职，邠州三水 [2] 举人张景彦继任。张公，字容庵，陕西三水人。主教镇番，课士循循有序，日与生童讲授，务先品行而后文章，以故士习稍振云。

白莲叛军侵袭河州等地，兰州火急，河西告忧。游击黄 [3] 布防有隙，特遣旗人国尔明安掌营执事。国尔明安行伍中坚，知兵善战，韬深略精，昂扬气宇，凌人精神，无有敢犯颜者。

广恩谨按，好一个"昂扬气宇，凌人精神"，其人风貌自此八字中见矣。

二月，谢公集成筹设艺文社，邀诸生说经论文，辨析奥理，一时学风蒸蒸，士林苗苗。

柳林湖屯民醵资卜于狼跑泉山西麓筑山神庙，俗称泉山庙。规制稍具，而营工精细，甚得玲珑别致之巧。

按，狼跑泉山在县治东北六十里，昔年山涧有泉。传时有狼群饮水泉上，故以名之。今泉涸，狼亦不复更见矣。

卢公涵申，监生，是年例赠文林郎。

《镇番宜土人情记》曰：

涵申公，举人生华公之文孙，举人燮公之哲嗣也。幼敏捷嗜学，常手不释卷，弱冠即以博通闻于闾里，人以大器目之。尝裒辑乃祖乃父诗文遗稿，集成《六府诗文别集》四十二卷。公每有眉批圈注，精策辟里，多有点睛之妙。

广恩谨按，是书未尝付梓，今六府不存，恐已失之久矣。

是年恩贡一员，名李养元，安西籍。

邑人李欢妻黄氏，年二十六而夫殁。遗一子尚在襁褓中，氏乃以纺织谋生资。守节四十一载卒，是年旌。

生员曹仲英妻孙氏，乃本邑举人曹秀彦之祖母也。时，仲英因家贫，携氏同馆于永昌。氏年二十而夫殁焉。遗子甫三龄，氏乃痛擗扶榇归里葬之。值岁大饥，氏以缝纫纺绩奉舅姑，比及老，则十指洞穿。卒六十三岁，是年乃旌。

邑人李映秀妻韩氏，年二十六而夫殁。氏誓死自守，勤于女红。守节四十二载，是年旌。

邑人刘斗瑛妻孙氏，年二十八而夫殁。时年馑，家赤贫，日尝不举火。氏矢志靡他，守贞三十余载全节而终，是年旌。

邑人张汝绣妻马氏，年十九而夫殁。子甫周岁，氏乃以勤谨抚养遗孤。守贞三十一载，是年旌。

冬十月，永昌惯盗白眉虎洗劫柳湖。东渠张姓、裴姓、中渠王姓、叶姓等凡十余富家，悉遭夺掠。尤令人发指者，至东渠珍字号刘姓一家，男性主仆皆被捆缚于廊柱，女性老幼七人囚于一室，尽褫其衣，赤裸相对。贼团坐于火榻之上，酒肉丰陈，作虎狼之咽。食毕，蜂拥强抱，就地奸淫。有小女龄甫及十，惨然嘤啼，而贼狂笑不已。其母见状怒极，急欲救之，而有壮夫伏于自身。比及奸人欲行雨露之时，妇取发簪，捉贼擂槌猛刺之，贼于是抱卵翻滚，吼声如雷。贼首白眉虎初眊然不觉，惟猥少妇以自乐，及睹此状，挈刀刺妇腹，妇脏腑喷涌而出焉。小女嘤嘤呼母，白贼抬足夯下，正中女腹，女口、鼻、阴户、七窍血喷如注。舍人飞报于官，营兵三十名分路追堵，于红沙梁窝铺围捕喽啰七名。白贼狡黠，另路潜逃。数月后，被盐池营兵擒获。贼首三人问斩，余徒十一名或流或禁，悉被重惩。

十一月，暴风三日，东河冰淤水漫，地无浮土，堵御棘手，县人倚门兴叹而已。

仁宗嘉庆五年庚申 [1]（1800）

姜令去职，山东惠民贡生李尧询继任。甫半载，以丁忧告辞，江苏娄县 [2] 进士张若采接篆。

按，若采，字子白，江苏娄县人，沉厚有远识，博学工诗。嘉庆庚申以名进士选授镇番，持法明允，勤于公务，尤善鼓励人才，暇必与生儒讲论今古，迄无懈容。嗣以繁调永昌，旋升泾州直隶州知州，署凉州府知府，卒于官。

广恩谨按，《镇番县志·官师表》列载张公在镇半载，迄六年即为安徽芜湖缪元辅 [3] 接任，是以有张令繁调永昌大令云。然余检《永昌县志》则云：张若采，江苏上元县进士，初铨镇番，有循声。嘉庆十年调永昌，洞悉民间疾苦，车马之供，什省其三。折狱详慎，谳必自手出，迄无翻异者。振兴书院，敬以延师，勤以课士，可谓贤宰矣。莅年余，升直隶泾州知州，旋调安西。两志所记，泾渭歧出，未知孰是？录兹并存，允后考之。

国尔明安奉迁。游击，四川马应图继任。

是年贡生二员：一名徐腾麟，恩贡；一名李曜东，岁贡。

按，曜东精研易学，融通五行，尤擅营造建构之术。镇邑关庙一梁八担之设，盖创乎公之手也。

夏月，虫害甚巨。其虫如虱，浮游于田间树林，麦则败其叶，树则枯其枝。灭之如席上拾芥，驱之眊然无知，真无奈其何也已。

注释：

[1]《清嘉庆朝实录》卷74：九月，"赈甘肃永昌、武威、镇番三县被旱灾民，并蠲缓额赋有差"。

[2] 娄县：秦为疁县，西汉改为娄县。南梁大同三年（536），娄县改名昆山县。清顺治年间，分松江府首县华亭置娄县，民国并入华亭县，华亭旋又改名松江县。

[3] 缪元辅：《清代官员履历档案全编》第 23 册嘉庆五年正月二十八日记，"缪元辅，安徽太平府芜湖县监生，年四十四岁，现任浙江丽水县县丞，俸满保荐入于卓异班内升用。嘉庆四年六月分签，升顺天府经历缺"。另查清代《缙绅全书》及《爵秩全览》等资料，缪元辅于嘉庆年间任皋兰、崇信、高台知县，无任职镇番记录。据《缙绅全书》《爵秩全览》和张若采友人诗文记，张若采自嘉庆五年至十一年任镇番知县，期间并无他人接任。

仁宗嘉庆六年辛酉 [1]（1801）

张令迁升，缪元辅莅任。

按，元辅刚毅有威，执事公允明达。为文则不蔓不枝，扼要简括，一如其人。景慕故令杜公振宜，洁身自好，视钱财如粪土。初来，有贿物以求升迁者，大声呵叱，弃物室外，自是人不敢潜违之。去职时，清风两袖，身无一文之蓄，安步当车，泰然处之。

广恩谨按，为官能清廉如元辅者，世无多见。前令杜振宜其一人也，兹缪大令踵振宜而来，又复一人也。未知缪之后，可否继而再一人？然则，吾观当今世风颓废多多矣。尝与诸同志谈时事，询"今官何如"？答以"差似盗贼"。曰："何言之若激耶？"曰："非激也，激则谓胜于盗贼耳！"呜呼，闻此言，宁有他词置焉哉？

典史之职，顺天大兴李廷贵议叙，止半载，江苏吴县吴明鉴 [2] 莅任。游击，四川郭本仁继之。

是年，卢金润膺乡荐，中式第十三名。卢公屡授不就，居家奋读，捷登之日，出掌书院之时。承袭谢振之教风，继开后有之局势，循循善诱，谆谆教诲。不数年，镇邑人才鹊起，学名远震，固学子孜孜不倦使然，何非卢公金润耳提面命所致也哉！尤十二年一科三举，咸出公之门下。公于是盛名遍五凉，担囊负笈者络绎门庭，遐迩奉为宗师焉。

岁贡一员，名马肇运 [3]。

四月降雹，继以阴寒，春麦萎顿，阒无起色。迨月中，始渐温暖，田苗初具萌发之象。

八月中秋，苍穹如盖，月色朦胧，俄即隐没，继之以暴雨滂沱。无何，积雨纵横，浪拍墙垣。于是乎鸡鸣狗颠，马嘶牛哞。邻家轰然有声，知茅屋为风所破；隔壁总无响动，觑华构已成丘山。上苍无德，何致无辜之民于斯乎哉？《搜俎记异》记此。

九月，黑霜降，苑圃果蔬，尽成污漫。是年大馑。

知县张若采、教谕张景彦[4]倡修儒学，于大门外创建学舍二处，耗资六百两。张令作《募修儒学疏》，附：

古者，术序、党庠、家塾[5]之设，所以乐育人材，布宣圣教。自党正、州长、乡大夫、乡师，皆掌其所治，而服属于大司徒。以施十有二教，抡秀书升，入学鼓箧，俾之优游于六德六艺之中。学不必有专士，教不必有专官，风俗成而人才出，胥是道也。迨其后，士与民异，广厉学官。汉京师置五经博士，郡国置文学掾。至宋崇宁初，每路设提举学士一人，始皆建学，见于李焘、李心传，所记者备矣。

国家德化风行，四方徯志，内自各行省所隶，外至玉门以西，流沙万里之远，莫不有庙堂俎豆之器。官师之表，莘莘蒸蒸。青衿组带之秀，观光习礼，春诵夏弦，咸萃于明伦之堂。

《孟子》曰："庠者，养也。序者，射也。"《周礼》"春秋以礼会民而射于州序"。《礼记》曰："养国老上庠，庶老下庠。"进几授杖示民，则效于是乎？故曰："观于乡而知王道之易易也。"今之学舍，即古书之上庠也。

镇番儒学在县治东，有明成化十三年就社学改建。志称，康熙三年，教授张君[6]率邑之绅士捐输倡修。乾隆八年、十年间，阖邑绅耆复创建乐器、祭器楼于明伦堂西侧。式廓既增，美福兼备，迄今盖五十有六年矣。岁月湮远，垣墉摧剥于风雨，轮奂穿漏于鸟鼠。上两旁风观听，不肃春秋释奠，瞻顾悚惶。

余既宰邑之牧，明年夏，我宗三水容庵以名孝廉师儒兹土，兴学选士，为诸生祭酒。余每就而谋曰："名教中乐地，而视其摧颓倾倒，可乎哉？"

夫镇邑虽硗瘠，庶人安耕凿而士风淳茂，牧斯民者将以为教也。庠序之兴废，风化之盛衰，系之一方之风化治术之隆替，因之观政者咸以此为首务。尝见琳宫梵宇，法界庄严，别墅丹邱，门题壮丽，乃以圣朝以敷文教，以棲茂廉，育唐孕虞之地。而顾榱栌不支，门庭充翳，当亦游于乡校者所慨然兴也。

余以职俸弋薄，扶废举坠，罄鼓弗胜。所愿为圣人之徒，近圣人之居者，各率私钱，乐输裹治。将见翬飞鸟革，檐盈森耸，笾豆有践，钟鼓在悬，旷旷焉，赫赫焉。焕文明之象，而流声教之泽者，都人士亦与有荣焉。至饬材鸠工之数，削冯缮葺之方，则惟我宗容庵择多士中之勤施而更事功、劬而用节者董之，以冀克其蒇事。余既割俸二十金为之倡，且嘱同志者量力而佽助焉。

注释：

[1]《清嘉庆朝实录》卷 78：正月，"加赈甘肃武威、镇番、永昌三县被旱灾民"。

卷 83：五月，"缓征甘肃镇番四十四厅州县……旱灾新旧额赋"。

卷 85：七月，"赈恤甘肃被旱灾民并免镇番四十四厅州县节年新旧额赋草束有差"。

卷 92：十二月，"加赈甘肃镇番四十厅州县并西固州同、沙泥州判、庄浪、红水二县丞所属被水被旱灾民"。

[2] 吴县：今江苏省苏州市吴中区。吴明鉴：监生，嘉庆五年十一月题。

[3] 马肇运：嘉庆六年拔贡，主讲满营松华书院与苏山书院。

[4] 张景彦：邠州三水举人，字容庵，嘉庆四年任镇番教谕。知县张若采因与其同姓，故文中有"我宗三水容庵"等称呼。

[5] 术序、党庠、家塾：据《学记》载，"古之教者，家有塾、党有庠、术有序、国有学"。塾、庠、序、学即是周代学校的名称。术：当为"遂"，是古代统辖 5 县的行政区划，1.25 万家为一遂。每一"术"的学校叫"序"，在天子或诸侯的国都设立有大学。党：上古500 家为一党，每一"党"的学校叫"庠"。塾：《周礼》载，百里之内 25 家为闾，同居一巷，巷首有门，门旁有塾，每 25 家的"闾"设有学校叫"塾"，民在家时，能在塾中受教。

[6] 张君：即张我兴，顺治十三年任镇番卫教授，康熙三年与邑绅重修儒学。

仁宗嘉庆七年壬戌 [1]（1802）

学院师徒偕游柳湖枪杆岭，山长卢公金润 [2] 并邀诸同人，欲仿兰亭以讽咏，复效竹贤而斗尊。林泉啸傲，师徒同歌西江月；湖山风流，士农携手浣溪纱。谢葆老 [3] 咳吐成章，椽笔作一篇《枪杆岭游记》；卢山长七步能吟，信手拮得几束柳林湖"竹枝"。游罢归来，掇辑成帙。凡文七篇，律诗五十首，词十五阕，杂以楹联百余副。工刻付梓，题曰《柳湖游览诗文辑录》。

广恩谨按，文士燕集，师徒偕游，雅事也。惜哉未见其帙，令人抱憾不已。许今之后得窥一二，亦庶几不可谋者也。

是年岁贡一员，名姜兰枝。

按，兰枝敏于数理，精于筹算。

郭典史[4]素残忍。稽盐吏张发奎勾结盐商分贪暴利，是年事发，张捕入狱。值缪大令疾告他代，郭乃百般凌虐，张不胜其酷，触柱而死。其视无以补亏，乃拘张妻女入院作娼，以其所得权充盐损。妻羞忿自缢。恐女效尤，以价银五十两官卖凉州富商李老太公为婢。

注释：

[1]《清嘉庆朝实录》卷93：正月，"展赈镇番等四十一州县上年旱灾贫民"。

卷95：三月，"缓征甘肃镇番等四十一厅州县本年春征额赋"。

[2] 即卢金润，时任苏山书院山长。

[3] 谢葆老：指谢葆霭。

[4] 郭典史：籍不载，此段又恐为道听途说或勾栏笑谈。

仁宗嘉庆八年癸亥[1]（1803）

县人募资重修清源观。

按，清源观创于明天启三年，阅三甲子，值兹凡一百八十年矣。柱础剥蚀，墙垣倾危，门楣椽楝并有腐朽缺失。城乡绅衿久有重修之议，惟资费浩繁，一时无以筹措，致悬而未施。今夏，书院山长卢公金润首倡义举，捐束修三百文，响应者甚夥，共得五百金。田公生蕙董其役。秋九月工竣，卢山长为撰《重修清源观记》，文略。

是年夏多雨，且春秋亦寒湿。所幸冻霜来迟，故田禾仍稔。

四月八日佛会，缪令妻王氏携女莹儿谒地藏寺还愿，有僧导引于歇斋室，茶果频递，殷勤奉侍。未几，有僧师至，言特供需，羁绊来迟，邀请至后殿进香修斋。妻女感其忱，欣从往之。绕行数径，过一月门而至后院，左得小门半掩半开，师告之曰："将至矣。"遂径入细巷，行百余步，又有小门，出之则豁然另一天地。粉墙花藤，石径砖阶，香风习习，梵呗铮铮，直是清凉世界，确乃佛教净土，喜窃心悦之。拾级入室，果有金佛肃坐，高僧诵经。妻女烛香跪叩，意至虔诚。叩讫起身，顾高僧已去，而易少年二人，中有清癯瘦削者讪笑语妻曰："吾师邀女施主后寮稍叙，未知肯否？"遂先自前去。妻女不知有诈，眊然随其后。数曲阶级，径入一小室，未始坐定，已有髡僧四人围立四下。妻幡然醒悟，急拽莹儿起身逃避。而僧大笑，每二人执一女。妻狂呼，僧出刃挟止之，曰："汝敢再呼，割汝喉、剜汝乳，汝女亦并之。"妻惧死，又复怜女，任其尔尔，不复张声。高僧吻妻颈，抚妻乳，曰："汝侍吾寝，吾全汝母女性命；汝出之弗告，吾保汝母女名节。不尔，则命节俱失，汝岂拒吾意邪？"妻不语，惟泪潸然。女犹不就，二僧力执其臂，擗其腿，强轮事之。良久，僧皆惫力，妻泣求归，僧师犹恋连不忍。临出，求再合。妻更哭，跪请怜免。僧情愈炽，蹴地强欢。事毕，勉教出之，嘱曰："不日再来，吾为汝夫禳灾耳。"妻女归于自居，适令出未返。妻语女曰："阿爹来，定不张扬。诸髡畏罪，料已远逃。俟爹奉调，再行计较。"令归，妻女果不报。后，令解组南归。越明年，僧探无险，悄然返寺。有营中教习严哲奎者，素与令善，或云并与令妻有染。令归时，妻语寺中事于严，曰："可代我雪耻。"哲奎侦知僧返寺中，密率营兵十数人，民服农裳，入寺游览，勘得四僧麇集后殿，一声号令，四面围堵，四髡顿成瓮中之鳖。缚捕投狱，招认不泥，打入死牢，秋后问斩。地藏僧人并入圣容，地藏官封废置。《搜俎记异》记此。

广恩谨按，野老传说？勾栏唱本？抑是实事真人？何使一代循吏，遽罹此横天大祸，而郭典史虐人妻女，天何浑不捷报于其身邪？苍天果有灵爽哉？何当是时竟昏昏至于吾人发指之地耶！

注释：

[1]《清嘉庆朝实录》卷108：二月，"户部议准陕甘总督惠龄疏报甘肃靖远、盐茶、山丹、镇番、中卫五厅县开垦地五十八顷九十亩，照例升科。从之"。

仁宗嘉庆九年甲子（1804）

县事山东观城举人王世焯[1]任。

阿拉善牧人越境放牧，阅有年矣。镇民屡报，殆未熨帖。是年，柳湖牧人王家书等与蒙人拖思巴尔争占草场，哄起械斗。拖思巴尔以缰缚王手，鞭马疾走。虽王求饶不已，而拖思巴尔竟以此取乐，王遂毙命。王令牒檄蒙王会验，蒙王拒未顾已。王再檄，仍不理。爰据实报府，递呈省署，转闻于朝。敕谕：重治命犯拖思巴尔；蒙汉会勘界址，务期从速划定，不允再滋纷争。

五月，黑风连作，虽旦昼而暗不见物。树木摧枝，茅屋揭顶，边外庄田被重灾。

岁贡一员，名赵子淳。

按，子淳，字铁崖。有学名。性孤傲拓宕，不媚求他人。明经获售即厌倦功名，虽举荐者再，足不出户，直林中高士也。嗣寓兰州，号兰苑夫子。

八月早霜，果蔬多冻死。

注释：

[1] 王世焯：清代《缙绅全书》及《爵秩全览》等资料无此人本年任职记录。此间张若采任镇番知县，其后接任者为高阳进士齐正训。《历鉴》道光十年记王世焯任知县，似无误。

仁宗嘉庆十年己丑（1805）

游击马应图迁职，四川涪州人曾绥接任。

按，旧志《官师志》载曾绥十一年任掌兵。今据旧牍改正之。

王令诣汤家海盐池，勘得盐政纲纪废弛，税则旁杂，征缴尤随心所欲。勒饬整刷，务使规章严厉，惩奖不泥。

是年府贡一员，名连育桂。

仁宗嘉庆十一年丙寅（1806）

王令世焯奉迁[1]，直隶高阳进士齐正训[2]莅任。

齐令，字竹溪，由进士以刑部主事改授镇番。下车伊始，问民疾苦，兴利除弊，体恤周情。莅官数载，终岁不闻鞭扑之声而国课亦无逋欠。尤以培植学校为切务，值文人儒士，必改容礼，其得造就者亦甚伙。三年政成，以卓荐去。老幼皆攀辕泣送，数十里不忍舍之。嗣升循化同知[3]，擢云南普洱府[4]知府，卒于官。

广恩谨按，"值文人儒士，必改容礼"，此岂易事哉？君不见今日之衔职者，不问官阶高下，率能盛气而凌人；骄横跋扈，一似猾卒悍兵。勿论见士必礼，其闻"文"色愠，甚有不堪忍"文"者已。问其己学，每有目不识丁之讥，然竟不以为羞，而反为文士"文"而羞焉。自以为得志，目他人尽皆鄙奴，权自己乃天地真人。呜呼，天其不公也若斯，宁非人世间一大不幸也欤！

齐令亲率民夫七百名沿河植树，共植杨树三千株，沙枣一千五百株，柳条一万三千八百余棵。

齐令捐俸三百金，发当营息，永作护河之资。

张景彦奉调，秦州副榜金缙莅镇掌教铎。

卢金润因疾卸书院山长职，公荐宿儒王衣德继之。衣德，乾隆壬午科举人，有文名。

岁贡一员，名李继白。

按，公擅讽咏，通音律，诗有太白风。

广恩谨按，继白者，永继李白之意也。好名讳，定有好出息。惟其诗不举，未知其果有太白风否？

八月地震，人畜无伤。栅子沟有沸泉涌出，咸涩不堪濡唇，草木遇之死。

齐令谕地藏寺仍归佛教启用。

注释：

[1] 是年，张若采调任永昌县知县。

[2] 齐正训（1772—1824）：字鲠言，号竹溪，高阳庞家佐村人。嘉庆四年进士，授贵州清吏司主事，审理案件明允公正，未久调任甘肃镇番知县。逾年调任平番（今甘肃永登），旋升洮州厅（治今甘肃临洮）同知。后署理甘州府（治今甘肃张掖）知府，调守嘉峪关，治兵严整。道光元年（1821）改任云南普洱知府兼护迤南兵备道使。

[3] 循化同知：应为洮州厅同知。

[4] 普洱府：清雍正七年（1729）置，属云南省。乾隆元年（1736）曾领江外六版纳各土司，

辖境约今云南省普洱市部分县区、西双版纳傣族自治州及老挝丰沙里省。1931年废。

仁宗嘉庆十二年丁卯（1807）

生员窦志毅、卢荣、王霈、李养元、李曜东、马肇运、赵子淳、李继白、连育桂、李振儒、何中枢、李凤仪[1]、马起凤[2]、谢集梧[3]等一十六人赴省乡试，额支举人路费银每人五两四钱二分，共费银八十六两八钱八分。李凤仪领中式第三名；马起凤中式第十五名，领中书科中书；谢集梧中式第五十名，曹秀彦获中式副榜第四名。

广恩谨按，中书之职置于内阁，执掌缮写撰拟等事。镇自清以还，膺此职者马公为第一人。又，副榜之选，迹接明制。《明史》：崇祯“七年甲戌，知贡举礼部侍郎林钎言，举人颜茂猷[4]文兼《五经》，作二十三义，帝念其赅洽，许送内帘。茂猷中副榜，特赐进士。以其名另为一行，刻于试录第一名之前，《五经》中式者自此接迹矣。”副榜之称，始见于此。然此则特赐进士于正榜之外，副入另悬一榜以标殊异，与今所谓乡试之副榜已然不同。元有备榜之名，举人下第者，悉授以路、府学正及书院山长。又增取乡试备榜，亦授以郡学录及县教谕。此谓乡试备榜，即清之副榜也。

新科举人李凤仪捐设义学一处，址在红沙梁。

教谕金缙捐金襄助，旨在励贫家子弟入学就读。

县事齐正训首倡义举，偕本年新科举人马起凤、李凤仪、谢集梧，副榜曹秀彦诸君醵金五百，创建文昌三代祠于文昌阁东，为边邑一时之盛事云。

广恩谨按，新科举子好心性，未为阿爹赚一文，已掷老子数千金，问伊疼不疼？说不疼，确不疼，门楣上多一颗福禄星。夸风流，真风流，平地里谁不知我的名！

邑人卢日升是年莅任凉州管经制外委。

名儒蓝毓青在世。

按，蓝公生十月初五日，据《蓝氏家谱》记。

注释：

[1] 李凤仪：字象韶，嘉庆十二年举人。屡荐官不受，设馆授徒，众皆称颂。

[2] 马起凤：字栖梧，嘉庆十二年举人，道光五年（1825）参与续修《镇番县志》。官陕西岐山教谕。

[3] 谢集梧：字东园，谢葆霱次子。嘉庆十二年举人，道光五年与兄集成纂修《镇番县志》。官陕西渭南县教谕。

[4] 颜茂猷，字壮其，光衷，号宗壁居士，漳州府平和县人，崇祯七年文科进士。明王世德《崇祯遗录》记："二月，会试。颜茂猷以五经中副榜，特拔于正榜之前，授礼部主事。召对平台，问安攘之计，俯首不能对，上不怿。茂猷未任事，告归，终于家。"

仁宗嘉庆十三年戊辰（1808）

县人募资增修文庙。双茨科民人醵资重修二分大庙。

邑举人谢集成捐资三千缗，周济乡会试学子。

邑人路彩云领乡荐，中式第四十二名。苏山书院山长王衣德以"龄齿古稀"，力荐路彩云主讲。

又，岁贡一员，名王克生。

岁末，路彩云辑镇之三百年轶事佚闻为一帙，题《镇番事实类纂》。邑令齐正训为作序，谢公集成撰跋文，路公自撰弁言。洋洋巨制，蔚为大观。

广恩谨按，是书不曾闻。以其辑"轶事佚闻"，当不尽为"事实类纂"，疑系明清笔记者流。

牧人控报，迩来驼羊屡被偷盗，疑系阿拉善蒙人所为。县密遣营兵乔装侦探，捕得贼人三名，诘其所自，果如所控。谓为报拖思巴尔仇故也。

仁宗嘉庆十四年己巳（1809）

齐令以卓异荐升，广西临桂拔贡朱廷楷莅任。廷楷下车，问民疾苦。悉镇地广被风沙，重在水利，因不及安顿，即率民夫五百众修筑山南河堤，人谓为循吏器识云。

教谕金缙迁职，洛川拔贡樊寅绪莅任。游击曾绥迁职，肃州人刘允忠莅任。千总，武威人魏万业继之。

恩贡一员，名何培鲁。

岁大稔。

书院刊刻《苏山时艺纲鉴》，路彩云主编，谢集梧协编。所选类金本邑明清两朝乡会试硃卷之优者，尤足裨益后起，宏扬前贤之卓裁。每文举引原批原评，卓有见地，可谓方家城府也。

如乾隆乙酉拔贡卷，总批谢葆初语曰：

天骨开张，风神蕴藉。由其胸有积卷，自尔笔无纤尘，盖于斯道已三折肱矣。经义淹贯，策对条明，法律尤复工雅；鹏程万里，伫见高翔。

乾隆甲寅恩科乡试卷，总批谢葆初语曰：

以雄浑之笔，写坚劲之思。骨采飞腾，风标隽上。诗律则志和音雅，经义则畅达疏通。至五策之典瞻，尤非一时之涂泽。撤棘来谒，知生萃拔词坛；名登俊选，伫看莲步青云。

此是总批。另如文评，亦多恳洽精到之辞，俾诸生童，尤收启迪之益。

雍正癸丑科乡试卷，首选卢生莲《为君难，为臣不易》文，略云：

盖位有尊卑，责不能无重轻也。主治者重，则辅治者自不轻。此今古之帝王卿相，胥惕厉于其中，而深维国是者，曲体而善道之，人之言君臣者可思已。

人之言之，无心之伉叹耳。为印证于典谟诸书，觉系士大夫之恒言，实足关元首股肱之大义，泛而聆之，互陈而并举耳。及权衡于堂檐异分，觉天命民喦之重寄，先以耸吾君吾后之听闻，曰：易，言为君也；曰：不易，言为臣也。而皆所以言为君也，居九重之上，纪纲为我所施，复益以臣邻之襄赞，君亦何所难为？

夫为君不难，则承流宣化者，其从容暇豫也，更觉易易矣而不能也。万机之待理惟君，庶民之托命惟君，即工虞水火各分猷于群僚，乃竭百尔之寅恭，究难解心之惕虑，是臣以不易辅君，而人言总不以臣之不易谓得少宽。

夫君之难也，无逸者圣主之作肃，尽瘁者王臣之匪躬，徒诵明良喜起之歌，而君臣之苦衷隐已。负亶聪之望，巨细待我而理，纵不必臣工之弼亮，君亦不得不独为其难。

夫君为其难，则望风承旨者，其循分称职也，是觉易易耳而不能也。疏附后先，以分君难；将顺匡救，以责君难。即夙夜宵密，莫能诩赞其高深，乃以天王之明圣，不敢忘师保之勋勩。君不以易自处，而人言直欲以臣之不易，遂并入于君之难也。效力者百辟其分职，劳心者一人其总枢，微窥都俞吁咈之意，而君臣之克艰见已。

天下难与易固有殊途，而难之中亦递降其分际，使为臣稍觉其易，则为君亦未觉其难。乃百尹庶府，所司不过一官，而人言且不少宽其责备，则夫总百职，抚万邦，其难易不百倍于臣乎？

是言为臣者，正以重为君之责而初无异辞。天下难与异亦无定形，则难之中无生畏以自阻，故臣尚欲与君图其易，君不可先臣思其难。夫委蛇退食，岂遂贻玷于同官，而人言不稍为其宽暇，则夫惕朝昃。敕时几其难易，宁与臣等量乎？

末评：上顾一言，下逼知字，通身侧注，眼光独到，尤妙以下句鞭辟上句。天矫离奇，曲折变化，方城执笔，不过尔尔。

广恩谨按，此等文章，再三搬来，我祖之失，是书之赘焉已。

仁宗嘉庆十五年庚午 [1]（1810）

朱令廷楷奉迁，满洲人八十五莅任。甫三月，八十五迁职，山西洪洞县进士刘晋泰继之。

樊寅绪教长奉迁，会宁解元王晋墀继任。五月，晋墀去职，宁朔 [2] 举人奚双璧继之。

典史吴明鉴去职，江苏娄县姚德修继任。蔡旗堡千总杨世兰莅任。

是年，县人于枪杆岭山创建真武殿。

广恩谨按，殿今存，举人路伯驹 [3] 有记。

西岔 [4] 民人募资重修文昌宫，历一年工竣。明年彩绘油饰，一切就绪。县举人谢集成有记。参十六年例。

县人潘大年以驴皮镂皮影，琉璃剔透，玉洁水浣。人物花鸟，备极形态；狼虫虎豹，每能张牙舞爪。演殷周故事，唱唐宋传奇。神怪假于人形，鬼蜮白说当代。狐妖极尽缱绻之能事，相公每常夜卧于荒冢。痴女吁叹，谯楼又响更鼓；情郎寄诗，江天偏遭风急。曲尽人间别离，参破世上荣辱。有枯藤老树，画栋朱帘；杜鹃啼血，老猿数舟。黄芦岸白苹渡口，绿杨堤红蓼滩头。道是马嵬坡，却是刎颈河。三阕《后宫曲》，一首《敕勒歌》。云笼月，风弄铁，两般儿助的人凄切。剔银灯还将后话说，长吁一声灯吹灭。

嘉庆中，大年周历五凉，寻常百姓辄喜观之。庚午七月，演《莺莺西厢记》，倾城争观，士女云集。上下数里间，地无寸隙，县署各房吏胥并邀观看。时，鼓钹喧阗，溷聒声沸，极一时之盛。教长奚双璧，邑人谢集梧、卢金润，欣然咏诗志之。

是年岁贡一员，名吴克臣。武举一名，名张耀德，中式第四十二名，官镇标右营千总。

注释：

[1]《清嘉庆朝实录》卷 236：十一月，"缓征甘肃镇番等七州县及肃州州同、庄浪、毛目二县丞所属水灾旱灾雹灾新旧额赋"。

[2] 宁朔：即宁朔县，雍正三年以宁夏右屯卫改设，属宁夏府。

[3] 路伯驹：即路彩云，嘉庆十四年领乡荐，时掌苏山书院山长职。

[4] 西岔：约在今民勤县西 15 里。

仁宗嘉庆十六年辛未（1811）

西岔文昌宫是年竣事，邑举人谢集成作记。其有"文昌列宿，司人间文事，培斯民列子，功在国家，德被社稷"句。

邑人田正年者，年八十而夫妇齐眉，敬之如宾，爱之若子。子孙五世，一门而居。父子融融，姑嫂洽洽，所谓下形敦睦于一家，上深慰藉夫二人。二人者，父母也。尝闻抑知谊笃葛藟，何减房中之缱绻；而情关桑梓，难忘膝下之瞻依。诗言：妻子好合，何拟之以鼓瑟琴哉？诚以梦协飞熊，早动父母之养顾；祥征鸣凤，尝萦父母之心思。于此而绸缪未至，安所谓父父子子、夫夫妇妇乎？古圣人之训，当或铭于心而刻于骨哉！

有农民王保善者，面丑，三十未娶。其兄王保德经年在外佣工，思与嫂通，屡以媟言挑之，嫂固坚拒。时值刈麦，叔嫂同在一田，求与合，弗从。强事之，嫂急啮其鼻。保善大怒，以草绳缚嫂颈，嫂奄息将死，遂从容与之合。事即毕，觑嫂手足抖索，遂更缚之，直待命毙。保善骇然，告于叔，叔径引自首。诘审自认，惟祈早结。当处绞，嗣依大赦例宽宥改流。

广恩谨按，宽其自首也。事据衙门刑房案牍。检是年刑案，并有生父奸女案为本书所不录，病其龌龊也。人伦之堕丧，亦世风影响所致，既败迹于当代，何忌讳于后来？披之露之，庶几得获劝惩之功用哉！案云：

嘉庆辛未八月廿三日，县民常修业报称，其甥女虞秀儿悬梁自缢。讯及所由，曰：女父虞登奎向湎女色，贪嫂霸媳，时来久矣。迩则淫心纵肆，觊觎自女。女初不觉，以为亲宠。某日女母省亲未归，父女居在一室。俟女熟睡，其父以手探女乳。女觉醒，父则佯作酣声。女因不以为怪，轻移父手，掩被仍睡，俄复熟矣。父再探之，女未觉，遂渐至体下，女眊然翻身，背父而寝。父亦随其侧，出淫具，自后徐入之。女觉痛楚，惊起掌灯，父酣犹如雷声也。女忖度蹊跷，悄揭父被，见其赤裸如鳅，并有大具昂然翕动，顿悟父之所为者矣，遂裹衾而泣。

讵意父乃淫徒，不为所怍，而反愈炽。不及吹灯，奋身跃上。虽女拼力拒就，叵耐身手不逮；三遭阿爹求过，一场淫雨已布。女素至孝，虽羞忿难禁，而弗敢稍形忤逆，惟和泪痛哭而已。父曰："汝休哭泣，父亦一时之失。汝今待字闺中，或得当对之人，即行聘许。至时，亦不过尔尔。况父有养育之恩，偶有所失，岂吾儿果不鉴惊乎？"闻如是说，女念亲亲之义，竟强忍于心，未便唐突。

阅月余，邻有亲丧之邀，母出为助，女独绣于己室。忽父唤急，闻至明堂。父卧炕呻吟，似患促疾。女惧欲出唤人，父更狂吼，女返入扶侍之。父令捶胸，女因踞蹴父前，遵其所嘱，悉心护持。乘女不备，父遽起抱女，委于胯下，拽女裙裾。女急呼喊，父以巾堵女口，挺身其上，颠狂行事，并言语相胁曰："今汝不从，父将死矣；父既死，汝母何依？"又曰："汝恨父不经，天之恶也。汝本非吾所亲生，汝母偷奸，始有汝身。今吾偷奸，天之报也。"父之言，女漠然未闻，不求好生，但求速死，任其所之，只待阎王来领。

父事毕，惧人觉，仓惶出走。女裂裙为绳，悬梁自缢。官既闻诉，疾遣拘逮。

解囚问审，拒不供招。虽杖笞有加，而止云有猥亵狎戏之举。女仵验女尸，阴处有污物，更诘之，无以为释。具大刑三番，始招认之，而坚言女系他出，欲图豁罪轻治。

传母密审，言夫捏诬，邻舍可证。讯里甲邻居，佥曰：女貌侲如乃父，何他生之有哉？再验之，高额箭鼻，方口刀眉，如一模所出。妄言诡称，岂可轻信邪？判以斩处，秋审具结。

刘令批长短句云：这个老子忒无情，寻花寻到自家门。探乳探臀探阴户，错把娇女认阿亲。石榴裙做了上吊绳，三寸颈杈当磨刀砧。一对冤鬼狭路逢，父女亲？情人情？说不清，道不明，看看阎王他能肯？语虽调谑，而意至恳。

仁宗嘉庆十七年壬申（1812）

三月春寒。时逾谷雨，晨间恍如严冬，犁铧尚待午时也。而日西少顷，又复结冻，可作之时，只一时三刻而已。

夏旱无雨，刘令数往龙王庙祷之。而雨伯拒不领表，亦无如之何为。是年因荒馑，尤农民心悸之。

冬月，县学生员汪士沛编辑《四言杂字广贤文》一帙，奚教长盛许之。刊四百册赠诸生，谓生童课余诵习之，大有裨益云。凡一卷二十二目，第一曰"天文"，第二曰"地理"，第三曰"君臣"，第四曰"士子"，第五曰"农家"，第六曰"商贾"，第七曰"工匠"，以次则"人生""治家""战阵""衙门""园圃""称呼""身体""女红""飞禽""走兽""水族""虫类""药材""草木""方言"。虽语俚俗，而辑字广大，付诸实用，确不失绳头木屑之意。

兹谨录"称呼""农家"二目，以概其余。

"称呼"：

父曰严君，母曰慈堂；俗呼爹妈，老子亲娘。高祖曾祖，太爷称讲；祖父祖母，爷奶为上。椿比父老，萱似母康；夫曰良人，妇曰女娘。妻称丈夫，爷们当将[1]；夫称妻子，内人婆娘。岳父岳母，外字当行[2]；大姨小姨，姨父姨娘。姐夫舅子，小姑婶娘；阿叔阿伯[3]，侄子相将。孙子重孙，曾孙排行；玄孙相承，五世同堂。

乔梓并荣，兰桂齐芳。具庆重庆，瓜瓞绵长。媒婆巧言，冰翁扯谎。外甥外孙，谊切渭阳。兄弟骨肉，手足毋伤；连襟[4]挑担，姐妹夫郎。绅士绅缙，乡宦称讲；风流才子，俗称张郎。俊俏佳人，古谓红娘。师傅徒弟，贵字是尚；尊嫂可好，贱妾无恙。

"农家"类切镇邑之实要，尤及水利一端，颇多可取处。曰：

农为邦本，耕田最良；大家小户，日食口粮。春天和暖，农事方忙；指点伙计，补修车辆。摆放粪土，浇水灌浆；挑挖界沟，撵[5]起坝墙。镶立坪口，栽植闸桩；起夫送柴，缴纳钱粮。人夫五名，沙车三辆；茨柴十个，芨芨带上。渠长经理，会首算账；水进坪口，水首酌量。春冬二水，浇灌得方；轮流昼夜，派时点香。大小红牌，掐算[6]得当；藉田润河，按时补上。籽种齐备，收拾铧张；应用农具，预备停当。荞麦择尽，扬种勿忙；看地肥瘠，分类播扬。青稞大麦，穈谷豆粮；高粱东麦[7]，菽稷稻粱。禾禾[8]扁豆，先收上场；胡麻豌豆，一齐种上。麻籽荞麦，各色各样；青稞大麦，最能度荒。泡种撒粪，切莫怠荒；深犁细盖，务要精详。直耱横耙，打碾绵穰[9]。苗未一尺，百草繁畅；婀锄铲子，镢头锹张。薅尽野草，锄去莠秕；谷莠稗子，扎根扯秧。草不害苗，庄禾兴旺。窜节拽项[10]，出穗露芒；吐花结籽，穷人有望。揪摘豆角，捋青捣黄；大麦割倒，小麦色黄。磨快镰刀，拔割正忙；收完在地，晒干无妨。犁茬抄地，不可相忘；提防阴雨，捆葽[11]上场。摞成田垛，盗贼勤防。摊满场院，碌子套上；骡马单挑，牛驴一双。木锹杈把，档搁[12]短长；扫帚推板，连枷棍棒。攒成印堆[13]，等风净扬；稳草入圈，穈麦装仓。养马当差，种地上粮；县主贴条，吉日开仓。屯头保甲，催促勿忙；上罢粮草，收还私账。军需粮饷，纳户承当。运粮搬草，牛马车辆；口粮留足，大料莫忘。早吃稠粥，晚喝米汤；晌午薄饼，腰食[14]干粮。细切薄擀，当家妙方；沙枣胡老[15]，额外口粮。耕一余三，凶年有防。雇工铲草，掌柜放羊；男童念书，女娃学纺。骡子曳炭，骆驼驮粮。骟驴好使，叫驴[16]张狂；草驴[17]怀驹，草料贴上。儿马骒马，骟马膘壮；推磨碾米，拥子[18]套晃[19]。水鞍夹板[20]，鞧绊嚼镰[21]；笼头叉子[22]，响环铃铛。绳索襻子[23]，缏头[24]拴羊。揽搭臭棍[25]，鞴屉[26]披上；扯手肚带[27]，排胸连缰。打柴耢草，沙窝麻岗[28]；一牛不支，连套一双。犍牛[29]力大,乳牛[30]乖爽;㹃牛[31]难使,犏牛[32]毛长。鲁班造车,至今是尚;柳木轱辘,榆杏车枕;辋子辐条,拉扣辖桩。勾心栏杆,车头轴方。键条车串,车辖一双;油瓶抹子,膏车汪洋。

　　广恩谨按,是书今存,苏山书院刻本。字甚工丽,然多讹字,且语词串联亦牵强。惟收辑颇广,尤注重方言俗语,故亦有所资取。

　　是年岁贡一员,名俞大化。

注释:

[1] 爷们:民勤俗语,男人。当将:土语,略与主持、作主意同。

[2] 外字当行:民勤方言称岳父岳母为"外父外母",所以有"外字当行"之说。

[3] 阿叔:父之弟;阿伯:夫之兄。夫弟为"小叔"。

[4] 连襟:妻之姐妹之夫,民勤方言称"挑担"。

[5] 擸:累土结坝。原文作"撂"。

[6] 掐算:谋划。

[7] 东麦:玉米,俗称包谷。

[8] 禾禾:原书作"伙伙",麦黍之类混杂一齐,略与今之谓杂粮有别。

[9] 绵穰:绵软、细腻。

[10] 窜节:即拔节。拽项:谓小麦抽穗后,穗梗苗长,麦颈渐高之状。

[11] 萎:即萎子,一种用沙生野草或麦秸编成的细草绳,用于捆麦捆柴。

[12] 档搁:套在两畜颈项上,用以牵引碌碡的木制挽具。

[13] 印堆:俗称打碾后尚未风净的粮堆。

[14] 腰食:早上9点左右在劳作或路途中的进食。

[15] 胡老:土语,胡萝卜。

[16] 叫驴:种驴。

[17] 草驴:母驴。

[18] 拥子:牲畜围脖,椭圆形,外包皮革,内装胡麻秆、麦秸、棉絮等。

[19] 套晃:架在牲口身后的木棒,略有弧度,一端用长绳系于夹板,一端系于磨、碾、犁等农具上。

[20] 水鞍:架在牲畜脊背上拱形器械,形似水波而得名。夹板:置于拥子前的两根略向外弯曲的木棒,手腕粗细,左右各一,各有两孔,以皮带穿过孔洞系车辕辖桩上,由牲畜拉动农具前行。

[21] 鞧:绕在驾辕牲口屁股上的皮带,防止拉车时牲口后退碰伤屁股。绊:拴在牲口或成年公羊前腿上的绳索,防牲口走失。嚼:横勒在马、骡子等大牲口嘴里的小铁链,

两端连在缰绳上。缰：系在笼头上的绳索，人手握指示牲畜行走或左右转向。

[22] 笼头：绳索绾成一定形状套于牲畜头，有"丁"字和"五花"两种。叉子：铁质月牙形，一拃长短，含于牲畜口内，系笼头上，用来牵引牲口使其乖爽。

[23] 襻子：搭于水鞍上的皮制或橡胶带子，两端挂于车辕，保持车辆平衡。

[24] 辔头：牲口嚼子上的缰绳。

[25] 揽搭：吊在驴胸下面的横档，防其撒野。臭棍：吊在驴屁股后面的横档。驴拉东西用力前行，臭棍不会敲腿，否则臭棍则不停地磕击后臀。俗语"驴不走了怨臭棍，臭棍磨得屁股疼"。

[26] 鞴：搭在牲口脊背上的驼毛垫子。屉：比鞴略小，功用同鞴。

[27] 肚带：拴在牲口肚下的带子，两端系于车辕，免使翻车。

[28] 麻岗：方言，沙漠中草莽生长之处，牧人多在此放马，应为"马冈"。

[29] 犍牛：阉割之公牛。

[30] 乳牛：母牛。

[31] 脬牛：公牛。

[32] 犏牛：牦牛与黄牛杂交种。

仁宗嘉庆十八年癸酉（1813）

邑之绅衿倡输重修药王行宫。

为吉盐 [1] 偷运事，阿拉善王挟迫镇邑遣营卒二十四名，驼十八峰，马三十二匹，会剿盐盗。嗣则以之驻防红沙井，藉以久绥。镇不允，蒙人隙之。

嘉庆丁卯，马起凤、李凤仪、谢集梧同科三举，曹公秀彦领副榜。诸公输巨资创建文昌三代祠。迄于癸酉，阅六载，以谢公集成倡率邀集邑之学绅马仲、李霜、谢履缙、甘太和、李凤仪、曹秀彦、何培鲁、任扩学、马起凤、路彩云诸公，捐资续建文昌三代祠殿宇宫墙，添建宫内外东西木栅以及照壁。工成，木甍黝严而不华，重门缭垣，堂皇馆舍皆爽恺都雅。

继而，谢公集成诸公又复修葺学宫，举坠兴废，补漏修罅，耗金三百两，阅三月而工竣。谢公作《重修学宫记》，彰之曰：

国家治安视文教，文教之兴视学校。学校之制，宫殿巍峨，以供先圣先贤，每岁春秋上丁，有司如期致祀。凡与于祭者，莫不循循于簠簋豆登之旁，非由庙宇修而祀典明哉！

镇邑学官，创始于成化乙未，但地处卑湿，随坏随整，难以经久。嘉庆癸酉，余家居守制，仰见庙貌漫漶失色，廊庑门墙盖瓦半倾，级砖横断。其后崇圣祠、文昌阁等所颓垣露柱，危如累卵。

呜呼！以释菜观礼之地，竟为沙碛蔓草之场，心窃戚焉。爰商同邑宰，会集阖学，公议重修。众皆踊跃乐输，共襄厥事，所由知事之有济也。

夫善计事者，未事图厥成，蒇事又图可久往赏惩。众志难协，涂泽卒工。金碧垩彩，外观有耀。曾几易寒暑，每为风雨飘摇，不堪触目。而今之无虑此者，则合一邑之人心，趋承恐后；即合一邑之人力，鼓舞争先。于是鸠工庀材，不数月而厥工告竣。举向之漫漶倾危，一旦焕然聿新矣。以彰圣教，以宣王化，胥于是乎在。至大道莫名，极于化初。韩昌黎作"处州碑"[2]，不及至圣一言，兹何敢誉天地，褒日月，贻柳子非愚[3]惑之讥哉！

役经始癸酉孟夏，落成仲秋。同事诸君子以余之董其成也，乞识以余言，因敬述其事，而为之记。所有督工捐缮姓氏，则例附如后：卢金润、谢集成、谢集梧、康以直[4]、李凤仪、马起凤、路彩云、曹秀彦、谢葆初、李养元、徐腾麟、李曜东、马肇运、姜兰枝、李振儒、王存忠、孙生辰、潘润德、何中枢、卢春茂、田生蕙、聂子烈、马中麟、王议道、罗蔚灿、王霈、李濂、谢鳌、王绶。

是年，屯务署奉文裁撤。马王庙湖、六坝湖及柳林湖暂停垦荒，亦不收接外埠屯民，以省地节水故也。

广恩谨按，已嫌太迟。乾隆之季，已有人稠地少、水不敷用之吁请。至嘉道间，上游来水显见减少。镇人屡讼于凉府，力控上游强堵水流，断绝水路。历官虽时加勘验，以理公判。无如武民有近水楼台之便，旋判旋犯，殆无休已。

拔贡一名，名康以直。以直，戊寅科乡荐。

注释：

[1] 吉盐：吉兰泰所产盐。吉兰泰在今内蒙古自治区阿拉善左旗境内，西距民勤 180 公里。

[2] 处州碑："处州孔子庙碑"，唐代韩愈作碑文。现藏于浙江省丽水市博物馆。

[3] 柳子非愚：典出柳宗元《愚溪诗序》。柳子以"愚"为题，借溪水自嘲，表达济世

之愿不能实现的孤愤郁结。

[4] 康以直：字云嶙，道光二十三年举人，任福建宁化知县、广西容县知县。

仁宗嘉庆十九年甲戌（1814）

刘令奉迁，四川华阳[1]举人张能厚继任。能厚，字竹溪，性豪放豁达，识政体要，能文擅诗。每与士子谈经史子集，上下千年，滔滔然，循循焉，所谓下阪走丸者是也。

典史姚德修去职，浙江仙居人汪力田继之。

阿拉善王府营兵寻隙滋事，掳镇民十四人、骆驼四十七峰，拆毁房屋十有三间，窗牖榱椽掠夺而去。

广恩谨按，何非仍报拖思巴尔之仇也欤？

夏，虫灾肆虐，席卷阖邑，土人谓之毛毛虫。凡田园树株草场，随处蠕蠕而动，彳亍而行。日暮至于树下，嚓嚓作声，如风串林间。迨明日，树无叶矣。将秋，虫渐无，而田园甚无生气矣。

岁荒欠，张令请准开仓赈济。以湖属地为最，赈五百石，籴一百石；坝属地赈三百石，籴五十石；蔡旗堡又轻，赈五十石，籴十石。

冬奇寒，届腊下雪，降三日霁。论者谓死虫最效，翌年丰稔可以预卜矣。是则张令谕之祭腊，教长奚双璧主之，邑绅卢忠勉副。谢公集成作记。

巫婆许氏，六坝姜哲中妻。自言某年遽患恶疾，久疗未瘥。忽一日浑然如睡，梦与紫衣人邂逅林下，求合，拂之，曰："尔面带妖气，有厉鬼袭尔身，可为尔治之。"言未讫，抚辑怜惜，偎依温存。氏嗔而诘之曰："尔何人，素未相识，偶逢此间，岂生非分之念耶？"紫衣人曰："吾乃洞玄教主马元君是也。向与许真君善，因略识些神功妙济方。今偶经此地，觑尔面有妖气，愿为尔除厄消灾，汝岂拂吾之善意乎？况汝自幼贫窭，资质孱弱，如学得些手段在身，何虑衣饭之不济哉！"氏遂就之。灵犀紧凑，几番魂消，华胥一梦，卒成羽化。醒之，痼疾尽除，神清气舒，直是神仙中人。于是为人卜生死，预未来，占安危，筮乖厄，尤至于沉疴恶疾，一经占问，每能收意外之效。

嘉庆甲戌之秋，四川华阳张公能厚来宰镇邑。甫三阅月，内眷不适边地水土，偶染风寒，卒成重疾。能厚亲为煎药护扶，而稍未见轻转。月余后，茶饭不思，昏昏嗜睡。夜来惊悸反侧，臆语不休。能厚束手吁叹不已。有富商裴信者，亦蜀人也，以许氏荐于令。厚初不信，询于幕属。悉言不爽，因顾谓亲信，不妨试之。黉夜唤至后室，内眷亲从呼应奉承，百般媚侍。氏更复张声张势，矜持造作，自不知其为谁何。请辟一室，遣女仆单入侍眠，谓之"上神"。一时许，氏径入后堂，木榻坐定，喉间作汩汩声。俄即两泪纵肆，清涕横流，揩拭之间，其声嗡嗡如老叟。曰："细伢子在否？我是尔父。"能厚闻言遽惊，窃思岂非怪哉，竟知余乳名。急应之曰："小儿在此。"父曰："娃儿，爹远道来看吾儿，不胜宽慰。儿今做得一县之主，实乃吾张门之幸也。儿当竭忠奔竞，奋身不渝，此父之所望也。然尔媳违和，天之效报，亦父忍为策警之意，媳岂不明所由耶？"眷乃嘤嘤啜泣，听者无不惑焉。少顷，氏假翁者叱之曰："不孝贱妇，杀我遗子，罪当若何？"眷痛哭，能厚失色，听者汗颜。更叱之："杀我遗子，贪图家资，死有余辜，延医问卜有何意哉？"能厚闻此，赫然汗涔，急令引氏出室。念眷身在病中，不便即质真假，俟稍缓再作道理。因烦恼忧伤，独自寝于书房。天甫明，家僮惊呼，能厚急趋后室看视。妇人通体赤紫如猪肝，气息早绝，不复有救矣。诘之婢妇，言困顿难支，少事申觉，醒来后太太即已如此。

能厚怒从心起，令逮氏归。氏尚未去，掳来大堂诘审，坚言发自灵心，与己无干。拶其指，供曰："太太婢妇所告也。"令质婢，曰："贱婢亲见，不敢胡言。"细诘之，尽道其详。能厚有弟能忍，为继母赵氏所生，弗届髫龄，能厚即领衔外任，继母病卒，家政悉委能厚妻王氏操持。父将死，割家资为二，均宜昆仲二人。惟能忍尚幼，权委兄嫂代掌，俟成立即移自收。三载服制毕，能厚仍出事官。王氏窃谋居家私为一人所有，值能忍染疾问诊，氏乃暗投砒霜于药瓯，能忍饮，七窍出血而死。

惟氏擘划机密，神鬼不疑，虽邻居乡党亦无所訾议。讵天道恢恢，神灵何能轻欺？隔墙有耳，婢妇原是谍贼。事既败露，不如自经。市有轻浮少年掇联嘲之：咒婢妇借刀杀人，功乎过乎？夸巫婆陈仓暗度，德耶慝耶？

又，宿儒王培卿老先生赋诗云：

阴阳何足信？因果就中埋。旦昼能欺人，衾夜岂自安。色是斫人斧，财乃索命丹。堪夸许巫婆，当作女判官。

语虽粗粝，而属意良深，诚可诵也。

广恩谨按，巫婆卜筮，俗谓"告状"，今方盛行不衰。举凡假古人之口，陈言本家现实之利弊。惟其巧舌如簧，明揣暗度，每能取信于人。更有敏于问而善于听者，得主家一二言，借题发挥，穿凿附会，以试语探得虚实，避重而就轻，鸣悲以邀怜。妇人抽泣，言准之证；老叟哽咽，入港之象。时而娇声，妆成夭折之女；遽作嗲气，显系嬖妾之来。父兄每有训饬之语，姑嫂常作怨艾之声。是穷家，则多喝稼穑之匪懈；具大富，则偶提西屋之埋银。高声朗说，斯事愤愤；和言漫谈，其情殷殷。轻责子媳，何缳祀之慢怠？重叱妯娌，弃温寒而不饶。天皇地道，神鬼罗皂，东求东应，灵塔高高。斯是巫婆拿手绝招。

是年岁贡一员，名裴士煌。

按，士煌，字介儒，后主文庙春秋祭，有《祭孔圣文》盛传。

注释：

[1] 华阳：古蜀国三都（成都、广都、新都）之广都治所。1965 年撤县，华阳县并入双流县。

仁宗嘉庆二十年乙亥（1815）

张令解职，广东嘉应州[1]举人李荣曾继任。

典史汪力田去职，浙江归安县[2]程风坡继之。

名儒张尔周在世，是年正月初七日生。张公，字普生，号双楼，一号椿茂。祖籍山西平阳府襄陵县二张里东村，至六世永岐迁家于镇。六世胞世祖永科，诰封文林郎。永进，商官，监收禁盐，历有勋绩，诰封文林郎，后封镇国大挥使威武将军。七世守善，由军功授掌驿堡守备；七世胞伯祖守定，由岁考授通判职；守清，功贡生，领授江西饶州府[3]乐平县知县，诰封文林郎；守廉，功贡生，授山东东昌府[4]聊城县知县，诰封文林郎。高祖维秀，乡饮耆宾；

曾祖国华，县庠生；祖大伸，县庠生，例赠文林郎。父尚美[5]，例赠文林郎。公幼承庭训，源渊家学，聪慧好读，人许为远器。详参道光庚戌例。

县人醵金于县治西十五里修建西岔文昌宫[6]，邑举人谢集成有记。

县庠生李光吉擅刻绘之事，题咏亦佳。尝绘腊梅一株，枝干盘虬，花蕊纷艳。题云：

寒香夜袭人，蜂蝶睡未迟；风流原无限，但等销魂时。

道先生[7]每嗤之，以为淫意也。

嘉庆乙亥，光吉绘成《宫帏鸳鸯图谱》一册，极尽秽淫之能事。然惟其技法气韵流动，生意蔼然。尤至仕女人物，风情若惹，纤态飘逸，自成一家。因其多作男女媾合之图，故传世绝少。

广恩谨按，然则光吉公亦绘他画。余尝见其所绘《诸灵君墨图》一帙，笔法超脱，线条畅美。或则迹简而意淡，或则细密而精微。神情生动，气质宛肖，谓为逸品，殊不过也。

晋商樊奎润居镇贸易，时有年矣。是年于县城南街捐资修建晋西会馆，自任馆长。八月十五日邀同乡聚会，李令亲诣致贺。

广恩谨按，是馆同治间被匪火焚，后复建，而规制狭隘，远非昔日气象矣。

冬水之际，大河于沙嘴墩处冰淤倒失。水漫河堤，东西横流，力堵之未果而罢。

注释：

[1] 嘉应州：今广东省梅州市。

[2] 归安县：北宋置，民国元年（1912）与乌程县合并为吴兴县，在今浙江湖州市辖区。

[3] 饶州府：元至正二十一年（1361）朱元璋改饶州路为鄱阳府，明洪武二年（1369），改为饶州府，改属江西行省。

[4] 东昌府：今山东省聊城市。元代称大东昌路总管府，明代始称东昌府。

聊城县：今东昌府区。

[5] 尚美：即张尚美。《续修镇番县志》记其"以子（尔周）贵诰封奉政大夫、陕西蒲城县知县"。《陕西乡试朱卷》"张金寿"条记："曾祖尚美，字具四，号菊圃。诰赠奉政大夫，叠赠奉政大夫。曾祖妣氏章，诰赠宜人，叠赠宜人。"金寿，举人，官岷州教谕。

[6] 西岔文昌宫：《历鉴》记嘉庆十五年修建，次年竣工。5 年后仍在醵金修建，存疑。

[7] 道先生：指宋儒派道学家，以儒学中正统自居，说教"存天理，灭人欲"，违逆人性，迂腐刻板。

仁宗嘉庆二十一年丙子（1816）

李令奉迁，正白旗笔帖式伯龄莅任。

因藩库私放巨银，布政使被黜[1]。县奉谕具报历年库银存解细数。查得原亏业已补平，迄年并无私放转拆等情事。

三月，李令巡视六坝、柳湖生荒升科地，查得露升一千三百又五亩，依例额定粮赋，敦令本年起科缴付。

五月，县学一生童为恶犬追咬，初不为意。课诵间，倏感目眩头晕，继则颤栗不止。急延医来诊，已浑然不醒，俄即毙命。闻于县，李令以失于体恤管束，杖蒙师马老夫子二十，逐出学宫；教长奚公亲为置棺领葬。恶犬为营兵所猎，令钉枷插牌游街，嗣则仿斩人之制斩杀之。市议甚烈，资为笑谈。

广恩谨按，这县令定是乐天一派，滑稽如斯，亦一识相人也。

是年岁贡二员：一名刘澄明，一名李熙学。

按，熙学幼失怙，赖孀母张氏以长成。潜心务学，奋身宫庠，乃得成立。事母最孝，有卧冰捕鲤之名。

注释：

[1] 布政使被黜：是年，甘肃布政使严烺上奏，弹劾前陕甘总督那彦成在陕甘挪用贪污赈银等不法之事。《清史稿》记："二十一年，（那彦成）坐前在陕甘移赈银津贴脚价，褫职逮问，论大辟；缴完赔银，改戍伊犁。会丁母忧，诏援滑县功，免发遣。"

仁宗嘉庆二十二年丁丑[1]（1817）

伯令去职，河南济源县举人李师唐继之。师唐，字慰廷，由举人以知州之职委属镇篆，廉敏有威棱，奸顽詟服。倡建崇文社，积金取息，以给乡会路资，士林德焉。嗣补静宁州知州，卒于官。

是年，阖邑醵资重修龙王宫。举人谢集成有《重修龙王宫记》，略云：

《易》言，震为龙。震，东方也。其星上应角亢，帝出乎震。所以生万物而长养之者，惟雷霆风雨。龙兴则挟风伯、驱雨师，不崇朝而泽遍枯槁。其潜也，或在于渊；其见也，则在于田。龙之为灵，固昭昭也在礼。山川能出云雨、致润泽，皆在祀典。而龙实尸之故，后代有王号之赐，而崇丽其宫以祀之者，亦所在而有。

吾邑东关外，旧建龙王宫一宇，其创始之年，已无所考。凡遇春秋二祭，有司躬亲祀事，以及旱祷之辄应，胥于斯式凭焉。惟是规模湫隘，实不堪棲灵爽而荐馨香。近复为风雨飘摇，飞沙雍蔽，非及时修葺，败壁颓垣，渐且化为邱墟矣。

嘉庆龙飞之十九年，邑侯粤东之李明府[2]以名孝廉来莅斯土，依例修祀，目击凋残之状，喟然叹曰："镇邑地瘠民贫，全赖水利以灌溉，况神职司水府，尤为生民所永赖，今竟任其剥落，而弗思勤其丹雘，虽长民者之责，亦邑人士之咎也。饮水思泉，可不思所以报之乎？"谋即率作以兴，因虑俭岁来民气未苏，事得暂罢。越二载，倾危益甚，势不能久需时日。但修废举坠，工费浩繁，独立难成，众擎易举。爰命川湖渠坝首领、绅士、农保、水老，各导其乡，谕以事关利赖所在，自必乐输。而众果踊跃急公，按粮计费，于是鸠工庀材，共建大殿三楹，拜殿三楹。欂栌节棁，悉髹以朱漆，四壁云气影起；肖神像其中，冕旒袍笏，秀发俨然。左右廊殿六楹，肖风伯雷电诸神像，拥卫正殿。余若山门、戏台、仓厨、斋舍，依次聿整。备前人之所未备，增后人之所欲增。丹楹刻桷，金壁辉煌，洵巍巍乎一大观也哉！

是役经始于丙子孟夏，落成于丁丑季秋。首倡盛举，实惟邑侯李公；始终董事，则有生员魏景南，监生韩乙科，生员谢葆春、吴振南，农官周成，水老胡其卓、吴良华等。至协赞之姓名，捐资之多寡，另书于额，用告方来。工甫竣，董事诸君子备述颠末，乞余文以记之。

余窃闻古人有言曰："鬼神非人实亲，惟德是依。"又曰："黍稷非馨，明德惟馨。"信是言也。神所凭依，将在德欤！今日者，使吾邑之人修五教、务三时，行见东方，职生而神栖焉。于以成变化施霖雨，固将不祈求而自应，惠庸有已乎？不然，纵八宝以为庄严，百珍以供祭祀，其何福之有？余既为文以纪其事矣，复为之歌曰：有龙矫矫，发迹天池；乘风破浪，云行雨施；黍苗被泽，江海流斯；

为国济旱，四民赖之。

李令师唐力倡阖邑士庶踊跃输金，创建崇文社。师唐有《建置崇文社碑记》云：

嘉庆丁丑之首夏，余以州牧摄白亭篆。既下车，整饬庶务，百废渐兴。公余披阅志乘。镇邑在国初贤良接踵，科第蝉联，文运之盛，甲于河西。后虽继起有人，未免今不逮古。揆厥由来，实缘自镇至陕相距二千余里，制科之士往往限于资斧，裹足不前，致使皓首穷经，终老牖下者，指不胜屈。余为之恻然。谋所以作兴之策，适邑绅别驾谢柳溪同年，以文社之说进曰："此吾邑孝廉马君棲梧义举也。先是孝廉为诸生时，力以捐置文社为己任，爰偕同志各解私囊。惜九仞之山，功亏一篑，事辄终止，迄今已十有余载矣。望我侯玉成之。"

余闻而心窃喜焉。因即公庭治具，燕集乐善诸君，克襄义举，而都人士果不余违，破悭乐输，计捐银一千五百两有奇。未几，东越谢载亭明府选授兹土，余旋卸县篆。新旧之交，他务未遑，首以此事为惓惓。而谢明府亦欢欣从事，先后共劝捐二千数百余两，实贮崇文社银二千两整。即今盈实大家，分具领状，营运生息，用佐乡会资斧之需。议举公正社长二人，专司出入，以重责成。下余银两，备修邑乘。呜呼，邑之有志决科者，可以奋然兴矣。

余尝考《宋史·选举志》：熙宁中，上垂意文学，岁赐缗钱两万五千有奇，复召令州郡，取田租屋课，增为学费。凡上舍生，自川广入贡过二千里者，给券续食，谓之"学钱"。又，咸平三年，亲试进士陈尧咨等百四十人，其下第者，试武艺量材录用，余则赐钱遣还，谓之"装钱"。斯二者非惠周寒畯，与我朝崇儒重道，稽古右文，属在边陲，遇春秋闱试，例得乘传观光，湛恩汪濊，覃及儒林，甚盛典也。

今体此而行于一郡，由一郡而行于一邑，伫见文运日兴，科名益盛，胥于斯焉基之。虽然，法积久而大备，亦积久而弊生，利益所在，觊觎易萌，薰心染指，势所必有。诸君勉旃，毋为官吏所侵渔，毋为公私所挪用，庶文社长此终古。余行矣，惜不能为之月要而岁会也。特记以言，以诏来者。

首事：马奥图、谢集成、马而诚、马起凤、毛鸣冈、李凤仪、罗起会、曹秀彦、路彩云、马思义、马仲、李霈、谢华[3]、高映桂、甘太和、赵毓荣、毛建翎、李世润、段世芳。

　　孝廉谢公集成，于是年八月会中州刺史[4]李权，筹措资斧，谋修邑志，共酿金二千余缗。后谢选授任职，事因搁置。

注释：

　　[1]《清嘉庆朝实录》卷326：正月，"贷甘肃镇番等十九厅州县及王子庄州同所属上年歉收贫民籽种口粮"。

　　卷327："查（河州知州、前任西宁县知县）沈仁澍前在皋兰县任内拨运镇番粮二万石，业经镇番县具报全数拨出，而皋兰县仅收贮三千石，其未运粮一万七千石，并运脚银三万一千四百两均归无著。十月，查明已革知州沈仁澍实因盗卖仓粮，侵蚀运脚，畏罪自尽，并查访先福并无婪赃款迹各一摺。沈仁澍服毒情由据该亲族家人供认，实系在寓自服金疮药毒发身故。其为畏罪自尽，似无疑义……沈仁澍拨运镇番粮石，据先福供称，系高杞任内批准之事。高杞为人声名平常，尤不足信。着和宁等再逐细访察，如有婪赃确据，均即据实参奏，不可瞻徇。"

　　[2] 李明府：即李荣曾，广东嘉应州举人。

　　[3] 谢华：《历鉴》编撰者谢树森之父，疏财仗义，敬重斯文，封文林郎。

　　[4] 刺史：清代本无刺史之职，民间常以刺史作为知州的别称。

仁宗嘉庆二十三年戊寅[1]（1818）

　　李令师唐迁职，浙江上虞县举人谢培[2]莅任。培，字载亭，性敦厚，谦恭好让，温文尔雅，吏治克谨，持法公平，有名侯声。

　　典史程凤坡迁职，湖南善化[3]彭仲洛继任。

　　谢令分设柳林湖西渠、红沙梁义学二处。其时，县有义学共五处。

　　广恩谨按，义学肇始于雍正二年。卫守备洪涣娴雅好文，兴学为要，创办义学二处。继之，水利通判傅树崇、知县张能第合为一处，址在县城。乾隆丙寅之年，知县施良佐捐俸添设蔡旗堡、青松堡、红沙堡，共义学四处，后则并先后废之。乾隆己酉，知县文楠复设蔡旗堡、柳林湖义学二处。嘉庆戊寅，知县谢培又分设柳林湖西渠、红沙梁义学二处。迄道光癸未之岁，知县黄璟又设外西渠义学一处，是则有清一代，邑有义学共五处。

是年，邑廪膳生康以直领乡荐，中式第五十二名。考题"仕而优则"二句，康公挥洒尽致，切中肯綮，大主考、御史谭瑞东[4]朱批"清新刻露，细腻光华，其词翰俊逸可想"。

岁贡一员，名孙镇梁。

武举二名：一名高夅北，中式第九名。一名丁栝，中式第三十名。

邑人刘祚炽妻邱氏，年二十九而夫殁。氏上事舅姑，克尽妇职。而教子惟事课读，不允少懈。故其门书香接踵，子嗣多有作为，皆氏之泽也。守节四十载，是年乃旌。

晋商吴钦德素与邑孝廉王席珍[5]善。是年皮毛贸易骏发，幸获巨利。承王老夫子雅劝，输金三百两捐助文社。谢令为赠"德钦西陲"额。

注释：

[1]《清嘉庆朝实录》卷349：十一月，"缓征甘肃镇番等十三厅州县贫民两月口粮"。

[2]谢培：《缙绅全书》记嘉庆二十二年五月任。

[3]善化：旧县名，在今湖南长沙。宋元符元年（1098）置，民国元年（1912）废。

[4]谭瑞东：字春生，号芝田，江苏长洲（今苏州）人。嘉庆十四年进士，历官编修、江西道监察御史、陕西乡试正考官、衢州知府。

[5]王席珍：即王霈，嘉庆三年府贡生。

仁宗嘉庆二十四年己卯（1819）

典史彭仲洛去职，广东嘉应州人谢庆祥莅任。

邑人谢锜、毛建翎、李培简诸人募资重修宝塔寺。马起凤有记。

邑人卢作忠是年寿届九旬，赠恩荣耆老。

按，卢公，字孝卿，信佛茹素，精研佛理，乃河西佛教屈指可数者。

严大耳，武威人，性狡黠习钻，向以挑卖针头线脑为能事。往来凉镇，时有年矣。每以薄物饵少妇，诱其委身，人竟不觉。

是年春三月，大耳宿于红沙堡叶玉琪家。至夤夜，叶妻腹遽痛。玉琪嘱大耳代为看顾，自出延医。未几，叶妻剧痛，大汗淋漓，自断襟衽，咬牙切齿大吼，其声如雷。示以按腹，大耳依其行之。砀勒搓捏，不少吝力。见其丰乳伟臀，不按彼腹，竟捧酥胸，而妻昏昏将死，喘语细声，叠唤其夫。大耳狂性已萌，色念好乘，退裤解带，枉自游蜂。抑是柳弱不胜春，战未几合，而妻已命归黄泉矣。大耳惧其死，急逃出之，适遇玉琪于院门外。质妻病，大耳嗫嚅而已。玉琪疑之，径入妻房，觑妻坦腹露乳，下肢开张如箕。急觅大耳，已不复见矣。求医诊，曰："晚矣。尔妻阴处湿腻，恐有奸情。"玉琪大怒，抽身奔出，摸黑寻觅不获，遂直趋县城，击鼓喊冤。谢令亲问，发签速逮。

迨明日，大耳被捕押县庭听审。初拒认罪，笞二十，悉招之，曰："其痛不禁，令我搓捏，非小的妄生淫念，乞官明察。"令叱之曰："妻令揉腹，尔搓乳如何？"大耳曰："腹、乳本在一处，如是老爷，该摸哪个？"令忍俊哂之曰："兴许碰碰也是有的。"因判放流。僚属皆议过轻，令释之曰："彼虽可恶，然事出有因，故可宽宥一二。奸氏当重治，然氏死于病而非奸，故不可以命案罪之。判为放流，已刑加罚，何徒作过轻之议哉！"

岁饥，请蠲例赋，准减其半。

仁宗嘉庆二十五年庚辰（1820）

正月初九日地震，有声如雷，隐约可闻。初鸣于地下，嗣则轰响于天中。墙垣裂隙而坍落，水渠崩溃而横流。阖邑共死五百又三人，禽畜三千余头，房屋倒塌二千五百余间。

广恩谨按，悲哉镇人！去岁大饥，尚无果腹之食，今又大震，何觅栖身之所？何莫非天道昏聩，始致有此凶象也欤？

是年，岁贡生三员：一名马丕运，恩贡；一名苏山毓，岁贡；一名李瀚，恩贡。

邑人韦志洁妻曹氏，年二十八而夫殁。抚孤子长成，娶室赵氏，甫逾三载，而子早夭。赵氏方二十八岁，两世孀居。家徒四壁，姑妇慈孝相承。曹年七十五，赵年六十四，是年俱瘁。

广恩谨按，难道赵氏无子？果无，益悲矣。

仁宗终。

卷十

清宣宗道光元年 — 文宗咸丰十一年（1821—1861）

宣宗道光元年辛巳[1]（1821）

镶黄旗举人致福知县事。教谕，陇西副榜杨殿。参将，陕西乾州人何斌伏。

是年，额征地丁正银七十九两九分一厘九毫五丝八微。

邑人高尔弼妻郭氏，年二十七而夫殁。时，上有舅伯，下无姑叔，零丁孤苦，几不聊生。氏乃昼夜勤劬，侍奉舅姑如亲生，年八十四卒，是年旌。

邑人王华先妻朱氏，年二十五而夫殁。子尚幼，家尤贫，氏质妆奁以奉媚姑，年七十八卒，是年旌。

邑人卢润茂貤赠文林郎。润茂公，生于乾隆三十一年十二月二十六日巳时，卒于道光元年三月十二日卯时，享寿五十五岁。公系貤赠文林郎永发家子也，字德身，号竹轩，淳厚爱人。髫年失怙，赖其母周孺人柏舟矢志，抚养教训成人。身兼农商，勤劬不遑，学行并著。有《竹轩诗文百题》六卷传世。

科试贡生二员：一名李中学，府贡；一名焦毓楫，恩贡。

按，李中学尝于五年[2]参赞县志采访，多所贡献。

注释：

[1] 宣宗道光：爱新觉罗·旻宁（1782—1850），清朝第六个皇帝，年号道光，庙号宣宗。

[2] 五年：道光五年。

宣宗道光二年壬午（1822）

前知县致福调任，山西平定州[1]人黄璟[2]继事。

前知县谢培首倡义举，捐俸修建龙王宫云雨殿、牌坊、乐楼。

县人卢宝伦于其里[3]筑书屋，广搜古籍，藏于笥箧，凡一万二千余种。

是年，甘肃总督勒保查勘邑边，上《筹边疏略》。其曰：

镇番沙碛卤湿，沿边墙垣随筑随倾，难以修葺。今西北边墙半属沙淤，不能恃为险阻，惟有瞭望兵丁而已。红崖堡一带，康熙三十六年拨兵筑垒，颇似长城之制。至于东南边墙，沙淤渺无形迹，其旧址有存者，止土脊耳。且红崖堡东边外如乱沙窝、苦豆墩，昔属域外，今大半开垦，居民稠密，不减内地。沿东而下，移丘换段，迤逦直达柳林湖，耕凿率以为常。至于角禽逐兽，采沙米、桦豆等物，尚有至二三百里外者。

冬，气温遽升。十一月，红沙堡一桃树开花。

邑之北四十里，有枪杆岭山，《镇番宜土人情记》谓之"古马城河东干"[4]，卢生华则以为即"金牛山"也。昔年，山有"牛头祠"，专祀金牛布澐之功。是年，山左沐风楼倾圮坠废，邑人王虎等募捐修葺。时，贡生马丕运为作募化序云：

镇邑柳林湖枪杆岭之沐风楼，创建于有明万历间，补修于国朝乾隆时。第阅世既久，虽经屡修而仍其颠危。迄于今，梁栋榱桷则多桡折焉，盖瓦级砖则多绽缺焉。邑绅王公虎等睹此而戚然者久矣。虽曰创未有具，若非醵金，何襄盛举？商诸同事，佥曰"可"。惟冀仁人君子慷慨乐输，助藏厥事。从兹而鸠工庀材，用者新之，缺者补之，露者披之，神灵之凭依者整饰之。诸公姓字，勒之于石，以昭其德。

是年，科试贡生一员，名李云随，岁贡。

武举一名，名刘汉，中式第二十六名。

注释：

[1] 平定州：今陕西省阳泉市平定县。清代平定州为直隶州，属省辖，领寿阳、乐平、盂县三县。

[2] 黄璟：字梅村，嘉庆十二年（1807）中举，道光二年任镇番县知县。光绪《镇番乡土志》记其："秉心仁恕，持法平允，纠察吏役，摘发如神。又悉心水利，一遵前人

旧章，无少易。故政理讼平，舆情洽焉。喜诱掖后进，语以身心性命之学，不规规以文艺科第，为士子望也。又创建南关文星阁。去官后，民犹思之。虽里谈巷议，犹称道不置云。"道光七年三月任山丹知县，十三年三月调皋兰知县，后升安西知府，卒于任所。《历鉴》作"黄景"，误。

[3] 其里：在今民勤县大坝镇。

[4] 古马城河东干：清张穆撰《蒙古游牧记》引《水经注》"马城河，及东北经武威县故城东，届此水流两分，一水北入休屠泽，一水又东流一百五十里，入潴野"。据此，马城河实即旧时之东大河，流经枪杆岭山入青土湖，故有"东干"之说。

宣宗道光三年癸未（1823）

知县黄璟去职，山西平定州人许协苣任[1]。参五年例。教谕，陕西大荔举人李晋三[2]任。未几，环县敬联星继之。续志[3]列其传云：敬联星，字斗南，环县拔贡，道光三年官镇番教谕。性耿介，勤于启迪，矩步规行，雅有名儒道范。文庙学宫遇有倾圮，责任所在，必随时修葺，不敢放弃。时值纂修邑乘，公考订遗缺，究诘疑难，赞称之力居多焉。

游击，武威人马圣佐[4]任。

二月二日，飑风骤作，狂号不已，天幕混霾，劲风肆虐，茅草横飞，乔木多为其折。窃悉阿拉善蒙人畜群刮散，有迁场至鱼海、毛湖[5]诸地者，溺水竟二百余。迄风止，柳湖民人争相打捞，谋剥皮而图厚利云。

定文庙春秋祭经费额：春祭二十两，秋祭二十五两，共银四十五两。文昌庙春祭一十六两七钱六分，武庙祭祀二十一两八钱八分，社稷坛祭四两六分四厘，雩坛[6]祭二两四钱二分二厘，方坛[7]祭七两二钱九分二厘。全年共支祭祀银九十八两二钱一分六厘。

是年，谢集梧诸人捐资修建文星阁，在南郭土门上。集梧有《建修文星阁记》，附录如左：

城上旧无文昌阁，乾隆丙申建奎星阁于城东南隅。嗣城垣倾圮，阁遂坍塌，增生马君岱协诸绅拣收楹桷，为改建文昌阁计。艰于资，未果，已廿余年矣。

夫文昌列宿紫垣，六星戴斗，司人间文事，功令列学宫春秋丁祭。仁庙御极之初，诏制州县重修宫宇，特颁祭。煌煌巨制，昭如日星，学士文人可弗钦崇欤！而据形家之说，南方地下以文星补之宜培文气，则有关于形势之宜，非徒学者之崇奉云尔也。

今有公资六百金，可为经始费，而不敷者尚半。余与孝廉马君起凤、曹君秀彦、马监生之子监生而诚暨阖学生监等，欲共成多年未举之工。爰邀绅耆及慕义善士醵金，又得其半焉。于是，卜于南郭门故址，因其台基建楼三重，陶砖凿石以图永久，而并于左侧水神庙之隙地筑斋舍数楹。今春三月经始，九月落成。黝垩丹漆，金碧辉煌，实镇城一巨观也。

余考古无堪舆之说，而有休咎之言。有休咎，故有相卜。国初，镇邑文风甲河西，今则稍衰矣。体关建置，事属斯文，不有以培植之乌乎可？夫形家之说，可信与否不具论，第有功德于民，则祀之。则夫神道设教，亦先王之所有事也。既落成，祀文昌梓潼帝君于阁上，南其向，北仍祀奎星，昭其旧也。台之上祀关帝，培文振武，庶几科名蝉联如昔盛时，或未可量也。

自兹而后，登临其上者，眺列山耸翠，则有得气韵之沉雄；顾大河环流，则有得词源之充溢。俯瞰城中，咫尺间万户千门，花团锦簇，高下参差，历落如画，于以拓心胸，长识力，有若神助者然，亦登斯楼一大快也。

斯举也，督工者出入无冒浮，匠作悉坚固，是皆诸君子兴举之劳。而其朝夕监督，备劳心力，则马君而诚，为承先志而不告勚者也。厥功懋矣，孰不乐观厥成乎！余固志其颠末，而捐缙姓氏得备书以告来者。至于文昌星宿之说，固无庸求其故以实之也。

注释：

[1] 许协茞任在道光四年冬，见本卷道光五年《重修镇番县志》序。

[2] 李晋三：《缙绅全书》记其道光二年七月任。

[3] 续志：指中华民国八年（1919）周树清编修《续修镇番县志》。

[4] 马圣佐：《清道光朝实录》卷41记道光二年九月，马进忠调补镇番营游击。此处马圣佐，或为同一人，待考。

[5] 毛湖：疑即"大毛湖"，在今民勤县东湖镇，古与白亭海相连，后析为二湖。

[6] 雩坛：古时祈雨所设的高台。

[7] 方坛：又作地轮坛、金刚轮坛、金轮坛，祭四方神明。

宣宗道光四年甲申（1824）

邑人马而诚、孙维本募化重修迎恩寺于南门外，添建山门。

额征丁银七十八两七钱七分一厘，随征耗羡银一十一两八钱一分六厘。

四月，游击马圣佐率兵勇三千，战阿拉善军于半截墩[1]，不胜。六月，邑人王加禄率八百乡勇援马，二十六日获捷。

是年，额支知县廉俸六百四十五两，典史廉俸九十两五钱二分，教谕俸银四十两。各役工食银百六十两四钱，斋夫工食银三十六两，膳夫工食银十三两三钱三分三厘，共杂支额银一千三百八十五两一钱五分二厘。

依令统邑实额地一千四百五十顷八亩九分七厘，藉田四亩九分在外。

县民李竹符妻胡氏，年三十一而夫殁，守节一十七年卒。是年请旌，崇祀节孝祠。敕授征士郎内阁中书汉票签处行走[2]、同里李溁撰《诰赠太宜人李母胡太宜人传》，赐进士及第翰林院编修充武英殿协修教习庶吉士、提督陕甘学政琼州张岳崧[3]书。传附：

太宜人姓胡氏，古京兆万年县东苑人也，世居西安省城之东郭。曾祖讳化麟，祖仕，父大治，俱太学生，有厚德。以乾隆丁酉秋九月廿一日生太宜人，幼秉淑姿，不苟言笑。每岁乡邻宴会，众语喧阗，独凝神端坐泊如也，见者咸称异之。年十五归长安上安竹符李公，甫入门，值公病，传羹涤器，寒暑晨昏无懈。此奉讳故，何太宜人痛毁欲捐生，而太宜人含悲慰安，幞被伴婺怖，终丧未尝离左右。

竹符公天性纯敏，持家计恒不暇偃息，然体素羸，太宜人随事赞襄，所以调护之者无不至。嘉庆丁卯，公捐馆，太宜人饮泣绝粒，誓以身殉。既念姑老子稚，勉收血泪，依依护堂孝敬，视昔年倍挚。退则训遗孤，丸熊画荻，往往至夜分。姑不时患痰疾，委顿床榻。太宜人侍汤药，躬扶掖，篝灯达旦，衣不解带者三十有六日。

道光元年，胡太宜人卒，一切丧葬式礼莫愆，族人啧啧称善焉。顾以积劳成疾，旋愈旋发，术参罔效，竟以四年甲申秋九月疾终，春秋四十有八。族党爱敬，远迩钦崇，以例请旌，崇祀节孝祠。

论曰：世人谈节孝，每多右寒族而左素封[4]。予谓寒族之苦，习惯自然，则因甘而求苦，似较难焉。观太宜人之茹蘖饮冰，事亲教子，不尤特出者乎？

子含芳，弱冠游黉宫，旋食廪饩，以例加主政衔。得请封典，声华籍籍。仁卜飞鸣，而兰孙复茁然而起，天之报施太宜人，讵有艾耶？吁，可以传矣！

注释：

[1] 半截墩：在今民勤县大坝镇文一村，有汉代烽燧遗址。

[2] 汉票签：掌校阅汉文本章，拟写票签之式。

行走：清代把不设专官的机构或非专任的官职称为行走。

[3] 张岳崧：（1773—1842），字子骏，一字翰山（一作懈山），又号指山，海南定安人。嘉庆十四年（1809）进士，累官湖北布政使，护理巡抚。画宗元人，书法欧、虞，当时碑版多出其手。著《筠心草堂集》等。原书作"张岳松"，误。

[4] 素封：无官爵封邑，而与封君一样富有。《史记·货殖列传》："无秩禄之奉，爵邑之入，而乐与之比者，命曰素封。"

宣宗道光五年乙酉（1825）

是年，知县许协整饬庶务，政理刑清。

镇邑旧惟孟公良允、吴公攀桂、卢公生华著有邑乘，仅于《五凉志》中转其遗稿，此外概无传焉。公虑年湮代远，文献无征，遂捐廉二千缗，会集馆绅搜罗采访，三阅月装订成帙。镇有县志，实自公始。

教谕，皋兰举人张西铭[1]。性和易，不立崖岸，惟以敬教劝学、栽培人才为务，论文力崇先正。士可造就，无论知与不知，必殷勤训迪，俾循途识经，蔚然成章。一时士儒景从，登龙攀凤，竟有"桃李公门"之颂。适值创修县志，公以班马史笔，悉心校雠，至今犹脍炙人口。

典史，广东嘉应州人谢庆祥。续志列其传云：

谢庆祥，字文园。广东嘉应州人，嘉庆二十四年任镇番典史。廉明简易，佐治勤能。凡市井中遇有痞棍无赖不法者，无不严加惩治，以靖习恶。道光五年，襄修县志，公分掌庶务，秩序厘然。去时，人皆载道送之。

游击，正白旗人岳兴阿。千总，陕西长安人岳振泰。

是年三月，邑侯许公协奉宪札纂修县志，倡先捐廉，阅三月而书成。是志也，凡五册十卷。首列二序，一许公撰，一邑人谢公集成撰。兹次第引录于左。许公序：

镇邑之有志，由来久矣。一见载于顺治年间者，曰《凉镇志》；一见载于乾隆年间者，曰《五凉志》。然略而不全，缺焉未备。

镇邑虽有志乎，而非专志也。余以甲申之冬来篆白亭，越数月，公务稍暇，进是邦之士大夫，访邑志而请观之。佥曰："邑旧无专志。自方伯孟公创修卫志，是后，广文吴公[2]、孝廉卢公继而修之。观察张公纂辑郡志，仅附刻一册，断自乾隆庚午以前，后此尚有待也，盖缺而不讲者久矣。"

余闻而喟焉。因思镇邑于河西为藩篱重地，凡疆域形胜，乃天施地设，所以控制边方。其间忠臣、烈女、循吏、名儒，自有明以来代不乏人，而略而不全，缺焉未备，讵非斯邑之憾乎？毋亦守土者之责也。且乾隆庚午以后，至今七十余年，变迁不一，又乌可废而不举乎？是余责之不能辞者也。因同谢文园少府敬斗南学，博集邑之绅士等倡为义举，询谋佥同，先捐资二千金以为嚆矢。随复开馆，延请邑绅等搜罗商榷，即旧志所已载者，补之删之，其未载者尤必证诸见闻，详举而分录之，务以简明为法。凡三阅月而书成。

余取而观焉，与旧志时有异同，而体例实未步趋乎旧志也。曰图十、曰考五、曰表二、曰传二、曰杂志一附焉，遵史例也。他日辖轩[3]下采上诸故府，即以是为太史刍荛[4]询焉，亦乌乎不可。兹者将付剞劂，故书数言以弁其端。

　　　　　　　　道光五年六月日，敕授文林郎知镇番县事山右许协书

谢公序：

昔先君官山左，余随侍肄业。提命之余，尝以吾邑学宫倾圮、志乘缺残为念，并惓惓于范文正公义田之举。讵料有志未逮，遽返蓉城。时，余需次长安，回籍守制。

嘉庆癸酉之夏，仰承先志，偕吾邑乐善诸君，募金首葺学宫，焕然美备。越四载丁丑，余居母忧，苏山主讲。会刺史中州李公权县篆。甫下车，问民疾苦，

尤注意于修废举坠，殷殷垂询。

余忝列同谱，因以文社、县志二役请。文社犹古义田遗意，师其意而不泥其迹者也。公闻之，毅然为己任，相与筹办经费，阖邑绅士共捐缗二千六百有奇。其以二千缗存贮文社，给典营息，用佐文武乡会资斧六百缗备修县志。未几，李公调任去，余亦服阕赴关中。修志之役，遂迁延岁月，迄无成功，耿耿于怀者近九载。

今春，邑侯山右许公奉宪札修纂县志，倡先捐廉。谢文园少府亦力襄斯举，延同怀弟集梧、曹君秀彦、康君以直，纂辑成帙，邮致龙山，属余裁定。

余窃闻，志者，记也，记其事也。记其事者，记其实也。周官邦国之志，小史掌之。外史掌四方之志，诵训掌道方志，盖皆方各为书，而后集于司徒宗伯，故于礼俗政教，所系甚巨。

镇邑旧有卫志，肇修于国初方伯孟公，续修于雍正庚戌广文吴公、孝廉卢公，书缺有间。乾隆己巳，观察张公纂修《五凉考治六德集》，仅附郡志，无专刻。比事属辞，大率矜尚史裁，以简严为宗，记载恒多漏略。即《凉镇志》所载，亦止存千百于什一，且距今又七十余年矣。其间忠孝节廉，循声雅化，与夫疆索之殊致，沿革之异宜，非及时修明，势必日久湮没，无所稽考。

自惟谫陋不文，惴惴焉弗克胜任为惧，但事关文献，兼遗命谆谆，言犹在耳，何敢他诿？公余详加校雠，慎为编次，举其纲厘为十卷，纪其目分为九十余条。礼仪、乐章、祭器不载者，非略也，天下所同也。地理、建置、田赋、学校必详者，非侈也，一县所独也。别立水利考，原原本本，言无不尽者，明县之所重也。一事之录，必究其始终；一人之登，必参诸公论。非苟也，于以订讹防私，而使之确有依据也。

余虽未闻史义，而凡一邑之所有，悉举而笔之于书，俾后之览斯志者，按事以考其人，循名以责其实，而知忠孝节廉，循声雅化，代不乏人，油然兴起其景仰前徽之念，争自立德、立功、立言，以黼黻[5]盛世，诚志乘之光也，岂不幸哉！虽然，余尤有幸焉。幸夫斯志之修，继学宫、文社二役并垂久远，成先志，佐辀轩，胥于是乎在。爰弁数言于端，用志颠末，付诸剞劂[6]。

时道光五年岁次乙酉日躔星纪之次，特授儒林郎同知陕西鄜州直隶州事邑人谢集成柳溪氏谨序

序次列载姓氏：

主修，镇番县知县许协，山西平定州人。

监修，镇番县教谕张西铭，皋兰县举人；镇番县典史谢庆祥，广东嘉应州人。

总修，同知陕西鄜州直隶州事谢集成，邑举人。

纂修，吏部拣选知县谢集梧，邑举人；吏部候选知县曹秀彦，邑举人；吏部候选知县康以直，邑举人。

采访，吏部拣选知县马起凤，邑举人；吏部拣选知县路彩云，邑举人；吏部拣选教谕马肇运，邑拔贡生；吏部候选训导李中学，邑岁贡生；吏部候选训导李瀚，邑岁贡生；生员谢葆春，邑人；生员范玺文，邑人；生员马而毅，邑人；廪生康则武，邑人；生员曹之公，邑人。

收掌，监生谢华，邑人；监生马起麟，邑人；武生毛健翎，邑人；监生，李世润，邑人。

校对，生员谢嘉德，邑人；生员段世芳，邑人；廪生聂占魁，邑人；生员谢双珠，邑人；生员路育芝，邑人。

督梓，生员马德顺，邑人；武生孙殿甲，邑人；生员毛舍润，邑人；生员罗峰青，邑人；监生马思义，邑人；监生陆郁典，邑人；监生胡振春，邑人；监生甘毓萱，邑人。

誊录，生员马而随，邑人；生员闫鸣三，邑人；生员马从文，邑人；生员谢炳，邑人；童生卢宝伦，邑人；童生周文华，邑人；童生胡万堪，邑人；童生李相龄，邑人。

再次"目录"：卷首"序""姓氏""凡例""目录""旧序""旧修姓氏"。

《地理图考》卷一：曰"疆域图"、曰"苏山图"、曰"疆域"、曰"沿革"、曰"形胜"、曰"山川"、曰"古迹"、曰"坟墓"、曰"风俗"。

《建置图考》卷二：曰"城垣图"、曰"县治图"、曰"城池"、曰"公署"、曰"仓厂"、曰"公所"、曰"驿铺"、曰"兵防"、曰"关隘"、曰"烽墩"、曰"堡寨"、

曰"坛壝"、曰"庙祠"、曰"寺观"、曰"坊表"、曰"村庄"、曰"桥梁"。

《田赋图考》卷三：曰"田制图"、曰"户口"、曰"田亩"、曰"赋则"、曰"丁赋"、曰"杂支"、曰"课税"、曰"储贮"、曰"物产"附。

《水利图考》卷四：曰"四坝水利图"、曰"三渠水利图"、曰"河源"、曰"水道"、曰"渠口"、曰"灌略"、曰"牌期"、曰"水额"、曰"河防"、曰"董事"、曰"水案"、曰"碑例"、曰"蔡旗堡水利"附。

《学校图考》卷五：曰"文庙图"、曰"儒学图"、曰"书院图"、曰"庙制"、曰"儒学"、曰"开学"、曰"学额"、曰"书院"、曰"义学"、曰"文社"。

《官师年表》卷六：曰"判官"、曰"通判"、曰"知事"、曰"经理"、曰"知县"、曰"教职"、曰"典史"、曰"镇抚"、曰"参游"、曰"守备"、曰"千百户把总"。

《宦绩列传》卷七：曰"文武秩官"。

《选举表》卷八：曰"进士"、曰"举人"、曰"贡生"、曰"武进士"、曰"武举"附、曰"功贡"、曰"例贡"、曰"例监"、曰"吏选"、曰"武宦"、曰"荫袭"、曰"封赠"。

《人物列传》卷九：曰"名臣"、曰"名将"、曰"忠烈"、曰"忠义"、曰"勇略"、曰"孝友"、曰"事功"、曰"学行"、曰"文苑"、曰"义行"、曰"隐逸"、曰"技术"、曰"耆寿"、曰"侨寓"、曰"烈女"。

《杂记》卷十：曰"祥异"、曰"夷警"、曰"闽变"、曰"回变"、曰"八景"。

是年，核崇文社实储库银二千两，公举社长二人，专事管理。

造报户口簿，户一万六千七百五十六，口一十八万四千五百四十二。

统计额征赋则七十四白五十二石九斗八升九合七勺四圭，大草六万六千四百五十九束八分九厘四毫四微，折十斤；小草一十七万八百九十六束八分七厘一毫四丝二忽八微五纤七尘一渺四漠。

查社仓储粮京斗七百四十一石七斗二升八合五勺。

六月，阿拉善牧人越境放牧，与县民王三光等滋事构衅，王被拳击重伤。邑令许协亲往勘验，并具文呈报凉府，请即派员整饬边界纷争。

是年举人一名，名张奋翼，中式第二十三名；二十四年甲辰会试进士，详二十四年例。

贡生一员，名谢播远，拔贡，二十六年膺乡荐。详二十六年例。

武举一名一，名唐灏国，中式第三名，未仕。

是年，县人马丕运、李瀚、苏山毓、焦毓楫、李中学、张奋翼、曹秀彦等七人赴试省垣[7]，额支举人路费银每人六两，共费银四十二两。

注释：

[1] 张西铭：秦维岳、陆艺田、黄璟编纂《皋兰县续志》记张西铭为嘉庆三年（1798）举人。张氏系皋兰科举世家。

[2] 广文吴公：指吴攀桂。"广文"，泛指清苦闲散的儒学教官。

[3] 辅轩：轻车。古帝王使臣多乘车，后因称使臣为"轩使"。《风俗通序》："周秦常以岁八月，遣轩之使，求异代方言。"

[4] 刍荛：割草打柴者，借指地位低微的人。

[5] 黼黻：泛指礼服上所绣的华美花纹。古代衣服边上有规律的"黑白""黑青"相间的花纹，多指官服；外观类似商朝青铜器上的边框纹路。最早出自周制（天子服十二章纹样）。又象征文章好，才华横溢。

[6] 剞劂：原指雕刻用的曲刀，此处指雕版、刻书。

[7] 省垣：陕西西安。清光绪元年（1875）之前，甘肃乡试和陕西合并举行，地点在西安。

宣宗道光六年丙午（1826）

前知县许协调任，云南昆明举人刘椿继任。椿任三月，奉天盖平[1]贡生崔鹏图接任。

岁末，镶白旗人伊林保任游击，冯瑞麟任千总。

北夷不时犯境，马政复兴。拟例额养马三千五百四十一匹，分三地牧养。一在蔡旗，一在青松，一在红沙。蔡旗数为最，青松次之，红沙又次之。

支付廪生仓斗饩粮[2]七十九石九斗九升二合，廪贫学租仓斗粮七十二石五斗九合九勺。

是年，按定制应支公费粮二百石。明年，改公费银三百六十两，在耗羡粮内支用。

又，每岁科考试、花红果饼等银，在项内开销。

是年举人一名，名曹秀彦，中式第四十八名。字书升，博学强记，贯通经史，为文奇丽不群，古人杂体俱臻精妙。由嘉庆丁卯[3]副贡、道光乙酉[4]举人，官陕西肤施[5]教谕。其地有士充里长之俗，长官每比较间，以平民待士，动加菙楚。秀彦申文力除积弊，一时学风丕变，士儒咸知自重。秩满归养，事亲以孝闻。咸丰辛亥，举孝廉方正。三设里塾，重讲书院，尤以敦品励行为先务，数十年桃李成荫，门下如进士傅培峰[6]，死宜黄难，此其表表者。其余科甲蝉联媲美，卢氏植、桂居焉。嗣纂修邑乘，体例精严，不愧史才。至监修学宫，劝立文社，凡学校公益，皆毅然自任，不敢告劳。邑侯周古渔、李杏南尝赠联语以表其品学。年八十，卒于里。

按，秀彦为吾邑一代名宿，博学多闻，著述丰富，向著惠声。其为文也，手和心细，躁释矜平，扫帖括之陈言，漱经腴之宿润，所谓风清而不杂，体约而不肤也。其韵语则擅鲍庾[7]之长，经义则得匡刘[8]之粹。学有本源，语无枝叶，铺观众体，直造大醇，洵是文坛名宿也。

兹援录先生《请九一而助国中什一使自赋》，以为语证。曰：

详分田之法，以监夏殷者监周而已。夫九一什一，夏殷之贡助也，而周之彻通之治野人者，盍即野与国中加之意哉？尝谓仁政莫要于授田，而授田必先以画井，顾田有可以井授者，前代之遗制堪师也。田有不必以井授者，一时之地宜当审也。审一时之地，宜仍以师前代之遗制，则田可授而井可画，斯仁政亦无不可行。

今者滕虽褊小，而百里提封称膏腴焉。抚菽黍之片壤而计亩均田，则野无旷土，国无游民。即以图王不难，乃悉索敝赋，来会时事，野多污莱[9]之忧，国鲜丝粟之供，若是者何哉？则以古制不修，而所以治野人者，失其道也，吾今者窃愿有所请矣。

且夫分田之法，有所谓助，亦有所谓贡。夏殷之祖，大难初平，因时定制，取民之经区以别焉。其曰九一、曰什一，贡助之所由昉也，周之兴也。易名为彻，虽立法不同，而取民则一，故曰其实皆什一也。

吾曩者为之君言之矣。然意美法良，固以什一为准，而化裁尽利，要以九一什一为衡，夫亦于野与国中权之而已矣。考司徒所掌，都鄙不一而名，而野可以该之，其地包原隰坟衍在内，辽阔旷平，可以疆里，则夫四夷为邱，四邱为甸，四甸为县，制甚详焉。

田分以九，耕藉其一。地有井，界无不经。抚肬肬[10]之周原，即不异芒芒[11]之殷土也，则请九一而助焉。稽遂人之职，乡遂相参以半，所谓国中是也。其地有城郭、宫室之限，奇奥狭隘，难以区分，则夫百夫有洫，千夫有浍，万夫有川，法可通焉。数率以十税得其一，谷入即均，禄颁毋滥，歌良耜之娄娄[12]，即可思禹甸之昀昀[13]也。则请什一使自赋焉，特是子之所问者，井地下治地之最善者，助法也，则但言九而助可矣，必为之请什一使自赋者哉！

诚以一国之地，以野为主，而国中特其余耳。先于可井者定其规模，复于不可井者参以通变，则什一所以补九一之难行，而自赋正以使助法之可久也。此分田之常制，而所以治野人者准此，况吾子有君子之责者也。子之君，又周之子孙也。苟能以法古者尊祖，以受田者定禄，夏殷周之治将复见于今矣。若夫推仁中之法，更广法外之仁，进请为子言之。

贡生一员，名张百忍，岁贡。

注释：

[1] 盖平：今辽宁省盖州市。

[2] 饩粮：指俸禄和赈谷。

[3] 嘉庆丁卯：清嘉庆十二年（1807）。

[4] 道光乙酉：清道光五年（1825）。

[5] 肤施：古地名，一说在今陕西榆林县南鱼河堡附近。另说在今延安市宝塔区。

[6] 傅培峰：见道光二十七年例。

[7] 鲍庾：鲍照和庾信的并称。鲍照（414—466），字明远，东海郡人（今属山东临沂市兰陵县长城镇），南朝文学家、诗人。庾信，见本书卷三万历二十五年注[7]。

[8] 匡刘：匡衡和刘向的并称。匡衡，字稚圭，东海郡承县人，西汉经学家，官至丞相，以"凿壁偷光"的苦读事迹名世。刘向，字子政，江苏沛县人，西汉经学家、目录学家、文学家。

[9] 污莱：谓田地荒废。。

[10] 肬肬：肥美之意。

[11] 芒芒：同茫茫，远大貌。

[12] 戛戛：谓刀口锋利。

[13] 畇畇：平坦整齐貌，谓已开垦田地。

宣宗道光七年丁亥（1827）

四川广安州进士刘本清知县事。

是年，《镇番县志》由邑举人谢集成裁定。付诸剞劂，初订五百部。

举人张奋翼、曹秀彦诸公募资编辑《镇番士林文苑初稿》，凡六十四卷，是年秋谋于付梓，因资费拮据中废。

是年，千总邑人高兆岚。

宣宗道光八年戊子（1828）

江苏上元进士陈之骥[1]知县事。游击顾天禄，籍不详。

科试贡生一员，名李成廷，岁贡。传李公善著歌辞，尝作《劝君歌》云：

世态多荆棘，劝君慎行步。错脚悔时迟，苦向何人诉？归来命教妻，拔去足中刺。从此莫出门，毋令心戚戚。雪里送炭君子少，锦上添花小人多。

秋雨蛙，皆大如拇指。

注释：

[1] 陈之骥：江苏上元（今南京）人，道光六年进士，九年任甘肃靖远县知事，主持编纂《靖远县志》八卷本。《历鉴》误记为"上九，陈元骥"。

宣宗道光九年己丑（1829）

江苏金坛人王令仪[1]知县事。游击，德桂任。

春雨雪，飓风亦复霜冻俱臻为灾，是故苗情不佳，农民忧之。尤柳林湖、六坝诸地，碱湿地竟无一苗。有耘耦复种者，惟时不我待，无补其事也。

五月降雹，田禾未损。

九月十日，苏武山橐羊会赛驼，武举唐灏国夺魁。其役之驼，清癯赢瘦，犹患重疴，而奔走如飞。有询于灏国者，曰："驼与马同，竞跑忌饱食饱饮。

赛前断水草七八日，届期则饲以精料、鸡卵可耳。"

注释：

[1] 王令仪：监生，《缙绅全书》记其道光八年十月选。

宣宗道光十年庚寅[1]（1830）

县事王令仪调职，山东聊城人王世焯[2]继之。

教谕，玉门恩贡杨祥兆任；典史，浙江钱塘人吴阶[3]任，一月去之。顺天大兴人吕溢继任。迄十月，吕调职。顺天宛平人韩佩声[4]继。千总，杨杰。

科试贡生一员，名杨泽新，岁贡。

县人文元马老太先生七月卒，皇清赐封征仕郎[5]，前配合葬城西祖茔。

又，举人张奋翼谒何氏大庙，于壁间题词曰：

积善乃遗厚爱，作恶终有灾殃。心存一念效忠良，何用俯仰穹苍？

志似真金百炼，心同皦日争光。眼前得失与兴亡，天际浮云一样。

又曰：

立心顺乎天理，前程管去消长，他是我非莫争强，忍耐些儿为上。

礼乐诗书当学，酒色财气休尝，中间点检旧行藏，方是男儿模样。

注释：

[1]《清道光朝实录》卷178：十月，"缓徵甘肃皋兰等十四厅州县被雹被水被霜灾民本年额赋，并供办兵差之镇番等五十二厅州县及九处积欠银粮"。

[2] 山东聊城人王世焯：与嘉庆九年"山东观城举人王世焯"似为同一人，疑《历鉴》误记王世焯任职时间。

[3] 钱塘：秦置县。1912年与仁和县合并为杭县，在杭州城内。

吴阶：《缙绅全书》记为"吴阶"，《历鉴》作"吴阶"。

[4] 韩佩声：《缙绅全书》记为"韩佩声"。《历鉴》作"翰佩声"，误。

[5] 征仕郎：清代从七品的文官，可授征仕郎之官阶，并可封赠及父母及妻室，给敕命二轴。

宣宗道光十一年辛卯[1]（1831）

山东安邱县人张灏知县事，安徽泾县人郑尚澍任典史。

按，尚澍擅音律，尤精琵琶。莅镇时，每于庭下抚琴而歌，令闻者作高山流水之想。

五月二十日下土，红黄杂错，犹盘古初开。

是年，举人一名，名李逢庆，中式第十七名。是年，武举一名，名杨甲元，中式第三十一名。

按，逢庆聪慧向学，勤劬不遑，通经谙史，有司马之才。喜冶游，游则诗文志之。嗜搜古，每经一处，必穷录楹联匾额、题识诗赋。晚年居室读，著《名山诗文辑录》，惜未付梓，至无传焉。

二分沟胡兆庠创戏社，领五徒游艺于湖坝，颇得赞誉。

注释：

[1]《清道光朝实录》卷 202：十二月，"缓徵甘肃皋兰……镇番积欠银粮。以甘肃镇番等十一州县粮价增昂，命平粜仓谷"。

"又，自道光十一年为始，每年春季三月提镇会哨一次。夏季六月，永安、洪水、镇番、镇夷甘标各营游击会哨一次。冬季十二月，仍令永安、洪水、镇番、镇夷甘标各营游击会哨一次，统计每年会哨四次。其余八个月，仍责令各该营、各于所管地方。照旧派令妥干弁兵，按月周历巡查。"

宣宗道光十二年壬辰（1832）

浙江云和人冯侍稷[1]知县事。静宁州恩贡穆琪任教谕。

城西南二里许，曩年筑酒楼。是年，县人募资于此，建下管林沟关帝庙。邑人马起凤有记，录略。

是年，邑人谢集成自凤翔调补龙驹寨[2]，适遭水灾，民鲜食不无攘敚。君捐廉三千缗，接恤赈抚，四远安辑。

注释：

[1] 冯侍稷：清代兰州浙江会馆有其联"无非离合悲欢，聊遣客怀惟菊部；亦有管弦丝竹，每逢畅叙即兰亭"。

[2] 龙驹寨：清乾隆二十六年（1761），设商州州同，驻龙驹寨（今陕西丹凤县龙驹寨镇），属商州直隶州，1912 年废。

宣宗道光十三年癸巳（1833）

安徽张廷杰知县事，不阅月，因疾请辞。浙江奉化人徐维屏[1]继任。

典史，顺天大兴人李棠[2]任。

邑人吕赞阳、刘兴道诸公募资扩建圣容寺山门及左右斋房，并增修东厢观音殿、前院斋房十余间。凡原构颓废坍落处，多加修葺补建，使之错落有致，焕然改观。

邑人谢集成官龙驹寨，大旱，捐廉二千缗，士民戴之。

注释：

[1] 徐维屏：监生，《缙绅全书》记其道光十四年二月补。

[2] 李棠：监生，《缙绅全书》记其道光十一年六月任。

宣宗道光十四年甲午[1]（1834）

是年，举人三名：一名李逢云，中式第三十七名，未仕；一名蓝毓青，中式第十一名，官安定[2]教谕；一名路育芝，中式第三十一名，大挑一等。

按，蓝毓青，字云峰，清道光甲午举人，官大通、奇台、固原、安定诸县教谕[3]。训诸生，先恒品后文艺，谆谆告诫，肄业学署者多有其人。辛酉，定西文、武两解元，皆出门下。俸满保荐，定西士民攀辕挽留，遂回原任。明年匪乱，毓青同官绅练勇防守。同治四年，奉文截取知县。四月，逆匪环攻城，固守多日，围始解。上官以"防守出力"，保加同知衔。六年四月初六日夜，贼由西南角援梯跨城，郭外驻扎十五营不能相救，毓青急与都司秦震督民登陴，力战死之。事闻，优恤如例。子鸿英，副贡，官甘州府教谕。

毓青为文，旨大意宏，如宝剑发铏，水银泻地，迎刃而解，触手皆圆。其为诗律，庾清鲍俊[4]，经艺贾茂[5]，名噪关西。

兹举先生《发强刚毅，足以有执论》一文，以示其学。曰：

至圣裕义之德，而执于以足焉。夫义以执事，发强刚毅，义之德也。至圣裕之而谓不足，以有执乎？今夫临天下者，仁育不遗乎义正，而义正之功，未于天下程其效，先于一己验其操，故有操之而见为不屈，与间者疑似莫扰其权，终始不渝，其节于执事而有余矣。试进有容而观之，至圣之义德，有容则纳万物于一己之中矣。然而，纳万物于一己之中，而不伸一己于万物之上，投之坚巨，而识未必不淆；置之纷纭，而志未必不夺。有容则以博爱大无疆之量矣。然而，以博爱大无疆之量，而不以有忍贞不敝之神。见异而迁，浮沉适以废事；惟变所适，优柔适以败谋。无他，执不足也。而至圣之执，有励于所执之先者焉，有执于所执外者焉。其气之奋也，积而为发其体之饬也，著而为强其养之直也。显而为刚，其性之定也；守而为毅，分著其德，在在去柔道之牵。其夫之决也，发足以导执之机；其震之动也，强足以固执之势；其壮之行也，刚足以坚执之志；其渐之进也，毅足以永执之神。统观其德，历历符乾行之健，表暴非发，操切非强，激烈非刚，固滞非毅，为其无裨于执也。至圣有以祛其弊，而执极于惟精焉。精以执静，静不虚其执；精以治动，动不纷其执；则以能发、能强、能刚、能毅之全。于性天者，确乎不拔也，而无然畔援，无然歆羡[6]，何有外缘之感？摇其神明，竞竞者似发而激于气，矫矫者似强而诡于异，行行者似刚而过于猛，硁硁者似毅而狃于偏，为其难用以执也。至圣有以得其正，而执贞于惟一焉。一以执简，简不易其执；一以执繁，繁不扰其执，则以为发、为强、为刚、为毅之征，于事物者，卓然常立也。而恢之弥广，持之弥严，可决其贞固之操。定于常变，足以有执，至圣之义德然也。夫如是，庶绩以执而咸熙也，百度以执而维贞也。发奋有为，何发之非执。强立不返，何强之非执；刚中而应，何刚之应执；果毅无难，何毅之非执，惟其能也，是以足也。所谓义正万民者，舍有执其何以哉！然而生知之德，犹不第此。

龙驹寨知县[7]、邑人谢集成，于伊县筹设岚珂书院，与士子说经论文，邑之文风丕变。是年冬，慷慨捐俸，资助膏火之需，生民感戴。

是年，科试贡生二员：一名聂毓旻，岁贡；一名魏元文，岁贡。

注释：

[1]《清道光朝实录》卷250：三月，"谕内阁，杨遇春奏请减会哨次数以节靡费一摺。甘肃沿边一带地方，山多路杂，易于藏奸。向派甘州、凉州、西宁、肃州各提镇并副参游击等员各带弁兵，按月前往各要隘处所，分别会哨。统计每年会哨十二次。兹据该督

查明沿边地方连年颇属乂安。其扼要之扁都口外，又设有察汉俄卜营制，足资弹压巡防。所有每年会哨次数自应酌量裁减。着自道光十四年为始，每年春季三月提镇会哨一次。夏季六月，永安、洪水、镇番、镇夷甘标各营游击会哨一次。秋季九月，镇海、永固、永昌、金塔、甘州城守各营副将参将会哨一次。冬季十二月，仍令永安、洪水、镇番、镇夷、甘标各营游击会哨一次，统计每年会哨四次。其余八个月，仍责令各该营、各于所管地方照旧派令妥干弁兵，按月周历巡查。倘敢怠玩从事，致有奸匪潜匿境内者，立即严参惩办，毋稍宽贷"。

[2] 安定：今甘肃省定西市安定区。

[3] 光绪《镇番乡土志》记其"咸丰三年选大同教谕,五年调奇台教谕,七年安定教谕"。

[4] 庾清鲍俊：出自杜甫《春日忆李白》"清新庾开府，俊逸鲍参军"。意为李白的诗清新如庾信，俊逸如鲍照。

[5] 经艺贾茂：经艺，儒家经书的统称，六经为"六艺"。贾茂，指汉代贾谊以儒教为基础的文章"根本盛大，枝叶扶疏"。

[6] 歂羡：原作"歂初"，误。清龚自珍《宥情》："圣人不然，清明而强毅，无畔援，无歂羡，以其旦阳之气，上达於天。"

[7] 龙驹寨知县：清乾隆二十六年（1761）至清末龙驹寨属陕西潼商道商州直隶州，设商州州同衙门，从未设县。"知县"疑为州同。

宣宗道光十五年乙未（1835）

邑令徐维屏整饬学务，延举人李逢云为苏山主讲。李初以疾辞，徐令坚邀，遂出任之。未三月，书院风气丕变。

五月二十日暴雨，顷间沟壑纵横，遍地汪洋。

是年稔。

宣宗道光十六年丙申[1]（1836）

武威翰林张澍是年题邑孝廉汤阴通判《谢君振之传》，附录于左：

余尝谓：士人不通今博古，必不能宰物理民，然亦有学术淹雅，及至服官而政事丛脞者，何也？盖由天分本薄而嗜欲泪之，其视民瘼不啻秦越，何由致上理乎？

吾凉镇番县谢君集成，字振之，嘉庆戊午顺天举人，父葆霈为山东安邱令。

君年少颇染豪华习。时，余在都，爱其爽俊，屡进箴言，君不余距也。泉余馆选后，出宰贵州玉屏、四川屏山。旋秦，君始就州同职，居比邻，时相过从，恂询谨饬，无复曩时态。心异之，钦其改过之勇，向善之诚。迨余入都赴铨，君补鄜州黄龙山缺，历署商州、凤翔别驾，旋调补龙驹寨，又檄摄砖坪厅，升汤阴通判。适余自江右归，相见青门，别二十余年矣。君之在黄龙也，愍百姓淳朴，政不烦苛，事事与民休息。暇辄与士子讲论文艺，勤勤恳恳，若父兄之于子弟。有亲老告归，士民攀留眷恋，多挥涕者。

先是，镇邑学宫倾圮，君主讲苏山书院，力任倡捐修葺，亲督工作，规制大备。又偕同人捐立崇文社，助乡、会试资斧。复有余赢，修邑志，事赅文简，识者韪之。

龙驹寨为商贾辐辏之地，曩来官斯土者，多与之交接，有事则左袒，匀其余润。君有所自守，公庭绝估客迹。砖坪系新设，界连蜀、楚，幅员辽阔，山箐阻深，五方杂处，民不畏法，轻为奸宄。君不厉威严，治有宽平，而境内又安。壬辰、癸巳、甲午，连年遭水旱，民鲜食不无攘敓。君捐廉优恤，四远安辑。创建岚珂书院，亲与士子说经论文，文风丕变。捐廉八百余两为生童膏火，几表节义。裁粮差，修祀典，裕社仓，诸政有次修厘。有讼者，每婉言理喻，往往不愿终讼，辄悔过去。未尝轻用敲扑，合邑有长者之称。会届引见，期入都。遘疾不起，年六十有六，归葬白亭。

妻闫氏，先卒。子三，孟炳、仲烺、季辉。君性疏达，涉学颇浅。所莅之区皆有治迹，乃知性真未漓者。本实心为政，咸能济民。而丧良之徒虽富藻华，趋利若鹜，甘心为恶，怨言烦兴，是民之蟊贼也，为吏者可有观矣。

县人党曰新妻王氏坊，是年建于仓门街。

是年，科试贡生二员：一名谢集庆，恩贡；一名张尚达，岁贡。

注释：

[1]《清道光朝实录》卷285：七月，"拨甘肃盐茶、抚彝、狄道、岷、镇番、渭源六厅州县仓谷十二万石，解赴固原、肃、河、武威、陇西、平番、皋兰七州县以备兵糈"。

卷289：九月，"谕军机大臣等，有人奏边省仓贮：武威县地方上年荒歉，向镇番采买。而镇番偏处一隅，无处买补，任其缺额。上司查问，恃有谷价备抵，仍不免挪移动用，仓额几至空悬，武威、镇番如此。着该督督同藩司赵炳言，即将各州县仓谷实贮数目确切详查，如有短少，务即勒限赔补完足，不准稍有拖欠，亦不得以银作抵。

寻奏，查明仓库实贮数目，取具并无亏短切结。惟仓谷一项，交银作抵，实难保其必无。现拟以交代为盘查，严饬各州县银归银款，粮归粮款，不准以粮价抵交。再，镇番县僻处偏隅，仓贮甚裕。近年令镇番县运送武威县仓粮五六千石以给兵糈，系属报部开除，无须买补，此外并无武威向镇番采买之事"。

宣宗道光十七年丁酉（1837）

彭裔云知县事[1]，籍、绩不详。高台岁贡李玮[2]任教谕。

科试贡生一员，名傅培峰，拔贡。

是年岁馑。冬，多风。

千总，王天德任。

注释：

[1]《缙绅全书》记是年知县为王有成，山东夏津人，进士，道光十七年五月选。历任镇番县知县、大通县知县。

[2] 李玮：《缙绅全书》记是年教谕为杨祥兆，玉门人，拔贡，道光十一年九月补。

宣宗道光十八年戊戌（1838）

教谕，陕西洋县举人廖冲汉[1]任。游击，镶白旗人特克慎任。

城东街张氏药铺元宵夜失火。传有火星自南方来，故无有敢救者。至夜半，殃及邻舍，始竭力扑灭之。

十月，黑霜频仍。

注释：

[1] 廖冲汉：《历鉴》作"廖冲漠"。县志与《缙绅全书》作"廖冲汉"，汉中府人。

宣宗道光十九年己亥（1839）

山东夏津进士王有成知县事。皋兰段其祥[1]任教谕。三月，其祥去，狄道举人赵彬继之。

满州人札拉杭阿任游击。

按，王有成[2]任二月，辞去。顺天大兴翰林周兆锦[3]接任知县。

按，周兆锦，字古渔，直隶大兴人。道光十九年，由翰林改官镇番知县。爱民如子，利弊所在，罔不尽心筹划，力求实际。尤注意人才，士有可造就者，格外嘉惠。暇辄讲习讨论，循循如师友然，士林德之。去时，以清介称。又，先生擅诗，精书法。有《西边杂咏稿》，士多赏习之。兹援录数章，以示一斑。

《红崖石歌·和俞铁肩》：

米癫爱石呼兄长，洞天一片特为上。珠玑岛屿亦奇观，松月峰峦更殊状。

我刻一石曰守黑，辨石惭无古人识。相士每期别格骨，物色风尘虚岁月。

忽获佳石等排筊，磊砢天然具凹凸。如逢佳士集夙缘，陡教院宇霭苍烟。

风致只期标雅逸，宜池宜盆劳拨叱。栽花煮酒聚朋赏，且消公余闲暑刻。

铁肩先生尤嗜奇，晨夕来对指皴蚀。勇往走向红崖山，搜剔沙碛而中立。

嶙峋携归十数峰，苔斑绕指衫袖湿。倡歌四诗首相石，天外飞来洞中去。

一一移置到我斋，形神两较共推测。尘吏敢有烟云癖，月镜孤明对石喜。

君歌阳春我下里，坦怀各无隐乎尔。

《镇石吟·和蓝云峰先生》：

我有一池石，来从沙碛道。配置颇费思，石形细核考。巨岩位当中，孤峰插云巧。

横似米家船，飘飞挂风袍。左右十二峰，丘壑天然造。迤前列垂岗，蔚蓝天光早。

亦有白玉峰，伛偻类翁老。如云立空中，如树虬枝抱。如马如鳞龙，如龙蹲不扰。

如羊如饥鹰，如莲色尤好。如洞有曲折，妙境穷幽窈。居然居形势，大山群岫绕。

自笑何癖嗜，深谷空探讨。性迂同石顽，非取壮台沼。性介等石砭，砥砺益非小。

与石相晤对，差足豁双瞭。不然陈晶玉，我暗而彼皎。适性随所宜，何能强颠倒。

曾游马家园，只见果花草。如使累石山，岂不峙烟岛。土产曳圈车，涂不阻水潦。

湖乃好景色，使隔天涯渺。园至惊且疑，此石无人晓。或者纯古风，止知稼穑宝。

抑或惜浮费，实里弗彰表。好奇不随俗，反嫌我情矫。劝人移云根，毋乃非惠保。

归来视吾石，空青发深杳。因吾瑰奇才，沉泡定不少。

又，《留别镇邑士民十首》选二：

上元觞咏月娟娟，已历凉州五度圆。未老先惊生白发，无求到底让青毡。

堂前谢空违三益，郭外移家觅数椽。花满河阳春不管，暂抛簿领即林泉。

男儿不俗不风尘，仕也难匡士也贫。万事无如归去好，一官已是过来人。

棠荫我本惭遗爱，瓜代时应及仲春。愿与此邦耆老约，耕耘长作太平民。

是年，举人二名：一名赵生蘧，中式第三名；一名张尔周，中式第五十二名。

按，尔周三十年进士，参三十年例。

赵生蘧，字含香，号松圃，嘉庆乙未九月十四日生，邑俊生，例赠文林郎赵魁世孙、庠生、乡饮介宾、例赠文林郎赵毓荣哲嗣。先生尝课读于凉州张孟词[4]老夫子，前任邑知县黄璟老夫子，翰林院庶吉士、前镇番知县周古渔老夫子，翰林院编修、历任江南道掌浙江道监察御史、兵科掌印给事中秦晓峰[5]老夫子，翰林院庶吉士、兰山书院山长张雪槎[6]老夫子，进士、兰山书院山长徐乐园[7]老夫子。

是年，科试贡生二员：一名张尚德，岁贡；一名董正谊，岁贡。

武举一名，名杨文元，中式第十二名。

是年稔。

注释：

[1] 段其祥：《镇番县志采访稿》记为"段云瑞"。

[2] 王有成：《缙绅全书》记其道光十七年五月任知县，至十九年任期届满调任。"任二月"疑为"任二年"。

[3] 周兆锦：进士，山东金乡人，《缙绅全书》记其道光十八年八月任镇番知县。

[4] 张孟词：字腾蛟，凉州府学庠生。

[5] 秦晓峰（1759—1839）：名维岳，字觐东，号晓峰，兰州人，清乾隆五十五年（1790）进士，选翰林院庶吉士，充国史馆纂修，改都察院江南道御史，迁兵科给事中。著有《听雨山房诗草》，编有《皋兰县续志》。

[6] 张雪槎（1788—1848）：名兆衡，字仲嘉，号雪槎，武威人。嘉庆二十五年（1820）进士，选庶吉士，道光二年散馆改授知县。主讲兰州五泉书院，复聘主讲兰山书院。

[7] 徐乐园：即徐檀，皋兰人，道光六年进士，掌教兰山书院。

宣宗道光二十年庚子（1840）

教谕，皋兰举人葛乘任。游击，正红旗人庆麟任。千总缺。

六坝四岔重修龙王庙。

武举一名，名杨作梅，中式第三十名。

按，作梅精骑射，擅飞挝，挥使自如，套路尤多，可在百步内取枝上鹊；亦可立木柱上舞之，灿烂耀目，令人目不暇接。市井间每有"杨挝爷"之称，盖因明初镇邑有"马挝"故也。

宣宗道光二十一年辛丑（1841）

教谕，定西举人何映彩 [1] 任。

县治东二十里筑羊路龙王庙。邑人段大礼有记，文略。

县人詹有清妻唐氏，年二十而夫殁。遗子幼，翁姑耆。氏乃咬指血以自誓，奉亲抚孤，守节三十九年卒，是年旌。

监生唐俊士妻毛氏，年二十八而夫殁。子幼亲老，氏乃竭力奉亲养子，守贞四十三年卒，是年旌。

马腾举妻朱氏，年二十而夫殁，子犹襁褓。俟祭日，乃抱子枢前自誓曰："吾夫已殁，遗体尚在，见子即见夫，敢有二心乎？"吊者莫不为之感泣。守节三十五年卒，是年旌。

丁钰妻许氏，年十八而夫殁。子幼姑老，矢志孝亲抚孤，守节五十四年卒，是年旌。

李天植妻王氏，年二十八而夫殁，氏乃茹荼饮冰，孝奉翁姑，守节三十五年卒，是年旌。

李时奎妻陆氏，年二十二而夫殁。抚夫侄为嗣，藉纺织度日鞠育，守节三十七年卒，是年旌。

注释：

[1] 何映彩：《缙绅全书》记为"何映采"，举人，巩昌人，道光二十年四月选。

宣宗道光二十二年壬寅（1842）

邑人募资创建牛王殿、马祖殿、土地祠，在城西四十五里，均有记，此略录。

游击，贾文秀任，籍不详。

科试贡生一员，名闫有三，岁贡。

按，有三擅词赋，尝作《镇番八景赋》，文辞华睿深邃，音韵锵锵然。

宣宗道光二十三年癸卯（1843）

邑令周兆锦倡募修筑景苏楼，在城北街，规制甚隘。中列苏子卿生像，有神奕之气。邑人谢集庆有记，周公有《景苏楼记》。

千总，方栋任，籍不详。

是年冬，大雪。

宣宗道光二十四年甲辰（1844）

狄道州举人石钟英 [1] 任教谕。李成任游击，其籍不详。

是年进士一名，名张奋翼 [2]，官四川邻水知县。

按，奋翼，字翥南，为官清廉，素著循声。尤长于治学，一丝不苟，孳孳不倦。著有《周礼集字》《四书题记》《公余集句》等，后者梓行。

举人一名，名傅培峰，中式第五十一名。参二十七年例。

科试贡生二员。一名谢炳，副贡；一名谢集寿，岁贡。

按，集寿为邑举人集成、集梧堂兄，通古贯今，擅许氏之学。与人辩学，辄能诵《说文》训条，人叹其强记也。

注释：

[1] 石钟英：《缙绅全书》记其籍兰州，道光二十四年二月选。

[2] 张奋翼：《民勤县志》记其考中进士分发四川，历升清溪、邻水等县知事。光绪《邻水县志续修》记其咸丰三年任知事，以德化民，不动声色。公暇兼掌邻山书院，尝自言曰："吾半日理民，半日课士，尚是乐事。"越三十年，其子熙谷复任邻水知县。县志赞其"秉性刚介，居官清廉，有胆有识，善继前芳"。

宣宗道光二十五年乙巳 [1]（1845）

皋兰廪贡张廷望任教谕。

二月，红岗寺倾圮，县人捐资修葺。三阅月，厥工告竣，邑人赵生蓂有记。

按，闰有三有《红寺农耕赋》，此录略。

是年稔。

岁次，县署失火。先是一膳夫于署后烧羊头，事讫以土压炭烬。不意有少顷风起，土飞烬露，遂燃着旁置柴棵，大火遽起，殃及巡房公寓。幸及时扑救，未能酿成巨灾。

元旦，市民举"打春"之仪。邑令周公著《打春辞》，教以乡曲演之，人皆悦。今犹风靡阖邑云。

注释：

[1]《缙绅全书》记是年知县为张淳，浙江山阴人，进士，道光二十五年七月补。

宣宗道光二十六年丙午（1846）

二月，前令周兆锦调职[1]，安徽桐城人姚湘芝[2]继任。

增生曹钟玉妻孙氏坊，是年建于北街。

是年，举人二名。一名聂盛年，中式第二十名，字际唐，原籍镇番，寄籍安西州。道光丙午举人，礼闱屡荐不售，铨授静宁州学正。训诲有方，一时贤士皆从其游。同治五年，委获玉门县训导。十二年，推升宁夏府教授，莅任三年，士林钦之。一名谢树森，中式第四十名。

广恩谨按，祖原名播远，字建唐，才学冠时，制艺绝伦。少年选拔，学宪金器重之，调京肄业，数年声振陇右。道光丙午膺乡荐，屡踬礼闱。后设馆梓里，循循善诱，实繁有徒。每逢童子试，俗称"谢半榜"。生平尤工书法，端秀锋利，直得《醴泉铭》神体。士类推崇，几若一字一珠，然究无多珍藏者。襄年中举，大主考詹事府左中允功臣馆纂修加三级青批"取"。又批"气疏以炼，味淡而腴"。大主考日进起居注官翰林院侍讲加三级陈批"中"，又批"思致清超，笔情道劲"。本房总批："其晰理也精，故胸同犀照；其绩学也粹，故笔有凤鸣。渺虑澄心，不减冰瓯浣月；清言见骨，直如铁篆横风。诗擅庾鲍之长，经夺匡刘之席。策对赅洽，呈螭陛[3]以蜚声；书法端凝，入鸡林[4]而驰誉。揭晓来谒，知生英年拔萃，早分贡树之香；乙夜穷经，久困棘闱之帜。

此日苹笙赋宴，来春杏苑看花。伫尔鹏抟，企予鹤望。"

我祖著述极富，袭人之制不胜枚举。局于文裁，兹谨录一二，以示不阙。谓《治史论》，其云：

从来一代之兴，必有一代之史。史也者，所以信今而传后者也。或作于当时，或成于后世。或出一人之见闻而续之者，不一其手；或集众人之见闻而成之者，不一其时。

古之人经经纬史，博览乎是非得失之材，总括乎治乱兴衰之事，其了如指掌者，固非孤陋寡闻，所得预也。太史公以不羁之才，周览天下，雄视百代，上自黄帝，下迄炎汉，表、纪、列传，莫不秉经酌雅，成一家言，洵彬彬乎良史哉！自迁而后，纪载日繁，代有儒臣编纂修辑，史学大备矣。他如别史杂史，虽无当于著作之大，而摭拾旧闻，纲罗轶事，往往足补正史所未备。汉《班固传》曰：明帝诏班固等共成《世祖本纪》，固又作《别传》等篇。此初创也。后，初续则有刘珍、李尤，再续则有伏无忌、黄景、崔寔，三续则有蔡邕、杨彪、卢植。萧常之续《后汉书》，有增有废，而其别见孝友、忠义、隐逸、方伎传者，则有魏吴诸臣，要其取材多在裴松之《三国志》注焉。《贞观政要》，太宗之事迹备赅。《建康实录》体例不纯，而于郑文宝、刘羲仲、王巩等人之杂录，多所引证。至王偁之《东都事略》，与《宋史》有异同；《朱勔传》附《艮岳记》，仿《三国志·诸葛亮传》之例，其论康保裔、王拱辰等，不阿所好，俱有史识。而南宋诸儒不满其书，非门户之见未化耶？惟欧阳修《五代史》采之阙文。司马温公作《通鉴》，多引《江南别录》，庶见其用心之公矣。他若《江表志》，三楚《新编》，蜀中《梼杌》诸书，或失之太简，或失之不精，亦皆著作之资也。

夫作史者，学不可不博也，识不可不精也，才不可不大也。具此三者，然后可以作史，亦可以评史焉。

广恩批曰：我祖斯文，上下千年，累累如贯，卓荦为杰，气夺班马，洵大好文章也。次者谓《钱说》，其曰：

今夫利可公之天下，而权必操之自上者，若如制钱。制钱者，所以实国储、通民用也。

钱有五名，太昊谓之金，高辛谓之货，陶唐谓之泉，商周谓之布，齐莒谓之刀。自太公立九府圜法，钱圆函方，而钱之形始定。古者，货币三等，珠玉为上币，黄金为中币，刀布为下币。然金玉难得，其流通不滞，而利用无穷者，惟铸铜为钱而已。周景王患钱轻，更铸四铢钱。武帝建元时，又行五铢钱，轻重最为适用。光武中兴，又复五铢。唐铸开元，其轻重大小亦与五铢同。宋时铸钱，率准开元。自太宗后，各镌纪年于上。元、明因之。自汉魏六朝，钱制屡更，轻重失中，不能无弊。五代以来，有杂古今钱者，梁太平事也；有括断新钱用古钱者，宋明帝事也；有括古钱为废铜，而市人遂摈弃古钱不用者，明季事也。至以铜乏之故，而如杨嗣复议禁铜器，周世宗毁铜像，贞元、绍兴诏采取铜山，官为收买，收括铜器，付铸钱司，此皆救弊之法，而终不能协轻重之宜。

夫钱轻，则物必重，而壅遏之患生；钱重，则物必轻，而盗铸之患起。惟仿乎汉之五铢，唐之开元，悉览乎贾谊七福之说，深维乎刘秩"四美""五不可"之议，既改元，则必改铸，不惜铜并不惜工，其制必精其法，自一诚不易之定法也。若夫宋之交会于明之钞法，特因钱不足，一时权宜行之耳，焉能为长久计哉！今国家仰法天圜，俯权平准，官山府海，鼓铸流通，钱法之精，斯诚汉、唐以来所未有者欤！

广恩批曰：我祖此文，泉府利弊，洞悉胸中，侃侃而谈，卓有见地，不亦大好文章也欤！至《历鉴》一帙，搜罗广阔，经纬犁然，尤我祖心花一瓣者也！

是年，科试贡生二员：一名马在采，恩贡；一名李成谦，岁贡。

武举二名：一名何联科，一名樊希元，俱未仕。

注释：

[1] 周兆锦调职：疑为张淳调职。

[2] 姚湘芝：廪生，安徽桐城人，道光二十六年七月任镇番县令。湖南《临湘县志》记其咸丰三年（1853）任临湘知县。《清咸丰朝实录》卷142：咸丰四年八月，"以湖南临湘县城被贼窜陷，署知县姚湘芝革职审讯"。

[3] 螭陛：雕有螭形的宫殿台阶。

[4] 鸡林：或指佛寺。唐王勃《晚秋游武担山寺序》："鸡林俊赏，萧萧鹫岭之居。"或指新罗附近的国家和地区。五代齐己《送僧归日本》诗："却忆鸡林本师寺，欲归还待

海风吹。"清赵翼《王梦楼挽诗》："生有笙歌矜马帐，死犹诗句在鸡林。"

宣宗道光二十七年丁未（1847）

四川忠州[1]人陈炳照知县事。游击，马进禄任，籍不详。

是年，进士一名，名傅培峰，会试第八十名。字擎三，清道光丁未进士，官江西宜黄知县。咸丰八年，发逆[2]扰境，亲率乡团昼夜督御，数月粮尽援绝，城陷。乃朝服北向，再拜自尽。气未绝，贼至胁之降。培峰大骂，目眦皆裂。贼怒甚，肢解焚毁之。事闻，给予云骑尉世职，宜黄建立专祠。宜黄人欧阳晖[3]有《殉难纪略》。详咸丰八年例。

科试贡生一员，名刘培英，府贡。

注释：

[1] 忠州：今重庆市忠县。

[2] 发逆：清朝时期对太平天国军民之称。太平军每攻占一地，必公告"蓄发令"，严惩拒绝蓄发者，故民间以"长毛""发逆"称呼之。

[3] 欧阳晖：字吉士，号仲孙，江西省宜黄县城南门人，道光二十九年举人。例授文林郎，敕授朝议大夫、户部陕西司主政、国子监学正等职。

宣宗道光二十八年戊申（1848）

二月飓风。东沙窝禁砍樵，继而西沙窝亦禁之。违者罚钱二两，屡违者以约法论之。

科试贡生一员，名李鸣鹤，岁贡。

按，鸣鹤尝捐输私囊，营建苏山戏楼，时人德之。

宣宗道光二十九年己酉（1849）

陈令炳照卸任，镶黄旗人觉罗吉继之。觉任不一月，四川合州[1]举人郭先本莅任。

按，郭博学多识，以心性寡合而不为时人赏，然举事公稳，有卓才。

邑人卢宝伦主讲苏山。

举人三名：一名卢宝伦，中式第三十六名；一名马明义，中式第五十二名，同治建元进士，参同治元年例；一名华进儒，中式第六十三名。

按，卢公宝伦，字叙堂，道光二十九年举于乡。性和蔼，朴诚介直，不喜积聚，独慕古人。设帐谈经，栽培后进。主讲苏山数年，校士课艺，本先世家学以风励儒林，一时声望品谊，光气振人。无论识与不识，读其文，即知为叙堂先生之作；观其生徒，即知出于叙堂先生之门。文字流传，不愧为卢氏一派。平时遗书满架，凡六朝帖括，唐宋诗文，以及名人著作，时贤传记，罗列搜集，如数家珍。所居书屋建有"先祖教泽"石碑，号曰"碑屋"。家藏祖遗翰墨并窗稿甚多，惟祖遗《四书回讲》尤为世所罕见。琴书逍遥，乐易终身。子荫棠，附贡生，奖叙府[2]经历。

科试贡生三员：一名孟应元，拔贡；一名白朝佐，岁贡；一名聂凤年，拔贡，寓居西安。

注释：
[1] 合州：今重庆市合川县。
[2] 叙府：今四川省宜宾市别称，亦称僰道、戎州、叙州城。

宣宗道光三十年庚戌（1850）

浙江山阴举人李燕林[1]知县事。其字杏南，道、咸间两任镇番。工诗文，精书法。为政持大体，不矜苛察。公余之暇，留心学务，集士儒讲论一堂，与诸生抵掌而谈。尤注重水利，屡以河流泛滥，筑堤开渠，躬亲督役，不辞劳瘁，士民咸戴焉。嗣卒于官，邑人于杜公祠塑像祀之。

典史，正蓝旗人德彬[2]任。游击，江阴楚雄任；千总，永昌人杨联甲任。

县人于城西七里创建崔估沟文昌魁星楼，卢宝伦有记。

进士一名，名张尔周，会试第二百二名，官陕西蒲城知县。

按，张尔周，字筱庄，道光庚戌进士，官四川知县，署夹江、长寿等县，补仁寿实缺。以忧归，服阕，改官陕西，历署西乡、紫阳、甘泉，补蒲城。蜀俗凡官下车，胥役有夫马费，代书有戳记费，尔周皆摈却之。夹江有棉肆，上官征厘税，尔周婉请薄征，后竟白罢之。去任时，商人醵金为赆，却之不可，乃留置书院，以资寒畯。涪洲鹤游坪之乱[3]，长寿与之接壤，尔周率民团赴州界击贼，擒匪首周章义等三十二人。事平，籍叛产若干亩，计值三千余金，尽归书院。仁寿讼繁吏猾，宿弊聚积，尔周立简明堂规，区别轻重缓急，分日受状。又为筹命盗巨案、相验招审诸费，缘旧日皆取诸地邻及盗所扳引指称窝主寄赃之家。尔周筹得款备用，而地邻及被扳者皆免科派。上官以其法，旋立案行之。蓝大顺之乱[4]，围井研，踞资州[5]，遂入仁寿境。尔周练团防剿，令民择险筑砦，移老弱资粮居其中，贼无所掠食，卒不得深入。后论井研解围功，保荐以同知候升。西乡、紫阳皆陕西南山严邑，金匪不时为患。尔周申严保甲，闻盗即会营往擒，乡间赖以安堵。严禁粮差，不许截垫地丁，民得免赔偿之苦。甘泉瘠土久旱，尔周请司库银千两，开渠灌田，使饥民佣力自活。及莅蒲城，则赈已竣，而饿殍累累相望，尔周以忧劳卒于任。

科试贡生二员：一名张兆元，恩贡；一名刘兴彦，岁贡。

宣宗终。

注释：

[1] 李燕林：《爵秩全览》作直隶天津人，道光二十九年十月任。光绪《镇番乡土志》记："李燕林，字杏南，浙江钱塘举人。道、咸间两任县篆，以惠著。民有讼者，判曲直如神明。尤细心察奸，市井中诸恶少咸慑之，无敢声息。知人，善鉴赏，所评骘皆如其人。与邑进士傅培峰相得尤欢，常以风节道义相期许。咸丰八年，洪秀全逆党覆江西，其八月，由崇仁突入宜黄，陷之。时培峰官宜黄，死之。报闻燕林，哭之曰：傅君真读书人也，得死所矣。去官时，有留别士民诗数十首。凡人情风土之故，莫不详言，尤谆谆以力田孝弟为诸生望，可想见其为人矣。镇人德之，建祠城隍行宫，肖像祀之。"

[2] 德彬：《爵秩全览》载其为监生，道光二十九年十月任。

[3] 鹤游坪之乱：鹤游坪位于重庆长寿、涪陵、丰都、垫江四县（区）结合部。咸丰七年（1857）二月，该地灯花教首领刘文澧聚众造反，震动清庭。咸丰十一年腊月二十五日，太平军周绍勇率万余人马攻占鹤游坪，与清廷对抗。

[4] 蓝大顺（1826—1864）：即蓝朝柱，云南昭通牛皮寨人，又名蓝朝壁。咸丰九年（1859）起事称帝，建元顺天。后入川，所部人数达30余万。四川总督骆秉章部湘军逐之于陕南。同治二年（1863）与西北太平军陈得才部联合，被太平天国封为文王，连克汉中、城固等地。次年四月，率军退往陕南，在陕西汉阴战死。

[5] 资州：今四川资中、资阳两县。民国废州，州治为资中县。

文宗咸丰元年辛亥 [1] （1851）

县人曹秀彦、傅培峰、卢宝伦诸人集资八千缗，重建魁星阁。台高三丈，阁起二层，规制雄宏，堪称巨观。

邑令李燕林有记，附录如次：

四星森列，长腾日月之辉；百尺高寒，藉作梯云之路。版筑再兴于斯地，焕乎有文识字，究始自何人？作者谓圣，是故崇基积累，教化之所由昌也；杰阁崔嵬，神明之所由托也。

镇番城东南隅旧有魁阁，乾隆年间马瑞邦拔萃所建。规模甫具，丹腹未施。为九仞之山，正思覆篑；造诸天之塔，尚待合兴。而乃布地无金，俦是祇园长者；况复流年似水，都为兜率神仙。其人不存，其事中辍，则有诸生马登岱、严克熠等，睹雨淋日炙之摧残，珍木屑竹头而什袭，已施获人之斫，受言藏之续，扶大雅之轮，盖有待也。洎道光癸未岁，修南门之文星阁，马舍人起凤、曹孝廉秀彦、谢孝廉集梧等，襄集腋成裘之举，兴移花接木之思，庀旧日之栋梁，佐后来之匠石。谓历有年，所非同鲁殿之尚存，而易地皆然，不妨楚材之借用。彼则栾栌大启，此则寀寮云亡。无何瓜蔓水滋，始基并没，莲花台圮，遗址空留，非特都人士过而低徊，抑亦守土者闻而惋惜也。

咸丰元年，曹孝廉秀彦、傅明府培峰、卢孝廉宝伦等，寻故里堕绪之余，补前人未了之缘。参籍青鸟之经，卜云其吉；托遍白亭之钵，有志竟成。八千缗榆荚飞来，福地种科名之草；一万户弦歌声里，艺林筑道德之城。经始于壬子之岁，落成于甲寅之年。台高三丈，阁起两层，上祀魁星，下奉仓帝。其一，权分斗宿，焜耀于苍穹；其一，职在史官，股肱于黄帝。幻狰狞之状貌，翻形奎壁无奇；溯文字之根源，尚觉蚪书不古。驱风云于腕底，一枝笔大有神通；凿混沌于皇初，五个字能令鬼哭。自他有耀，观象以法乎天；与古为徒，数典敢忘其祖。从此文章彪炳，永夸胜地于鹅湖；行看科第蝉联，即是题名之雁塔。爰为之记。

逆匪骚扰，阖县惊惧。匪首张斜眼率徒众八十余，潜入柳林湖，焚杀劫掠，无所不用其极；惨害荼毒之状，令人发指。其殁于匪难者二百一十人，掳妇女二十八人，夺走牲畜以千计。时有谣谚曰：

咸丰元年那一天，镇番城里闹土匪。家家户户遭了殃，又舍人命又搭钱。

是年，大河水潮，堤坝崩溃，水归无用，民不聊生。邑侯李燕林亲诣灾区，悉心勘察，议诸黑山堡西有草湖隙地，拟开新河，以避山南之冲。

典史，镶黄旗人恒颐任。

游击，满洲人倭恒额任。千总，杨步青任，籍不详。

注释：

[1] 文宗咸丰：爱新觉罗·奕詝（1831—1861），清入关后第七位皇帝，年号咸丰，庙号文宗。

文宗咸丰二年壬子（1852）

前知县李燕林去职，四川南川[1]副贡任欣继任。

按，欣任四年，于水利一端多所创造。

前典史恒颐辞，顺天大兴人戴长庚继之。千总，吴天秩任。

是年，举人一名，名丁人文，中式第四名，大挑二等。未仕。

按，人文，字寅阶，少负异才，有文名。同治元年大挑二等。丁忧家居，匪变起，督办乡团，闻警往援，所至奏捷。四年，大股匪至，民勇瓦解，胸受矛伤，死之。

科试贡生三员：一名孙接武，恩贡；一名卢德邻，恩贡；一名刘绍远，副贡。

按，绍远性慷慨，好施人。同治匪乱，捐修军械，办理团防。七年，邑大饥，绍远毁家赈贫。所储既罄，又往甘泉南山驮运米粮数百石，拼力接济，全活甚众。

皇清貤封征士郎马文元之继配潘氏卒。是年五月，阖族卜吉于城东旧置温家地，函盛合葬焉。赐同进士出身、邑人傅培峰撰文泐铭，廪膳生员谢携远书丹。铭附：

太老先生，讳奥图，字文元，太孺人其再继室也。太先生以道光十年十二月卒，享寿六十有五，同前配合葬城西祖茔。丈夫子四，季君超书，太孺人出。缘冡形已阔，且兆域隘，另卜吉于城东旧置温家地，立太先生木主，函盛合葬焉。

窃以合葬非古，见于《檀弓》。然季公葬昭公于墓道南，孔子为鲁司寇沟而合诸墓。又，孔子合葬父母于防。惟附主合葬：礼无明文，且主藏魂，故在室；棺藏魄，故入穴，似不相及。虽然，孝子之心，则何所不及哉！读遗书而手泽存，一名一物，如将见之。况俨然书于木，藏于域者哉？《白虎通》曰：合葬者，何所以同夫妇之道也。即合棺而葬，亦合其道，非合其形也。今兹之举，殆见墓而慕之意云尔。

太孺人，生于乾隆五十八年六月初四日，殂于咸丰二年三月初五日，享寿六十有三。

铭曰：文元族世，甲于吾乡。米山武德，绛帐书香。绵延子姓，旧隶池阳。前明初盛，移住姑臧。本支三户，椒聊呈祥。人多杞梓，财富仓箱。惟翁居季，气尤轩昂。史谱鉴熟，物理精详。开辟关陇，浮楫楚湘。赈贫恤困，茇风载扬。惟太孺人，为再继室。花县贤媛，兰闺淑质。奉姑事夫，壸仪无失。惠逮僮婢，恩同姊侄。封典式膺，崇褒叶吉。载窆之期，贞珉撰述。父主母柩，同藏于密。恭谒芳晖，书之不律。

赐同进士出身、候铨知县姻愚侄傅培峰顿首拜撰，廪膳生员姻愚侄谢携远顿首书丹并篆盖，咸丰二年岁次壬子五月初九日。

按，傅培峰，字苏麓，道光二十七年进士，官江西宜黄知县，传见道光二十七年例。

是年，武举三名：一名韩有鹤，中式第四十四名；一名罗聚彩，中式第三十八名；一名卢逢辰，中式第二十八名。俱未仕。

按，逢辰，字枢天，号南亭，幼承庭训，渊源家学，根深蒂固。学识超人，英武善射。统率乡勇御匪，卓有劳绩，士民咸钦敬之，保举兰陵守备。

邑令任公继前令李公开改新河。公躬亲督役于黑山堡、草湖诸地，惟其土著王曰新、张继发纠众阻扰，并捏词控告，河工未竣而中辍。

县人安弼国妻景氏坊是年建，在二郎庙街。

[1] 南川：今重庆市南川区。

文宗咸丰三年癸丑（1853）

教谕，皋兰岁贡段云瑞[1]任。典史，江西泰和人陈履谦[2]任。游击，吴功成任，籍不详。

注释：

[1] 段云瑞：见本卷道光十九年注[1]。《缙绅全书》载是年教谕刘振声，举人，巩昌人，咸丰二年十一月任。

[2] 陈履谦：《缙绅全书》载其为监生，江西泰和人，咸丰元年十月补。

文宗咸丰四年甲寅（1854）

教谕，伏羌举人骆维骏[1]任。千总，县人潘殿英任。

武生罗云青妻李氏，年二十而夫殁。子甫七岁，乃孝亲而抚孤，始终不懈。守节二十五年卒，是年旌。

俦生常大儒妻张氏，年二十二而夫殁，姑老子幼，家贫如洗，氏乃以针指度日，艰苦万状。守节一十八年卒，是年旌。

李天擒妻张氏，年二十五而夫殁，乃襁负其子，向垅刈麦，养老育孤，孝慈兼尽。守节三十五年卒，是年旌。

安弼国妻景氏，年二十八而夫殁。子幼姑老，家计维艰，族人欲借嫁妇养姑名，渔其利者。氏得其情，乃断发燃灰，涤夫木主，以誓天地。守节二十二年卒，是年旌。氏三年入祠建坊，参前例。

赵希适妻王氏，年二十二而夫殁。终身不通来往。守节四十八年卒，是年旌。

马而玉妻王氏，年二十二而夫殁。家甚窭，几无生计，氏藉纺织医其贫。守节四十四年卒，是年旌。

是年，科试贡生二员：一名杨生春，岁贡；一名李得埔，岁贡。

注释：

[1] 骆维骏：《缙绅全书》载其为巩昌府人，咸丰四年正月选任。

文宗咸丰五年乙卯（1855）

正蓝旗人硕翰[1]知县事。赵连奎任教谕，忠兴任游击。

生员谢葆旬妻丁氏，年二十四而夫殁。家奇贫，氏乃采薪负米，抚子成立。守节三十四年卒，是年旌。

生员王玉铎妻甄氏，年二十七而夫殁。子幼亲耆，氏勤谨理事，始终不懈。守节四十二年卒，是年旌。

周可章妻赵氏，年二十七而夫殁。遗孤幼，家清贫，氏藉女红竭力抚育。守节四十七年卒，是年旌。

举人丁人文，是年作《西被流沙文》。精言妙理，笔调高华，兹录示存：

更指所被之地，不徒东有所渐也。夫流沙极西之地，更即所被而实指之，又岂徒东有所渐哉！且《禹贡》书导河之绕弱水即西而合，余波固入于流沙矣。顾即泛滥，以分支脉，固可辨其归宿之方，而即疆域以验德先，又当实其所属之地，西沙其至遥乎？而弼成五服之余，又于此而占兑家矣。东渐于海而极乎海之西者，不有流沙乎？夫流沙岂尽乎西哉！

稽古书之所载，或西而至于邱邺国，或西而望乎瑶池，别东而专言乎西，似不必举一隅以概其余。考帝王之所抚，或西而远服乎西羌，或西而遥过乎巫山，继渐而更指乎被，又何必执偏端以提其要？然而书之言被者，正自有说，析支以名其国，渠搜以辨其方，类皆属乎西也。即昆仑之地，亦可以西概，知上下光表之区，非西不足言被也。朱围以志其墟，鸟鼠以称其山，凡西顷因桓是来，千余里者若而地，万余里者若而地，要皆附乎流沙也。即同穴之山，亦可以流沙统，知覆帱怙冒之休，非流沙不能极西也。顾或谓流沙可与流水行，则言西被者，并言河水可矣。不知流水足以歌其恩，而不足以彰其德，故不论八荒九有之为何如也。而第即流沙以证所被也，已举西域之区，而扩焉冈外，推斯意也。尧秩西成，舜巡西岳，何莫非为西被肇端也哉！

又或谓流沙可随流风转，则言西被者，兼言流风可矣！不知流风可以虚为拟，而不足以实为证，故不论尺地一民之为何如也，而但举所被于流沙，已举西陲之界，而绕乎靡遗，遵斯道也。文肇西岐，奭主西陕，何莫非西被之留遗也哉！而况朔南之所暨，更有无远弗届者，声教不讫于无外哉!

注释:

[1] 硕翰:张集馨《道咸宦海见闻录》记，"又有硕翰者，于署镇番任内，亏空万余金，后任李燕林不肯结报，会算十数次，而数目亏欠者无所核减。和祥（候补道员）见其穷困，遂骂李燕林刁难，竟如梦呓"。张集馨（1800—1878），江苏仪征人，进士，历任编修、知府、道员、按察使，于咸丰六年九月至八年四月署甘肃布政使，《道咸宦海见闻录》记载了其在甘肃官场的亲身经历。

文宗咸丰六年丙辰（1856）

邑侯硕翰躬亲柳林湖，勘察青土湖水淹农民庄田事。归署，具文禀报凉府，呈请豁免柳林湖租粮。二年，府宪酌减五成，准二年。

四月，青土湖水光浩淼，涛声轰鸣，居民患其害，避居沙窝。沿湖庄田，多荒芜弃置焉。

冬，飓风狂作，间有灾报。硕令委教谕连奎悉数统计汇览，拟加济恤。

是年，科试贡生二员:一名彭得信，恩贡;一名赵志廉，岁贡。

文宗咸丰七年丁巳（1857）

教谕，环县人敬承弼任;典史，陕西朝邑[1]人易汝济任。阅半载，汝济去职，华阴人杨镳[2]继任。游击、千总缺。

二月，千总署失火，殃及附近市民。共烧毁房屋一十七间，幸未伤及人畜。

是年，县儒学有张姓生员，顽皮不羁，于一夜中粉饰鬼脸，隐入教授王生春宅内，以谋戏谑其师。生春素胆小，陡然见之，肝胆俱裂，取案上镇尺猛击生员，当即脑碎命毙。无何，众师至，以水洗污垢，始知死者谁。张氏族人控于县，司事者怯讼，具文呈报凉府。后，生春以律夺职，发配新疆木垒。

科式贡生一员，名赵致和，府贡。

按，致和家贫窭，幼即有志向学。精研经书，尽得其中妙谛。有《燃藜草》传世。

注释：

[1] 朝邑：今陕西省大荔县朝邑镇。

[2] 杨镳：陕西华阴县人，《缙绅全书》记其咸丰七年七月补镇番典史。《高台县志》记其同治十一年（1872）任高台知县。

文宗咸丰八年戊午（1858）

教谕，宁夏举人马毓仁[1]任。

是年，红沙梁民众醵金展筑关帝庙，增修观音阁，并具戏楼一座。

邑进士傅培峰，官江西宜黄知县，是年发逆扰境，亲率乡团堵御，后粮尽援绝，城陷身亡。详见道光丁未例。欧阳公晖作纪略文，附录于次：

傅公讳培峰，字南山，号苏麓，甘肃镇番人。拔贡生，道光甲辰举于乡，丁未成进士。咸丰癸丑部铨江西宜黄知县。是时，粤匪鸱张，陷武昌，据金陵，江汉一带烽火漫天，行李戒涂。公携胞侄建远，单车就道，檠被萧然。问道南行，间关万里，慨然有独任艰危之志。抵任后，勤勤恳恳，一与吾民相见以诚，而又无一切苟且姑息之习。邑之人涵濡畏服于廉明恺泽中，而相安于无事焉。先是，宰吾邑者非失于宽，即失于猛。得公来，抚循而振作之，而气象为之一变。呜呼！古所称为"众母"、颂为"神君"者，非公其人欤！

是年秋，贼围江西省城，全省震动，吾邑惊惶。迨公视事，即召邑绅商行守御之策。忧愁焦思，大端俱举，众志为之稍定。

乙卯，贼陷瑞州、吉安、临江诸郡。丙辰春，复陷抚州、建昌两郡。乐安、崇仁两县不守，贼遂顺道直抵宜黄。孤城单弱，独悬虎口，人心汹汹，四境无援。公于是知事不济，摈弃一身以答君恩矣。而邑之耆老涕泣劝公出城，趋省请兵赴救，庶免荼毒，以全生灵。是上可以报国，下可以保民，徒死无益也。公痛哭领之。四月，官军攻抚州，数战不利，相持数月，粮尽矢绝，引兵自退。自是抚、建两郡尽成贼出没之区。豕蛇荐食，已无噍类矣。

戊午，江西失陷，郡县以次克复，遂引大军进剿抚、建。三月四日，收宜黄，我公重莅斯土。痛吾民之陷于水火也，益激励精神，与缙绅士夫商度机宜，筹善后之策，晖亦在局，参末议焉。吾邑城外，古分三乡，公命城乡各练勇数百人。

仙乡以武举符先声统之，贷乡以武举纪凤翔统之，崇乡以武举钟为栋统之，城内则以局绅通判黄秩模兼统之。朝夕督练，五日亲阅一次，技优者赏有差。又命各都户出一丁为联甲之举，暇则各安实业，有警则鸣锣聚集，各整军器，以应调遣。有不率者，反复譬喻，涕泗横流，以忠义相激劝，务使大义晓然，无怀二志。于是万众倾心，唏嘘欲绝，皆乐为公用焉。

八月，大兵克吉安，余匪穷窜至崇仁之棠下地方，与吾宜仙、贷两乡毗连，公知孤岭及罗方岭俱为崇来宜之要隘。十九日，亟命晖邀集贷乡绅士，率练丁堵御孤岭，命局绅举人程培义、县丞吴恩晋、优贡黄式度、举人黄秩浤、举人张受勤婴城固守。二十日卯刻，军中火药缺乏，贼遂四面兜围，冒死冲突，戕武举纪凤翔，并练勇、练丁数十人。公飞马入城，闭关坚守。亟命程培义、吴恩晋、黄式度出城催集各都练丁接应。讵知缓不能济，兵勇冲散，贼遂蜂拥而至城下矣。逾时破门而入，公朝服向北，叩首毕，即自经，气未绝而贼至。贼遂执公，胁之降。公指贼叱叫，骂不绝口，大声疾呼，目眦俱裂，自指其口曰:“有口食贼肉耳，岂食贼粟哉！要杀便杀，无多言。”贼逼问:“城乡结练，系谁主意？”公谓:“我欲团练百姓以杀贼，今不能杀尔死贼。时也，命也，夫复何言？吾生不能啖尔之肉，死必为厉鬼以斫尔之头。”两足狂跳，声色益厉。贼怒甚，遂害之。舁尸于小东门外黎家堍，肢解焚毁。幕友施淦、举人黄秩浤、张受勤同时死之。男妇老幼死者不可胜数。廿一日，贼退，邑绅与公侄建远同往焚所，尚留残骸数段，买棺殡殓，凄怆招魂。绅耆士庶无不恸哭欲绝。谓:“是吾民负公，公不负吾民也。”呜呼，公于是为不朽矣！

癸丑春，余尝谒公于京师，语及寇乱不息，官军之失于孱弱，坐使生民涂炭，辛苦流离。过江诸省已残毁不支，而文法繁密，动辄掣肘，虽有智者不能展其才谋。天下事尚不可知，万里孤臣死不知所。语辞慷慨，余已为公悲之。至是大节昭昭，确然一死。公真不负国，不负民，不负祖宗，不负所学，且不负所言矣！凡有血气心知之伦，有不念公而泣然出涕者，岂理也哉，岂情也哉！

公貌颀而长，风规端肃，凛然不可犯。而待人接物，恂恂无忤色。性刚直，不阿权贵，见读书寒士必周之。自奉俭约，不衔鲜华。其宰吾邑也，布帛衣冠，一饮一食，不欲重耗民财，而有便于吾民者，无不恺节周详，蕲至于事成无弊而后已。贼自丙辰据吾宜，两年来剥骨敲髓，民力殆尽，公为禀请蠲免六七两年地丁钱粮。大吏驳回，以七年下忙，尚须征缴。公复以地方被难情形反复详陈，恳切面谏，大宪为之色动。呜呼，公之爱吾民，周且挚矣！

余尝赠公诗云：山城乱后草萋萋，满地哀鸿彻夜啼。赖得廉明贤父母，肯披肝胆抚苍黎。流亡遍集倾巢燕，奸宄难逃照水犀。从此闾阎歌永定，沧波何处舞鲸鲵！

呜呼，孰知斯言不验，而长鲸竟致怒吼也！孰知吾民劫数未终，而竟累公于此极也！呜呼痛哉！尚何言哉！

公殁后，吾邑时事愈艰。闽省诸贼虎视耽耽，觊觎抚、建两郡。民心惶惑，惴惴有复来之虑。又恐无晓畅机宜、动中窍要如公者，自是而愈思公不置矣。虽然古之忠臣孝子从容就义，克完大节，死家死国，正命而死者，其真情至性，足以贯霄壤而质幽明，其毅魄英魂，足以判灾祥而司旱潦。

公生为吾邑之宰，抚恤吾民，安知死不为吾邑之神，而呵护吾民乎？是又理之至正而非妄言者。然则，公固生有所自，死有所为，生不如死，死犹胜生也。然则，吾民之叩祭焚黄，被发祈天，固不必以死为公哀，转可以一死为公荣也。呜呼，公之杀身成仁，虽死勿死，使天下后世闻之，其足以振颓懦之风，而起忠义之气也。固矣，余不佞，敢陈颠末，以纪其实云。宜黄欧阳晖谨识。

嗣后，苏麓侄建远暨宜黄士绅迁枢梓里，卜地祭葬。有文县教谕、伏羌王权题《傅苏麓先生殉难灵榇旋里奠幛》，并附录之：

夫子之廉贞，丁阳九之厄运；揽百忧以独肩，历重坎而弥奋。豺虎纷其塞途，意窟州而穴郡；操赤手以障川，埒瘠区于重镇。问资粮其焉出？煮草弦以当餫，问铠伏其焉取？操锄钩以为刃。率痍伤之部氓，遏寇锋之劲迅；呵妖雾而使开，拔飞镞而更进。桂就焚而转馨，玉有碎而无璺；付骸骨于凶焰，惟心胆之不烬。彼拥髦者谁子？腰累累其悬印；择便地以自完，识恶气而善遁。君独秉此刚心，凛然矢其忠荩；哂将帅之皆雌，吐风雷于一喷。

古云仁者有勇，观夫子而益信；君昔处乎里闬，固力行而有闻。家纵窭而德丰，色甚夷而志峻；恤孤贫之艰虞，轰饔飧以分润。推遗产于弟昆，负重累而几偿；敦古谊于交游，每支敬而途衅。蹉足则成准绳，启口斯为箴训；矧余生之暗劣，乃时贤所久摈。君一面而即亲，拭瓦砾以侪谨；既覆护其瘢疵，复磨陇其顽钝。感一顾而腾骧，策驾足以追骏；谓相保于岁寒，庶典型之日近。奄息委此哲人，冤霜缟乎归梓；仕宦既已迍邅，何年岁之又靳？

抑人生直寄耳，百年促以朝蕣；惟忠义者不朽，视彭乔如龅齘。众人顾而不前，烈士踊以事殉；苟蹈正以无尤，虽九死亦奚恨。独生者之哀思，对青冥而欲问；愧微官之匏系，关情交于奠殡。缄哀辞以倾忱，酌浊醪以佐酹。灵翱翔其来格，停云车而暂轫；仰晨光于星躔，参芒角于辰镇。痛神人之道殊，冀梦魂之通讯。哀哉，敬奠。

又，县中士林间传录《傅苏麓先生殉难纪略》，宜黄人李元纲撰，亦并存录于此：

呜呼，古所谓忠臣义士，载于史册，传之不朽者，迄今观其行事、想见其为人，尚凛凛乎有生气。或从容以赴，或慷慨以就，迹各不同，要在行其心之所安而已矣，今乃于傅公苏麓先生得之。

公以甘肃镇番拔贡举于乡，既而成进士，部铨江西宜黄知县，奉简赴任。是时，粤匪肆扰诸郡，公单车就道，过资水，揽舟溯安邑，与乡商别，抵桥市，舍于纲家。晋接之余，聆言论，瞻风度，严正刚直，盖伟然烈丈夫也。爰以豚儿拜为义男，以致景慕之意。居久之，贼氛日炽，公慨然不避艰危，与其侄建远博士启行，幞被萧然，因令舍甥谢贤乐护从。

先是，宰宜黄者袖视民人惊恐，未闻抚绥有术，防御有方，军势弗振。自公莅任后，开诚布公，激励士庶，奖率绅众，团练保护，几为筹划，庶务毕举。一邑之民，赖以安全，由是民无贰志。

自乙卯至戊午，城陷而又复，相持者三四载，非公之善于抚循不及此。迨邻郡邑既陷，四方无援，公以婴城固守。至八月二十日，贼众破门而入，知事不济，乃登朝服，北叩自到，而气未绝。贼至，胁公降。公唾骂不辍，目眦俱裂，遂遇害。舁其尸，肢解焚毁。贼退，邑绅与公侄于害所觅残体骸，入棺殡殓。时，绅耆士民哭声震天，号泣不已。噫嘻！见者惨目，闻者伤心。纲叨知遇，能无泣数行下耶？纲思公没以后，其德爱，宜黄人咸则效之；其遗言，宜黄人咸传诵之。呜呼！公以身殉难，始而从容，终而慷慨，是其忠肝义胆，足以贯日月而壮山河，虽死犹生也。

昔文山临难云："孔曰成仁，孟曰取义，吾今而殁，庶几无愧。"如公者，诚无愧乎为人矣！闻于朝廷，定锡褒菹，以垂不朽。兹当扶榇归厝，纲奈猥务羁身，未获抚棺诉衷，爰尚伻致奠，以酬知己之恩。公其有知也耶？其无知也耶？

按，宜黄傅公祠有联云：

裹尸历万里关山，仅存骸骨无多，碧血丹心长不朽；

遗像塑千秋祠庙，想见须眉如昨，忠臣循吏孰能兼？

古名臣又何加焉，溯当年，慷慨捐躯，万里孤城留碧血；

大丈夫当如斯也，看此日，表扬载道，千秋俎豆答丹心。

是年，千总霍尔保，籍不详。

科试贡生一员，名许世春，岁贡。

注释：

[1] 马毓仁：《缙绅全书》记其咸丰七年六月任。

文宗咸丰九年乙未（1859）

前知县硕翰调职[1]，浙江会稽人陶斯咏[2]继任。

按，斯咏有女名窃红，貌美。时，典史杨镆二十七八岁，未娶。因与女恋，斯咏闻之怒，遂恶镆，誓不与一邑同幕。欲告上官，女泣啼拜之曰："女虽不孝，奈心意已定，设父不允，惟死而已！"斯咏叱之，仍禀报。不数日，镆遂被解。将去，女窃随于后，至王家花园会一处，携手而去。耆宿王登云言此。

广恩谨按，窃玉偷香，岂斯咏女之谓乎？其名"窃红"，实则偷玉。陶氏父兄宁不知其咎取于"窃"乎哉？

千总，邑云骑尉李澍昌任。

注释：

[1] 硕翰离职：据张集馨《道咸宦海见闻录》记载，硕翰离职当在咸丰六年九月至八

年四月间。前任镇番知县李燕林继之。《镇番乡土志》记李在"道、咸年间两任县篆",咸丰八年仍任镇番。方志和《历鉴》均未记李燕林继任及卸任时间。

[2] 陶斯咏:《古浪县志》记其咸丰七年任古浪知县,至十一年方有继任者。张集馨《道咸宦海见闻录》记咸丰六年至七年间甘肃属县补缺,有"陶斯咏之补古浪"之记载。

文宗咸丰十年庚申（1860）

前知县陶斯咏卸职,福建福州进士何履亨[1]继任。

按,履亨,字翊卿,福建丙辰进士,咸丰十年权邑篆。清介廉惠,凡徭役供支,必平价给值,不忍扰民。栽培士类,优为奖励,恳恳款款,己不以官自居,士亦不以官目之,直师友而已。嗣因乡民之妄告,公据词愤怒,欲置被告于大辟,及提询其人,椎鲁目不识丁,公遂抚然曰:"此子岂能为恶者?刑名大事,稍不慎即误入于刑。吾今而后,知官吏之执法,百密不无一疏,吾愧吾民多矣。"遂乞终养,与镇民挥涕告别。后闻离镇后,偕胞弟茧足归里去。

广恩补记:此老解事,亦一伟丈夫。无如今之列官,虽久为乡民所不齿,而厚颜死坐,似有千斤钢锚钩住的一般,何也?利所诱耳。

县民刘曜东伪制县印契尾板、印粉一套,欲豪猾不税。有司侦知,罚银五十两,并张贴布告,以儆效尤。

秋,镇内草地干旱,养马不如养驼。县府据情呈报,蒙府批允,遂于青松堡、红沙堡、六坝、红柳园、柳林湖五地分养橐驼。例额青松四百峰,红沙四百峰,六坝三百四十峰,红柳园七百七十峰。

是年,科试贡生二员:一名马从伦,恩贡;一名李存弟,岁贡。

又,游击,永昌人杨殿甲任。

注释:

[1] 何履亨:闽县人,咸丰六年丙辰科进士,授甘肃镇番县知县,有贤声。光绪十年（1884）任北洋水师学堂监督。

文宗咸丰十一年辛酉（1861）

前知县何履亨请免,正蓝旗人尼克谈布[1]继之。

继去年干旱，今年更剧。草场萎顿，畜群无以为牧。至春，已死六千余只。迄于秋末各畜死亡近万，仅骆驼即死一千多峰。缘此，驼户恳请减额，府饬以价俵兑，拟骟驼征银八分七厘，母驼四分贰厘。是年共编征银一千二百三十八两三分三厘四毫七忽八微九纤五渺。

游击，马雒；千总，马武英。

科式贡生三员：一名魏大同，府贡；一名陶勤修，岁贡；一名聂炳南，拔贡。

按，炳南，字午亭，咸丰辛酉拔贡。性质直，少有才名。设帐里塾，循循善诱，多所成就。同治四年，逆匪压境，炳南同蓝佩青、马勋义等督办城防，筹捐募勇，固守堵御，勤劳卓著。事平保奖，以知县候铨。后主讲苏山书院，情殷训课，士林翕服。年七十余未仕，卒于里。

文宗终。

注释：

[1] 尼克谈布：监生，正蓝旗山满洲松岭人，同治四年（1865）任皋兰知县，后任甘谷知县。

卷十一

清穆宗同治元年 — 宣统三年（1862—1911）

穆宗同治元年壬戌 [1]（1862）

前任知县尼克谈布调职，张兆奭 [2] 莅任。

兆奭，山东济阳人，同治元年摄邑篆。时，匪氛四起，城垣倾圮，公即通饬川湖，多筑堡寨。为捍卫计，复谕绅民急办乡团，以资声援。镇人于戎马仓惶中多所保全，公实与有力焉。

县人马明义以进士分发湖北，署枝江县。至时，适逢旱、蝗交集，明义加意抚绥，藉访闾阎疾苦，颇负惠声。传云：

马明义，字镜台，同治壬戌进士，分发湖北，署枝江县。时旱、蝗交集，哀鸿遍野，明义加意抚绥，民赖以安。暇时接见士民，藉访闾阎疾苦。于胥役则严加约束，不肯稍假，有铁面冰心之颂。去任时，父老攀辕而留者数百人。

是年，逆匪骚起，构衅关陇，蹂躏无完区，当道咸以饷糈不足而为忧。县人马服侯闻之，慷慨输金，以资军需。督臣以实奏闻朝廷，奖叙以道员分发山西补用，并赏戴花翎。

按，服侯，字树屏，稽学嗜古，砥砺名行，屡试未售，旋入太学。关心时事，且好义轻财，不计锱铢。咸丰中叶，甘省饷绌，闻诏捐助万金，以助军饷。上嘉奖以道员议叙，官山西雁平 [3] 冀宁道 [4]。莅任有惠声，都人士咸艳称之。子积馨，官陕西安康县知县，卒于任。

是年恩贡一员，名何天禄；岁贡一员，名马骏德；增贡生一员，名蓝佩青，详参光绪五年例。

是年游击马献瑞，邑云骑尉；千总献瑞兼。

注释：

[1] 穆宗同治：爱新觉罗·载淳（1856—1875），清军入关后的第八位皇帝，年号同治，庙号穆宗。

[2] 张兆奭：光绪十三年（1887）任四川合江知县，率邑绅募众重建文昌宫。

[3] 雁平：山西古地名，清康熙十年（1671）置分守雁平道，驻代州，辖大同府、宁武府、朔平府及忻州、代州、保德州。民国元年（1912）废。

[4] 冀宁道：明山西等处按察司置，兼察太原府。清为分守冀宁道，辖太原、汾州、潞安、泽州四府及辽、沁、平定三州。治所在太原府，即今太原市区。

穆宗同治二年癸亥（1863）

前县令张兆奭调职，哈国霖[1]继任。

国霖，字雨生，江苏江宁回教人。同治间，两任镇番。廉明慈爱，以惠著。时，军役浩繁，供给累累；城垣残破，战守无资。公淬厉人民，昼夜防守。四年解任，曾居旅舍。逆匪绕城围攻，势如危卵，公只身缒城，苦口关说，匪首杨文治[2]等因宗教关系，遂率部远飏，城赖以全。救危捍患，今犹称之。

府宪转饬，奉遵于镇地导民养驼，以裕地富民计，莫优于斯焉。是年驼数陡增，共骟驼七千二百三十六峰，母驼六千七百八十三峰，合计一万四千零一十九峰。秋季，有司奖银一千五百两，谕令采买草秣，辅助越冬。县署派员专责其事，按各处驼只膘情配发。青松堡三百两，红沙堡二百两，六坝沟一百五十两零，红柳园二百五十两零，柳林湖五百两，共一千四百两零。所余蓄为永资，发当营息，专资驼疫急需。

是年，红柳园陈友生创戏社"容尤堂"，游艺口外木垒、奇台诸地，凡三年乃归。

前任教谕马毓仁卸职，吉士陶继任。毓仁，宁夏举人；士陶，宁远举人。事迹均不详。

典史，樊金苣任。金，浙江仁和人，博学多识，才力过人。在职时，尝有整饬镇邑盐务之举，一时有口皆碑。

是年，镇邑千总恒安，满洲人。

注释：

[1] 哈国霖：《清同治朝实录》卷113：同治十年六月，哈国霖代理肃州知州。

[2] 杨文治（？—1870）：西安府泾阳县人，陕西回军十八大营元帅之一。同治元年在泾阳、三原县起事反清。次年被清军击败，西遁甘肃，攻打古浪、凉州、镇番等地。同治九年在金积堡战死。

穆宗同治三年甲子（1864）

是年大饥，道馑相望，婴儿遗弃，妇女流离。糟糠秕秆价亦骤贵，人民死者甚众。

前典史樊金调职，窦蕴琛继任。

按，蕴琛，安徽霍邱人。

千总恒安调职，武威韩廷芝[1]继任。

又，游击，永昌蒲永光莅任，献瑞卸职。

是年，科试贡生一员，名刘国谟。

按，国谟，字炜臻，镇邑巨绅刘祥生之哲嗣。少辍学不务正道，未弱冠即与烟枪为伍。后于馆中会友，竟遭讥辱，遂自誓读尽天下书，夜以继日，孜孜不倦。博览群书，学业大进，人称第外举人。

注释：

[1] 韩廷芝：字兰亭，武威人，同治三年任镇番游击。后署陕甘督标中军副将、庄浪协副将。

穆宗同治四年乙丑（1865）

前知县哈国霖调职，余宗麒继任。宗麒，顺天大兴人。

十二月，逆匪入境，由南河口[1]冲散防兵，沿途屠掠，直临城下，汹汹然有气吞白亭势。余宗麒大令甫接篆，即急劝富家巨族筹捐数万余金，复备布帛糖靴等物，以资长久防堵。

又，余公下车伊始，正值修城，因三城门循俱废，急加修葺，以事启闭。

其余工未竟而贼压境，于本月二十七日围聚城下。是时，哈国霖以奉调尚未离去，率同绅士蓝佩青，与酋长杨文治、崔三诘朝[2]相见，请盟纳赂，犒以金三千两，事之以布帛九百匹，袜履衣具数百，始得免难。城得存，而劫掠一空矣。

按，此次变乱，震动全陇。镇邑孤悬塞外，四无屏障，匪徒向视无人，东西冲突，攻陷堡寨，掠妇女，劫货财，恣意蹂躏，杀戮之惨，不堪言状。如此劫数，至于镇邑凡十数载，地方糜烂，人民涂炭。光绪建元举人张公从仁有《逆匪纪略》[3]，详参光绪元年例。

岁末，逆匪围城，为防守城垣计，拆除瓮城内平王庙、火神庙山门、戏楼等。

又，是月修筑城墙，以防不测。迫不及待，所筑高不过仞，厚仅尺余，不堪一击。

游戎陶世贵率军于南河口堵击杨、崔，力不支而退避乡镇。县人杨凌云[4]率兵堵御匪众，力不支而亡。丁人文、谢玉荣[5]、杨作梅[6]、刘耀材、马秀义诸公皆战死。

县人马树屏握雁平道篆，察吏爱民，循循尽职。时，中臣李雨峰素稔君贤俾勿易，时论嘉之。

又，是年七月初八日晨时，恩荣耆老例赠文林郎卢鉴公，以享年七十七岁寿终梓里。族人大祭，邑侯余宗麒亲诣治丧，为撰墓志铭。

按，鉴公，太学生润茂子，乡饮耆宾逢潮、庠生例貤封文林郎逢澍、监生例貤封文林郎逢飙之父。字保三，号西村，性耿直，善交游。弱冠失怙，教养赖母。及壮，以盐运枝策雍梁间，操奇异鹭，家业大振，号素封焉。然尤兴学恤贫，慷慨乐施，有长者风。

是年，千总，陶世贵[7]，湖南人。游击，秦文浩，平番人。

注释：

[1] 南河口：石羊河北流至民勤红崖山的分水口，旧址在今民勤县重兴镇境内。南河口将石羊河分成东西两条支流。东支古称外河、又称东大河、郭河、白亭河等；西支古称内河，又称西大河、大西河。外河主流由北经苏武山之西，循主流古道至抹山，分东、

中、西、外 4 渠，灌溉柳林湖（今湖区）。

[2] 崔三诘朝：应为崔伟（1833—1893），又名崔三，字耀峰，陕西凤翔人，回军十八大营统帅之一。同治二年率六万多人围攻凤翔县城，次年被清军打败入甘。同治十一年九月降清。光绪元年（1875）随刘锦棠湘军出关进疆平叛，"屡拔坚城，数克大敌"，清廷授其正一品提督，诰封健威将军。

[3] 张从仁：字元甫，南乡团练首领张尔蔚子，光绪建元举人，主讲苏山书院，后任宁夏府中卫教谕。《历鉴》此处记《逆匪纪略》为张从仁撰，光绪元年记为"举人蓝佩青受命于邑侯钱公"作，待考。

[4] 杨凌云：武生，性刚正，貌魁梧，工骑射刀石。应童子试，列前矛。同治初，教练乡团。同治四年，匪倏至南河口，凌云分带堵御，双执铜锤，不避锋刃，被杀匪数十。奈乡勇未经战，遇敌辄北。凌云力不支，被匪乱刺而亡。事载《镇番县志采访稿》。

[5] 谢玉荣：武生，幼充营卒，前从征新疆、浙江等处，有胆气。同治四年，随游击陶某防堵南河口。遇贼，直冲贼阵，斩首搴旌，所向披靡。贼怒甚，以千骑压左右，攒刺而死。事载《镇番县志采访稿》。

[6] 杨作梅：同治九年冬，逆匪自西宁由永昌夜至镇城，民勇疏防，城被围急，作梅率弟领勇突出，与贼对敌，力尽战死。事载《镇番县志采访稿》。

[7] 陶世贵：字馨之，号正言，湖南长沙人，历任游击、总兵、提督。

穆宗同治五年丙寅 [1]（1866）

一月，城西郭外雷祖台焚于兵火。又，宋和沟文昌楼亦焚。

二月，游击陶世贵协同邑绅就地筹款，于邑城东西南三门各筑护门墩一道，并于城上筑小巡房十数间，西城门上筑火药局一处，东城门上筑炮台两座，北城门上筑炮台九座。

又，是月，匪氛急紧张，修固城垣需用木料，知事宗麒令拆除城西北隅总仓一百八十间，厩四十六间，用以补葺各城瞭楼及巡房。

三月，大河决堤，渠水自决口奔涌而出，冲淅田地庄户无算。灾区农民岌岌可危，日逃夜走，争先恐后。

秋月，逆匪自古浪越沙漠入境，团勇先锋王见宾 [2] 诸人驻羊路口防御，战败，死伤者六十余众。

县人马翕义 [3] 捐银一万四千两，于县六坝头道沟筑大寨 [4]，占地四十余亩。

是年，县人陈克孝捐资于下二东创建大寨，配备军械，以资防守。又，四坝上五中沟、更名坝、上泉沟、红墙沟、张麻李二沟，宋和寺儿沟、祁润孟浩沟、管林沟、东渠所属之大西岔、正西岔、新外西岔等地，均尽全力建筑堡寨。有广至五六十亩者，有狭仅三四亩者。虽大小不同，无一不高墙坚固，小股匪类足恃防守。

按，镇邑堡寨，治斋[5]先生以《营堡》列《兵防志》，其载共计十有七所，详参有明万历九年例。自同治五年罹变乱，蹂躏屠戮，人无藏身之所，因即不问村落大小，居民多寡，高广墙垣，互相守御，其数竟以百计，但遇大兵大役，仍属不支。惟城东南十里三坝堡，三十里六坝永盛堡，城西十五里公安堡、新安堡，八十里所下沟堡，城南二十五里卢举庄堡，城北三十里大滩堡，可作巨垒，余皆琐碎。

是年恩贡一员，名谢拟蕙；岁贡一员，名张承先。

注释：

[1]《清同治朝实录》卷178：六月，"谕军机大臣等，瑞云奏凉州庄浪满营粮饷不继请借拨银两并补造枪械请拨兵粮各摺片。凉州庄浪两营数年兵饷久未支领，月饷亦复不继，兵丁相继饿毙。又值贼氛逼近，万难支持……河西贼氛尚炽。设有警急，岂能枵腹荷戈？着杨岳斌严饬镇番县，将历次指拨兵粮解运凉州满营四千石"。

卷192：十二月，"谕穆图善奏甘省军务吃紧未能移师赴陕一摺。镇番一带既有饥回勾结土匪，出边掳掠。该将军自应派兵驰赴镇番，认真搜捕，以清其源。惟当分别良莠，慎毋妄戮良回，再致骚动"。

[2] 王见宾：光绪《镇番县志采访稿》记，"王见宾，中渠人。五年五月二十五日，率民团千余，驻羊路口防御。猝遇大股贼，众畏之如猛虎，皆狼奔豕突，纷纷瓦解。见宾被执，拷掠苦楚，卒骂贼死。同时死者共六十余人"。

[3] 马翕义：字荨楼，乐善好施，乡邻多得其救助。

[4] 大寨：县人俗称堡寨为"寨子"。高墙厚垣，无楼台亭阁之属，内筑简房，俾供避居之用。

[5] 治斋：即张之浚，见本书卷一正统元年注[5]。其修纂《五凉考治六德集全志》仁集《镇番县志·兵防志》列举营堡17所，俱为官设，有兵员驻守，其性质、规模与民间堡寨有别。

穆宗同治六年丁卯 [1]（1867）

前知县余宗麒调职，景春圆明继任。

四月初六日，县举人蓝毓青御寇安定县，战殁。

按，毓青，道光十四年甲午科举人，续志于《选举表》有传。参道光十四年例。今据《蓝氏宗谱》复知，毓青，字云峰，号鹤生，行一，嘉庆丁卯年十月初五日吉时生，同治六年四月初六日卒，享年六十岁。其祖志猷，例赠文林郎。父魁，例赠文林郎；母徐氏，例封孺人。娶石氏，处士讳保公女，无子，女二。先生自幼好学上进，聪慧过人。蒙师县庠生马老夫子讳衍世，业师县廪膳生谢老夫子讳绍远 [2]，课师嘉庆戊寅举人、丙戌大挑一等康老夫子讳以直，嘉庆戊辰进士、前翰林院庶吉士、原任户部员外郎、关中书院山长张老夫子讳美如 [3] 诸公。先生著述多种，镇邑流传绝少。

是月，镇大饥，县人黄寿年倡请官仓平粜。又出己粟，赈济灾民。

七月，扶朱台怀明楼遭兵火，烈焰冲天，十数日不熄。

是年，教谕，肃州举人王曰卿 [4] 任。事迹不详。

注释：

[1]《清同治朝实录》卷195：二月，"杨汶智（文治）股匪经官军剿败，势已穷蹙，向盐固一路窜去。马生彦一股仍踞半个城地方。靖远、镇番及中卫黄河两岸肃清。"

[2] 绍远：即谢绍远，字清来，廪生。

[3] 美如：即张美如，字尊五，号玉溪，又号第五山樵，甘肃武威人。嘉庆进士，选翰林院庶吉士，散授户部主事。致仕后主讲凉州天梯书院、镇番苏山书院、兰州兰山书院、西安关中书院等处。

[4] 王曰卿：原书作"王曰清"。《缙绅全书》载其同治二年六月选。

穆宗同治七年戊辰 [1]（1868）

前知县景春圆明调职，黄昶继任。

按，昶公，江西临川县举人。续志载其传云：

黄昶，字阳春，江西临川人，同治七年知县事。廉惠有威，人不敢干以私。甫下车，即以翦除豪猾为首务。时值军需旁午，供役浩繁，客兵悍将藉端骚扰。

公挺身保护，不少屈淫威，亦无所加。与游击陶世贵修筑城垣，毕著勤劳。至大河溃决，亲诣勘验，率兵勇设法开改，民享水利者数十年。去后，杜公祠祀之，今犹感戴不置云。

春，大河溃堤，知县黄昶亲往勘察，并依旧例丈量地段，长二千二百六十余弓，宽六弓，谕四坝、三渠补给黑山堡农民地基钱四百千。至是年秋，昶乃亲率民兵，开新河于决口之东，不二月而工竣，民咸啧啧称颂焉。

六月，匪氛稍缓，知县黄昶、游击陶世贵共谋修筑城垣，倡众倾囊资助盛举，得钱八千。世贵身先士卒，率众兴工，逾月工成。

按，世贵，湖南人，同治四年以游戎莅镇。甫摄篆，陕回告警，全陇大震。镇处沙漠之地，边城孤立，战守无资。公急整营规，缮甲治兵，以备不虞。嗣贼由东路来袭镇邑，官绅调集川湖民夫堵御南河口，公亲往督战。至十二月，大股匪至，压岸而布，阵势张甚。公身先士卒，直冲战阵，往来击刺，将以却敌。旋因民夫溃走，公见势穷援绝，即提戈喊杀，突出重围，劈道奔至苏山坡，幸免焉。五年正月，贼俱饱飏。犹惧反噬，遂商同余令宗麒修治城垣。将前次之木栅户扉藉资防守者，逐段毁拆，修筑土墙，阅九月工程粗具。城门雉堞节次告竣，民赖以安。后由督标中协升任甘肃提督。

是年，千总，武威员善任。

科试贡生一员，名魏大同。

注释：

[1]《清同治朝实录》卷243：九月，"以甘肃镇番县城解围，并收复裴家营堡出力，赏提督陶世贵一品封典。总兵官潘福廷、副将周思胜、潘玉春、尹中顺、张庆云、曹冠斗巴图鲁名号。知府蒋德钧、参将韩廷芝等花翎，通判张斌等蓝翎，余加衔升叙有差"。

穆宗同治八年己巳 [1]（1869）

是年，典史陈蔚堂任，籍不详。

前知县黄昶调职，河南固始举人詹芝祺继任。

县人刘节礼率乡勇战贼于抹山马湖滩，不胜。

县人王廷佐 [2] 导张曜嵩武军 [3] 总领陈某，率兵拒贼，贼大败。

逆匪纵火焚毁城北三百粮大庙。

注释：

[1]《清同治朝实录》卷 255：三月，"谕内阁瑞云奏请将抗不解粮之知县严议等语。甘肃署镇番县知县黄昶，于藩司每岁估拨镇番县满洲营兵粮，历年欠解至一万四千石之多。又于指拨未运防城口粮二年之久，尚欠三千二百石，叠次严催，抗不遵解，实属玩延。黄昶着先行交部严加议处，并着穆图善勒限四个月严饬该员，协同新委镇番县知县詹芝祺，迅将防城粮石及历年估拨兵粮埽数清解，毋任延宕"。

卷 267：九月，"镇番县城突有逆匪围扑，经王仁和带兵救援，立解城围，并将凉州西南炭山堡一带逆匪击退，尚为出力。着左宗棠、穆图善，仍饬王仁和将永昌窜匪迅速追剿，毋留余孽"。

[2] 王廷佐：民国《续修镇番县志》记，"王廷佐，字星五，增生。性颖悟，刚正不阿。同治五年，逆匪纷起，廷佐团练民勇，修筑堡寨，以保护桑梓。七年饥馑，廷佐解囊赈救，散给炒面，饥民赖之。后因乡村糜烂，民不聊生，又与嵩武军总领陈某率众防堵。亲冒矢石，受创甚钜，遂致莫起，里人惜之。年五十一终"。

[3] 张曜（1832—1891）：字朗斋，号亮臣，浙江钱塘（今杭州）人。历任知县、知府、道员、布政使、提督等职。咸丰、同治年间，张曜统带嵩武军平捻，之后跟随左宗棠在陕甘作战，收复新疆。光绪十年（1884）率部入关，留治京师河道，旋调山东巡抚，督办河工，襄办海军。著有《河声岳色楼集》《山东军兴纪略》。

嵩武军：同治五年，河南巡抚李鹤年在当地增募两军平捻。其一由总兵张曜统带，称嵩武军。该军与宋庆统带的毅军通称豫军。

穆宗同治九年庚午 [1]（1870）

前知县詹芝祺卸职，安徽黟县人舒畅继任。

奉文造报户口簿，户一万六千又六十，口一十七万三千二百三十。自同治建元迄九年，全镇殒于匪祸者近万人。

是年，游击 [2]，京旗人永恰布任；千总，古浪人王承纲；典史，山西代州李秾。

恩贡一员，名王映奎；岁贡一员，名陶燃藜。

按，是年知县二人递任。芝祺任半载，六月后，镶黄旗举人续增继任。

续志载其传云：

续增，字绍庭，镶黄旗举人，同治十年知县事。性严正，恩威并济。时，大军蹂躏，杂课繁冗，加以岁饥，米珠薪桂。公均徭平赋，不稍科派。闻有堡寨失陷，必亲临被害地方，将男妇尸骸迅令掩埋。躬亲祭奠，以慰幽魂。九月二十五日夜半，贼绕城西北隅，闻柝声寂，遂登埠。及逻觉，贼已分布堞口如蚁聚。公带兵勇挥戈乱刺，复以劈山炮仰击，火光烛天，人马喊嘶，贼遂惊溃，人皆谓公之勤劳所致云。后改名裕曾，升任固原直隶州知州。

注释：

[1]《清同治朝实录》卷 285：六月，"镇番县属沙窝地方，复有逆匪围攻民堡，并有马贼直抵镇番城下窥伺，亦经韩廷芝等击退……而镇番及秦旺川各隘零星股匪，仍恐出没无常，阻我粮运。着左宗棠、穆图善督饬各军，将白马寺等处踞逆相机痛剿，并将零星各股就地扫荡，毋使粮路再有梗塞"。

卷 288：八月，"甘省驻扎镇番、金县北山、阿干镇等处官军，分投雕剿匪股，均获胜仗，尚属得手"。

卷 291：九月，"甘肃西路逆匪分窜镇番、武威各属，经韩廷芝、王仁和等带兵截剿，将红柳窝、红墙儿等处逆匪击败，柳林湖、双城堡等处之贼闻风逃窜"。

卷 298：十一月，"镇番踞匪经官军击败，全数西窜永昌。穆图善已饬总兵王仁和等跟踪追剿，务将此股逆匪悉数扫除，毋令蔓延为患。如兵力不敷，即着左宗棠、穆图善酌度情形，添兵前往援应"。

卷 300：十二月，"凉州所属之镇番及甘郡城下均有匪股屯聚……甘凉两郡匪股已不下二三万。若不及早扫除，必至四出为患。着左宗棠迅即拨兵前赴甘凉一带，探踪追剿，以勘西路肃清。成禄请调吉林、黑龙江马队，交常顺统带赴营"。

[2] 游击：《镇番县志采访稿》记同治九年游击为李占春。

穆宗同治十年辛未 [1]（1871）

知县续增调职，正蓝旗人奎绂 [2] 继任。

嵩武军战匪于柳林湖，所向披靡，贼望风而逃。

县府是年统计全镇殒于兵燹者七百七十四人：男二百一十二人，女三百四十二人，婴、童二百二十人。

奉文统报是年歼敌数目，共约四百六十三名，贼官五名。

注释：

[1]《清同治朝实录》卷 302：正月，"逆匪于十月初九日窜入山丹县城，旋即退窜，大股直逼甘郡，扰及高台。复有另股盘踞镇番县属之柳林湖、西宁地方。……着左宗棠、穆图善迅速会商派拨劲旅分扎扼要处所，严密堵剿毋任贼踪纷窜。其柳林湖踞匪，着穆图善饬令常明率队进剿"。

卷 308：四月，"谕，上年窜扰甘郡之贼于十一月初间折回东去，而自山丹至镇番一带。贼踪出没无常道路不通……左宗棠务当统筹全局，一面进兵河狄，一面派军由西路绕截，毋令逆匪向甘凉远窜"。

卷 311：五月，"谕，河西尚有零星窜匪，且阿拉善旗西界，时有镇番逆匪窜扰。张曜所部各军应如何扼扎防剿之处，着即妥筹办理"。

卷 317：八月，"又谕……惟闻甘凉逆匪勾结西宁汉回，屡扰平番、古浪等处，日久无可掠食。或由古浪之大靖土门越中卫而出边，或由镇番窜出边外"。

卷 319：九月，"逆匪纷扰西路之古浪县境及东路之李家庄等处，叠经马步官军击退。其镇番等处窜匪，亦经防军截剿获胜。穆图善另片奏，所部各营历年防剿出力，恳请保奖等语。着照所请，准其酌保数十人，其防守镇番出力官绅等，着一并择优保奏"。

卷 324：十一月，"传谕广东提督张曜、提督李葆珠等于九月初六等日在红沙梁、井泉墩地方叠次击贼获胜。西宁等处逆匪六七百人从乌喇特旗掳掠而归，复经李葆珠等率队剿击，逸贼遁向镇番西南。另股窜匪扰及中卫及宁夏县属境，经张曜督队迎剿，均有斩擒，剿办尚为奋勉。陕回麇集西宁、大通一带，四出剽掠。柳林湖素为产粮之区，连年被扰。现经张曜抽调两营添扎，以厚兵力，即着饬令该官兵等严密防堵。遇有逆匪窜近，即行实力歼除，不可稍有疏虞"。

[2] 奎绂：《清光绪朝实录》卷 465 记光绪二十六年六月，"岷州知州奎绂，才具平常，办事竭蹶，着开缺以州同降补"。卷 469：八月，"以挪用赋税延不清缴，革前署甘肃岷州知州奎绂职"。

穆宗同治十一年壬申 [1]（1872）

前知县奎绂调职，浙江仁和人杜世勋继任。

二月，柳湖绅士刘公向尼 [2]，赴宁夏道台搬兵至镇，逆匪闻风裂胆，溃散奔逃，人民鼓掌称快。

季秋，邑侯杜公亲率三千民夫，疏通三渠河道，十一月工竣，民赖其利数十年。

冬大雪，气温寒极。窃闻坝湖道 [3] 中，冻死二人。又，北山羊只亦多有冻僵者。

是年,邑人卢宝泰以军功举五品顶戴。据《卢氏外任职官言行略录》云:

宝泰为嘉庆辛酉科举人金润哲嗣,字透通,弱冠从行伍,机敏多智,壮勇威严,善骑射。及壮,沉默寡言,每与人晤,只三五言而已,而心底醇厚,乐善施人。

科试贡生一员,名聂威仪,无仕。

按,威仪公精研书法,甚得颜鲁精髓,并擅许氏之学。

岁末,彗星见。

注释:

[1]《清同治朝实录》卷 333:五月,"又谕金顺进扎甘、凉、镇番一带,邀截逆匪来路。迅带所部驰赴甘肃,于甘、凉、镇番一带扼要驻扎,遇有逆匪奔突即行截击,毋任纷窜出边,以遏窜逃之路。金将甘、凉、镇番一带窜匪扫荡廓清,毋留余孽"。

卷 335:六月,"金顺接奉前旨后已令刘宏发统带头队,于六月初六日起程……俟行抵甘、凉、镇番等处,一面扼要驻扎,一面迅速奏闻"。

卷 336:七月,"镇番县属有大通一带窜来陕回,并南山等处土回,沿途裹胁居民,肆行抢掠。经在防各军随处截剿,余匪向西沙窝遁去……即着左宗棠、穆图善饬令王仁和督率兵勇,并力搜捕,务绝根株"。

卷 339:八月,"谕内阁金顺带队赴甘肃甘、凉、镇番一带……筹布镇番防剿事宜,并无起程前往甘、凉、镇番之语,且以会剿蒙地窜匪为词,直欲安坐宁夏郡城,遥为控制,实属意存取巧,大负委任。金顺着开乌里雅苏台将军之缺,交部严加议处,仍着迅速拔队,克期西进"。

卷 342:十月,"由宁夏至镇番经过蒙地七百余里,地段甚长。着张曜督饬将弁随时后巡,遇有该营粮饷军火一切过境,即行妥为护送,以利巡行。镇番一带防剿事宜,该提督尤当布置周妥"。

"予甘肃镇番等处阵亡都司冯冠元、千总姜玉明祭葬世职。"

卷 345:十一月,"镇番县属及阿拉善旗一带,地方辽阔,时有逆匪窜扰。现经张曜派令提督李葆珠管三营前赴柳林湖、红沙梁各处,协同郝永刚择要分扎,兼顾金顺运道……镇番县东西湾窜匪,虽经郝永刚等剿败,擒斩多名。逆匪现向永昌县一路遁逃,仍当跟踪追剿,并着张曜知会凉州官军一同截击,就地歼除,以清边患"。

卷 346:十二月,"谕张曜一军分扎镇番、灵州一带东西一千余里,转运一切需驼甚多,亟须筹款采买。请饬河南于该军月饷外另筹银三万两等语。着钱鼎铭督饬藩司迅即如数筹拨,解赴张曜军营。俾购驼只,以资转运"。

[2] 刘公向尼:即刘向尼,字东鲁,创办"茂盛"商号,经营皮毛洋货于内蒙古、包绥、

甘凉多地，为镇番巨富。

[3] 李注：坝湖道即坝区至湖区大车道，或称"民湖大路"，约 70 公里。

穆宗同治十二年癸酉 [1] （1873）

前知县杜世勋卸任，继者江苏沭阳举人钱崇基 [2]。

按，钱公于吾邑颇著政绩，尤爱民如子，勤谨谦虚，独有惠声。续志列其传云：

钱崇基，字鸾坡，江苏沭阳亚元。同治十二年知县事，值兵燹之余，元气尽耗，凡有累于民者悉行罢除。惟以休养生息，保全地方为急务。军兴后，文社空虚，士皆废学，公加意栽培，规复学款，并延请博雅之士主讲书院。倡捐廉律，优给膏火，与教谕杨公天培互相鼓励，学校振兴，即以此为基础焉。

广东提督张曜 [3] 客军 [4] 从灵武 [5] 过境，县人马翕义扣马请留，驻六坝头道沟堡中。

四月，知县钱崇基力倡兴学，谕示各家儿童免交学费一年。

六月，东渠士民捐资修筑东渠大庙，湖绅刘向尼督工。

七月，刘向尼因鲸吞东大庙木料事，被诉诸官府。是月，知县钱崇基发票捕拿，向尼闻讯逃遁，著麻衣芒履，潜居东沙窝，不出者数几年。

廪生马凌云妻张氏，年十七而夫殁。生有遗腹子，氏乃竭力抚育，教养成人。家虽小康，并无骄矜之气。守节三十四年卒，是年旌。

是年，教谕，杨天培任。游击，四川胡进胜 [6]；千总，县人季向魁。

按，天培，秦安人，字因之，举人。同治十二年官镇番教谕，为人谨厚雅饬，循循善诱。邑自兵燹后，士儒奔走仓皇，救死不赡，所至学舍，举皆废圮，河西童试，文宗不案临者八九年。时，大军甫平，岁科复行，乱离之余，士荒于学，经史帖括，强半束之高阁。先生召集生童入斋习艺，殷勤训迪，直如塾师之课子弟者然。一时采芹食饩，文风复振，皆公力也。复升宁灵厅 [7] 教授，归里卒。

又，是年科试贡生四员：一名张从仁，优贡；一名吴兆昗，拔贡；一名何培城，府贡；一名刘主善，岁贡。

汪字号张大嘴于阿拉善开戏社，名齐乐社，优伶计二十有三。

注释：

[1]《清同治朝实录》卷350：三月，"谕军机大臣等张曜奏窜匪扰及甘凉派队援剿一摺。据奏接据金顺咨称，甘州抚彝一带，现有窜匪滋扰，咨令李葆珠率队赴肃助剿。该提督当即添派提督孙金彪遴派队伍驰赴镇番，会同李葆珠等将军火等项护送西进等语……兹据该提督奏探闻该逆纠党由大通窜至凉州西南一带。金顺现须出关。张曜着仍遵本月十八日谕旨，亲率大队由甘凉一带，勤加侦探，扫荡而前，务将白彦虎等股悉数剿灭……其镇番一带防剿事宜，并着张曜妥筹布置，务臻周密"。

卷353：六月，"以甘肃镇番县城解围出力，赏总兵官王仁和一品封典，知州张春生、都司傅铭等花翎，同知魏高骞等蓝翎，余加衔升叙有差"。

[2] 钱崇基：《缙绅全书》记其同治九年十一月选。时间与《历鉴》所记相差3年。

[3] 张曜：时任嵩武军统领署广东陆路提督。见本卷同治八年注[3]。

[4] 客军：外省调来的军队。

[5] 灵武：古称灵州。今宁夏回族自治区灵武市。

[6] 胡进胜：《镇番县志采访稿》记为"何进胜"，四川渠县人。

[7] 宁灵厅：清同治十一年置，治金积堡（今宁夏吴忠市西南金积镇）。1913年改置为金积县。

穆宗同治十三年甲戌 [1]（1874）

是年，雨沛水足，秋收丰稔，人咸许以邑侯钱公善政所致乃尔。

柳湖刘向尼庄宅 [2] 筑成，进深有三，高墙旷院，花木扶疏，洵为阖邑别墅第一。

是年，典史，顺天昌平舒嘉垕任。游击，刘振清任。

科试贡生一员，名杨作栋。

穆宗终。

注释：

[1]《清同治朝实录》卷367：六月，"予甘肃镇番阵亡知府安保祭葬世职"。

[2] 刘向尼庄宅分别在东镇大号村、附余村和收成泗湖村。此处所记似为大号村的"老号寨子"，20世纪40年代毁于火灾。

德宗光绪元年乙亥^[1]（1875）

一月，奉饬清丈在例地亩，依原有田赋额分派赋税。本邑分湖、坝二等，等又各分三则。曰上上湖地，上中湖地，上下湖地；中上坝地，中中坝地，中下坝地。后又依令统为一等，即原地。曰上上原地，上中原地，上下原地。

是月，县举人蓝佩青受命于邑侯钱公，为作《逆匪纪略》文，后并男妇女罹难奉祠旌表者，合梓成帙，散布乡里。兹照录于左，以资后起立言者有所旁证焉。

清同治初，逆匪之变，全陇震动，欃枪所至，州郡披靡。镇邑孤悬北塞，四无屏障，凡陕西、固原、西宁、河狄之匪众，东西冲突，皆视为戎马通衢。而官兵之由金积堡驰扎西路者，络绎往来，供其资屡糇粮，亦以吾邑为北道主人焉。

方四年^[2]十二月，匪之甫入境也，由南河口冲散防兵，沿途焚掠，径临城下，汹汹然有气吞白亭势。虽险如晋阳，犹惧不支。况垣墉残缺，架木为城，讵能望其瓦全耶！

知县余宗麒甫接篆，急劝富家巨族，筹捐数万余金，复备布帛糖靴等物。因卸任哈令国霖与回族同种，遂藉为关说。偕邑绅蓝佩青等数人，缒城纳款，为退贼计。贼得赂缓其攻，五年正月，即饱飏镇。于是乎，因设城工之局，计户出钱，派民作佣。游击陶世贵督率兵民，昼夜修葺，阅九旬功告成。

五月，贼忽大至。时，行营统领黄戴诸人及前任游击韩庭芝，俱环驻郭内外。贼畏逼不敢近，分投四乡，攻毁堡寨，掠妇女，劫货财，狼奔豕突，杀戮之惨，不堪言状。加之疫病交作，死亡枕藉，而诸行营又复调遣邻境战守，俱无所资镇。于是乎，因设团练之局。

六年三月，全军赴凉，武备一空，守阵御敌者，非新募即乌合。孤城累卵，朝不保夕。虽藉民为兵，因粮于家，其迹一若可恃。而卒怯器窳，一喝即散，苟一旦告警，惴惴焉，惟有坐困而已。所幸人人畏贼，而贼亦卒未至，少安毋躁其时矣。然，继至之客兵纷沓丛杂，多则数千人，少亦不下数百名。供给之烦，既不忍科派于民，而又不能不撙取于民。杂课频仍，镇于是乎又设采买协济之局。

军兴二三年，飞刍挽粟，比户皆空。田畴荒芜，荆棘满野，民力疲敝，民财告竭。人心之思治，或翘首而望太平焉。乃天下不厌乱，岁又大饥，桂薪珠米，老弱转于沟壑。郑侠[3]《流民图》难忍绘之。

七年，东贼甫罢，西贼又起，流离之际，人受大创。皆坚壁清野以自受守，贼至无所掠，而荼毒更惨。

八年，贼益炽，出没无常，到处戒严。七月，夜负梯乘城，防勇力战，却之。八月，又扫境来寇，城南一带，蹂躏殆尽。伤哉民也，惫矣已甚。况九月间，继以石成基之逃叛，卒复攫货渔色，肆淫威而草菅人命。此邑令刘元绩[4]所以飞章吁请，径奏督宪左文襄[5]，而有"民不畏贼而畏兵"之呼诉也。

九年九月二十五日，贼绕城西北隅，夜闻柝声寂，复登城，及逻觉，贼已分布堞口，如猬集栅。哨兵挥戈乱刺，贼锐甚。城中以劈山[6]仰击，炮声雷震，火光触天。适运粮官驼宵卧草厂，枪林弹雨中，惊逸奔驰。贼俯瞰人马俱赤，驼峰皆兵，遂惊溃。冬月，黑龙江兵至。倔强精悍，师出不排阵。贼无众寡，一二人见之，即系绳于鞍，持短刀，挟药矢，跃马冲阵，辄牵颈斩首累累。以来人皆依之若长城。但旋即径去，皆怅甚。其余兵虽团扎，然贼之摇我边徼，焚我郊堡。

至十年，长驱直入，糜烂柳林湖，而孤人子，寡人妻，凶焰所张，非贼不可敌，亦兵之恃城为营，惟择无贼之地以防贼，不向有贼之地以剿贼，民奚不死于贼，而困于兵乎？

惟十一年三月，郝永刚统带嵩武军，先由北地至柳林湖内。哨卒营弁皆劲旅，敢死斗。贼避其锋，境内稍安。顾余孽啸聚，犹不时窃发，以为民患。秋八月，应府试者因道梗阻，嵩武兵协义勇营卒百余人，护送于乌子岗[7]。还至黑山头，遇大股贼，且战且走，胜负相当。退十余里，至高家大门[8]，兵勇见寨近，皆返走。贼乘势环攻，嵩武兵歼焉。十二年，广东陆路提督张曜继至，悼兵之血战而死，且怒逆贼之猖獗也。遂合兵进剿，由城席卷而西至大水山[9]，直捣贼巢，草刈而禽狝之，根株始绝。

噫，前后数年之久，民死于贼，死于疫，复死于兵燹，摧残剥落，仅存什一于千百。而此仅存者，城工劳其力，团练资其身，采买协济耗其财，又不知几经艰苦，几经危险，乃克保有躯命，作人间不磨之骨！呜呼！劫灰浩浩，痛定思痛，兵燹之惨，讵忍言耶！

按，《男妇女殉难表》略。

是年，游击，湖南湘潭人谷镇南。千总，武威人王钺。另，李树南，乡贯不详。

县人张从仁中式第四十一名，官中卫教谕。续志有传曰：

张从仁，字元甫，清同治癸酉优贡，光绪己亥举人。事继母数十年，始终承顺无间言。待兄弟友爱笃挚，尤善赈贫济苦。后官中卫教谕，勤于训迪，孜孜不倦。子锡寿，举人，官新疆兴平县[10]知事。

恩贡一员，名唐泣国。武举一员，名时来仓。

注释：

[1] 德宗光绪：爱新觉罗·载湉（1871—1908），醇亲王之子，慈禧太后外甥。为清入关后第九位皇帝，年号光绪，庙号德宗。

《清光绪朝实录》卷6：三月，"着左宗棠知照乌鲁木齐都统宋庆一军，既可东旋。又谕，前据钱鼎铭奏请将宋庆一军调回潼关扼扎，当经谕令左宗棠体察情形奏明办理军，尚非单薄，已移咨宋庆，令其由镇番取道宁夏东旋。"

[2] 四年：即同治四年（1865）。

[3] 郑侠（1041—1119）：北宋诗人，字介夫，福州福清人，英宗治平四年（1067）进士，著有《西塘集》《西塘先生文集》等。熙宁七年（1074）三月，画《流民图》，写《论新法进流民图疏》，请求朝廷罢除新法。

[4] 刘元绩：字鉴水，云南省永昌府保山县人。道光十四年（1834）举人，历任皋兰、礼县、秦安、镇番、永昌县知县。

[5] 左文襄：左宗棠，谥"文襄"。

[6] 劈山：即"劈山炮"。轻型火炮的统称，发射铅制散弹。左宗棠："近命制劈山百尊，式如大抬炮，而身只五尺，能吃半斤子、半斤群子，可致远四五里，勒限一月成工。"《续修镇番县志》记武库有威远炮、劈山炮若干尊。

[7] 鸟子岗：也称"瞭子岗"，为明清烽燧。遗址在今民勤县蔡旗镇小西沟村。

[8] 高家大门：在今民勤县薛百镇宋和村附近。

[9] 大水山：在今景泰县。

[10] 新疆兴平县：新疆无此县名，疑为新疆尉犁县，治兴平镇。

德宗光绪二年丙子（1876）

县人冯荣光[1]投左文襄公军张曜大营，从征西域。

二月，邑侯力兴学业，延请吴莱崔主讲苏山书院。门徒络绎，称一时之盛。

五月，邑令钱崇基捐廉五百缗，邑绅赞助一千五百缗，合二千缗，作为文社杜开办经始之费。

是年，举人二名：一名吴兆晹，官金县训导。续志载其传曰：

吴兆晹，字莱崔，由拔贡中光绪丙子举人。性嗜学，持身严介，不阿时好。见人有善，即奖劝不已。若稍有错误，谴呵亦随及之。主讲苏山，除文艺帖括口授指画外，其余敦品励行，率以身教。以故门墙虽峻，邑士乐受其裁成。后官金县训导，旋卒里。

举人一名谢拟蕙，中式第十一名，无仕。科试贡生二员：一名聂长庚，岁贡。

按，长庚，本安西籍，同治间迁徙于镇，遂家焉。子守仁，有文名，参见第十二卷例。

一名谢映庚，恩贡，亦安西籍，尝伙聂长庚先生寓镇避兵，后定居焉。官洮州教谕。

又，是年武举二名：一名陈永仕，一名卢豹山。

按，豹山，字蔚然，性情静默，英武善射。十六岁入武庠，十八岁登乡荐，时人目为国家干城，专阃良材。上宪屡召未就，盖欲争雄龙榜。讵料中年溘逝，闻者无不扼腕！

注释：

[1] 冯荣光：字思轩，镇番县人。从征西域后任紫荆关副将，实授永城营参将。辞官归里，督修水利。封怀远将军。

德宗光绪三年丁丑（1877）

二月，阖城兵民驱驼驾车，搬运北城沙丘二十余弓。

六月，柳林湖遭蝗灾。大东岔等地飞蝗蔽日，犹如云霾，人皆惶恐，无所为计。邑令钱崇基亲诣八蜡庙[1]，虔诚祈祷。并移知营汛典史，带同各渠乡民农保，一体捕捉。有乌鸦万千如雁行，结阵群飞空中长数里，迎蝗排击，翅挞喙啄，纷纷坠地。惟蝗落田间食草，则群鸦不动，其间似有神助。民间各设香案，争备水食，以供饮啄。蝗滋蔓数日，禾伤无几，皆飞入南沙窝而去。钱邑令以神明默佑，全境无恙，捐廉重修八蜡庙。悬挂匾额，以答神庥，并为文以记其事。《八蜡庙记》附左：

自古敬神明，隆祀典，牲牢酒醴，遍四渎五岳而不以为费；佾舞乐奏，至七献八献而不以为烦。诚以神者，民之所依，参赞所不得至，咸赖神为之功，答神庥所以重民命也。盖天地咸二气之流通，气之灵而为之神，皆足以扶生养之气，而消淫厉之灾。不独风雨雷电，震曜斩杀，昭著于耳目间者。凡神之阴扶默相，莫不皆然。而雷电而外，惟八蜡之神为著。

记曰：年不顺成，则八蜡不能通百神之祭。无隆杀，而蜡之受罚为独苛，岂非先啬于稼穑之事有专主欤？观于邮表畷之祭，而兼迎猫迎虎，不嫌其亵渎，不以田鼠、田兽、昆虫草木之灾，非八蜡无以御之乎？或以虫蠹为纤微之物，散而无纪者也，神将何术以之治？曰：是不难。谷之飞而为虫，草之腐而化萤，其气本浮而不根，能倏忽变化者也。一以正气感之，则戾而复归于正，何迹之能留？

五月，抄闻枪杆山出蝗蝻千亿，前得灵鸦万千，结方阵以排之，而禾稼不伤。至今，仍或来或去，倏有倏无，得母神，憾祀典，旷阙而不遽绝其根欤！

自伊耆氏始，为蜡合举国之勤，稼穑者同；俎豆之至今历千万年，未之有改。镇邑地处边隅，祀典废坠，今因示异。群黎百姓请择祀期，永以为例。会典所定，未及考核，惟记载蜡祭。

蜡祭，《注疏》以为名异而祭同，似宜择期于腊月八日。诸父老以为甘境苦寒，腊中冻风砭骨，会聚为难。请改期于重阳节举祀。每年当于重阳前一日，民间共出猪羊各一，果品各一，老农地保与众农夫不拘人数，以多为贵。官奠毕后，即挨次轮祭，以致虔恪。仍留聚三日，吹豳饮腊，乐神之贶，共迓嘉祥，实复古之一端也。

是年，科试贡生一员，名马锡侯。

注释：

[1] 八蜡庙：《五凉志·镇番县志》记其在县城西关外。《重修镇番县志》记嘉庆年间移至县城东郭城隍行宫西。

德宗光绪四年戊寅（1878）

前知县钱崇基调职，顺天大兴举人赵维藩[1]莅任。教谕，狄道州举人何相清[2]任。游击湖南人祝鉴廷。千总平番人胡廷禄。

县人卢逢庆著《墩房宝钞》成，四卷。

四月十九日未时，监生例赐封文林郎卢公逢资卒于里。

据《卢氏宗谱》：公生于嘉庆二十二年四月十八日亥时，卒于光绪四年四月十九日未时，享年六十一岁。葬于城近仰沟叶家地。学名承伦，字言如，号梅溪，鉴之三子也。幼年敏慧，长成绚齐。其志强，其气柔，其性和且仁，其业儒兼耕。

按，逢资先生平生廉洁奉公，乐于施人，尝数次输资救恤灾民，为梓里啧啧称颂不已。

科试贡生一员，名魏廷瑞。

又，县人张浚文妻顾氏，年二十八而夫殁。子甫数龄，家窭，氏赖以针指度日，抚孤成立。守节三十八年卒，是年旌。

注释：

[1] 赵维藩：光绪十六年任山丹知县。
[2] 何相清：《爵秩全览》记为兰州人，光绪四年二月选。

德宗光绪五年己卯（1879）

知县，江西临川人张应周[1]任。教谕，合水廪生曹国名任。

红沙梁民人因同治军兴焚毁关帝庙。是年二月，鸠工庀材，重加修筑，阅三月而工竣。具大殿三楹，山门一座。

县人蓝佩青《退思轩诗文集》六卷付梓。

按，续志载其传云：

蓝佩青，字海峰，夙慧不群，有学行。同治纪元，由增贡生举孝廉方正。会值匪乱，督办本邑团防，捍卫桑梓，不遗余力。事平，以保安劳绩递蒙优奖。十三年，召试补行制科朝考，以试用知县分发湖北，署归州知州，历署随州知州，历有德政。卒于官。先生著述甚丰，付诸剞劂者，如《刑案汇览续编》三十二卷，《大清律例辑览判断看语》四卷，《归州审判要案录》二卷，《自理词讼》十卷，《规随堂规条告》四卷，《日记录》二十卷，《团勇纪略》二卷，《退思轩诗文集》六卷。

是年，举人一名，中式第二十八名，名梁来鹏，未仕。

副贡二员：一名蓝鸿荚，官甘州府教授；一名张存勖。恩贡一员，名赵延龄。岁贡一员，名刘毓玢。

注释：

[1] 张应周：历任山丹、渭源知县。光绪四年，左宗棠举荐其为清水县知县。光绪八年二月调任武威县知县。《清光绪朝实录》卷222记光绪十一年十二月，陕甘总督谭钟麟奏劾庸劣官员，其中武威知县张应周"居心险诈，唯利是图，着革职永不叙用"。

《缙绅全书》载是年镇番知县为范希廉，陕西咸阳人，优贡，光绪四年四月任。

《左宗棠全集》记："光绪五年三月十六日，奏请范希廉试署镇番县知事。"

德宗光绪六年庚辰 [1]（1880）

教谕曹国名调职，皋兰举人朱有霞 [2] 莅任。

凉、镇人民为白塔河水利诉诸府宪，后断定凉人将所筑草坝拆毁，其沟口只准一丈五尺，不准盘沙堵水。

四坝千一粮滩，捐仓斗粮二千四百六十五石四斗四升，初举邑绅监守出入。

三渠社仓共储仓斗粮八百二十石六斗四升，除去各项开支外，本息俱存。

又，蔡旗堡社仓共储仓斗粮三十八石五斗九升，黑山堡社仓共储仓斗粮二十一石四斗。

是年荒馑。

注释：

[1]《清光绪朝实录》卷123：十一月，"谕内阁左宗棠奏甄别知县一摺。镇番县

知县范希廉、宁远县知县王振远、安化县知县季德成，性识迂拘，办事竭蹶，均着开缺，以府经历县丞降补"。

[2] 朱有霞:《缙绅全书》记其兰州府人，光绪五年二月选。

德宗光绪七年辛巳（1881）

前知县张应周调职 [1]，江苏阳湖 [2] 人陈廷桢 [3] 莅任。

四月，红沙梁富绅王如梦强娉本族王福迎为妾。女闻，潜宅后沉水溺死。女家诉诸县府，邑侯陈廷桢依律处斩于是月 [4] 二十八日。

是年，游击，南京萧雅泗 [5] 任。

科试贡生二员：一名丁开文，恩贡；一名李振奎，岁贡。俱无仕。

注释：

[1] 此处疑为范希廉调职，湖南善化人汪榘任职。《缙绅全书》记汪榘光绪七年七月补任镇番知县。

[2] 阳湖：在江苏武进县东 50 里。清代设阳湖县，属江苏省常州府所辖。民国元年（1912）撤废。

[3]《缙绅全书》等记陈廷桢此间任永昌知县。存疑。

[4] 李注："是月"有误。既是依律处斩，便不可能在当月执行。依大清律例，至少要在秋审之后。或因"是""十"二字音同混写，亦有可能。另，"处斩"二字恐亦有误。女沉水自死，毕竟非王如梦凶杀，处之以重刑可，处斩则过矣。别无根据，未便轻改，存疑。

[5] 萧雅泗：原名黄雅泗。民国二十三年广西《武宣县志》记："萧雅泗，感村，清武职，任甘肃平番协副将。"又记萧雅泗为东乡战村人，曾封太平天国列王，后投降清朝，任甘肃平番协副将。

《左宗棠全集·附册》载左公光绪三年七月初四奏折《请以补用总兵萧雅泗借补镇番营游击折》："窃臣等业将借补甘肃凉州镇属镇番营游击朱光益病故日期附片具奏，开缺在案。所遗甘肃凉州镇属镇番营游击员缺，设处边隅，操防、巡缉最关紧要，非精明干练之员，难资整理。臣等查有花翎改留陕甘补用总兵萧雅泗，现年四十二岁，广西浔州府武宣县人。同治三年投入楚军效力，经臣典赏给五品军功，并奉札委管带楚军先锋营……臣等察看得该员萧雅泗，朴实勇敢，战功卓著，在陕甘随营防剿，熟习地方情形，以之借补镇番营游击员缺，洵堪胜任。合无仰恳天恩，俯念员缺紧要，准以该员借补镇番营游击，以实营伍而资得力。"《历鉴》所记萧籍贯、任职时间均与左公奏折相悖，疑为误记。《左宗棠全集·奏稿七》记："光绪四年五月，借补镇番营游击萧雅泗接署庄浪副协将。"（岳麓书社，2009 年）

德宗光绪八年壬午（1882）

陈廷桢调职，湖南善化举人汪榘[1]任县事。续志载其传云：

汪榘，字伟斋，湖南善化举人，光绪八年官镇番知县事。善属文，精书法。甫下车，问民间疾苦。首以兴学靖盗为要务，有犯必惩，恩威必济。课士优给膏奖，乡试获售者多出其门。邑自兵燹后，文社空存，公谕学绅经商营息，资或绌以廉俸。继之，又捐设义塾，俾无力读书者，皆得有所造就。嗣以瓜期及代，无计挽留。阖邑士民制"救时甘雨"额，以志不忘。

邑令汪公谕令：各该社仓积压之租粮，限期追还，并统交大仓收储。

按，先是前知县陈廷桢于七年岁次晓谕社董出具领票账册，将历年户民借贷负租一并汇呈列案，凡旧欠本息，从严追还，并责令将社谷提归大仓，由官经理。事未竟，而公谢职。继任汪公，因继而主持之。

是年，典史湖南浏阳人熊慎微任。

举人一名，名赵延龄。

按，延龄，字俊臣，光绪壬午由恩贡举于乡。读书有沈毅工，学以躬行实践为归至。里塾教授，勤诲弗倦，门下成就甚多。先于光绪戊子南郭建修文昌宫，延龄极力经营，卒告成功。尤精于医，凡贫病有求，无不殷勤诊治，其谢礼酬敬，概却弗受。后主讲苏山，讨论精详，学者奉为模范。

注释：

[1] 汪榘：此处任职时间疑有误。见光绪七年注[1]。

德宗光绪九年癸未（1883）

是年，知县浙江萧山举人萧汝霖[1]莅任。

奉文造报户口簿，户一万六千零六十七，口一十八万三千一百三十人。

是年大稔。

十一月，枪杆岭山每于午夜有声如雷，人以为凶兆，未有敢近之者。

是年，典史安徽桐城人方传诏[2]任。

科试贡生一员，名路敏蒲。

按，路氏精数术，且擅易学，时人谓"路神仙"者，即其绰号也。

注释：

[1] 萧汝霖：字又岩，浙江萧山举人。光绪五年任会宁县知县。

[2] 方传诏：事迹无考。是年典史《缙绅全书》记为姜遇鸿，山东历城人，光绪八年十二月补。

德宗光绪十年甲申 [1]（1884）

县西门外镇国塔因年久废圮，是年被飓风刮倒。二月，邑人胡克绪诸公募资重修。其形如锥，土人谓基下有高僧舍利云。

复设马政，分二地牧养。青松堡例额一千五百匹，柳林湖例额三千匹，持票由民间自收，无征银之例。加之马逐水草而牧，劳力颇巨，弊数百出，洵无兴旺之期。所谓马政，亦不过徒具空名而已。

是年，驼运小兴。春季共运送土盐、甘草等土产，共计一万七千余驮 [2]，为历年所不及。惟红柳园一地，驼病蔓延，护理不善，死亡甚多。

注释：

[1]《清光绪朝实录》卷 182：四月，"降旨令谭钟麟确查佐领祥元等呈控协领那尔春布迎合崇志之意……并有札提镇番县旧欠粮石情事等语，即着谭钟麟将崇志前奏及祥元等呈控各节……崇志着即撤任，听候查办。镇番县旧欠粮石，系同治六七年间凉州办防奏提之项。嗣因防务解严，未经提用。事隔多年，崇志何以径行札提？该县知县萧汝霖折银付给，显有串通舞弊情事"。

卷 190：七月，"谕内阁，谭钟麟奏遵查佐领祥元等据实覆陈一摺。署协领鸣鹤于镇番年久停解之款，蒙混请催，私议贱折，着交部议处。会宁县知县署镇番县知县萧汝霖于不应解之粮，率行应付，实属颟顸，不胜知县之任。着开缺以教职选用，至凉庄满营。动辄造谣生事，互相攻讦。此风断不可长"。

[2] 李注："驮"读"垛"，牲口所负载之物，土人多作量词用。通常一"驮"土盐 250 斤左右，一"驮"甘草 120 斤左右。

德宗光绪十一年乙酉（1885）

知县萧汝霖倡复崇文社，士林中人靡不响应，纷纷捐资。迄五月端节开社，已得二千余金。以一千金整修社馆旧宅，以五百金购置图书，以五百余金用作社会经费[1]。

县治西南一百二十里所下沟泉眼增大，泉水潮涌，和沙泥而出，纵纵横横，或浮而为濑，或汇而为渊，漫延数十里。附近荒地，尽成膏腴。

县人何天锡妻柴氏，年十九而夫殁。家无旁亲，薪米维艰。氏忍饥纺织，抚孤成立。守节五十六年卒，是年乃旌。

是年，典史顺天大兴严炳任。

举人一名，名傅揆远，中式第一名，无仕。

按，揆远幼聪慧，有志向学，一手锦绣文字。及老成，别无他好，惟以搜求藏书为心趣。镇日与书厮磨，广搜博采，誓使天下书为我所有。尝闻甘泉张某藏明季县举人王扶朱《三笑草》稿，不畏跋涉之苦，千里迢迢，策驴子而往。虽因张氏外游，未能如愿，而公则欣欣然如有大获。来归，告于同人曰："甘泉之行，不为徒劳。虽《三笑草》稿未获，死一驴子，亦释余一份负担。"是公此次远行，归途驴子病死，因有斯言。

又，拔贡一员，名王国麒；岁贡一员，名闫炳南。

注释：

[1] 李注：社会经费即"崇文社之活动经费"。

德宗光绪十二年丙戌（1886）

是年春荒，三渠乡民采野草、树皮，聊以充饥。

疫疠蔓延，阖县被灾。尤白喉肆虐，糜烂柳湖，死者枕藉，哀声远闻。

前典史严炳卸职，山东历城人姜遇鸿继任。

按，遇鸿擅岐黄之术，莅镇值流疫肆虐，不忍袖手旁观，亲诣病家，殷勤诊治，民间多惠声。

科试贡生一员，名陈用光。

德宗光绪十三年丁亥（1887）

前知县萧汝霖调职[1]，山东淄川[2]举人苏重熙继任。

按，苏公擅诗文，博学多识，性柔刚介。莅镇数月，文名鼓噪，士子敬慕。有诗集《草窗杂咏》四卷。

是年十二月二十九日，县庠生例赐文林郎卢公逢澍卒。

按，公生于嘉庆十八年二月二十三日，卒于光绪十三年十二月二十九日，享年七十四岁。族人卜葬于城近伙家沟外大田地。

据《卢氏人物行略录》：

公学名承纲，又名登瀛，字立之，号柳溪。性滑稽好学，泊乎晚年始入泮，设铎梓里三十余年。迪启后进，谆谆善诱，故里中子弟成立者，多出其门下。公擅法书，而尤精小楷正体，朴卿[3]以为镇邑历朝小楷，柳溪推为巨擘。元配李孺人，久年无出。择其弟承伦次子毓莱为嗣。义方教养，启发科第。毓莱参后。

是年，教谕，宁夏岁贡赵麟阁任。

科试贡生一员，名郭世芳。

注释：

[1] 萧汝霖调职：萧于光绪十年即被"着开缺以教职选用，至凉庄满营"，何以三年后还在任上？待考。

[2] 淄川：今山东省淄博市淄川区。

[3] 朴卿：即张从诚（1830—1899），号南麓，附贡生，侯选同知，清末镇番书法家。

德宗光绪十四年戊子（1888）

知县苏重熙调职，镶白旗人广沣[1]继任。

改建文星阁，筑木楼二层，俱三楹；四周砖砌，工甚壮丽。

县人卢宝伦于文庙塑孔子像一尊，身高一丈二尺，形逼肖。

县人赵延龄于城南郭修筑文昌宫。

县令广沣冒销行银三千二百六十两，用诸采购方物发运内地，窃雇贾役为之渔利。邑贡何天糈、教谕李茂南[2]诸公递禀府宪，力加弹劾。不逾年，沣革职递回原籍，以湖南湘乡人朱进贤[3]继任。

县人张西垣以德行例授登仕郎[4]，乙亥恩科举人张从仁为之作《例授登仕郎西垣宗兄德行序》，云：

人固有貌诗书而行等市会，亦即有不必高谈道义；肆志应求而实行克敦，足为乡里所推重者，若西垣先生殆其流亚欤！兄，恩荣耆老海如太公之长君也。太公服稼力农，迨无时豫，虽耕三余一，家用平康，而温厚和平，不尚华辩轻浮气。其持身接物，类皆内外如一，始终无间。今虽作古有年，而行谊犹为世所共称，则其为人可想见矣。兄凤承庭训，幼事诵读，能通大义。顾以家政累身，未获卒业。而孝友性成，谦和习惯。于高堂，则联修葬寝；于鞠子，则序敦雁行；于三党族邻，则谊深洽比，念切和亲。不比不同，不激不随，可谓琤琤者欤！

丁酉梅月[5]，亲邻因兄受联之荣，属余为文以贺。余何能文？惟即素所行事者，以记大略而已。夫小行受大名，君子以为应声之盗，然自世情之偷也，往往有随波逐流，无以异人而称之者。遂滥拾浮词，过为扬诩，致使其人实诣转湮没而不彰，又何如据人所共见共闻者。比事属词，为谓信而有征也。是为序。

是年，教谕，通渭县附贡李茂南；千总，县人李庆云。

科试贡生一员，名何天糈。

注释：

[1] 广沣：铁岭汉军旗人，光绪八年任甘谷知县。

[2] 李茂南：《缙绅全书》记为巩昌府人，附贡。《历鉴》作"李芪南"。

[3] 朱进贤：后任西宁守备。

[4] 登仕郎：文散官名。唐始置，为掌管宗卷、钱谷的属吏。清正九品概授登仕郎。

[5] 梅月：指农历四月，亦泛指梅雨季节。

德宗光绪十五年己丑（1889）

是年，知县湖南湘乡人朱进贤任。

县人卢树枝赴试，暴卒于省垣，人为之惋惜。

按，树枝公，前廪生，字毓斋，天资聪慧，品德端方。十七擢衿，弱冠补庠，时论谓为卢氏第二翰林云。讵意中途夭折，才未展而人已亡，惜哉！

是年，游击，湖北襄阳人李炳勋任。

科试贡生二员：一名胡世联，岁贡；一名何凌云，恩贡。

德宗光绪十六年庚寅（1890）

前知县朱进贤调职，安徽黟县举人黄铭鼎[1]继任。

县人闫德彪妻赵氏，年二十七而夫殁。氏事翁姑以孝闻。守节五十二年卒，是年旌。

夏五月，镇邑富翁马永盛之父以八十寿诞溘然作古。永盛欲开新茔葬之，卜地前举人卢公毓莱先祖西茔之南，遂与卢氏族人交涉买路。讵料发丧迁厝之日，卢氏沾璜诸人纠众阻拦。因二族诉诸县府，官得马赂，传沾璜审讯，杖四十，置身囹圄。逾二载，始获赦免。公犹不服，诉于府宪。奈马公重金贿官，是卢公终不得申其冤，后竟愤恨而死。

按，沾璜，学名云生，字瑞卿，毓莱公哲嗣。性和蔼，聪慧敏捷，弱冠采芹，目者多器重之。迫于家计贫窭，内顾无人，遂绝功名之念。躬身商贾，诸事绍承端木风范。曾不数年，而货财广殖，堂构新建矣。光绪庚寅，族中有以西茔给马永盛卖路而陷公于囹圄。公亢直不屈，平生方义教子，卒使蔚起人文为要务。事采《卢氏人物行略录》。

是年，典史，顺天大兴人乔延龄，湖南人张延祺。游击，陕西城固人萧得荣。

科试贡生二员：一名温开润，岁贡；一名卢逢池，府贡。

注释：

[1] 黄铭鼎：光绪十四年任正宁知县。

德宗光绪十七年辛卯（1891）

春月，县人何天糈、王国麒诸公倡募展修真武殿。

胡创业妻汪氏，年二十二而夫殁。遗子克绪，辛勤抚育，后成立入仕。氏守节三十八年卒，是年旌。按，克绪尝修筑城西镇国塔，参前例。

是年，典史陈书。

举人二名：一名张文源，中式第十名；一名张金寿，中式第四十二名，官岷山学正[1]。武举二名：一名许天成，中式第十二名；一名邱逢吉。

又，是年，镇内疯狗肆虐，狂奔豕突，多伤人畜，危害甚巨。

[1] 岷山：岷山应为岷州。学正：《镇番乡土志》记金寿为岷州教谕。

德宗光绪十八年壬辰（1892）

是年，典史，湖南巴陵[1]何运炳[2]任。千总，皋兰人韩衍浦任。

岁次，风沙狂虐，混沌阴霾。阅旬，大雪深及人膝。于是乎，道路阻塞，人则闭户不出，畜则羁绊囷棚。飞禽之属，雪隙夺人盘中食。

注释：

[1] 巴陵：今湖南省岳阳市岳阳县。

[2] 何运炳：原作"何选炳"。《清代边疆史料抄稿本汇编》记为"何运炳"，湖南巴陵县监生，光绪十八年三月二十日到任。《镇番县志采访稿》等亦为"何运炳"。

德宗光绪十九年癸巳（1893）

知县陈先觐[1]继任。公与前令朱进贤同乡。

县人倡募重修雷祖台，邑举人张从仁有记。略。

为振兴学业计，邑侯先觐公谕令：自总仓拨给书院仓斗息粮一百七十石。

三月二十三日卯时，武庠生卢登魁卒于里。

按，公生于道光十三年癸巳二月二十四日，卒于光绪十九年三月二十三日，享年六十岁。族人大祭，葬于城近仰沟叶家地。公性活泼，精神轩昂，通文好武，精于骑射，弱冠采芹，乡荐未售，遂设馆授徒，镇邑是时生童多赖其造就。

科试贡生一员，名李根本。

又，武举卢麒山，中式第四十七名。

按，麒山为咸丰壬子科举人卢逢辰之子，字石生，号南川，倜傥慷爽，精通武略，兼擅文韬。弱冠擢衿，旋膺乡荐，但以家务烦冗，羁足田园。平生德行修著，日与文人往来，凡遇地方公益，无不竭力斡旋。

注释：

[1] 陈先觐：《清光绪朝实录》卷517记光绪二十九年闰五月，"安徽六安州知州陈先觐讳盗纵役。当经谕令聂缉规确查，兹据查明覆奏。该员……惟纵容家丁，串通捕役，

需索扰民，并轻听董事之言，辄将汪春山刑逼毙命。种种荒谬，实属昏愦草率。六安州知州陈先觐着即行革职"。

德宗光绪二十年甲午（1894）

典史，伏羌岁贡魏诗莅任。

按，魏公下车伊始，即以仓廒破废，萦萦于怀，遂捐俸五百，修筑廒房二十间。

县人卢德何妻张氏，年二十八而夫殁。子幼亲老，氏事亲抚孤，守节四十三年卒，是年乃旌。

三月，红沙梁民人捐二千金，修筑关岳庙大殿暨山门，阅四载而工竣。参二十四年例。

是年举人三名：一名卢殿魁，中式第四名，官新疆疏附县知事；一名谢翰南，中式第十八名；一名王国麒，中式第三十五名。

按，殿魁，名乾山，增生逢庆子，庚子科举人殿元公兄。聪慧好学，幼年采芹，弱冠擢廪，少壮之年即与其弟联捷乡试中文举。历任新疆迪化[1]、库车、巴楚、疏勒、疏附知县。居官清正，秉政无私。曾亲率维、汉民人兴修水利，创建水规。并据维民告发杨公增新[2]将军之府役盗马案，公力主正义，三搜杨府，竟获置赃物，民愤遂平。由而维、汉之民，咸钦敬之。又悉，卢公于是年秋，搜讨疏附旧牍存案，纂修邑志，未知果否？

是年，武举一名，名卢望山，中式第三十五名。

按，望山，字远峰，精明强干，臂力胜过人，精谙骑射，府试冠军，捷足乡荐。晚年治家饶裕，专以耕读，垂训后人。年逾古稀，啧有惠声。

注释：

[1] 迪化：今新疆乌鲁木齐市。

[2] 杨增新（1864—1928）：字鼎臣，云南蒙自人。清光绪十五年进士。历任甘肃天水县知事、河州知州、陆军学堂总办、阿克苏、镇迪两道道台。民国元年（1912）任新疆督军、省长。著有《补过斋文牍》《补过斋日记》《读易学记》等。

德宗光绪二十一年乙未（1895）

知县江昌燕[1]继任。

按，昌燕，字颉云，安徽歙县进士，光绪二十一年知县事。廉惠明决，有不便于民者，如陋规积弊，悉行剔除。时，河湟告警[2]，公先事防卫，就地筹款，补城垣，移沙碛，招募乡勇二百名，昼夜训练，以保治安。及闻寇至，躬亲登埠巡逻，数十日目不交睫。匪入境，闻防堵严，举皆窜扰而遁，地方赖以又安。

是年，教谕，肃州廪生郭铸嘉[3]任。

一月，奉文每亩罂粟征税银一钱二分。

二月，河湟告警，匪氛震及全陇。知县江昌燕先事防卫，就地筹募款项，补修城垣，操练乡勇，以资保安。先生日夜操劳，体力不支。不阅月，竟致昏厥数次，凡军民莫不为之称颂焉。

七月，县人卢逢豫以军功保举六品顶戴。公字溪斋，前举人宝伦次子。

邑人祁开秀，穷书生也。是年贸易甘泉，尝作《三难歌》云：

贸易难，贸易难，走尽天下都一般。依靠东君常度日，还得受些他辖管。嘱君听忍两个字，何愁同伙下眼观。

持家难，持家难，春耕秋收不自安。费用逐日得多少？心中时刻有盘算。嘱君勤俭两个字，万里鹏程步云端。

读书难，读书难，最怕一曝而十寒。讽咏藉赖工夫久，琢磨还要放眼宽。嘱君觉潜两个字，泮水分香更衣冠。

广恩谨按，尝闻六坝恩贡何公凌云擅制歌辞，问于族人，果惠寄良多。兹选其较好者，附于左：

说甚么吉凶祸福？求甚么富贵荣华？吞酒卧花好潇洒，活像个小仙家。不学那作讹成易，只学我诗书文章；学礼学乐好谦光，不外夫文宣王。

又：

富贵荣华，难得个清闲潇洒。又不如门种柳，庭栽花，随时备些酒和茶。约几位知己友，快乐些也罢。

是年，游击，皋兰人高庆。

科试贡生一名，名李中选，岁贡。

注释：

[1] 江昌燕：光绪六年进士。历任甘肃古浪、陇西等地知县，有政声。

[2] 河湟告警：是年，马永瑞、马永林聚集循化、河州一带民众起事，激成"河湟事变"。

[3] 郭铸嘉：酒泉人，咸丰八年（1858）举人，历任伏羌、敦煌、安西诸县教谕，后升任宁夏府训导，晚年主讲于酒泉书院，工书法。原书作"郭踌嘉"，误。

德宗光绪二十二年丙申（1896）

前知县江昌燕调职，陕西白河举人钱广恩继任。

教谕，金县举人谢庭芝任。

春，飓风频仍，飞沙蔽日，缘沙居民，闭户不敢出，庄田堪忧。

河湟不靖，甘凉戒严。邑绅咸议拆除南城郭门文星阁，贡生黄应堂力排众议，以身家性命保之，众绅唯唯。

是年，游击，湖南益阳人曹敬亭。

德宗光绪二十三年 [1] 丁酉（1897）

知县安徽黟县人叶森 [2] 莅任。奉文改每亩罂粟征税银二钱。

举人一名，名张建勋，优贡中式副榜，官新疆鄯善知事。

贡生二员：一名张得善，拔贡，官新疆英吉沙尔知事；一名徐登云，岁贡。武举一名，名赵国栋。

按，张得善，字毅斋，生于同治七年，光绪丁酉科拔贡。历任新疆英吉沙尔知事、新疆警察厅厅长、新疆省政府军法处处长职。先生为官清廉，待人亲近，所到之处，人咸赞赏不置云。又，据《毅斋日记》：

光绪二十三年六月二十四日，先生远程赴疆，接任英吉沙尔县知事。途经干沟，遭响马劫掠，一随役被击殒命。先生以随身所携之资悉数略盗，方得保一性命耳。

县人张国志妻王氏，年二十六而夫殁于匪祸，因寻夫骨，逃入丛林，不食五日。贼退，得尸殡葬之。后，抚孤成立。守节三十二年卒，是年旌。

注释：

[1] 鄯善：清光绪二十八年（1902）始设鄯善县。此处应为鄯善县之故名"辟展"。

[2] 叶森：《历鉴》作"叶森著"，《镇番县志采访稿》《景泰县志》作"叶森"，同治十二年（1873）任景泰知县，现改作"叶森"。

德宗光绪二十四年戊戌（1898）

邑侯叶森营私践法，窃以自设科目广纳租税，中饱己囊。贡生徐登云诸公联名禀控府宪。府宪再具文递报省府，甘肃布政司裕长[1]饬令凉府查处。嗣后，叶被解职。

是年，红沙梁关帝大庙修葺竣工，县人郭叙堂作《关帝庙诸工告竣序》记其事。附：

尝思神庙之修也，非大木不能壮其观瞻，非砖瓦不能保其坚固，非画彩不能增其辉煌。斯三者缺一，不可谓之全备也，即一气不能备其三气也。故壮观瞻者若而年，保坚固者若而年，增辉煌者又若而年。如孙指挥沟[2]，其先在沙山堡即有诸神宫，后被风沙淤压，民无所安息，神庙无不倾圮。高曾辈妥议权商，于乾隆廿五年始移丘于头坝红沙梁。尔时，土地初开，神无栖所，何处拜献？东西窝铺是其古迹也。后至数十余年，创修大殿三楹。左陪牛王宫，右陪圣母祠。继而修山门，以通神路。上修三官楼，后修观音阁，庙前修演戏楼一所，其工亦浩繁矣。工繁则费大，为之前者，不知几费经营，几费木料，几费布砖覆瓦，几费丹艧金装，几费工匠颜料？然后诸工完毕，四壁腾辉，以成此巨观焉！

斯工也，经始于乾隆庚戌岁，落成于咸丰八年。后之踵事而增华者，不时求大木矣，不时上砖瓦矣，亦不时施画彩矣。不意天运震威，同治五年逆匪扰乱，庙内诸宫概被焚毁，栋倾宇颓尽成灰烬之势；土崩瓦解，依然土炭之形。匾联木额，十不存一；金炉石碑，残缺不全。前人创修之苦心、名讳一无所考。

噫嘻！沟之众人，目击心伤，不忍睨视，喟然而兴叹曰："千金之裘，非一狐之腋；巨室之为，非一木之支。"熟筹深思不得已，拆房木而聊为修饰，以避风霜雨雪之患。迟至光绪五年己卯之春，董事诸人倡仪于前，阃沟众姓乐从于后。购白鹿之松，选青牛之梓，鸠工庀材，重修大殿三间，山门了了成之。越十余年，约众同谋，曰："木工虽竣，而砖瓦未上，终不免渗漏之患，何能施其画彩乎？"

洎光绪廿年春，仿乌曹，仿昆吾，甋甍螯兽，万品甄陶，上覆之瓦，下铺之砖，无不完备。则此时之木工可以壮其观瞻，瓦工亦可以保其坚固。惟画工未施，何以增其辉煌？是有志未逮之事，沟众人可以鼎力周旋，以求其完备哉！故于戊戌岁，众志成城，因而出众囊之余粟，募十方之捐输。塑神圣之金身，威仪赫耀；绘宫墙之法像，彩色鲜明。猗欤休哉！虽未能琳宫梵宇，光焰触天，在此郊外，内瞻丹彩之设，焕然绮丽；外观土木之兴，屹然峙立。巍巍峨峨，罔非诸神所依之灵山也。

先圣云："使天下之人，齐明盛服，以承祭祀，洋洋乎如在其上，如在其左右。"此言鬼神之德，固昭昭知兹，则重檐复壁，尽成翡翠；覆金铺银，悉属玲珑。灵杈突出，浑似华顶之高风；秀脊崛起，依然长桥之卧波。杈旁踞虎，疑远啸而风生，势不让夫歌风；脊上盘龙，若游腾而云起，形稍逊乎齐云。于是乎，庙貌为之一新，神亦各得其所矣。神既各得其所，无不随时而降福。善人之好善，今与古不相歧，而神之降福，后视前则愈大，斯不诚由壮其观瞻、保其坚固、增其辉煌所致者哉！

今日者，众姓同起善念，共发虔诚。老者倡于前，少者和于后，扩前人欲为之事，造后人无疆之福。多方募化，广制匾额，庆赞告竣。不以惟仰答神庥，亦可表众姓崇德报功之心。委余乎序，余何能文？不过将斯庙之始终颠末，叙之于匾，永垂不朽云尔。是为序。

县人谢文馨妻张氏，年二十二而夫殁。抚孤成立，守节五十年卒，是年旌。

注释：
[1] 裕长：字寿泉，满族正白旗人，历任河南、湖北巡抚。
[2] 孙指挥沟：在今民勤县红沙梁镇。

德宗光绪二十五年己亥（1899）

知县，湖北云梦人杨宸谟[1]任。

邑举人张建勋自新疆鄯善知事职归里，携彼土特产哈密瓜籽一升二合，得之者试种之。是年秋，瓜熟蒂落，香美异常。明年，人咸争种之，期获厚利云。

县人王锡瑜妻李氏，年二十二而夫殁，子仅七岁。家贫无资，氏以纺织度日。守节四十五年卒，是年旌。

高文衢妻谢氏，年十九而夫殁。闭户抚子，足不出闺闱者十数年。后，子成立。氏守节五十三年卒，是年旌。

谢双鱼妻何氏，年二十六而夫殁。氏抚孤成立，守节二十八年卒，是年旌。

是年，千总，武威人高长庆。

科试贡生一员，名柴翔凤，岁贡。

注释：

[1] 杨宸谟：光绪二十六年任皋兰县知县。

德宗光绪二十六年庚子（1900）

知县浙江山阴人黄家模[1]任。

邑令黄家模详请捐修城垣，委令邑绅黄应庭等设局筹款，主董其役。越一年而工竣。迄三十三年，邑侯常公孝义[2]，乃作一记，权充《镇番县志采访稿》之"城池"目。详参三十年例。

四月，天字号[3]汤玉玺赴陕习艺，拜王保善为师。经年乃归，创"永丰戏社"。说者谓其为"镇邑秦腔之鼻祖"。

童生杨则元妻安氏，年二十五而夫殁。家贫子幼，氏藉针指奉养媚姑，遂抚子作文[4]入庠。守节四十七年卒，是年旌。

柳先让妻魏氏，年三十而夫殁。氏纺织抚孤，守贞三十六年卒，是年同安氏旌。

景大射妻甘氏，年二十八而夫殁。家奇贫，氏乃竭力育孤，后成立。守节三十年卒，是年旌。

谢双运妻薛氏，年二十二而夫殁。守节四十二年卒，是年旌。

儒童康伦元妻李氏，年二十二而夫殁。甕飧不给，无以糊口，氏昼夜纺绩，抚孤成立。守节五十一年卒，是年旌。

杨德源妻王氏，年十九而夫殁。守节四十二年卒，是年旌。

是年，举人二名：一名张锡寿，中式第十五名，官陕西兴平知事；一名卢殿元，中式第七十五名。参民国例。

恩贡一员，名张锦镛。

按，张公锡寿，善属文，尤长"四六"[5]。尝于赴任间途经天山，见景生情，乃于车中对随役口诵一赋，云：

暮宿微云，朝冲薄雾。路出名区，行经古渡。曲折原因地利，光映征尘；送迎必待风行，影垂羁异。车尘马进，知示我以周行；风送路引，问征夫以前程。今乃越国过都，设旄建旒。行道迟迟，长途渺渺。劳劳客路，轶事方兴；碌碌尘寰，游情未了。历寒光而记里，山影空悬；经冷艳以行程，雪痕犹绕。是山也，崎岖独立，突兀无前。同华峰之峻，比泰岱之肩。天则连乎洞府，壤则接乎祁连。玉戏天公，横开在地；不撑雪掌，峻极于天。其雪也，霏霏欲绕，片片空弯。山愈高而莫外，雪更深而无删。历兹桑道桃蹊，足遑暇住；视那冰肌玉柱，手莫须攀。滴滴归源，宛尔境通仙路；岩岩镇石，依然天作高山。密密银沙，层层玉屑，一片清凉，十分寒烈。珠摧——，原非人力能图；经锁三三，乃是天公所设。不胜呼童之扫，一夜生寒；漫云完眼之消，千层积雪。方其行道仓皇，征客朴素，古道赏心，前程缓步；琼花玉叶，念切观瞻；梁苑灞桥，情深指顾。此日身逢福地，题瑞雪之诗；他时捐躯社稷，绘创业之图。

注释：

[1] 黄家模：清末任陇西知县。

[2] 常公孝义：即常孝义，撰《镇番县志采访稿》，光绪二年任正宁知县。

[3] 李注：天字号即今收成镇天成村。雍正开垦之初，湖区移民依《千字文》编号，因有"天字号""地字号"之称。后"字号"二字演化为"漕"字，故又称"天漕""地漕"。1949 年后，又依原字号之意，联缀成词，如"天字号"即叫作"天成"，"黄字号"即称为"黄岭"，如此而已。

[4] 李注：作文即杨作文，则元遗子。

[5]"四六"：指骈文。全篇以双句为主，注重对偶声律，多以四字、六字相间成句，故称。

德宗光绪二十七年辛丑（1901）

湖南宁乡县人潘力谋[1]知县事。

县人于西门月城外创建孙祖庵。

县人王有条[2]寓居阿拉善巴音[3]经商，本利逾万。是年，王府变乱[4]，有条请兵靖之。

七月，柳林湖淫雨绵绵，逾旬不息。民畏水患，乃集资设坛，蜂拥集聚，祈求还晴。县署乃延前举人张文源制《还晴疏》，差专员下湖主祭。疏附：

维神鉴临有赫，福庇群生民等。时逢盛世，运际昌明，会沐十雨五风，亦任春祈秋报。兹则时当七月，阴雨连朝，斯民望切金乌，当空仅翔石燕。霖为破决，涨涌成渠，恐因人事之不修，以致天神之积恨。今者洗心涤虑，志切祷祈，虔备不腆之仪，伏乞诸神鉴纳，恩施挽回之力。牍则奏明之穹，天握调燮之权；日则明临下土，还祈四时罔害。五谷丰登，人物咸亨，衣食有赖，神恩广被，利则均沾。无任祈祷，曷胜翳企。谨疏。

是年，科试贡生二员：一名温树勋，岁贡；一名马炳文，府贡。俱无仕。

按，马公炳文，是年乃作《甘肃沿革疏议》文，精里壮采，天矫不群，不妨援引，以资后起。云：

天下大势，统论之曰南北，析言之曰江淮，曰荆襄，曰川陕，曰青齐，曰淮蔡，曰河朔，曰河西，此皆要害之区也，而甘肃为最要焉。

甘肃，古雍州之域。考《尚书·禹贡》，以黑水西河，表雍州之界。自孔郑通儒不言黑水所在，杜佑亦谓年远湮散，于今无征。据《水经》，黑水之源，在黄河之北，而黄河之南，亦有所谓黑水者。按，《山海经》曰黑水在昆仑西北隅，《唐书》云黑水在高昌。樊绰谓其分界梁、雍二州，自雍之西北，而直出梁之东南，即今滇隽之叶榆泽也。

秦筑长城界中国，西止玉关。汉武帝征匈奴，始取浑邪、休屠王地，开置河西四郡，为酒泉、张掖、武威、敦煌。其地酒泉为今肃州，张掖为今甘州，武威为今凉州，敦煌为今安西。晋后，五凉割据，各保一隅。其时疆域，前凉据于武威，后凉据于张掖，南凉据于西宁，北凉据于银夏，西凉据于酒泉。唐至天宝后，河西沦入吐蕃，然其初尝置郡邑，今陇西等州皆其遗迹。五代及宋，为夏所据。元代混一，始以甘、陕分省，并列十一省之中。建都规模，增其式廓。明初以地介边陲，改省为卫，后又置陕西行都指挥司领之。迄清开拓边疆，广设郡县，凡瓜、沙旧徼，悉入中国版图。历代以来，甘肃沿革大概如此。

邑人武庠生卢逢塘，是年保举五品蓝翎守备。

按，逢塘，字石亭，号小泉，生性耿直，一生从事武业，今人呼"卢偏棍"者，即其之别号也。公精于棍术，尤擅偏棍横扫之法，故以名之。

注释：

[1] 宁乡：原作"宁县"，应为"宁乡"。潘力谋，光绪末年任临洮知州，

[2] 王有条（1858—1943）：俗称"王条老爷"，收成镇泗湖村月城沟人。少年时为内蒙古巴音浩特山西商号祥泰隆学徒。光绪五年自办商号"永盛合"，经营数年，富甲一方。长子国瑞，民国初任民勤北街完校校长，在1929年马仲英屠城中因保护学生而罹难。

[3] 巴音：即巴音浩特、巴彦浩特，系蒙古语译音，意为"富饶的城"。1730年建定远营，1952年更名巴彦浩特，是内蒙古阿拉善左旗政府驻地。旧时或称"王爷府""衙门"。

[4] 王府变乱：查阿拉善历史资料，是年王府并无变乱发生。此说或指光绪二十六年，义和团在内蒙古鼓动扶清灭洋，蒙汉团众烧毁法国天主教堂，打伤多名教徒，烧死主教，清廷传旨申斥阿拉善亲王多罗特色楞一事。待考。

德宗光绪二十八年壬寅（1902）

福建闽县举人郑贤炤[1]，是年知县事。

按，郑令下车伊始，观诸城内结构，俱有失修颓旧之象，故首倡筹募修葺西街灯山楼，次又修葺学宫、仓廒、箭楼、彭公祠等。

原门面额征银十两四钱八分，是年加增银三两四钱四分四厘；牙行[2]原额征银六钱，是年增银一两二钱；斗行[3]原额征银六钱，是年增银六钱。

秋，乡饮耆宾卢逢潮卒，族人大祭，葬于仰沟中板子地。公乃前恩耆老例赠文林郎鉴公家子也。

注释：

[1] 郑贤炤：民国初年任榆中县知事、甘肃政务厅厅长、安肃道尹。

[2] 牙行：中介店铺或中介商。

[3] 斗行：粮食商行。

德宗光绪二十九年癸卯 [1]（1903）

前知县郑贤炤调职，直隶蠡县举人张希孟 [2] 继任。

是年，教谕，会宁恩贡栗成科。

县人王秉亭妻张氏，年二十九而夫殁。姑老子幼，营生无计，氏乃以纺织抚孤成立。守节四十八年卒，是年旌。

王永贤妻方氏，年二十七而夫殁。氏乃令九岁儿束发受书，每自塾归，必使手执读本，亲指句读，人谓之有孟母风。守节四十八年卒，是年旌。

赵志昂妻兆氏，年二十七而夫殁。抚夫侄为嗣，饮食教诲，如同己出。守节三十年卒，是年旌。

李承铭妻石氏，年二十八而夫殁。其娘亲劝以再醮，氏正言拒之，遂终身不与来往。守节三十二年卒，是年旌。

又，是年与石氏同旌者，尚有高思融妻王氏，邱隐书妻李氏，魏向觉妻赵氏，刘朝佐妻韩氏，张生财妻姜氏，韩学义妻孟氏诸妇。

是年，游击，镶黄旗人常贵。

科试贡生二员：一名何开乾，岁贡；一名王培元，府贡。

注释：

[1]《清光绪朝实录》卷 517：五月，"蠲免甘肃凉州府镇番县东中渠被水地亩额赋"。

[2] 张希孟：《清代边疆史料抄稿本汇编》记，"张希孟，直隶蠡县举人。光绪二十九年八月十八日到任"。

德宗光绪三十年甲辰（1904）

邑人马积禧诸人募化创修药王庙，址在城内东北隅。

县令张希孟重建县署三堂。

六月，奉文抽调新兵二十六名解送凉府。

县举人卢殿元向以文名著，邑衿张从仁尝嘉其作文"气如长虹，笔如游龙"。是年，乃口述《科目取士策论》一文，令其侄孙卢毓炆录之。其文曰：

且科目取士，肇自汉代，盛于有唐。汉平帝时，岁课博士弟子，甲科四十人为郎中，乙科二十人为太子舍人，丙科四十人称文学掌故。唐有甲乙丙丁四科，又有甲乙二科。武德以后，罕有甲科。开元九年夏四月甲戌，上亲策试应制举人于翰林殿，进士于甲乙二科。

自武德以来，明经惟有丙丁，第进士惟有乙科而已。汉制举士策于天子者，曰贤良；察于州郡者，曰孝廉茂材。文帝时，诏举贤良方正，能直言极谏者，上亲策之，而贾山[1]为最著。武帝元光元年举贤良，广川董仲舒对策当上意。元朔元年诏兴廉举孝。东汉限年，魏晋九品，中正无弊。然科目以唐最多。其时有两试之法，又有一科再举及一人连中数科者。宋之得才，为法不一。太祖始置贤良方正直言极谏，经学优深可为师法，详闲吏理，达于教化。凡三科，景德二年增置六科，天圣七年又增置三科。又有书判拔萃诸科，先录判词三十首，于流内铨投下。优者诏试判十道，是为十科。又分为五等，各有定制。后司马光请建十科，朱子请建七科。虽当世未行，而其说俱在，又足为取士之良法。金试时务策，又以经旨相参为问。元分左右二榜。明设文武二科，又试以五事。其制虽殊，而皆为国求贤之良法也，岂不美哉！岂不善哉！

注释：

[1] 贾山：西汉颍川人，初为颍阴侯灌婴给事。文帝时，以秦之兴亡为喻，上书言治乱之道，并以兴礼仪为劝，名为"至言"。

德宗光绪三十一年乙巳[1]（1905）

前知县张希孟调职，直隶肃宁进士刘春堂[2]莅任。

是年，教谕，皋兰举人彭汝翼[3]任。

按，彭公，字辅廷，皋兰举人。光绪二十九年，以大挑官镇番教谕[3]。性豁达磊落，不拘小节，独慕古人慷慨好义、雄奇激烈之行。视斯世宵宵，俱无足当其意者。为文根据经史，不蹈恒蹊。诗赋骚雅，尤称绝调。且精晓岐黄，博览群书，凡杂记、小说，议论间作为口头语，皆其绪余耳。少负才名，文章经术，不作第二人想。及九颐礼闱，竟以教职任官，遂郁郁不得志。每与知己谈心，当兴高采烈、精神焕发时，或借古今人之显扬腾达以自快慰。若不如意事偶触目前，即于斗室中长歌狂啸，以发胸中不平之气。平居课士校艺，人皆仰若泰斗。及学堂设立，应充校长，尤能热心教育，力开风气。宣统二年，纂修邑志，秉笔未果，事遂中止。民国三年，学官改称奉祀员，先生决计归里，不求他进。奈阮囊羞涩，行也濡滞，至年冬卒于学署。邑令周公韶武[4]莅任，虽生前未获睹面，而殁后格外垂青，从优周恤。复令卢绅荫棠亲置丧具，在在如礼。都人士怀公之教泽，闻讣来吊，争相奠赙，集有三百余金。公之子扶柩回籍，士林悼之。

盈字号[5]刘能元、王胜文等创设"里愚戏社"，教谕彭汝翼捐金五百以辅之。

详准拨归修理学堂息粮仓斗五百八十二石三斗二升。

教谕游学柳湖，偶至枪杆岭，观诸建筑，山下湖水相映成趣，因文思大开，索笔于沐风楼壁间题五言诗云：

一夜灯前宿，濛濛雨未休。风声盈陌树，云影蔽红楼。多向空中滴，还从梦里流。檐前方淅沥，枕畔忽飕飕。

是年秋，教谕彭汝翼征银五百两祭孔庙。

十一月十六日申刻，地震。天际有一火球自南向北滑过，人皆骇之。

岁贡一员，名许晋荣。

注释：

[1]《清光绪朝实录》卷549：九月，"陕甘总督升允奏，甘肃镇番县暨巴燕戎格厅各属猝被风雹，禾苗受伤，分别查勘抚恤。得旨，着即妥为抚恤，毋任失所"。

[2] 刘春堂：光绪二十九年进士，末代状元刘春霖胞兄。历任镇番、安定、高淳知县，著有《石林文稿》《石林诗笺》《畿南济变纪略》，主持编纂《镇番县乡土志》《高淳县志》。

[3] 彭汝翼出任镇番教谕时间，《清代边疆史料抄稿本汇编》记："彭汝翼，皋兰县举人，光绪三十一年到任。"《续修镇番县志》谓光绪二十九年，《镇番县志采访稿》

记光绪三十二年任。《历鉴》所记其到任时间无误。

[4] 周公韶武：即周树青，安徽合肥人，民国五年任镇番知事。

[5] 盈字号：今民勤县收成镇盈科村。

德宗光绪三十二年丙午（1906）

社众募资重修平王庙。

奉文将城内书院改为高等小学。重修二截关帝庙[1]。

邑令刘春堂重修东郊外龙王宫后杜振宜墓，并立坟地碑碣。

六月，柳湖王有条以二万金修筑堡宅[2]，凡房屋八十七间。

出借户民社粮六百一十五石。

邑贡王培元等议诸重修文昌宫。原构崇闳壮观，同治军兴，焚毁殆尽，竟无片瓦半砖残存。陡然振兴恢复，谈何容易？培元力主募于桑梓，遂作《募化引》云：

昔先王建邦设郡，礼义首重夫明礼，慢见忾闻，社祷先崇乎祀事。此庙宇所以遍天下，神阁所以建寰区也。如我镇番，旧有文昌宫一庙。自先世以来，台阁巍峨，规模宏廓，玉瓦耀天，金砖铺地，诚煌煌乎一巨观也。至同治年间，逆匪扰乱，遭兵燹之蹂践，本辉煌之殿宇，倏忽间焚化为灰烬矣。爰有王公培元等，见宫殿之残迹，心伤不已。久蓄重修之意，遂倡言曰："神者，所以佑育穷生者也。况文昌帝君，道德经纶备于一身，礼乐教化流传万世。有忠节表千秋之浩气，德星启万古之文明。我镇邑文人士子，无不妥侑精灵，蔚然为地方争光，其为神更宜崇奉也。"于是，同心商议，众谋佥同，誓举其盛役焉。然工费浩繁，独力难支，故尔募化十方，万望仁人君子随愿助资，共征善果。合千万人之欢心，襄神功之赫奕。庶几积水成河，积腋成裘，而落成自不难矣。异日者，厥工告成，愿制匾额，垂名于来世，以与诸君子共享斯成也可。

腊月，平番窑街[3]设铁厂。是月底，县民何所求、李吉民等十二人应募当工，越年而往事之。

县人吴敬庵乃镇邑一望族焉，向以孝友称。是年岁尽，先生抱孙大喜，耗数千金筵宾庆贺。族党朋好，咸来云集；在镇名宿，大都光临。或云：气象煌煌，车马在在，比若仙家，差几王侯。甲午科举人卢殿魁撰文恭庆之，文曰：

窃观乔木结层复之阴，在其旁者得庇荫；长河成浑转之势，被其泽者不同流。盖惟破利欲之关，而后情系于桑梓，培心性之地，而后秀结乎芝兰。

敬庵先生大人，吾乡望族也。踵先人之世德，力图前程，虽搏一青衿，而恢张祖业，丕振家声，洵白苇黄茅中不可多得者。先生孝友人也，出承伯父之祧，职分无亏；兼报生我之恩，孝养无间。匪乱之后，家道寝微，食指甚繁，诸昆玉各形棘手。先生竭力匀当，经营惨淡。破除门户之见，不分畛域，以故诸凡起色，突过前人。而尤热肠于戚族之无力婚葬，友朋之有志前程者。至鼠争蛮触之碍难和解者，无不冒雪犯霜，俾各折服，是睦姻任恤之风，皆系于先生之一身。所以乡里妇孺辈，无不乐道姓字，买丝而争绣之也。

德配马孺人，名门淑女，内则贤媛，孝事翁姑，勤襄内政，温恭淑慎，诸宛若无不钦服。举丈夫子二，皆卓有父风。长印光庭，举国子监太学生；次篆光学，刻志攻书，前程未可限量，不仅以"循谨"二字尽其长。

壬寅之冬，长君有弄璋之喜，合数万里之年友世戚，不谋而合者数百辈，走告余曰："君子抱孙不抱子。先生有抱孙之喜，愿乞数言，为先生贺含饴之乐，如何？"余曰："先生暨孺人之德行，可以诏孙谋矣。宜苍苍者生此奇种，以遂其他日分甘之愿，寻常冰藕雪语之傅会，恐非诸君子制锦之初心，亦非余之所以逢知己也。为告敬庵老友，益慎保晚节，毋堕今名，俾呱呱者食乃祖之福，极于无疆也，幸甚！"

是年，千总，皋兰人李彪。

注释：

[1] 二截关帝庙：《续修镇番县志》记其在城北 35 里，即在今双茨科镇中杰村。

[2] 王有条堡宅：在收成镇泗湖村，名"集义堡"。1950 年后分给数户贫农，1958—1968 年间被拆毁。

[3] 窑街：在今兰州市红古区。

德宗光绪三十三年丁未（1907）

前知县刘春堂调职，湖南长沙人常孝义继任。饬令禁种罂粟。

出借户民社粮六百二十石。

知县常孝义捐廉二百八十两，补修厫房一十二间。

典史，陕西三原人武培溢任。

科试贡生三员：一名马服驹，岁贡，甘州府训导；一名赵汝珙，府贡；一名刘建权，恩贡。

德宗光绪三十四年戊申（1908）

大旱，县令常孝义亲率士民设坛祈雨。

二月，四乡五处义学均改为初等学堂。

知县常孝义奉文纂修县志。公励精图治，刻求旧资，阅数月纂成初稿。本欲付诸剞劂，惟应省府频促"具承阅览"，遂以抄本奉呈之。兹补录《目录》暨姓氏如左：

"目录"不分卷，只存三十五目，曰"图考"，曰"星野"，曰"建置"，曰"疆域"，曰"山川"，曰"城池"，曰"公署"，曰"学校"，曰"关梁"，曰"祠祀"，曰"贡赋"，曰"兵防"，曰"水利"，曰"驿递"，曰"蠲恤"，曰"盐法"，曰"茶马"，曰"物产"，曰"风俗"，曰"古迹"，曰"祥异"，曰"陵墓"，曰"封爵"，曰"职官"，曰"隐逸"，曰"流寓"，曰"仙释方伎"，曰"列女"，曰"艺文"，曰"杂记"。

姓氏：

主修：镇番县知县常孝义，湖南长沙人。

监修：奖叙直隶州判黄应庭，邑附贡生。

总修：镇番县教谕彭汝翼，皋兰举人。

协修：候选知县卢殿魁，邑举人；候选知县张锡寿，邑举人；候选知县王国麒，邑举人；候选训导刘大章，邑附贡生；生员张佩绅，邑人；生员孟思明，邑人；监生蓝鸿箫，邑人；生员彭永龄，邑人；候选州判张得善，邑拔贡；候选州判田获国，邑拔贡；候选训导卢培锦，邑岁贡；候选训导王培元，邑岁贡；候选训导温树勋，邑岁贡；候选训导叶志远，邑岁贡；生员汤应盘，邑人；廪生魏经邦，邑人；职员，周大修，邑人；奖叙布照磨马服铭，邑人；候选训导张锦镛，邑岁贡；武生张一魁，邑人；候选训导许致庆，邑岁贡；廪生姜学正，邑人；生员谢登科，邑人；生员谢树棠，邑人；候选训导王廷莘，邑岁贡；邑人张绥甲；邑人张明英。

　　按，此志盖出自于教谕彭公之手，简明扼要，为文清新，凡有关涉时政利弊者，屡中核心，洵不失为大家手笔。惟其未梓，因以“城池”一节，引录于左，以示全书之大局耳：

　　其旧城故址，因土地卤舄，加以飞沙积压，墉垣堕坏，不堪收拾。居民渐侵为坦途，其峭然独存于沙碛中者，不过十百之一二耳。

　　同治二年，因陕匪为祸，令张兆爽治城以防不测。时，迫不及待，所筑墙堵高不过仞，厚仅尺余。三年，令哈国霖接续加修。四年冬，令余宗麒来代，添建城门。至十二月而贼来寇，余公下车伊始，正值修城，因三城门楣俱废，急加修饰，以司启闭。其余工未竟而贼压境，于本月二十七日围薄城下。是时，哈令以奉调尚未去，率同绅士蓝佩青与酋长杨文治、崔三诘朝相见，请盟纳赂，犒以金三千两，事之以布帛九百匹、袜履衣具数百，事得免难。城得存，而劫掠一空矣。仍不时以兵绕城，民恐，急于为备，伐木为城，黄沙雍处备之削之，刻日敦迫，咄嗟立办，藉以保全。

　　五年三月，余令以匪氛甚恶，举议大加缮修，得请会同游击陶世贵，愿与士民更筑城垣。乃罗以土，东西南三门环筑子城，子城门外缭以护门墩。独北城旧未设门，城上无楼橹，即其故址拓筑敌台，高丈余，便瞭望上下，重构警铺。

　　按，镇城自明都御史侯东莱砖包，旧无北门，亦无瓮城暨护门墩，疑即明守备蔡勋所建，故名。先是套虏屡犯边来扰，地家言是门不可启，启则犯胜。而寇至后，人相沿禁用是门，因避剽寇之锋，制以压胜，理或然欤！是年修城，缘土掘沙，不便兴作。自此始置门扉，役夫乘便往来。工竣，仍旧封闭，无故未尝轻启。计城之周，增埤补绽者十之七八，四面分砌炮台一十九座，其女墙、斥堠、敌楼，仅具规模。奈工费甚巨，而力出于民，未能告厥成功。是役也，陕匪来寇之明年，城郭不完，民不知兵，束手无策。贼又占据乡村，焚烧杀掳，殆无虚日。

城中人民荷扉架木，堵御防守，其势岌岌。时，邑候余公顾是役不可缓，虑财用告匮，或集众议，劝士民为之助。于是，城绅输钱，乡人运土，官绅士庶共任其劳。余公与游戎陶公躬环版筑，朝夕从事。由此，缭绕有墉，晡晚有甓，复将颓圮仓廒四十六间，详请移建窝铺亭障，以庇巡人。凡攻木之工若干日，攻埴之工若干日。又虑平沙无垠，高与城齐，恐寇阶以登，乃用众力碾沙城下，沙分而城见，百堵皆新，人有固志而孤城暂获保全矣。

七年，令黄昶任县事，复加修治，以补余令之所不足，而工仍未竣。九年，令续增始至，亦加重修。未几，以频年兴作兵燹之余，民力既殚，请缓巨役以恤民艰。是时，逆匪连年告警，乘间窃发，城几陷者屡矣。加之军力薄弱，捍卫难恃，人心恐惶，不得已，于从前补葺未完之区添用土墼，加高墙垛，整其敝而易其蠹，极力圬墁，周围包罗，俾使中坚外峭，赖以御寇。此外，虽经陆续增修，而缺陷尚多。三门瓮城依然破裂，各城楼橹不但栋圮梁坏，直一瓦砾场耳。值此兵乱民困之日，陡兴大役，欲使百年积弊之工一旦改观，岂可得哉！彼时，当事者鳃鳃计虑，知捐缗之难，为力行将瓮城积沙劝民起运，凭城固定，藉资保卫。民既感悟，竭力挽撤。从此，镇邑终未罹于兵革，得以危而复安者，盖修城之力也。至时，暂请缓其役，为轸恤民力故也。

光绪元年，令钱崇基知县事，因北城炮台剥落，西南隅墉垣倾圮三四十丈，暨先前补筑处所，屡经风雨渗漏，坍塌过半，勘估详请。二年春，依次增葺。三年，又于北城迤东大沙堆，西城迤南小沙堆，分划遣散，将以廓清城界焉。自是厥后，屡修屡废，虽经上宪迭催，究未切实拓修。非怠也，实因官帑民财两不能支。俾守土者，安能勤事保障，时加修治，而韦观厥成哉！

迩年以来，匪乱剿抚，渐次承平，人民安集。有鉴于同治间陇南、河西诸郡县皆以无城卒守寇祸，于是增其式廓，为其绸缪牖户之举。况以地当瓯脱，临时难防不测，不得不思患而预防之。谋诸父老，岁征其需，储备其用，相度高下，于旧址湫隘塌陋及风堕雨昏之处，择其缺坏而补治之。复将北城东段沙窝约计十六弓之谱，西城南段沙窝约计十余弓之谱，与城相埒者，车载而斗量之，以除沙患，勿令障拥。至此而丕新之象，颇觉可观。然日积月累，渐消渐散，过其故墟，已非金汤之旧矣。

二十一年，河湟逆匪又复煽动。至二十六年，京师震恐。令黄家模议捐请修，于本年七月兴工，三十一年五月竣事。仅将东西南三面城墙与西门内墙大加补葺，东城正门与瓮城门用砖石包围，屹成旧制。其余工程甚巨，遂尔撤局中止。城周围一千三百一十四丈，延袤七里三分；高连女墙三丈七尺，址广三丈，面宽一丈五尺。敌楼逻铺计八十五所，炮台三十座，雉堞凡一千一百一十九堵。沿城外壕平如铺簟，迄未浚治。西城过水洞旧痕尚在，亦未穿凿。

是年，因外洋之役来犯京师，又以逆匪叛复无常，恐复牵动邻封，先事预防。遂劝民户之富者，以差其役轻重，捐钱六千余缗，一应所需。工匠物料平买，按给设局开支。官绅煞费经营，因事繁费重，仍择其大要补葺。其东西南各瓮城堕坏尚多，不暇兼顾；其四城敌楼及月城楼橹，半属缺如。加以饷捐所费不支，中道而废，未获蒇事。迄今窝铺尽行倾废，南东二城外墙倒圮十余丈，败坏不堪，未知何日复能缮修也？

噫嘻！郭凡三：西关，自明右参政张玺呈都御史杨博疏请创建，一则消除沙患，一则增置重险。建筑土城以来，人烟辐辏，阛阓充区，俨然重镇。周围二里余，其高下广厚，俱逊于县制，为西郭，今已废。西郭墙垣，今为灌田雨水冲刷，啮蚀零落，只存故址数段。庐舍经兵荒以后，焚烧撤毁，废为丘墟。其北，则水溢无异河干；其南，则沙碛如山如阜，剩有古庙独峙，民舍数间而已。沧桑之变，不禁有今昔之感。北城，旧未设门，城外地多荒旷，绝少人居，故无附郭。东关，旧未筑城垣，亦未树栅，人民栉比，傍城成市。其铺店工作，列市而居者，无虑数十家。祠宇园林，人烟错落。通衢开沟渠一道，由南而北，上设吊桥，亦曰"钓桥"。旧志载"小河垂钓"为八景之一，疑即此。东北亦多沙患，长二百步为东郭。南门瓮城外旧筑土台，于郭门故址上建文昌阁，台北对列水、火二庙。东西向遭烽火，阁毁，庙亦拆坏。

光绪十四年，令广沣与绅士共谋开拓旧址，内裹实土，外甃砖石，雉堞四围。台上仍建重楼，俱三楹，四飞角加甃如之，南向祀神。仍旧颜以木牍，南曰"斯文崇主"，北曰"天开文运"。台下砌巷建榨门。垣址狭隘，环城而居者只十数家。

台南设吊桥，屡因干旱，农民惑以风水之说，旋修旋毁，今未再修南郭。

夫镇城为边庭重地，则当思患预防，时加修治。然筑城凿池，累年阽危之苦在所不免，而沙患尤可虑。迩来，东西北三面壅塞之势过于曩昔，且高过城堞，不啻恒河之数，行者便登若大路。然将徙城以避，沙则处处飞来，迁地弗良；将刷沙而完城，则大工大役，费无所出，将请疏入告。年来新政实繁，一邑之事，何烦上闻？或者广其敛于就地，而西土穷民，筹捐者数矣。欲任其事，不其难乎！

昔者，城彼东方，吉甫所以作颂也。以作尔庸南国，所以是式也。盖君子谋事，总期于上不病国，下不病民，政之美者也。今镇孤悬天末，平沙万里，遍处蒙番，实严邑也。有守土之责者，师前人之成绩，为民请命，先师预庀锁钥。或捐俸钱，以修城堙，而不劳民；或征防兵以运流沙，不使侵城，复栽堤柳以护之。自兹岁加补葺焉，量不大难，庶几言言仡仡，永久无患，将见坐享磐石之安。人为镇民幸，吾以为雍凉之保障，亦于是乎在。

五月，常孝义调职，陕西白河人袁世祯知县事。

按，世祯莅任不阅月，即以疾辞，继事者湖南湘乡人张鋆[1]。

七月，知县张鋆捐资三百余金，补修廒房一十间。

十月，乡民呈请县府减免契据税，不准。再请，罚银二十两。

季秋，西河水涨，注于青土湖。东西三四十里，南北六七十里，上下天光一碧，波涛万顷，当地住民多受其害。牧犊楼溺水中，阅月余，坍塌湮没。

是年，立习艺所，附设军流所内。

按，军流所在县署仪门外西北隅。

又，是年十月，开办戒烟药科，附设于巡警局内。由邑候张公捐廉发给，领者甚众。

府贡一员，名何开玖。

德宗终。

注释：

[1] 张鋆：字石塘。光绪二十一年任礼县知县，三十四年为镇番知县。

宣统元年乙酉[1]（1909）

知县，山东海丰人张树抗[2]任。不逾月，树抗调任，湖南长沙人张玉麟继之。七月，玉麟卸职，顺天大兴人章灿继任。

教谕缺。典史缺。游击，京旗人桂成任。

春月，社众募资重修昭忠祠。

是年，雨水充沛，边外地草场丰茂，驼马赖其利，数目陡增。马共八千五百六十四匹，驼共四万八千五百六十六峰。马多在川，驼多在湖。耕牛二万五千又三头，驴七千五百又一头，骡三千八百六十四匹，羊共一十四万九千六百三十二只。详存案。

乡民王九七等纠众入城，抗交盐税。

廪生俞凌香妻马氏，年十八而夫殁。抚老育幼，守节三十二年卒，是年旌。

又，旧案录：是年春，飓风肆虐狂作，黄沙混沌遮天，沿边庄田多危在旦夕间。二月十七日，天幕低垂，昏然如漆。是夜，暴雨骤至，人家院落顷刻即成渊池。明日，雨势渐敛，而风犹不止。如斯者历十数日，始云开日见，虽房屋被其害，而庄田则多承其泽。

是年大丰。

科试贡生六员：一名叶志远，岁贡；一名卢培锦，府贡；一名许致庆，拔贡；一名李庆元，府贡；一名田护国，拔贡；一名马服麟，优贡。俱无仕。

按，卢公培锦，讳逢瀚，字云衢，号西楼，谨慎敦笃，学识渊博。时值逆匪猖獗，公屡膺房荐[3]，未即获售。感唤乡勇奋力拒贼，卓有劳绩。晚年设帐课徒，多所造就。光绪三十四年，奉文纂修邑志，公被聘为协修。凡所承担之门类，广采博取，精整细理，人称劳最。公为文不蔓不枝，简明扼要，既不堆砌陈词，亦不信口开河。

注释：

[1] 宣统：爱新觉罗·溥仪（1906—1967），字耀之，号浩然。清朝末代皇帝，年号宣统。著有自传《我的前半生》。

[2] 张树抗任职存疑。《爵秩全览》（光绪三十四年秋）记是年知县为方景周，广东普宁县人，监生。《大清宣统政纪》卷22记：宣统元年九月，"前调署武威县事

镇番县知县方景周胆大妄为，不恤民隐……着即行革职"。方景周任职镇番时间疑为1908—1909 年。

[3] 房荐：科举考试房官所推荐之文卷。明清时，乡、会试中协同主考或总裁阅卷之官，谓之"房官"，因在闱中各居一房，故名。通常试卷由房官先阅，加批荐给主考或总裁，名之为"房荐"。

宣统二年庚戌（1910）

是年，湖北孝感人傅博儒知县事。继任陕西神木岁贡庄发荣、陕西周至举人徐登第、安徽霍邱人刘国锜[1]。

按，国锜，续志有传曰：刘国锜，字慕韩，安徽霍邱人，宣统二年知县事。为政识大体，遇事敢为。甫下车，严治豪猾奸匪，不少纵容。明年秋，武汉起义[2]，南北响应，土匪乘机窃发，处处告警，公虑党徒煽惑，人心思乱，一有暴动，势将燎原。乃商同乡绅挪借社谷，募马步壮丁二百名，急设城防以备不虞。复谕饬湖绅按粮筹饷，以足兵食。时，会匪[3]啸聚，蠕蠕窃动，曰以"焚衙署，劫富商"，明目张胆，散布蜚语，市民摇撼，几无宁晷。公日夜巡逻，秘密调查，拿获匪首二人，严加禁锢。旋即请兵镇慑，方欲草薙禽狝，痛绝根株而后止。嗣悉大乱频兴，激则生变，遂斩决匪首以警余党。而思逞之徒从此敛迹，地方赖以安全。去时，士庶遮道，结彩焚香以祝之。

是年，县人杨敬轩于甘泉创立"永和典"宝号，本息约一万金。

是年，典史，湖南宁乡人洪作霖，任半载，湖南善化人黄文潘继。

注释：

[1] 刘国锜：又作刘国琦，民国七年（1918）任正宁知县。

[2] 武汉起义：通称"武昌起义"或"辛亥首义"。宣统三年农历八月十九（1911 年10 月10 日），湖北武昌新军武装暴动，此举为中国推翻帝制、走向共和之开端。

[3] 会匪：指同盟会会员。

宣统三年辛亥[1]（1911）

全境各学区始设国民学校。

收获息粮三百石三斗一升二合，借给团练局社禄六百九十七石三斗四升。

注释：

[1] 宣统《职官录》记是年知县王肇基，陕西安康县人。典史：彭汝翼；教谕：梁鸿鸣，陕西南郑县人。

镇番遗事历鉴卷十二

中华民国元年 — 中华民国二十五年（1912—1936）

中华民国元年壬子[1]（1912）

民国建元，一切改行新章。文，则知县改为知事，教谕改为奉祀员，典史改为管狱员。至武职，则官阶营制陆续裁撤，虽设警务暂资防守，然巡警、警察屡有变更。此卷据续志及县府存案依次汇辑载列，以昭统系，俾后起者借鉴资考。

首任本县知事刘启烈[2]，广西桂林人，事迹不详。

是年科试贡生一员，名王泮青，无仕。

县人王云骥，是年毕业于电政学校，充任新疆国税厅厅长。

按，云骥，字培之，生于光绪九年。

裁养济院。原木料多为盗资，余物亦荡然无存。奉文停止宗庙丁祀。

教谕裁，改设奉祀官，首任缺。

又，凡原支各吏及各役廉俸，奉饬遵照新章：知事，岁支银洋二千一百八十四元；管狱员，岁支银洋二百八十八元；文庙奉祀官，岁支银洋一百二十千文；科员三名，岁支共银洋一千二百六十元。

饬设警长一员，知事兼摄。警佐一员，年支薪水钱二百八十八串文；雇员一员，年支薪水钱九十六串文；巡导二名，年支薪水钱一千二百九十六串文。警服年支钱四百六十串文，灯油年支钱九十六串文，杂费年支钱七十二串文。消防队队长一员，年支薪水钱二百四十串文；正目二名，年支钱二百四十串文；正兵十八名，年支钱八百六十四串文；火夫一名，年支钱七十二串文。司法马警队长一员，年支薪水钱四百三十二串文；正目二名，年支钱二百十串文，火夫一名，年支钱七十二串文；马夫一名，年支钱七十二串文。

注释：

[1] 中华民国元年：1912 年 1 月 1 日，孙中山在南京就任中华民国临时大总统；2 月 12 日，清帝下诏退位，满清覆亡；3 月 10 日，袁世凯在北京就任临时大总统，中国进入民国时期。

[2] 刘启烈：字骏甫。光绪三十四年（1908），以试用知县身份接办修建兰州黄河铁桥在陕运务并受奖赏。1912—1913 年初在镇番任职。据传其离任时有诗："惭愧诸君赠锦联，无多光景恋离筵。他时或有匡衡疏，此去何需刘宠钱。边塞同心防牧马，穷乡托足隐农田。青湖白海情如许，珍重萍踪再聚缘。"

中华民国二年癸丑（1913）

县儒学裁，改建东街国民学校。

新政府明令禁烟，而民间熟视无睹。是年夏，县府张贴告示，禁令种植罂粟，有犯者必加严究。

财政厅招商包办规钱一千零五十千文，现包规银一千六百一十五两一钱。

李公培元倡募修筑红沙梁关圣庙，郭公叙堂作《募化小引》，甚挚。其曰：

是庙也，创自清时乾隆三十九年。庙貌森严，栋宇交辉，煌煌祀典，春秋享之。由是，神恩所暨，岁无荒馑之忧；圣德所周，年多丰享之庆。民康物阜，修美化纯。论者谓：民之所敬乎神者深，而神庇荫斯民者大也。迄今历年久远，砖瓦有损折之危，墙壁有倾颓之患，宫阙有崩裂之状焉。人非木石，知恩报德，念切举修，势难久淹。于民国癸丑岁，遂起揭掀之谋。新建规模恢宏，旧制轮奂济美，楼阁新奇，是足状千古之观瞻焉。而奈仓廪告匮，民力疲乏，将来之工料，竟惜无料理。既已然之，亏空何补耶？喜四方君子广修善果，乐为周旋。重义不计有无，好施出以慷慨。勿吝囊资，襄我盛举，俾有成之可奏，庶万善同归焉。异日工程告竣，制办匾额，表盛名于其上，用昭千秋，以垂不朽云尔。

邑人张锡寿是年秋撰文，特记其同学、湖南善士张春三力戒鸦片于凉州之事迹。文曰：

士之良知而可贵者，道德心也；士之良能而可贵者，责任心也。得其位，以政治除国家之害而救其国，一己之荣辱弗计也；不得其位，而自治去社会之毒而济其人，一身之苦乐弗计也。

前者，吾于清史中得一人焉，钦差大臣林公则徐[1]是也；后者，吾于同学中得一人焉，湖南善士张君春三是也。公毁鸦片于广东，伤外毒之流入也。焚其所蓄，阻其所运，商禁互市，敌绝馈粮。修之以海防，威之以兵事，万函不尽，三战不休。虽褫职而罢官，仍志豪而心杰。君戒鸦片于凉州，从法之苦行也。局设博爱，行施仁慈，来之远方，竭尽心力。奖之于官署，布之于市衢。百炼成丹，一吞断瘾。贫寒者不取毫黍，殷富者略收本金。而君也，公也，其处异也而事同，其心同也而迹异。公禁于东，君禁于西，地不同；公为官，君为士，位不同；公禁于前，君止于后，时不同；公以国家之魄力，君以匹夫之热忱，势不同；公阻于贩，君戒于吃，计不同；公对外，君对内，策尤不同。惟此道德也，责任也，良知也，良能也。即此博爱之心也，同也，无异也，最可贵也，最可尊也。夫同此修身，则身修；同此齐家，则家齐；同此治国，则国治；同此平天下，则天下平；同此去毒，何毒不去？同此除害，何害不除？鸦片之毁乎哉？鸦片之戒乎哉？而公也，君也，沆气瀣之露。公之盛，君子美；公之彰，君子著；君与公同，公不君异；公与君同，君不公异；何言乎东也、西也，官也、士也，前也、后也，力也、忱也，禁也、戒也，内也、外也？不同也，同矣？更何言乎地也、位也，时也、势也，计也、策也？不同也，同矣？同则不异，异则不同，异中之同，同中之异。同此博爱之心，而无不同也。是故，职之褫也，官之罢也，公岂不计荣辱哉？盖本此博爱之心，推而广之也，来之远也，力之竭也，君岂不计苦哉？盖本此博爱之心，扩而充之也；而君也，公也；不同也，同矣。或曰：盖自古圣人之道，无德不博，圣人之心，无往不爱，不同所异，不异所同。并论之可也，以表其道德心；合赞之可也，以扬其责任也。

又，是年，知事刘启烈重修县署二堂及西轩三楹。公是年秋调职，金县[2]谈协中莅任。任半年，刘庆昌继任。庆昌，甘肃皋兰人。

赵惟熙[3]公兼任甘省民政长，下隶四司，如教育司、实业司、财政司、内务司。改知县为县知事，各道县统改划一，隶省府辖治。时，报载河西道[4]辖九县，武威、古浪、平番、镇番、永昌、山丹、张掖、东乐、抚彝。

注释：

[1] 林公则徐（1785—1850）：即林则徐，福建省侯官（今福州市区）人，字元抚，又字少穆、石麟，历官湖广总督、陕甘总督和云贵总督，两次受命钦差大臣。1839 年于广东禁烟，在虎门销毁。著有《云左山房文钞》《云左山房诗钞》《林文忠公证书》等。

[2] 金县：民国初年，金县有二。其一在今甘肃省兰州市榆中县，属临洮府。其二为今辽宁省大连市金州区。本书多指前者。

[3] 赵惟熙（1859—1917）：字芝珊，江西省南丰县人。光绪十六年（1889）进士。授翰林院编修，后任会试同考官、国史馆总纂、陕西学政、贵州学政。1900 年后任甘肃省宁夏知府、甘肃省巡警道、代理甘肃布政使。1912 年 3 月，署甘肃省都督兼民政长，主持甘肃军政。擅书画。

[4] 河西道：辖地相当今甘肃河西走廊，属甘肃省，治武威县。

中华民国三年甲寅（1914）

前知事刘庆昌调职，彭毓纯莅任。毓纯，四川达县人，任半年。继任袁翼，浙江嵊县人。续志有传云：

袁翼，字涤庵，浙江嵊县人。民国三年，由农工商部技正[1]，以才能调镇。廉干有威，钤束吏役，政治赅要。筹置公产田租，并抽收驼税，作为法定基金，以振兴学校。一时学堂林立，逐渐起色。验契一节，造端宏大，办理不善，未免公私交困，公多方调剂。苟利于民，即攘背直前，虽老成所在不计也。嗣因调查隐漏，亲往柳湖，见饥民满野，嗷嗷待哺，遂输粟赈贷，全活甚众。而尤注重水利，西河堤堰，修筑不遗余力。莅任两载，振刷维新，盖县令之循良者。

知事袁翼捐廉三百元，于城东门外龙王宫后创建农林会。

全县大饥，县府放贷赈济。粮价骤涨，有以一间房易一石粮者。

黑水墩[2]泉水泛滥，附近居民于泉旁拥土修堤。嗣后泉萎，居民因就地画畦分畛，种植菜蔬。

白狼[3]屠陇南，邑绅卢荫棠等呈请知事袁公设立城防，详实捐款，竭力修葺。

按，白狼，即白朗，河南中原复汉军都督，于甲寅四月初率万余众攻克陇县，嗣后攻陷秦安，进逼通渭。张广建[4]调骁勇数万追剿，几经转战，后被克复。

五月，甘凉道道尹[5]马邻翼[6]饬谕各县加强兵防。

九月，巡按使张公[7]檄各县设立警卫队，本县依例应抽一百二十名队员。彭公邀诸乡绅计议规划，悉心筹备。惟民心散涣，举步踌躇，是年卒未调齐。

无几，奉文裁撤武营。清查营内旧存铁盔甲八十七副，锦盔甲二百五十一顶副，旗纛七全副，腰刀二十九把，铜锣、战鼓各二面，铜号三支，藤牌五面，牌刀五把，小鸟枪五杆，长枪一百杆，威远炮二尊，子母炮一尊，均归县署存储。营田充为公财。

又，岁将尽，知事袁公详请招募步兵队八十名，马队二十名。一马一兵，以抵步兵二名。

又，奉文就地筹捐警费。拟定城内商富每月捐钱二万零五千六百文，农民按粮每石捐钱四百文，骆驼每只捐钱一百文。

是年，杨敬轩"永和典"商号生意骏发，阖郡推为巨擘，本息共十余万金。夏四月，张掖劝学所总董毛遇顺[8]撰文记其事甚详。文曰：

闻自中外互市以来，东西各国知兵战之不足毙我也，于是而易以商战。二十世纪，环球各国于商业经济界精益求精，不遗余力。中国地方以农立国，于商家性质素未讲求。吾人处此优胜劣败之战场上，知非振兴商务，不足以雄视地球。

中央痛商情之蹭乎其后，于是设商部，计商标，立商学，建商会，为商谋者缔造经营，力图抵制之法。甘肃非通商巨埠，张掖僻处西陲，虽言广大之面积，众多之人口，而富厚之家钱藏黄朽，麦积红陈，不肯出资营运，组织商团。甚或家园株守，无百里负贩之人。所以，省会暨各所属，凡商务稍有可观者，山、陕人居多，而直隶次之，从未闻陇上行商战胜于上海、京都之说。况奥、美、英、法之远在外洋，其足迹更梦想不到也。商界亦云癃败，何独至于敬轩先生创立"永和典"商号而异之。

先生五凉白亭人也。起家寒素，非有乘势。少就外傅，即有大志。而于司马文章[9]，元龙[10]品格，极乐研究。尝曰："当此商战时代，大丈夫本当奋身圜圚，与人争胜，既为国家辟利源，又与个人筹生计，岂徒谈经廡下，老于蓬荜而已哉！"于是，以家务之事委于兄弟，拜别萱堂，奋袂来甘，此先生为商始基也。

自此以后，虽屡掌号事，终未能大展厥施。险阻艰难，备尝之矣。盖天之所以老其才，预为今日奋发之地步，所谓诚于中者形于外，积于厚者流之光，信有然耳。爰有太学生杨君者，负甘重望，赏识于风尘物色之中，而月旦之得先生其人焉。因邀富于资财者，邻家情愿，各出本资数百金，在本部西街地点创立"永和典"货肆，委任先生经理。欲求如今日之鸿业，原非理想所可及，乃先生出其毅力，以筹划号务。不数年而生意骏发，阖郡推为巨擘。果持何术以致此哉？良有仁以容之，礼以立之，勇以裁之，信以成之，非常人所能及尔。

当创时，即示志于诸公曰："诸公既成吾志矣，吾当有以报诸公也。"凡货殖之间，不第才擅屡中，总以和平忠厚为解决之方法。恂恂然如书生，毫无市井气习。又于伙颐之间，开诚心，布公道，原不求备。如刘君子嘉、高君子仁，均会分掌号事。且不屑于守株待兔之为，爰购驼只数十头，遣人贩运货物，往来于山、陕、京、津一带。操奇致赢，悉合机宜。运筹帷幄之中，决胜于千里之外。范大夫[11]之雄风，桑弘羊[12]之雅术，不过若是也。前途幸福，岂有涯量哉！

今堂上慈尚侍下，白发皤皤，春秋鼎盛，定省之礼，未免稍有缺点。而先生孝友性成，除每年亲赴桑梓以承欢膝下外，其于服贾甘泉之时，每归必有馈遗。凡所获甘旨，未经亲口，即不忍尝试。原配高孺人，名门闺秀，少娴内则。于归后，匹配同心。抱孟光之懿德，鸿案相庄；踵桓少之贤声，鹿车共挽。先生寄迹我邦，逾年始能旋里，而孺人对夫封发，俨有董氏之遗风。生子三，长业儒未就，合卺伊迩；其次、其三，皆头角峥嵘，人望之知为瑶林珠树，洵关西吴子之家风。生子当如孙仲谋，吾与先生亦云。

今值亲友与先太翁补寿，并为太孺人祝嘏之期，兼不忍没先生之嘉言懿行，嘱余为文以颂之。余虽不敏，曷敢固辞？不禁为之歌曰：苏山苍苍，弱水浃浃，先生之风，山高水长。甲寅之夏四月吉日恭叙。

小东街游击署缺裁，以官产卖于彭氏。

是年，本县成立圣代会[13]，公举聂景阳[14]任代理人。

注释：

[1] 技正：技术人员的官职。国民党政府的交通、铁道、实业、内政等部（会）及省（市）政府的相应厅（局）大多置此官，以办理技术事务。此官在部（会）中，职位次于"技监"，在厅（局）中为最高官职。其下有"技士""技佐"等。

[2] 黑水墩：在今民勤县昌宁镇阜康村。

[3] 白狼：即白朗（1873—1914），字明心，又名六儿，外号"白狼"。

[4] 张广建（1864—1938）：字勋伯，安徽省合肥人。光绪年间入淮军聂士成部为军佐，积功保举知县，分发山东，为时任山东巡抚的袁世凯赏识，累升至布政使。辛亥革命期间，代理山东巡抚，民国北洋政府甘肃都督、甘肃巡抚，加民国北京政府陆军上将衔。

[5] 甘凉道：原名河西道，本年改名甘凉道。道尹：民国官名。1914 年 5 月，袁世凯公布省、道、县官制，分一省为数道，全国共 93 道，改各省观察使为道尹，管理所辖各县行政事务，隶属省长。1924 年 6 月，北洋政府内务部通令废道制，裁撤道尹。

[6] 马邻翼（1865—1938）：字振五，回族，湖南省邵阳县人。近代著名教育家、伊斯兰教学者。历任甘肃提学使、教育司司长、实业司司长、甘凉道尹、教育厅厅长、直隶省教育厅厅长兼北京国民政府国务院咨议。1921 年 5 月，先后调任教育部次长、教育部代理总长、国民政府行政院顾问、国民政府宪法起草委员会委员等职，是清末及民国国内政界、教育及伊斯兰教界著名人物。

[7] 张公：张广建。

[8] 毛遇顺：字正之，张掖人。

[9] 司马文章：司马相如的文章。

[10] 元龙：指陈登，字元龙，东汉官吏，下邳淮浦（今江苏涟水西）人。25 岁举孝廉，体察民情，抚弱育孤，深得百姓敬重。建安初，献灭吕布之策，被授广陵太守。以灭吕布有功，加伏波将军。陈寿《三国志》："陈登、臧洪并有雄气壮节，登降年夙陨，功业未遂，洪以兵弱敌强，烈志不立，惜哉！"

[11] 范大夫：范蠡，字少伯，又名鸱夷子皮或陶朱公，后人尊称"商圣"。

[12] 桑弘羊（前 152—前 80）：西汉法家，长于理财。

[13] 圣代会：1912 年 9 月 13 日，民国教育部公布以每年 10 月 7 日为孔子诞辰纪念日，全国各学校届时举行纪念会。1914 年 9 月 25 日，袁世凯颁发《祭孔令》，恢复前清的祭孔规定。明令于孔子诞辰之日，中央和各地方必须举行祭孔典礼。圣代会即为祭孔组织。

[14] 聂景阳（1878—1936）：字守仁，苏武镇蒲秧村人。清末廪生，同盟会会员。历任《甘肃民国日报》总编、大同县知事等职。著有《旅燕声诗抄》《甘肃省物产志》等。

中华民国四年乙卯（1915）

知事袁翼重修县署后楼。楼成，适得时雨，袁公因颜之曰"喜雨楼"。并将大堂修理整齐，又将大门内东西班房拆修为民事、刑事看守所。

知事袁翼于城仓内拆廒房木料，在龙王宫大门两侧建铺房三十八间，作为川、湖 [1] 公产。

奉文将门面税额每正银改征库平银一两七钱。当局请领贴洋一百元，每年纳税洋五十六元，分上下期缴县报解。

小青山煤矿由六家开采，各加银九两九钱二厘，每家实征银一十一两五钱二厘，由县报解。

知事袁翼于北街高等小学校加添教室，改建大堂，并新修学舍一院，附设模范学校一处。

袁翼抽收驼税，作为法定基金，以振兴学校。一时学堂纷起，蒸蒸然有日上之势。

年馑，柳林湖尤甚。知事袁翼亲访，输粟赈贷，竭力救济。

五月，新任甘凉道尹龚元凯 [2] 饬令各县严查烟苗。下浣，龚元凯派员到县视察。

袁翼广集川湖绅庶，询谋创修西河，所见略同，遂于是年秋着手经营。柴草取于川者共八百六十六车 [3]，取于湖者三千三百五十四车。所耗款项由警队长吴成基、川绅张一魁、湖绅赵国栋等襄理摊派。是役阅三月，至十月初告竣。共修河堤六十三里余，堤高三丈，止无洪水泛滥之虞。

袁公作记云：

井田立，而后水利兴。水利者，固民生相依为命者也。果能治之以道，使河心深浚，堤身巩固，储水多而无虞溃决，又独可以及已辟之田野，并可及未垦之广汉。

镇邑荒区，多于各县。惜历官斯土者，狃于便安，不求治理，任其积习相延。以故每况愈下，岁需费万有余金。一遇山水浩大，堤坝即溃，水入柳湖，河渠干涸，熟田受病，遑论垦辟？

余下车伊始，即以垦殖为己任，治水为要图。查镇河之为患者，以西河为最。奈河多淤沙，且狭而浅，遇风则平，水涨则溢。急急焉欲疏河道、高堤防，谋水利以维垦务，无逾于此。爰集川湖绅庶询谋佥同，即于乙卯秋庀材鸠工，竭力经营。夫柴则取之于民，款项则决之于己派警队长吴成基、川绅张一魁、湖绅赵国栋等襄理其事。阅时三月，厥工告成。计修河堤六十三里余，堤高二丈，宽一丈五尺。及十月之交，冬水届期，无泛滥之虞，有盈科之势。

今春三月，沿河两岸遍植杨柳，以护堤身。勘度形势，酌修闸门，引之以灌田，取盈以垦荒。既无倒势，亦无横流。窃愿吾民以后大开荒僻，野无游民，地无旷土，国计民生两有利。赖此，固余之所厚幸耳。

昔，叔伦立法以均水[4]，吉甫筑堰于平津，千载下犹食德不忘，余何敢贪以为功？亦惟尽吾职焉而已。聊记大概，昭示来兹，俾后余而牧兹土者，得就其利害所关，不时为之督理也可。是为记。

是年，学绅聂景阳等欲谋八月大祀尼父[5]，惜经费无着，故由景阳公作引募之。引曰：

窃以孔教昭垂，与天地而并大；祀典攸隆，历古今以不替。崇德报功，原属历朝盛典；报本追源，亦我士林微忱。值兹新旧过渡，草创匆促之际，服制既未经确定，典礼亦无所适从，用是暂停各祀，宁期划一之规；并非效尤西教，永禁馨香之荐。然新制急待规定，而大祀终难或缺。同人等既读书而服古，谁非孔孟之徒？是以饮水思源，共表同情，集腋成裘，期裹盛举。得于八月上丁，仍大享我尼父，聊寄涓埃之报，敬将私淑之诚。惟是经费所需，未便挹注国库，收支各款，相期借助他山。夫农工商贾，均系孔门子弟；卜筮技艺，亦有专家师承。春秋匪懈，享祀不忒，有其举之莫，敢庆也！所望贵官富商及我镇好义诸君，慨分泉润，以匡不逮。各量力而捐金，等为山于覆篑。纵云多多益善，实为涓涓不择。从此众擎易举，众志成城。俾我历代典章，得绵延于末世，庶几尼山德教，愈广大于千秋。恭疏短引，藉资鼓吹。请列大名，以永记念。同人等临风翘首，不胜拜赐之至。

按，此引即经流传，响应者络绎。不逾月，即募得五十二两；至六月，又得六十四两；七月末，得银一百二十三两，共得银二百三十九两。

奉文验红契 [6]，县民多不满，因时有谣谚曰：

民国四年验红契，每石粮摊钱两吊四；又打鞭子又关狱，谁不交钱死里治。

又，闻高台县民张振卿、方中郢等聚千人抗验契税，本邑亦有欲响应者。县府勘详，署员设防。有大滩 [7] 农民于大坝附近挖甘草夜归，警卫队即疑其串连人众谋作反抗，未及盘问，已然拳脚相加，有一人当场毙命。

冬，恢复各类祭祀。所有祭祀银多寡，由知事自南马湖租钱，每年一百二十二千文项下支销，余则作为修理文庙之费用。

是年，前关岳庙春、秋合祀。

注释：

[1] 川、湖：川区为四坝、更名坝、大二坝、头坝、六坝，沿大路所属区域，或称"坝区"；湖区为东渠、西渠、中渠、外西渠、红沙梁、红柳园等所属区域。

[2] 龚元凯（1869—1928）：字福屏，号君黼、佛平，安徽合肥人。善书法，光绪朝进士，授翰林院编修，著有《蜕词》2 卷，《欧影词稿》5 卷。民国四年甘凉道尹为马邻翼。《历鉴》此处记载存疑。

[3] 李注：车，指大木轮车，当地人简称之为"大车"，每车可装柴草 500 斤左右。

[4] 叔伦立法以均水：《新唐书·戴叔伦传》"试守抚州刺史。民岁争溉灌，为作均水法，俗便利之"。

[5] 尼父：对孔子的尊称。孔子字仲尼，故称。

[6] 红契：旧时用于不动产买卖、典当，经官府加盖官印并纳税的契约。

[7] 大滩：今民勤县大滩镇，在县城北 20 公里。

中华民国五年丙辰（1916）

一月，袁世凯 [1] 称帝，甘省政界纷纷上表拥戴。甘督张广建电令各县趋而从之。县人聂景阳向对时局不满，特与项城不共戴天。乃制一表，正视则赞颂之辞，斜读则诋毁之文。其曰：

袁世凯，我的哥，你比清家恶的多。教你属清，你不属清，你沾了洋人的种；教你属汉，你不属汉，力逼的百姓剪毛盖 [2]。

二月，袁令甘督张广建查办聂景阳，景阳闻讯遁西蜀。

是月，知事袁翼谕令各处官荒，悉数升粮，充作学款。灰条井租粮六石九斗三升九合七勺，西昌宁湖租粮一十二石五斗，所下沟[3]租粮二十石。又因变卖官产，会同学界买就城北马湖[4]一处，年收租粮六十六石；织碾子湖营田年收租粮六十五石，共一百七十石四斗三升九合七勺。

春，黑水墩居民由县委员发给试种执照，暂升文庙奉祀粮六石六斗。

西岔文昌宫[5]恢复旧制，设立西乡第三区高等学校。

换领新帖。将牙行原额定税洋一十二元额外请领新帖，额定税洋一十六元；斗行换领新帖，额定税洋一十六元。

四月，知事袁翼调职，安徽合肥举人周树清莅任。周公下车伊始，即谒杜墓[6]，吊振宜。稍顷，慨然捐资，补建杜公祠。续志载其传曰：

周树清，字韶武，安徽合肥举人，民国五年摄邑篆。性和而介，政治体要。甫下车，闻杜公振宜为县令中第一名宦，躬亲拜墓，首先阐扬。傅培峰贡士忠节凛凛，即建祠校内，藉崇乡贤。继又筹集巨金葺文庙，纂县志，筑南门以固城防，东郊建立义冢。与夫注重教育，推广学校四十余处之多，文风为之丕变，皆其荦荦至大者。至维持现状，政平讼理，俾官民相安，地方静谧，尤见苦心。生平工书法，握管挥毫，所至有声。一时贤士大夫，无不目为孝廉。莅任四载，竟卒于官，人皆惜之。

季春，知事周树清亲率民夫八百余人，于西河之堤培植树木，以固堤身。共植杨树二千株，柳树一千六百株，沙枣树三千株，柳棵[7]一万八千余株。人有讥其劳民者，而公力行之。迨后竟全活，众皆服矣。

七月，周树清捐廉五百文，于城东郊校军场遗址设冢田，雇人悉将城壕内无主之枢移埋于冢田内，其地广袤二百七十余步。嗣后，又令市民于此周围栽植树木，以蔽风沙拥压。

九月，奉文裁减步兵四十名。

又，前知事袁公欲将营田充为学田，事不竟而职迁。树清于是年偕同士庶买营田若干顷，令该处居民具借租种，每年纳租六十五石，交高等学校支收。

十一月，省财政厅分发国公债，本县分七千元。后本息未还。

冬月，前奉祀官卒于学署，知事周树清从优抚恤，集三百金制厝发里。

是年，县人张永修由日本法政大学[8]专门部政治科毕业归国，奉司法部委皋兰地方检察厅检察[9]官，兼理法政学堂教习。

注释：

[1] 袁世凯（1859—1916）：字慰亭，号容庵，河南项城人，亦称袁项城。辛亥革命逼清帝退位，成为中华民国临时大总统，当选为中华民国首任大总统。1915年12月称帝，建立中华帝国，后迫于压力取消皇帝尊号。

[2] 毛盖：民勤俗语，辫子。

[3] 灰条井、西昌宁湖、所下沟：在今民勤县昌宁镇。

[4] 马湖：即马营湖，与织碾子湖同在湖区。

[5] 西岔文昌宫：修建于清嘉庆年间。

[6] 杜墓：即杜公祠，在县城东郊，祠内有杜振宜墓冢。

[7] 柳棵：亦称"柳条"，民勤有绵柳、刺柳、红柳等数种，可用于编织生活用具。

[8] 日本法政大学：前身为1880年成立的东京法学社，1881年改称东京法学校，1889年改称和法法律学校，1903年改名和法法律学校法政大学，1920年再改称法政大学，是东京六大名校之一。

[9] 检察：清朝末年规定设总检察厅及高等、地方、初级检察厅，对刑事案件提起公诉。北洋政府沿用。

中华民国六年丁巳（1917）

春二月，邑人卢殿元、张锡寿、徐登云、王国麒、张金寿、张文源、何开云、温开润、何天耤、闫炳南、傅撛远、路敏蒲、马炳元、何开乾、王增元、马服驹、刘建汉、卢培锦、何开玖、李庆云、田护国、王集鹏诸公倡议，知事周树清赞助，创立尊孔会。设会务长一员，奉祀官李庆元任；副会务长一员，典史马羲瑞任。会务经历凡五名：卢殿元、王国麒、王培元、徐登云、何天耤诸公任。是时，邑绅赵汝珙、卢荫棠、唐多鳌等慨然输资一百金，发当营息，以作文庙香火之需。首祭始自二月二十五日，历七日，至三月三日讫。

举人卢殿元作记，述其事云：

孔子集群圣大成，为万世师表。由秦汉以来，无人不在子弟之列，亦无人不在范围之中。尊崇信仰，非伊朝夕矣。

吾邑地处边陲，人文蔚起，所恃以化民成俗，为伦理学之中坚者，惟此宗教关系，相与纲维于不敝。乃自科举罢而教育改良，一般人民将有废学主义。至民国纪元，丁祀暂停，而浅见士儒且有无教思想。夫此无学无教，不过不开化、不文明而已。所可虑者，曲学争鸣，废吾所谓学，而学其所学；异教纷乘，弃吾所谓教，而教其所教。毁圣之渐开，始而冰炭，继而操戈，终且树帜以相攻。若不急起挽救，以端趋向，则离经叛道之害，不堪设想。

吾乡学绅若而人、商会若而人，有见于此，发起尊孔会，崇儒重道，联络多人，商请邑侯周公树清，修圣庙，崇孔教，无非开通风气，以励后学。时将圣庙扶颠培危，焕然一新，所谓齐一时之耳目，壮万人之观瞻，皆在于此。复有城绅赵汝珙、卢荫棠、唐多鳌等，恐香火废坠，慨然输资，共捐钱一百金，发当营息，永作文庙香火之需。

俾一邑士子，步亦步，趋亦趋，入庙而肃然起敬，以萃人心。当圣教绝续之秋，和衷共济，尚能于释菜重地鼓箧隆规，力任仔肩，弥缝而稍补救之，其用心亦良苦矣。都人士继续振兴，咸晓然于正学标准，以道德为基础，以仁义为藩篱，不使左道异端窥我堂奥，以与尼山宗派共争优胜。吾知经正民兴，保教即所以保种。安见俎豆常新，学校弗见于光明，人才不归于正大？后生小子，未能藉此为导线，以寻坠绪之茫茫也乎！

四月，天大旱，知事周树清率众于苏武山勘泉眼。苏武山麓原有龙王行宫，多年不修，已致颓废。周公见状不忍，乃倡募创建。是月，即行开工。曾云天乃作记云：

县治之东南二十五里，苏山之麓有蒙泉焉。右临大河，细流沸涌，涓涓不断，停潴波池，常漾溢焉。虽无澎湃浩转之观，骤雨则交汇奔腾，而注于大河。考镇邑水源，百派分歧，虽总出伊凉，而期泉之一线相延，源源接济，若有关系于人民命脉者，亦岁稔年丰之一休征也。

噫，奇矣，怪矣！意者神灵默眷冥冥中，而穿凿成功耶？惯例有司早祷，必亲诣苏山纳水，于兹辄应。今夏，时气亢旱，天久不雨，我县长周公伤禾黍之枯槁，悯黎元之惶恐，静中引咎自责曰："藐躬不德，上干天和，小民何辜，罹此旱灾？"

爰率阖邑各界人士登山寻泉，以祈甘雨。四顾徘徊久之，喟然叹曰："《礼》记，山川能出云雨，致润泽，皆在祀典。而龙实尸之故，后世崇锡王号，祠祀者所在皆有。况镇邑十地九沙，全赖水利以资生活。惟神职司水府，尤为兆民所永赖。特是民，神之主也。睹此蔓草沙碛，实不堪栖灵爽而荐馨香。"遂以创祠问父老以流传，俱答："旧有一宇，特创始丘墟之年，无从而考。"于是道谋以定。适川湖绅某某二公闻言感激，首倡义举，众亦踊跃。委公设法筹款，一致赞成。乃鸠厥工，庀厥材，量度而经营之。先相地形，筑土起三尺之坛，砌石作四维之阶。工选木石，陶司甋瓴。上建正殿三楹，粉壁拥卫，且画栋飞云，彩椽映日。中肖神像一尊，袍服帷裳，宛然如生。左风伯，右雨神。又于坛前左侧建斋舍三椽。种种维新，巍巍乎与苏峰并峙，洵巨观也。

是役也，经始于季夏，落成于仲秋，凡三阅月。工既竣，某二公报县长周公。公思城东关原有龙王宫，兹当别议，因题其额曰"龙王行宫"。旋复以文嘱章，章辞不获，爰即诸君子备述之颠末。据事直书，俾后之人知建修之有所自，并我镇邑之人仰赖灌溉，以全性命者，胥相期式凭焉。特为之记。

川湖集资，于县治五十里南河口筑龙王庙。

知事周树清于杜振宜墓后建石碑，作山向。

镇、永民众为黑水墩、淘沙湾[1]地界争执。本县呈诉甘凉道，淘沙湾判决与镇番。

周树清力倡植树，以为"镇邑之存亡，多系于草木之盛衰有无，既与夫生民生活之有关者，安可熟视而无睹者欤？"是年，仅城内植树近万株。

拆除城东南隅火药局，木料移建北街国民学校。

又，城内西南隅演武厅，年久倒圮。是年，将剩余木料建修西街国民学校。

四月底，撤警备队，改编警察分所。所长由知事兼任。警佐一员，雇员一员，巡长一员，巡警十六名。分为三班，以一班守望，一班巡逻，一班休息，轮流站岗。岗位七座，警灯一十七盏。继又添设消防队司法马警。消防队队长一员，正目二名，正兵十八名。司法马警队长一员，正目二名，马兵十八名，用保往来商旅。

按，三年初，设警备队时公文声明，至是年三月底，将所有警费捐款停止。

造报户口。户二万三千四百六十一，口一十二万四千六百三十一。是年大饥，死于饥饿者二万余人，逃荒迁徙者一万余人。

周树清整饬学务。于北街高等小学校三堂内，东西展拓地址，增修温习斋、休息所、体操场、储藏室，并改造礼堂与傅公祠。祠内陈设教育会所有乐器、图画、教课标本等。继而又于四街各设学校一处。

奉文征粮户税，因岁馑无支，百姓谓之"地皮税"，寓刮地皮意也。

知事周树清往勘西河形势，酌修闸门一十二处。共征柴草三百余车，木料大小共一百八十段，费银二百六十四两五分。

周树清于县署射圃北旧地，筑房一十五间，为巡警所；射圃南隙地，筑马警房五间，马棚五间。大门外，东、西橱门亦新建。

七月，周树清委邑人卢西洲等续修《镇番县志》，周公为主修。八年，新任知事刘朝陞[2]为评阅，邑人卢荫棠为监修，卢殿元为总修，李庆元、谢翰南为纂修，赵汝珙、刘建谟等任采访。阅三载书成，九年夏月刊印。周公、卢公皆有序，与《目录》并见八、九年。

前例赠卢孺人，乃前清翰林院庶吉士文馥公之后裔。是年五月，六秩晋一荣寿，族人设宴庆贺，气象鼎盛，洵前所未之有也。前增广生员曾云天为之作《大中华民国六年岁躔著雍大荒落[3]之次夏五月中浣之谷旦，恭颂前例赠孺人王表伯母卢孺人六秩晋一荣序》云：

大厦之倾圮也，非朽木所能支；长江之崩溃也，非撮土所可御。家业值方兴之期，百废待举，其经营惨淡，必赖人以维持。尔后，踵事增华，有蒸蒸日上之势。不幸中流之砥柱忽坠，跋前疐后，顾此失彼。际万难之秋，一发千钧，倘非瑰伟磊落者出，势不能当其冲，而顿形棘手，又讵可语巾帼者耶？

闲尝浏览《女传》，阅人阅世，不意于晚近中有秉性、既纯淑，修身且慎本，治内之仪而兼治外，以理阴之教而并理阳，如我表伯母卢孺人者，仿佛是也。孺人系前清翰林院庶吉士文馥公之裔孙、岁贡生云衢公之女，而为表伯叔意三翁王老先生之发配也。方其嫔翁时，善主中馈，勤襄内政，无大言，无响笑，矢志女箴；

不躄容，不妖冶，束身内则。已而梦蛇有兆，既开命妇之花；吐麟叶祥，先佩宜男之草。埙奏篪和，而雪樵伯仲生焉。夫孺人秀钟玉川，唫才足艳柳絮；意翁德种槐荫，造诣堪拟珪璋。二美荟萃，双璧联合。谓随冀郤以耦耕，如宾相敬；对孟光而举案，偕老同欢。无何惊鸿失侣，别鹄伤怀，而翁逾半甲，溘然捐馆。

斯时也，孺人悼所天之已失，聆孤鹤而哀鸣，彷徨永夜；睹双雏之失怙，凄恻中怀。庸妇处此，虽不至文君潜奔，然以弱柳孱姿倏遭摧残，而灰心短气，产业难保，为完璧则式微之状，当于此间先兆矣。孺人固已计之精，筹之熟矣。纵令负重任而眉不得舒，吊寒泉而肠几欲断，然先业不可无承，后嗣宁可弗育？堂上有白发幞被，当伴其嫠帏；膝下有青年告诫，宜培乎玉树。遂一番筹划，勉收血泪，代撑乾纲。窃慕娲皇补天之力，画荻作字，和熊为丸。灯影偕人影相映，书声与机声互答。子名丕昌，母范期怍。即此心之耿耿，亦可慰先夫幽魂也。

果尔，伯君雪樵于清壬寅科试掇拾青衿，兹复于师范毕业，外入选士。惜仲君俊卿以颖悟之资，适前清变制停考，未得云游泮宫，与乃兄齐名。遂效班超投笔，范蠡泛舟，挟驼背以营生，非蝇头之获利，则商埠钦佩，久著信誉于关东山西之间。家累千金，名孚万里。是韦布无殊于冠带，而玉季何惭于金昆哉！

综观王氏肇兴因果，其富有也，贵显也，今之食服于彼苍者，何莫非孺人承先启后之德，有以息之深而达之亹，且积之厚而流之光也。使第见两株秀郁于堂前，崇兰芬馥于阶下。而曰：哲嗣精爽，人文蔚起，则孺人之苦衷隐已。

回忆廿余年前，躬亲家政，居然易簪而冠，诸凡起色，突过前人，不诚女中丈夫哉！兹届孺人设帨之辰，戚友愿仿蟠桃庆祝，延章[4]为文。章忝列葭末，谊不容辞。且念大德必寿，则孺人至而耄而耋，而期颐可预卜也。彼金母麻姑之傅会，非章之所以为寿也。因不敢滥拾浮词，爰撮一生苦节，搦管而为之书。

民国六年岁躔著雍大荒落之次蕤宾月[5]上浣谷旦追颂

又，是年，县人谢智文[6]由北京中国大学[7]专门部政治经济科毕业回省，充甘肃法政学堂[8]教习。

注释：

[1] 黑水墩、淘沙湾：在镇番县与永昌县交界的昌宁镇西。淘沙湾，又作“洮沙湾”

或"陶沙湾"。

[2] 刘朝陛：安徽合肥人，民国八年任镇番县知事，历官甘肃成县、河南清丰等地。

[3] 躔：历行也。日运为躔，月运为逡，《方言十二》十干中戊的别称。著雍：午在戊曰著雍。《淮南子·天文训》："戊在中央，主和养万物也。"大荒落：太岁运行到地支巳的方位，该年称大荒落。《尔雅．释天》："（太岁）在巳曰大荒落。"此外"著雍"为戊，"大荒落"为巳，二者不符合古代记时惯例。应为"强圉大荒落"，即丁巳年。

[4] 章：即曾云天，字宪章。

[5] 蕤宾月：古人律历相配，十二律与十二月相适应，谓之律应。蕤宾位于午，在五月，故代指农历五月。《国语·周语下》："四曰蕤宾。"韦昭注："五月，蕤宾。"晋陶潜《和胡西曹示顾贼曹》："蕤宾五月中，清朝起南飔。不驶亦不迟，飘飘吹我衣。"

[6] 谢智文（1886—1959）：字子明，民勤县大坝镇田斌村人。1917年毕业于北京中国大学政治经济科，在甘肃公立政法专门学校讲授保险学、国法学等课。1930年代初任酒泉县、敦煌县县长，后任甘肃省高等法院代理主任书记官、甘肃省参议会秘书、民勤县参议会参议长等职。1950年，经省长邓宝珊推荐，出席甘肃省各界人民代表会议。抗美援朝时捐献人民币200多万元（旧币）。1953年后，历任民勤县水利委员会委员、积案清理委员会委员和县文化馆馆长。

[7] 中国大学：初名国民大学，1917年改名为中国大学，孙中山等人创办。1913年始，1949年停办。

[8] 甘肃法政学堂：兰州大学前身，成立于1909年9月17日。

中华民国七年戊午（1918）

商会长杨枝畅、王梦芝、马序骉等募资重建火神庙。

县人詹寿如、焦泽生由甘肃法政学校政治经济科毕业。

知事周树清、令邑绅马积禧等筹捐一千八百金，由卢荫棠督修古城池。六年开工，是年二月告竣。《续修镇番县志》有记，此略。

二月，统计六年岁末三渠[1]社仓共储仓斗粮八百二十石六斗四升，除去各项开支外，本息俱存。又，蔡旗堡社仓共储仓斗粮一百二十一石一斗四升九合，重兴堡社仓共储仓斗粮三十一石五斗，黑山堡社仓共储仓斗粮八十一石。

是年，义租按原收粮一百一十九石五斗，实征粮一百一十七石六斗。嗣后，于昌宁湖租一石六斗，改归学租。

前贡生田筱三之孙田多祝，是年修业于高等小学校，城中捧罍来贺者相与接踵，筱三翁为之设筵款谢。高朋云集，为一时盛典。或曰：筱三为一方缙绅，柳湖目为砥柱，景而仰之，并非偶然，攀而附之，人情必然，不足怪哉！曾公宪章作文记其事云：

余自科目停制，而功名壮志如烟云过眼。赖绵田数亩，与老农共话桑麻耳。适前县长袁公迫入师范学校，明年幸执高校教鞭。今民国戊午冬，田生多祝，修业于高等小学校，将届九学期而毕业焉。云程发轫，少年英锐中独表特色，识者目为将来大器。从此而中学、而大学，乘轮轨，驾汽船，游历全球，学兼中外，其为我中华巩固邦基，润色鸿猷者，胥于是而基础焉。故于生毕业之初，满城中捧觥庆贺者，相与骈肩累迹，蜂屯云集，络绎如线焉。同学诸生以风晨月夕、共砚同窗之谊，亦欲依末光以开贺场。爰持锦屏，丐言于余。

余曰：南金东箭，天地之菁英，不轻发扬；岳降崧生，山川之钟毓，讵易泄露。今田生之荣，必其乃祖乃父积德修仁，有以息之深、达之骤、积之厚、流之光也。

其祖筱三翁以前清明经，学问淹博，尤优经济。仔肩大任，乃栋梁之选，非百里才也。二祖香川翁，三祖蓬洲翁，皆精岐黄术，济人寿世，足以庇荫一乡，口碑载道，无烦觇缕赘也。独于其父进堂先生有深契焉。君天姿卓荦，承鲤庭训，褓褓中已领口授，诗书满腹，十龄能文，都人士奇之。

清光绪戊戌岁，学宪夏主试甘肃小试[2]。时，君年有十三。见其英气勃勃，钟爱之。一试游泮，附骥并显，时人拟"刘晏之正字"。倘其久业芸窗，泽沐马帐，而乙科甲榜可登矣。乃体质清癯，未得担簦负笈，大展鹏飞，此贾谊所由屈于长沙也。然终军请缨，虽未遂一时之愿，而伯超设帐，亦足搏半生之娱。遂设家塾，乐育冠童。舞云咏归之暇，正蓬庐育读之时，而藏修富矣。赋性和蔼，笃于孝友。

自宣统末，筱三因办河工寓城，君以帏帷遥隔，不得日侍左右为憾，源源往省，未尝倦焉。至若同堂弟蔼堂，月旦重评，荣膺田畯。盛堂日中为市，信孚乡邻，君待之如同产。又能排难解纷，遇公益则赞成之，勉尽义务，绰有父风。

今君年方三十又三，上有筱三翁，下有多祝辈。尼山云：无忧者，其惟文王乎？其福命际遇君外，不欲观也。原配李孺人，以青莲闺秀，耀紫荆门庭。矢志女箴，束身内则；事翁姑以孝，相夫子以敬。其焚膏继晷，伴君以励读者，尤属贤惠。子四，长多祝，次多贺，次多禧，次多庆，头角峥嵘，异日定非池中物，而荀氏龙、谢氏凤，可为敬堂夫妇预贺也。

爱为之颂曰：父作于前，子述于后。华封多男，先祝福寿！

又，乡饮耆宾李辑吾系香庵翁之长子，向以德行称，是年七十大寿，设筵庆贺，形势极盛。田毓炳为之作《民国戊午岁嘉平月恭祝乡饮耆宾辑吾翁李老舅父大人生平懿行序》曰：

《洪范》言五福，寿居乎先，而福次之，德又次之。盖寿者，德之征也。福者，德之应也；自来无德不能享大寿，无寿不能致厚福，即是德寿兼备，福履绥之，而未祝夫多男之庆，则福寿亦有难凭者。如我辑五舅父，寿届古稀，福泽绵延，子孙绳绳，凤毛济美，非大德曷克臻此哉！

翁系席珍翁太太舅祖之元孙，香庵翁太舅祖之长子也。席珍翁人往风微，其遗言遗行，至今啧啧在人口，藉藉在人耳也。而香庵翁居心忠厚，立志朴诚，平生寡言笑，性耿介，戒强暴，敦宽忍。虽不合乎时俗，要亦不失乎本真。故其问晴课雨，深知稼穑之艰难；戴月披星，惟恐作息有懈怠。而且律己严肃，待人和平。虽其时家仅中资，未闻以妄取妄求者伤廉节之风。香庵翁之元配，黄老太孺人，贤媛也。生辑吾翁兄弟有三，辑吾位乎伯，和庵翁次之，德庵翁又次之。虽兄弟分炊多年，自辑吾翁视之，相亲相爱，无伤手足之雅；有严有翼，永敦雍穆之风。所谓难兄难弟者，于此见矣。

辑吾翁之元配李老孺人，温柔本乎天性，淑慎出自生成。生令爱一，倏忽仙逝，竟遗翁破镜之伤。香庵翁之继配刘太老孺人与翁结缡之后，虽仅生一女，然视儿则胜如己出，待媳则不啻亲生。而辑吾翁当家计维艰之时，怡色婉容，事继母若同生母，未闻诟色诤语之时形。

继配刘老孺人，名重禄阁，德垂西陲。井臼亲操，不敢有懈；女工纺织自度，惟恐有亏妇道。当其于归辑吾之际，时值艰难，遇正困苦。他人处此，未免流连长叹者，而孺人与吾翁同守患难，以图际遇之隆，共理桑麻，以冀家声之振，未闻以遭逢不偶者，稍出怨言。幸而天相吉人，连生六杰。长君发祥，字善卿，幼读诗书，长习商贾，经营于闾里，亲邻皆敬信之；往来于关陇，行旅皆尊重之。不惟白叟黄童乐为周旋，即王公贵人、缙绅先生，莫不许以义气也。次君发春，字东生，专课农桑，擅操家政。酬酢往来，俾毫厘之不爽；衣服饮食，使日用之咸宜。三君发荣，字仁堂，幼聪慧，喜读书，青年入泮，设帐于大靖。谆谆告诫，犹是泗水遗泽；循循善诱，居然杏坛春风。以故，子弟之亲炙门墙者实繁有徒，身列胶庠者不一而足。四君发馨，五君发秀，六君发香，为士、为农、为商，各执其事，均称克家。且也，五孙层生，皆英物也。三已业儒，读书甚敏，识者许为大器。虽子孙之克身振拔，何莫非辑吾翁与刘老孺人教养之方使然也？

然，翁与孺人之可述者，更有在也。其事令尊人也，以孝谨闻；其处昆仲间也，以友爱闻；其处邻里中也，以诚笃闻；其训子侄辈也，以严肃闻。由是，德重桑梓，荣膺耆宾。使孺人天再益寿，与翁百年偕老。享子孙之孝养，见兰桂之腾芳，不诚其乐陶陶、其乐泄泄哉！

孰知修短由命，而孺人贵体违和时，长君服贾异域，三君游学他乡，惟仲君等问安视膳，尝药进汤，恐长君等不得就养左右也，乃诸君少长咸集，而孺人竟倏忽升仙，不诚为全受全归哉！

今辑吾翁椿庭卓立，率诸男与孺人治葬，诸社友暨亲邻共相吊贺，延余为文。余谊属家相，备知先生之梗概，执笔直书之曰：翁与孺人，田庐广大，物产丰享，家道盈实，门庭顺聚，因可称为多福矣。耄耋既臻，身尚康强，并可称为多寿矣。众子成行，诸孙绕膝，更可称为多男矣。故以"三多"二字拈毫大书于堂，俾世世子孙知所景仰焉云尔。

注释：
- [1] 三渠：旧时指民勤县东渠、西渠及中渠，亦统称之为"湖区"。
- [2] 甘肃小试：光绪戊戌科为会试，各省未举行乡试。此说存疑。

中华民国八年己未（1919）

南街圣容寺前钟楼倾圮将坠，社众募资重修。

城隍行宫戏楼倾圮，川湖集资重修。

周树清将县署大门、二门并两牌坊、土地祠，均修葺一新。

学绅田毓炳、胡兴孔、黄开科等开办柳林湖第六区高等小学一处。

是年，设水老七十二名：四坝二十四名，三渠四十八名。按粮公举，以专责成。

是年，以旧例支发第一区高等小学校长、教员薪水，其每岁各支钱一百二十千文，城乡国民学校教员每岁各支钱五十千文，劝学所所长岁支钱一百五十千文，各校各费岁支钱二十千文，俱在公集学款内开支。

是年，存借放户民息粮一百七十石三斗一升二合。

清乡饮耆宾李月川，是年七秩晋二德寿，族人大贺，举筵三日，耗金五百。邑人姜学正[1]为之作《清乡饮耆宾月川李老亲翁七秩晋二德寿、令孙联婚序》云：

干莫不露轻试之锋，必累经铸冶，始足入重渊而益光，以其待用者须也；江河不辞纤曲之径，必历受派支，始足汇泉流而成大，以其灌溉者渐也。故阳处父以晋国名家，东莱识其有春华而鲜秋实；陈同甫以宋朝人物，晦庵惜其多豪气而少精心。知载福之源，不在发扬蹈厉有终之庆，实由肃穆存神也。余于月川先生，窃观其深矣。爰衷辑其事，请为次第胪陈之。

先生系树翁太老先生之文孙，崇山太老先生之肖子也。先生少清寒，以服田力穑世其家。至乃翁崇山，力奉椿萱，始事畜牧。每慕秦非子之庶繁，北风辄闻伐驹；因历哥舒翰之驿站，西域独走明驼。苦中之苦，难上之难，月翁盖亲见之矣。是以当总角之年，弃章句之学。略识字义，未暇咀皋比风味；敢祈大有，聊以慰庭帏欢心。奉命惟谨，虽劳奚惮。其服贾而遄征也，事事恐遗亲忧。每当旅寓之时，愈彰恭勤之度，前驱而料理。审处精密，俨同于陶侃，晚息而推让；尊长谦和，希迹于孔融，既事而深察。什袭故物，不殊狐子犯；从容布置，宛似刘道民。孤子一身，阳关三叠。自弱冠而壮岁，同伙数十余人，未尝以睚眦辜众望。由甘肃而新疆，遨游三十六国，未尝以刻苛失物情。及眷念桑梓，聿振行旌，必其亲所甚悦者，办买不遗余力。旋里后，急趋膝下叨陪鲤对。所需布帛金石，滴滴归乃父收掌，一钱入囊，顿觉羞涩。其亲所欲赠之人，虽贵逾常品，决不忍稍拂其意而有吝色；其亲所素惜之物，虽微若敝履，决不敢稍厌其旧而生淡缘。故异节奇才，不必名族；殊德畸行，不必读书。以至性发为至情，习惯自然耳。

先生固一伦常中顺德人也。洎乎崇翁太老先生初捐馆，家政累身，不暇作长途之役役，惟常见裕后之拳拳。以身作则，一言与季诺并徽；教子义方，终日恐严敦为侠。乡党高其谊，戚友仪其美，父兄子弟慕其行。薰蒸融液，数十年来，门庭不闻诟谇之声，骨肉悉销参商之变。返己如曾发念，胥归诚笃；逢人说项立言，罔非和平。坦怀静虑，寓精诚于浑厚。总觉设城府为机械者，旦昼可以欺人，暮夜究难问心。

先生又一世界中端方人也。然积善而蒙殊恩，尚非彼苍珍爱之品；君子而不得淑女，犹为毕生缺陷之端。发配赵孺人，来自名门，于归君子。贞静幽娴，和易温惠。挽鹿车以相夫，荆钗布裙宴如也；和熊丸以教子，佛心严貌相成也。敬翁姑，和妯娌，议酒食，工刺绣，巾帼中每艳称之，其姻娅犹能略道一二焉。举丈夫子四，体貌清高，颇称远器。而月川先生以艰于用度之故，俾其各执一业，上而仿窦融之善后，下而宗许衡之治生。长男近孝，颇工心计，谋则屡中，为镇邑巨商。东达天津，西尽月氏，出入数千里，劳瘁备尝。赢余亦颇称最，现已执商界之牛耳。虽老成练达，靡不极口称赞。仲男近悌，忠厚天成，才质日益。有范蠡五湖之志，子母不妨相权；得端木一言之行，人已惟用以恕。所以富商巨户愿托腹心。靖土世丰亨之东君，遂殷殷以领袖相瞻焉。叔近友，季近恭，聪明颖悟，不类凡响，徒以事务猬集，既难图麟阁之名；田编龙鳞，又难运鹤脊之计。佩汉文劝农之诏，读李悝地力之书。班衣舞采，情兄奉亲。遂力耕而废书，乃易士而为农，诚悫谨厚。欺人之语，不敢一形诸口吻；受人之欺，未尝一挂诸心怀。一念肫挚，万缘浑忘。人之目注者，皆以为有乃父风。桂子即茂，兰孙复衍。

窃谓人生乐事，纵难播一官以苏亿兆，犹可治一家以保子孙。苟能如是，是亦足矣；苟能如是，是亦奇矣。乃庭陈绕膝之欢，运构伤心之会。于兹光绪末年间，而孺人忽焉作古。子皆擗踊，孙都啜泣。月川先生抚柩自誓曰："卿先我终，我为卿义。卿瞑九泉之目，我无二邑之人。慰尔幽魂，护尔生育。"鳏居数十余年，初不闻染指卫姬，亦不肯垂涎宋子。闻有以续弦劝者，先生但不语，付之一笑而已。颐养天和，保涵元气，以此而获稀寿也，夫复何疑？

今岁古七月廿四日，先生寿届七秩晋二，适其次孙致文有亲迎之祥，邑之戚友慨慕德辉，醵金制屏，为月川先生侑觞之助，因而丐序于余。余何能文哉？南台北筑，名公巨卿之歌咏也，余弗能望；金桃玉枣，骑士仙吏之拜祝也，余弗能及。惟率尔操觚，据实心、指实事、记实录，逗凑字句，作月川先生历史已耳。

先生生子四，育孙七，挑灯夜坐，笑语相闻，明心见性，与物无竞，其福尚可量乎！是为序。

秋，知事周公树清以疾卒于任，一时城内扶奠挽幛者络绎不绝，有泣不成声者，有捶胸号哭者，极一时之哀荣。继周公任者，合肥人刘朝陞。

前监元王文卿先生向以德著。是年，其子序祯毕业大喜，因邀宾志庆。前庠生杨麟芳为作序，因多关镇邑人文历史，兹不忍割舍，转录如左。其云：

前大监元文卿翁王老先生，三百四十二甲子也。亦兼其哲嗣干丞先生毕业之期，同学诸砚晚制衣屏，称觞为先生贺。丐余为文，余与干丞之梗概，与太老先生之懿行，谨作俚言以祝之。

先生祖籍江南滁州凤阳人也。自有明初，义祖因官来镇，世袭指挥，屡立战功，见斯邑土沃俗美，遂落业焉。延及刚祖、扶朱祖，为国家砥柱，作地方保障，无愧俎豆万年，血食千秋焉。至清乾隆间，柳湖开屯，世祖呈凤始徙居于中渠始元沟。阅数百年，耕读传家，谨慎为先，无奇富，亦无奇贫，岂非祖德之源渊流长耶！

适至太老先生谨天翁者，严以律已，宽以待人。因心而作则，守义以经营，为一方之巨富，作当代之伟人。生男三女五，长少卿，次连三，而先生其叔也。无何，先生甫经数岁，谨天翁夫妇相继谢世，饮食教诲，惟少卿、连三二翁是依。然先生亦克自树立，幼读书不求甚解，惟心灵善感，一引申即触类旁通，且兼洞悉世故，练达人情，里之人见其精明强干，推为保介，以应公务。虽云大才小试，而先生不卑不亢，有守有为。上不亏公，下不病民。凡乡邻有鹬蚌之争，宗族起阋墙之变，先生则力为排解，务令平和而后已。职是之故，人皆重其品行，推入国学，为荣身之捷径，作社会之表彰。卓哉，先生不诚为人杰也哉！

德配李孺人，贤媛也。系出青莲，辉流乌巷。于归后，相夫教子，井井有条，头角嶷然。虽长君序禄，早经物故，而仲君、叔君皆能丕振家声，不至或替。惟四君序祯，字干丞，幼慧喜读，过辄成诵。先肄业于筱三田公门下，公以岳婿之分，严加督责，凡试艺古传、诸大家佳作，逐字讲解，罔不澄澈于方寸，人咸目为王氏佳子弟云。

惜科举停罢，叹进身之无路；学校宏开，幸造就之有门。先生与筱三公力为主持，俾入高等学校，而干丞内体亲心，外感岳德，孜孜然勤学不辍，凡师长日授数千言，而口诵心维，务求实得而后已。且也，居处恭，执事敬，与人忠，既未染浮华之习，亦不事奸诈之谋，同学诸友均推干丞为巨擘焉。故期满毕业，又首出同班。以干丞品端学粹，将来鹏飞万里，脱颖露芒，即同校诸友，当示附于骥尾。此文卿公之幸，筱三公之幸，亦地方之幸也，吾于是乎言。

又，邑衿张从仁卜地南乡 [2]，修筑庄宅，占地四亩，费金万余两。举三进，共筑房四十余间，门楼一，角墩四。墙高凡三丈，顶阔七尺。工竣制圖，凡营造始末暨支付款项并详载之。

县人集资重修圣容寺。增筑东厢观音殿及前院僧舍数间，凡原构颓落处，亦并行修葺整理之。

是年秋，商队实行驼牌一驼一牌法，按牌征税。窃闻每有驼死而牌在者，仍依例征缴，质之于曹，云："问县去。"问县亦诿他人，卒无果也。

是年，县人张永修奉甘肃省长令，任会宁县禁烟善后公所所长。

续修县志告竣。是志经始于六年七月，阅三载，逮八年五月书成。共四册十二卷。卷首序，附"旧序""姓氏""凡例""目录"。《地理图考》卷一：曰"疆域图"、曰"苏山图"、曰"经纬度"、曰"疆域"、曰"沿革"、曰"形胜"、曰"山川"、曰"古迹"、曰"坟墓"、曰"风俗"。《建置图考》卷二：曰"城垣图"曰"县治图"、曰"城池"、曰"公署"、曰"仓厂"、曰"公所"、曰"驿铺"、曰"兵防"、曰"关隘"、曰"烽墩"、曰"堡寨"、曰"坛壝"、曰"庙祠"、曰"寺观"、曰"坊表"、曰"村庄"附"村落"、曰"桥梁"。《田赋图考》

卷三：曰"田制图"、曰"户口"、曰"田亩"、曰"赋则"、曰"丁赋"、曰"课税"、曰"杂支"、曰"储贮"、曰"物产"。《水利图考》卷四：曰"四坝水利图"、曰"三渠水利图"、曰"河源"、曰"水道"、曰"渠口"、曰"灌略"、曰"牌期"、曰"水额"、曰"河防"、曰"董事"、曰"水案"、曰"碑例"、曰"蔡旗堡水利"附"旧水利"。《学校图考》卷五：曰"庙图"、曰"儒学图"、曰"书院图"、曰"高等小学校图"、曰"庙制"、曰"儒学"、曰"开学"、曰"学额"、曰"学院"、曰"义学"、曰"文社"。《官师年表》卷六：曰"知县"、曰"教谕"、曰"典史"、曰"游击"、曰"千总"。《宦迹列传》卷七：曰"文武职官"。《选举表》卷八：曰"进士"、曰"举人"、曰"贡生"、曰"武进士"、曰"武举"、曰"功贡"、曰"例贡"、曰"例监"、曰"吏选"、曰"文武宦"、曰"荫袭"、曰"封赠"。《人物列传》卷九：曰"名臣"、曰"名将"、曰"忠烈"、曰"忠义"、曰"勇略"、曰"孝友"、曰"事功"、曰"学行"、曰"文苑"、曰"义行"、曰"隐逸"、曰"技术"、曰"耆寿"、曰"侨寓"、曰"烈女"。《杂记》卷十：曰"祥异"、曰"回变"、曰"男妇女殉难表"、曰"八景"。《补录拾遗》卷十二，以次并录《续修镇番县志》姓氏。

主修：镇番县知事周树清，安徽合肥人。

评阅：镇番县知事刘朝陛，安徽合肥人。

监修：奖叙府经历卢荫棠，邑附贡生。

总修：改选新疆县知事卢殿元，邑举人。

纂修：四川候补直隶州判李庆元，邑拔贡生；议叙知县谢翰南，邑举人。

采访：候选训导赵汝珙，邑岁贡生；候选训导刘建汉，邑岁贡生；候选训导田毓炳，邑附贡生；生员曹铭新，邑人。

收掌：生员李发荣[3]，邑人；生员安钦曾，邑人；生员马积尧，邑人。

校对：孝廉方正刘俊元，邑庠生；生员高吉祥，邑人；生员薛生睿，邑人；生员桑培荣[4]，邑人。

督梓：生员田文基，邑人；生员王步云，邑人。

缮写：邑人黄开绢，邑人赵承权，邑人卢兆麟，邑人朱多善，邑生员马思钧。

附序二。

一、《镇番县续志序》，知事周树清撰

古之循吏，司牧蒸黎，非徒奉行条教而已，必周谘辖治之民风地俗、形势厄塞，以树敷政之鹄。缘地制宜，因势设教而治，效乃可举。《周官诵训》"掌方志以诏观事，道方慝以诏避忌，以知地俗"，为县志所由昉。班固作《地理志》，于民质良窳，风尚敦漓，致意尤笃。凡以使从政者，审其宜忌，知所沿革也。

镇番位甘肃之西北隅，接壤蒙古，为苏子卿牧羝旧地。其俗故绌于工商，顾界划穷边，屹然为中夏藩蔽，所系至巨。士庶刚劲醇厚，俭朴自持，风尚懿美，甲于西陲。自雍正三年立县，道光五年县令许君协创修县志，阅岁数十，阒然亡绍述者。

民国六年，树清来尹斯邑，不才谫陋，政无可纪，而微志所响，在周知民风与其旧乘，缅古循吏之所设施，期是则是效，以副共和孳育之谊，而称大府望治之意。睹自清叶中晚，以迄民国纪元，魁杰异行，氓庶恒德暨张弛举措之迹，泯然无称，仿徨隐忧，谓无以摅发光气，昭式来嗣。乃捐廉俸，振道搜讨故实，罔罗旧闻，赓续撰述。属闳达之士卢君殿元率其侪，董笔札，经始于六年七月，阅三载书成。体例周慎，罔有脱遗。稽之前轨，宁详而无略，质实传信，以俟后之作者。

呜呼，镇番风尚美矣！载其醇懿，不渐于奇谲诡诈之习，足为边塞矜式，独进化之径，与时无极。所愿邑之贤士大夫，以孝友恺悌，睦姻任恤，倡其齐氓，而仍以文明制作。工商农矿之业，交相劝励，则发挥光大，继是有作，将未艾也。至于峻德伟人，义夫贞妇，其志行磊荦，不可湮节。因将易世而收冶俗砥化之意，则树清之为此或尚不为见卯，而求时夜矣乎！

民国八年岁次己未五月日，五等嘉禾金质棠荫章镇番县知事合肥周树清撰

二、序，邑举人卢殿元撰

世宙茫茫，尘寰扰扰，舞台观剧，时事之乘除。既日新月异岁不同，亦政治之潮流大书特书不一书。披舆图而览掌故，董狐已往，班马未来。订坠拾遗，每不胜上下古今之感。

邑志自谢集成孝廉于前清道光乙酉岁，受县令许公协之委任，秉笔纂修，镇于是乎始有专集。但陵谷变迁，沧桑屡易，迄今又将百年。文献所关，急待考证，若听其磨灭销沉，漠然而不为之计，恐夏五郭公长此阙略，方策统系将中断而不可复读。

民国五年，邑令周树清先生来握邑篆，处改革际，既见文庙倾圮，非大加整理，必不能绵俎豆而保宗教；又念县志缺如，绍述无闻，假令再阅数十寒暑，老成凋谢，非惟订官制、裁军营、变更学校、归并衙署，改玉移步，两朝之治体语焉不详，即有清末造匪乱纷起，变法频仍，一代之趋势，今与昔亦无从悉其梗概，先生恝焉忧之。商同学绅慨捐廉俸二千二百缗，其以一千二百缗毅然倡修文庙，当即委令妥绅各负完全责任，兼董其事；以一千缗备修县志。适余由京返里，先生致书敦促，属令主稿。

余谫陋无文，固辞不获。乃联合同志，开幕采访，共襄盛举。至数月，而庙制绘筑，同人等日夜经营，焕然一新。所谓齐一时之耳目，肃万众之观瞻。崇圣学，阐文教，其基正在于此。惟修志一役，正在草创。

越明年，余又选充省会代议士，遂携卷金城，悉心校雠。体例一从乎旧志，时代截止于前清。至共和规制，与清时典章有连带关系者，即依类附记，存而不论，不过于过渡期间继续国体，俾知因革损益之所自来，亦使后儒继起有所取资，以观世变焉。

是役也，经始于民国六年孟秋月，告竣于八年季夏日。讵料稿甫脱而先生已在任溘逝已。噫，余不幸先生有此举而未获观厥成，余犹幸先生创此举而终能竟其功。今寄邮付梓，故述颠末，弁诸简端，藉作纪念。

时民国九年岁次庚申季夏日，前候补四川直隶州州同改迁新疆县知事、邑人卢殿元西洲氏谨序

又，是年县人詹寿如充皋兰地方检察厅书记官。

注释：
[1] 姜学正：民勤县大坝乡人，清末秀才，善著文。
[2] 南乡：在今民勤县薛百镇，张从仁庄宅遗址尚存。

[3] 李发荣：字仁堂，红沙梁乡花寨村人，晚清庠生。民国时，致力于新文化教育，历任民勤县北街高等小学校教员、中渠学校校长、民勤县教育局长等职。

[4] 桑培荣（1873—1941）：字华亭，民勤县羊路苏山村人。诗人，清末民国民勤合盛茶号经理，著有《萍水日记》《华亭文集》等。

中华民国九年庚申 [1]（1920）

前邑候刘朝陛调职，姜明智莅任。明智经历不详，候补。

立汤家海 [2] 榷运分局，设主任一员，雇员一名，甲级查产员一名，乙级查产员一名，秤手二名，工友二名。该池年产硝盐一千担，运销时，每担例收正税二元二角，保运费四角，磅亏三角，印花税一角一分，捞工四角，共计三元四角一分。

邑人张永修奉司法总长令，改新疆司法筹备处候职。

是年疫疬大作，死亡甚众。

注释：

[1]《续修镇番县志》"东郊龙王宫"记："民国九年春二月，邑令刘朝陛筹赀绘画大殿、牌坊，东西两廊，并山门、戏楼，庙貌华丽，焕然一新。"

又记："孟秋月上浣，知县刘朝陛立'洮沙湾水利碑'。六等嘉禾章署镇番县知事刘，为布告勘定界址，勒碑遵守，以垂久远事。照得镇番县属洮沙湾地方，前经户民因该处流出泉源，虽水势微小，尚能灌溉地亩，该户民等禀请自愿承粮试种，业经前任允准在案，正开垦间，乃永邑户民觊觎争占，迭次兴讼上控。当蒙甘凉道尹马，亲履查勘，前经该处立有划定镇、永分界界碑，载明'黑水墩迤北为镇番界、迤南为永昌界'，而洮沙湾确属镇地，毫无疑义。断令'永民不得争占，镇民自应领照开垦，以实边围，并由道宪发给执照试种'，亦在案。嗣经该处绅士面恳，该处系属新开，与永邑户民屡兴讼端，推原其故，良由漫无规程可守所致。嗣将该处承粮灌水各节，厘定规程，勒碑遵行，庶讼端可弭。"

[2] 汤家海：在民勤县治东 60 里。民国间曾设立盐池榷运分局，以董其生产、经营事宜。后湖水干涸，盐池废弃。

中华民国十年辛酉（1921）

疫疬 [1]、旱灾并臻，饿殍载道，死者枕藉。县府呈请省府赈恤，恒以财政亏空梗辞。

奉文取缔县医训科，立医学研究会。详载存案。

邑侯姜公轸念民瘝，倡导沙窝边沿农民打沙米救灾。悉四岔地共打净米一百余石。

注释：

[1] 疫疠：民国九年至十年间，全县流行头痛症（流脑），暴死者甚多。

中华民国十一年壬戌（1922）

前邑侯姜明智调职，袁泰[1]莅任。袁公仅任半年，继任者万钟骡[2]。

县长袁泰倡设镇番女子学校一所，首任校长毛起凤。

奉文造报户口，本县户二万二千二百二十六，口一十二万七千九百。

县内滥种罂粟，地方贤达喁喁烦言，有司辩之以"镇守使马廷勷[3]令"。

注释：

[1] 袁泰：浙江金华人，民国十二年任靖远县县长。

[2] 万钟骡：福建侯官人，附贡，清末任清水、大通县知县，在大通创办泰兴书院。原书作"万钟录"。

[3] 马廷勷（1890—1930）：字少翰，甘肃省临夏县人。民国北京将军府勖威将军，北洋政府陆军中将衔。1912 年中华民国成立翌年任甘凉观察使。1918 年后历任凉州镇总兵、凉州镇守使、混成旅旅长等职。

中华民国十二年癸亥（1923）

奉文收销铜元。设自治筹备事务所，以葳调查户口事。

按，本县旧有自治讲习分所，至时已名存实亡。

红沙梁伶人刘嗣基、刘和基创办泰和社，日演小曲，夜演皮影。

中华民国十三年甲子（1924）[1]

五月，前县长万钟骡调职，勋远年莅任。

邑人曾宪章是年任劝学所所长，振兴学业，文风蔚然。

按，劝学所创立于民国三年，首任所长刘俊元。七年，继任王步云。十三年，三任曾宪章。

奉文筹立县保卫团。

注释：

[1] 是年夏，瑞典地质学家安特生在镇番柳湖村、沙井子、黄蒿井以及永昌三角城等地进行考古调查，并在沙井南发掘 53 座墓葬，出土彩陶双耳圜底罐等器物。安特生将之列为甘肃远古文化"六期"之末，称为沙井期。1945 年，夏鼐和阎文儒在民勤考察沙井遗址，否定了安特生"彩陶西来说"。1948 年，裴文中带领西北地质考察队在民勤柳湖墩、沙井东和永昌三角城等遗址发现"沙井期"彩陶同类遗存，将其命名"沙井文化"。

中华民国十四年乙丑（1925）

前任县长勋远年调职，敏翰章[1] 莅任。

奉文恢复自治讲习所，为期一年，培训地方自治人才。

冬，改原劝学所为教育局，址在县城北街。首任局长马积尧。

按，马公于是年春即担任劝学所所长。

注释：

[1] 敏翰章（1867—1929）：字倬丞，号柳斋，甘肃省临潭县城关镇人，光绪十一年（1885）拔贡。辛亥革命后任甘肃正宁县知事，古浪、镇番、武威、永昌等县县长。擅书法。原书作"闵憨章"。

甘肃省临潭县档案馆藏有《国务院记简任职代理镇番县知事敏公德政碑》拓片。碑文由镇番实业局长田毓炯撰，农会会长程维道书，全县绅民民国十五年五月立。碑今佚。

碑记"县长敏公倬丞，临潭人也。始膺选拔，屡参戎机。民国纪元，以保免试验知事，被选为国会议员，欧美政治，濡染已久，蒿目时艰，醉心共和。筮仕后，宦迹所至，循声卓著。去年秋，来长镇邑。甫下车，凡地方应兴应革事宜，无不锐意振刷。对于一切积弊，痛加铲锄。如粮草之盈余，吏役之需索及各项陋规，一律宣布蠲免。再，镇自政变后，盗贼纷起，抢掠时闻。公督饬警役，勒限缉捕，不数月而大盗赵俊义等枪决，惯贼许才儿拟徒，盗风顿息，地方宁静。尤足称者，公尚俭约，性勤敏，布衣蔬食，屏弃嗜好。署内幕友二三人，而□事皆举。公余则独游私访以祛朦蔽，词讼则随到随判。或有未经诉讼手续而民冤已伸。然公既精敏而谦抑和平，又不以才自见。遇事必聚众咨商，务期妥善。本年征兵事起，民情惶惑，虽刍起者日事促迫，而公终镇静不扰。莅任半载，凡可以裨益地方、改良社会者，无不提倡推广，不遗余力。今年春以病辞职，凡我镇民卧辙有心,借冠无术,方歌来暮,转切去思矣。嗟乎! 羊叔虽去,常留岘山之碑;召伯云遥,永护甘棠之树"。

中华民国十五年丙寅（1926）

前县长敏翰章调职，张东瀛[1]莅任。

二月，奉令成立司法公署，设主任审判员一员，主任书记官一员，书记官二员，检验员一名，录事四名，执笔员二名，法警二名，庭丁一名，公丁一名。址在县城内东街县政府西院。

冬，地震。城乡村寨倒坍甚多，人畜亦有伤亡。县府报省，闻有专员视察云。

河水陡涨决堤，而遭灾者屡有吁报。

注释:

[1] 张东瀛:原作"张步瀛"，应为张东瀛，河南人，历任定西、皋兰县长。1926年12月任民勤县长，1927年7月任武威县长，1928年农历六月初四在"凉州事变"中被杀。

中华民国十六年丁卯（1927）

季夏，前县长张东瀛调职，江仁纯[1]莅任。

奉省府民政厅令，造报户口表。户数二万二千二百二十六，口数一十二万七千五百。其中男性七万零二百九十六，女性五万六千七百一十三。全数有职者九万零七百六十五，无职者三万六千二百四十四。

又，是年省府饬令各县呈报辖境面积及市乡总数，本县：市总数一，乡总数廿一。全境面积三百十五公里。已垦田三十三万九千二百四十四亩，未垦田三万七千五百二十八亩。境内现住户数：本籍二万二千二百二十六户，客籍二十户，共计二万二千二百四十六户；现住人口：本籍一十二万七千五百，客籍九十七，共计一十二万七千一百零六。本籍在他地住：一千二百二十九口。

又，是年县立检疫局。奉文统计呈报内务数据：检疫局一所，医士二人。种痘人数：男八百九十，女六百一十，计一千五百。药店商及制药者：店数一处，店伙一十七名；西药店缺。

县长江仁纯成立"化俗演剧社"，各界职员及学堂学生每晚汇聚一处，排演新话剧，旨在"净化风教，促进文明"。

地震，房屋不坚者坍落无计，压死人一百一十二名，畜四百余头。

注释：

[1] 江仁纯：安徽歙县人，民国十八年任靖远县长，后任礼县县长。

中华民国十七年戊辰（1928）

前县长江仁纯调职，王同锡[1] 莅任。

按，同锡，河南鲁山人，河南法政专门学校毕业。十六年二月，任甘肃警务处科长，旋擢省会警察厅科长，十七年六月离职。同月，委红水县长。十月，调署镇番县长，兼司法公署检察官。十八年二月，调任隆德县长，旋复奉调民勤原任，十九年三月离职。

县人张得善充任新疆警察厅厅长。张公生于前清同治七年，光绪丁酉拔贡。

七月，省府委赵保琳为本县警佐，委刘德胜、崔黻文为本县巡官。

奉文于县内设立苗圃，初辟面积十亩，经费洋一万元，培植杨、柳、榆、沙枣等树种。

是月，奉省谕剪发辫、除耳环、禁种鸦片。

冬季，飓风时起，边外地多被沙压。

是年，保卫团奉饬禁查"同善社"[2]，并搜捕异党分子。

注释：

[1] 王同锡：又名王恩九，1901 年生于河南鲁山县。1922 年投效于冯玉祥国民军，1926 年任冯玉祥机要秘书。后任国民军甘肃西路军总司令部粮秣总监并加授少将军衔，又调任红水县、民勤县、隆德县县长。1936 年加入中国共产党。1939 年 8 月任中共河南省委统战部长，同年 11 月遇害。

[2] 同善社：民国时期民间宗教教派，四川大足县（今重庆市大足县）龙水镇人彭汝尊于 1912 年创立，供奉孔子、老子、释迦牟尼像，通过扶乩、以"符水治病"等巫术活动聚敛钱财。

中华民国十八年己巳 [1]（1929）

前县长王同锡执事刚愎自用，城乡民众颇有烦言，纷纷泐檄省府，请予弹劾。是年元月，省府令雷尚志 [2] 查核王案，代理县事。

一月，奉文筹设地方公款委员会，于是月十六日揭幕成立，址在商会内。

是月，奉文设建设局，址在节孝祠内。县人田多祝首任局长。

是月，县长王公恶于农民李振奎迟应官差，贻误机务，暴打致死。李妻李氏诉诸省府，省府电檄雷县长查复，不日再行核夺。

二月初五日，马仲英 [3] 率其所部一万余众攻克县城，焚烧屠掠，阖城死者四千六百余众。雷县长遇难。凡寺庙、观庵、店铺、公寓，什九为其焚毁。同月，国民军吉鸿昌 [4] 部追剿至镇，战于小坝口，马不支，遁逃阿拉善蒙旗 [5]。详情有案，凡肇祸殒命者悉数在录，洵可资助阅览，故不烦赘述。

是月，县绅卢殿元、张锡寿等上书省府，禀请将县人聂守仁宽容释放。省府指令民勤县长王同锡："所请不准，转饬知照。"

按，守仁，字景阳，前因不满时政，弹劾项城，故遭囹圄之祸。乡邻同侪多寄同情，屡吁宽释，未获饬准，堪足伤也。

是月，阖县被灾，损失甚巨。县北乡西外渠爱恒、新沟等处，沙压水淹，殊难耕种。虽当局矗矗思济，奈何天灾人祸，接踵而至，顾此失彼，捉襟见肘。

三月，特设"匪灾善后委员会"。

四月，省府以专资佐修忠烈祠，阅数月而工竣。阖县士庶蜂拥祠前，挽幡哀幛悼念抗匪英魂，吟啜之声不堪卒闻。

五月，县民数十人组成"旅省公民会"，赴省呈请拨款赈济，以救灾后流亡。省府批复，函请地方善后委员会并令民政厅省赈务会"核办饬遵"，后卒无结果。

六月，县长王公以"民勤被匪焚杀后人民生活困难"由，呈报省府"请予借给贫民仓粮五百石，承蒙爱怜"，指令"准予备案饬准"。是月十二日，同锡复呈请以"应领公款，拨为籴粮价款，并请酌减粮价"等情，省府指令"民、财两厅议复察夺"。详存案。

是年以来，镇地风大沙狂，气温寒凉，西外渠、东渠等多处几被风沙埋压净尽。又兼水淹，竟无可耕之田。流亡人众接踵道路，县民凄惨之状，未有甚于其时者也。

八月，县长王同锡以民勤县府训令："令前匪灾善后委员会田毓炯为令行事，照得忠义、节烈有关社会之风化，而彰善贬恶，尤为挽救颓风之要道。查本县此次遭匪焚杀奸淫，均极其惨痛。所有男子守城殉难诸烈士，业经分别呈请省政府核准，入祠昭忠，以慰贞魂。"

是月，奉令改警察所为公安局。设局长一员，巡官二员，稽查一员，书记一员，警士四十名，经费随粮附征二千四百元。详存案。

是年，前教育局长马积尧调任，局长马毓英继之。至冬，毓英不幸病故，遂以姜学思代理。

十一月上浣，永昌惯盗柳五儿伙众骚扰本县柳湖。十二日凌晨，该盗攻破陈氏庄堡，杀伤三人，以烙铁逼取银两及洋元若干，家藏细软席卷一空，并奸污堡内所有妇女，惨不忍闻。十三日，县警所差人往勘，盗匪已遁，缉未获果，遂罢。

是年，奉令划编区村及办理保甲，调查户口。县长王同锡基于匪祸殃及各业创伤未愈，故延忽日久。七月十六日，省府民政厅指令："务即遵照前后各令及原定进行程序，将划分区域、请委区长两项提前赶办，以树基础。并召集各该绅董研讨进行方法，务于月内将编制村闾及遴选任村闾各长等项，一致完成。"此役兴衰屡易，迨年末方勉告竣。

注释：

[1] 是年1月1日，国民政府内政部决定，改甘肃省镇番县为民勤县，寓"人民勤劳"之意。

[2] 雷尚志：字季高，山西临猗人。系国民革命军吉鸿昌部一副旅长，后调民勤主县事，死于马仲英屠城。

[3] 马仲英（约1912—？）：甘肃临夏人，中华民国国民革命军中将军衔，中央陆军新编第36师师长。1929年春，马仲英率部由河州经西宁进入永昌城、镇番城，屠杀军民约7000人。吉鸿昌率部追至镇番，马仲英逃入内蒙古定远营。1935年于苏联失踪。

[4] 吉鸿昌（1895—1934）：河南省扶沟县人。1928 年任第 30 师师长，调防甘肃天水。1929 年 7 月，任宁夏省政府主席兼第 10 军军长。1930 年 9 月，任第 22 路军总指挥兼第 30 师师长。1933 年 5 月 26 日，在张家口宣布成立"察哈尔民众抗日同盟军"，任前敌总指挥兼第 2 军军长。1934 年被国民政府军事法院以叛国罪和叛党罪判处枪决。

[5] 阿拉善蒙旗：今内蒙古自治区阿拉善左旗，与民勤县接壤。

中华民国十九年庚午（1930）

二月，前县长王同锡调职，戴炳南 [1] 莅任。

按，炳南，山东人，尝寄居陕西长安县。

七月，县府为商榷劝学所之经费事，召开教育会议。教育长姜学思呈称："窃查民国十一年前，劝学所长王公步云以学款入不敷出等情，呈请前县长袁公翼，函转商会，曾于本地土产出境之枸杞、甘草等项，每担抽收附兑洋一元，以补教育之不足。前议早经商会议认可，并已付诸实际，经办多年，在案可稽。不意去年土匪陷城，教育基金损失殆尽。于是乎，劝学所等瘫痪欲废，无力举行。"为之，于本月廿一日，县长戴炳南以民勤县政府训令，经本月十四日教育会议讨论经费问题决议："每年出境皮毛计总数在千担以上，近来价格腾涨，获利丰厚，公议在皮毛上每担依枸杞、甘草附加税数筹款，以资补助学款，而维持残破之教育，利国裕民，复兴敝邑。"此令即颁，公民啧啧称快。然亦不乏烦言，如红沙堡农民王大森称："拆了东墙补西墙，终归百姓遭祸殃，两眼泪汪汪。"

县人王庆云 [2] 继姜公任教育局长。王公于学不稔，既委此职，殊难务心。故于是年仲夏自请交卸，仍由姜公学思接任。

是年，梅毒流行，蔓延全县。后引进德国六〇六针剂施治，始渐好转。

按，此剂价极昂，注一剂需小麦一石。

县人张得善以新疆警察厅厅长前职，改任新疆省政府军法处处长。

注释：

[1] 戴炳南（1906—1949）：山东即墨人。中央军校高等教育班第九期西北军官学校毕业，历任团长、副旅长、旅长、师长等职。1942 年秋，其所部接受日本华北驻屯军改

编为"皇协军"，两年后投阎锡山晋绥军。1948 年 11 月，因出卖军长黄樵松晋升为第 30 军军长。1949 年 5 月 2 日，在太原被解放军俘虏，7 月 8 日被枪决。国民政府追赠其为陆军上将。

[2] 王庆云（1899—1951）：字瑞庭，民勤县三雷镇人。历任民勤县教育局长、保安团长及国民党马步青部军需参谋等职。1951 年土改时被枪决。其私人庄园瑞安堡，现为国家级文物保护单位。

中华民国二十年辛未（1931）

前县长戴炳南调任，王学泰莅任。

按，学泰，甘肃永登县人，清末优贡生，甘肃中等农业学校毕业。

十月，原地方公款委员会改建财政局，县人田毓炯首任局长。

中华民国二十一年壬申（1932）

前县长王学泰调任，王鼎三莅任。

按，鼎三，陕西醴泉县人，前清优孝廉方正，初任陕西议员，继而历任陕西洛川、米脂、延安县县长、中央新编第一师上校军需处长。是年一月，莅镇掌县篆。

十月，前县长王鼎三调职，王青海莅任。

按，青海，甘肃靖远县人，前清庚子、辛丑并科举人，甘肃师范学堂毕业。

岁末，县长王青海以民勤县政府呈请核发骆驼运盐、运货护照旗帜，各驼商请领护照费洋二元，旗帜费洋一元，贴印花费一元，共费洋四元，因时人戏称之为"四元旗"。

是年，县办补习班一处，址在教育局内，由县督学薛公进文主办。初收毕业生二十余人，拟培训二年后荐入武威师范，旨在造就地方师资。

白喉症流行阖县，死亡甚众。又，羊瘟蔓延，羊只多有损伤。

中华民国二十二年癸酉（1933）

六月，前县长王青海调职，牛载坤 [1] 莅任。

按，载坤，原籍狄道州西乡人，后居临洮城市，家贫窭不堪。公自幼向学，孜孜不倦。光绪二十九年中附生，后就学于兰州文高学堂。甫毕业承新疆巡抚保荐，入北京京师测绘学堂学习。民国二十二年六月任民勤县县长，一年后因匪祸而亡，卒年仅四十有八岁，人莫不为之哀惋云。

二月，奉令设禁烟善后局。本局于是年三月二日呈报甘肃省禁烟善后总局，称：敝局长于二月十三日奉甘肃省禁烟善后总局第某委任状，内开委任曹达生为民勤禁烟善后局长，因奉此遵于三月一日接签视事云。详有案。

四月，县设立抗日救国分会。

五月，县抗日救国分会常务委员会李澎、龙应云、田多祝诸公，以分会公函第一号函告县民：径启者,查现值国难严重,凡属中国国民,自应铁面抗日,以救祖国。敝会于四月十日组织成立,除呈报并分函通知外,相应函达贵会查照,并希教言时畅,同趋工作,实级公谊。

秋月以来，本邑引进洋货共约五十余种，名贵者类如洋布、洋瓷器、洋蜡、洋胰子、桂子呢、大桂子呢、小桂子呢、鸦儿缎、哈萨缎、大、小回绒等，价俱甚昂，非家资丰厚者不能采购之。民勤县商会云此。

十月下浣，奉文撤销财政局。

十二月，奉文撤销建设局，其建设事宜归并县府第三科办理。

是年，县长牛公倡设毛业传习所。

县人张维汉[2]偕东坝驼羊会筹资修建苏山大桥，一时病涉者为之大快。

注释：

[1] 牛载坤（1886—1934）：字厚泽，狄道西乡八松庄人（今康乐县八松乡八松村人）。1907年考入甘肃省文高等学堂，1909年考取北京京师大学堂学习测绘等。复入北京簿记讲习所攻会计学。毕业回甘肃后实践"教育救国""实业救国"之路，今兰州理工大学即其创办。1933年6月出任民勤县长。振兴教育，创办师范传习所；从兰州聘请能工巧匠仿黄河水车，监制"水刮子"在全县推广；设立苗圃，制定造林防沙计划，引进榆、槐树种，组织学生和市民在县城大街小巷广泛种植。兴办实业，创办毛纺织传习所，加工羊毛、驼毛；重视救灾，在县城建立义粮仓，组织骆驼队，杂粮入仓，平价粜出；重视医疗卫生，时民勤天花流行，死者甚众，发动在兰子女亲友紧急购买牛痘疫苗，亲自

种痘，扑灭天花；宣传新思想，提倡剪辫放足，移风移俗，革除陋习。刚正不阿，同情民众。1934年5月晋省述职，经武威将民勤驻军蛮横之情俱实告于马步青，马遂致积怨于心。6月5日4时，轿车行至皋兰县哈家嘴遭狙击殉命。民勤立"牛公祠"，额题"爱遗甘棠"祀之。著有《五十年来中国之毛业》《水利之研究》等。

[2] 张维汉（1892—1947）：字子云，讳永坤，羊路村人。早年就读于北京、日本，回国后因剿宁远堡劫匪领授国民党某军少校参谋之衔。自上海采购石印设备，开办"万盛印"一处，自编乡土教材，成批印发，获利甚巨。民国十八年十一月任民勤县政府第三科科长，继则出任公安局长、内河组组长及民勤县治沙委员会会长等职。（李玉寿《民勤家谱》第360页）

中华民国二十三年甲戌（1934）

是年五月，县长牛载坤被难殒命。逾二月，省府委叶忆沚[1]接任。

按，忆沚，福建闽候人，江北师范学堂[2]毕业，历任国民革命军第二师司令部经历处主任，国民革命军第十一军补充师司令部运输处主任，福建财政特派员、公署视察员、福建民政厅视察员、峡兜税厘局局长、官溪税厘局局长、交通部直隶天津电话总局总务课课长、天津特别市政府秘书、署理南平县县长、宁化县长、国民革命军第五十六师司令部参议、特派驻甘绥靖主任、公署军法官、代理安西县县长，是年七月五日，调任本县代理县长。详参县府案综。

三月八日，呈准创立民勤县第一民众学校，址在商会隙地。

四月，县府业经多次调查划编，核准修定《甘肃省民勤县区乡镇表》，付印一编，递传于城乡间里。兹存录如次：

第一区，距县方向西南。乡镇及距县城里数：东街镇城内，南街镇城内，西街镇城内，北街镇城内。三新乡十五里，三陶乡十五里，三沟乡三十里，三管乡三里，三雷镇五里，渠尾乡十里，更名乡三十里，宋寺乡三十里，文化乡二十里，薛百东化乡三十里，渠尾王谋乡十五里，昌宁镇一百二十里，合计四镇一十六乡。

第二区距县方向东北。乡镇及距县里数：文德乡三里，杜圪乡七里，上三百乡十里，维新乡十五里，夹河镇三十里，开元乡五十里，六坝乡三十里，大滩镇四十里，红沙梁镇一百里，红沙堡乡十五里，北新乡四十里，合计十一乡。

第三区距县方向正南。上临河乡八十里，下临河乡七十里，重兴镇九十里，中正乡十三里，丰乐乡一百三十里，下驿乡一百一十里，上驿乡一百二十里，北河乡一百五十里，三岔乡一百五十里，王宦乡一百五十里，山北乡九十里，合计十一乡。

第四区距县方向正北。开明乡一百三十里，复裕乡一百三十里，珠明乡一百三十里，出图乡一百三十里，东容乡一百三十里，西容乡一百三十里，火坎乡一百三十里，代晏乡一百三十里，海晏乡一百三十里，李茂乡一百三十里，重威乡一百三十里，果盛乡一百三十里，金生乡一百三十里，玉泽乡一百四十里，称德乡一百五十里，光红乡一百五十里，人杰乡一百三十里，始元乡一百四十里，红十乡一百五十里，制度乡一百五十里，合计二十乡。

第五区距县方向东北。文大乡一百二十里，大明乡一百二十里，大同乡一百二十里，大道乡一百二十里，大义乡一百二十里，正名乡一百三十里，正谊乡一百三十里，正兴乡一百二十里，正经乡一百二十里，正伦乡一百二十里，中和乡一百二十里，中理乡一百三十里，中正乡一百三十里，中德乡一百五十里，中兴乡一百五十里，外发乡一百六十里，外违乡一百六十里，外盛乡一百六十里，外增乡一百六十里，外兴乡一百六十里，合计二十乡。

第六区距县方向正北。明义乡五十里，中正乡五十里，表里乡五十里，福元乡七十里，东荣乡七十里，泉山镇七十里，便利乡七十里，长盛乡一百里，名正乡一百里，凤鸣乡一百里，建设乡一百里，元泰乡一百里，预顺乡一百里，致和乡一百里，爱恒乡一百二十里，致祥乡一百六十里，共和乡一百二十里，制产乡一百二十里，首善乡一百二十里，衣丽乡一百二十里，合计二十乡。

阖县统计一百又二乡，六区。

五月，县长牛载坤因与驻军有隙，赴省禀呈。二十六日清晨，载坤自镇启程至武，谒见驻军司令马步青后，即乘舆东下。六月五日某时，行至距哈家嘴五里之尹家庄前，突从道旁闪出便衣荷枪者四人，喝问："牛县长是谁？"牛不知为阴谋，坦然作答，讵意立时数枪齐发，头、腹中弹毙命。事发当日，省府饬令永登县长王驭生、驻军团长马禄缉拿凶手。然迟延半月之久，音讯杳无，毫无结果。六月十九日，将载坤埋葬。或称此惨案本马步青 [3] 所为，然迄无证据，遂成千年不平之冤案已。

八月，天祸环邑，洪水为灾，城市田园沦为泽国。灾区达三百里之广，灾民达四千余众。民勤商会云此。

是年，按省府颁布新预算规程，本县公安局全年经费为五千三百元，依例仍随粮附征。

东湖李佑卿[4]抢拆该地学舍，教师张子九等联名禀报弹劾。李贿赂驻军官长，张被暗缚，竟成诬坐，殊成奇冤。逾年，县长昝健行[5]斩佑卿，民怨顿释。

据县榷运局存案，是年统计镇地马莲泉诸盐池产盐数目及年派盐税收入额，汤家海子池年产盐总量约七十万斤，税额一百万元；马莲泉池[6]年产盐总量约一百三十万斤，税额二百万元；苏武山池年产盐总量约四十万斤，税额六十万元。

注释：

[1] 叶忆沘：安西、皋兰等方志作"叶忆肥"。《安西县志》（1992 年版）记叶忆肥 1934 年任该县县长。

[2] 江北师范学堂：今江苏省淮阴师范学院，晚清江北提督刘永庆于 1906 年创办。

[3] 马步青（1901—1977）：字子云，临夏县人，国民革命军陆军中将衔。1929 年后任甘肃暂骑 1 师（后改骑兵第 5 师）师长，驻守河西。1930 年代驻防武威，举办现代教育，倡办"青云学校"多所。1942 年任柴达木屯垦督办。1949 年后历任台湾"国防部"中将参议、"总统府"国策顾问等职。

[4] 李佑卿：本名李培道，民勤县东湖镇东岁村人。

[5] 昝健行：甘肃靖远人。初入南通师范学习，后考入西北大学。1924 年 7 月，鲁迅先生应邀赴西北大学讲学，昝健行是记录者之一。毕业后响应梁漱溟先生倡导的"乡村师范"运动，先后任武威一中、武威师范校长，民勤县县长、宁夏贺兰县县长。清正廉洁，刚毅有为。1946 年任靖远师范校长。《民勤县志》（1994 版）记其 1941 年—1942 年在民勤任职。

[6] 马莲泉池：在今民勤县昌宁镇头井子村，东北距窑街矿务局林场 4.5 公里。

吉成名先生在《中国古代食盐产地分布与变迁研究》中根据《读史方舆纪要》记载，明代镇番卫有 5 个盐池，其中 3 个盐池，即新中沙白盐池、小池、三坝白盐池在民勤县境内。清代镇番地区盐池主要有汤家海盐池、鱼海盐池、新中沙白盐池、鸳鸯白盐池、三坝白盐池、蔡旗堡盐池等。其中以汤家海盐池规模最大、盐质最好。民国二十四年中央设立西北收税局之后，民勤县境内有苏武山盐池、马莲泉盐池、汤家海盐（刘兴成、任长幸《明初至民国（1368—1937）民勤地区盐池分布与变迁——以〈镇番遗事历鉴〉为中心》，《盐业史研究》，2017年3期，第28—30页）。

中华民国二十四年乙亥（1935）

七月一日，依令改雅布赖榷运分局为雅布赖收税分局。设局长一员，文牍、会计、监科各一员，庚等司雇一名，辛等秤手五名，辛等护运员三名，辛等工友二名，辛等仓丁四名。仅以官运为务，盛销豫鲁陕诸地。

又，县府文牍记：是月四日至十日，阴雨连降七日，滔滔洪水，沟渠田亩尽成泽国，尤第四区外西岔乡巨源、号顺二沟，成熟田禾汪洋水中，被灾面积达二顷四十三亩五厘九毫。

九月，县职业学校开始召收学员，习无线电技术共九人，为李开畴、刘尚友、张灏文、石毓芹、陶积钧、安熙祥、杨继震、王子美诸公。该学校校长李发荣。

是年，阿拉善蒙人伙众拆毁板滩井、尖圪墶[1]庙宇，县人怒而群起之，蒙人逃遁。

奉文造报户口簿，户数一万六千四百七十，口数一十三万五千二百七十二。其中，男性七万三千四百六十，女性六万一千八百一十二。共壮丁数三万二千二百五十二。

奉文编制壮丁，全县壮丁总数如左。总队数：一区，队六；联队四十，小队一百四十九；队丁数九千二百三十七。

奉文清报税额征数：田赋七万五千三百四十五元，契税八百七十一元，牙税十二元，驼税一万三千二百又二元，畜税一千又六元，教育义务捐一百又一元，种烟罚金二万元，总数十一万五百三十七元。

据旧案，民国二十年至二十四年，民勤地方种烟暨禁烟数额：二十年种二千六百一十七亩，产烟七万八千五百一十两，罚金二万四千元；二十一年种二千六百一十七亩，产烟七万八千五百一十两，罚金二万四千元；二十二年种二千三百一十八亩，产烟六万九千五百四十两，罚金二万一千三百八十元；二十三年种二千六百一十七亩，产烟七万八千五百一十两，罚金二万四千元；

二十四年种二千一百二十三亩，产烟六万三千六百九十两，罚金二万元。

注释：

[1] 板滩井、尖圪垯：均在民勤县东湖镇。

中华民国二十五年丙子（1936）

前县长叶忆沚调任，王从德[1]继之。

按，从德，甘省泾川县人，中国国民党甘肃党务人员训练班毕业。

奉文呈报县境内各湖泊方向、面积统计表。月牙墩湖南向，方围一十里；柳林湖东北向，方围一百二十里；青土湖东北向，方围二十里；龙潭东向，方围四十里；昌宁湖西向，方围一百二十里；六坝湖南向，方围一十里；鸳鸯白盐池东向，方围五十里；三坝白盐池南向，方围三十里；天池湖北向，方围二十五里。

县府指令专员统计民勤烟民及吸烟实数：烟民共一千二百人，男性一千一百五十六人，女性四十四人。每月吸烟二千三百二十七两，全年吸烟二万七千九百二十四两。

武威驻军马氏[2]于本县创立私立青云小学三所，一在城内，一在重兴，一在中渠。

岁末，西安事变[3]，谣言四起，民情汹汹。腊月十七日，县府布露张、杨"八项主张"[4]，倾城围观，数日不绝。

注释：

[1] 王从德：《临泽县志》作"王存德"，民国二十六年任临泽县长。

[2] 马氏：指马步青。

[3] 西安事变：又称"双十二事变"。1936年12月12日，张学良和杨虎城在西安发动"兵谏"，劝谏蒋介石停止内战，一致抗日。

[4] 八项主张：一、改组南京政府，容纳各党各派共同负责救国。二、停止一切内战。三、立即释放上海被捕之爱国领袖。四、释放全国一切政治犯。五、开放民众爱国运动。六、保障人民集会结社一切政治自由。七、确实遵行总理遗嘱。八、立即召开救国会议。

拾 遗

谢树森

　　《镇番县志》云：镇番，古都野，《禹贡》"至于潴野"是也。春秋战国时为西戎地，秦为小月氏国，匈奴休屠王据之。汉武帝元狩[1]二年，命霍去病出陇西，击败匈浑邪，杀休屠以其众降。元鼎[2]六年，署武威、宣威二县，一在郡城北百三十里，一在郡城北百八十里，隶武威郡，是为立县之始。

　　邑举人卢公生华尝劼力于邑之史考。《六府诗文辑录》收公论文凡五篇，中有语云："汉武帝天汉[3]元年，中郎将苏武出使匈奴，为且鞮侯单于[4]所拘，放逐北海而牧羝。今镇邑北三百里有海曰北海，疑即此。"然张公治斋先生以为非是，曰："武被拘之年在天汉时，而武帝元狩二年兹土已设汉县[5]，相距凡二十余年，曷言牧羝于兹乎？"

　　生华公曰："汉哀帝元寿[6]二年，王莽乱政。至孺子婴己巳，莽乃改号曰始建国[7]元年。是年春，饬令改县名，本邑遂改为晏然。嗣则光武摄政[8]，各方郡县依前名，本邑亦于建武[9]三年改晏然为宣威矣。是县至晋泰始[10]初，仍依两汉名，即宣威是也，省入武威郡。是时，本邑疆域南北长百余里，东西阔一百七十里，多水草而宜事牧，居民凡一千二百余众，非军戍即罪谪也。"

　　西晋怀帝永嘉[11]六年，吐谷浑[12]建国于大漠之北，本邑东北疆土多为其掠，居民逃徙兼且被掳，所余不过什之一二。嗣愍帝建兴二年[13]，以张轨[14]为太尉凉州牧，偏霸一隅，是为前凉。是时，本邑并为之所辖。东晋孝武帝宁康[15]元年，秦吕光[16]统其兵还自西域，攻破凉州，戮刺史梁熙[17]，自为凉州牧，本邑遂为其所治。嗣东晋孝武帝太元[18]十一年，吕光入据武威，自领凉州牧，自称凉天王，是为后凉，本邑归入之。安帝义熙[19]三年，匈奴将赫连勃勃[20]创夏，本邑北域多为之所割。是时，兵战连绵，苛捐纵横，虐政如虎，民不聊生。本邑居民大半流徙内地，田园荒芜，遂沦为放牧之场。

宋文帝元嘉[21]十六年，北魏拓跋焘灭北凉[22]，遂使北国成为一统，是为北朝之始。是时，本邑属武安郡[23]治，设宜盛县[24]。生华公曰："宜盛者，宣威之误也。"是时，本邑当为襄武[25]之属。嗣陈宣帝太建[26]十三年，杨坚称帝，国号隋。是时，本邑属武威郡治。红沙堡以北[27]之土，则为突厥[28]所据，彝人环湖放牧，颇得地理之利。太建十四年[29]，突厥以四十万众攻武威郡，隋军伐之，败遁沙漠中。居民惴于兵燹，徙逃殆尽，故县不设，自此沦为彝人牧事之所凡一百有年矣。

至唐高祖武德[30]二年，李轨于凉州称帝，高祖乃遣安兴贵[31]趋凉劝降，轨拒之。兴贵遂与其兄修仁连诸羌，起兵执轨。轨败被擒，河西遂平。本邑即附凉州，于北境地设明威戍，藉以守防。

旧志载：嗣圣十八年[32]，郭元振[33]为凉州都督，于南境硖口置和戎城[34]，北界沙碛中置白亭军，开拓州境一千五百余里。然则，据《镇番宜土人情记》，郭氏置白亭军不在嗣圣十八年，而在大足元年[35]。孟方伯从其说，许明府[36]亦以为然。天宝十五年[37]，卫志以为陷入吐蕃，邑令江鲲辩之曰："天宝之末，外寇内佞慑于明君之威，岂敢轻举？是时天下太平，人民安居，何吐蕃独陷镇番乎？"而嗣圣宝应元年，突厥屡扰边境，国中安史之乱，吐蕃遂趁势而犯，河西于是倾覆。镇番自古为凉州藩篱，凉州失而镇番无独存之理。旧志采是说。唐武宗会昌三年[38]，张氏义潮兴兵反吐蕃，收复失地。兵及凉州，惟弗克本邑之吐蕃驻军。后吐蕃遁亡，本邑由此废置。迨宋建隆[39]后，河西陷于甘州回纥，本邑在所不免。至道[40]二年乃置西凉府，领五县，本邑并入姑臧。明道[41]四年，李元昊取凉、肃、瓜州等地[42]，遂没入西夏。又，江鲲以为本邑没入西夏在天圣六年[43]，旧志取前说，不知所由。迨南宋理宗宝庆三年[44]，元兴灭夏，夏主李睍出降，乃置小河滩城，遣兵守之，属永昌路治[45]。是时，本邑无汉民之农耕，惟鞑人以牧事。至元元年[46]，忽必烈定鼎建元，废小河滩城，于红沙井、湘泽 [47]、柳林湖、红沙铺以至灰井子迤土门堡，安设驿站，以弃防守。迨至大五年 [48]，始于甘州置甘肃枢密院，本邑为其所治。但境内居民寥寥，亦无农耕，不过一荒蛮之地而已矣。

迄洪武西顾，元兵退守，王保保恃骁骑占居北漠，屡败不降。元季残余如帖里密赤、平章乃尔不花 [49] 等不时寇边侵扰。直讫永乐间，元季残兵始渐颓势，镇邑于是得以喘息云。

注释：

[1] 元狩：汉武帝刘彻年号，前 121 年。三月，骠骑将军霍去病将万骑击匈奴，获休屠王祭天金人。秋，匈奴浑邪王杀休屠王并其众共 4 万余人降汉。元鼎二年（前 115），于浑邪王故地置酒泉郡，以匈奴休屠王故地置武威郡，徙民实之，以绝匈奴与羌之通路。

[2] 元鼎：汉武帝刘彻年号，前 111 年，分武威、酒泉二郡置张掖、敦煌二郡，徙民实之。

[3] 天汉：汉武帝刘彻年号，前 100 年。

[4] 且鞮侯单于：（？—前 96），西汉匈奴单于。

[5] 此句与元鼎六年"为立县之始"矛盾。

[6] 元寿：汉哀帝刘欣年号，前 1 年。

[7] 始建国：新朝王莽年号。公元 5 年，王莽毒死汉平帝，居摄践祚，改号始建国。6 年，王莽居摄元年。三月，立广戚候子婴为太子。

[8] 光武摄政：25 年，刘秀登基，号建武。

[9] 建武：光武帝刘秀年号，27 年。

[10] 泰始：西晋武帝司马炎年号，265 至 275 年。

[11] 永嘉：西晋怀帝司马炽年号，312 年。

[12] 吐谷浑：亦称吐浑，古代辽东鲜卑慕容部，西晋至唐朝时期于祁连山脉和黄河上游谷地建国。

[13] 建兴：西晋愍帝司马邺年号，314 年。

[14] 张轨：字士彦，安定乌氏人。永宁初年（301），出任护羌校尉、凉州刺史。313 年张轨被封西平公、凉州牧、课农桑、立学校，多所建树。西晋灭亡后，张氏仍据守凉州，使用司马邺的建兴年号，成为割据政权，史称前凉（301—376），是东晋十六国中的北方大国。

[15] 宁康：东晋孝武帝司马曜年号，373 年。

[16] 吕光（337—399）：字世明，略阳郡临渭县（今甘肃省秦安县）人，东晋十六国时后凉建立者。396 年六月，吕光即天王位，国号大凉，定都姑臧（今甘肃武威市凉州区）。

[17] 梁熙（？—385）：前秦凉州刺史。太元十年（385）九月，吕光征伐西域得胜班师，

军抵宜禾（今甘肃安西南）时，梁熙关闭通道，与其子梁胤等率 5 万人截击吕光。吕光与梁胤战于安弥（今甘肃酒泉东），梁胤大败，梁熙被擒斩。

[18] 太元：东晋孝武帝司马曜年号，387 年。十二月，吕光西平太守康宁自立，称匈奴王。

[19] 义熙：东晋安帝年号，405 年。此年西凉李暠建元初，并非赫连勃勃创夏。

[20] 赫连勃勃：见本书卷一弘治十年注 [3]。

[21] 元嘉：南朝宋文帝刘义隆年号，439 年。

[22] 拓跋焘（408—452）：字佛狸伐，代郡平城（今山西大同市）人。鲜卑族，北魏第三位皇帝。439 年，拓跋焘亲征北凉，降服北凉诸镇，北凉灭亡。

[23] 武安郡：北魏置，属凉州。治所在宜盛县（今甘肃民勤县西南），辖境相当今甘肃民勤县地。西魏废。

[24] 宜盛县：北魏置，治在今甘肃民勤县西南，辖境与民勤县相当，属凉州。西魏时废，入姑臧县。

[25] 襄武：北魏置，治今甘肃省民勤县西南，为武安郡治。西魏废。

[26] 太建：南朝宣帝陈顼年号。581 年，隋高祖杨坚称帝，为开皇元年。

[27] 红沙堡以北：今甘肃民勤县城北 10 公里以北。

[28] 突厥：历史上活跃于蒙古高原和中亚地区的游牧民族。

[29] 太建十四年：582 年，突厥入武威等郡大掠，六畜几尽。

[30] 武德：唐高祖李渊年号，619 年。李轨（？—619），字处则，凉州姑臧人。隋大业末年任武威郡鹰扬府司马，割据河西地区。其称帝在武德元年十一月，非武德二年。

[31] 安兴贵：凉州武威（今甘肃省武威市）人，祖籍安国（今伊朗），粟特族。唐朝协助朝廷平定凉王李轨，拜右武候大将军，封凉国公。弟安修仁，左武候大将军、申国公。

[32] 嗣圣十八年：唐中宗李显嗣圣元年、睿宗李旦文明元年，684 年。

[33] 郭元振：见本书卷一成化十年注 [1]。

[34] 和戎城：今甘肃古浪境内。

[35] 大足元年：武则天年号，亦即长安元年，701 年。郭元振升任凉州都督、陇右诸军州大使。旧志所记郭元振事有误。

[36] 孟方伯：即孟良允。许明府：即许协。

[37] 天宝十五年：唐玄宗李隆基年号，756 年。是年安禄山称帝，攻入洛阳。吐蕃陷青海东部及南部。安史之乱后，吐蕃攻占河西、陇右。

[38] 会昌三年：唐武宗李瀍年号，843 年。张议潮（799—872），汉族，沙州敦煌人，唐节度使。大中五年（851），张议潮起兵抗击吐蕃，平定瓜、伊、西、甘、肃、兰、鄯、河、岷、廓十州（今甘肃、青海交界一带）。

[39] 建隆：宋太祖赵匡胤年号，960—963 年。

[40] 至道：宋太宗赵匡义年号，996 年。

[41] 明道：宋仁宗赵祯年号，1032—1033 年。此处四年有误。

[42] 李元昊取凉、肃、瓜州等地：当在宋明道元年（1032）九月之后。

[43] 天圣六年：宋仁宗赵祯年号，1028 年，李元昊夺取回鹘所据的甘州（今甘肃张掖）和瓜州（今甘肃安西）。

[44] 宝庆三年：宋理宗赵昀年号，1227 年。是年六月，夏主李睍降蒙古，夏亡。

[45] 永昌路：元代行政区划名，隶甘肃等处行中书省，治所在今甘肃永昌县。唐属凉州，宋初属西凉府，景德中（1004—1007）并入西夏。元初为西凉府。世祖至元十五年（1278，一作十），以永昌王宫殿所在，立永昌路，下辖西凉州。

[46] 至元元年：元世祖忽必烈年号，1264 年。

[47] 李注：湘泽，元明时常作为民勤的代称，清人更惯于以"白亭"代称"镇番"。以此推论，则"湘泽"并非"红沙井""红沙铺"之类，而是类如白亭海那样的大河大湖。

[48] 至大四年：元武总海山年号，1311 年。是年于甘州设甘肃行枢密院，设官 4 员，提调西路军马。原作"至大五年"，误。

[49] 王保保、帖里密赤及平章乃尔不花详见于本书卷一洪武年间卷注。

镇番：风流云变六百年

（代后记）

一

　　《镇番遗事历鉴》成书于清中晚期和民国初年,记述甘肃镇番（今民勤县）自明朝洪武三年（1370）至民国二十五年（1936）间社会、军事、人口、风俗、山川、名胜、文化、建筑等诸多方面的沧桑变迁,是国内迄今所见的唯一一部编年体县域地方史。

　　《镇番遗事历鉴》的主要编撰者谢树森,甘肃镇番县人,名播远,字建唐,号晴桥,别号螺川。清嘉庆四年（1799）生,道光二十六年（1846）中举,世居镇番县城西南钟楼巷,终生不仕,以耕读为业,于清末去世。续编者谢广恩,自称谢树森嫡孙,生平不详。他接过祖上的残稿余墨,续写至民国二十五年止笔,个中缘由不得而知。其后时移世易,《镇番遗事历鉴》书稿流落民间,几成"只闻其名,不见其身"的"奇书"。

　　20世纪80年代初,李玉寿先生发现了破烂散乱的《镇番遗事历鉴》,通览书稿后,判断此书在前清即有人编撰,清中期书稿传至谢树森,清末归于谢广恩。谢氏爷孙以前人初稿为基础,续做补充或修订。因流传年久,书稿经多人反复誊写,以致文字驳杂,条目粗粝,一些年代、事件记录混乱,错讹极多。出于地方文化工作责任心的驱使,李玉寿先生耗时数年,整理校订《镇番遗事历鉴》,将全书完整呈现于世。他征引补缺,厘清脉络,使之主干清晰,物事明了;继而通校文辞,去芜存菁,使其畅达而不失特色。从谢树森到李玉寿，几代人为一本地方史书呕心沥血，其一脉相延的持守精神让人钦佩。

《镇番遗事历鉴》承继《春秋》《左传》和《资治通鉴》的编年体写作传统，目的是"叙国家兴衰，著生民休戚"（司马光语）。其原始资料来自四个渠道：一是官修的《明史》《五凉全志》和清代、民国的《镇番县志》等，二是明清两代镇番的稗官野史和逸闻轶事，三是碑记，四是镇番世家的族谱、墓志、旌表、诗词、信札等。

囿于时代和地域局限，编撰者无从得见进而辑录《明实录》《清实录》《清史稿》等著作中关于镇番的史料。例如明代镇番卫及其属所的设置、军官世袭、调迁和奖惩等，又如明清两代镇番移民垦殖与朝廷的政策等等，《镇番遗事历鉴》多付之阙如，或语焉不详。而其所引用的野史逸闻和家乘谱牒，编撰者时有质疑，却难以理清史实，界定真伪。类似疏漏纰缪，不免让读者产生遗缺之憾。

《镇番遗事历鉴校补》名为"校补"，即是对《镇番遗事历鉴》的校正补注。校补的重点不在训解文字，而是注重考释人物、地理和历史事实，寻检典籍，校核异同。增补原书不备的官方史志和文献资料，以广纪闻；于原书事实乖谬处则有所评议，以明是非。旨在多维度呈现明清时期镇番的军政建置、屯田与农牧业、移民开发、民众生活情况，为县域历史文化研究提供参考。

二

《镇番遗事历鉴》的核心是"镇番人"。在这片古代被称为"奥区"的西北内陆深处的绿洲上，"镇番人"即今天民勤人的祖先来自何处？"天下有民勤人"的说法缘何形成？

民勤地处河西走廊东北部，东西北三面被巴丹吉林沙漠和腾格里沙漠包围。一万年前，石羊河流域面积约1.6万平方公里的潴野泽，就是现在的民勤县境。公元前800—前600年，民勤地区的沙井文化成为陶器时代的一抹余晖。西汉元狩二年（前121），霍去病击败匈奴休屠人，将民勤地区纳入汉朝版图，自此拉开民勤第一次大移民的序幕。

汉武帝太初三年（前102），朝廷遣发18万"戍田卒"屯戍居延、休屠两地。历史学家汪受宽先生认为"休屠在今武威凉州区北之南安、双城间，今石羊河下游"（《甘肃通史·秦汉卷》），包括现在的民勤县境。兰州大学刘光华先生的《汉代西北屯田研究》分析，"则休屠戍田之卒不会少于全体田卒的三分之一"。西北大学王宗维教授在《民勤的历史沿革》一文中判断，汉代驻在谷水中下游、今民勤县境的戍田之卒和私从者"不下四五万人"。

由民勤现存蔡旗沙滩，苏武上浪，大滩北新、梁岗，西渠火石滩等多处汉代遗址看出，汉代民勤境内，自南到北约有数万居民耕种繁衍。这些屯耕者的后裔经汉末战乱、五胡乱华、安史之乱和西夏灭亡，至元末明初几无所存，县城俨然空地。

民间传说民勤人是匈奴休屠人后裔，虽事出有因，但并不太靠谱。即使汉代移民，和现在的民勤人也无多少血缘关系。另说民勤人是发配谪贬罪犯的后代，或源于《明史·刑法志一》有明初各地充军人犯"县以千数，数传之后，以万计矣"的记载，或因袭明代陆容《菽园杂记》"本朝军伍皆谪发罪人充之，使子孙世世执役，谓之长生军"的夸张之说，多有以偏概全的嫌疑。《镇番遗事历鉴》记述了民勤明代移民的军民人数，如洪武十九年（1386）例"是年，本营守墩驻军共三千五百二十名，农工牧商共五百四十户，三千五百又七人"等多处记载，解开了传说与神话的连环套。

明洪武定鼎后，镇番开始第二次移民。镇番处于"北边"，南接凉州，北通内蒙古，特殊地理位置使其成为明军与蒙元军队争抢的前线重镇。因与蒙元战事连连，驻守镇番的近4000明军设驿道，修边墙，筑烽墩，时刻准备迎接暴风骤雨般的战斗。这些官军多为朱元璋旧部"从征"将士，也有"归附"的元军及杂牌军，还有"谪发"充军的百姓、抓壮丁"籍民为兵"的"垛集"人员。他们分散在多个营堡，把守着2万多平方公里的地盘。按照明代"军屯制"政策，镇番卫驻军"三分守卫、七分屯田"，开发边境贫瘠地区，解决军粮和军饷，以减少财政开支与百姓赋税。秦晖在《宋元明陕西史》中说，"（军户）子孙世袭，不得脱籍，至于他们能不能打仗倒成了次要的问题。于是明代军户与其说是一种职业，勿宁说是一种贱民身份或种姓。"

与军屯齐头并进的是移民。洪武五年秋（1372），朝廷从山西、河南迁移2000多人到镇番屯田，在汉武帝经略河西的老路上再次启动"军民大生产"。洪武十九年，镇番驻军3520名，农牧工商户540户3507人，全卫人口7007人，军户和其他户籍各占一半。洪武二十四年，朝廷又强制迁移陕西诸卫官军8000人到甘肃河西走廊，分配至镇番的人数不详。这些军户和民户即是今天民勤人的祖先。《镇番遗事历鉴》摘取明代《镇番户族小识》和清代《柳湖墩谱识暇抄》所记的户籍来源，指明镇番军民的籍贯多为南直隶（皖、苏）、陕、北直隶（京畿、冀）、晋、豫等省，"故知所谓镇（番）人为山西大槐树之民者，不过传说而已"。镇番卫南直隶籍军户人数占比居首，陕西籍军户次之。

在朝廷强力管束下，卫所军户被长期固定在人烟稀少的服役地，势必从各自的家乡带来亲属，组建家庭，养育后代。《重刊凉镇志·岁计志·户口》记载，永乐年间镇番卫有2413户6517人，户均2.7人。明洪武到永乐、宣德年间的半个世纪，镇番人口呈下降趋势。此后的嘉靖年间，镇番卫仅有1871户3361人，户均1.79人。百余年间的人口下降有悖于常理，是统计数据有误？还是另有原因？

环境变化与战争动荡交相为虐，是人口减少的双重要素。宣德年间，明朝与瓦剌再起战端，兵火频仍；成化后鞑靼入侵者掳走边民，抢夺牲畜和土盐，镇番几无宁日。揆诸《镇番遗事历鉴》所载正统十二年（1447）、十三年，春旱秋荒，田禾枯死，"农民惧之，多弃家外逃者"；正德十六年（1521）"大旱，禾多枯死，民人不堪其忧。概千百以为群，相携持而东下"等情形，嘉靖朝镇番的人口数基本可信。万历"三边"内乱，大股流寇屡犯边疆，民众流离失所，迁徙奔命，人口流失数量难以统计。类似资料如同镇番移民变化图，勾勒出明代镇番人口增减之来龙去脉。

"天下有民勤人"这句传播极广的俗语，此时已有前因。

清代改朝，汉人主导的明王朝转变为多民族共容的庞大帝国，边境战事稍息，镇番文人谓之"中外一家，藩篱尽撤"，庆幸再无大战忧患。和明朝卫所动辄千人的军事编制相较，镇番武装力量明显缩减。顺治三年（1646），镇番560多名戍军除免军名，就地解甲归田，变身缴纳赋税的平民。

雍正十二年（1734）移民"实边"，是镇番的第三次移民，规模和人数远超前两次。此间开垦柳林湖地43万亩，得粮3万石（《清史稿·列传·蒋洞》），移民纷至沓来，镇番人口数量直线上升。《镇番遗事历鉴》援引道光《镇番县志》的记录：乾隆三十年（1765），镇番县坝区有5693户，柳林湖屯民2498户。若按每户5人计，共计40955人。户、口比明嘉靖二十年（1541）的1871户3363人，分别增长4.4倍和12倍之多。

镇番移民的移进由朝廷主导，实为巩固政权和稳定边疆大举屯垦；移出则属自发流动，多因遇到灾年兵祸而迁往外地谋生。《清实录》记乾隆四十年、四十五年，闻知新疆水土肥美，岁获丰收，镇番186户民呈请携眷前往垦种。相对而言，移出居民数量和速度远低于当地人口增长。《重修镇番县志》记，道光五年（1825）全县有16756户184542人。这个数据保持到光绪十年（1884）后便呈下降趋势，清末镇番人口最低点仅为12万。

20世纪上半叶，镇番有两次向外"逃难"的移民。先是1926年、1927年接踵而至的大地震，城乡房屋倒坍，人畜伤亡。其后是1929年军阀马仲英屠城，百姓死难4600余人；又遭遇连续飓风袭击，洪水淹田，耕地"几被风沙埋压净尽"，"流亡人众，接踵道路，县民凄惨之状，未有甚于其时者也"。

1949年后，民勤的移民风气更为开放，虽原因各异，方式不同，结果千差万别，却能说明民勤人骨子里的"故乡是异乡"观念。1958—1960年间，民勤湖区居民流向内蒙古河套地区，坝区居民落籍新疆各地，数量极大。1980年之后的"教育移民""生态移民"逐年增多，"天下有民勤人"的说法愈加广为人知。有估算说，20世纪民勤移民外地的人口约数十万，为有史以来巅峰。

"天下有民勤"被发扬光大，代之而来的是"民勤无天下"。如此光景，天下之人谁愿到此久留？留下的自然是老民勤人，故土难离。

三

在传统的农耕社会，农业是经济命脉。《镇番遗事历鉴》有关农业、畜牧、水利、灾害和荒政的文字所占篇幅很大，此既是农业在社会经济中位置所致，也是民生所系。明初，镇番农业若碰上好年景，便是谷麦丰收，普天同庆。若遭遇淫雨连月，干旱暴晒，风沙肆虐，天降黄土，百姓缺衣少食，四散逃亡。明廷意识到镇番地广人稀，水草丰茂，江南和中原农耕方式在此"水土不适"，即令因地制宜，发展畜牧业。

明永乐十一年（1413），官方鼓励镇番百姓养驼。五口之家养一峰驼，三年翻一番；养两峰骆驼，就可免掉公派差徭，公粮只交一半；养五峰骆驼，征粮皆免；一人超养一驼者，按例奖赏。数年间，镇番的骆驼数量至于万计，畜牧业自此勃兴。

明景泰二年（1451）农历九月九日重阳节，镇番百姓在县城北教场赛驼，红柳岗牧民刘玑如夺得冠军。赛驼由此成为百姓喜欢的娱乐项目，进而演化为"驼羊会"，每年春四月和秋九月在苏武山下举行。"驼羊会"似有驼羊交易市场的功能，连带销售各类商品。畜牧业兴盛，南方农耕文化和边疆游牧文化契合，镇番居民生活习俗由此重塑。

明末清初旅蒙驼商如日中天，骆驼成为北方沙漠地区主要运输工具。镇番水土适宜，养驼之风更甚。清末，镇番有骆驼数万峰。光绪十年（1884），万余峰骆驼驮着茶叶、食盐、羊毛和皮草，或沿丝绸之路北线到达外蒙古乌兰巴托、俄罗斯西伯利亚等地，或往张家口、绥远等内地商埠。驼队长途跋涉，一去就是一年半载。商贸往来，财富集聚，造就了号称河西最大的镇番茶商与驼队。在镇番人脑海里，某家拥有的骆驼数量就是财富指标。当地人评判某人富有，必说有骆驼若干峰。

畜牧兴旺，人口增多，与之相应地，水利问题被列为地方政府要务。镇番居石羊河下游沙漠绿洲，水多则涝，水少即旱，水资源分配关乎全县民生。镇番的农业历史，在此间等同于区域水利历史。

明宣德四年（1429），镇番镇抚司上报"镇邑十地九沙，非灌不殖，而水利之役，向无专司御治，故多河患，民辄被其害"，饬批"设水利通判一员，令专责灌溉"，这似是镇番水利农业的开端。自雍正二年（1724）始，清廷组织各地民众到镇番柳林湖屯垦，掀起了史无前例的开发热潮。这项前清西北边疆乃至全国最大的农业开垦工程，可看作镇番由畜牧经济向农耕经济转型的重要节点。

清前期，镇番知县的头等大事便是"治水"。自康熙朝始，镇番守备和知县便将水利当做主要工作对待，数任县官制定"水利章程""水利定案"等细则，力图合理调度石羊河上游来水，解决与上游凉州水利争端和县域水资源分配纠葛。《镇番遗事历鉴》记载了镇番河道的开辟和疏浚，灌溉用水的时点、水量，为后世保留下有据可查的"镜鉴"。

水利问题一旦解决，农业"造血"功能随之增强，百姓温饱得以维系。镇番人像遍地的红柳、梭梭和沙枣树，坚韧不拔、无远弗届地在风沙中顽强繁衍着生命之绿。

四

《镇番遗事历鉴》呈现的当地文化、民俗流变表明，明清两代江南文化、中原文化和西北草原文化互相交融，形成了镇番独特的移民地域文化。镇番早期移民多来自江南，习俗与南方相近。永乐年间立春时节鞭打春牛，即效法苏杭风俗，"以米豆之物，抛打相竞，取年丰意"。万历年间中和节、万寿节，沿袭的便是江浙风俗。

文化交融保存最长久的例证是镇番方言。《镇番遗事历鉴》引录《镇番宜土人情记》所记"（镇番）于语音一端，南腔北调，东韵西声"，有别于河西走廊其他地区，自成"方言岛"。"彼那个哥哥倒灶龟日的"，是外地人揶揄镇番人语音混杂的典型句式。句中"彼"指代他（她）、别人，在《诗经》和吴方言中高频出现；"那（le）个"是宋元话本中常用词，哥哥（guoguo）是安徽巢湖读音，"倒灶"是江浙或陕西话，"龟日的"是四川话"龟儿子"的音变。清代晋陕两地移民进入镇番，加之和蒙古人来往增多，又使镇番方言更具杂合性，"来官斯土者瞠目结舌，不知所云"，也在情理之中。

"万般皆下品，唯有读书高。"江南移民给镇番带来的核心文化动力，是南方教育理念和教学方式。洪武二十五年（1392），浙江宁波府鄞县人孟大都休致，在镇番捐金开学授徒，开启镇番教育先河。其后代孟良允赓续祖上尊师重教家风，从浙江布政使任上致仕归籍，邀集乡绅捐资重修学宫，设帐收徒，传播儒学。流风所及，由明代武职转型为"翰林之家"的卢氏一门，也多致力于地方教育，引领镇番学风。

明代镇番卫考取武进士 5 名，文举人 9 名，武举人 31 名，在甘肃镇各卫学名列第一。镇番人自谓"人在长城之外，文居诸夏之先"，夸张中带着自豪。镇番县域并不全在明长城以外，而"文居诸夏之先"的"诸夏"，当为镇番周边的少数民族。如此比较，镇番确有资本炫耀。清代镇番有钦点翰林院庶吉士 1 名，文进士 10 名，武进士 7 名，文举人 66 名，武举人 100 名，上榜人数名列凉州府县第二。

镇番耕读风气之盛，在《镇番遗事历鉴》中多有反映。编撰者辑录孟、卢等文化世家的族谱和科举成绩，并附以县内每年的生员名录及为官情况，足见文人士子在当地人心目中的尊崇地位。明清两朝，镇番士人著作和书稿存量甚多，经清代"文字狱"和各种劫祸，《镇番遗事历鉴》所列《奥区杂记》《镇番宜土人情记》《云梦堂漫笔》《搜俎记异》等诸多稗官野史化为乌有，令人扼腕叹息，徒作遐想。

在人文现象的另一端，《镇番遗事历鉴》褒扬忠君爱民、洁身自守的官员，历数镇番籍将官追随宋晟、达云、左宗棠等战将杀伐征讨的功勋，甚至不惜笔墨，连篇累牍抄录圣旨、像赞和祭文，似在诠释镇番"人勇知义，俗朴风醇"的人文特征。在灌注着官史精英意识的宏大叙事背景下，编撰者更注重基层社会的民俗百态，尤其是百姓的凄苦无助和贪官污吏的胡作非为。这份审慎和警觉，弥补了方志粗枝大叶里的罅隙，有助于人们自下而上透视社会生活的本相。

如记嘉靖二十七年（1548），农民刘吉典带人到县衙申诉，抗缴新拓地赋税。凉州府下令"严加惩办"，刘吉典入监绝食数日饿死。谢广恩按语评"刘吉典，真伟丈夫也。然则'饿死'云云，未可尽信焉"。评殉情男女："与其效杜十娘之怒沉，不如蹈月嫦娥之私奔。"几与当代诗人舒婷的《神女峰》"与其在悬崖上展览千年／不如在爱人肩头痛哭一晚"异曲同工。评守寡少妇："未再嫁，即乃旌，再嫁者未见即不贞，乃旌者冤枉了好端端女儿身，岂不冤哉？岂不冤哉！"评某知县："奸人良女，又复弄权杀命。十恶不赦，千刀万剐，方可平民怨愤，何止不过解职候察而已哉哉？！"如此评语，火力十足，锋芒毕露，编撰者性情跃然纸上。《镇番遗事历鉴》难以数计的亮点中，有了这些匪夷所思的诡谲故事和乡野传奇，更显得丰富有趣。

官员与百姓铺陈出来的诸多事件，交织出复杂曲折的民生状态，一如中国两千多年皇权专制的黑暗轮回，"兴，百姓苦；亡，百姓苦"。《镇番遗事历鉴》编撰者流露的悲悯和愤懑，隐含着无以言透的困惑与无奈。

五

校补《镇番遗事历鉴》这本"奇书"，我自忖是站在李玉寿先生搭建的平台上添砖加瓦。没有他多年前对《历鉴》殚精竭虑的整理校订，这本"校补"也就无从说起。先生诲人不倦，不厌其烦地耳提面命，嘱咐我不必拘泥成见，完全按自己的想法去做。他的开放心态，反倒让我不敢马虎，唯恐有辱教导。

北京大学汇丰商学院金融资本研究中心执行主任邱金辉博士慨然襄助本书出版；西北师范大学历史文化学院院长、博导何玉红教授拨冗审阅书稿并作序，南京大学历史学院胡箫白副教授，兰州李保军、李连斌、陈永保、民勤文化馆邸士智等师友多予指正。我在民勤县博物馆时的同事陶永军提供其整理《镇番遗事历鉴》的笔记，校正了原书中的数处错误。诗人、保险史专家高星，诗人唐欣和民勤文化馆樊泽民馆长时常垂询校补和出版事宜，勤勉有加。内蒙古阿拉善龙信实业集团公司潘军董事长，诗人、出版家长岛，兰州秦艺印刷广告公司李秦仁均对本书出版多予帮助，文物出版社刘永海编辑为本书付出了辛勤劳动。他们对地方文化的热情令我感恩怀德，在此致以诚挚谢意。本次校补难免错误和疏漏，祈望读者予以补充指正。

刘润和

2021 年 10 月 18 日

参考文献

一、参考书目

《汉书》，［汉］班固，中华书局，1962 年。

《元史》，［明］宋濂，中华书局，1976 年。

《明实录》，中华书局，2016 年。

《明会典》，［明］申时行，中华书局，1989 年。

《皇明九边考》，［明］魏焕，国立北平图书馆善本丛书第一集，明嘉靖刻本。

《国朝献征录》，［明］焦竑，（台湾）学生书局《中国史学丛书》，吴相湘主编，影印本，1984 年版。

《大明律疏附例》，嘉靖二十七年刊本。

《名山藏》，［明］何乔远，北京大学出版社，1993 年。

《殊域周咨录》，［明］严从简，余思黎点校，中华书局，1993 年。

嘉靖《陕西通志》，［明］赵廷瑞修，马理、吕柟，陕西省地方志办公室，总校点董建桥，（西安）三秦出版社，2006 年。

万历《陕西通志》，［明］李思孝、冯从吾，陕西省地方志办公室，（北京）国家图书馆出版社，2017 年。

《全陕边政考》，［明］张雨，国立北平图书馆善本丛书第一集，明嘉靖刻本。

《戒庵老人漫笔》，［明］李诩，中华书局，1982 年。

《明史》，［清］张廷玉等，中华书局，1974 年。

《明史纪事本末》，［清］谷应泰，中华书局，1977 年。

《中国明代档案总汇·五军都督府所属卫所·右军都督府·陕西都司·镇番卫》，中国第一历史档案馆、辽宁省档案馆编，广西师范大学出版社，2001 年。

《皇明经世文编》，陈子龙、徐孚远、宋征璧编，上海古籍出版社，1996 年。

《清实录》，中华书局，2008 年。

《钦定胜朝殉节诸臣录》，武英殿刊本。

《亲征平定朔漠方略》，［清］温达等，西藏社会科学院西藏学汉文文献编辑室校，中国藏学出版社，1994 年。

《钦定平定准噶尔方略》，［清］傅恒等，上海文汇出版社，1996 年。

《四库全书》，〔清〕张廷玉、嵇璜、刘墉等撰，纪昀等校订，电子版。

《大清宣统政纪》，〔清〕史保安，（南京）凤凰出版社，2013年。

《甘肃通志》，〔清〕许容、李迪等，刘光华等点校整理，兰州大学出版社，2018年。

《古今图书集成·明伦汇编官常典礼部》，〔清〕陈梦雷，金海湾电子音像出版社和广西师范大学出版社联合出版。

《山丹县志》，〔清〕黄璟，郭兴圣校注，甘肃文化出版社，2012年。

《凉州府志备考》，〔清〕张澍，周鹏飞、段宪文点校，三秦出版社，1988年。

《甘州府志》，〔清〕钟赓起，张志纯等校注，甘肃文化出版社，1995年。

《重修肃州新志》，〔清〕黄文伟、沈青崖，甘肃省酒泉博物馆刊印，1984年。

《镇番县志》，〔清〕张昭美、吴攀桂、卢生华，乾隆十四年刊行。

《重修镇番县志》，〔清〕许协、谢集成，道光道光五年刊行。

《镇番县志采访稿》，〔清〕常孝义、彭汝翼，光绪三十四年抄本。

《镇番县乡土志》，〔清〕刘春堂、聂守仁，日本藏中国罕见地方志丛刊续编第20册，北京图书馆出版社，2002年。

《番禺县志》，〔清〕李福泰、史澄等，台湾成文出版社。

《晚晴簃诗汇》，徐世昌编，中华书局，1990。

《续修镇番县志》，周树清、卢殿元，民国八年刊本。

《中国地方志丛书·甘肃省民勤县志》，马福祥等，台湾成文出版社，1970。

《甘肃通志稿》，杨思、张维，电子版。

《五凉全志校注》，张克复等校，甘肃人民出版社，1999年。

《小仓山房续文集》，〔清〕袁枚，上海古籍出版社，1988年。

《重刊凉镇志》，苏铣编纂，顺治十四年刊本。

《河南通志》（雍正），〔清〕田文镜等，雍正八年初刻本。

《江南通志》（乾隆）整理本，程章灿主编，凤凰出版社，2019年。

《道咸宦海见闻录》，〔清〕张集馨，中华书局，1981年。

《夜谭随录》，〔清〕和邦额，上海古籍出版社，1995年。

《禹贡锥指》，〔清〕胡渭，邹逸麟整理，上海古籍出版社，2006年。

《蒙古游牧记》，〔清〕张穆，山西人民出版社，1991年。

《左宗棠全集》，〔清〕左宗棠，刘泱泱等校点，岳麓书社，2009年。

《东华录》，〔清〕蒋良骐，光绪十年长沙王氏刻本。

《读史方舆纪要》，〔清〕顾祖禹，中华书局，1955年。

《清史稿》，〔清〕赵尔巽等，中华书局，1998年。

《中外历史年表》，翦伯赞主编，中华书局，1961年。

《清史编年》，中国人民大学清史研究所编，中国人民大学出版社，2000年。

《中国清代科举制度史·清代卷》，李世愉、胡平，上海人民出版社，2015年。

《中国人口史·明》，曹树基主编，复旦大学出版社，2000年。

《明清进士题名碑录索引》，朱保炯、谢沛霖，上海古籍出版社，1980年。

《清代各省禁书汇考》，雷梦辰，北京图书馆出版社，1989年。

《中国戏曲志·甘肃卷》，《中国戏曲志·甘肃卷》吴坚、乔滋、金行健，编辑委员会；中国ISBN中心，1995年。

《汉代西北屯田研究》，刘光华，兰州大学出版社，1988年。

《汉书辞典》，仓修良主编，山东教育出版社，1996年。

《元史辞典》，邱树森主编，山东教育出版社，2002年。

《清史稿辞典》，孙文良、董守义主编，山东教育出版社，2008年。

《中国道教诸神》，马书田，团结出版社，1996年。

《清代官员履历档案全编》，秦国经编，唐益年、叶秀云副主编，华东师范大学出版社，影印中国第一历史档案馆藏本，1997年。

《乾隆朝惩办贪污档案选编》，俞炳坤、张书才主编，中华书局，1994年。

《清代缙绅录集成》，清华大学图书馆科技史暨古文献研究所编，国家清史编纂委员会·文献丛刊，大象出版社，2008年。

《民勤县志》，民勤县地方志办公室编，兰州大学出版社，1994年。

《甘肃省地方志丛书·民勤县志—历代方志集成》，民勤县地方志办公室、中共民勤县委党史资料征集办公室承编，邸士智、邸玉焜校注，飞天出版传媒集团、甘肃文化出版社，2016年。

《景泰县志》，《景泰县志》编委会，兰州大学出版社，1996年。

《安西县志》，安西县志编纂委员会，知识出版社，1992年。

《清代边疆史料抄稿本汇编》，石光明，国家图出版社，2003年。

《甘肃通史》，刘光华主编，甘肃人民出版社，2009年。

《靖远县志》，靖远县志编纂委员会编，中州古籍出版社，2019年。

《晚清以来甘肃印象》，甘肃省档案馆编，敦煌文艺出版社，2008年。

《武威史地综述》，梁新民，兰州大学出版社，1997年。

《民勤家谱》，李玉寿，香港天马图书出版公司，2002年。

《宋元明陕西史》，秦晖，山西出版传媒集团·山西人民出版社，2020年。

《邱县旧志校注》，杨凤奎，邱县人民政府办公室，2007年。

《明代卫所与河西地区社会变迁研究》，张磊，光明日报出版社，2021年。

二、参考论文

《清代前期河西兴盛原因初探》，王希隆、雍秉乾，《甘肃社会科学》1987年第3期，第 73—74 页。

《清前期河西柳林湖的屯田开发》，徐实，《甘肃社会科学》1997 年第 5 期，第 65—66 页。

《民勤县近 300 年来的人口增长与沙漠化过程——人口因素在沙漠化中作用个案考察之一》，李并成，《西北人口》1990 年第 3 期第 29—33 页。

《猪野泽及其历史变迁考》，李并成，《地理学报》1993 年第 48 卷第 1 期第 55 页。

《明代甘肃镇边境保障体系述论》，田澍，《中国边疆史地研究》1998 年第 3 期第 27—38 页。

《明初户帖制度的建立和户帖格式》，陈学文，《中国经济史研究》2005 年第 4 期第 107—111 页。

《明代都司卫所人口数额新探—方志中两组明代陕西行都司人口数据的评价》，马顺平，《苏州科技学院学报·社会科学版》2011 年第 28 卷第 4 期第 49—53 页。

《乾隆朝甘肃屯垦史料》，谢小华编选，中国第一历史档案馆。

《清代移民新疆地内地汉人》，张丹、庄正风，《南京建筑工程学院学报（社会科学版）》2001 年第 1 期第 46—51 页。

《明初至民国（1368—1937）民勤地区盐池分布与变迁——以〈镇番遗事历鉴〉为中心》，刘兴成、任长幸，《盐业史研究》2017 年 3 期第 27—35 页。

人名、地名索引

一、本索引的主题词（标目）只列入《镇番遗事历鉴》正文中出现的人名、地名。人名重复者以籍贯、职务或朝代加以区别。

二、本索引按汉语拼音顺序排列。

三、本索引标目之后的数字，表示该标目在正文中的页码。

四、部分标目在多个页码中出现，本索引以列入 5 个页码为限。

五、注释、序言、附记中出现的人名、地名，不作为标目列入索引。

人名索引

A

B

不铎　20

卢坊　175、209、217、230、235

卢逢潮　421、456

卢逢辰　407、447

卢逢池　445

卢逢飘　421

卢逢庆　437、447

卢逢塘　455

卢逢豫　448

卢杲如　315、316

卢复兰　279、286

卢嘉兰　286

卢金润　340、346、348、349、352

卢即兰　189、190

卢钌　123、144、175、209、235

卢培锦　462、466、480

卢麒山　447

卢全昌　175、209、219、230、234

卢让　144

卢日升　353

卢荣　326、339、353

卢润茂　310、374、421

卢生华　18、19、34、94、144

卢生荚　175、209、231、234、239

卢生莲　175、226、230、234、239

卢生薰　45、76、144、175、207

卢生蓉　334

卢士鹗　175、230

卢士鹃　209、217、230、235

卢树枝　445

卢焭　234、241、312、326

卢望山　447

卢燮　39

卢颜　261

卢荫棠　458、472、480、481、483

卢永发　310、374

卢愈兰　190

卢毓嵩　8

卢兆麟　493

卢忠勉　364

卢缵宗　210

卢作忠　372

陆常春　231

陆作全　340

路彩云、伯驹　331、354、355、356、362

路德　342

路俊　101、182

路敏蒲　441、480

路育芝　382、390

路直　206

罗福　183

罗锦　101、182

罗聚彩　407

罗汝才　172

罗蔚灿　324、363

罗绣　233

罗云青　408

骆维骏　408

雒典　108、183

吕洪　70、72

吕溢　388

吕赞阳　390

N

X

Y

Z

地名索引

D

M

N

Y